이태우

경찰승진
10회 최종모의고사

형사소송법(400제)

SD에듀
㈜시대고시기획

머리말 PREFACE

경찰채용과 달리 경찰승진 준비에서 가장 어려운 부분은 본인의 실력이 어느 정도 인지 판단하기 어렵다는 데에 있습니다. 하지만 시험 일자가 다가옴에 따라 제대로 준비가 되고 있는지 확인을 해야 할 필요는 더욱 중요합니다. 이러한 부분을 대비 하기 위해 '이태우 경찰승진 10회 최종모의고사' 교재를 출간하게 되었습니다.

본서의 특징은 다음과 같습니다.

도서의 특징

첫 째 변경되는 시험의 출제경향과 최신 개정법령(검경 수사권 분리 등) 및 최신판례를 반영하였습니다.

둘 째 기출문제를 철저히 분석하여 실전 문제와 동일한 난이도의 문제로 구성하였습니다.

셋 째 실전 시험과 가장 유사하게 진행하기 위해 출제영역을 배분하여 구성 하였습니다.

넷 째 자세하고 정확한 해설을 수록하였습니다.

다섯째 실전 연습에 도움이 되도록 OMR 카드를 수록하였습니다.

시험일이 다가올수록 긴장감 때문에 시험준비를 할 수 없는 경우가 많습니다. 하지만 이루고자 하는 목표를 떠올리며 좀 더 힘내시길 바랍니다. 본서의 내용을 충분히 숙지 하시면 분명히 좋은 결과가 있을 것입니다.

본 교재가 여러분들의 목표달성에 도움이 되길 바랍니다.

편저자 이태우

경찰공무원 승진시험 과목

❖ 시험 공고는 변경될 수 있으므로, 시행처의 최신 공고를 반드시 확인하시기 바랍니다.

계급	분야	일반 (수사경과 및 보안경과 포함)		정보통신		항공	
		과목	배점 비율(%)	과목	배점 비율(%)	과목	배점 비율(%)
경위	필수	형법 형사소송법 실무종합	35 35 30	형법 형사소송법	35 35	형법 형사소송법	35 35
	선택			정보통신기기론 컴퓨터일반 중 택1	30	항공법 항공역학 중 택1	30
경사	필수	형법 형사소송법 실무종합	35 35 30	형법 형사소송법	35 35	형법 형사소송법	35 35
	선택			정보통신기기론 컴퓨터일반 중 택1	30	항공기체 항공발동기 중 택1	30
경장	필수	형법 형사소송법 실무종합	35 35 30	형법 형사소송법	35 35	형법 형사소송법	35 35
	선택			정보통신기기론 컴퓨터일반 중 택1	30	항공기체 항공발동기 중 택1	30

※ 2020년 7월 1일부터 기존의 경장·경사 계급 승진시험에서 선택과목이 폐지되고 2021년부터 경찰실무 1, 2, 3 과목이 필수과목인 '실무종합'
으로 통합되었습니다. 따라서 2021년부터 경위 이하 계급의 승진시험을 준비할 때에는 해당 과목들을 위주로 준비해야 합니다.

경찰 승진을 준비하며 공부했었던 것을 믿고 조금 방만하게 시험 준비를 하다 보니 수험기간 동안 많은 시행착오를 겪었습니다. 그래서 나름대로 다른 사람들이 써놓은 합격수기들을 보고 방법을 연구하며 마음을 다잡고 준비했습니다. 일단 어떤 공부를 하던지 머릿속에서 꺼내보는 연습이 중요한 것 같습니다. 어떤 과목이든 목차를 중요하게 생각하고 반복적으로 보며 머릿속에 자연스럽게 남을 수 있도록 했습니다. 물론 모든 시험에 적용되는 것은 아니겠지만 형법, 형사소송법, 실무종합은 그 목차가 잘 나뉘어져 있고, 최근 5개년의 기출문제들을 풀어보면 자주 나오는 주제어들이 있습니다. 이런 주제어들을 중심으로 하나의 과목에서도 중점적으로 봐야할 부분들을 체크해가며 시험 막바지에 꼭 한 번 더 볼 수 있도록 정리해나가려 노력했습니다.

형법은 출제경향을 보면 대부분 판례가 많이 출제되고 있습니다. 물론 조문의 내용도 숙지해가며 판례의 쟁점사항이 무엇인지 정확히 파악하려고 노력했습니다. 그리고 형법이 포함된 다른 시험의 문제들도 풀어보는 것이 도움이 되는 것 같습니다. 강의보다는 문제집 지문을 계속 반복하면서 내용을 외우는 방식을 선택했습니다. 단순히 문제집을 여러 권 풀어보는 것보다 자신에게 맞는 책을 집중적으로 공부한 것이 더 도움이 된 것 같습니다. 회독 수를 늘리면서 아는 내용은 지워가는 식으로 점점 내용을 줄이다보면 후반에는 더 빠르게 볼 수 있었습니다. 기출문제에서 나온 내용이 반복되기 때문에 최대한 많이 보는 데 초점을 맞추었고, 모의고사를 실제 시험처럼 시간을 정해놓고 풀면서 실력점검 겸 실전연습을 했습니다. 모의고사로 연습하면서 시간 분배를 어떻게 해야할 지 감을 잡으며, 문제를 푸는 속도도 올릴 수 있었습니다.

형사소송법은 조문을 최대한 많이 숙지하기 위해 반복해서 봤습니다. 절차법이라 형법에 비해서 양도 상대적으로 적고, 단기간에 정복할 수 있는 과목이기 때문에 기본서를 통해 학습하는 방법을 선택하였습니다. 기본서가 두꺼워서 회독이 어렵다는 의견도 많이 있지만, 요약서보다 더 이해도 쉽고 기억에도 오래 남는 편이기에 자신에게 맞는 기본서를 선택하여 단권화하는 습관을 들이게 되었습니다. 기본서와 함께 기출문제집 한 권을 반복해서 보는 것을 추천드립니다. 기출문제의 경우 강의를 듣는 것이 많은 도움이 되었습니다. 시험 막바지까지 공부하며 풀었던 모의고사를 계속 복습하는 방법으로 학습하였습니다. 틀린 문제들은 출력해서 반복적으로 보면서 공부하였으며, 이때 최신판례까지 놓치지 않고 준비하는 것이 중요하다고 생각합니다. 또한 실전에서는 시간분배를 잘하는 것이 높은 점수를 취득할 수 있는 비결인 것 같습니다.

실무종합은 그 범위가 매우 방대한 과목이고, 매년 법 개정이 자주 되는 과목이라 공부에 어려움을 겪었습니다. 특히 순경공채, 경찰간부후보생 시험 과목인 경찰학개론과 매우 유사하기 때문에 해당 시험의 기출문제들도 풀어보며 어떤 것들이 자주 출제되는지 최대한 파악해보려 노력했습니다. 모든 법을 정확히 알기엔 어려운 것 같아서 자주 나오는 법령 위주로 공부하며 준비했습니다.

변경되는 시험 제도에 맞추어 기존 합격수기의 내용을 수정하였습니다.

이 책의 구성과 특징

10　　　　　　　　　　　◯△✕

피의자신문에 대한 설명 중 가장 적절하지 않은 것은? (다툼이 있는 경우 판례에 의함)

① 검사 또는 사법경찰관이 그러한 특별한 사정 없이, 단지 변호인이 피의자신문 중에 부당한 신문방법에 대한 이의제기를 하였다는 이유만으로 변호인을 조사실에서 퇴거시키는 조치는 정당한 사유 없이 변호인의 피의자신문 참여권을 제한하는 것으로서 허용될 수 없다.

② 피의자와 신뢰관계에 있는 자의 동석을 허락하는 경우에도 동석한 사람으로 하여금 피의자를 대신하여 진술하도록 하여서는 안 되며, 동석한 사람이 피의자를 대신하여 진술한 부분이 조서에 기재되어 있다면 그 부분은 피의자의 진술을 기재한 것이 아니라 동석한 사람의 진술을 기재한 조서에 해당하므로, 그 사람에 대한 진술조서로서의 증거능력을 취득하기 위한 요건을 충족하지 못하는 한 이를 유죄 인정의 증거로 사용할 수 없다.

③ 피의자신문에 참여한 변호인은 검사 또는 사법경찰관의 신문 후 조서를 열람하고 의견을 진술할

오답해설

① (◯) 형사소송법 제243조의2 제1항은 검사 또는 사법경찰관은 피의자 또는 변호인 등이 신청할 경우 정당한 사유가 없는 한 변호인을 피의자신문에 참여하게 하여야 한다고 규정하고 있다. 여기에서 '정당한 사유'란 변호인이 피의자신문을 방해하거나 수사기밀을 누설할 염려가 있음이 객관적으로 명백한 경우 등을 말한다. 형사소송법 제243조의2 제3항 단서는 피의자신문에 참여한 변호인은 신문 중이라도 부당한 신문방법에 대하여 이의를 제기할 수 있다고 규정하고 있으므로, 검사 또는 사법경찰관의 부당한 신문방법에 대한 이의제기는 고성, 폭언 등그 방식이 부적절하거나 또는 합리적 근거 없이 반복적으로 이루어지는 등의 특별한 사정이 없는 한, 원칙적으로 변호인에게 인정된 권리의 행사에 해당하며, 신문을 방해하는 행위로는 볼 수 없다. 따라서 검사 또는 사법경찰관이 그러한 특별한 사정 없이 단지 변호인이 피의자신문 중에 부당한 신문방법에 대한 이의제기를 하였다는 이유만으로 변호인을 조사실에서 퇴거시키는 조치는 정당한 사유 없이 변호인의 피의자신문 참여권을 제한하는 것으로서 허용될 수 없다(대결 2020.3.17. 2015모2357).

② (◯) 대판 2009.6.23. 2009도1322

③ (◯) 수사준칙 제14조 제1항

01

최근 개정법령 및 최신판례 반영

최근 개정법령 및 최신판례를 반영하여 다가오는 시험을 대비할 수 있도록 하였습니다.

02

문제편과 해설편으로 분리하여 구성

문제편과 해설편을 분리하여 효율적인 학습이 가능하도록 구성하였습니다.

01　　　　　　　　　　　◯△✕

형사소송법의 법원(法源)에 대한 설명 중 가장 적절한 것은?(다툼이 있는 경우 판례에 의함)

① 헌법은 최상위법으로 형사소송법의 법원이며, 검사의 영장신청과 사법경찰관에 대한 검사의 수사지휘는 헌법에 명시적으로 규정되어 있다.

② 검찰사건사무규칙의 실질은 검찰 내부의 업무처리지침으로서의 성격을 가지는 것은 아니므로 이를 형사소송법 제57조(공무원의 서류)의 적용을 배제하기 위한 '법률의 다른 규정'으로 볼 수 있다.

③ 대법원예규는 소송관계인의 권리와 의무에 직접적인 영향을 미치므로 형사소송법의 직접적인 법원에 해당한다.

④ 합법적으로 발부된 구속영장이 사법경찰관에 의하여 집행된 경우, 검사의 날인 또는 집행지휘서가 없다고 하여 곧 불법집행이 되는 것은 아니다.

02　　　　　　　　　　　◯△✕

적정절차의 원칙에 관한 설명 중 가장 적절하지 않은 것은?(다툼이 있는 경우 판례에 의함)

① 범죄의 피의자로 입건된 사람들로 하여금 경찰공무원이나 검사의 신문을 받으면서 자신의 신원을 밝히지 않고 지문채취에 불응하는 경우 벌금, 과료, 구류의 형사처벌을 받도록 하고 있는 구 경범죄처벌법 조항은 적법절차의 원칙에 위배되지 않는다.

② 법관이 아닌 사회보호위원회가 치료감호의 종료여부를 결정하도록 한 구 사회보호법 제9조 제2항은 본 위원회의 결정에 대해 행정소송을 제기하여 법관에 의한 재판이 가능하다는 점 등을 고려할 때 재판청구권을 침해하거나 적법절차에 위배된다고 할 수 없다.

③ 경찰관에게 등을 보인 채 상의를 속옷과 함께 겨드랑이까지 올리고 하의를 속옷과 함께 무릎까지 내린 상태에서 3회에 걸쳐 앉았다 일어서게 하는 방법으로 실시한 정밀신체수색은 위법하다.

④ 마약류 관련 수형자의 마약류 반응검사를 위한 소

03

실제 시험과 유사한 구성

기출문제를 철저히 분석하여 유사한 형태의 문제들로 구성하였습니다.

01

답 ①

영역 총론>형법의 기초이론 | 난도 하

정답해설

① (×) 가정폭력범죄의 처벌 등에 관한 특례법이 정한 보호처분 중의 하나인 사회봉사명령은 가정폭력범죄를 범한 자에 대하여 환경의 조정과 성행의 교정을 목적으로 하는 것으로서 형벌 그 자체가 아니라 보안처분의 성격을 가지는 것이 사실이다. 그러나 한편으로 이는 가정폭력

03

답 ④

영역 총론>범죄론 | 난도 중

정답해설

④ (×) 군형법 제79조에 규정된 무단이탈죄는 즉시범으로서 허가없이 근무장소 또는 지정장소를 일시 이탈함과 동시에 완성되고 그 후의 사정인 이탈 기간의 장단 등은 무단이탈죄의 성립에 아무런 영향이 없다(대판 1983. 11.8. 83도2450).

04

실력 파악을 위한 난도 구분

해설마다 문제의 난도를 표시하여 자신의 실력을 파악해 볼 수 있도록 구성하였습니다.

01

답 ③

영역 총론>형법의 기초이론 | 난도 중

정답해설

③ (×) 약사법의 입법 취지와 약사면허증에 관한 규정내용을 종합하여 보면, 약사법 제5조 제3항에서 금지하는 '면허증의 대여'라 함은, 다른 사람이 그 면허증을 이용하여 그 면허증의 명의자인 약사인 것처럼 행세하면서 약사에 관한 업무를 하려는 것을 알면서도 면허증 그 자체를 빌

02

답 ③

영역 총론>범죄론 | 난도 중

정답해설

③ (○) 대판 2005.10.28. 2004도7545

오답해설

① (×) [다수의견] 협박죄가 성립하려면 고지된 해악의 내용이 행위자와 상대방의 성향, 고지 당시의 주변 상황, 행위자와 상대방 사이의 친숙의 정도 및 지위 등의 상호관계,

05

상세한 해설

정답해설과 오답해설을 구분하여 충분한 학습이 가능하도록 상세한 해설을 수록하였습니다.

POLICE PROMOTION

2023 경찰승진 10회
최종모의고사 형사소송법(400제)

문제편

경찰승진 최종모의고사 형사소송법

제1회 ~ 제10회

제1회　경찰승진 최종모의고사

01 ｜○△✕｜

형사소송법의 법원(法源)에 대한 설명 중 가장 적절한 것은?(다툼이 있는 경우 판례에 의함)

① 헌법은 최상위법으로 형사소송법의 법원이며, 검사의 영장신청과 사법경찰관에 대한 검사의 수사지휘는 헌법에 명시적으로 규정되어 있다.

② 검찰사건사무규칙의 실질은 검찰 내부의 업무처리지침으로서의 성격을 가지는 것은 아니므로 이를 형사소송법 제57조(공무원의 서류)의 적용을 배제하기 위한 '법률의 다른 규정'으로 볼 수 있다.

③ 대법원예규는 소송관계인의 권리와 의무에 직접적인 영향을 미치므로 형사소송법의 직접적인 법원에 해당한다.

④ 합법적으로 발부된 구속영장이 사법경찰관에 의하여 집행된 경우, 검사의 날인 또는 집행지휘서가 없다고 하여 곧 불법집행이 되는 것은 아니다.

02 ｜○△✕｜

적정절차의 원칙에 관한 설명 중 가장 적절하지 <u>않은</u> 것은?(다툼이 있는 경우 판례에 의함)

① 범죄의 피의자로 입건된 사람들로 하여금 경찰공무원이나 검사의 신문을 받으면서 자신의 신원을 밝히지 않고 지문채취에 불응하는 경우 벌금, 과료, 구류의 형사처벌을 받도록 하고 있는 구 경범죄처벌법 조항은 적법절차의 원칙에 위배되지 않는다.

② 법관이 아닌 사회보호위원회가 치료감호의 종료 여부를 결정하도록 한 구 사회보호법 제9조 제2항은 본 위원회의 결정에 대해 행정소송을 제기하여 법관에 의한 재판이 가능하다는 점 등을 고려할 때 재판청구권을 침해하거나 적법절차에 위배된다고 할 수 없다.

③ 경찰관에게 등을 보인 채 상의를 속옷과 함께 겨드랑이까지 올리고 하의를 속옷과 함께 무릎까지 내린 상태에서 3회에 걸쳐 앉았다 일어서게 하는 방법으로 실시한 정밀신체수색은 위법하다.

④ 마약류 관련 수형자의 마약류 반응검사를 위한 소변강제채취는 법관의 영장을 필요로 하는 강제처분이므로 구치소 등 교정시설 내에서의 소변채취가 법관의 영장없이 실시되었다면 헌법 제12조 제3항의 영장주의에 위배된다.

03

진술거부권에 대한 설명 중 옳고 그름의 표시(○, ✕)가 바르게 된 것은?(다툼이 있는 경우 판례에 의함)

> ㉠ 주취운전의 혐의자에게 호흡측정기에 의한 주취여부의 측정에 응할 것을 요구하고 이에 불응할 경우 처벌한다고 하여도 이는 형사상 불리한 '진술'을 강요하는 것에 해당한다고 할 수 없어 헌법 제12조 제2항의 진술거부권조항에 위배되지 않는다.
>
> ㉡ 피의자는 진술거부권 및 자기에게 유리한 진술을 할 권리와 유리한 증거를 제출할 권리를 가질 뿐이고, 수사기관에 대하여 진실만을 진술하여야 할 의무가 있는 것은 아니다.
>
> ㉢ 피고인의 진술거부권 행사가 방어권 행사의 범위를 넘어 객관적이고 명백한 증거가 있음에도 진실의 발견을 적극적으로 숨기거나 법원을 오도하려는 시도에 기인한 경우라 하더라도, 이러한 경우의 진술거부권 행사를 가중적 양형의 조건으로 삼는 것은 허용될 수 없다.
>
> ㉣ 도로교통법에서 운전자에게 교통사고의 신고의무를 규정하여 벌칙으로 강제하더라도, 피해자의 구호 및 교통질서의 회복을 위한 조치가 필요한 범위 내에서 교통사고의 객관적 내용만을 신고하도록 한 것으로 해석하고, 형사책임과 관련되는 사항에는 적용되지 아니하는 것으로 해석하는 한 진술거부권을 침해하는 것은 아니다.

① ㉠ (○)　㉡ (○)　㉢ (✕)　㉣ (○)
② ㉠ (✕)　㉡ (○)　㉢ (○)　㉣ (✕)
③ ㉠ (○)　㉡ (○)　㉢ (✕)　㉣ (✕)
④ ㉠ (○)　㉡ (✕)　㉢ (✕)　㉣ (○)

04

법원의 관할에 대한 설명 중 적절한 것은 모두 몇 개인가?(다툼이 있는 경우 판례에 의함)

> ㉠ 법원은 피고인이 그 관할구역 내에 현재하지 아니하고, 피고인에 대하여 관할권도 없는 경우에는 피고인의 현재지를 관할하는 법원으로 필요적으로 이송하여야 한다.
>
> ㉡ 형사피고사건에 대한 법원의 소년부송치 결정은 형사소송법 제403조가 규정하는 판결 전의 소송절차에 관한 결정에 해당하는 것이 아니므로, 이 결정에 대하여 불복이 있을 때에는 같은 법 제402조에 의한 항고를 할 수 있다.
>
> ㉢ 관할이전의 신청을 기각한 결정에 대하여 즉시항고를 할 수 있다는 규정이 없으므로, 원심결정에 대하여 재항고인이 불복할 수 없다.
>
> ㉣ 지방법원본원 합의부에서 재판하여야 할 항소사건에 대하여 고등법원이 관할권이 없음을 간과하고 그 실체에 들어가 재판한 경우, 직권으로 원심판결을 파기하고 사건을 관할권이 있는 지방법원본원 합의부에 이송하여야 한다.

① 1개　　　　　　② 2개
③ 3개　　　　　　④ 4개

05

◯△✕

국선변호인에 대한 설명 중 가장 적절하지 <u>않은</u> 것은? (다툼이 있는 경우 판례에 의함)

① 국선변호인 제도는 구속영장실질심사, 체포·구속 적부심사의 경우를 제외하고는 공판절차에서 피고인의 지위에 있는 자에게만 인정되고 이 사건과 같이 집행유예의 취소청구 사건의 심리절차에서는 인정되지 않는다.

② 항소심에서 국선변호인이 선정된 이후 변호인이 없는 다른 사건이 병합된 경우, 항소법원은 지체 없이 국선변호인에게 병합된 사건에 관한 소송기록 접수통지를 함으로써 국선변호인으로 하여금 피고인을 위하여 병합된 다른 사건에도 항소이유서를 작성·제출할 수 있도록 하여야 한다.

③ 국선변호인이 법정기간 내에 항소이유서를 제출하지 아니한 때에는 그에 대한 피고인의 귀책사유의 유무를 불문하고 피고인 본인이 적법한 항소이유서를 제출하지 아니한 이상 항소기각의 결정을 하여야 한다.

④ 법원은 시각장애인 피고인의 연령·지능·교육 정도를 비롯한 시각장애의 정도 등을 확인한 다음 권리보호를 위하여 필요하다고 인정하는 때에는 피고인의 명시적 의사에 반하지 아니하는 범위 안에서 국선변호인을 선정하는 절차를 취하여야 한다.

06

◯△✕

소송행위에 대한 설명 중 가장 적절하지 <u>않은</u> 것은? (다툼이 있는 경우 판례에 의함)

① 기피신청을 받은 법관이 소송진행을 정지해야 함에도 정지하지 않고 한 소송행위의 경우 그 후 기피신청에 대한 기각결정이 확정되면 그 하자가 치유된다.

② 재판관의 서명날인이 없는 재판서에 의한 판결은 군사법원법 제442조 제1호가 정한 '판결에 영향을 미친 법률의 위반이 있는 때'에 해당하여 파기되어야 한다. 이는 서명한 재판관의 인영이 아닌 다른 재판관의 인영이 날인되어 있는 경우에도 마찬가지이다.

③ 피고인이 스스로 선임한 사선변호인에게 변호사법상 수임제한 규정을 위반한 위법이 있다고 하더라도 다른 특별한 사정이 없는 한, 그 소송절차가 무효로 된다고 볼 수 없다.

④ 형사사건의 판결문에 담당 판사의 서명날인이 누락돼 있다면 이는 자체로 판결에 영향을 미친 것으로 보아야 한다.

07

◯△✕

고소 등에 관한 설명 중 가장 적절하지 <u>않은</u> 것은?(다툼이 있는 경우 판례에 의함)

① 피해자가 피고인을 심리하고 있는 법원에 대하여 범죄사실을 적시하고 피고인을 처벌하여 줄 것을 요구하는 내용의 의사표시를 하였다 하더라도 이는 고소로서의 효력이 없는 것이라 할 것이다.

② 고소능력은 민법상의 행위능력이 없으면 인정될 수 없다.

③ 고소인이 범죄신고를 받고 출동한 경찰관에게 홧김에 고소장을 냈더라도 경찰서에 도착해 최종적으로 고소장을 접수시키지 않기로 결심하고 고소장을 반환받았다면 고소의 효력이 발생되었다고 할 수 없다.

④ 법원이 선임한 부재자 재산관리인이 그 관리대상인 부재자의 재산에 대한 범죄행위에 관하여 법원으로부터 고소권 행사에 관한 허가를 얻은 경우 부재자 재산관리인은 형사소송법 제225조 제1항에서 정한 법정대리인으로서 적법한 고소권자에 해당한다고 보아야 한다.

08

고소에 관한 다음 설명 중 가장 적절하지 <u>않은</u> 것은? (다툼이 있는 경우 판례에 의함)

① 친고죄에서 공범 중 일부에 대하여만 처벌을 구하고 나머지에 대하여는 처벌을 원하지 않는 내용의 고소는 적법한 고소라고 할 수 없고, 공범 중 1인에 대한 고소취소는 고소인의 의사와 상관없이 다른 공범에 대하여도 효력이 있다.

② 항소심에서 공소장의 변경에 의하여 친고죄가 아닌 범죄를 친고죄로 인정하였더라도, 항소심에 이르러 비로소 고소인이 고소를 취소하였다면 이는 친고죄에 대한 고소취소로서의 효력은 없다.

③ 성폭력범죄의 처벌 등에 관한 특례법 제27조에 따라 성폭력범죄 피해자의 변호사는 피해자를 대리하여 피고인에 대한 처벌을 희망하는 의사표시를 철회하거나 처벌을 희망하지 않는 의사표시를 할 수 있다.

④ 피해자가 피고인을 고소한 사건에서, 법원으로부터 증인으로 출석하라는 소환장을 받은 피해자가 자신에 대한 증인소환을 연기해 달라고 하거나 기일변경신청을 하고 출석을 하지 않는 경우, 법원은 이를 피해자의 처벌불원의 의사표시로 볼 수 있다.

09

수사에 관한 다음 설명 중 가장 적절한 것은?(다툼이 있는 경우 판례에 의함)

① 고발이란 범죄사실을 수사기관에 고하여 그 소추를 촉구하는 것으로서 범인을 지적하여야 하므로 고발에서 지정한 범인이 진범인이 아니라면 고발의 효력은 진범인에게 미치지 않는다.

② 변사자 검시를 통하여 범죄의 혐의를 인정한 때에는 이미 수사가 개시된 것으로 볼 수 있으므로 긴급을 요하는 경우라 하더라도 반드시 영장을 발부받은 후에 검증하여야 한다.

③ 경찰관이 피고인 운영의 게임장에 대한 잠입수사 과정에서 게임물을 이용한 사행행위를 조장하고 있는 피고인을 적발한 경우 사행행위 조장으로 인한 게임산업법 위반 범행은 수사기관이 이미 이루어지고 있던 범행을 적발한 것에 불과할 뿐 이에 관한 공소제기가 함정수사에 기한 것으로 볼 수 없다.

④ 경찰관 직무집행법 제3조 제4항은 경찰관이 불심검문을 하고자 할 때에는 자신의 신분을 표시하는 증표를 제시하여야 한다고 규정하고, 법 시행령 제5조는 위 법 소정의 신분을 표시하는 증표는 경찰관의 공무원증이라고 규정하고 있는바, 검문하는 사람이 경찰관이고 검문하는 이유가 범죄행위에 관한 것임을 피고인이 충분히 알고 있었다고 보이는 경우에도 경찰관의 공무원증을 제시하지 않았다면 그 불심검문은 위법한 공무집행이 된다.

10

피의자신문에 대한 설명 중 가장 적절하지 <u>않은</u> 것은? (다툼이 있는 경우 판례에 의함)

① 검사 또는 사법경찰관이 그러한 특별한 사정 없이, 단지 변호인이 피의자신문 중에 부당한 신문 방법에 대한 이의제기를 하였다는 이유만으로 변호인을 조사실에서 퇴거시키는 조치는 정당한 사유 없이 변호인의 피의자신문 참여권을 제한하는 것으로서 허용될 수 없다.

② 피의자와 신뢰관계에 있는 자의 동석을 허락하는 경우에도 동석한 사람으로 하여금 피의자를 대신하여 진술하도록 하여서는 안 되며, 동석한 사람이 피의자를 대신하여 진술한 부분이 조서에 기재되어 있다면 그 부분은 피의자의 진술을 기재한 것이 아니라 동석한 사람의 진술을 기재한 조서에 해당하므로, 그 사람에 대한 진술조서로서의 증거능력을 취득하기 위한 요건을 충족하지 못하는 한 이를 유죄 인정의 증거로 사용할 수 없다.

③ 피의자신문에 참여한 변호인은 검사 또는 사법경찰관의 신문 후 조서를 열람하고 의견을 진술할 수 있다. 이 경우 변호인은 별도의 서면으로 의견을 제출할 수 있으며, 검사 또는 사법경찰관은 해당 서면을 사건기록에 편철한다.

④ 피의자의 진술을 영상녹화하는 경우 피의자 또는 변호인의 동의를 받아야 영상녹화할 수 있고, 피의자가 아닌 자의 진술을 영상녹화하고자 할 때에는 미리 피의자가 아닌 자에게 영상녹화사실을 알려주어야 영상녹화할 수 있다.

11

강제처분으로부터 기본권을 보장하기 위한 다음 제도 중 사전적 구제제도로 보기에 가장 적절하지 <u>않은</u> 것은?

① 구속 전 피의자심문제도
② 형사보상제도
③ 영장주의
④ 재체포의 제한

12

현행범인 체포에 대한 설명 중 가장 적절하지 <u>않은</u> 것은?(다툼이 있는 경우 판례에 의함)

① 피고인의 행위가 구성요건에 해당하지 않아 사후적으로 무죄로 판단된다고 하더라도, 피고인이 소란을 피운 당시 상황에서는 객관적으로 보아 피고인이 현행범이라고 인정할 만한 충분한 이유가 있는 경우에는 피고인에 대한 현행범체포는 적법하다.

② 차를 손괴하고 도망하려는 자를 체포함에 있어 멱살을 잡고 흔들어 피해자에게 전치 14일의 흉부 찰과상을 입게 된 사실이 인정되더라도 그것은 사회통념상 허용되는 행위라고 볼 것이므로 현행범에 대한 체포는 정당하다.

③ 수사기관이 외국인을 체포하거나 구속하면서 지체 없이 영사통보권 등이 있음을 고지하지 않았다면 체포나 구속 절차는 위법하다.

④ 수사기관이 현행범인을 직접 체포한 경우와는 달리 사인에 의해 체포된 현행범인을 인도받는 경우에는 피의자에 대하여 피의사실의 요지, 체포의 이유와 변호인을 선임할 수 있음을 말하고 변명할 기회를 주지 않아도 된다.

13

피고인에 대한 구속과 관련한 설명 중 가장 적절하지 않은 것은?(다툼이 있으면 판례에 의함)

① 형사소송법 제72조는 피고인을 구속함에 있어 법관에 의한 사전 청문절차를 규정한 것으로서, 구속영장을 집행함에 있어 집행기관이 취하여야 하는 절차가 아니라 구속영장 발부함에 있어 수소법원 등 법관이 취하여야 하는 절차로서, 법원은 제72조의 절차를 수명법관으로 하여금 진행하도록 할 수 있다.

② 제72조의 규정은 피고인의 절차적 권리를 보장하기 위한 규정이므로 이미 변호인을 선정하여 공판절차에서 변명과 증거의 제출을 다하고 그의 변호 아래 판결을 선고받은 경우 등이라 하더라도 그 하자가 치유되는 것은 아니다.

③ 형사소송법 제88조는 구속영장을 집행하는 자가 행하는 사후 청문절차에 관한 규정으로서 이를 위반하였다 하여 구속영장의 효력에 어떠한 영향을 미치는 것은 아니다.

④ 판결내용 자체가 아니고 다만 피고인의 신병확보를 위한 구속 등 소송절차가 법령에 위반된 경우에는, 그로 인하여 피고인의 방어권이나 변호인의 조력을 받을 권리가 본질적으로 침해되고 판결의 정당성마저 인정하기 어렵다고 보이는 정도에 이르지 않는 한, 그것 자체만으로는 판결에 영향을 미친 위법이라고 할 수 없다.

14

다음 〈사례〉에 대한 설명 중 옳은 것으로만 모두 묶은 것은?(다툼이 있는 경우 판례에 의함)

┌─ 사 례 ─┐

검사 A는 2002.11.28. 甲에 대하여 개발제한구역의 지정 및 관리에 관한 특별조치법 위반혐의에 대하여 조사한 다음, 판사에게 구속영장을 청구하였고, 판사는 형사소송법 제201조의2의 규정에 따른 피의자심문을 한 다음, 2002.11.29. 甲에 대하여 구속영장을 발부하였다. 그런데, 甲이 2002.11.30. 위 구속이 부당하다는 이유로 구속적부심사를 청구하자, 검사 A는 같은 날 甲에 대한 공소를 제기하였다.

㉠ 체포 · 구속적부심사제도는 수사기관에 의하여 체포 또는 구속된 피의자에 대하여 법원이 체포 또는 구속의 적법여부와 그 필요성을 심사하여 그 체포 또는 구속이 부적법 · 부당한 경우에 피의자를 석방시키는 제도이다.

㉡ 체포 또는 구속된 피의자 또는 그 변호인, 법정대리인, 배우자, 직계친족, 형제자매나 가족, 동거인 또는 고용주는 관할법원에 체포 또는 구속의 적부심사를 청구할 수 있다.

㉢ 체포 · 구속적부심사에 관한 법원의 기각결정 및 석방결정에 대하여는 항고하지 못한다.

㉣ 위 사례에서 甲은 피고인으로 신분이 변경되었기 때문에, 법원은 구속적부심사청구를 기각하여야 한다.

① ㉠

② ㉠, ㉡

③ ㉠, ㉡, ㉢

④ ㉠, ㉡, ㉢, ㉣

15

강제처분에 관한 다음 설명 중 가장 적절하지 <u>않은</u> 것은? (다툼이 있는 경우 판례에 의함)

① 검사는 범죄수사에 필요한 때에는 증거물 또는 몰수할 것으로 사료하는 물건을 법원으로부터 영장을 발부받아서 압수할 수 있는 것이고, 합리적인 의심의 여지가 없을 정도로 범죄사실이 인정되는 경우에만 압수할 수 있는 것은 아니다.

② 출판물에 대한 압수는 검열금지의 원칙에 위배되기 때문에 허용되지 아니한다.

③ 공직선거법 위반의 현행범으로 체포된 여성인 피의자들에게 흉기 등 위험물을 소지·은닉하고 있었을 가능성이 거의 없었음에도 경찰관에게 등을 보인채 상의를 속옷과 함께 겨드랑이까지 올리고 하의를 속옷과 함께 무릎까지 내린 상태에서 3회에 걸쳐 앉았다 일어서게 하는 방법으로 실시한 정밀신체수색은 인격권 및 신체의 자유를 침해한다.

④ 폐수무단방류 혐의가 인정된다는 이유로 피의자들의 공장부지, 건물, 기계류 일체 및 폐수운반차량 7대에 대하여 한 압수처분은 수사상의 필요에서 행하는 압수의 본래의 취지를 넘는 것으로 상당성이 없을 뿐만 아니라, 수사상의 필요와 그로 인한 개인의 재산권 침해의 정도를 비교형량해 보면 비례성의 원칙에 위배되어 위법하다.

16

압수·수색에 대한 설명으로 가장 적절한 것은?(다툼이 있는 경우 판례에 의함)

① 검사나 사법경찰관은 현행범 체포현장이나 범죄 장소에서 소지자 등이 임의로 제출하는 물건을 영장 없이 압수할 수 있으나, 이 경우 사후에 영장을 받아야 한다.

② 범행 중 또는 범행 직후의 범죄 장소에서 영장 없이 압수·수색 또는 검증을 할 수 있도록 규정한 형사소송법 제216조 제3항의 요건 중 어느 하나라도 갖추지 못한 경우, 그 압수·수색 또는 검증은 위법하나 사후에 법원으로부터 영장을 발부받았다면 그 위법성이 치유된다.

③ 수사기관이 제출자의 의사를 쉽게 확인할 수 있음에도 이를 확인하지 않은 채 특정 범죄혐의사실과 관련된 전자정보와 그렇지 않은 전자정보가 혼재된 정보저장매체를 임의제출받은 경우, 그 정보저장매체에 저장된 전자정보 전부가 임의제출되어 압수된 것으로 취급할 수는 없다.

④ 긴급체포된 자에 대한 압수·수색·검증(제217조 제1항)은 체포현장에서의 압수·수색 또는 검증을 규정하고 있는 형사소송법 제216조 제1항 제2호의 경우와 마찬가지로 체포현장에 아닌 장소에서는 긴급체포된 자가 소유·소지 또는 보관하는 물건을 대상으로 할 수는 없다.

17

$\boxed{\bigcirc \triangle \times}$

증거보전절차에 관한 설명 중 가장 적절하지 **않은** 것은? (다툼이 있는 경우 판례에 의함)

① 증거보전이란 장차 공판에 있어서 사용하여야 할 증거가 멸실되거나 또는 그 사용하기 곤란한 사정이 있을 경우에 당사자의 청구에 의하여 공판 전에 미리 그 증거를 수집 보전하여 두는 제도로서 제1심 제1회 공판기일 전에 한하여 허용되는 것이므로 재심청구사건에서는 증거보전절차는 허용되지 아니한다.

② 범죄의 수사에 없어서는 아니될 사실을 안다고 명백히 인정되는 자가 형사소송법 제221조에 의한 출석 또는 진술을 거부한 경우에는 검사는 제1회 공판기일 전에 한하여 판사에게 그에 대한 증인신문을 청구할 수 있다.

③ 판사는 형사소송법 제221조의2에 의한 검사의 증인신문 청구에 따라 증인신문기일을 정한 때에는 피고인 피의자 또는 변호인에게 이를 통지하여 증인신문에 참여할 수 있도록 하여야 하며, 증인신문을 한 후에는 이에 관한 서류를 판사 소속법원에 보관하여야 한다.

④ 형사소송법 제221조의2 제2항에 의한 검사의 증인신문청구를 하려면 증인의 진술로서 증명할 대상인 피의사실이 존재하여야 하고, 피의사실은 수사기관이 어떤 자에 대하여 내심으로 혐의를 품고 있는 정도의 상태만으로는 존재한다고 할 수 없다.

18

$\boxed{\bigcirc \triangle \times}$

수사의 종결에 관한 설명 중 가장 적절하지 **않은** 것은? (다툼이 있는 경우 판례에 의함)

① 혐의없음, 죄가안됨, 공소권없음에 해당하는 사건은 협의의 불기소처분으로 수사를 종결해야 하고 기소유예를 하여서는 안 된다.

② 사법경찰관으로부터 수사중지 결정의 통지를 받은 사람은 해당 사법경찰관이 소속된 바로 위 상급경찰관서의 장에게 이의를 제기할 수 있다.

③ 검사의 불기소처분이 있는 경우 일사부재리원칙이 적용되므로 다시 수사를 재개할 수 없다.

④ 협의의 불기소처분사유가 있음에도 불구하고 검사가 기소유예처분을 한 경우에는 피의자는 헌법상 행복추구권과 평등권의 침해를 이유로 헌법소원을 청구할 수 있다.

19

□△✕

재정신청에 대한 설명 중 가장 적절하지 <u>않은</u> 것은? (다툼이 있는 경우 판례에 의함)

① 재정신청의 신청권자는 불기소처분의 통지를 받은 고소인 또는 고발인인데 고소인은 모든 범죄에 대해, 고발인은 형법 제123조부터 제126조까지의 죄에 대해서만 재정신청이 가능하다.

② 재정신청에 대한 기각결정에 대해서는 법령위반을 이유로 대법원에 즉시항고할 수 있다. 단 법정기간의 준수 여부는 도달주의 원칙에 따라 재항고장이 법원에 도달한 시점을 기준으로 하고, 재소자 특칙은 준용되지 않는다.

③ 재정신청에 대한 공소제기결정에 대하여는 검사는 물론 공소제기결정의 대상이 된 피의자도 불복할 수 없다. 그러나 공소제기한 검사는 통상의 공판절차에서와 마찬가지로 권한을 행사하고 피고인의 이익을 위해서 공소취소도 할 수 있다.

④ 형사소송법 제262조 제4항 후문은 재정신청 기각결정이 확정된 사건에 대하여는 다른 중요한 증거를 발견한 경우를 제외하고는 소추할 수 없다고 규정하고 있다. 여기에서 '다른 중요한 증거를 발견한 경우'란 재정신청 기각결정 당시에 제출된 증거에 새로 발견된 증거를 추가하면 충분히 유죄의 확신을 가지게 될 정도의 증거가 있는 경우를 말하고, 단순히 재정신청 기각결정의 정당성에 의문이 제기되거나 범죄피해자의 권리를 보호하기 위하여 형사재판절차를 진행할 필요가 있는 정도의 증거가 있는 경우는 여기에 해당하지 않는다.

20

□△✕

공소시효에 관한 다음 설명 중 적절하지 <u>않은</u> 것은? (다툼이 있는 경우 판례에 의함)

① 군형법상 정치관여죄는 2014. 1. 14.자 법률 개정을 통해 구성요건이 세분화되고 법정형이 높아짐으로써 그 실질이 달라졌다고 평가할 수 있고, 공소시효기간에 관한 특례 규정인 개정 군형법 제94조 제2항은 개정 군형법상의 정치관여죄에 대하여 규정하고 있음이 분명하다. 따라서 개정 군형법 제94조 제2항에 따른 10년의 공소시효기간은 개정 군형법 시행 후에 행해진 정치관여 범죄에만 적용된다.

② 예비적 공소사실을 추가하는 공소장변경이 된 경우 예비적 공소사실에 대한 공소시효의 완성 여부는 공소장을 변경한 때를 기준으로 삼아야 한다.

③ 공익근무요원의 복무이탈죄는 정당한 사유 없이 계속적 혹은 간헐적으로 행해진 통산 8일 이상의 복무이탈행위 전체가 하나의 범죄를 구성하는 것이고, 그 공소시효는 위 전체의 복무이탈행위 중 최종의 복무이탈행위가 마쳐진 때부터 진행한다.

④ 농지전용행위가 농지에 대하여 외부적 형상의 변경을 수반하지 않거나 외부적 형상의 변경을 수반하더라도 사회통념상 원상회복이 어려운 정도에 이르지 않은 상태에서 그 농지를 다른 목적에 사용하는 경우에는 그 토지를 다른 용도로 사용하는 한 공소시효가 진행되지 않는다.

21

공소제기에 대한 설명 중 적절하지 <u>않은</u> 것만을 모두 고른 것은?(다툼이 있는 경우 판례에 의함)

○△✕

> ㉠ 포괄일죄에 대한 공소사실의 기재에 있어서는 그 일죄의 일부를 구성하는 개개의 행위가 구체적으로 특정되지 않으면 그 전체 범행의 시기와 종기, 범행방법, 피해자나 상대방, 범행횟수나 피해액의 합계 등을 명시하더라도 범죄 사실이 특정된 것으로 볼 수는 없다.
>
> ㉡ 저작재산권 침해행위에 관한 공소사실의 특정은 침해 대상인 저작물 및 침해방법의 종류, 형태 등 침해행위의 내용이 명확하게 기재되어 있어 피고인의 방어권 행사에 지장이 없는 정도이면 된다 할 것이고, 각 저작물의 저작재산권자가 누구인지 특정되어 있지 않다고 하여 공소사실이 특정되지 않았다고 볼 것은 아니다.
>
> ㉢ 포괄일죄인 영업범으로 공소제기된 A범죄사실과 동일성이 인정되는 B범죄사실이 추가로 발견되었고, A, B범죄 사이에 이들과 동일성이 인정되는 C범죄사실에 대한 유죄의 확정판결이 있는 경우, 검사는 공소장변경 절차에 의해 B범죄사실을 공소사실로 추가할 수 있다.
>
> ㉣ 공소사실은 구성요건 해당사실을 다른 사실과 구별할 수 있을 정도로 기재하면 족하고, 공소장에 범죄의 일시·장소·방법 등이 구체적으로 적시되지 않았더라도 공소사실을 특정하도록 한 취지에 반하지 아니하고 공소범죄의 성격에 비추어 그 개괄적 표시가 부득이한 경우에는 그 공소내용이 특정되지 않아 공소제기가 위법하다고 할 수 없다.

① ㉠, ㉢

② ㉠, ㉢, ㉣

③ ㉡, ㉢, ㉣

④ ㉡, ㉣

22

공소장변경에 대한 설명 중 가장 적절하지 <u>않은</u> 것은? (다툼이 있는 경우 판례에 의함)

○△✕

① 살인죄의 공소사실을 폭행치사죄의 범죄사실로 인정하는 경우 축소사실의 인정이므로 공소장변경은 필요하지 않다.

② 횡령죄와 배임죄는 신임관계를 기본으로 하고 있는 같은 죄질의 재산범죄로서 그 형벌에 있어서도 경중의 차이가 없고 동일한 범죄사실에 대하여 단지 법률 적용만을 달리하는 경우에 해당하므로 법원은 배임죄로 기소된 공소사실에 대하여 공소장변경 없이도 횡령죄를 적용하여 처벌할 수 있다.

③ 상해정도의 차이만 가지고는 기본적 사실의 동일성이 깨어진다고 볼 수 없으므로 공소장에 약 4개월간의 치료를 요하는 상해라고 적시된 것을 법원이 공소장변경 절차 없이 약 8개월간의 치료를 요하는 것으로 인정하였다 하여도 이는 불고불리의 원칙에 반한다고 할 수 없다.

④ 경찰서장이 범칙행위에 대하여 통고처분을 한 경우에도 통고처분에서 정한 범칙금 납부기간까지는 원칙적으로 경찰서장은 즉결심판을 청구할 수 있고, 검사도 동일한 범칙행위에 대하여 공소를 제기할 수 있다고 보아야 한다.

23

$\boxed{\bigcirc\ \triangle\ \times}$

공판절차에 대한 설명 중 가장 적절하지 <u>않은</u> 것은?
(다툼이 있는 경우 판례에 의함)

① 재판공개의 원칙은 검사의 공소제기절차에는 적용되지 않으므로 공소가 제기되기 전까지 피고인이 그 내용이나 공소제기 여부를 알 수 없었다거나 피고인의 소송기록 열람·등사권이 제한되어 있었다고 하더라도 그 공소제기절차가 헌법에 위반된다고 할 수 없다.

② 검찰청이 보관하고 있는 불기소결정서는 수사기관 내부의 의사결정과정 또는 검토과정에 관한 문서로서, 이를 공개하면 수사에 관한 직무의 수행을 현저히 곤란하게 하므로 변호인의 열람·지정에 의한 공개의 대상이 될 수 없다.

③ 헌법 제109조, 법원조직법 제57조 제1항에서 정한 공개금지사유가 없음에도 불구하고 재판의 심리에 관한 공개를 금지하기로 결정하였다면 그러한 공개금지결정은 피고인의 공개재판을 받을 권리를 침해한 것으로서 그 절차에 의하여 이루어진 증인의 증언은 증거능력이 없다고 볼 것이고 심리에 참여한 변호인이 충분히 반대신문을 하였다 하더라도 달리 볼 수 없다.

④ 피고인에 대한 공판기일 소환은 형사소송법이 정한 소환장의 송달 또는 이와 동일한 효력이 있는 방법에 의하여야 하고, 그 밖의 방법에 의한 사실상의 기일의 고지 또는 통지 등은 적법한 피고인 소환이라고 할 수 없다.

24

$\boxed{\bigcirc\ \triangle\ \times}$

피고인의 출석 없이 개정할 수 있는 경우에 관한 설명 중 가장 적절하지 <u>않은</u> 것은?

① 피고인은 상고심의 공판기일에 반드시 출석하여야 한다.

② 피고인이 출석하지 아니하면 개정하지 못하는 경우에 구속된 피고인이 정당한 사유없이 출석을 거부하고, 교도관에 의한 인치가 불가능하거나 현저히 곤란하다고 인정되는 때에는 피고인의 출석없이 공판절차를 진행할 수 있다.

③ 피고인이 질병으로 인하여 출정할 수 없는 때에 무죄, 면소, 형의 면제 또는 공소기각의 재판을 할 것이 명백한 경우 피고인의 출석없이 개정할 수 있다.

④ 약식명령에 대한 정식재판청구사건에서 제1심은 '피고인에 대한 송달불능보고서가 접수된 때로부터 6개월이 지나도록 피고인의 소재를 확인할 수 없는 경우'에까지 이르지 아니하더라도 공시송달의 방법에 의하여 피고인의 진술없이 재판을 할 수 있다.

25

증거신청 및 증거조사에 관한 설명 중 가장 적절하지 <u>않은</u> 것은?(다툼이 있는 경우 판례에 의함)

① 피고인 또는 변호인이 증거를 신청하였다 하더라도 그 채택 여부는 법원의 재량으로서 법원은 불필요하다고 인정한 때에는 피고인이나 변호인이 신청한 증거를 조사하지 아니할 수 있다.

② 증거신청에 대한 법원의 증거결정에 관하여 이의신청을 하는 경우 그 이의신청은 증거결정에 법령의 위반이 있거나 상당하지 아니함 등을 사유로 하여 자유롭게 할 수 있다.

③ 당사자의 증거신청에 대한 법원의 채택여부의 결정은 판결 전의 소송절차에 관한 결정으로서 이의신청을 하는 외에는 불복할 수 있는 방법이 없고, 다만 그로 말미암아 사실을 오인하여 판결에 영향을 미치기에 이른 경우에만 이를 상소의 이유로 삼을 수 있을 뿐이다.

④ 재판장은 변호인이 피고인을 신문하겠다는 의사를 표시한 때에는 피고인을 신문할 수 있도록 조치하여야 하고, 변호인이 피고인을 신문하겠다는 의사를 표시하였음에도 변호인에게 일체의 피고인신문을 허용하지 않은 것은 변호인의 피고인신문권에 관한 본질적 권리를 해하는 것으로서 소송절차의 법령위반에 해당한다.

26

증인신문에 관한 다음 설명 중 가장 적절하지 <u>않은</u> 것은?(다툼이 있는 경우 판례에 의함)

① 다른 증거나 증인의 진술에 비추어 굳이 추가 증거조사를 할 필요가 없다는 등 특별한 사정이 없고, 소재탐지나 구인장 발부가 불가능한 것이 아님에도 불구하고, 불출석한 핵심 증인에 대하여 소재탐지나 구인장 발부 없이 증인채택 결정을 취소하는 것은 법원의 재량을 벗어나는 것으로서 위법하다.

② 증인이 대면 진술함에 있어 심리적 부담으로 인해 정신의 평온을 현저하게 잃을 우려가 있는 상대방인 경우 차폐시설을 설치하고 신문할 수 있는데, 이러한 신문방식은 증인에 대해 인적보호조치가 취해지는 등 특별한 사정이 있는 때에는 피고인의 변호인에 대하여도 허용될 수 있다.

③ 재판장은 증인이 피고인의 면전에서 충분한 진술을 할 수 없다고 인정한 때에는 피고인을 퇴정하게 하고 증인신문을 진행할 수는 있는데, 이때 변호인이 재정하여 피고인을 위해 증인을 상대로 반대신문을 한 이상 피고인에게 별도로 반대신문의 기회를 줄 필요는 없다.

④ 검사가 제1심 증인신문 과정에서 주신문을 하면서 형사소송규칙상 허용되지 않는 유도신문을 하였다고 볼 여지가 있는 경우라도 그 다음 공판기일에서 피고인과 변호인이 제대로 이의제기하지 않았다면 주신문의 하자는 치유된다.

27

국민참여재판에 관한 다음 설명 중 가장 적절하지 않은 것은?(다툼이 있는 경우 판례에 의함)

① 원심이 국민참여재판으로 진행된 제1심에서 배심원이 만장일치의 의견으로 내린 유죄의 평결을 받아들여 제1심이 유죄를 선고한 부분 중 호별방문 제한 위반 부분과 허위사실공표 부분에 대하여 무죄로 판단하였다고 하더라도 국민의 형사재판 참여에 관한 법률 제46조에 관한 법리를 오해한 잘못이 없다.

② 검사와 변호인은 배심원선정절차에서 각자 이유를 제시하지 아니하는 기피신청(무이유부기피신청)을 할 수 있다. 무이유부기피신청이 있는 때에는 법원은 원칙적으로 당해 배심원후보자를 배심원으로 선정하여서는 아니되지만, 직무를 수행하기 어려운 사정이 전혀 보이지 않는 특별한 경우라면 직권으로 배제결정을 할 수 있다.

③ 국민의 형사재판 참여에 관한 법률은 재판장의 공판기일에서의 최초 설명의무를 규정하고 있는데, 원칙적으로 그 설명의 대상에 검사가 아직 공소장에 의하여 낭독하지 아니한 공소사실 등이 포함된다고 볼 수 없다.

④ 검사와 변호인은 각자 배심원이 9인인 경우에는 5인, 배심원이 7인인 경우에는 4인, 배심원이 5인인 경우는 3인의 범위 내에서 배심원후보자에 대하여 이유를 제시하지 아니하는 무이유부기피신청을 할 수 있다.

28

엄격한 증명의 대상이 되는 것(○)과 그렇지 않은 것(×)을 바르게 연결한 것은?(다툼이 있는 경우 판례에 의함)

⊙ 뇌물죄에서 수뢰액
© 민간인이 군에 입대하여 군인신분을 취득하였는가의 여부
© 참고인진술조서의 증거능력에 관하여 참고인의 진술이 '특히 신빙할 수 있는 상태'하에서 행하여졌다는 사실
② 몰수의 대상이 되는지 여부나 추징액의 인정 등 몰수 · 추징의 사유

---

① ⊙ (○) © (○) © (×) ② (○)
② ⊙ (○) © (○) © (×) ② (×)
③ ⊙ (×) © (○) © (○) ② (×)
④ ⊙ (○) © (×) © (○) ② (○)

29

위법수집증거 배제법칙에 대한 설명 중 가장 적절하지 **않은** 것은?(다툼이 있는 경우 판례에 의함)

① 범죄의 피해자인 검사가 그 사건의 수사에 관여하거나, 압수·수색영장의 집행에 참여한 검사가 다시 수사에 관여하였다는 이유만으로 바로 그 수사가 위법하다거나 그에 따른 참고인이나 피의자의 진술에 임의성이 없다고 볼 수는 없다.

② 사인이 위법하게 수집한 증거에 대해서는 효과적인 형사소추 및 형사소송에서의 진실발견이라는 공익과 개인의 인격적 이익 등의 보호이익을 비교형량하여 그 허용 여부를 결정하여야 한다.

③ 위법수집증거 배제법칙은 헌법 제12조의 적법절차를 보장하기 위한 성격을 가지기 때문에, 자신의 기본권을 침해당한 사람만이 위법수집증거 배제법칙을 주장할 수 있다. 따라서 수사기관이 피고인 아닌 자를 상대로 적법한 절차에 따르지 아니하고 수집한 증거는 원칙적으로 피고인에 대한 유죄 인정의 증거로 삼을 수 있다.

④ 위법하게 수집된 증거에서 파생하는 2차적 증거는 원칙적으로 증거능력이 배제되어야 하지만, 절차에 따르지 않은 증거수집과 2차적 증거수집 사이의 인과관계의 희석 또는 단절여부를 중심으로 2차적 증거수집과 관련된 모든 사정을 전체적·종합적으로 고려하여 예외적인 경우에는 2차적 증거의 증거능력을 인정할 수 있다.

30

자백에 대한 설명 중 가장 적절하지 **않은** 것은?(다툼이 있는 경우 판례에 의함)

① 형사소송법 제309조의 자백배제법칙을 인정하는 것은 자백취득과정에서의 위법성 때문에 그 증거능력을 부정하는 것이므로 만약 자백에서 임의성을 의심할만한 사유가 있으면 그 사유와 자백간의 인과관계가 명백히 없더라도 자백의 증거능력을 부정한다.

② 검사 작성의 피의자신문조서가 사건의 송치를 받은 당일에 작성된 경우, 그와 같은 조서의 작성시기만으로는 그 조서에 기재된 피의자의 자백진술이 임의성 없다고 의심하여 증거능력을 부정할 수 없다.

③ 형사소송법 제309조는 "피고인의 자백이 고문, 폭행, 협박, 신체구속의 부당한 장기화 또는 기망 기타의 방법으로 임의로 진술한 것이 아니라고 의심할 만한 이유가 있을 때에는 이를 유죄의 증거로 하지 못한다."고 규정하고 있는 바, 위 법조에서 규정된 피고인의 진술의 자유를 침해하는 위법사유는 원칙적으로 예시사유로 보아야 한다.

④ 피고인이 수사기관에서 가혹행위 등으로 인하여 임의성 없는 자백을 하고 그 후 법정에서도 임의성 없는 심리상태가 계속되어 동일한 내용의 자백을 하였다면 법정에서의 자백도 임의성 없는 자백이라고 보아야 한다.

31

검사작성 피의자신문조서에 관한 다음 설명 중 옳지 <u>않은</u> 것으로만 묶은 것은?(다툼이 있으면 판례에 의함)

○△✕

> ㉠ 적법한 절차와 방식에 따라 작성될 것을 요구하는 형사소송법 제312조의 해석상 피의자가 검사에게 작성하여 제출한 진술서는 적법한 절차와 방식에 따라 작성된 것으로 볼 수 없으므로 증거능력이 부정된다.
>
> ㉡ 검사가 작성한 피의자신문조서는 적법한 절차와 방식에 따라 작성된 것으로서 공판준비, 공판기일에 그 피의자였던 피고인 또는 변호인이 그 내용을 인정할 때에 한하여 증거로 할 수 있다.
>
> ㉢ 피고인에 대한 검사 작성의 피의자신문조서가 그 내용 중 일부를 가린 채 복사를 한 다음 원본과 상위없다는 인증을 하여 초본의 형식으로 제출된 경우에, 위와 같은 피의자신문조서 초본은 피의자신문조서 원본 중 가려진 부분의 내용이 가려지지 않은 부분과 분리 가능하고 당해 공소사실과 관련성이 있는 경우에만, 그 피의자신문조서의 원본이 존재하거나 존재하였을 것, 피의자신문조서의 원본 제출이 불능 또는 곤란한 사정이 있을 것, 원본을 정확하게 전사하였을 것 등 3가지 요건을 전제로 피고인에 대한 검사 작성의 피의자신문조서 원본과 동일하게 취급할 수 있다.
>
> ㉣ 검사 작성의 피의자신문조서에 작성자인 검사의 서명날인이 되어 있지 아니한 경우 그 피의자신문조서는 공무원이 작성하는 서류로서의 요건을 갖추지 못한 것으로서 무효이고 따라서 이에 대하여 증거능력을 인정할 수 없다고 보아야 할 것이다.
>
> ㉤ 피고인이 검사작성의 공동피고인에 대한 피의자신문조서의 성립의 진정과 임의성을 인정하였다가 그 뒤 이를 부인하는 진술을 하거나 서면을 제출한 경우 그 조서의 증거능력이 언제나 없다고 할 수는 없다.

① ㉠, ㉢

② ㉠, ㉣, ㉤

③ ㉡, ㉢, ㉣

④ ㉡, ㉤

32

디지털 저장매체에 저장되어 있는 피고인 아닌 자가 작성한 문서를 출력하여 제출한 경우, 그 증거능력 인정요건에 대한 설명 중 가장 적절하지 <u>않은</u> 것은?(다툼이 있는 경우 판례에 의함)

○△✕

① 디지털 저장매체의 사용자 및 소유자, 로그기록 등 저장매체에 남은 흔적, 초안 문서의 존재, 작성자만의 암호 사용 여부, 전자서명의 유무 등 객관적 사정에 의하여 동일인이 작성하였다고 볼 수 있다면 그 작성자의 부인에도 불구하고 진정성립을 인정할 수 있다.

② 압수물인 컴퓨터용 디스크 그 밖에 이와 비슷한 정보저장매체에 입력하여 기억된 문자정보 또는 그 출력물을 증거로 사용하기 위해서는 정보저장매체 원본에 저장된 내용과 출력 문건의 동일성이 인정되어야 하고, 이를 위해서는 정보저장매체 원본이 압수 시부터 문건 출력 시까지 변경되지 않았다는 사정, 즉 무결성이 담보되어야 한다.

③ 상업장부나 항해일지, 진료일지 또는 이와 유사한 금전출납부 등과 같이 범죄사실의 인정 여부와는 관계없이 자기에게 맡겨진 사무를 처리한 내역을 그때그때 계속적, 기계적으로 기재한 문서는 사무처리 내역을 증명하기 위하여 존재하는 문서로서 형사소송법 제315조 제2호에 의하여 당연히 증거능력이 인정된다.

④ 디지털 저장매체에 저장된 로그파일의 원본이 아니라 그 복사본의 일부 내용을 요약·정리하는 방식으로 새로운 문서파일이 작성된 경우, 새로 작성한 파일을 출력한 문서는 로그파일의 복사본과 원본의 동일성이 인정되더라도 로그파일 원본의 내용을 증명하는 증거로 사용할 수 없다.

33

전문증거에 대한 설명 중 가장 적절하지 <u>않은</u> 것은? (다툼이 있는 경우 판례에 의함)

① 사법경찰관이 작성한 양벌규정 위반 행위자의 피의자신문조서가 적법한 절차와 방식에 따라 작성된 것이지만, 공판기일에 양벌규정에 의해 기소된 사업주가 그 내용을 증거로 함에 동의하지 않고 그 내용을 부인하였다면 증거로 할 수 없다.

② 어떠한 내용의 진술을 하였다는 사실 자체에 대한 정황증거로 사용될 것이라는 이유로 서류의 증거능력을 인정한 다음 그 사실을 다시 진술내용이나 그 진실성을 증명하는 간접사실로 사용하는 경우에 그 서류는 전문증거에 해당한다.

③ 구속적부심문조서는 법원 또는 법관의 면전에서 작성된 조서로서 법원 또는 법관의 검증의 결과를 기재한 조서이므로 형사소송법 제311조에 따라 당연히 증거능력이 인정된다.

④ 대한민국 법원의 형사사법공조요청에 따라 미합중국 법원의 지명을 받은 수명자(미합중국 검사)가 작성한 피해자 및 공범에 대한 증언녹취서(deposition)는 이를 형사소송법 제315조 소정의 당연히 증거능력이 인정되는 서류로 볼 수 없다.

34

당사자의 동의와 증거능력에 관한 다음 설명 중 가장 적절하지 <u>않은</u> 것은?(다툼이 있는 경우 판례에 의함)

① 피고인이 참고인의 진술조서에 대하여 이견이 없다고 진술하고 공판정에서도 그 진술조서의 기재내용과 부합되는 진술을 하였다 하더라도 증거동의에 대한 명시적 의사표시가 없는 한, 그 진술조서를 증거로 채용하는 데 동의한 것으로 볼 수 없다.

② 피고인이 제1심 법정에서 경찰의 검증조서 가운데 범행 부분만 부동의하고 현장상황 부분에 대해서는 모두 증거로 함에 동의하였다면, 해당 검증조서 가운데 현장상황 부분만을 증거로 채용한 판결에 잘못이 없다.

③ 피고인의 출정 없이 증거조사를 할 수 있는 경우에 피고인이 출정하지 아니한 때에는 피고인의 증거동의가 있는 것으로 간주한다. 단, 대리인 또는 변호인이 출정한 때에는 예외로 한다.

④ 피고인이 출석한 공판기일에서 증거로 함에 부동의 한다는 의견이 진술된 경우에는 그 후 피고인이 출석하지 아니한 공판기일에 변호인만이 출석하여 종전 의견을 번복하여 증거로 함에 동의하였다 하더라도 이는 특별한 사정이 없는 한 효력이 없다.

35

자백에 대한 보강증거에 관한 설명 중 가장 적절하지 않은 것은?(다툼이 있으면 판례에 의함)

① 자백에 대한 보강증거는 피고인의 임의적인 자백사실이 가공적인 것이 아니고 진실하다고 인정될 정도의 증거이면 직접증거이거나 간접증거이거나 보강증거 능력이 있다 할 것이나 적어도 그 증거만으로 객관적 구성요건에 해당하는 사실을 인정할 수 있는 정도는 되어야 한다.

② 형사소송법 제310조 소정의 '피고인의 자백'에 공범인 공동피고인의 진술은 포함되지 아니하므로 공범인 공동피고인의 진술은 다른 공동피고인에 대한 범죄사실을 인정하는 증거로 할 수 있는 것일 뿐만 아니라 공범인 공동피고인들의 각 진술은 상호간에 서로 보강증거가 될 수 있다.

③ 자동차등록증에 차량의 소유자가 피고인으로 등록·기재된 것이 피고인이 그 차량을 운전하였다는 사실의 자백 부분에 대한 보강증거가 될 수 있고 결과적으로 피고인의 무면허운전이라는 전체 범죄사실의 보강증거로 충분하다.

④ 압수된 피해품의 현존사실은 자백의 보강증거가 될 수 있다.

36

재판의 효력에 대한 설명 중 가장 적절하지 않은 것은? (다툼이 있는 경우 판례에 의함)

① 포괄일죄의 관계에 있는 범행일부에 관하여 약식명령이 확정된 경우, 약식명령의 발령시를 기준으로 하여 그 전의 범행에 대하여는 면소의 판결을 하여야 한다.

② 소년법 제32조의 보호처분을 받은 사건과 동일한 사건에 대하여 다시 공소제기가 되었다면 동조의 보호처분은 기판력이 있으므로 이에 대하여 면소판결을 해야 하는 것이지 공소제기절차가 동법 제53조의 규정에 위배하여 무효인 때로 판단하여 공소기각의 판결을 해야 할 것은 아니다.

③ 지방국세청장 또는 세무서장이 조세범칙행위에 대하여 고발을 한 후에 동일한 조세범칙행위에 대하여 통고처분을 하였더라도, 이는 법적 권한 소멸 후에 이루어진 것으로서 특별한 사정이 없는 한 효력이 없고, 조세범칙행위자가 이러한 통고처분을 이행하였더라도 조세범 처벌절차법 제15조 제3항에서 정한 일사부재리의 원칙이 적용될 수 없다.

④ 원래 실체법상 상습사기의 일죄로 포괄될 수 있는 관계에 있는 일련의 사기 범행의 중간에 동종의 죄에 관한 확정판결이 있는 경우에는 그 확정판결에 의하여 원래 일죄로 포괄될 수 있었던 일련의 범행은 그 확정판결의 전후로 분리된다.

37

일부상소에 관한 다음 설명 중 가장 적절하지 <u>않은</u> 것은? (다툼이 있는 경우 판례에 의함)

① 제1심이 단순일죄의 관계에 있는 공소사실의 일부에 대하여만 유죄로 인정한 경우에 피고인만이 항소하여도 그 항소는 그 일죄의 전부에 미쳐서 항소심은 무죄부분에 대하여도 심판할 수 있다.

② 원심이 두 개의 죄를 경합범으로 보고 한 죄는 유죄, 다른 한 죄는 무죄를 각 선고하자 검사가 무죄부분만에 대하여 불복상고 하였다고 하더라도 위 두 죄가 상상적 경합관계에 있다면 유죄부분도 상고심의 심판대상이 된다.

③ 필수적 몰수 또는 추징 요건에 해당하는 사건에서 몰수 또는 추징에 관한 부분만을 불복대상으로 삼아 상소가 제기되었다 하더라도, 상소심으로서는 이를 적법한 상소제기로 다루어야 하나, 상소의 효력은 그 불복대상인 몰수 또는 추징에 관한 부분에 한정된다.

④ 포괄일죄의 관계에 있는 공소사실의 일부에 대하여만 유죄로 인정하고 나머지는 무죄가 선고되어 검사는 위 무죄부분에 대하여 불복상고하고 피고인은 유죄부분에 대하여 상고하지 않은 경우, 원심에서 유죄로 인정된 부분도 상고심에 이심되어 심판의 대상이 된다.

38

불이익변경금지원칙과 관련한 다음 설명 중 가장 적절하지 <u>않은</u> 것은?(다툼이 있는 경우 판례에 의함)

① 피고인이 항소심 선고 이전에 19세에 도달하여 제1심에서 선고한 부정기형을 파기하고 정기형을 선고함에 있어 불이익변경금지 원칙 위반 여부를 판단하는 기준은 부정기형의 장기와 단기의 중간형이 되어야 한다.

② 제1심이 피고인에게 금고 5월의 실형을 선고하였는데, 항소심이 징역 5월, 집행유예 2년, 보호관찰 및 40시간의 수강명령을 선고하였다면 피고인에게 불이익하게 변경된 것이어서 허용되지 아니한다.

③ 징역형의 선고유예를 변경하여 벌금형을 선고하는 것은 피고인에게 불이익하게 변경된 것이어서 허용되지 아니한다.

④ 제1심에서는 청구되지 않았고 항소심에서 처음 청구된 검사의 전자장치부착명령 청구에 대하여 항소심에서 부착명령을 선고하는 것은 불이익변경금지원칙에 위배되지 아니한다.

39

형사소송법상 재심에 대한 설명 중 가장 적절하지 <u>않</u>은 것은?(다툼이 있는 경우 판례에 의함)

① 재심심판절차에서는 특별한 사정이 없는 한 검사가 재심대상사건과 별개의 공소사실을 추가하는 내용응로 공소장을 변경하는 것은 허용되지 않고, 재심대상사건에 일반절차로 진행 중인 별개의 형사사건을 병합하여 심리하는 것도 허용되지 않는다.

② 경합범 관계에 있는 수개의 범죄사실을 유죄로 인정하여 한 개의 형을 선고한 불가분의 확정판결에서 그 일부의 범죄사실에 대하여만 재심청구의 이유가 있는 것으로 인정된 경우에는 재심법원은 수개의 범죄사실 모두를 다시 심리하여 유죄인정을 파기해야 한다.

③ 재심대상판결 확정 후에 형선고의 효력을 상실케 하는 특별사면이 있었다고 하더라도 재심개시결정이 확정되어 재심심판절차를 진행하는 법원은 그 심급에 따라 다시 심판하여 실체에 관한 유·무죄 등의 판단을 해야지, 특별사면이 있음을 들어 면소판결을 하여서는 아니 된다.

④ 재심의 청구를 받은 법원은 필요하다고 인정한 때에는 형사소송법 제431조에 의하여 직권으로 재심청구의 이유에 대한 사실조사를 할 수 있으나, 소송당사자에게 사실조사신청권이 있는 것이 아니다.

40

즉결심판에 대한 다음 설명 중 가장 적절하지 <u>않</u>은 것은?(다툼이 있는 경우 판례에 의함)

① 경찰서장의 청구에 의해 즉결심판을 받은 피고인으로부터 적법한 정식재판의 청구가 있는 경우 경찰서장의 즉결심판청구는 공소제기와 동일한 소송행위이므로 공판절차에 의하여 심판하여야 한다.

② 피고인이 정식재판을 청구한 즉결심판 사건에 대하여 검사가 법원에 사건기록과 증거물을 그대로 송부하지 아니하고 즉결심판이 청구된 위반 내용과 동일성 있는 범죄사실에 대하여 약식명령을 청구하였다면, 이는 공소제기 절차가 법률의 규정에 위반하여 무효인 때 또는 공소가 제기된 사건에 대하여 다시 공소가 제기되었을 때에 해당한다.

③ 정식재판청구서에 청구인의 기명날인이 없는 경우에는 정식재판의 청구가 법령상의 방식을 위반한 것으로서 그 청구를 결정으로 기각하여야 하고, 이는 정식재판의 청구를 접수하는 법원공무원이 청구인의 기명날인이 없는데도 이에 대한 보정을 구하지 아니하고 적법한 청구가 있는 것으로 오인하여 청구서를 접수한 경우에도 마찬가지이다.

④ 경찰서장이 범칙행위에 대하여 통고처분을 한 경우에도 통고처분에서 정한 범칙금 납부기간까지는 원칙적으로 경찰서장은 즉결심판을 청구할 수 있고, 검사도 동일한 범칙행위에 대하여 공소를 제기할 수 있다고 보아야 한다.

제2회   경찰승진 최종모의고사

01   ○△✕

형사절차와 관련하여 헌법에서 명시적으로 규정한 항목을 모두 고른 것은?

> ㉠ 체포·구속적부심사청구권
> ㉡ 일사부재리의 원칙
> ㉢ 증거재판주의
> ㉣ 불이익변경금지원칙
> ㉤ 위법수집증거배제법칙
> ㉥ 자백배제법칙

① ㉠, ㉡, ㉢
② ㉠, ㉡, ㉥
③ ㉠, ㉤, ㉥
④ ㉡, ㉣, ㉤

02   ○△✕

형사소송법의 이념에 대한 설명 중 가장 적절하지 <u>않</u>은 것은?(다툼이 있는 경우 판례에 의함)

① 검사와 피고인 쌍방이 항소한 경우에 1심 선고형기 경과 후 2심 공판이 개정되었다면 이를 위법이라 할 수 있고 신속한 재판을 받을 권리를 박탈한 것이라고 할 수 있다.

② 신속한 재판의 원칙은 주로 피고인의 이익을 보호하기 위한 것이지만 동시에 실체진실의 발견, 소송경제, 재판에 대한 국민의 신뢰와 형벌 목적의 달성과 같은 공공의 이익에도 그 근거를 두고 있다.

③ 소송의 지연을 목적으로 함이 명백한 경우에 기피신청을 받은 법원 또는 법관이 이를 기각할 수 있도록 규정한 형사소송법 제20조 제1항은 헌법상 보장되는 공정한 재판을 받을 권리를 침해하였다고 할 수 없다.

④ 구속사건에 대해서는 법원이 구속기간 내에 재판을 하면 되는 것이고 구속만기 25일을 앞두고 제1회 공판이 있었다 하여 헌법에 정한 신속한 재판을 받을 권리를 침해하였다고 할 수 없다.

03

진술거부권에 대한 설명 중 옳지 <u>않은</u> 것을 모두 고른 것은?(다툼이 있는 경우 판례에 의함)

> ⊙ 진술거부권은 형사책임과 관련하여 형사절차에서 보장되는 것이므로 행정절차나 국회의 조사절차 등에서는 자기에게 불리한 사실을 묵비할 권리가 인정되지 않는다.
> ⓒ 헌법 제12조 제2항은 형사상 자기에게 불리한 진술을 강요당하지 아니한다고 규정하고 있으나, 피고인 또는 피의자는 자기에게 유리한 내용이더라도 그 진술을 거부할 수 있다.
> ⓒ 진술거부권은 형사절차의 피고인 또는 피의자에게 인정되는 권리이므로 피내사자나 참고인에게는 인정되지 않는다.
> ② 재판장은 인정신문을 하기 전에 피고인에게 진술거부권을 고지하여야 하고, 공판기일마다 고지할 필요는 없으나 공판절차를 갱신하는 경우에는 다시 고지하여야 한다.
> ⓜ 군무이탈죄의 공소시효가 완성된 자가 군무이탈자 복귀명령을 준수하지 않았다는 이유로 명령위반죄로 처벌하는 경우 복귀명령은 군무이탈자에 대하여 형사상 자기에게 불리한 진술을 강요당하지 아니할 권리의 본질적 내용을 침해하는 것이 아니다.

① ⊙, ⓒ   ② ⊙, ⓒ

③ ⓒ, ②   ④ ②, ⓜ

04

관할에 관한 다음 설명 중 가장 적절하지 <u>않은</u> 것은? (다툼이 있는 경우 판례에 의함)

① 동일사건이 사물관할을 달리하는 수개의 법원에 계속된 때에는 법원합의부가 심판한다.

② 동일사건이 사물관할을 같이하는 수개의 법원에 계속된 때에는 먼저 공소를 받은 법원이 심판한다. 단, 각 법원에 공통되는 직근 상급법원은 검사 또는 피고인의 신청에 의하여 결정으로 뒤에 공소를 받은 법원으로 하여금 심판하게 할 수 있다.

③ 형사피고사건에 대한 법원의 소년부송치 결정은 형사소송법 제403조가 규정하는 판결 전의 소송절차에 관한 결정에 해당하는 것이 아니므로, 이 결정에 대하여 불복이 있을 때에는 같은 법 제402조에 의한 항고를 할 수 있다고 보아야 할 것이다.

④ 피고인이 군인이라는 사실이 인정되면 재판권이 없기 때문에 공소기각의 판결을 하여야 한다.

05

☐○ △ ✕

필요적 변호사건에 관한 설명 중 적절하지 <u>않은</u> 것은? (다툼이 있으면 판례에 의함)

① 피고인이 구인을 위한 구속영장에 의해 구속되었고 문맹인 경우에는 제33조 제1항(필요국선) 규정에 따라 법원은 피고인에게 변호인이 없는 경우 국선변호인을 선정해주어야 한다.

② 법원이 국선변호인을 반드시 선정해야 하는 사유로 형사소송법 제33조 제1항 제5호에서 정한 '피고인이 심신장애의 의심이 있는 때'란 진단서나 정신감정 등 객관적인 자료에 의하여 피고인의 심신장애 상태를 확신할 수 있거나 그러한 상태로 추단할 수 있는 근거가 있는 경우는 물론, 범행의 경위, 범행의 내용과 방법, 범행 전후 과정에서 보인 행동 등과 아울러 피고인의 연령·지능·교육 정도 등 소송기록과 소명자료에 드러난 제반 사정에 비추어 피고인의 의식상태나 사물에 대한 변별능력, 행위통제 능력이 결여되거나 저하된 상태로 의심되어 피고인이 공판심리단계에서 효과적으로 방어권을 행사하지 못할 우려가 있다고 인정되는 경우를 포함한다.

③ 필요적 변호사건에서 변호인 출석 없이 실체적 심리가 이루어진 경우 그 심리절차는 무효이지만, 그 이외의 절차에서 적법하게 이루어진 소송행위까지 모두 무효라고 볼 수는 없다.

④ 피고인이 필요적 변호사건인 A죄(폭처법위반)로 기소된 후 B죄(사기죄)의 약식명령에 대해 정식재판을 청구하여 제1심에서 모두 유죄판결을 받고 항소하였는데, 항소심이 국선변호인을 선정하지 아니한 채 두 사건을 병합·심리하여 항소기각 판결을 선고한 경우, 변호인의 관여 없이 공판절차를 진행한 위법은 사기죄 부분에도 미친다.

06

☐○ △ ✕

다음 형사소송법의 규정 중 적절하지 <u>않은</u> 것은?

① 검사와 사법경찰관은 수사, 공소제기 및 공소유지에 관하여 서로 협력하여야 한다.

② 검사는 사법경찰관이 신청한 영장의 청구 여부 결정에 관하여 필요한 경우에 사법경찰관에게 보완수사를 요구할 수 있다.

③ 검사는 사법경찰관과 동일한 범죄사실을 수사하게 된 때에는 사법경찰관에게 사건을 송치할 것을 요구할 수 있다. 이에 요구를 받은 사법경찰관은 지체없이 검사에게 사건을 송치하여야 한다. 또한 검사가 영장을 청구하기 전에 동일한 범죄사실에 관하여 사법경찰관이 영장을 신청한 경우에도 사건을 검사에게 송치하여야 한다.

④ 검사가 사법경찰관이 신청한 영장을 정당한 이유 없이 판사에게 청구하지 아니한 경우 사법경찰관은 그 검사 소속의 지방검찰청 소재지를 관할하는 고등검찰청에 영장청구 여부에 대한 심의를 신청할 수 있다.

07

고소권자에 대한 설명 중 가장 적절하지 **않은** 것은?(다툼이 있는 경우 판례에 의함)

① 형사소송법 제225조 제1항이 규정한 법정대리인의 고소권은 무능력자의 보호를 위하여 법정대리인에게 주어진 고유권이므로, 법정대리인은 피해자의 고소권 소멸 여부에 관계없이 고소할 수 있고, 이러한 고소권은 피해자의 명시한 의사에 반하여도 행사할 수 있다.

② 모자관계는 호적에 입적되어 있는 여부와는 관계없이 자의 출생으로 법률상 당연히 생기는 것이므로 생모와 그 자의 자 사이에도 법률상 친족관계가 있다 할 것인바, 피고인의 생모가 피고인의 그 딸에 대한 강제추행 등 범죄사실에 대하여 고소를 제기한 것은 형사소송법 제226조 소정의 피해자의 친족에 의한 피해자의 법정대리인에 대한 적법한 고소라 할 것이다.

③ 법원이 선임한 부재자 재산관리인이 그 관리대상인 부재자의 재산에 대한 범죄행위에 관하여 법원으로부터 고소권 행사에 관한 허가를 얻은 경우에도 부재자 재산관리인은 형사소송법 제225조 제1항에서 정한 법정대리인이 아니므로 적법한 고소권자에 해당한다고 볼 수 없다.

④ 친고죄에 대하여 고소할 자가 없는 경우에 이해관계인의 신청이 있으면 검사는 10일 이내에 고소할 수 있는 자를 지정하여야 한다.

08

고소의 취소에 대한 설명 중 가장 적절한 것은?(다툼이 있는 경우 판례에 의함)

① 피고인이 제1심 판결선고 전에 제출한 '합의서'에 피해자가 처벌을 희망하지 않는다는 내용이 기재되어 있고, 원심에 제출한 '합의서 및 처벌불원서'에는 피해자가 제1심에서 피고인을 용서하고 합의서를 작성하여 주었다는 내용이 있지만, 피해자가 제1심 판결선고 전에 처벌희망 의사표시를 철회하였다고 볼 수는 없다.

② 특허를 무효로 하는 심결이 확정된 때에는 그 특허권은 처음부터 없었던 것으로 보게 되므로, 무효심결 확정 전의 고소라 하더라도 그러한 특허권에 기한 고소는 무효심결이 확정되면 고소권자에 의한 적법한 고소로 볼 수 없다 할 것이다.

③ 고소는 대리인을 통해서 할 수 있지만, 고소의 취소는 대리가 허용되지 않는다.

④ 검사가 작성한 피해자에 대한 진술조서에 "법대로 처벌하여 주시기 바랍니다."라고 기재되어 있고, "더 할 말이 없나요?"라는 물음에 "젊은 사람들이니 한번 기회를 주시면 감사하겠습니다."라고 조서에 기재되었다면 처벌의사를 철회한 것으로 볼 수 있다.

09

임의동행에 대한 설명 중 가장 적절하지 <u>않은</u> 것은? (다툼이 있는 경우 판례에 의함)

① 경찰관 직무집행법상 보호조치 요건이 갖추어지지 않았음에도, 경찰관이 실제로는 범죄수사를 목적으로 피의자에 해당하는 사람을 피구호자로 삼아 그의 의사에 반하여 경찰관서에 데려간 행위는, 달리 현행범체포나 임의동행 등의 적법 요건을 갖추었다고 볼 사정이 없다면, 위법한 체포에 해당한다.

② 피고인이 경찰관으로부터 음주측정을 위해 경찰서에 동행할 것을 요구받고 자발적인 의사에 의해 순찰차에 탑승하였고, 경찰서로 이동하던 중 하차를 요구한 바 있으나 그 직후 경찰관으로부터 수사 과정에 관한 설명을 듣고 경찰서에 빨리 가자고 요구한 경우, 피고인에 대한 임의동행은 피고인의 자발적인 의사에 의하여 이루어졌다고 하더라도 그 후에 이루어진 음주측정결과는 증거능력이 없다.

③ 음주측정요구를 위한 위법한 체포와 그에 이은 음주측정요구는 주취운전이라는 범죄행위에 대한 증거수집을 위하여 연속하여 이루어진 것으로서 개별적으로 그 적법 여부를 평가하는 것은 적절하지 않으므로 그 일련의 과정을 전체적으로 보아 위법한 음주측정요구가 있었던 것으로 볼 수밖에 없다.

④ 임의동행은 경찰관 직무집행법 제3조 제2항에 따른 행정경찰 목적의 경찰활동으로 행하여지는 것 외에도 형사소송법 제199조 제1항에 따라 범죄수사를 위하여 수사관이 동행에 앞서 피의자에게 동행을 거부할 수 있음을 알려 주었거나 동행한 피의자가 언제든지 자유로이 동행과정에서 이탈 또는 동행장소로부터 퇴거할 수 있었음이 인정되는 등 오로지 피의자의 자발적인 의사에 의하여 이루어진 경우에도 가능하다.

10

변호인의 피의자신문참여권에 대한 설명 중 가장 적절하지 <u>않은</u> 것은?(다툼이 있으면 판례에 의함)

① 검사 또는 사법경찰관은 피의자신문에 참여한 변호인이 피의자의 옆자리 등 실질적인 조력을 할 수 있는 위치에 앉도록 해야 하고, 정당한 사유가 없으면 피의자에 대한 법적인 조언·상담을 보장해야 하며, 법적인 조언·상담을 위한 변호인의 메모를 허용해야 한다.

② 피의자가 변호인을 자신의 범죄행위에 공범으로 가담시키려고 하였다는 등의 사정만으로도 그 변호인의 피의자신문참여권을 제한할 수 있다.

③ 수사기관 등이 부당하게 법무법인 소속 변호사의 피의자에 대한 접견이나 피의자신문 참여를 제한 내지 거부하는 처분을 하였다면, 그러한 처분의 직접 상대방은 당해 법무법인이라고 할 것이고, 따라서 형사소송법 제417조에 의하여 그 처분의 취소 또는 변경을 청구할 수 있는 자는 당해 법무법인이라고 할 것이므로, 법무법인 소속 담당변호사 개인에게는 그 처분의 취소 또는 변경을 청구할 수 있는 준항고인 적격이 있다고 할 수 없다.

④ 구금된 피의자는 원칙적으로 보호장비 착용을 강제당하지 않을 권리를 가진다. 검사는 조사실에서 피의자를 신문할 때 해당 피의자에게 특별한 사정이 없는 이상 교도관에게 보호장비의 해제를 요청할 의무가 있다.

11

영장에 대한 다음 설명 중 가장 적절하지 <u>않은</u> 것은? (다툼이 있는 경우 판례에 의함)

① 수사기관의 청구에 의하여 발부하는 구속영장의 법적 성격은 수사기관에 대한 명령장으로 보아야 한다.

② 체포영장 및 구속영장의 경우 영장을 소지하지 않은 경우에 급속을 요하는 때에는 피의자에 대하여 피의사실의 요지와 영장 발부를 고지하고 집행할 수 있다.

③ 영장 제시에 있어 제시되는 영장은 정본이어야 하고, 사본의 제시는 위법하다.

④ 범죄사실 및 피의자, 인치구금할 장소 및 압수·수색·검증의 대상은 구체적으로 특정되어야 한다.

12

현행범인 체포에 대한 설명 중 가장 적절하지 <u>않은</u> 것은? (다툼이 있는 경우 판례에 의함)

① 현행범인 체포의 요건을 갖추었는지 여부는 체포 당시의 상황을 기초로 판단하여야 하고, 이에 관한 검사나 사법경찰관 등 수사주체의 판단에는 상당한 재량의 여지가 있지만, 체포 당시의 상황으로 볼 때 그 요건의 충족 여부에 관한 검사나 사법경찰관 등의 판단이 경험칙에 비추어 현저히 합리성을 잃은 경우 그 체포는 위법하다고 보아야 한다.

② 차를 손괴하고 도망하려는 자를 체포함에 있어 멱살을 잡고 흔들어 피해자에게 전치 14일의 흉부 찰과상을 입게 된 사실이 인정되더라도 그것은 사회통념상 허용되는 행위라고 볼 것이므로 현행범인에 대한 체포는 정당하다.

③ 현행범인으로 체포하기 위하여는 행위의 가벌성, 범죄의 현행성·시간적 접착성, 범인·범죄의 명백성이 있어야 하고, 이외에 도망 또는 증거인멸의 염려가 있어야 하는 것은 아니다.

④ 현행범인 체포의 적법성과 관련하여 체포사유의 판단은 현행범인체포서에 기재된 죄명에 의하여야만 판단하여야 할 것은 아니다.

13

구속제도에 대한 다음 설명 중 가장 적절한 것은?(다툼이 있는 경우에는 판례에 의함)

① 피의자에 대한 구속영장의 제시와 집행이 그 발부 시로부터 정당한 사유 없이 시간이 지체되어 이루어졌다고 하더라도 구속영장이 그 유효기간 내에 집행되었다면 위 기간 동안의 체포 내지 구금 상태는 위법한 것은 아니다.

② 구속영장을 청구받은 지방법원 판사는 체포된 피의자에 대하여 지체없이 피의자를 심문하여야 하나, 체포되지 않은 피의자에 대하여는 직권으로 심문 여부를 결정한다.

③ 이미 구속된 피고인에 대한 구속기간이 만료될 무렵 종전의 구속영장에 기재된 범죄사실과 다른 사실로 피고인을 구속하였다는 사정만으로는 위법하다고 할 수 없다.

④ 구속되었다가 석방된 피의자 또는 피고인은 다른 중요한 증거가 발견된 경우가 아니면 동일한 범죄사실에 관하여 재차 구속하지 못한다.

14

체포·구속적부심사에 대한 설명 중 가장 적절하지 <u>않은</u> 것은?(다툼이 있는 경우 판례에 의함)

① 체포영장 또는 구속영장을 발부한 법관은 심문·조사·결정에 관여하지 못한다. 다만, 체포영장 또는 구속영장을 발부한 법관 외에는 심문·조사·결정할 판사가 없는 경우에는 그러하지 아니하다.

② 구속적부심사절차와 달리 체포적부심사절차에서는 보증금납입조건부 피의자석방결정을 할 수 없다.

③ 구속적부심사청구에 대한 법원의 결정에는 기각결정과 석방결정, 보증금납입조건부 석방결정이 있으며, 검사와 피의자는 이와 같은 법원의 결정에 대해 항고할 수 없다.

④ 체포·구속적부심사청구에 대한 법원의 결정은 체포 또는 구속된 피의자에 대한 심문이 종료된 때로부터 24시간 이내에 이를 하여야 한다.

15

압수 · 수색영장의 집행에 관한 설명 중 가장 적절하지 <u>않은</u> 것은?(다툼이 있는 경우 판례에 의함)

① 압수 · 수색영장은 처분을 받는 자에게 반드시 제시하여야 하고, 처분을 받는 자가 피고인인 경우에는 그 사본을 교부하여야 한다. 다만, 처분을 받는 자가 현장에 없는 등 영장의 제시나 그 사본의 교부가 현실적으로 불가능한 경우 또는 처분을 받는 자가 영장의 제시나 사본의 교부를 거부한 때에는 예외로 한다.

② 압수 · 수색영장을 집행하는 수사기관은 피압수자로 하여금 법관이 발부한 영장에 의한 압수 · 수색이라는 사실을 확인함과 동시에 형사소송법이 압수 · 수색영장에 필요적으로 기재하도록 정한 사항이나 그와 일체를 이루는 사항을 충분히 알 수 있도록 압수 · 수색영장을 제시하여야 한다.

③ 압수된 정보의 상세목록에는 정보의 파일명세가 특정되어 있어야 하고, 수사기관은 이를 출력한 서면을 교부하거나 전자파일 형태로 복사해 주거나 이메일을 전송하는 등의 방식으로도 할 수 있다.

④ 전자정보에 대한 압수 · 수색영장의 집행에 있어서는 원칙적으로 그 저장매체 자체를 직접 또는 하드카피나 이미징 등 형태로 수사기관 사무실 등 외부로 반출하는 것은 허용된다.

16

압수 · 수색에 관한 설명 중 가장 적절하지 <u>않은</u> 것은? (다툼이 있는 경우 판례에 의함)

① 검사가 공소제기 후 형사소송법 제215조에 따라 수소법원 이외의 지방법원 판사에게 청구하여 발부받은 영장에 의하여 압수 수색을 하였다면, 그와 같이 수집된 증거는 기본적 인권 보장을 위해 마련된 적법한 절차에 따르지 않은 것으로서 원칙적으로 유죄의 증거로 삼을 수 없다.

② 피고인 이외의 제3자의 소유에 속하는 물건의 경우, 몰수를 선고한 판결의 효력은 원칙적으로 몰수의 원인이 된 사실에 관하여 유죄의 판결을 받은 피고인에 대한 관계에서 그 물건을 소지하지 못하게 하는 데 그치고, 그 사건에서 재판을 받지 아니한 제3자의 소유권에 어떤 영향을 미치는 것은 아니다.

③ 법관의 서명날인란에 서명만 있고 날인이 없는 압수 · 수색영장이라 하더라도 야간집행을 허가하는 판사의 수기와 날인, 영장 앞면과 별지 사이에 판사의 간인이 있어 법관의 진정한 의사에 따라 발부되었다는 점이 외관상 분명한 경우라면 그 영장은 적법하게 발부된 것으로 볼 수 있다.

④ 수사기관이 제출자의 의사를 쉽게 확인할 수 있음에도 이를 확인하지 않은 채 특정 범죄혐의사실과 관련된 전자정보와 그렇지 않은 전자정보가 혼재된 정보저장매체를 임의제출받은 경우, 그 정보저장매체에 저장된 전자정보 전부가 임의제출되어 압수된 것으로 취급할 수는 없다.

17

영장에 의하지 아니한 강제처분에 대한 설명 중 가장 적절하지 <u>않은</u> 것은?(다툼이 있는 경우 판례에 의함)

① 피의자가 휴대전화를 임의제출하면서 휴대전화에 저장된 전자정보가 아닌 클라우드 등 제3자가 관리하는 원격지에 저장되어 있는 전자정보를 수사기관에 제출한다는 의사로 수사기관에게 클라우드 등에 접속하기 위한 아이디와 비밀번호를 임의로 제공하였다면 위 클라우드 등에 저장된 전자정보를 임의제출하는 것으로 볼 수 있다.

② 사법경찰관 작성의 검증조서의 작성이 범죄현장에서 급속을 요한다는 이유로 압수수색 영장없이 행하여졌는데 그 후 법원의 사후영장을 받은 흔적이 없다면 유죄의 증거로 쓸 수 없다.

③ 긴급체포된 자가 소유·소지 또는 보관하는 물건을 영장 없이 압수한 이후 이 물건을 계속 압수할 필요가 있는 경우 사법경찰관은 압수한 때부터 48시간 이내에 압수·수색영장을 청구하여야 한다.

④ 교통사고를 가장한 살인사건의 범행일로부터 약 3개월 가까이 경과한 후 범죄에 이용된 승용차의 일부분인 강판조각이 범행 현장에서 발견된 경우 이 강판조각은 형사소송법 제218조에 규정된 유류물에 해당하므로 영장 없이 압수할 수 있다.

18

수사의 종결처분에 대한 설명 중 가장 적절하지 <u>않은</u> 것은?(다툼이 있는 경우 판례에 의함)

① 검사는 고소 또는 고발있는 사건에 관하여 공소제기, 불기소, 공소취소 또는 타관송치의 처분을 한 때에는 그 처분한 날로부터 7일 이내에 서면으로 고소인 또는 고발인에게 그 취지를 통지하여야 한다.

② 검사는 고소 또는 고발있는 사건에 관하여 공소를 제기하지 아니하는 처분을 한 경우에 고소인 또는 고발인의 청구가 있는 때에는 7일 이내 고소인 또는 고발인에게 그 이유를 서면으로 설명하여야 한다.

③ 검사의 불기소결정에 대해서는 검찰청법에 의한 항고와 재항고, 형사소송법에 의한 재정신청에 의해서만 불복할 수 있는 것이므로, 이에 대해서는 행정소송법상 항고소송을 제기할 수 없다.

④ 검사의 불기소처분이 있는 경우 일사부재리의 원칙이 적용되므로 다시 공소를 제기할 수 없다.

19

다음 사례와 관련한 설명 중 가장 적절하지 **않은** 것은? (다툼이 있으면 판례에 의함)

> 甲은 상해죄로 乙을 서울중앙지방검찰청에 고소하였으나 담당검사 A는 혐의없음(증거불충분) 결정을 하였다. 甲은 A의 결정에 대하여 항고를 하였으며, 서울고등검찰청 담당검사 B는 수사가 미진하였다는 이유로 재기수사명령을 내렸다. 재기수사명령에 따라 서울중앙지방검찰청 검사 C는 재수사를 하였지만 역시 증거가 없다는 이유로 B의 승인을 얻어 다시 혐의없음(증거불충분) 결정을 하였다.

① 甲은 검사 C의 처분에 대하여 바로 재정신청을 할 수 있다.

② 만일 甲의 재정신청에 대해 서울고등법원이 공소제기결정을 내린 경우, 이에 따라 진행된 甲에 대한 1심 공판절차에서 검사는 공소취소를 할 수 없다.

③ 만일 甲이 乙을 최초 서울중앙지방검찰청에 고소하면서 상해죄외 사기죄를 고소장에 적었으나 사기죄에 대해서는 실제로 수사가 이루어지지 않았고 명시적인 불기소처분도 없었던 경우라면, 甲이 상해죄의 불기소처분에 대해 제기한 재정신청절차에서 서울고등법원이 재정신청기각결정을 하였다 하더라도 검사는 甲의 사기죄에 대해서는 다른 중요한 증거가 존재하느냐를 불문하고 수사를 재개하여 공소제기를 할 수 있다.

④ 법원은 심리결과 乙의 혐의가 인정되지만 甲이 먼저 싸움을 걸었고, 상해정도가 비교적 경미한 점 등 기소유예처분을 할 만한 사건이라고 인정되더라도 검사 C의 혐의없음 처분 자체가 잘못된 것인 이상 재정신청기각결정은 할 수 없다.

20

공소시효에 관한 다음 설명 중 가장 적절한 것은?(다툼이 있으면 판례에 의함)

① 공소시효를 정지·연장·배제하는 내용의 특례조항을 신설하면서 소급적용에 관한 명시적인 경과규정을 두지 아니한 경우에도 그 조항을 소급하여 적용할 수 있다고 볼 것인지에 관하여는 이를 해결할 보편타당한 일반원칙이 존재한다.

② 구 수산업협동조합법 제178조 제5항 본문은 "제1항 내지 제4항에 규정된 죄의 공소시효는 해당 선거일 후 6월(선거일 후에 행하여진 죄는 그 행위가 있는 날부터 6월)을 경과함으로써 완성한다."라고 규정하고 있는데, 여기서 선거일까지 발생한 범죄의 공소시효 기산일인 '선거일 후'는 '선거일 다음 날'이 아니라 '선거일 당일'을 의미한다.

③ 형사소송법 제253조 제3항의 '범인이 형사처분을 면할 목적으로 국외에 있는 경우'는 범인이 국내에서 범죄를 저지르고 형사처분을 면할 목적으로 국외로 도피한 경우에 한정되고, 범인이 국외에서 범죄를 저지르고 형사처분을 면할 목적으로 국외에서 체류를 계속하는 경우는 포함되지 않는다.

④ 피고인이 출국에 필요한 유효한 증명없이 일본으로 밀항하였다고 하여 밀항단속법 위반으로 기소된 경우, 제반 사정에 비추어 피고인이 형사처분을 면할 목적으로 일본에 있었다고 인정하기에 부족하여 공소시효 진행이 정지되지 않았다고 볼 것이다.

21

공소사실의 특정과 관련한 설명 중 적절하지 <u>않은</u> 것은? (다툼이 있는 경우 판례에 의함)

① 공소장에 피고인의 계주가 조직한 낙찰계의 조직일자, 구좌, 계금과 계원들에게 분배하여야 계금이 특정되어 있고 피해자인 계원들의 성명과 피해자별 피해액만이 명확하지 아니한 경우에는 법원은 검사에게 석명을 구하여 만약 이를 명확하게 하지 아니한 경우에 공소사실의 불특정을 이유로 공소기각을 할 것이다.

② 피고인의 모발검사결과와 투약대상자인 여자청소년 乙의 진술을 토대로 피고인이 마약류취급자가아니면서 2010년 1월에서 3월 사이 일자불상 03:00경 서산시 소재 상호불상의 모텔에서, 甲과공모하여 여자 청소년 乙에게 메스암페타민(일명 필로폰)을 투약하였다고 공소사실을 기재한 경우는 공소장이 특정되었다고 볼 수 없다.

③ 피고인의 미성년자의제강간제와 미성년자의제강제추행죄에 대한 공소사실을 1980.12. 일자불상경부터 1981.9.5.경까지 사이에 미성년인 피해자를 협박하여 약 20여회의 강간 또는 강제추행하였다는 식으로 기재한 경우라면 공소장이 특정되었다고 볼 수 없다.

④ 피고인들이 불특정 다수 인터넷 이용자들의 컴퓨터에 자신들의 프로그램을 설치하여 경쟁업체 프로그램이 정상적으로 사용되거나 설치되지 못하도록 함으로써 인터넷 이용자들의 인터넷 이용에 관한 업무를 방해하였다고 하여 '컴퓨터 등 장애업무방해'로 공소사실을 기재하였다면, 공소장이 특정되었다고 볼 수 없다.

22

공소장변경에 대한 설명 중 가장 적절하지 <u>않은</u> 것은? (다툼이 있는 경우 판례에 의함)

① 실체적 경합범 관계에 있는 사기 공소사실과 범죄단체 공소사실은 범행일시, 행위태양, 공모관계 등 범죄사실의 내용이 다르고, 그 죄질에도 현저한 차이가 있어 위 두 공소사실은 동일성이 없으므로, 공소장변경절차에 의하여 사기 공소사실에 위 범죄단체 공소사실을 추가하는 취지의 공소장변경은 허가될 수 없다.

② 항소심법원이 변론기일에 변론을 종결하였다가 그 후 변론을 재개하여 심리를 속행한 다음 직권으로 증인을 심문한 뒤 검사의 공소장변경 신청을 허가하였다고 하더라도 이와 같은 항소심의 조처는 형사소송법의 절차나 규정에 위반하였다고 볼 수 없다.

③ 피고인이 재정하는 공판정에서 피고인에게 이익이 되거나 피고인이 동의하는 예외적인 경우에 한하여 법원은 구술에 의한 공소장변경을 허가할 수 있다.

④ 법원의 공소장변경요구는 법원의 의무이므로, 법원이 검사에게 공소장변경을 요구하지 않고 무죄판결을 한 때에는 심리미진의 위법이 인정된다.

23

형사소송법상 공판준비절차에 관한 다음 설명 중 가장 적절하지 <u>않은</u> 것은?

① 법원은 필요하다고 인정하는 때에는 피고인을 소환할 수 있으며, 피고인은 법원의 소환이 없는 때에도 공판준비기일에 출석할 수 있다.

② 공판준비기일은 원칙적으로 비공개한다.

③ 법원은 피고인이 출석하지 아니하는 경우 상당하다고 인정하는 때에는 검사와 변호인의 의견을 들어 비디오 등 중계장치에 의한 중계시설을 통하거나 인터넷 화상장치를 이용하여 공판준비기일을 열 수 있다.

④ 법원은 필요하다고 인정한 때에는 직권 또는 검사, 피고인이나 변호인의 신청에 의하여 결정으로 종결한 공판준비기일을 재개할 수 있다.

24

피고인의 출석에 관한 다음 설명 중 가장 적절하지 <u>않</u>은 것은?(다툼이 있는 경우 판례에 의함)

① 장기 3년 이하의 징역 또는 금고, 다액 500만 원을 초과하는 벌금 또는 구류에 해당하는 사건에서 피고인의 불출석허가신청이 있어 법원이 허가한 사건은 판결을 선고하는 공판기일에 피고인의 출석을 요하지 아니한다.

② 공소기각 또는 면소의 재판을 할 것이 명백한 사건에 해당하는 사건에 관하여는 피고인의 출석을 요하지 아니한다. 이 경우 피고인은 대리인을 출석하게 할 수 있다.

③ 피고인이 출석하지 아니하면 개정하지 못하는 경우에 피고인의 출석 없이 공판절차를 진행하기 위해서는 단지 구속된 피고인이 정당한 사유 없이 출석을 거부하였다는 것만으로는 부족하고 더나아가 교도관에 의한 인치가 불가능하거나 현저히 곤란하다고 인정되어야 한다.

④ 항소심 공판기일에 증거조사가 종료되자 변호인이 피고인을 신문하겠다는 의사를 표시하였으나, 재판장이 일체의 피고인신문을 불허하고 변호인에게 주장할 내용을 변론요지서로 제출할 것을 명령하면서 변론을 종결한 것은 위법하다.

25

증거조사에 관한 다음 설명 중 가장 적절하지 <u>않</u>은 것은?(다툼이 있는 경우 판례에 의함)

① 증거신청은 검사가 먼저 이를 한 후 다음에 피고인 또는 변호인이 이를 한다.

② 피고인이 공시송달의 방법에 의한 공판기일의 소환을 2회 이상 받고도 출석하지 아니하여 법원이 피고인의 출정 없이 증거조사를 하는 경우 피고인의 진의와 관계없이 증거동의가 있는 것으로 간주된다.

③ 다른 증거나 증인의 진술에 비추어 추가 증거조사를 할 필요가 있는 등 특별한 사정이 있고 증인에 대한 소재탐지나 구인장 발부가 가능하다 하더라도, 증거결정은 법원의 재량사항이므로 불출석한 핵심 증인에 대하여 소재탐지나 구인장 발부 없이 증인채택 결정을 취소하는 것을 위법하다고 할 수 없다.

④ 증인은 법원이 직권에 의하여 신문할 수도 있고 증거의 채부는 법원의 직권에 속하는 것이므로 피고인이 철회한 증인을 법원이 직권신문하고 이를 채증하더라도 위법이 아니다.

26

증인신문에 대한 설명 중 적절하지 <u>않은</u> 것을 모두 고른 것은?(다툼이 있는 경우 판례에 의함)

○△×

> ㉠ 형사소송법 제148조의 '형사소추'는 증인이 이미 저지른 범죄사실에 대한 것 이외에 증인의 증언에 의하여 비로소 범죄가 성립하는 경우도 포함하므로, 후자의 경우에도 그 증언은 증언거부권 고지의 대상이 된다.
> ㉡ 상호 간 폭행죄로 기소되어 병합심리 중인 공동피고인은 다른 피고인과의 관계에서는 증인의 지위가 인정되므로, 선서 없이 한 공동피고인의 법정진술을 다른 피고인의 공소범죄사실을 인정하는 증거로 할 수 없다.
> ㉢ 선서무능력자가 선서를 하고 증언을 한 경우, 그 선서는 무효가 되고 이후의 증인신문도 무효로 되어 증언 자체의 효력이 부정된다.
> ㉣ 자신에 대한 유죄판결이 확정된 증인이 공범에 대한 피고사건에서 증언할 당시 앞으로 재심을 청구할 예정이라면, 자기부죄(自己負罪)의 강요금지라는 형사소송법 제148조의 취지에 따라 증언거부권이 인정된다.

① ㉠, ㉡, ㉢
② ㉠, ㉡, ㉣
③ ㉠, ㉢, ㉣
④ ㉡, ㉢, ㉣

27

국민참여재판에 관한 설명 중 가장 적절하지 <u>않은</u> 것은? (다툼이 있는 경우 판례에 의함)

○△×

① 검사와 변호인은 각자 배심원이 9인인 경우에는 5인, 배심원이 7인인 경우에는 4인, 배심원이 5인인 경우에는 3인의 범위 내에서 배심원후보자에 대하여 이유를 제시하지 아니하는 무이유부기피신청을 할 수 있다.

② 법원은 공소제기 후부터 공판준비기일이 종결된 날까지 국민참여재판을 하지 아니하기로 하는 결정을 할 수 있다.

③ 국민의 형사재판 참여에 관한 법률에 의하면 제1심 법원이 국민참여재판 대상사건을 피고인의 의사에 따라 국민참여재판으로 진행함에 있어 별도의 국민참여재판 개시결정을 할 필요는 없고, 그에 관한 이의가 있어 제1심 법원이 국민참여재판으로 진행하기로 하는 결정에 이른 경우 이는 판결 전의 소송절차에 관한 결정에 해당하며, 그에 대하여 특별히 즉시항고를 허용하는 규정이 없으므로 위 결정에 대하여는 항고할 수 없다.

④ 재판장이 최종 설명 때 공소사실에 관한 설명을 일부 빠뜨렸거나 미흡하게 한 잘못이 있어도, 그 전까지 아무런 하자가 없던 소송행위 전부를 무효로 할 정도로 판결에 영향을 미친 위법이라고 단정해서는 안 된다.

28

엄격한 증명에 대한 설명 중 가장 적절한 것은?(다툼이 있는 경우 판례에 의함)

① 대한민국 영역 외에서 대한민국 국민에 대하여 범죄를 저지른 외국인에 대하여 우리나라 형법을 적용하여 처벌함에 있어 행위지의 법률에 의하여 범죄를 구성하는지는 엄격한 증명을 요한다.

② 공연성은 명예훼손죄의 구성요건으로서, 특정 소수에 대한 사실적시의 경우 공연성이 부정되는 유력한 사정이 될 수 있으므로, 전파될 가능성에 관하여는 검사의 엄격한 증명이 필요하지 않다.

③ 횡령한 재물의 가액이 특정경제범죄 가중처벌 등에 관한 법률의 적용 기준이 되는 하한 금액을 초과한다는 점은 엄격한 증명을 요하지 않는다.

④ 특정범죄가중처벌 등에 관한 법률 제5조의9 제1항 위반죄의 '보복의 목적'이 행위자에게 있었다는 점은 엄격한 증명을 요하지 아니한다.

29

증거능력에 관한 설명 중 가장 적절한 것은?(다툼이 있는 경우 판례에 의함)

① 강도 현행범으로 체포된 피고인에게 진술거부권을 고지하지 아니한 채 강도범행에 대한 자백을 받았다면 그 이후 진술거부권을 고지받고 40여 일이 지난 후 공개된 법정에서 변호인의 조력을 받으며 임의로 이루어진 피고인의 자백이라도 위법한 자백에 기초하여 획득한 2차적 증거이므로 증거로 사용할 수 없다.

② 검사가 조사과정에서 피의자의 진술을 진술조서의 형식으로 작성한 경우 이는 피의자신문조서와 다르므로 피의자에게 진술거부권을 고지할 필요는 없고, 고지하지 않고 작성된 위 진술조서라도 증거능력이 있다.

③ 선거관리위원회 위원·직원이 관계인에게 진술이 녹음된다는 사실을 미리 알려 주지 아니한 채 진술을 녹음하였다면, 그와 같은 조사절차에 의하여 수집한 녹음파일 내지 그에 터 잡아 작성된 녹취록은 형사소송법 제308조의2에서 정하는 '적법한 절차에 따르지 아니하고 수집한 증거'에 해당하여 원칙적으로 유죄의 증거로 쓸 수 없다.

④ 수사기관이 구속수감되어 있던 자에게 그의 압수된 휴대전화를 제공하여 피고인과 통화하게 하고 범행에 관한 통화내용을 녹음하게 하였더라도 그 녹음 자체는 수사기관이 아닌 사인이 수집한 증거에 해당하므로 피고인이 증거로 함에 동의한 이상 증거능력이 인정된다.

30

수사기관이 작성한 조서의 증거능력에 관한 설명 중 가장 적절한 것은?(다툼이 있는 경우 판례에 의함)

① 사법경찰관이 작성한 양벌규정 위반 행위자의 피의자신문조서가 적법한 절차와 방식에 따라 작성된 것이지만, 공판기일에 양벌규정에 의해 기소된 사업주가 그 내용을 증거로 함에 동의하지 않고 그 내용을 부인하였다면 증거로 할 수 없다.

② 형사소송법 제312조 제3항은 검사 이외의 수사기관이 작성한 당해 피고인 甲에 대한 피의자신문조서를 유죄의 증거로 하는 경우에만 적용되고 甲과 공범관계에 있는 다른 피의자 乙에 대한 피의자신문조서에는 적용되지 않으므로, 乙에 대한 사법경찰관 작성의 피의자신문조서는 甲이 공판기일에서 그 조서의 내용을 부인하더라도 乙의 법정진술에 의하여 그 성립의 진정이 인정되면 증거로 할 수 있다.

③ 사법경찰관이 피의자 아닌 자의 진술을 기재한 조서를 작성함에 있어서 진술자의 성명을 가명으로 기재하였다면 그 이유만으로도 그 조서는 적법한 절차와 방식에 따라 작성되었다고 할 수 없고, 공판기일에 원진술자가 출석하여 자신의 진술을 기재한 조서임을 확인함과 아울러 그 조서의 실질적 진정성립을 인정하고 나아가 그에 대한 반대신문이 이루어졌다고 하더라도 그 증거능력이 인정되지 않는다.

④ 사법경찰관이 피의자를 조사하는 경우와는 달리 피의자가 아닌 자를 조사하는 경우에는 조사과정의 진행경과를 확인하기 위하여 필요한 사항을 조서에 기록하거나 별도의 서면에 기록한 후 수사기록에 편철할 것을 요하지 않으므로, 사법경찰관이 그 조사과정을 기록하지 아니하였더라도 다른 특별한 사정이 없는 한 피의자 아닌 자가 조사과정에서 작성한 진술서는 증거로 할 수 있다.

31

다음 사례에 대한 설명 중 가장 적절하지 않은 것은? (다툼이 있는 경우 판례에 의함)

> 甲은 출근길 지하철에서 휴대전화로 여성의 은밀한 신체 부위를 몰래 촬영하는 乙을 발견하고 소리를 지른 후 주위 사람들과 합세하여 乙을 현행범인으로 체포하였고, 이후 출동한 사법경찰관 丙에게 인계하였다. 丙은 인계받은 乙로부터 휴대전화를 임의제출 받아 영치하였지만 사후에 압수영장을 발부받지는 않았다. 한편 甲은 丙의 요청으로 인근 지하철 수사대 사무실로 가서 자신이 목격한 사실을 자필 진술서로 작성하여 丙에게 제출하였다. 이후 乙에 대한 공소가 제기되어 형사재판이 진행되었으나 甲의 소재 불명으로 법정 출석이 불가능하게 되자 검사는 甲의 진술서와 乙의 휴대전화를 증거로 제출하였다.

① 검사가 증거로 제출한 휴대전화는 적법한 압수물에 해당하여 증거능력이 인정된다.

② 甲이 소재불명이라 하더라도 공판기일에 丙이 출석하여 甲의 진술서 작성사실에 대한 진정성립을 인정하면 甲의 진술서의 증거능력이 인정된다.

③ 甲이 소재불명이므로 甲의 진술서는 특히 신빙할 수 있는 상태에서 작성되었음이 증명된 경우에 한해 증거능력이 인정된다.

④ 위 ③의 특신상태의 증명은 단지 그러할 개연성이 있다는 정도로는 부족하고 합리적인 의심의 여지를 배제할 정도에 이르러야 한다.

32

형사소송법 제314조에 규정된 '진술을 요하는 자가 사망·질병·외국거주·소재불명 그 밖의 이에 준하는 사유로 진술할 수 없는 때'에 해당하지 <u>않은</u> 것은 모두 몇 개인가?(다툼이 있으면 판례에 의함)

> ㉠ 10세 남짓의 성추행 피해자인 진술자가 만 5세 무렵에 당한 성추행으로 인하여 외상 후 스트레스 증후군을 앓고 있다는 등의 이유로 공판정에 출석하지 아니한 경우
>
> ㉡ 증인으로 소환당할 당시부터 노인성 치매로 인한 기억력 장애, 분별력 상실 등으로 인하여 진술할 수 없는 상태하에 있는 경우
>
> ㉢ 증인으로 출석해야 할 자가 외국에 거주하면서 법원의 소환에 계속 불응하고, 구인장 집행도 불가능한 상태에 있는 등 가능하고 상당한 수단을 다하더라도 그 진술을 요할 자를 법정에 출석하게 할 수 없는 경우
>
> ㉣ 원진술자가 공판기일에 증인으로 소환받고도 출산을 앞두고 있다는 이유로 출석하지 아니한 경우

① 1개
② 2개
③ 3개
④ 4개

33

전문증거에 관한 설명 중 가장 적절하지 <u>않은</u> 것은? (다툼이 있는 경우 판례에 의함)

① 체포·구속인접견부는 유치된 피의자가 죄증을 인멸하거나 도주를 기도하는 등 유치장의 안전과 질서를 위태롭게 하는 것을 방지하기 위한 목적으로 작성되는 서류로 보일 뿐이어서 형사소송법 제315조 제2호, 제3호에 규정된 당연히 증거능력이 있는 서류로 볼 수는 없다.

② 사법경찰리 작성의 피해자에 대한 진술조서가 피해자의 화상으로 인한 서명불능이라는 이유로 입회하고 있던 동생에게 대신 읽어 주고 그 동생으로 하여금 서명날인하게 한 서류인 경우, 그 진술조서는 형식적 요건을 결여한 서류로서 증거로 사용할 수 없다.

③ 정보통신망을 통하여 공포심이나 불안감을 유발하는 글을 반복적으로 상대방에게 도달하게 하는 행위를 하였다는 공소사실에 대하여 휴대전화기에 저장된 피고인이 보낸 문자정보는 피고인의 진술을 갈음하는 대체물로 형사소송법 제310조의2가 적용되는 전문증거에 해당한다.

④ 형사소송법은 제310조의2에서 원칙적으로 전문증거의 증거능력을 인정하지 않고, 제311조부터 제316조까지 정한 요건을 충족하는 경우에만 예외적으로 증거능력을 인정한다. 다른 사람의 진술을 내용으로 하는 진술이 전문증거인지는 요증사실이 무엇인지에 따라 정해진다. 다른 사람의 진술, 즉 원진술의 내용인 사실이 요증사실인 경우에는 전문증거이지만, 원진술의 존재 자체가 요증사실인 경우에는 본래증거이지 전문증거가 아니다.

34

다음 증거 중 피고인이 증거로 함에 동의한 경우 증거능력이 인정될 수 있는 것은?(다툼이 있는 경우 판례에 의함)

① 수사기관이 법원으로부터 영장 또는 감정처분허가장을 발부받지 아니한 채 피의자의 동의 없이 피의자의 신체로부터 혈액을 채취하고 사후적으로도 지체없이 이에 대한 영장을 발부받지 아니하고서 강제 채혈한 피의자의 혈액 중 알코올농도에 관한 감정이 이루어진 경우 '감정결과보고서'

② 사법경찰관이 피의자 소유의 쇠파이프를 피의자 주거지 앞 마당에서 발견하였으면서도 그 소유자, 소지자, 또는 보관자가 아닌 피해자로부터 임의로 제출받는 형식으로 압수한 '쇠파이프'

③ 사법경찰관이 형사소송법 제215조 제2항의 규정에 위반하여 영장 없이 물건을 압수한 경우에 추후 피의자로부터 그 압수물에 대한 임의제출동의서를 받은 경우 '임의제출동의서'

④ 검사가 공판준비 또는 공판기일에서 이미 증언을 마친 증인에게 수사기관에 출석할 것을 요구하여 그 증인을 상대로 위증의 혐의를 조사한 내용을 담은 '피의자신문조서'

35

자백의 보강증거에 대한 설명 중 옳지 <u>않은</u> 것만을 모두 고른 것은?(다툼이 있는 경우 판례에 의함)

㉠ 피고인이 뇌물공여 혐의를 받기 전에 이와는 관계없이 준설공사에 필요한 각종 인·허가 등의 업무를 위임받아 이를 추진하는 과정에서 그 업무수행에 필요한 자금을 지출하면서, 스스로 그 지출한 자금내역을 자료로 남겨두기 위하여 뇌물자금과 기타 자금을 구별하지 아니하고 그 지출 일시, 금액, 상대방 등 내역을 그때그때 계속적, 기계적으로 기입한 수첩의 기재 내용은, 피고인이 자신의 범죄사실을 시인하는 자백이라고 볼 수 없으므로, 증거능력이 있는 한 피고인의 금전출납을 증명할 수 있는 별개의 증거라고 할 것인 즉, 피고인의 검찰에서의 자백에 대한 보강증거가 될 수 있다.

㉡ 형사소송법 제310조 소정의 '피고인의 자백'에 공범인 공동피고인의 진술은 포함되지 아니하므로 공범인 공동피고인의 진술은 다른 공동피고인에 대한 범죄사실을 인정하는 증거로 할 수 있을 뿐만 아니라 공범인 공동피고인들의 각 진술은 상호 간에 서로 보강증거가 될 수 있다.

㉢ 피고인 甲이 乙로부터 필로폰을 매수하면서 그 대금을 乙이 지정하는 은행계좌로 송금한 사실에 대한 압수·수색·검증영장 집행보고는 피고인 甲의 필로폰 매수행위와 실체적 경합범 관계에 있는 필로폰 투약행위에 대한 보강증거가 될 수 있다.

㉣ 자백에 대한 보강증거는 범죄사실 전부나 그 중요부분의 전부에 일일이 그 보강증거를 필요로 하는 것은 아니며, 간접증거 내지 정황증거는 보강증거가 될 수 없다.

① ㉠, ㉡ 　　　　② ㉡, ㉢

③ ㉡, ㉣ 　　　　④ ㉢, ㉣

36

일사부재리 효력에 대한 설명 중 가장 적절하지 <u>않은</u> 것은?(다툼이 있는 경우 판례에 의함)

① 범칙행위와 같은 시간과 장소에서 이루어진 행위라 하더라도 범칙행위의 동일성을 벗어난 형사범죄행 위에 대하여는 범칙금의 납부에 따라 확정판결에 준하는 일사부재리의 효력이 미치지 아니한다.

② 경찰서장이 범칙행위에 대하여 통고처분을 한 이 상, 범칙자의 절차적 지위를 보장하기 위하여 통 고처분에서 정한 범칙금 납부기간까지는 원칙적 으로 경찰서장은 즉결심판을 청구할 수 없고, 검 사도 동일한 범칙행위에 대하여 공소를 제기할 수 없다.

③ 포괄일죄의 관계에 있는 범행일부에 관하여 약식 명령이 확정되었다면 그 약식명령의 발령시를 기 준으로 하여 그 전의 범행에 대하여는 면소의 판 결을 해야 한다.

④ 경찰서장이 범칙행위에 대하여 이미 통고처분을 하였는데 검사가 동일한 사건에 대하여 범칙금 납부기간이 지나기 전에 공소를 제기하였다면, 그 공소는 확정판결이 있었던 사건에 대하여 다 시 제기된 데 해당하므로 이에 대하여는 판결로 써 면소의 선고를 하여야 한다.

37

강도상해 혐의로 체포된 甲은 수사과정에서 피해자와 원만히 합의하였음에도 불구하고 강도상해죄로 구속 기소되어 2020.9.1. 제1심 법원에서 징역 1년 6월을 선고받고 항소하고자 한다. 이에 대한 설명으로 옳지 <u>않은</u> 것은?(다툼이 있는 경우 판례에 의함)

① 甲은 항소장을 원심법원에 2020.9.8.까지 제출하 여야 한다.

② 항소를 함에는 항소장을 원심법원에 제출하여야 한다.

③ 甲이 제출한 항소이유서에 "위 사건에 대한 원심 판결은 도저히 납득할 수 없는 억울한 판결이므 로 항소를 한 것입니다."라고만 기재되어 있다면, 항소심이 이를 제1심판결에 사실오인 또는 양형 부당의 위법이 있다는 항소이유를 기재한 것으로 선해하여 그에 대해 심리하는 것은 허용되지 않 는다.

④ 甲이 제1심판결에 대하여 양형부당만을 이유로 항소하였다가 그 항소가 기각된 경우, 甲은 항소 심판결에 대하여 법령위반 또는 사실오인이 있다 는 것을 이유로 삼아 상고할 수 없다.

38

항소법원의 소송기록접수통지에 관한 다음 설명 중 가장 적절하지 <u>않은</u> 것은?(다툼이 있는 경우 판례에 의함)

① 피고인에게 소송기록접수통지가 되기 전에 사선변호인이 선임된 경우에는 사선변호인에게도 소송기록접수통지를 하여야 한다.

② 피고인의 항소대리권자인 배우자가 피고인을 위하여 항소한 경우에도 소송기록접수통지는 항소인인 피고인에게 하여야 하는데, 피고인이 적법하게 소송기록접수통지서를 받지 못하였다면 항소이유서 제출기간이 지났다는 이유로 항소기각결정을 하는 것은 위법하다.

③ 필요적 변호사건에서 법원이 정당한 이유없이 국선변호인을 선정하지 않고 있는 사이에 피고인 스스로 사선변호인을 선임하였으나 이미 피고인에 대한 항소이유서 제출기간이 도과한 경우에도 법원은 그 사선변호인에게 소송기록접수통지를 해야 한다.

④ 국선변호인 선정 이후 변호인이 없는 다른 사건이 병합된 경우 병합된 사건에 관하여는 그 국선변호인에게 소송기록접수통지를 하지 아니한다.

39

재심제도에 대한 설명 중 가장 적절하지 <u>않은</u> 것은? (다툼이 있는 경우 판례에 의함)

① 군사법원이 재판권이 없음에도 재심개시결정을 한 후에 비로소 사건을 일반법원으로 이송하였다면 사건을 이송받은 일반법원은 재심개시절차를 처음부터 다시 진행하여야 한다.

② 경합범 관계에 있는 A죄와 B죄의 범죄사실을 유죄로 인정하여 한 개의 형이 확정된 판결에서 A죄에 대하여만 재심청구의 이유가 있는 것으로 인정된 경우에는 그 판결 전부에 대하여 재심개시의 결정을 하여야 하지만 B죄 부분을 다시 심리하여 유죄인정을 파기할 수는 없다.

③ 재심대상사건의 기록이 보존기간의 만료로 이미 폐기되었다 하더라도 가능한 노력을 다하여 그 기록을 복구하여야 하며, 부득이 기록의 완전한 복구가 불가능한 경우에는 판결서 등 수집한 잔존자료에 의하여 알 수 있는 원판결의 증거들과 재심공판절차에서 새롭게 제출된 증거들의 증거가치를 종합적으로 평가하여 원판결의 원심인 제1심판결의 당부를 새로이 판단하여야 한다.

④ 수사기관이 영장주의를 배제하는 위헌적 법령에 따라 영장 없는 체포·구금을 한 경우에도 불법체포·감금의 직무범죄가 인정되는 경우에 준하는 것으로 보아 형사소송법 제420조 제7호의 재심사유가 있다고 보아야 한다.

40

다음 설명 중 가장 적절하지 <u>않은</u> 것은?(다툼이 있는 경우 판례에 의함)

① 약식명령청구의 대상이 되려면 법정형에 벌금, 과료, 몰수가 선택적으로 규정되어 있으면 족하고, 여기에 해당하는 이상 지방법원 합의부의 사물관할에 속하더라도 약식명령을 청구할 수 있다.

② 피고인이 즉결심판에 대하여 제출한 정식재판청구서에 피고인의 자필로 보이는 이름이 기재되어 있고 그 옆에 서명이 되어 있어 위 서류가 작성자 본인인 피고인의 진정한 의사에 따라 작성되었다는 것을 명백하게 확인할 수 있으며 형사소송절차의 명확성과 안정성을 저해할 우려가 없으므로, 정식재판청구는 적법하다고 보아야 한다. 피고인의 인장이나 지장이 찍혀 있지 않다고 해서 이와 달리 볼 것이 아니다.

③ 형사소송법 제457조의2 제1항은 "피고인이 정식재판을 청구한 사건에 대하여는 약식명령의 형보다 중한 종류의 형을 선고하지 못한다."라고 규정하여, 정식재판청구 사건에서의 형종 상향금지의 원칙을 정하고 있다. 위 형종 상향금지의 원칙은 피고인이 정식재판을 청구한 사건과 다른 사건이 병합·심리된 후 경합범으로 처단되는 경우에도 정식재판을 청구한 사건에 대하여 그대로 적용된다.

④ 즉결심판절차에서는 별도의 규정이 마련되어 있지 않은 한 공판절차에 관한 규정이 준용되므로, 사법경찰관이 작성한 피의자신문조서에 대하여 피고인이 그 내용을 인정하지 아니하였다면 이는 유죄의 증거로 사용할 수 없다

제3회 경찰승진 최종모의고사

01 ○△✕

형사절차와 관련하여 헌법에 명시적으로 규정한 것은 모두 몇 개인가?

ㄱ 모든 국민은 고문을 받지 아니하며, 형사상 자기에게 불리한 진술을 강요당하지 아니한다.

ㄴ 체포·구속·압수 또는 수색을 할 때에는 적법한 절차에 따라 검사의 신청에 의하여 법관이 발부한 영장을 제시하여야 한다. 다만, 현행범인인 경우와 장기 3년 이상의 형에 해당하는 죄를 범하고 도피 또는 증거인멸의 염려가 있을 때에는 사후에 영장을 청구할 수 있다.

ㄷ 누구든지 체포 또는 구속을 당한 때에는 즉시 변호인의 조력을 받을 권리를 가진다. 다만, 형사피고인이 스스로 변호인을 구할 수 없을 때에는 법률이 정하는 바에 의하여 국가가 변호인을 붙인다.

ㄹ 형사피의자 또는 형사피고인으로서 구금되었던 자가 법률이 정하는 불기소처분을 받거나 무죄판결을 받은 때에는 법률이 정하는 바에 의하여 국가에 정당한 보상을 청구할 수 있다.

① 1개
② 2개
③ 3개
④ 4개

02 ○△✕

신속한 재판의 원칙에 대한 설명 중 적절한 것으로만 묶은 것은?(다툼이 있는 경우 판례에 의함)

ㄱ 주로 피의자, 피고인의 이익을 보호하기 위하여 인정된 원칙이지만 동시에 실체진실의 발견, 소송경제, 재판에 대한 국민의 신뢰와 형벌목적의 달성과 같은 공공의 이익에도 그 근거를 두고 있다.

ㄴ 형사소송법은 수사의 신속한 종결을 위해 피의자가 체포 또는 구속된 날로부터 30일 이내에 공소장을 제출하도록 규정하고 있다.

ㄷ 형사소송법은 법원의 사건방치를 방지하기 위하여 공소 제기된 사건에 대하여 25년 동안 판결의 확정이 없으면 공소시효가 완성된 것으로 간주한다.

ㄹ 형사소송법은 집중심리주의를 채택하여 심리에 2일 이상이 필요한 경우에는 부득이한 사정이 없는 한 매일 개정하고, 매일 개정하지 못하는 경우에도 특별한 사정이 없는 한 전회의 공판기일로부터 14일 이내에 다음 공판기일을 지정하도록 규정하고 있다.

ㅁ 형사소송법은 신속한 판결선고를 위해 1심에서는 공소가 제기된 날로부터 6월 이내에, 항소심 및 상고심에서는 항소 또는 상고가 제기된 날로부터 각 4월 이내에 판결을 선고하도록 규정하고 있다.

① ㄱ, ㄴ, ㄷ
② ㄱ, ㄷ, ㄹ
③ ㄴ, ㄷ, ㄹ
④ ㄷ, ㄹ, ㅁ

03

진술거부권에 관한 내용 중 가장 적절하지 않은 것은?
(다툼이 있으면 판례에 의함)

① 주취운전의 혐의자에게 호흡측정기에 의한 주취 여부의 측정에 응할 것을 요구하고 이에 불응할 경우 처벌한다면 이는 형사상 불리한 진술을 강요하는 것에 해당한다고 할 수 있으므로 헌법 제12조 제2항의 진술거부권조항에 위배된다.

② 헌법은 형사책임에 관하여 자기에게 불이익한 진술을 강요당하지 아니할 것을 국민의 기본권으로 보장하고 있으며, 진술거부권은 고문 등 폭행에 의한 강요는 물론 법률로서도 진술을 강제할 수 없음을 의미한다.

③ 형사소송절차에서 피고인은 방어권에 기하여 범죄사실에 대하여 진술을 거부하거나 거짓 진술을 할 수 있고, 이 경우 범죄사실을 단순히 부인하고 있는 것이 죄를 반성하거나 후회하고 있지 않다는 인격적 비난요소로 보아 가중적 양형의 조건으로 삼는 것은 결과적으로 피고인에게 자백을 강요하는 것이 되어 허용될 수 없다고 할 것이나, 그러한 태도나 행위가 피고인에게 보장된 방어권 행사의 범위를 넘어 객관적이고 명백한 증거가 있음에도 진실의 발견을 적극적으로 숨기거나 법원을 오도하려는 시도에 기인한 경우에는 가중적 양형의 조건으로 참작될 수 있다.

④ 진술거부권이 보장되는 절차에서 진술거부권을 고지받을 권리가 헌법 제12조 제2항에 의하여 바로 도출된다고 할 수는 없고, 이를 인정하기 위해서는 입법적 뒷받침이 필요하다.

04

사건의 이송에 관한 설명 중 적절하지 않은 것은?(다툼이 있는 경우 판례에 의함)

① 항소심에서 공소장변경에 의하여 단독판사의 관할사건이 합의부 관할사건으로 된 경우에도 법원은 사건을 관할권이 있는 법원에 이송하여야 하고, 항소심에서 변경된 위 합의부 관할사건에 대한 관할권이 있는 법원은 고등법원이라고 봄이 상당하다.

② 법원은 공소가 제기된 사건에 대하여 군사법원이 재판권을 가지게 되었거나 재판권을 가졌음이 판명된 때에는 결정으로 사건을 재판권이 있는 같은 심급의 군사법원으로 이송하여야 하는데, 이 경우 이송 전에 행한 소송행위는 원칙적으로 무효이므로, 이송 후 군사법원에서 다시 소송행위를 하여야 한다.

③ 단독판사의 관할사건이 공소장변경에 의하여 합의부 관할사건으로 변경된 경우, 법원은 관할위반의 판결을 할 것이 아니라, 결정으로 관할권이 있는 법원에 이송한다.

④ 상고심에서 관할의 인정이 법률에 위반됨을 이유로 원심판결 또는 제1심판결을 파기하는 경우에는 판결로써 사건을 관할 있는 법원에 이송하여야 한다.

05

국선변호인에 대한 설명 중 가장 적절하지 <u>않은</u> 것은? (다툼이 있는 경우 판례에 의함)

① 형사소송법 제33조 제1항 제1호 소정의 '피고인이 구속된 때'라고 함은 피고인이 당해 형사사건에서 이미 구속되어 재판을 받고 있는 경우를 의미하는 것이므로, 불구속 피고인에 대하여 판결을 선고한 다음 법정구속을 하더라도 구속되기 이전까지는 위 규정이 적용된다고 볼 수 없다.

② 공판절차가 아닌 재심개시결정 전의 절차에서 재심청구인의 국선변호인선임청구를 기각한 것은 적법하다.

③ 공범관계에 있지 않은 공동피고인들 사이에서도 어느 피고인에게 유리한 변론이 다른 피고인에 대해 불리한 결과를 초래하는 사건에서는 이해가 상반된다고 할 것이다.

④ 필요적 변호사건에서 항소법원이 국선변호인을 선정하고, 피고인과 그 변호인에게 소송기록접수통지를 한 후, 피고인이 사선변호인을 선임함에 따라 항소법원이 국선변호인의 선정을 취소한 경우, 항소이유서 제출기간은 사선변호인이 소송기록접수통지를 받은 날부터 계산하여야 한다.

06

전문수사자문위원에 대한 설명 중 옳고 그름의 표시 (○, ×)가 바르게 된 것은?(다툼이 있는 경우 판례에 의함)

> ㉠ 검사는 공소제기 여부와 관련된 사실관계를 분명하게 하기 위하여 필요한 경우에는 직권이나 피의자 또는 변호인의 신청에 의하여 전문수사자문위원을 지정하여 수사절차에 참여하게 하고 자문을 들을 수 있다.
> ㉡ 전문수사자문위원은 전문적인 지식에 의한 설명 또는 의견을 기재한 서면을 제출하거나 전문적인 지식에 의하여 설명이나 의견을 진술할 수 있다. 이에 대해서 검사는 피의자 또는 변호인에게 구술 또는 서면에 의한 의견진술의 기회를 줄 수 있다.
> ㉢ 검사는 상당하다고 인정하는 때에는 전문수사자문위원의 지정을 취소할 수 있다.
> ㉣ 피의자 또는 변호인은 검사의 전문수사자문위원 지정에 대하여 관할 고등검찰청검사장에게 이의를 제기할 수 있다.

① ㉠ (×) ㉡ (○) ㉢ (○) ㉣ (○)
② ㉠ (○) ㉡ (×) ㉢ (○) ㉣ (○)
③ ㉠ (○) ㉡ (○) ㉢ (×) ㉣ (○)
④ ㉠ (○) ㉡ (○) ㉢ (○) ㉣ (×)

07

고소에 관한 설명 중 가장 적절하지 <u>않은</u> 것은?(다툼이 있는 경우 판례에 의함)

① 피해자가 범행을 당할 때에는 나이가 어려 고소능력이 없었다가 그 후에 비로소 고소능력이 생겼다면 그 고소기간은 고소능력이 생긴 때로부터 기산되어야 한다.

② 사자의 명예를 훼손한 범죄에 대하여는 그 친족 또는 자손은 고소할 수 있다.

③ 고소를 취소한 자는 다시 고소하지 못한다.

④ 친고죄에 대하여 고소할 자가 없는 경우에 이해관계인의 신청이 있으면 검사는 7일 이내에 고소할 수 있는 자를 지정하여야 한다.

08

☑△☒

고소 및 고발에 관한 다음 설명 중 적절한 것을 모두 고른 것은?(다툼이 있는 경우 판례에 의함)

○ 모욕죄의 피해자가 15세인 미성년자로서 범인을 알게 된 날부터 6개월이 지나 자신의 고소권이 소멸하였더라도 그 법정대리인이 범인을 안 때로부터 6개월이 경과하지 않았다면 피해자의 고소권 소멸 여부와 상관없이 그 법정대리인이 고소를 할 수 있으며, 이러한 법정대리인의 고소권은 피해자인 미성년자의 명시한 의사에 반하여도 행사할 수 있다.

○ 고소의 취소나 처벌을 희망하는 의사표시의 철회는 수사기관 또는 법원에 대한 법률행위적 소송행위이므로 공소제기 전에는 고소사건을 담당하는 수사기관에, 공소제기 후에는 고소사건의 수소법원에 대하여 이루어져야 한다.

○ 절대적 친고죄의 공범 중 甲에 대하여 먼저 제1심 판결이 선고된 후 나머지 공범인 乙에 대한 수사가 진행 중인 경우 乙에 대해서는 아직 1심 판결 선고 전이므로 피해자는 乙에 대한 고소를 취소할 수 있다.

○ 구 컴퓨터프로그램 보호법(2009. 4. 22. 법률 제9625호 저작권법 부칙 제2조로 폐지) 제48조는 프로그램의 저작권침해에 대해 프로그램저작권자 또는 프로그램배타적발행권자의 고소가 있어야 공소를 제기할 수 있다고 규정하고 있는데, 프로그램저작권이 명의신탁된 경우 제3자의 침해행위에 대한 고소권자는 명의신탁자이다.

① ○, ○   ② ○, ○
③ ○, ○   ④ ○, ○

09

☑△☒

통신비밀보호법상 감청에 대한 설명 중 가장 적절한 것은?(다툼이 있는 경우 판례에 의함)

① 수사기관이 구속수감되어 있던 甲으로부터 피고인의 마약류관리에 관한 법률 위반(향정) 범행에 대한 진술을 듣고 추가적인 증거를 확보할 목적으로, 甲에게 그의 압수된 휴대전화를 제공하여 피고인과 통화하고 위 범행에 관한 통화 내용을 녹음하게 한 경우, 甲이 통화당사자가 되므로 그 녹음을 증거로 사용할 수 있다.

② 무전기와 같은 무선전화기를 이용한 통화는 통신비밀보호법상 '전기통신'에 해당하고 '타인간의 대화'에 포함되지 않는다.

③ 집행주체가 제3자의 도움을 받지 않고서는 '대화의 녹음·청취'가 사실상 불가능하거나 곤란한 사정이 있는 경우에는 비례의 원칙에 위배되지 않는 한 제3자에게 집행을 위탁하거나 그로부터 협조를 받아 '대화의 녹음·청취'를 할 수 있다고 봄이 타당하고, 그 경우에도 통신기관 등이 아닌 일반 사인에게 대장을 작성하여 비치할 의무가 있다고 볼 것이다.

④ 검사 또는 사법경찰관이 통신제한조치의 연장을 청구하는 경우에 통신제한조치의 총 연장기간은 2년을 초과할 수 없다.

10

피의자신문에 관한 설명 중 가장 적절하지 <u>않은</u> 것은?

① 검사 또는 사법경찰관은 특별한 사정이 없으면 총 조사시간 중 식사시간, 휴식시간 및 조서의 열람 시간 등을 제외한 실제 조사시간이 8시간을 초과 하지 않도록 해야 한다.

② 수사기관은 피의자가 신체적 또는 정신적 장애로 사물을 변별하거나 의사를 결정 전달할 능력이 미약한 때에는 신뢰관계에 있는 자를 동석하게 하여야 한다.

③ 신문에 참여하고자 하는 변호인이 2인 이상인 때 에는 피의자가 신문에 참여할 변호인 1인을 지정 한다. 지정이 없는 경우에는 검사 또는 사법경찰 관이 이를 지정할 수 있다.

④ 사법경찰관은 피의자가 조사장소에 도착한 시각, 조사를 시작하고 마친 시각, 그 밖에 조사과정의 진행경과를 확인하기 위하여 필요한 사항을 피의 자신문조서에 기록하거나 별도의 서면에 기록한 후 수사기록에 편철하여야 한다.

11

체포영장에 의한 체포에 관한 설명 중 적절하지 <u>않은</u> 것은?

① 체포영장을 발부받아 피의자를 체포하기 위하여 는 피의자가 수사기관의 출석요구에 응하지 아니 하거나 응하지 아니할 우려가 있어야 한다.

② 검사가 동일한 범죄사실에 관하여 그 피의자에 대 하여 전에 체포영장을 청구하였거나 발부 받은 사실이 있는 때에는 다시 체포영장을 청구하는 취지 및 이유를 기재하여야 한다.

③ 다액 50만 원 이하의 벌금, 구류 또는 과료에 해 당하는 사건에 관하여는 범인의 주거가 분명하지 아니한 때에 한하여 체포할 수 있다.

④ 체포영장의 제시나 고지 등은 체포를 위한 실력행 사에 들어가기 이전에 미리 하여야 하는 것이 원 칙이다. 그러나 달아나는 피의자를 쫓아가 붙들 거나 폭력으로 대항하는 피의자를 실력으로 제압 하는 경우에는 붙들거나 제압하는 과정에서 하거 나, 그것이 여의치 않은 경우에는 일단 붙들거나 제압한 후에 지체 없이 하여야 한다.

12

현행범인 및 준현행범인 체포에 대한 설명 중 적절한 것은?(다툼이 있는 경우 판례에 의함)

① 음주운전을 종료한 후 40분 이상이 경과한 시점 에서 길가에 앉아 있던 운전자를 술냄새가 난다 는 점만을 근거로 음주운전의 현행범으로 체포한 경우 적법한 공무집행이다.

② 현행범을 체포한 경찰관의 진술과 관련하여 범행 을 목격한 부분에 관하여는 다른 목격자의 진술 과는 달리 증거능력이 없다.

③ 교사가 교장실에 들어가 불과 약 5분 동안 식칼을 휘두르며 교장을 협박하는 등의 소란을 피운 후 40여분 정도가 지나 경찰관들이 출동하여 교장실 이 아닌 서무실에서 동행을 거부하는 그 교사를 현행범으로 체포한 경우 적법한 공무집행이다.

④ 순찰 중이던 경찰관이 교통사고를 낸 차량이 도주 하였다는 무전연락을 받고 주변을 수색하다가 범 퍼 등의 파손상태로 보아 사고차량으로 인정되는 차량에서 내리는 사람을 발견하여 준현행범으로 체포한 경우 적법한 공무집행이다.

13

□△✕

구속에 대한 다음 설명 중 적절한 것을 모두 고른 것은?
(다툼이 있는 경우 판례에 의함)

> ⊙ 법원이 구속 피고인에 대하여 집행유예의 판결을 선고하는 경우, 구속영장의 효력이 소멸하므로 판결의 확정 전이라도 피고인을 즉시 석방하여야 한다.
> ⓒ 형사소송법 제88조는 "피고인을 구속한 때에는 즉시 공소사실의 요지와 변호인을 선임할 수 있음을 알려야 한다."고 규정하고 있는바, 이는 사후 청문절차에 관한 규정으로서 이를 위반하였다 하여 구속영장의 효력에 어떠한 영향을 미치는 것은 아니다.
> ⓒ '범죄의 중대성, 재범의 위험성, 피해자 및 중요 참고인 등에 대한 위해우려 등'은 독립된 구속사유가 아니라 구속사유를 심사함에 있어서 필요적 고려사항이다.
> ⓔ "검사 또는 사법경찰관에 의하여 구속되었다가 석방된 자는 다른 중요한 증거를 발견한 경우를 제외하고는 동일한 범죄사실에 관하여 재차 구속하지 못한다."라는 형사소송법 규정은 법원이 피고인을 구속하는 경우에는 적용되지 않는다.

① ⊙, ⓒ, ⓒ
② ⊙, ⓔ
③ ⊙, ⓒ, ⓒ, ⓔ
④ ⓒ, ⓒ, ⓔ

14

□△✕

체포·구속적부심사에 관한 설명 중 가장 적절한 것은?
(다툼이 있는 경우 판례에 의함)

① 법원 또는 합의부원, 검사, 변호인, 청구인이 구속된 피의자를 심문하고 그에 대한 피의자의 진술 등을 기재한 구속적부심문조서는 특히 신용할 만한 정황에 의하여 작성된 문서라고 할 것이므로 특별한 사정이 없는 한, 피고인이 증거로 함에 부동의 하더라도 형사소송법 제315조 제3호에 의하여 당연히 그 증거능력이 인정된다.

② 체포영장과 같은 소송서류에 대한 등사신청이나 그 등본의 수령행위는 변호인이 반드시 이를 직접 행사하여야 할 필요가 있다.

③ 구속적부심문조서의 증명력은 다른 증거와 마찬가지로 법관의 자유판단에 맡겨져 있으나, 형사소송법 제315조 제3호에 의해 당연히 증거능력이 인정되는 결과, 법관은 구속적부심문조서의 자백의 기재에 관한 증명력을 평가함에 있어 매우 높은 증명력을 인정하여야 한다.

④ 법원은 체포된 피의자에 대하여 피의자의 출석을 보증할 만한 보증금의 납입을 조건으로 하여 결정으로 석방을 명할 수 있다.

15

$\boxed{\bigcirc\,\triangle\,\times}$

압수 · 수색에 대한 설명 중 가장 적절하지 <u>않은</u> 것은? (다툼이 있는 경우 판례에 의함)

① 국가정보원 소속요원인 甲이 자신의 업무용 휴대전화를 이용하여 인터넷댓글을 작성하는 등의 방법으로 공직선거법 및 국정원법 위반죄를 범하였다는 범죄사실에 대해 압수한 업무용 휴대전화는 직무상 비밀에 관한 물건에 해당하고 검사가 위 휴대전화를 압수한 후에 국가정보원이 직무상 비밀에 관한 것임을 신고하고 그 압수의 승낙을 거부한 사실은 인정되나, 그 승낙의 거부사유가 형사소송법 제111조 제2항에서 정하고 있는 '국가의 중대한 이익을 해하는 경우'에 해당하지 않는다.

② 압수 · 수색영장에 압수할 물건을 '압수장소에 보관 중인 물건'이라고 기재한 경우, 이를 '압수장소에 현존하는 물건'이라고 해석할 수 없다.

③ 아직 수사나 공판 등 형사절차가 개시되지 아니하여 피의자 또는 피고인에 해당한다고 볼 수 없는 사람이 일상적 생활관계에서 변호사와 상담한 법률자문에 대하여도 변호인의 조력을 받을 권리의 내용으로서 그 비밀의 공개를 거부할 수 있는 의뢰인의 특권을 도출할 수 있다거나, 위 특권에 의하여 의뢰인의 동의가 없는 관련 압수물은 압수절차의 위법여부와 관계없이 형사재판의 증거로 사용할 수 없다는 견해는 받아들일 수 없다.

④ 기존에 발부받은 압수 · 수색영장으로 이미 집행을 마쳤더라도 영장의 유효기간이 도과하지 않았다면, 남은 유효기간 내에서는 동일한 영장으로 동일한 장소 또는 목적물에 대하여 다시 압수 · 수색을 할 수 있다.

16

$\boxed{\bigcirc\,\triangle\,\times}$

압수물의 환부 및 가환부에 대한 설명 중 가장 적절하지 <u>않은</u> 것은?(다툼이 있는 경우 판례에 의함)

① 압수물의 환부는 환부를 받는 자에게 환부된 물건에 대한 소유권 기타 실체법상의 권리를 부여하거나 그러한 권리를 확정하는 것이 아니라 단지 압수를 해제하여 압수 이전의 상태로 환원시키는 것뿐으로서, 이는 실체법상의 권리와 관계없이 압수 당시의 소지인에 대하여 행하는 것이므로, 실체법인 민법(사법)상 권리의 유무나 변동이 압수물의 환부를 받을 자의 절차법인 형사소송법(공법)상 지위에 어떠한 영향을 미친다고는 할 수 없다.

② 증거에만 공할 목적으로 압수할 물건으로서 그 소유자 또는 소지자가 계속 사용하여야 할 물건은 사진촬영 기타 원형보존의 조치를 취하고 신속히 가환부하여야 한다.

③ 임의적 가환부의 대상이 되는 '증거에 공할 압수물'에는 증거물로서의 성격과 몰수할 것으로 사료되는 물건으로서의 성격을 가진 압수물이 포함되어 있다고 해석함이 상당하다.

④ 검사는 사본을 확보한 경우 등 압수를 계속할 필요가 없다고 인정되는 압수물 및 증거에 사용할 압수물에 대하여 공소제기 전이라도 소유자, 소지자, 보관자 또는 제출인의 청구가 있는 때에는 환부 또는 가환부할 수 있다.

17

압수 · 수색과 관련한 다음 설명 중 가장 적절하지 <u>않</u>은 것은?(다툼이 있는 경우 판례에 의함)

① 형사소송법 제217조 제1항은 수사기관이 피의자를 긴급체포한 상황에서 피의자가 체포되었다는 사실이 공범이나 관련자들에게 알려짐으로써 관련자들이 증거를 파괴하거나 은닉하는 것을 방지하고, 범죄사실과 관련된 증거물을 신속히 확보할 수 있도록 하기 위한 것이므로, 체포현장이 아닌 장소에서도 긴급체포된 자가 소유 · 소지 또는 보관하는 물건을 대상으로 할 수 있다.

② 피고인이 국제항공특송화물 속에 필로폰을 숨겨 수입할 것이라는 정보를 입수한 검사가, 이른바 '통제배달(controlled delivery)'을 하기 위해, 세관공무원의 협조를 받아(임의제출의 형식을 취함) 특송화물을 통관절차를 거치지 않고 가져와 개봉하여 그 속의 필로폰을 취득하였다면, 비록 사전 · 사후에 영장을 발부받지 않았다 하더라도 그 압수가 위법이라 할 수는 없다.

③ 출판물에 대한 사전검열은 금지되나, 출판내용에 범죄혐의가 있는 경우 비록 그 배포 전이라도 그 증거물 또는 몰수할 물건으로 압수하는 것은 허용된다.

④ 수사기관의 압수 · 수색은 법관이 발부한 압수 · 수색영장에 의하여야 하는 것이 원칙이고, 영장의 원본은 처분을 받는 자에게 반드시 제시되어야 하므로, 금융계좌추적용 압수 · 수색영장의 집행에 있어서도 수사기관이 금융기관으로부터 금융거래자료를 수신하기에 앞서 금융기관에 영장원본을 사전에 제시하지 않았다면 원칙적으로 적법한 집행 방법이라고 볼 수는 없다.

18

수사의 종결에 관한 설명 중 가장 적절하지 <u>않은</u> 것은? (다툼이 있는 경우 판례에 의함)

① 검사는 불기소 또는 타관송치의 처분을 한 때에는 피의자에게 즉시 그 취지를 통지하여야 한다.

② 검사가 불기소처분을 한 후에도 공소시효가 완성되기 전이면 언제라도 공소를 제기할 수 있으나, 세무공무원 등의 고발이 있어야 공소를 제기할 수 있는 조세범처벌법위반죄에 관하여 종전 세무공무원 등의 고발에 대한 불기소처분이 있었던 경우는 세무공무원 등의 새로운 고발이 있어야 공소를 제기할 수 있다.

③ 사법경찰관은 범죄를 수사하여 범죄혐의가 있다고 인정되지 않는 경우에는 그 송부한 날부터 7일 이내에 서면으로 고소인 · 고발인 · 피해자 또는 그 법정대리인에게 사건을 검사에게 송치하지 아니하는 취지와 그 이유를 통지하여야 한다.

④ 협의의 불기소처분사유가 있음에도 불구하고, 검사가 기소유예처분을 한 경우에는 피의자는 헌법상 행복추구권과 평등권의 침해를 이유로 헌법소원을 청구할 수 있다.

19

공소취소에 대한 설명 중 가장 적절하지 <u>않은</u> 것은? (다툼이 있는 경우 판례에 의함)

① 실체적 경합관계에 있는 수개의 공소사실 중 일부를 소추대상에서 철회하려면 공소장변경절차에 의하여야 한다.

② 공소취소는 이유를 기재한 서면으로 하여야 한다. 단, 공판정에서는 구술로써 할 수 있다.

③ 공소취소 후 공소기각결정이 확정된 후 동일 범죄사실에 대하여 다른 중요한 증거를 발견하지 못하였음에 불구하고 검사가 다시 공소를 제기한 경우 법원은 판결로써 공소를 기각한다. 공소취소 후 재기소제한에 관한 이러한 법리는, 검사가 공소취소 후 종전의 범죄사실을 변경하여 재기소하는 경우에도 적용된다.

④ 공소취소에 의한 공소기각의 결정이 확정된 때 다시 공소를 제기하는 요건으로서 '다른 중요한 증거를 발견한 경우'라 함은 공소취소 전의 증거만으로서는 증거불충분으로 무죄가 선고될 가능성이 있으나 새로 발견된 증거를 추가하면 충분히 유죄의 확신을 가지게 될 정도의 증거가 있는 경우를 말한다.

20

공소시효에 대한 설명 중 가장 적절하지 <u>않은</u> 것은? (다툼이 있는 경우 판례에 의함)

① 공범 중 1인에 대한 공소의 제기로 다른 공범자에 대하여도 공소시효가 정지되나, 여기서 공범에는 뇌물공여죄와 뇌물수수죄 사이와 같은 대향범 관계에 있는 자는 포함되지 않는다.

② 공범의 1인으로 기소된 자가 책임조각을 이유로 무죄로 되거나 범죄의 증명이 없다는 이유로 공범 중 1인이 무죄의 확정판결을 선고받은 경우에는 그를 공범이라고 할 수 없으므로 그에 대하여 제기된 공소로써는 진범에 대한 공소시효정지의 효력이 인정되지 않는다.

③ 피고인이 당해 사건으로 처벌받을 가능성이 있음을 인지하였다고 보기 어려운 경우라면 피고인이 다른 고소사건과 관련하여 형사처분을 면할 목적으로 국외에 있는 경우라고 하더라도 당해 사건의 형사처분을 면할 목적으로 국외에 있었다고 볼 수 없다.

④ 공범 중 1인에 대해 약식명령이 확정된 후 그에 대한 정식재판청구권회복결정이 있었다고 하더라도 그 사이의 기간 동안에는, 특별한 사정이 없는 한, 다른 공범자에 대한 공소시효는 정지함이 없이 계속 진행한다고 보아야 할 것이다.

21

☐○△☒

다음 중 공소기각의 판결을 하여야 하는 경우로만 모두 묶은 것은?(다툼이 있는 경우 판례에 의함)

> ㉠ 피해자별로 1죄가 성립되는 폭력행위등처벌에 관한 법률위반(특수폭행)죄를 저지른 피고인들에 대한 공소사실을 "피고인들이 공동하여 성명불상 범종추측 승려 100여 명의 전신을 손으로 때리고 떠밀며 발로 차서 위 성명불상 피해자들에게 폭행을 가한 것"이라고 기재한 경우
>
> ㉡ 특허법 위반 사건에서 "피고인은 2013.1.경 ○○목재에서, 피해자 공소외 주식회사가 대한민국 특허청에 특허등록번호 생략으로 등록한 '팔레타이저용 조립형 포장박스'와 그 구성요소가 동일하고, 위 특허의 권리범위에 속하는 포장박스를 제작, 생산 및 판매함으로써 피해자 회사의 특허권을 침해하였다."라고 기재한 경우
>
> ㉢ 검사가 공소장에 "피고인은 2002.6.11.부터 2002.12.20.까지 자신이 1인주주로 있는 주식회사 새마을 신문사의 금원을 임의로 처분하는 등의 방법으로 약 10여회에 걸쳐 총 1,700여 만 원을 횡령하였다."고 기재한 경우
>
> ㉣ 검사가 공모공동정범으로 피고인 乙을 기소하면서, 그 공모관계에 관한 특정을 "피고인 乙에 대한 공소사실에 피고인 乙의 다른 공동피고인들과의 관계를 피고인 甲의 부인이고 피고인 丙 주식회사의 경리 담당 직원이라고 특정한 다음, 피고인 甲과 '공모하여' 공소사실 기재와 같이 관세법위반의 범행을 저질렀다고 기재"라고 특정한 경우

① ㉠, ㉡, ㉢
② ㉠, ㉡, ㉣
③ ㉠, ㉢, ㉣
④ ㉡, ㉢, ㉣

22

☐○△☒

공소제기에 대한 설명 중 가장 적절하지 않은 것은? (다툼이 있는 경우 판례에 의함)

① 약식명령에 대한 정식재판청구가 제기되었음에도 법원이 증거서류 및 증거물을 검사에게 반환하지 않고 보관하고 있다고 하여 그 이전에 이미 적법하게 제기된 공소제기의 절차가 위법하게 된다고 할 수 없다.

② 포괄일죄에서 공소장변경 허가 여부를 결정할 때는 포괄일죄를 구성하는 개개 공소사실별로 종전 것과의 동일성 여부를 판단하여야 한다.

③ 하나의 행위가 부작위범인 직무유기죄와 작위범인 범인도피죄의 구성요건을 동시에 충족하는 경우 공소제기권자는 재량에 의하여 작위범인 범인도피죄로 공소를 제기하지 않고 부작위범인 직무유기죄로만 공소를 제기할 수도 있다.

④ 예비적 또는 택일적으로 기재되어 공소가 제기된 경우에 제1심 판결에서 유죄가 인정되어 항소한 경우 항소심에서는 제1심 판결에서 유죄로 인정되었던 공소사실 이외의 다른 범죄사실을 유죄로 인정할 수도 있다.

23

☐○△☒

형사소송법상 공판준비절차에 대한 설명 중 가장 적절하지 않은 것은?

① 재판장은 출석한 피고인에게 진술을 거부할 수 있음을 알려주어야 한다.

② 법원은 공판준비기일 종료하는 때에는 검사, 피고인 또는 변호인에게 쟁점 및 증거에 관한 정리결과를 고지하고, 이에 대한 이의의 유무를 확인하여야 한다.

③ 법원은 공판준비절차에서 공소사실 또는 적용법조의 추가·철회 또는 변경을 허가할 수 있다.

④ 법원은 쟁점 및 증거의 정리를 위하여 필요한 경우에도 제1회 공판기일 후에는 사건을 공판준비절차에 부칠 수 없다.

24

☐△✕

공판정의 출석에 관한 다음 설명 가장 적절하지 <u>않은</u> 것은?(다툼이 있는 경우 판례에 의함)

① 피고인이 질병으로 인하여 출정할 수 없는 경우에도 피고사건에 관하여 무죄·면소·공소기각의 재판을 할 것이 명백한 경우에는 공판심리를 정지하지 아니하고 피고인의 출정 없이 재판할 수 있다. 다만, 유죄판결의 일종인 형면제의 판결을 하는 경우에 위와 같은 불출석 개정은 허용되지 아니한다.

② 필요적 변호사건이라 하여도 피고인이 재판거부의 의사를 표시하고 재판장의 허가 없이 퇴정하고 변호인마저 이에 동조하여 퇴정해 버린 것은 모두 피고인측의 방어권의 남용 내지 변호권의 포기로 볼 수밖에 없는 것이므로 수소법원으로서는 형사소송법 제330조에 의하여 피고인이나 변호인의 재정 없이도 심리판결 할 수 있다.

③ 검사가 공판기일의 통지를 2회 이상 받고 출석하지 아니하거나 판결만을 선고하는 때에는 검사의 출석없이 개정할 수 있다.

④ 필요적 변호사건에서 변호인 없이 개정하여 심리를 진행하고 판결한 것은 소송절차의 법령위반에 해당하지만 피고인의 이익을 위하여 만들어진 필요적 변호의 규정 때문에 피고인에게 불리한 결과를 가져오게 할 수는 없으므로 그와 같은 법령위반은 무죄판결에 영향을 미친 것으로는 되지 아니한다.

25

☐△✕

증거조사의 이의신청에 관한 다음 설명 중 가장 적절하지 <u>않은</u> 것은?(다툼이 있는 경우 판례에 의함)

① 증거조사에 대한 이의신청은 법령의 위반이 있는 경우에만 할 수 있다.

② 이의신청이 이유없다고 인정되는 경우에는 결정으로 이를 기각하여야 한다.

③ 시기에 늦은 이의신청, 소송지연만을 목적으로 하는 것임이 명백한 이의신청은 결정으로 이를 기각하여야 한다. 다만, 시기에 늦은 이의신청이 중요한 사항을 대상으로 하고 있는 경우에는 시기에 늦은 것만을 이유로 하여 기각하여서는 아니된다.

④ 증거조사를 마친 증거가 증거능력이 없음을 이유로 한 이의신청을 이유있다고 인정할 경우에는 그 증거의 전부 또는 일부를 배제한다는 취지의 결정을 하여야 한다.

26

☐△✕

피해자에 대한 설명 중 가장 적절하지 <u>않은</u> 것은?(다툼이 있는 경우 판례에 의함)

① 법원은 범죄로 인한 피해자 또는 그 법정대리인의 신청이 있는 때에는 그 피해자 등을 증인으로 신문하여야 한다.

② 고소를 하지 않은 피해자라고 하더라도 검사의 불기소처분에 대하여 항고할 수 있다.

③ 법원은 동일한 범죄사실에서 신청인의 수가 여러 명인 경우에는 진술할 자의 수를 제한할 수 있고, 신청인이 출석통지를 받고도 정당한 이유 없이 출석하지 아니한 때에는 그 신청을 철회한 것으로 본다.

④ 법원은 범죄로 인한 피해자를 증인으로 신문하는 경우 당해 피해자·법정대리인 또는 검사의 신청에 따라 피해자의 신변보호를 위하여 필요하다고 인정하는 때에는 결정으로 심리를 공개하지 아니할 수 있다.

27

국민참여재판에 관한 다음 설명 중 가장 적절하지 않은 것은?(다툼이 있는 경우 판례에 의함)

① 국민참여재판을 받을 권리는 헌법상 기본권으로서 보호될 수는 없지만, 재판참여법에서 정하는 대상 사건에 해당하는 한 피고인은 원칙적으로 국민참여재판으로 재판을 받을 법률상 권리를 가진다고 할 것이고, 이러한 형사소송절차상의 권리를 배제함에 있어서는 헌법에서 정한 적법절차원칙을 따라야 한다.

② 법원이 피고인에게 국민참여재판을 원하는지에 관하여 의사를 확인하는 절차를 거치지 아니한 채 통상의 공판절차로 재판을 진행하였다면, 이는 피고인의 국민참여재판을 받을 권리에 대한 중대한 침해로서 그 절차는 위법하고 이러한 위법한 공판절차에서 이루어진 소송행위도 무효이다.

③ 제1심법원이 국민참여재판 대상사건임을 간과하여 이에 관한 피고인의 의사를 확인하지 아니한 채 통상의 공판절차로 재판을 진행하여 항소된 경우, 항소심에서 제1심 공판절차상의 그러한 하자가 치유될 수는 없다.

④ 피고인이 공소장 부본을 송달받은 날부터 7일 이내에 의사확인서를 제출하지 아니한 경우에도 제1회 공판기일이 열리기 전까지는 국민참여재판 신청을 할 수 있다.

28

증명에 관한 다음 설명 중 가장 적절하지 않은 것은? (다툼이 있는 경우 판례에 의함)

① 형사재판에서 엄격한 증명이 요구되는 대상에는 검사가 공소장에 기재한 구체적 범죄사실 모두가 포함되고, 특히 공소사실에 특정된 범죄의 일시는 범죄의 성격상 특수한 사정이 있는 경우가 아닌 한 엄격한 증명을 통하여 인정되어야 한다.

② 목적과 용도를 정하여 위탁한 금전을 수탁자가 임의로 소비하면 횡령죄를 구성할 수 있으나, 이 경우 피해자가 목적과 용도를 정하여 금전을 위탁한 사실 및 그 목적과 용도가 무엇인지는 엄격한 증명의 대상이다.

③ 형사소송법 제312조 제4항에서 '특히 신빙할 수 있는 상태'는 증거능력의 요건에 해당하므로 검사가 그 존재에 대하여 구체적으로 주장·증명하여야 하며 그러한 증명은 엄격한 증명을 요한다.

④ 형사재판에서 유죄의 인정은 법관으로 하여금 합리적인 의심을 할 여지가 없을 정도로 공소사실이 진실한 것이라는 확신을 가지게 할 수 있는 증명이 필요하므로, 위 영향요소를 적용할 때 피고인이 평균인이라고 쉽게 단정하여서는 아니 되고, 필요하다면 전문적인 학식이나 경험이 있는 자의 도움을 받아 객관적이고 합리적으로 혈중알코올농도에 영향을 줄 수 있는 요소를 확정하여야 한다. 만일 위드마크 공식의 적용에 관해서 불확실한 점이 남아 있고 그것이 피고인에게 불이익하게 작용한다면, 그 계산결과는 합리적인 의심을 품게 하지 않을 정도의 증명력이 있다고 할 수 없다.

29

증거능력에 관한 다음 설명 중 옳고 그름의 표시(○, ×)가 바르게 된 것은?(다툼이 있는 경우 판례에 의함)

㉠ 선거관리위원회 위원·직원이 관계인에게 진술이 녹음된다는 사실을 미리 알려 주지 아니한 채 진술을 녹음하였다면, 그와 같은 조사절차에 의하여 수집한 녹음파일 내지 그에 터 잡아 작성된 녹취록은 형사소송법 제308조의2에서 정하는 '적법한 절차에 따르지 아니하고 수집한 증거'에 해당하여 원칙적으로 유죄의 증거로 쓸 수 없다.

㉡ 수사기관이 참고인을 조사하는 과정에서 형사소송법 제221조 제1항에 따라 작성한 영상녹화물은 다른 법률에서 달리 규정하고 있는 등의 특별한 사정이 없는 한, 공소사실을 직접 증명할 수 있는 독립적인 증거로 사용될 수 있다고 해석함이 타당하다.

㉢ 대통령비서실장인 피고인이 대통령의 뜻에 따라 정무수석비서관실과 교육문화수석비서관실 등 수석비서관실과 문화체육관광부에 문화예술진흥기금 등 정부의 지원을 신청한 개인·단체의 이념적 성향이나 정치적 견해 등을 이유로 한국문화예술위원회·영화진흥위원회·한국출판문화산업진흥원이 수행한 각종 사업에서 이른바 좌파 등에 대한 지원배제를 지시하였다는 직권남용권리행사방해의 공소사실로 기소되었는데, 특별검사가 검찰을 통하여 또는 직접 청와대로부터 넘겨받아 원심에 제출한 '청와대 문건'의 증거능력이 문제 된 경우, 위 '청와대 문건'은 '대통령기록물 관리에 관한 법률'을 위반하거나 공무상 비밀을 누설하여 수집된 것으로 볼 수 없어 위법수집증거가 아니므로 증거능력이 있다고 볼 것이다.

㉣ 기록상 진술증거의 임의성에 관하여 의심할 만한 사정이 나타나 있는 경우에는 법원은 직권으로 그 임의성 여부에 관하여 조사를 하여야 하고, 임의성이 인정되지 아니하여 증거능력이 없는 진술증거는 피고인이 증거로 함에 동의하지 않는 한 증거로 삼을 수 없다.

---

① ㉠(○) ㉡(×) ㉢(×) ㉣(○)
② ㉠(○) ㉡(×) ㉢(○) ㉣(×)
③ ㉠(×) ㉡(○) ㉢(○) ㉣(○)
④ ㉠(○) ㉡(×) ㉢(×) ㉣(×)

30

피의자신문조서의 증거능력에 관한 설명 중 가장 적절하지 않은 것은?(다툼이 있는 경우 판례에 의함)

① 피의자의 진술을 녹취한 서류가 수사기관에서의 조사과정에서 작성된 것이고 그것이 진술서라는 형식을 취하였더라도 수사기관이 작성한 피의자신문조서로 볼 수 없다.

② 외국의 권한 있는 수사기관이 작성한 수사보고서 및 피고인이 그 과정에서 작성하여 제출한 진술서는 피고인이 그 내용을 부인하면 증거로 사용할 수 없다.

③ 피고인이 제1심 제4회 공판기일부터 공소사실을 일관되게 부인하여 경찰 작성 피의자신문조서의 진술 내용을 인정하지 않는 경우, 제1심 제4회 공판기일에 피고인이 그 서증의 내용을 인정한 것으로 공판조서에 기재된 것은 착오 기재 등으로 보아 피의자신문조서의 증거능력을 부정하여야 한다.

④ 비록 사법경찰관이 피의자에게 진술거부권을 행사할 수 있음을 알려 주고 그 행사 여부를 질문하였다 하더라도, 형사소송법 제244조의3 제2항에 규정한 방식에 위반하여 진술거부권 행사 여부에 대한 피의자의 답변이 자필로 기재되어 있지 아니하거나 그 답변 부분에 피의자의 기명날인 또는 서명이 되어 있지 아니한 사법경찰관 작성의 피의자신문조서는 특별한 사정이 없는 한 형사소송법 제312조 제3항에서 정한 '적법한 절차와 방식'에 따라 작성된 조서라 할 수 없으므로 그 증거능력을 인정할 수 없다.

31

전문법칙에 대한 설명으로 적절한 것만을 고른 것은 모두 몇 개인가?(다툼이 있는 경우 판례에 의함)

⊙ 다른 사람의 진술을 내용으로 하는 진술이 전문증거인지는 요증사실이 무엇인지에 따라 정해지는 바, 다른 사람의 진술, 즉 원진술의 내용인 사실이 요증사실인 경우에는 전문증거이지만 원진술의 존재 자체가 요증사실인 경우에는 본래증거이지 전문증거가 아니다.

ⓛ 어떤 진술이 기재된 서류가 어떠한 내용의 진술을 하였다는 사실 자체에 대한 정황증거로 사용될 것이라는 이유로 서류의 증거능력을 인정한 다음 그 사실을 다시 진술 내용이나 그 진실성을 증명하는 간접사실로 사용하는 경우에 그 서류는 전문증거에 해당한다.

ⓒ 甲이 乙로부터 들은 피고인 A의 진술내용을 수사기관이 진술조서에 기재하여 증거로 제출하였다면, 그 진술조서 중 피고인 A의 진술을 기재한 부분은 乙이 증거로 하는 데 동의하지 않는 한 형사소송법 제310조의2의 규정에 의하여 이를 증거로 할 수 없다.

ⓔ 검사 또는 사법경찰관이 검증의 결과를 기재한 조서는 적법한 절차와 방식에 따라 작성된 것으로서 공판준비 또는 공판기일에서의 작성자의 진술에 따라 그 성립의 진정함이 증명된 때에는 증거로 할 수 있다.

① 1개 ② 2개
③ 3개 ④ 4개

32

전문진술에 관한 설명 중 가장 적절하지 <u>않은</u> 것은? (다툼이 있는 경우 판례에 의함)

① 피고인을 피의자로 조사하였던 자는 공판기일에서 피고인의 진술을 그 내용으로 하는 진술을 할 수 있고 피고인의 원진술이 특히 신빙할 수 있는 상태하에서 행하여졌음이 증명된 경우에는 증거능력이 있다.

② 피고인 아닌 자의 공판기일에서의 진술이 피고인의 진술을 그 내용으로 하는 것인 때에는 형사소송법 제316조 제1항이 적용되므로, 피고인 아닌 자의 공판기일에서의 진술이 공동피고인의 진술을 그 내용으로 하는 것인 때에도 공동피고인 역시 피고인의 지위인 이상 형사소송법 제316조 제1항이 적용된다.

③ 형사소송법 제316조 제2항의 피고인 아닌 자에는 공소제기 전에 피고인 아닌 타인을 조사하였던 자도 포함되지만 원진술자가 법정에 출석하여 수사기관에서의 진술을 부인하는 이상 원진술자의 진술을 내용으로 하는 조사자의 증언은 증거능력이 없다.

④ 원진술자가 제1심법원에 출석하여 진술을 하였다가 항소심에 이르러 진술할 수 없게 된 경우를 제316조 제2항에서 정한 원진술자가 진술할 수 없는 경우에 해당한다고는 할 수 없다.

33

탄핵증거에 관한 설명 중 가장 적절하지 <u>않은</u> 것은? (다툼이 있는 경우 판례에 의함)

① 피고인이 내용을 부인하여 증거능력이 없는 사법 경찰리 작성의 피의자신문조서가 당초 증거제출 당시 탄핵증거라는 입증취지를 명시하지 아니하였다면 탄핵증거로서의 증거조사절차가 대부분 이루어졌더라도 피의자신문조서를 피고인의 법정 진술에 대한 탄핵증거로 사용할 수 없다.

② 탄핵증거는 진술의 증명력을 다투기 위한 것으로서 그 증거를 범죄사실 또는 간접사실을 인정하기 위해서는 사용할 수 없다.

③ 피고인이나 변호인이 무죄에 관한 자료로 제출한 서증 가운데 도리어 유죄임을 뒷받침하는 내용이 있다 하여도 법원은 상대방의 원용(동의)이 없는 한 그 서류의 진정성립 여부 등을 조사하고 아울러 그 서류에 대한 피고인이나 변호인의 의견과 변명의 기회를 준 다음이 아니면 그 서증을 유죄 인정의 증거로 쓸 수 없다고 보아야 한다.

④ 탄핵증거의 제출에 있어서는 상대방에게 이에 대한 공격방어의 수단을 강구할 기회를 사전에 부여하여야 한다.

34

자백의 보강법칙에 대한 설명 중 가장 적절하지 <u>않은</u> 것은?(다툼이 있는 경우 판례에 의함)

① 피고인이 범행을 자인하는 것을 들었다는 제3자의 진술내용은 형사소송법 제310조의 피고인의 자백에는 포함되지 아니하나 이는 피고인의 자백의 보강증거가 될 수 없고, 실체적 경합범은 실질적으로 수죄이므로 각 범죄사실에 관하여 자백에 대한 보강증거가 있어야 한다.

② 2010.2.18. 01:35경 자동차를 타고 온 피고인으로부터 필로폰을 건네받은 후 피고인이 위 차량을 운전해 갔다고 한 甲의 진술과 2010.2.20. 피고인으로부터 채취한 소변에서 나온 필로폰 양성반응은 피고인이 2010.2.18. 02:00경의 필로폰 투약으로 정상적으로 운전하지 못할 우려가 있는 상태에 있었다는 도로교통법위반 공소사실 부분에 대한 자백을 보강하는 증거가 되기에 충분하다.

③ 피고인이 자신이 거주하던 다세대주택의 여러 세대에서 7건의 절도행위를 한 것으로 기소되었는데 그 중 4건은 범행장소인 구체적 호수가 특정되지 않은 사안에서, 위 4건에 관한 피고인의 범행 관련 진술이 매우 사실적·구체적·합리적이고 진술의 신빙성을 의심할 만한 사유도 없어 자백의 진실성이 인정되므로, 피고인의 집에서 해당 피해품을 압수한 압수조서와 압수물 사진은 위 자백에 대한 보강증거가 된다.

④ 피고인이 甲과 합동하여 乙의 재물을 절취하려다가 미수에 그쳤다는 내용의 공소사실을 자백한 사안에서, 피고인을 현행범으로 체포한 乙의 수사기관에서의 진술과 현장사진이 첨부된 수사보고서가 피고인 자백에 대한 보강증거가 될 수 없다.

35

공판조서에 관한 다음 설명 중 가장 적절하지 <u>않은</u> 것은? (다툼이 있는 경우 판례에 의함)

① 공판조서의 기재가 명백한 오기나 착오에 의한 경우를 제외하고는 공판기일의 소송절차로서 공판조서에 기재된 것은 조서만으로써 증명하여야 한다.

② 동일한 사항에 관하여 두 개의 서로 다른 내용이 기재된 공판조서가 병존하는 경우 양자는 동일한 증명력을 가지는 것으로서 그 증명력에 우열이 있을 수 없다고 보아야 할 것이므로 그 중 어느 쪽이 진실한 것으로 볼 것인지는 공판조서의 증명력을 판단하는 문제로서 법관의 자유로운 심증에 따를 수 밖에 없다.

③ 비록 피고인이 차회 공판기일 전 등 원하는 시기에 공판조서를 열람·등사하지 못하였다 하더라도 그 변론종결 이전에 이를 열람·등사한 경우에는 그 열람·등사가 늦어짐으로 인하여 피고인의 방어권 행사에 지장이 있었다는 등의 특별한 사정이 없는 한 형사소송법 제55조 제1항 소정의 피고인의 공판조서의 열람·등사청구권이 침해되었다고 볼 수 없어, 그 공판조서를 유죄의 증거로 할 수 있다.

④ 공판조서의 절대적 증명력은 공판기일의 소송절차에 관한 것뿐만 아니라 피고인의 자백, 증인의 증언, 검증결과와 같은 실체적 사항에 대해서도 인정된다.

36

재판확정의 효력에 관한 설명 중 가장 적절하지 <u>않은</u> 것은?(다툼이 있는 경우 판례에 의함)

① 상습범의 범죄사실들 사이에 동일한 습벽에 의한 상습범의 확정판결이 있는 경우, 확정판결 전후의 범행은 일죄성이 분단되므로 검사는 공소장변경절차에 의하여 확정판결 후의 범죄사실을 공소사실로 추가할 수 없고 별개의 독립된 범죄로 공소를 제기하여야 한다.

② 포괄일죄는 그 중간에 별종의 범죄에 대한 확정판결이 끼어 있어도 그 때문에 포괄적 범죄가 둘로 나뉘는 것은 아니다.

③ 가정폭력처벌법에 따른 보호처분의 결정이 확정된 경우에는 원칙적으로 가정폭력행위자에 대하여 같은 범죄사실로 다시 공소를 제기할 수 없으나(가정폭력처벌법 제16조), 보호처분은 확정판결이 아니고 따라서 기판력도 없으므로, 보호처분을 받은 사건과 동일한 사건에 대하여 다시 공소제기가 되었다면 이에 대해서는 면소판결을 할 것이 아니라 공소제기의 절차가 법률의 규정에 위배하여 무효인 때에 해당한 경우이므로 형사소송법 제327조 제2호의 규정에 의하여 공소기각의 판결을 하여야 한다.

④ 상습범으로서 포괄적 일죄의 관계에 있는 여러 개의 범죄사실 중 일부에 대하여 유죄판결이 확정된 경우라면 상습범이 아닌 기본 구성요건의 범죄로 처단되는 데 그쳤더라도 그 확정판결의 기판력이 사실심판결 선고 전의 나머지 범죄에 미친다.

37

불이익변경금지원칙에 대한 설명 중 가장 적절하지 <u>않</u>은 것은?(다툼이 있으면 판례에 의함)

① 피고인만의 상고에 의한 상고심에서 원심판결을 파기하고 사건을 항소심에 환송한 경우 불이익변경금지 원칙은 환송 전 원심판결과의 관계에서도 적용되어 환송 후 원심법원은 파기된 환송 전 원심판결보다 중한 형을 선고할 수 없다.

② 불이익변경금지의 원칙은 피고인만이 상소한 사건에 있어서 원심의 형보다 중한 형을 선고할 수 없다는 것에 불과하고, 그 형이 같은 이상 원심이 인정한 죄보다 중한 죄를 인정하였다 하더라도 불이익변경금지의 원칙에 위배되지 아니한다.

③ 집행유예의 판결은 소정 유예기간을 특별한 사유 없이 경과한 때에는 그 형의 선고의 효력이 상실되나 형의 집행면제는 그 형의 집행만을 면제하는 데 불과하므로 집행유예의 판결이 형 집행면제보다 피고인에게 불리한 것이라 할 수 없다.

④ 피고인에 대한 벌금형이 제1심보다 감경되면서 그 벌금형에 대한 노역장유치기간이 제1심보다 더 길어진 경우 전체적으로 보아 형이 불이익하게 변경되었다고 할 수 있다.

38

항소절차와 관련한 다음 설명 중 가장 적절하지 <u>않</u>은 것은?(다툼이 있는 경우 판례에 의함)

① 항소이유서 제출기간 내에 변론이 종결되었는데 그 후 위 제출기간 내에 항소이유서가 제출되었다면, 특별한 사정이 없는 한 항소심법원으로서는 변론을 재개하여 항소이유의 주장에 대해서도 심리를 해 보아야 한다.

② 검사가 공판정에서 구두변론을 통해 항소이유를 주장하지 않았고 피고인도 그에 대한 적절한 방어권을 행사하지 못하는 등 검사의 항소이유가 실질적으로 구두변론을 거쳐 심리되지 않았다고 평가될 경우, 항소심법원이 이러한 검사의 항소이유 주장을 받아들여 피고인에게 불리하게 제1심판결을 변경하는 것은 허용되지 않는다.

③ 검사와 피고인 양쪽이 상소를 제기한 경우, 어느 일방의 상소는 이유 없으나 다른 일방의 상소가 이유 있어 원판결을 파기하고 다시 판결하는 때에는 이유 없는 상소에 대해서는 판결이유 중에서 그 이유가 없다는 점을 적으면 충분하고 주문에서 그 상소를 기각해야 하는 것은 아니다.

④ 피고인의 항소대리권자인 배우자가 피고인을 위하여 항소한 경우에는 소송기록접수통지는 피고인뿐만 아니라 항소대리권자인 배우자에게도 하여야 하므로, 배우자가 적법하게 소송기록접수통지서를 받지 못하였다면 항소이유서 제출기간은 진행되지 않고, 피고인이 적법하게 소송기록접수통지를 받았다고 하더라도 그 날로부터 20일 이내에 항소이유서가 제출되지 않았다는 이유로 항소기각결정을 할 수 없다.

39 ☐△☒

재심에 대한 설명 중 가장 적절하지 <u>않은</u> 것은?(다툼이 있는 경우 판례에 의함)

① 특별사면으로 형 선고의 효력이 상실된 유죄의 확정판결도 형사소송법 제420조의 '유죄의 확정판결'에 해당하여 재심청구의 대상이 될 수 있다.

② 재심심판절차에서는 특별한 사정이 없는 한 검사가 재심대상사건과 별개의 공소사실을 추가하는 내용으로 공소장을 변경하는 것은 허용되지 않고, 재심대상사건에 일반 절차로 진행 중인 별개의 형사사건을 병합하여 심리하는 것도 허용되지 않는다.

③ 항소심의 유죄판결에 대하여 상고가 제기되어 상고심 재판이 계속되던 중 피고인이 사망하여 공소기각결정이 확정되었다면 항소심의 유죄판결은 이로써 당연히 그 효력을 상실하게 되므로, 이러한 경우에는 형사소송법상 재심절차의 전제가 되는 '유죄의 확정판결'이 존재하는 경우에 해당한다고 할 수 없다.

④ 재심청구인이 재심의 청구를 한 후 청구에 대한 결정이 확정되기 전에 사망한 경우라도 재심청구절차는 재심청구인의 사망으로 당연히 종료하게 되는 것은 아니다.

40 ☐△☒

즉결심판절차에 대한 설명 중 가장 적절하지 <u>않은</u> 것은? (다툼이 있는 경우 판례에 의함)

① 판사는 구류의 선고를 받은 피고인이 일정한 주소가 없거나 또는 도망할 염려가 있을 때에는 5일을 초과하지 아니하는 기간 경찰서유치장(지방해양경찰관서의 유치장을 포함한다. 이하 같다)에 유치할 것을 명령할 수 있다. 다만, 이 기간은 선고기간을 초과할 수 없다.

② 판사는 피고인에게 피고사건의 내용과 형사소송법 제283조의2에 규정된 진술거부권이 있음을 알리고 변명할 기회를 주어야 한다.

③ 피고인이 즉결심판에 대하여 제출한 정식재판청구서에 피고인의 자필로 보이는 이름이 기재되어 있고 그 옆에 서명이 되어 있어 위 서류가 작성자 본인인 피고인의 진정한 의사에 따라 작성되었다는 것을 명백하게 확인할 수 있으며 형사소송절차의 명확성과 안정성을 저해할 우려가 없으므로, 정식재판청구는 적법하다고 보아야 한다.

④ 즉결심판을 받은 피고인이 정식재판청구를 함으로써 공판절차가 개시된 경우에는 통상의 공판절차와 달리 국선변호인의 선정에 관한 형사소송법 제283조의 규정이 적용되지 않는다.

제4회 경찰승진 최종모의고사

01 ☐○△☒

헌법과 형사소송법 모두에 명문으로 규정되어 있는 것이 <u>아닌</u> 것은?

① 무죄추정의 원칙
② 자백배제법칙
③ 불이익변경금지원칙
④ 자백의 보강법칙

02 ☐○△☒

탄핵주의에 관한 설명 중 가장 적절하지 <u>않은</u> 것은?

① 재판기관과 소추기관을 분리하여 소추기관의 공소제기에 의하여 법원이 절차를 개시하는 주의를 말한다.
② 탄핵주의는 누가 소추기관이 되느냐에 따라 국가소추주의와 피해자소추주의 및 공중소추주의로 나뉜다.
③ 우리 형사소송법은 국가소추주의에 의한 탄핵주의 소송구조를 채택하고 있다.
④ 소송에서 주도적 지위를 법원에게 인정하는 직권주의 소송구조와 대립되는 개념이다.

03 ☐○△☒

법원의 관할에 대한 설명 중 가장 적절하지 <u>않은</u> 것은? (다툼이 있는 경우 판례에 의함)

① 공모공동정범의 경우 공모지는 범죄지로 볼 수 없으므로 토지관할이 인정되지 않는다.
② 국외에 있는 대한민국의 선박내에서 범한 죄에 관하여는 범죄지, 피고인의 주소, 거소, 현재지 외에 선적지 또는 범죄 후의 선착지도 토지관할의 기준이 된다.
③ 공소제기 당시 피고인의 임의에 의한 현재지뿐만 아니라 적법한 강제에 의한 현재지도 토지관할이 인정된다.
④ 토지관할은 범죄지, 피고인의 주소, 거소 또는 현재지로 한다.

04

제척에 대한 설명 중 적절하지 <u>않은</u> 것은?(다툼이 있는 경우 판례에 의함)

① 제1심 공판기일에서 증거조사를 하고 그 증거들이 제1심 판결에서 유죄의 증거로 사용되었으나 판결은 그 이후 경질된 판사가 하였다면, 제1심에서 증거조사를 한 판사가 항소심 재판을 하는 것은 제척사유에 해당하지 않는다.

② 제척사유가 있는 통역인이 통역한 증인의 증인신문조서는 유죄인정의 증거로 사용할 수 없다.

③ 법관이 사건에 관하여 피고인의 변호인이거나 피고인·피해자의 대리인인 법무법인, 법무법인(유한), 법무조합, 법률사무소, 외국법자문사법 제2조 제9호에 따른 합작법무법인에서 퇴직한 날부터 2년이 지나지 아니한 경우에는 직무집행에서 제척된다.

④ 약식명령을 한 판사가 그에 대한 정식재판 절차의 항소심 판결에 관여하는 경우는 제척사유에 해당한다.

05

변호인에 대한 다음 설명 중 가장 적절하지 <u>않은</u> 것은? (다툼이 있는 경우 판례에 의함)

① 피고인이 2급 시각장애인으로서 점자자료가 아닌 경우에는 인쇄물 정보접근에 상당한 곤란을 겪는 수준임에도 국선변호인 선정절차를 취하지 아니한 채 공판심리를 진행하였다면 위법하다.

② 변호인이 피의자에 대한 접견신청을 하였을 때 피의자가 변호인의 조력을 받을 권리의 의미와 범위를 정확히 이해하면서 이성적 판단에 따라 자발적으로 그 권리를 포기한 경우라도 수사기관이 접견을 허용하지 않는다면 변호인의 접견교통권을 침해하는 것이다.

③ 상소심에서도 사건이 형사소송법 제282조에 따라 변호인 없이 개정하지 못하는 때에 해당하는지의 여부를 결정함에 있어서는 공소사실로 된 죄의 법정형이 그 기준이 된다.

④ 판결내용 자체가 아니고 다만 구속 등 소송절차가 법령에 위반된 경우에는, 그로 인하여 피고인의 방어권이나 변호인의 조력을 받을 권리가 본질적으로 침해되고 판결의 정당성마저 인정하기 어렵다고 보이는 정도에 이르지 않는 한, 그것 자체만으로는 판결에 영향을 미친 위법이라고 할 수 없다.

06

수사에 관한 설명 중 가장 적절한 것은?(다툼이 있는 경우 판례에 의함)

① 친고죄나 세무공무원 등의 고발이 있어야 논할 수 있는 죄에 있어서 고소나 고발이 있기 전에 수사를 하였다면, 그 수사가 장차 고소나 고발이 있을 가능성이 없는 상태하에서 행해졌다는 등의 특단의 사정이 없는 한, 고소나 고발이 있기 전에 수사를 하였다는 이유만으로 그 수사가 위법하다.

② 변호인과의 접견교통권은 피의자에게 인정되는 권리이므로, 임의동행 형식으로 연행된 피내사자에게는 그 지위가 피의자로 전환된 이후부터 변호인과의 접견교통권이 인정된다.

③ 검사가 검찰사건사무규칙에 따른 범죄인지 절차를 밟지 않은 상태에서 행한 피의자신문은 피내사자에 대한 신문이므로 그 이유만으로도 이미 위법한 수사에 해당하며, 따라서 당해 피의자신문조서는 형사소송법이 정한 절차에 따라 작성되었다 하더라도 증거능력이 인정될 수 없다.

④ 사법경찰관은 수사의 결과 범죄혐의가 없다고 인정하는 경우 사건을 검사에게 송치하지 않을 수 있는데, 이에 대해 고소인·고발인이 이의신청을 할 수 있다. 이의신청이 있는 경우 사법경찰관은 검사에게 사건을 송치하여야 하고, 검사는 불송치결정이 위법 또는 부당한 때에는 사법경찰관에게 재수사를 요구할 수 있다.

07

고소와 관련한 다음 설명 중 가장 적절하지 <u>않은</u> 것은? (다툼이 있으면 판례에 의함)

① 친고죄에서 고소는 서면뿐만 아니라 구술로도 할 수 있고, 다만 구술에 의한 고소를 받은 검사 또는 사법경찰관은 조서를 작성하여야 하지만 그 조서가 독립된 조서일 필요는 없다.

② 피해자가 고소장을 제출하여 처벌을 희망하는 의사를 분명히 표시한 후 고소를 취소한 바 없다면 비록 고소 전에 피해자가 처벌을 원치 않았다 하더라도 그 후에 한 피해자의 고소는 유효하다.

③ 고소권자가 비친고죄로 고소한 사건을 검사가 친고죄로 구성하여 공소를 제기하였다면 공소장 변경절차를 거쳐 공소사실이 비친고죄로 변경되지 아니하는 한, 법원으로서는 친고죄에서 소송조건이 되는 고소가 유효하게 존재하는지를 직권으로 조사·심리하여야 하고, 만일 그 공소사실에 대하여 피고인과 공범관계에 있는 자에 대한 적법한 고소취소가 있다면 그 고소취소의 효력은 피고인에 대하여도 미친다.

④ 형사소송법 제230조 제1항 규정에서 범인을 알게 된다 함은 통상인의 입장에서 보아 고소권자가 고소를 할 수 있을 정도로 범죄사실과 범인을 아는 것을 의미하고, 여기서 범죄사실을 안다는 것은 고소권자가 친고죄에 해당하는 범죄의 피해가 있었다는 사실관계에 관하여 미필적 인식이 있음을 말한다.

08

고소에 관한 설명 중 가장 적절한 것은?(다툼이 있는 경우 판례에 의함)

① 피해자가 경찰청 인터넷 홈페이지에 '피고인을 철저히 조사해 달라'는 취지의 신고민원을 접수하는 형태로 피고인에 대한 조사를 촉구하는 의사표시를 한 것은 형사소송법 제237조 제1항에 따른 적법한 고소에 해당한다.

② 무효심결 확정 전의 고소라 하더라도 그러한 특허권에 기한 고소는 무효심결이 확정되면 고소권자에 의한 적법한 고소로 볼 수 없다 할 것이다.

③ 성폭력범죄에서 피해자의 변호사는 피해자를 대리하여 피고인에 대한 처벌을 희망하는 의사표시를 철회하거나 처벌을 희망하지 않는 의사표시를 할 수 없다.

④ 반의사불벌죄에 있어서 피해자의 피고인 또는 피의자에 대한 처벌을 희망하지 않는다는 의사표시 또는 처벌을 희망하는 의사표시의 철회는 의사능력이 있는 피해자가 단독으로 이를 할 수 있지만, 미성년자인 피해자의 경우에는 법정대리인의 동의가 있어야 한다거나 법정대리인에 의해 대리되어야만 한다.

09

다음 설명 중 옳고 그름의 표시(○, ✕)가 바르게 된 것은?(다툼이 있는 경우 판례에 의함)

⊙ 수사기관으로부터 통신제한조치의 집행을 위탁받은 통신기관 등이 집행에 필요한 설비가 없을 때에는 수사기관에 설비의 제공을 요청하여야 하고, 그러한 요청 없이 통신제한조치허가서에 기재된 사항을 준수하지 아니한 채 통신제한조치를 집행하였다면, 그러한 집행으로 취득한 전기통신의 내용 등은 헌법과 통신비밀보호법이 국민의 기본권인 통신의 비밀을 보장하기 위해 마련한 적법한 절차를 따르지 아니하고 수집한 증거에 해당하므로, 이는 유죄 인정의 증거로 할 수 없다.

ⓛ 수사기관이 범죄를 수사함에 있어 현재 범행이 행하여지고 있거나 행하여진 직후이고, 증거보전의 필요성 내지 긴급성이 있으며, 일반적으로 허용되는 상당한 방법에 의하여 촬영된 사진이라도 영장없이 사진촬영이 이루어졌다면 그 사진촬영은 위법하다.

ⓒ 甲이 乙에게 휴대폰으로 전화를 걸어 乙과 통화를 마친 후 乙이 전화를 먼저 끊기를 기다리던 중 乙이 휴대폰의 통화종료 버튼을 누르지 아니한 채 타인과 대화하는 것을 몰래 청취·녹음한 경우, 甲은 乙과 타인 간의 대화에 원래부터 참여하지 아니한 제3자이므로 통화연결 상태에 있는 휴대폰을 이용하여 이 사건 대화를 청취·녹음하는 행위는 위법하다.

ⓔ 사람의 목소리라고 하더라도 상대방에게 의사를 전달하는 말이 아닌 단순한 비명소리나 탄식 등은 타인과 의사소통을 하기 위한 것이 아니라면 특별한 사정이 없는 한 타인 간의 대화에 해당한다고 할 수 없다.

① ⊙ (✕)   ⓛ (○)   ⓒ (○)   ⓔ (○)
② ⊙ (○)   ⓛ (✕)   ⓒ (○)   ⓔ (○)
③ ⊙ (○)   ⓛ (○)   ⓒ (✕)   ⓔ (○)
④ ⊙ (○)   ⓛ (○)   ⓒ (○)   ⓔ (✕)

10
피의자신문에 대한 설명 중 가장 적절하지 <u>않은</u> 것은? (다툼이 있는 경우 판례에 의함)

① 변호인의 수사방해나 수사기밀의 유출에 대한 우려가 없고 조사실의 장소적 제약 등과 같은 특별한 사정이 없는 상황에서 수사관 A가 피의자신문에 참여한 변호인 B에게 피의자 후방에 앉으라고 요구하는 행위는 목적의 정당성과 수단의 적절성뿐만 아니라 침해의 최소성과 법익 균형성도 충족하지 못하므로 B의 변호권을 침해한다.

② 피의자신문에 참여한 변호인은 원칙적으로 신문 후 의견을 진술할 수 있다. 다만 신문 중이더라도 부당한 신문방법에 대하여 이의를 제기할 수 있고, 검사 또는 사법경찰관의 승인을 얻어 의견을 진술할 수 있다.

③ 검사 또는 사법경찰관은 피의자가 신체적 또는 정신적 장애로 사물을 변별하거나 의사를 결정·전달할 능력이 미약한 때와 피의자의 연령·성별·국적 등의 사정을 고려하여 그 심리적 안정의 도모와 원활한 의사소통을 위하여 필요한 경우 직권 또는 피의자, 법정대리인의 신청에 따라 피의자와 신뢰관계인을 동석시킬 수 있다. 이 경우 동석한 신뢰관계인이 피의자를 대신하여 진술할 수 있으며 진술한 부분이 조서에 기재되어 있다면 이를 유죄 인정의 증거로 사용할 수 있다.

④ 피의자신문에 참여한 변호인은 검사 또는 사법경찰관의 신문 후 조서를 열람하고 별도의 서면으로 의견을 제출할 수 있으며, 검사 또는 사법경찰관은 해당 서면을 사건기록에 편철한다.

11
체포영장에 의한 체포에 관한 설명 중 가장 적절하지 <u>않은</u> 것은?(다툼이 있는 경우 판례에 의함)

① 체포 및 압수·수색현장에서 변호인의 체포영장 등사 요구를 거절한 것만으로는 변호인의 조력을 받을 권리를 원천적으로 침해한 행위라고 보기 어렵다.

② 체포한 피의자를 구속하고자 할 때에는 체포한 때부터 24시간 이내에 구속영장을 청구하여야 하고, 그 기간 내에 구속영장을 청구하지 아니하는 때에는 피의자를 즉시 석방하여야 한다.

③ 경찰관들이 체포를 위한 실력행사에 나아가기 전에 체포영장을 제시하고 미란다 원칙을 고지할 여유가 있었음에도 애초부터 미란다 원칙을 체포 후에 고지할 생각으로 먼저 체포행위에 나선 행위는 적법한 공무집행이라고 보기 어렵다.

④ 동일범죄사실에 관하여 그 피의자에 대하여 전에 체포영장을 청구하였거나 발부받은 사실이 있는 때에는 다시 체포영장을 청구하는 취지 및 이유를 기재하여야 한다.

12

현행범인의 체포에 관한 설명 중 가장 적절한 것은?
(다툼이 있는 경우 판례에 의함)

① 형사소송법 제211조가 현행범인으로 규정한 '범
죄의 실행의 즉후인 자'라고 함은 범죄의 실행행
위를 종료한 직후의 범인이라는 것이 객관적인
제3자의 입장에서 볼 때 명백한 경우를 일컫는 것
이고, '범죄의 실행행위를 종료한 직후'라고 함은
범죄행위를 실행하여 끝마친 순간 또는 이에 아
주 접착된 시간적 단계를 의미하는 것으로 해석
된다.

② 현행범인 체포의 요건을 갖추었는지는 사후에 밝
혀진 사정을 기초로 판단하여야 하고, 이에 관한
검사나 사법경찰관 등 수사 주체의 판단에는 상
당한 재량 여지가 있다.

③ 검사 또는 사법경찰관리가 아닌 자에 의하여 현행
범인이 체포된 후 불필요한 지체없이 검사 또는
사법경찰관리에게 인도된 경우라면 구속영장 청
구기간인 48시간의 기산점은 체포시가 아니라 검
사 등이 현행범인을 인도받은 때라고 할 것이다.

④ 검사 또는 사법경찰관리 아닌 이가 현행범인을 체
포한 때에는 즉시 검사 등에게 인도하여야 하는
데, 여기서 '즉시'라고 함은 반드시 체포시점과 시
간적으로 밀착된 시점이어야 한다.

13

구속에 대한 설명 중 가장 적절하지 <u>않은</u> 것은?(다툼
이 있는 경우 판례에 의함)

① 관할지방법원 판사의 구속기간 연장 허가결정이
있으면 그 연장기간은 제203조의 규정에 의한 구
속기간 만료 다음날로부터 기산한다.

② 구속영장에 의하여 적법하게 구금된 피의자가 수
사기관 조사실에 출석을 거부하는 경우에 수사기
관은 그 구속영장의 효력에 의하여 피의자를 조
사실로 구인할 수 있다.

③ 구속영장을 소지하지 아니한 경우에 급속을 요하
는 때에는 피의자에 대하여 피의사실의 요지와
구속영장이 발부되었음을 알리고 집행할 수 있으
며, 이 경우 집행을 완료한 후에는 신속히 구속영
장을 제시하여야 한다.

④ 수사기관이 구속영장에 기재되지 않은 장소로 구
금장소를 임의적으로 변경하더라도 피의자의 방
어권이나 접견교통권의 행사에 중대한 장애를 초
래하는 것은 아니므로 적법하다.

14

보석제도에 관한 다음 설명 중 가장 옳지 <u>않은</u> 것은?
(다툼이 있는 경우 판례에 의함)

① 검사의 의견청취의 절차는 보석에 관한 결정의 본
질적 부분이 되는 것은 아니므로, 설사 법원이 검
사의 의견을 듣지 아니한 채 보석에 관한 결정을
하였다고 하더라도 그 결정이 적정한 이상, 절차
상의 하자만을 들어 그 결정을 취소할 수는 없다.

② 보석허가결정으로 구속영장은 효력이 소멸하므로
피고인이 도망하는 등 피고인을 재구금할 필요가
생긴 때에는 법원이 피고인에 대해 새로운 구속
영장을 발부하여야 한다.

③ 피고인이 집행유예의 기간 중에 있어 집행유예의
결격자라고 하여 보석을 허가할 수 없는 것은 아
니다.

④ 보석취소결정을 비롯하여 고등법원이 한 최초 결
정이 제1심 법원이 하였더라면 보통항고가 인정
되는 결정인 경우에는 이에 대한 재항고와 관련
한 집행정지의 효력은 인정되지 않는다고 봄이
타당하다.

15

압수·수색에 대한 설명 중 옳지 <u>않은</u> 것은?(다툼이 있는 경우 판례에 의함)

① 법원은 압수·수색영장 집행 사실을 미리 알려주면 증거물을 은닉할 염려가 있어 압수·수색의 실효를 거두기 어려울 경우에는 영장 집행의 일시와 장소를 피고인 또는 변호인에게 미리 통지하지 않을 수 있다.

② 우편물 통관검사절차에서 압수·수색영장 없이 우편물의 개봉, 시료채취, 성분분석 등 검사가 진행되었다면 이 검사는 특별한 사정이 없는 한 위법하다.

③ 압수·수색영장을 집행하는 수사기관은 피압수자로 하여금 법관이 발부한 영장에 의한 압수·수색이라는 사실을 확인함과 동시에 형사소송법이 압수·수색영장에 필요적으로 기재하도록 정한 사항이나 그와 일체를 이루는 사항을 충분히 알 수 있도록 압수·수색영장을 제시하여야 한다.

④ 수사기관의 압수물 환부 처분의 취소를 구하는 준항고는 소송계속 중 준항고로써 달성하고자 하는 목적이 이미 이루어졌거나 시일의 경과 등으로 그 이익이 상실된 경우에는 부적법하게 된다.

16

압수물의 환부 및 가환부에 대한 설명으로 가장 적절하지 <u>않은</u> 것은?(다툼이 있으면 판례에 의함)

① 증거에 공할 압수물을 가환부할 것인지의 여부는 범죄의 태양, 경중, 압수물의 증거로서의 가치, 압수물의 은닉, 인멸, 훼손될 위험, 수사나 공판수행상의 지장 유무, 압수에 의하여 받는 피압수자 등의 불이익의 정도 등 여러 사정을 검토하여 종합적으로 판단하여야 할 것이다.

② 피고인에게 의견을 진술할 기회를 주지 아니한 채 가환부결정은 형사소송법 제135조에 위배하여 위법하고 이 위법은 재판의 결과에 영향을 미쳤다 할 것이다.

③ 피압수자 등 압수물을 환부 받을 자가 수사기관에 대하여 형사소송법상의 환부청구권을 포기한다는 의사표시를 한 경우 그에 의하여 수사기관의 필요적 환부의무가 면제되므로, 그 환부의무에 대응하는 압수물의 환부를 청구할 수 있는 권리도 소멸하게 된다.

④ 검사는 증거에 사용할 압수물에 대하여 가환부의 청구가 있는 경우 가환부를 거부할 수 있는 특별한 사정이 있다면 이를 거부할 수도 있다.

17

영장주의에 관한 설명 중 가장 적절하지 <u>않은</u> 것은?
(다툼이 있는 경우 판례에 의함)

① 법원이 직권으로 발부하는 영장은 집행기관에 대한 허가장의 성격을 가지나, 수사기관의 청구에 의하여 발부하는 영장은 수사기관에 대한 명령장으로서의 성질을 갖는 것으로 이해되고 있다.

② 임의제출된 정보저장매체에서 압수의 대상이 되는 전자정보의 범위를 넘어서는 전자정보에 대해 수사기관이 영장없이 압수·수색하여 취득한 증거는 위법수집증거에 해당하고, 사후에 법원으로부터 영장이 발부되었다거나 피고인이나 변호인이 이를 증거로 함에 동의하였다고 하여 그 위법성이 치유되는 것도 아니다.

③ 법원이 피고인의 구속 또는 그 유지 여부의 필요성에 관하여 한 재판의 효력이 검사나 다른 기관의 이견이나 불복이 있다 하여 좌우되거나 제한받는다면 이는 헌법 제12조 제3항의 영장주의에 위배된다.

④ 현행범 체포현장이나 범죄현장에서도 소지자 등이 임의로 제출하는 물건을 형사소송법 제218조에 의하여 영장없이 압수하는 것이 허용되고, 이 경우 검사나 사법경찰관은 별도로 사후에 영장을 받을 필요가 없다.

18

재정신청에 관한 설명 중 가장 적절하지 <u>않은</u> 것은?
(다툼이 있는 경우 판례에 의함)

① 법원이 재정신청서를 송부받았음에도 송부받은 날부터 형사소송법 제262조 제1항에서 정한 기간 안에 피의자에게 그 사실을 통지하지 아니한 채 형사소송법 제262조 제2항 제2호에서 정한 공소제기결정을 하였더라도, 그에 따른 공소가 제기되어 본안사건의 절차가 개시된 후에는 다른 특별한 사정이 없는 한 본안사건에서 위와 같은 잘못을 다툴 수 없다.

② 고소권자로서 고소를 한 자는 검사로부터 공소를 제기하지 아니한다는 통지를 받은 때에는 그 검사 소속의 지방검찰청 소재지를 관할하는 고등법원에 그 당부에 관한 재정을 신청할 수 있으나, 검찰항고 전치주의가 적용되어 반드시 검찰항고를 먼저 거쳐야 한다.

③ 재정신청 제기기간이 경과된 후에 재정신청보충서를 제출하면서 원래의 재정신청에 재정신청 대상으로 포함되어 있지 않은 고발사실을 재정신청의 대상으로 추가한 경우, 그 재정신청보충서에서 추가한 부분에 관한 재정신청은 법률상 방식에 어긋난 것으로서 부적법하다.

④ 대통령에게 제출한 청원서를 대통령비서실로부터 이관받은 검사가 진정사건으로 내사 후 내사종결 처리한 경우 위 내사종결 처리는 고소 또는 고발사건에 대한 불기소처분이라고 볼 수 없어 재정신청의 대상이 되지 아니한다.

19

공소취소에 대한 설명 중 적절하지 <u>않은</u> 것만을 모두 고른 것은?(다툼이 있는 경우 판례에 의함)

> ⊙ 공소는 사실심의 마지막 단계인 제2심 판결 선고 전까지 취소할 수 있다.
> ⓛ 재정신청에서 법원의 공소제기 결정에 따라 공소가 제기된 경우, 검사는 공소취소를 할 수 없다.
> ⓒ 공소사실의 동일성이 인정되는 공소사실의 일부를 심판대상에서 제외시키는 것은 공소취소에 해당하지 않는다.
> ⓡ 제1심 판결이 선고되어 확정되었더라도 제1심의 확정판결에 대한 재심소송절차가 진행 중인 경우에는 공소취소가 허용된다.

① ⊙, ⓛ
② ⊙, ⓡ
③ ⓛ, ⓒ
④ ⓒ, ⓡ

20

공소시효에 대한 설명 중 가장 적절하지 <u>않은</u> 것은? (다툼이 있는 경우 판례에 의함)

① 범죄 후 법률의 개정에 의하여 법정형이 가벼워진 경우에는 형법 제1조 제2항에 의하여 당해 범죄사실에 적용될 가벼운 신법의 법정형이 공소시효 기간의 기준이 된다.

② 무허가 법인묘지를 설치한 죄는 법인묘지의 설치행위, 즉 법인이 '분묘를 설치하기 위하여 부지를 조성하는 행위'를 종료할 때 즉시 성립하고 그와 동시에 완성되는 이른바 즉시범이라고 보아야 하므로, 이 부분 공소사실에 대한 공소시효는 피고인들이 무허가 법인묘지의 조성행위를 한 때로부터 진행한다.

③ 헌법 제84조는 "대통령은 내란 또는 외환의 죄를 범한 경우를 제외하고는 재직 중 형사상의 소추를 받지 아니한다."라고 규정하여, 재직 중인 대통령에 대한 공소권행사의 헌법상 장애사유를 규정하고 있는데, 위 규정은 대통령으로 재직하는 기간 동안 내란 또는 외환의 죄를 제외한 범죄에 대하여 공소시효가 정지된다고 명시하여 규정하고 있지 않으므로, 공소시효의 정지에 관한 규정이라고 볼 수는 없다.

④ 변호사법위반죄의 공소시효가 완성되었다고 하여도 그 죄와 상상적 경합관계에 있는 사기죄의 공소시효까지 완성되는 것은 아니다.

21

☐△☒

공소제기 등에 관한 설명 중 적절하지 <u>않은</u> 것은 모두 몇 개인가?(다툼이 있으면 판례에 의함)

> ⊙ 피고인을 특정하기 위한 경우라도 공소장의 공소사실에 과거에 소년부송치처분을 받은 사실과 직업이 없다는 사실을 기재하였다면 공소장일본주의에 위반된다.
> ⓛ 공판절차갱신 후의 절차나 파기환송 후의 절차에는 공소장일본주의가 적용되기 어렵다.
> ⓒ 살인, 방화 등의 경우 범죄의 직접적인 동기 또는 공소범죄사실과 밀접불가분의 관계가 있는 동기를 공소사실에 기재하는 것이 공소장일본주의 위반이 아님은 명백하고, 설사 범죄의 직접적인 동기가 아닌 경우에도 동기의 기재는 공소장의 효력에 영향을 미치지 않는다.
> ⓔ 공소사실의 기재가 오해를 불러일으키거나 명료하지 못한 경우에는 형사소송규칙 제141조에 의하여 검사에 대하여 석명권을 행사하여 그 취지를 명확하게 하여야 할 것이다.
> ⓜ 집회 및 시위에 관한 법률상 해산명령 위반 공소사실에 대한 적용법조로 처벌규정인 같은 법 제24조 제5호, 제20조 제2항만을 기재하였을 뿐, 집시법 제20조 제1항 각 호 중 어느 사유로 해산명령을 받았는지(해산명령의 근거규정)를 기재하지 않았다면 공소사실이 특정되지 않았다고 보아야 한다.

① 1개   ② 2개
③ 3개   ④ 4개

22

☐△☒

공소장변경에 관한 다음 설명 중 가장 적절한 것은? (다툼이 있는 경우 판례에 의함)

① 검사의 공소장변경신청이 공소사실의 동일성에 반하는 내용임에도 법원이 이를 허가하는 결정을 하였을 때 피고인은 즉시항고로서 그 결정의 효력을 다툴 수 있다.

② 일죄의 관계에 있는 여러 범죄사실 중 일부에 대한 기판력은 현실적으로 심판대상이 되지 아니한 다른 부분에도 미치므로, 그 일부의 범죄사실에 대하여 공소가 제기된 뒤에 항소심에서 나머지 부분을 추가하였다고 하여 공소사실의 동일성을 해하는 것이라고 볼 수 없으므로 법원은 이를 허가하여야 한다.

③ 항소심에서의 공소장변경이 변경 전의 공소사실과 기본적 사실관계가 동일하더라도 항소심에 이르러 새로운 공소의 추가적 제기와 다르지 않다면 심급이익을 박탈하는 것이 되어 허용될 수 없다.

④ 공소장변경 허가의 기준으로서 공소사실의 동일성이 있는지는 자연적·사회적 사실관계의 동일성이라는 관점에서 파악되어야 하고, 규범적 요소를 고려하여 기본적 사실관계가 실질적으로 동일한지 여부에 따라 결정될 수는 없다.

23

☐△☒

공판준비절차에 대한 설명 중 가장 적절하지 <u>않은</u> 것은?

① 피고인이 국민참여재판을 원하는 의사를 표시한 경우에 재판장은 사건을 공판준비절차에 부쳐야 하며, 공판준비기일에는 주장과 증거를 정리하고 심리계획을 수립하기 위해 검사와 변호인 이외에 배심원도 참여시켜야 한다.

② 공판준비기일에 신청하지 못한 증거라도 공판기일에 법원이 직권으로 증거조사를 할 수 있다.

③ 법원은 쟁점 및 증거의 정리를 위하여 필요한 경우에는 제1회 공판기일 후에도 사건을 공판준비절차에 부칠 수 있다.

④ 공판준비기일은 공개한다. 다만, 공개하면 절차의 진행이 방해될 우려가 있는 때에는 공개하지 아니할 수 있다.

24

피고인의 출석에 대한 설명 중 가장 적절하지 <u>않은</u> 것은? (다툼이 있는 경우 판례에 의함)

① 공시송달의 방법으로 소환한 피고인이 불출석하는 경우 다시 공판기일을 지정하고 공시송달의 방법으로 피고인을 재소환한 후 그 기일에도 피고인이 불출석하여야 비로소 피고인이 불출석한 상태에서 재판절차를 진행할 수 있다.

② 피고인이 공판기일에 출석하지 아니한 때에는 특별한 규정이 없으면 개정하지 못한다. 단, 피고인이 법인인 경우에는 대리인을 출석하게 할 수 있다.

③ 구속된 피고인이 출석하지 아니하자 그 출석거부 사유만을 조사한 후 교도관에 의한 인치가 불가능하거나 현저히 곤란하였는지 여부에 대한 조사를 아니한 채 바로 피고인의 출석 없이 공판절차를 진행한 경우, 형사소송법 제277조의2의 규정을 위반하였다고 할 것이다.

④ 소송촉진 등에 관한 특례법 제23조에 따라 진행된 제1심의 불출석재판에 대하여 검사만 항소하고, 항소심도 불출석재판으로 진행한 후 제1심판결을 파기하고 다시 유죄판결을 선고하여 확정된 경우, 비록 피고인에게 불출석의 귀책사유가 없다고 하더라도 항소심 법원에 재심을 청구할 수는 없다.

25

증거조사에 관한 설명 중 가장 적절하지 <u>않은</u> 것은? (다툼이 있는 경우 판례에 의함)

① 피고인들이 집회 및 시위에 관한 법률(이하 '집시법'이라 한다) 위반죄로 기소된 사안에서, 검사가 피고인들의 체포장면이 녹화된 동영상 CD를 별도의 증거로 제출하지 아니하고 CD의 내용을 간략히 요약한 수사보고서에 CD를 첨부하여 수사보고서만을 서증으로 제출하였는데, 형사소송법 제292조의3 및 형사소송규칙 제134조의8은 녹음·녹화매체 등에 대한 증거조사는 이를 재생하여 청취 또는 시청하는 방법으로 하도록 규정하고 있으므로, 원심이 CD에 대하여 형사소송규칙에서 정한 증거조사절차를 거치지 아니한 채 유죄의 증거로 채택한 조치는 잘못이다.

② 증거조사신청의 기각결정 등 판결전의 소송절차에 관한 재판에는 재판의 간결성의 원칙에 따라 그 사유의 존부에 관하여 자세하고 구체적인 설명을 생략하고 그 신청의 당부에 대한 이유를 다만 "신청의 이유가 있다" 또는 "그 이유가 없다"고 간단히 밝히면 된다.

③ 피고인이 무죄임이 의심되는 상황에서 법원이 직권으로 증거조사를 하지 아니하여도 직권증거조사는 법원의 재량이므로 그 판결은 위법하지 아니하다.

④ 본래 증거물이지만 증거서류의 성질도 가지고 있는 이른바 '증거물인 서면'을 조사하기 위해서는 증거서류의 조사방식인 낭독·내용고지 또는 열람의 절차와 증거물의 조사방식인 제시의 절차가 함께 이루어져야 하므로, 원칙적으로 증거신청인으로 하여금 그 서면을 제시하면서 낭독하게 하거나 이에 갈음하여 그 내용을 고지 또는 열람하도록 하여야 한다.

26

신뢰관계에 있는 자의 동석에 관한 다음 설명 중 가장 적절하지 <u>않은</u> 것은?(다툼이 있는 경우 판례에 의함)

① 법원은 범죄로 인한 피해자를 증인으로 신문하는 경우 증인의 연령, 심신의 상태, 그 밖의 사정을 고려하여 증인이 현저하게 불안 또는 긴장을 느낄 우려가 있다고 인정하는 때에는 직권 또는 피해자·법정대리인·검사의 신청에 따라 피해자와 신뢰관계에 있는 자를 동석하게 할 수 있다.

② 신뢰관계인의 동석 신청에는 동석하고자 하는 자와 피해자 사이의 관계, 동석이 필요한 사유 등을 명시하여야 한다.

③ 동석한 자는 법원·소송관계인의 신문 또는 증인의 진술을 방해하거나 그 진술의 내용에 부당한 영향을 미칠 수 있는 행위를 하여서는 아니 되며, 재판장은 동석한 자가 부당하게 재판의 진행을 방해하는 때에는 그 행위의 중지를 명할 수 있으나 동석 자체를 중지시킬 수는 없다.

④ 피해자와 동석할 수 있는 신뢰관계에 있는 사람은 피해자의 배우자, 직계친족, 형제자매, 가족, 동거인, 고용주, 변호사, 그 밖에 피해자의 심리적 안정과 원활한 의사소통에 도움을 줄 수 있는 사람을 말한다.

27

국민참여재판에 대한 설명 중 가장 적절하지 <u>않은</u> 것은? (다툼이 있는 경우 판례에 의함)

① 헌법과 법률이 정한 법관에 의한 재판을 받을 권리는 직업법관에 의한 재판을 주된 내용으로 하는 것으로, 국민참여재판을 받을 권리는 헌법 제27조 제1항에서 규정한 재판을 받을 권리의 보호범위에 속한다.

② 국민의 형사재판 참여에 관한 법률에 의하면 제1심 법원이 국민참여재판 대상사건을 피고인의 의사에 따라 국민참여재판으로 진행함에 있어 별도의 국민참여재판 개시결정을 할 필요는 없고, 그에 관한 이의가 있어 제1심 법원이 국민참여재판으로 진행하기로 하는 결정에 이른 경우 이는 판결 전의 소송절차에 관한 결정에 해당하며, 그에 대하여 특별히 즉시항고를 허용하는 규정이 없으므로 그 결정에 대하여는 항고할 수 없다.

③ 피고인의 국민참여재판 불희망 의사를 확인하였다고 하더라도, 국민참여재판 안내서 등을 피고인에게 교부하거나 사전에 송달하는 등의 국민참여재판절차에 관한 충분한 안내를 하지 않았거나 그 희망 여부에 관한 상당한 숙고시간을 부여하지 않았다면, 그 의사의 확인절차를 적법하게 거쳤다고 볼 수는 없다.

④ 국민의 형사재판 참여에 관한 법률은 제42조 제2항에서 "재판장은 배심원과 예비배심원에 대하여 배심원과 예비배심원의 권한·의무·재판절차, 그 밖에 직무수행을 원활히 하는 데 필요한 사항을 설명하여야 한다."라고 하여 재판장의 공판기일에서의 최초 설명의무를 규정하고 있는데, 원칙적으로 설명의 대상에 검사가 아직 공소장에 의하여 낭독하지 아니한 공소사실 등이 포함된다고 볼 수 없다.

28

엄격한 증명과 자유로운 증명에 대한 다음 설명 중 옳고 그름의 표시(○, ×)가 바르게 된 것은?(다툼이 있는 경우 판례에 의함)

> ㉠ 독점규제 및 공정거래에 관한 법률 제66조 제1항 제9호, 제19조 제1항 위반죄의 경우 부당한 공동행위의 '합의'에 대한 입증의 정도는 엄격한 증명을 요하지 않는다.
>
> ㉡ 법원은 재심청구 이유의 유무를 판단함에 필요한 경우에는 사실을 조사할 수 있으며, 공판절차에 적용되는 엄격한 증거조사 방식에 따라야 한다.
>
> ㉢ 공모관계를 인정하기 위해서는 엄격한 증명이 요구되지만 피고인이 공모관계를 부인하는 경우에는 상당한 관련성이 있는 간접사실 또는 정황사실을 증명하는 방법으로 이를 증명할 수밖에 없다.
>
> ㉣ 과적으로 인하여 도로법 위반이 성립의 전제요건인 도로법 제54조 제2항 소정의 적재량 측정요구가 있었다는 점은 범죄사실을 구성하는 중요부분으로서 이를 인정하기 위하여는 엄격한 증명이 요구된다.

① ㉠ (○) ㉡ (○) ㉢ (○) ㉣ (×)

② ㉠ (○) ㉡ (×) ㉢ (○) ㉣ (○)

③ ㉠ (×) ㉡ (○) ㉢ (×) ㉣ (×)

④ ㉠ (×) ㉡ (×) ㉢ (○) ㉣ (○)

29

다음 설명 중 가장 적절하지 <u>않은</u> 것은?(다툼이 있는 경우 판례에 의함)

① 수사기관이 피고인이 아닌 자를 상대로 적법한 절차에 따르지 아니하고 수집한 증거는 원칙적으로 피고인에 대한 유죄인정의 증거로 삼을 수 없다.

② 피의자의 지위에 있지 않은 자에 대해서는 진술거부권이 고지되지 않았다 하더라도 증거능력을 부정할 것은 아니다.

③ 범행 현장에서 지문채취 대상물에 대한 지문채취가 먼저 이루어진 이상, 수사기관이 그 이후에 지문채취 대상물을 적법한 절차에 의하지 아니한 채 압수하였다고 하더라도, 위와 같이 채취된 지문을 위법수집증거라고 할 수 없다.

④ 진술거부권을 고지하지 않은 상태에서 임의로 행해진 피고인의 자백에 기초하여 피해자 신원이 밝혀지게 되었다면, 설령 그 피해자가 독립적 판단에 의해 적법한 소환절차에 따라 자발적으로 출석하여 공개된 법정에서 임의로 진술을 하였더라도 그 진술은 위법수집증거로서 유죄 인정의 증거로 사용할 수 없다.

30

피의자신문조서의 증거능력에 대한 설명 중 가장 적절하지 <u>않은</u> 것은?(다툼이 있는 경우 판례에 의함)

① 검사 이외의 수사기관이 작성한 피의자신문조서는 적법한 절차와 방식에 따라 작성된 것으로서 공판준비 또는 공판기일에 그 피의자였던 피고인 또는 변호인이 그 내용을 인정할 때에 한하여 증거로 할 수 있다.

② 피고인이 제1심 제4회 공판기일부터 공소사실을 일관되게 부인하여 경찰 작성 피의자신문조서의 진술 내용을 인정하지 않는 경우, 제1심 제4회 공판기일에 피고인이 그 서증의 내용을 인정한 것으로 공판조서에 기재된 것은 착오 기재 등으로 보아 피의자신문조서의 증거능력을 부정하여야 한다.

③ 자신의 다른 사건에서 내용을 인정한 사법경찰관 작성 피의자신문조서는 피고인이 현재의 피고사건에서는 별도로 내용을 인정하지 않더라도 유죄의 증거로 사용될 수 있다.

④ 당해 피고인과 공범관계에 있는 공동피고인에 대하여 검사 이외의 수사기관이 작성한 피의자신문조서는 그 공동피고인의 법정진술에 의하여 성립의 진정이 인정되더라도 당해 피고인이 공판기일에서 그 조서의 내용을 부인하면 증거능력이 부정된다.

31

형사소송법 제314조에 규정된 '진술을 요하는 자가 사망·질병·외국거주·소재불명 그 밖의 이에 준하는 사유로 진술할 수 없는 때'에 해당하지 <u>않은</u> 것은? (다툼이 있으면 판례에 의함)

① 피고인이 증거서류의 진정성립을 묻는 검사의 질문에 대하여 진술거부권을 행사하여 진술을 거부한 경우

② 증인으로 소환당할 당시부터 노인성 치매로 인한 기억력 장애, 분별력 상실 등으로 인하여 진술할 수 없는 상태하에 있는 경우

③ 증인으로 출석해야 할 자가 외국에 거주하면서 법원의 소환에 계속 불응하고, 구인장 집행도 불가능한 상태에 있는 등 가능하고 상당한 수단을 다 하더라도 그 진술을 요할 자를 법정에 출석하게 할 수 없는 경우

④ 진술을 요할 자가 중풍·언어장애 등 3급 5호의 장애로 인하여 법정에 출석할 수 없었고, 그 후 신병을 치료하기 위하여 속초로 간 후에는 그에 대한 소재탐지가 불가능하게 된 경우

32

다음 〈사례〉에 대한 〈보기〉의 설명 중 옳은 것만을 모두 고른 것은?(다툼이 있는 경우 판례에 의함)

┌─사 례─┐

乙은 자신의 집에서 甲에게 금품을 강취당하면서 甲이 "돈을 안 주면 죽이겠다."라고 말하는 것을 자신의 휴대폰으로 녹음하였다. 한편, 사정을 모르는 乙의 친구 A가 전화를 걸자, 乙은 甲의 지시에 따라 평상시와 같이 A의 전화를 받고 통화를 마쳤으나 전화가 미처 끊기기 전에 A는 '악'하는 乙의 비명소리와 '우당탕'하는 소리를 듣게 되었다. 검사는 甲을 강도죄로 기소하고, 乙의 휴대폰에 저장된 甲의 협박이 담긴 녹음파일의 사본을 증거로 제출하였다. 또한, A는 수사기관의 참고인 조사에서 乙과의 통화 도중 들은 것에 대하여 진술하였다.

┌─보 기─┐

㉠ 乙의 녹음파일 사본에 대한 증거능력이 인정되기 위해서는, 해당 사본이 복사과정에서 편집되는 등 인위적 개작 없이 원본 내용 그대로 복사된 것임이 증명되어야 한다.

㉡ 녹음파일에 있는 甲의 진술을 증거로 함에 있어서는 공판준비 또는 공판기일에서 乙의 진술에 의하여 녹음파일에 있는 진술 내용이 甲이 진술한 대로 녹음된 것임이 증명되고, 그 진술이 특히 신빙할 수 있는 상태하에서 행하여진 것임이 인정되어야 한다.

㉢ 乙의 '악'하는 비명소리는 통신비밀보호법에서 보호하는 타인 간의 '대화'에 해당하지 않아 증거로 사용할 수 있으며, '우당탕'하는 소리 역시 음향으로서 통신비밀보호법에서 보호하는 타인 간의 '대화'에 해당하지 않아 甲의 폭행사실에 대한 증거로 사용할 수 있다.

① ㉠, ㉡

② ㉠, ㉡, ㉢

③ ㉠, ㉢

④ ㉡, ㉢

33

증거동의에 관한 설명 중 가장 적절하지 <u>않은</u> 것은? (다툼이 있는 경우 판례에 의함)

① 피고인이 공소사실을 부인하고 있는 상황에서 검사가 신청한 증인의 법정진술이 전문증거로서 증거능력이 없는 경우, 피고인 또는 변호인에게 의견을 묻는 등의 적절한 방법으로 그러한 사정에 대하여 고지가 이루어지지 않은 채 증인신문이 진행되었다면, 피고인이 그 증거조사 결과에 대하여 별 의견이 없다고 진술하였더라도 증인의 법정증언을 증거로 삼는 데에 동의한 것으로 볼 수 없다.

② 피고인이 증거동의의 법적 효과에 대하여 잘 모르고 동의한 것이었다고 주장하나 그렇게 볼 만한 자료가 없고 변호인이 공판정에 재정하고 있으면서 피고인이 하는 동의에 대하여 아무런 이의나 취소를 한 사실이 없다면 그 동의에 법률적 하자가 있다고는 할 수 없다.

③ 피고인이 출석한 공판기일에서 증거로 함에 부동의한다는 의견을 진술한 후 피고인이 출석하지 아니한 공판기일에 변호인만이 출석하여 종전 의견을 번복하여 증거로 함에 동의하였다면 이는 특별한 사정이 없는 한 증거동의의 효력이 없다.

④ 피고인이 제1심 법정에서 경찰의 검증조서 중 범행에 관한 현장진술 부분에 대해서만 부동의하고 범행현장상황 부분에 대해서는 증거동의한 경우, 위 검증조서 중 동의한 범행현장상황 부분만을 증거로 채용할 수는 없다.

34

자백과 보강증거에 관한 설명 중 가장 적절하지 <u>않은</u> 것은?(다툼이 있는 경우 판례에 의함)

① 국가보안법상 회합죄를 피고인이 자백하는 경우, 회합 당시 상대방으로부터 받았다는 명함의 현존은 보강증거로 될 수 있다.

② 전과에 관한 사실은 누범가중의 사유가 되는 경우에도 피고인의 자백만으로 인정할 수 있다.

③ 약 3개월에 걸쳐 8회의 도박을 하였다는 혐의로 검사가 피고인에 대해 상습도박죄로 기소한 경우, 총 8회의 도박 중 3회의 도박사실에 대해서는 피고인의 자백 외에 보강증거가 없는 경우에도 법원은 소위 진실성담보설에 입각하여 8회의 도박행위 전부에 대하여 유죄판결을 할 수 있다.

④ 피고인이 업무추진과정에서 지출한 자금내역을 기록한 수첩의 기재 내용은, 피고인의 검찰에서 자백한 뇌물공여 사실에 대한 보강증거가 된다.

35

유죄판결에 명시될 이유에 관한 다음 설명 중 가장 적절하지 <u>않은</u> 것은?(다툼이 있는 경우 판례에 의함)

① 피고인이 원심에 제출한 항소이유서에 범행 직전에 친구들과 소주를 약 7병 먹고 있었다고 진술한 대목이 있더라도 이러한 진술만으로는 심신미약의 주장을 한 것으로 볼 수 없다.

② 유죄판결 이유에서 그에 대한 판단을 명시하여야 할 '형의 감면의 이유되는 사실'에는 형의 필요적 감면사유뿐만 아니라 임의적 감면사유도 이에 포함된다.

③ 피해회복에 관한 주장이 있었더라도 이는 작량감경 사유에 해당하여 형의 양정에 영향을 미칠 수 있을지언정 유죄판결에 반드시 명시하여야 하는 것은 아니다.

④ '증거의 요지'는 어느 증거의 어느 부분에 의하여 범죄사실을 인정하였냐 하는 이유 설명까지 할 필요는 없지만 적어도 어떤 증거에 의하여 어떤 범죄사실을 인정하였는가를 알아볼 정도로 증거의 중요부분을 표시하여야 한다.

36

상소제기에 관한 설명 중 가장 적절하지 <u>않은</u> 것은? (다툼이 있는 경우 판례에 의함)

① 상소의 제기기간은 판결등본이 송달된 날부터 진행되며 항소와 상고의 제기기간은 7일이다.

② 교도소 또는 구치소에 있는 피고인이 상소의 제기기간 내에 상소장을 교도소장 또는 구치소장 또는 그 직무를 대리하는 자에게 제출한 때에는 상소의 제기기간 내에 상소한 것으로 간주한다.

③ 상소취하에 대한 피고인의 구술 동의는 명시적으로 이루어져야만 한다.

④ 변호인 등은 독립한 상소권자가 아니고 피고인의 상소권에 기초한 독립대리권으로서 피고인의 특별한 수권이 없어도 상소할 수 있으나, 피고인의 상소권이 소멸한 후에는 변호인 등은 상소할 수 없다.

37

불이익변경금지의 원칙에 대한 설명 중 가장 적절한 것은?(다툼이 있는 경우 판례에 의함)

① 제1심판결에 대하여 피고인만이 항소한 사건에서 항소심이 검사의 공소장변경신청을 받아들여 그 변경된 적용 법률에 따라 판결을 선고한 경우에는 그 선고된 항소심의 형이 제1심의 그것보다 무겁다고 하더라도 불이익변경금지의 원칙에 위배되지 아니한다.

② 피고인만이 상소한 사건에서 상소심이 원심법원이 인정한 범죄사실의 일부를 무죄로 인정하면서도 피고인에 대하여 원심법원과 동일한 형을 선고하였다고 하여 그것이 불이익변경금지 원칙을 위반하였다고 볼 수 없다.

③ 제1심의 징역형의 선고유예의 판결에 대하여 피고인만이 항소한 경우에 제2심이 벌금형을 선고한 것은 불이익변경금지의 원칙에 위배되지 아니한다.

④ 형벌인 몰수에는 불이익변경금지의 원칙이 적용되지만 몰수에 대신하는 처분인 추징에 대해서는 불이익변경금지의 원칙이 적용되지 아니한다.

38

항소심 재판에 관한 다음 설명 중 가장 적절하지 <u>않은</u> 것은?(다툼이 있는 경우 판례에 의함)

① 항소심에서도 피고인의 출석 없이는 원칙적으로 개정하지 못한다(제370조, 제276조 본문). 다만 피고인이 항소심 공판기일에 출정하지 아니한 때에는 다시 기일을 정하고 피고인이 정당한 사유 없이 다시 정한 기일에도 출정하지 아니한 때에는 피고인의 진술 없이 판결할 수 있다(제365조). 위 규정에 따라 항소심 공판기일에 2회 불출석한 책임을 피고인에게 귀속시키려면 그가 2회에 걸쳐 적법한 소환을 받고도 정당한 사유 없이 공판기일에 출정하지 아니하였어야 한다.

② 당사자의 재판받을 권리는 보장되어야 하므로, 항소이유 없음이 명백하다고 하더라도 변론 없이 판결로써 항소를 기각할 수 없다.

③ 항소심이 항소이유에 포함되지 아니한 사유를 직권으로 심리하여 제1심판결을 파기하고 다시 판결하는 경우에는 항소인이 들고 있는 항소이유의 당부에 관하여 따로 판단한 바가 없다고 하더라도, 항소심이 자판을 함에 있어서 이미 항소이유의 당부는 판단되었다고 보아야 하므로, 항소심이 그 판결에서 피고인의 항소이유에 대한 판단을 따로 설시하지 않았다고 하여 위법이라고 할 수 없다.

④ 형사소송법 제364조의2는 "피고인을 위하여 원심판결을 파기하는 경우에 파기의 이유가 항소한 공동피고인에게 공통되는 때에는 그 공동피고인에게 대하여도 원심판결을 파기하여야 한다."라고 규정하고 있는데, 위 규정은 공동피고인 사이에서 파기의 이유가 공통되는 해당 범죄사실이 동일한 소송절차에서 병합심리된 경우에만 적용되어야 한다.

39

재심에 관한 다음 설명 중 가장 적절하지 <u>않은</u> 것은? (다툼이 있는 경우 판례에 의함)

① 판결서가 작성되지 않았거나 작성된 다음 멸실되어 존재하지 않더라도 판결이 선고되었다면 판결은 성립하여 존재한다고 보아야 한다. 그것이 유죄확정판결이라면 재심의 대상이 될 수 있다.

② 재심청구를 받은 군사법원이 재판권이 없음에도 재심개시결정을 한 후에 비로소 사건을 일반법원으로 이송한 경우, 이는 위법한 재판권의 행사이나 사건을 이송받은 일반법원은 다시 처음부터 재심개시절차를 진행할 필요는 없다.

③ 형사소송법 제420조 제5호는 형의 선고를 받은 자에 대하여 형의 면제를 인정할 명백한 증거가 새로 발견된 때를 재심사유로 들고 있는바, 여기에서 형의 면제라 함은 형의 필요적 면제의 경우만을 말하고 임의적인 면제는 이에 해당하지 않는다.

④ 재심개시절차에서는 형사소송법에서 규정하고 있는 재심사유가 있는지 여부와 함께 재심사유가 재심대상판결에 영향을 미칠 가능성이 있는가의 실체적 사유도 고려하여야 한다.

40

□△☒

즉결심판에 관한 설명 중 가장 적절하지 <u>않은</u> 것은? (다툼이 있는 경우 판례에 의함)

① 즉결심판절차에서 피고인은 정식재판의 청구를 포기할 수 없다.

② 경찰서장이 범칙행위에 대하여 통고처분을 한 이상, 범칙자의 위와 같은 절차적 지위를 보장하기 위하여 통고처분에서 정한 범칙금 납부기간까지는 원칙적으로 경찰서장은 즉결심판을 청구할 수 없고, 검사도 동일한 범칙행위에 대하여 공소를 제기할 수 없다고 보아야 한다.

③ 즉결심판은 정식재판의 청구에 의한 판결이 있는 때에는 그 효력을 잃는다.

④ 판사는 구류의 선고를 받은 피고인이 일정한 주소가 없거나 또는 도망할 염려가 있을 때에는 5일을 초과하지 아니하는 기간 경찰서유치장(지방해양경찰관서의 유치장을 포함)에 유치할 것을 명령할 수 있다. 다만, 이 기간은 선고기간을 초과할 수 없다.

제5회

경찰승진 최종모의고사

01
〇△✕

형사소송법의 적용범위에 대한 설명 중 가장 적절하지 않은 것은?(다툼이 있는 경우 판례에 의함)

① 구 국가안전기획부의 불법 녹음 내용과 "검사들이 ○○그룹으로부터 떡값 명목의 금품을 수수하였다."는 내용이 게재된 보도자료를 국회 법제사법위원회 개의 당일 국회 의원회관에서 기자들에게 배포한 행위는 면책특권의 대상이 되기 때문에 공소기각판결을 선고하여야 한다.

② 중국 북경시에 소재한 대한민국 영사관 내부에서 중국인이 사문서를 위조한 경우 우리나라 법원은 그 중국인에 대하여 재판권이 없다.

③ 내국 법인의 대표자인 외국인이 외국에서 그 법인에 대한 횡령죄를 범한 경우 행위지의 법률에 따르면 범죄를 구성하지 아니하거나 소추 또는 형의 집행을 면제할 경우가 아니라면 그 외국인에 대하여 우리나라 법원에 재판권이 있다.

④ 대한민국 내에 있는 미국문화원은 치외법권지역에 해당하므로, 그곳에서 죄를 범한 대한민국 국민에 대하여는 우리나라의 재판권이 미친다고 할 수 없다.

02
〇△✕

소송구조에 관한 설명 중 가장 적절한 것은?

① 규문주의란 소추기관과 재판기관이 분리되지 않고 재판기관이 스스로 절차를 개시하여 심리 재판하는 구조를 말하며, 이러한 구조하에서는 소추기관이 없으므로 피고인은 재판기관과 대등한 소송의 주체로서의 지위를 갖게 된다.

② 형사소송법 제296조의2가 규정하고 있는 법원의 피고인신문제도는 당사자주의적 요소이다.

③ 증인에 대한 교호신문절차, 공소장일본주의는 직권주의적 요소이다.

④ 우리 형사소송법은 검사의 공소제기를 명문으로 규정함으로써 국가소추주의에 의한 탄핵주의 소송구조를 채택하고 있다.

03
〇△✕

등록기준지를 부산에, 주민등록지를 대전에 두고 있는 甲은 청주에서 살인죄를 범하고 서울에서 체포되었다. 甲의 제1심 토지관할에 관한 설명 중 가장 적절한 것은?

① 부산, 대전, 청주, 서울 모두에 토지관할이 있다.

② 대전, 청주, 서울에 토지관할이 있다.

③ 서울에 제1차적 토지관할이 있고, 나머지는 서울에서의 공소제기가 곤란한 경우에만 토지관할이 인정된다.

④ 甲이 서울에서 위법하게 체포된 경우에도 서울에 토지관할권이 존재한다.

04

□△✕

다음 중 법관의 제척사유에 해당하는 경우는?(다툼이 있는 경우 판례에 의함)

① 환송판결 전의 원심에 관여한 법관이 환송 후 원심에 관여하는 경우

② 법관이 피고인인 법인·기관·단체에서 임원 또는 직원으로 퇴직한 날부터 2년이 지나지 아니한 경우

③ 선거관리위원장으로서 공직선거법 위반 혐의 사실에 대하여 수사기관에 수사 의뢰를 한 법관이 당해 피고인에 대한 항소심에 관여하는 경우

④ 수사단계에서 피고인에 대하여 구속영장을 발부한 법관이 항소심에 관여하는 경우

05

□△✕

변호인에 관한 설명 중 가장 적절하지 않은 것은?(다툼이 있는 경우 판례에 의함)

① 피고인이 법인인 경우에는 형사소송법 제27조 제1항 소정의 대표자가 피고인인 당해 법인을 대표하여 피고인을 위한 변호인을 선임하여야 하며, 대표자가 제3자에게 변호인선임을 위임하여 제3자로 하여금 변호인을 선임하도록 할 수는 없다.

② 어느 피고인에 대한 유리한 변론이 다른 피고인에게는 불리한 결과를 초래하는 경우 공동피고인들 사이에 이해가 상반되므로 법원이 공동피고인들 중 어느 피고인이 선임한 법무법인의 담당 변호사를 다른 피고인을 위한 국선변호인으로 선정하는 것은 국선변호인의 조력을 받을 다른 피고인의 권리를 침해하는 것이다.

③ 형사소송법 제32조 제1항은 "변호인의 선임은 심급마다 변호인과 연명날인한 서면으로 제출하여야 한다."고 규정하고 있는바, 위 규정에서 말하는 변호인선임신고서는 특별한 사정이 없는 한 원본을 의미한다고 할 것이고, 사본은 이에 해당하지 않는다고 할 것이다.

④ 국선변호인의 선정사유를 규정하고 있는 형사소송법 제33조 제1항 제1호의 '피고인이 구속된 때'라고 함은, 피고인이 별건으로 구속되어 있거나 다른 형사사건에서 유죄로 확정되어 수형 중인 경우를 포함한다.

06

□△✕

다음 사례에 대한 설명 중 적절하지 않은 것은?(다툼이 있는 경우 판례에 의함)

> 유력정치인 甲이 뇌물을 받았다는 첩보를 입수한 검사 A는 甲에 대한 입건을 하지 않은 채 언론과의 인터뷰를 통하여 甲에게 뇌물을 받은 혐의가 있다는 점을 공표한 이후 甲을 검찰청으로 소환하여 피의자신문을 하였다. 이후 검사는 甲을 뇌물죄로 공소를 제기한 다음에 甲에 대한 공판절차에서 입건 이전에 작성한 피의자신문조서가 증거로 제출하였다.

① 입건 이전의 내사단계에서 피내사자는 원칙적으로 증거보전을 청구할 수 없다.

② 입건 이전에는 본격적인 수사를 할 수 없으므로, 甲에 대한 피의자신문조서는 적법한 절차에 따르지 아니하고 작성된 것으로서 증거능력을 인정받을 수 없다.

③ 만일 甲이 피내사자의 신분으로 임의동행되었다 하더라도, 甲은 변호인과의 접견교통권을 보장받아야 한다.

④ 공소제기 이후에도 검사는 甲에 대한 수사를 할 수 있다.

07

□△✕

고소에 관한 다음 설명 중 가장 적절하지 않은 것은?(다툼이 있는 경우 판례에 의함)

① 친고죄의 공범 중 그 일부에 대하여 제1심 판결이 선고된 후에는 제1심 판결을 선고하기 이전의 다른 공범자에 대하여 고소취소를 할 수 없고 고소의 취소가 있더라도 그 효력이 발생하지 않는다.

② 개정 성폭력처벌법 시행일 이전에 저지른 친고죄인 성폭력범죄의 고소기간은 특례조항에 따라서 '범인을 알게 된 날부터 1년'이라고 보는 것이 타당하다.

③ 고발에 있어서는 이른바 고소·고발 불가분의 원칙이 적용되지 아니하므로, 고발의 구비 여부는 양벌규정에 의하여 처벌받는 자연인인 행위자와 법인에 대하여 개별적으로 논하여야 한다.

④ 출판물에 의한 명예훼손죄의 공범 중 1인에 대한 고소의 효력은 다른 공범에 대해서도 미친다.

08

고소 등에 대한 다음의 설명 중 옳고 그름의 표시(○, ×)가 바르게 된 것은?(다툼이 있는 경우 판례에 의함)

ⓐ 고소능력은 피해를 입은 사실을 이해하고 고소에 따른 사회생활상의 이해관계를 알아차릴 수 있는 사실상의 의사능력으로 충분하므로, 민법상 행위능력이 없는 사람이라도 위와 같은 능력을 갖추었다면 고소능력이 인정된다.

ⓑ 고소권자가 비친고죄로 고소한 사건이더라도 검사가 사건을 친고죄로 구성하여 공소를 제기하였다면, 공소장 변경절차를 거쳐 공소사실이 비친고죄로 변경되지 아니하는 한, 법원으로서는 친고죄에서 소송조건이 되는 고소가 유효하게 존재하는지를 직권으로 조사·심리하여야 한다.

ⓒ 법정대리인의 고소권은 무능력자의 보호를 위하여 법정대리인에게 주어진 고유권이어서 피해자의 고소권 소멸여부에 관계없이 고소할 수 있는 것이며, 그 고소기간은 법정대리인 자신이 범인을 알게 된 날로부터 진행한다.

ⓓ 형사소송법 제236조의 대리인에 의한 고소의 경우, 대리권이 정당한 고소권자에 의하여 수여되었음을 증명하기 위해 반드시 위임장을 제출한다거나 '대리'라는 표시를 하여야 한다.

---

① ⓐ(×)　ⓑ(×)　ⓒ(○)　ⓓ(○)

② ⓐ(○)　ⓑ(×)　ⓒ(×)　ⓓ(×)

③ ⓐ(×)　ⓑ(×)　ⓒ(×)　ⓓ(○)

④ ⓐ(○)　ⓑ(○)　ⓒ(○)　ⓓ(×)

09

통신제한조치에 관한 설명 중 가장 적절하지 않은 것은?(다툼이 있는 경우 판례에 의함)

① 무전기와 같은 무선전화기를 이용한 통화는 통신비밀보호법상 '타인간의 대화'에 포함되므로 '전기통신'에는 해당하지 않는다.

② A가 전화통화 당사자 일방인 B의 동의를 받고 그 통화 내용을 녹음하였다고 하더라도 전화통화 상대방인 甲의 동의가 없었던 이상 A가 이들 간의 전화통화 내용을 녹음한 행위는 통신비밀보호법 제3조 제1항에 위반한 '전기통신의 감청'에 해당한다.

③ 피고인이 범행 후 피해자에게 전화를 걸어오자 피해자가 증거를 수집하려고 그 전화내용을 녹음한 경우 그것이 피고인 모르게 녹음된 것이라 하여 이를 위법하게 수집된 증거라고 할 수 없다.

④ 대화에 원래부터 참여하지 않는 제3자가 일반 공중이 알 수 있도록 공개되지 아니한 타인간의 발언을 녹음하거나 전자장치 또는 기계적 수단을 이용하여 청취하는 것은 특별한 사정이 없는 통신비밀보호법 제3조 제1항에 위반된다.

10

형사절차상 영상녹화에 관한 설명 중 가장 적절하지 않은 것은?

① 피의자의 진술은 영상녹화할 수 있다. 이 경우 미리 영상녹화사실을 알려주어야 하며, 조사의 개시부터 종료까지의 전 과정 및 객관적 정황을 영상녹화하여야 한다.

② 영상녹화가 완료된 때에는 피의자 또는 변호인 앞에서 지체없이 그 원본을 봉인하고 피의자로 하여금 기명날인 또는 서명하게 하여야 한다.

③ 법원은 검사가 영상녹화물의 조사를 신청한 경우 이에 관한 결정을 함에 있어 원진술자와 함께 피고인 또는 변호인으로 하여금 그 영상녹화물이 적법한 절차와 방식에 따라 작성되어 봉인된 것인지 여부에 관한 의견을 진술하게 하여야 한다.

④ 봉인시 피의자 또는 변호인의 요구가 있는 때에는 영상녹화물을 재생하여 시청하게 하여야 한다. 이 경우 그 내용에 대하여 이의를 진술하는 때에는 피의자의 진술을 다시 영상녹화하여야 한다.

11

체포에 관한 다음 설명 중 가장 적절한 것은?(다툼이 있는 경우 판례에 의함)

① 체포영장의 청구를 받은 지방법원판사는 필요하다고 인정할 때에는 발부 전에 영장실질심사를 위해서 피의자심문을 할 수 있다.

② 검사 또는 사법경찰관은 긴급체포한 피의자에 대하여 구속영장을 청구하지 않거나 발부받지 못하여 석방한 경우에는 다른 중요한 증거를 발견한 경우를 제외하고는 동일한 범죄사실로 다시 체포하지 못한다.

③ 검사의 체포영장 청구를 기각한 지방법원판사의 재판에 대하여는 항고나 준항고가 허용되지 않는다.

④ 현행범인의 체포의 요건으로서 행위의 가벌성, 범죄의 현행성 · 시간적 접착성, 범인 · 범죄의 명백성 이외에 체포의 필요성 즉, 도망 또는 증거인멸의 염려가 있을 것은 요하지 않는다.

12

구속 전 피의자심문에 대한 설명 중 가장 적절하지 않은 것은?

① 심문할 피의자에게 변호인이 없는 때에는 지방법원판사는 직권으로 변호인을 선정하여야 한다. 이 경우 변호인의 선정은 피의자에 대한 구속영장 청구가 기각되어 효력이 소멸한 경우를 제외하고는 제1심까지 효력이 있다.

② 피의자에 대한 심문절차는 원칙적으로 공개하나 국가의 안전보장 또는 안녕질서를 방해하거나 선량한 풍속을 해할 염려가 있을 때에는 법원의 결정으로 공개하지 아니할 수 있다.

③ 구속 전 피의자심문을 하는 경우 법원이 구속영장청구서 · 수사관계서류 및 증거물을 접수한 날부터 구속영장을 발부하여 검찰청에 반환한 날까지의 기간은 제202조(사법경찰관의 구속기간) 및 제203조(검사의 구속기간)의 적용에 있어서 그 구속기간에 이를 산입하지 아니한다.

④ 판사는 피의자가 심문기일에의 출석을 거부하거나 질병 그 밖의 사유로 출석이 현저하게 곤란하고, 피의자를 심문 법정에 인치할 수 없다고 인정되는 때에는 피의자의 출석없이 심문절차를 진행할 수 있다.

13

접견교통권에 관한 설명 중 가장 적절하지 않은 것은? (다툼이 있으면 판례에 의함)

① 피의자 등이 가지는 '변호인이 되려는 자'의 조력을 받을 권리가 실질적으로 확보되기 위해서는 '변호인이 되려는 자'의 접견교통권 역시 헌법상 기본권으로서 보장되어야 한다.

② 접견교통권의 주체는 체포 · 구속을 당한 피의자이고, 신체구속상태에 있지 않은 피의자는 포함되지 않는다.

③ 변호인이 되려는 의사를 표시한 자가 객관적으로 변호인이 될 가능성이 있다고 인정되는데도, 형사소송법 제34조에서 정한 '변호인 또는 변호인이 되려는 자'가 아니라고 보아 신체구속을 당한 피고인 또는 피의자와 접견하지 못하도록 제한하여서는 아니 된다.

④ 법원은 도망하거나 또는 죄증을 인멸할 염려가 있다고 인정할 만한 상당한 이유가 있는 때에는 직권 또는 검사의 청구에 의하여 결정으로 구속된 피고인과 비변호인과의 접견을 금하거나 수수할 서류 기타 물건의 검열, 물건의 수수를 금지 또는 압수를 할 수 있다. 단, 의류, 양식, 의료품의 수수를 금지 또는 압수할 수 없다.

14

보석에 관한 다음 설명 중 가장 적절하지 <u>않은</u> 것은? (다툼이 있는 경우 판례에 의함)

① 형사소송법 제103조(보석된 자가 형의 선고를 받고 그 판결이 확정된 후 집행하기 위한 소환을 받고 정당한 이유 없이 출석하지 아니하거나 도망한 때에는 직권 또는 검사의 청구에 의하여 결정으로 보증금의 전부 또는 일부를 몰수하여야 한다)에 의한 보증금몰수사건은 그 성질상 당해 형사본안 사건의 기록이 존재하는 법원 또는 그 기록을 보관하는 검찰청에 대응하는 법원의 토지관할에 속한다.

② 보석보증금을 몰수하려면 반드시 보석취소결정과 동시에 하여야만 하는 것이 아니라 보석취소결정 후에 별도로 할 수도 있다.

③ 형사소송법 제103조의 '보석된 자'에는 판결확정 전에 그 보석이 취소되었으나 도망 등으로 재구금이 되지 않은 상태에 있는 사람도 포함되지 않는다.

④ 제1심 법원이 한 보석취소결정에 대하여 불복이 있으면 보통항고를 할 수 있고, 보통항고에는 재판의 집행을 정지하는 효력이 없다(제409조). 이는 결정과 동시에 집행력을 인정함으로써 석방되었던 피고인의 신병을 신속히 확보하려는 것으로, 당해 보석취소결정이 제1심 절차에서 이루어졌는지 항소심 절차에서 이루어졌는지 여부에 따라 그 취지가 달라진다고 볼 수 없다.

15

전자정보의 압수 · 수색에 대한 설명 중 가장 적절하지 <u>않은</u> 것은?(다툼이 있는 경우 판례에 의함)

① 압수 · 수색할 전자정보가 압수 · 수색영장에 기재된 수색장소에 있는 컴퓨터 등 정보처리장치 내에 있지 아니하고 그 정보처리장치와 정보통신망으로 연결되어 제3자가 관리하는 원격지의 서버 등 저장매체에 저장되어 있는 경우에도, 수사기관이 피의자의 이메일 계정에 대한 접근권한에 갈음하여 발부받은 영장에 따라 영장 기재 수색장소에 있는 컴퓨터 등 정보처리장치를 이용하여 적법하게 취득한 피의자의 이메일 계정 아이디와 비밀번호를 입력하는 등 피의자가 접근하는 통상적인 방법에 따라 그 원격지의 저장매체에 접속하고 그곳에 저장되어 있는 피의자의 이메일 관련 전자정보를 수색장소의 정보처리장치로 내려받거나 그 화면에 현출시키는 것 역시 허용된다.

② 수사기관이 압수 · 수색영장에 기재된 범죄 혐의사실과의 관련성에 대한 구분 없이 임의로 전체의 전자정보를 복제 · 출력하여 이를 보관하여 두고, 그와 같이 선별되지 않은 전자정보에 대해 구체적인 개별 파일 명세를 특정하여 상세목록을 작성하지 않고 '….zip'과 같이 그 내용을 파악할 수 없도록 되어 있는 포괄적인 압축파일만을 기재한 후 이를 전자정보 상세목록이라고 하면서 피압수자 등에게 교부함으로써 범죄 혐의사실과 관련성 없는 정보에 대한 삭제 · 폐기 · 반환 등의 조치도 취하지 아니하였다면, 이는 결국 수사기관이 압수 · 수색영장에 기재된 범죄 혐의사실과 관련된 정보 외에 범죄 혐의사실과 관련이 없어 압수의 대상이 아닌 정보까지 영장 없이 취득하는 것일 뿐만 아니라, 범죄혐의와 관련 있는 압수 정보에 대한 상세목록 작성 · 교부의무와 범죄혐의와 관련 없는 정보에 대한 삭제 · 폐기 · 반환의무를 사실상 형해화하는 결과가 되는 것이어서 영장주의와 적법절차의 원칙을 중대하게 위반한 것으로 봄이 타당하다.

③ 전자정보가 담긴 저장매체 또는 복제본을 수사기관 사무실 등으로 옮겨 이를 복제 · 탐색 · 출력하는 경우, 피압수자 측에 절차참여를 보장한 취지가 실질적으로 침해되었더라도 수사기관이 저장매체 또는 복제본에서 혐의사실과 관련된 전자정

보만을 복제 · 출력하였다면 그 압수 · 수색은 적법하다.

④ 전자정보에 대한 압수 · 수색이 종료되기 전에 혐의사실과 관련된 전자정보를 적법하게 탐색하는 과정에서 별도의 범죄혐의와 관련된 전자정보를 우연히 발견한 경우, 수사기관으로서는 더 이상의 추가 탐색을 중단하고 법원으로부터 별도의 범죄혐의에 대한 압수 · 수색영장을 발부받은 경우에 한하여 그러한 정보에 대하여도 적법하게 압수 · 수색을 할 수 있다.

16 ▢△✕

압수물의 처리에 관한 설명 중 가장 적절하지 <u>않은</u> 것은? (다툼이 있는 경우 판례에 의함)

① 몰수하여야 할 압수물로서 멸실 · 파손 · 부패 또는 현저한 가치 감소의 염려가 있거나 보관하기 어려운 압수물은 매각하여 대가를 보관하여야 한다.

② 증거에만 공할 목적으로 압수한 물건으로서 그 소유자 또는 소지자가 계속 사용하여야 할 물건은 사진촬영 기타 원형보존의 조치를 취하고 신속히 가환부하여야 한다.

③ 압수한 장물은 피해자에게 환부할 이유가 명백한 때에는 피고사건의 종결 전이라도 결정으로 피해자에게 환부할 수 있다.

④ 검사는 증거에 사용할 압수물에 대하여 가환부의 청구가 있는 경우 가환부를 거부할 수 있는 특별한 사정이 없는 한 가환부에 응하여야 한다.

17 ▢△✕

다음 〈사례〉에 대한 설명 중 가장 적절하지 <u>않은</u> 것은? (다툼이 있는 경우 판례에 의함)

┌─사 례─┐
경찰관은 절도범을 체포하면서 상의 주머니와 소지품을 수색하여 지갑과 노트북 1대를 압수하였다. 그 이후 노트북은 피의자의 소유인 것으로 확인하여 돌려주었다가, 추가 수사의 목적으로 다시 임의제출 받았다.
└─────┘

① 노트북 1대를 임의제출 받는 과정에서 제출에 임의성이 있었다는 점에 대해서는 피고인이 입증해야 한다.

② 지갑이 체포범죄 사실과 관련성이 있다면 압수영장 없이 압수했더라도 적법하다.

③ 현행범으로 체포하면서 현장에서 범인의 상의 주머니를 수색한 행위는 적법하다.

④ 현행범 체포과정에서 적법하게 압수한 것이라도 계속 압수할 필요성이 있으면 체포한 때로부터 48시간 내에 압수수색영장을 청구하여야 한다.

18 ▢△✕

재정신청에 관한 설명 중 가장 적절하지 <u>않은</u> 것은? (다툼이 있는 경우 판례에 의함)

① 재정신청 제기기간이 경과된 후에 재정신청보충서를 제출하면서 원래의 재정신청에 재정신청 대상으로 포함되어 있지 않은 고발사실을 재정신청의 대상으로 추가한 경우, 그 재정신청보충서에서 추가한 부분에 관한 재정신청은 법률상 방식에 어긋난 것으로서 부적법하다.

② 재정신청이 있으면 재정결정이 확정될 때까지 공소시효의 진행이 정지된다.

③ 재정신청을 취소한 자는 다시 재정신청을 할 수 없다.

④ 고소인 또는 고발인은 대상범죄에 제한 없이 모든 범죄에 대하여 재정신청을 할 수 있다.

19

공소권남용에 대한 설명 중 가장 적절하지 <u>않은</u> 것은? (다툼이 있으면 판례에 의함)

① 자의적인 공소권 행사라 함은 직무상의 중과실에 의한 것으로 족하고 미필적으로나마 어떤 의도가 있음을 요하는 것은 아니다.

② 선거가 임박한 시점에 단체의 활동이 공직선거법에 저촉될 수 있다는 중앙선거관리위원회의 유권해석을 존중하여 각 행위에 관하여 공소를 제기한 경우, 이른바 '선거쟁점'에 해당하는 사항에 대하여는 과거부터 논란이 있었고 이와 관련한 단체의 활동이 계속되어 왔다는 것만으로는 자의적으로 공소권을 행사하려는 어떠한 의도가 있다고 단정적으로 해석할 수는 없다.

③ 피고인이 중국에 거주하는 甲과 공모하여, 탈북자들의 북한 거주 가족에 대한 송금의뢰 등 중국으로 송금을 원하는 사람들로부터 피고인 등 명의의 계좌로 입금받은 돈을 甲이 지정·관리·사용하는 계좌로 재송금하는 방법으로 무등록 외국환업무를 영위하여 외국환거래법 위반으로 기소되었는데 검사는 종전에 기소유예 처분을 하였다가 4년여가 지난 시점에 다시 기소하였고, 종전 피의사실과 공소사실 사이에 이를 번복할 만한 사정변경이 없는 점 등 여러 사정을 종합해보면 위 공소제기는 검사가 공소권을 자의적으로 행사한 것으로서 소추재량권을 현저히 일탈하였다고 보아야 한다.

④ 공소제기된 피고인의 범죄사실 중 일부(무고)에 대하여 검사의 일차 무혐의 결정이 있었고, 이에 대하여 그 고소인이 항고 등 아무런 이의를 제기하지 않고 있다가 그로부터 약 3년이 지난 뒤에야 뒤늦게 다시 피고인을 동일한 혐의로 고소함에 따라 검사가 새로이 수사를 재기한 후 공소를 제기하였더라도 공소권남용으로 볼 수 없다.

20

공소시효에 대한 설명 중 가장 적절하지 <u>않은</u> 것은? (다툼이 있는 경우 판례에 의함)

① 공익법인이 주무관청의 승인을 받지 않은 채 수익사업을 하는 행위가 계속범에 해당하는 경우, 승인을 받지 않은 수익사업이 계속되고 있는 동안에는 공소시효가 진행되지 않는다.

② 미수범의 범죄행위는 행위를 종료하지 못하였거나 결과가 발생하지 아니하여 더 이상 범죄가 진행될 수 없는 때에 종료하고, 그때부터 미수범의 공소시효가 진행한다.

③ 공무원이 취급하는 사건에 관하여 청탁 또는 알선의 의사와 능력이 없음에도 청탁 또는 알선을 한다고 기망하여 금품을 교부받은 행위가 사기죄와 변호사법위반죄의 상상적 경합이 되는 경우, 변호사법위반죄의 공소시효가 완성되면 사기죄의 공소시효도 완성된다.

④ 가중 또는 감경되지 않은 형을 기준으로 하는 것은 형법에 의하여 형이 가중·감경된 경우에 한하므로 특별법에 의하여 형이 가중·감경된 경우에는 그 법에 정한 법정형을 기준으로 시효기간을 결정해야 한다.

21

△□×

공소장 등에 관한 설명 중 가장 적절하지 <u>않은</u> 것은? (다툼이 있는 경우 판례에 의함)

① 저작재산권 침해행위에 관한 공소사실의 특정은 침해 대상인 저작물 및 침해 방법의 종류, 형태 등 침해행위의 내용이 명확하게 기재되어 있어 피고인의 방어권 행사에 지장이 없는 정도이면 된다 할 것이고, 각 저작물의 저작재산권자가 누구인지 특정되어 있지 않다고 하여 공소사실이 특정되지 않았다고 볼 것은 아니다.

② 검사가 공소사실의 일부인 범죄일람표를 컴퓨터 프로그램을 통하여 열어보거나 출력할 수 있는 전자적 형태의 문서로 작성한 후, 종이문서로 출력하지 아니한 채 그 저장매체 자체를 서면인 공소장에 첨부하여 제출한 경우에는, 법원은 저장매체에 저장된 전자적 형태의 문서 부분을 고려함이 없이 서면인 공소장에 기재된 부분만으로 공소사실이 특정되었는지를 판단하여야 하지, 첨부된 전자문서를 참조할 수는 없다.

③ 관세포탈죄는 포탈세액이 구체적으로 계산되어 확정될 수 있어야 하는 것인데, 장부 기타 증빙서류를 허위작성하거나 이를 은닉하는 등의 방법으로 실제 거래가격을 줄이거나 신고하지 아니함으로써 관세를 포탈한 경우, 포탈세액의 계산기초가 되는 당해 수입물품의 대가로서 구매자가 실제 지급하였거나 지급하여야 할 가격을 인정할 확실한 증거를 토대로 공소장을 특정하여야 하지, 순차적 방법을 적용하여 포탈세액을 추정하는 방법은 허용된다고 볼 수 없다.

④ 검사가 "피고인 乙에 대한 공소사실에 피고인 乙의 다른 공동피고인들과의 관계를 피고인 甲의 부인(婦人)이고 피고인 丙 주식회사의 경리 담당 직원이라고 특정한 다음, 피고인 甲과 '공모하여' 공소사실기재와 같이 관세법위반의 범행을 저질렀다고 기재"하였다면, 이는 공모공동정범의 공모관계를 제대로 특정한 것으로 볼 수 없다.

22

△□×

공소장변경에 대한 설명 중 가장 적절한 것은?(다툼이 있는 경우 판례에 의함)

① 검사가 형이 보다 가벼운 일반법의 법조를 적용하여 그 죄명으로 기소한 경우, 공소사실에 변경이 없고 그 적용법조의 구성요건이 완전히 동일하다면 법원은 공소장변경 없이 형이 더 무거운 특별법의 법조를 적용하여 처벌할 수 있다.

② 단독범으로 기소된 것을 다른 사람과 공모하여 동일한 내용으로 공동정범의 범행을 한 것으로 인정하는 경우, 이로 말미암아 피고인에게 예기치 않은 타격을 주어 방어권 행사에 실질적 불이익을 줄 우려가 없더라도 공소장변경이 필요하다.

③ 기소된 공소사실의 재산상 피해자와 공소장에 기재된 피해자가 다른 것으로 판명된 경우에는 공소사실의 동일성을 해하지 않고 피고인의 방어권 행사에 실질적 불이익을 주지 않는 한 공소장변경 없이 공소장 기재의 피해자와 다른 실제의 피해자를 적시하여 이를 유죄로 인정해야 한다.

④ 동일한 범죄사실에 대하여 포괄일죄로 기소된 것을 법원이 공소장변경 없이 실체적 경합관계에 있는 수죄로 인정하는 것은 피고인의 방어권 행사에 실질적으로 불이익을 초래할 우려가 있어서 허용되지 아니한다.

23

공판준비기일의 절차에 대한 설명 중 가장 적절한 것은?

① 공판준비기일에 신청하지 못한 증거는 원칙적으로 공판기일에 신청할 수 없으나, 법원은 실체적 진실발견을 위하여 공판절차에서 직권으로 증거를 조사할 수 있다.

② 공판준비기일에 변호인의 출석은 필수요건이지만 피고인의 출석은 필수사항이 아니므로 피고인이 출석한 경우에도 재판장은 피고인에게 진술거부권을 고지할 필요가 없다.

③ 공판준비기일은 공개하지 않지만, 재판의 공정성을 위해서 필요한 경우에는 공개할 수 있다.

④ 검사, 피고인 또는 변호인은 법원에 대하여 공판준비기일의 지정을 신청할 수 있고, 이 경우 당해 신청에 관한 법원의 결정에 대하여는 불복할 수 있다.

24

다음 설명 중 가장 적절하지 <u>않은</u> 것은?(다툼이 있는 경우 판례에 의함)

① 피고인이 출석하지 아니하면 개정하지 못하는 경우에 구속된 피고인이 정당한 사유없이 출석을 거부하고 교도관에 의한 인치가 불가능하거나 현저히 곤란하다고 인정되는 때에는 피고인의 출석 없이 공판절차를 진행할 수 있다.

② 다액 500만 원 이하의 벌금 또는 과료에 해당하는 사건에 관하여는 피고인의 출석을 요하지 아니한다. 이 경우 피고인은 대리인을 출석하게 할 수 있다.

③ 항소심에서 피고인이 제1회 공판기일에는 소환장을 적법하게 송달받고도 불출석하였다가 제2회 공판기일에는 출석하였으나, 제3회 공판기일에 소환장을 적법하게 송달받고도 다시 불출석하였다면, 피고인의 출석 없이 제3회 공판기일을 개정할 수 있다.

④ 형사재판의 담당 법원은 전문심리위원에 관한 위 각각의 규정들을 지켜야 하고 이를 준수함에 있어서도 적법절차 원칙을 특별히 강조하고 있는 헌법 제12조 제1항을 고려하여 전문심리위원과 관련된 절차 진행 등에 관한 사항을 당사자에게 적절한 방법으로 적시에 통지하여 당사자의 참여 기회가 실질적으로 보장될 수 있도록 세심한 배려를 하여야 한다. 그렇지 않을 경우 재판을 받을 권리의 침해로 귀결될 수 있다.

25

◯△☓

증인에 관한 설명 중 가장 적절하지 <u>않은</u> 것은?(다툼이 있는 경우 판례에 의함)

① 법원은 법률에 다른 규정이 없으면 누구든지 증인으로 신문할 수 있으므로, 당해 사건 피고인에 대한 피의자신문조서를 작성했던 경찰관도 원칙적으로 증인적격이 있다.

② 공범인 공동피고인은 당해 소송절차에서는 피고인의 지위에 있으므로 소송절차가 분리되더라도 다른 공동피고인에 대한 공소사실에 관하여 증인이 될 수 없다.

③ 사고 당시 10세 남짓한 초등학교 5학년생으로서 비록 선서무능력자라 하여도 그 증언 내지 진술의 전후 사정으로 보아 의사판단능력이 있다고 인정된다면 충분히 증언능력이 있다.

④ 다른 증거나 증인의 진술에 비추어 굳이 추가 증거조사를 할 필요가 없다는 등 특별한 사정이 없고, 소재탐지나 구인장 발부가 불가능한 것이 아님에도 불구하고, 불출석한 핵심 증인에 대하여 소재탐지나 구인장 발부 없이 증인채택 결정을 취소하는 것은 법원의 재량을 벗어나는 것으로서 위법하다.

26

◯△☓

공판절차에서 피해자 진술권에 대한 설명 중 가장 적절하지 <u>않은</u> 것은?

① 형사피해자의 진술권은 헌법과 형사소송법에 명문으로 규정되어 있다.

② 법원은 범죄의 성질, 증인의 나이, 심신의 상태, 피고인과의 관계, 그 밖의 사정으로 인하여 피고인 등과 대면하여 진술할 경우 심리적인 부담으로 정신의 평온을 현저하게 잃을 우려가 있다고 인정되는 사람을 증인으로 신문하는 경우 상당하다고 인정하는 때에는 검사와 피고인 또는 변호인의 의견을 들어 비디오 등 중계장치에 의한 중계시설을 통하여 신문하거나 가림시설 등을 설치하고 신문할 수 있다.

③ 법원은 범죄피해자를 증인으로 신문하는 경우, 피해의 정도 및 결과, 피고인의 처벌에 관한 의견, 그 밖에 당해 사건에 관한 의견을 진술할 기회를 주어야 한다.

④ 신청인이 출석통지를 받고도 정당한 이유없이 출석하지 아니한 때에는 기일을 속행하여 다시 소환하여야 한다.

27

◯△☓

국민참여재판에 대한 설명 중 가장 적절한 것은?(다툼이 있는 경우 판례에 의함)

① 제1심 법원이 피고인의 의사에 따라 국민참여재판으로 진행하기로 결정한 경우, 위 결정에 대해 검사는 항고할 수 있다.

② 국민참여재판에서 배심원이 만장일치 의견으로 내린 무죄의 평결을 존중하여 제1심 법원이 무죄판결을 내린 경우, 검사는 항소를 제기할 수 없다.

③ 피고인은 공소장 부본을 송달받은 날부터 7일이 경과한 후에는 국민참여재판 신청을 할 수 없다.

④ 피고인이 법원에 국민참여재판을 신청하였는데도 법원이 이에 대한 배제결정도 하지 않은 채 통상의 공판절차로 재판을 진행하는 것은 피고인의 국민참여재판을 받을 권리 및 법원의 배제결정에 대한 항고권 등 중대한 절차적 권리를 침해한 것으로서 위법하다.

28

음주운전과 관련한 설명 중 적절하지 **않은** 것은?(다툼이 있는 경우 판례에 의함)

① 특별한 이유 없이 호흡측정기에 의한 측정에 불응하는 운전자에게 경찰공무원이 혈액채취에 의한 측정방법이 있음을 고지하고 그 선택여부를 물어야 할 의무가 있다고는 할 수 없다.

② 혈중알코올농도 측정 없이 위드마크 공식을 사용해 피고인이 마신 술의 양을 기초로 피고인의 운전 당시 혈중알코올농도를 추산하는 경우로서 알코올의 분해소멸에 따른 혈중알코올농도의 감소기(위드마크 제2공식, 하강기)에 운전이 이루어진 것으로 인정되는 경우에는 피고인에게 가장 유리한 음주 시작 시점부터 곧바로 생리작용에 의하여 분해소멸이 시작되는 것으로 보아야 한다. 이와 다르게 음주 개시 후 특정 시점부터 알코올의 분해소멸이 시작된다고 인정하려면 알코올의 분해소멸이 시작되는 시점이 다르다는 점에 관한 과학적 증명 또는 객관적인 반대 증거가 있거나, 음주 시작 시점부터 알코올의 분해소멸이 시작된다고 보는 것이 그렇지 않은 경우보다 피고인에게 불이익하게 작용되는 특별한 사정이 있어야 한다.

③ 운전 시점과 혈중알코올농도의 측정 시점 사이에 시간 간격이 있고 그때가 혈중알코올농도의 상승기로 보이는 경우라 하더라도, 그러한 사정만으로 무조건 실제 운전 시점의 혈중알코올농도가 처벌기준치를 초과한다는 점에 대한 증명이 불가능하다고 볼 수는 없다.

④ 역추산 방식에 의하여 운전시점 이후의 혈중알코올 분해량을 가산함에 있어서 시간당 0.008%는 피고인에게 가장 유리한 수치이긴 하나 개인적인 차이를 무시한 것이므로 이 수치를 적용하여 산출된 결과는 운전당시의 혈중알코올농도를 증명하는 자료로서 증명력이 불충분하다.

29

자백배제법칙에 관한 설명 중 적절하지 **않은** 것을 모두 고른 것은?(다툼이 있는 경우 판례에 의함)

> ⊙ 임의성이 인정되지 아니하여 증거능력이 없는 진술증거라도 피고인이 증거로 함에 동의하면 증거로 쓸 수 있다.
> ⓒ 피고인이 수사기관에서 가혹행위 등으로 인하여 임의성 없는 자백을 하고, 그 후 법정에서도 임의성 없는 심리상태가 계속되어 동일한 내용의 자백을 하였다면 법정에서의 자백도 임의성 없는 자백이라고 보아야 한다.
> ⓒ 피고인의 자백이, 신문에 참여한 검찰수사관이 절도 피의사실을 모두 자백하면 피의사실 부분은 가볍게 처리하고 특정범죄가중처벌 등에 관한 법률 위반(절도)죄 대신 형법상 절도죄를 적용하겠다는 각서를 작성하여 주면서 자백을 유도한 것에 기인한 것이라 하여 위 자백이 기망에 의하여 임의로 진술한 것이 아니라고 의심할 만한 이유가 있는 때에 해당한다고 볼 수 없다.
> ⓔ 일정한 증거가 발견되면 피의자가 자백하겠다고 한 약속이 검사의 강요나 위계에 의하여 이루어졌다든가 또는 불기소나 경한 죄의 소추 등 이익과 교환조건으로 된 것으로 인정되지 않는다면 이러한 약속 하에 한 자백이라 하여 곧 임의성 없는 자백이라 단정할 수 없다.
> ⓜ 피고인이나 그 변호인이 검사 작성의 당해 피고인에 대한 피의자신문조서의 임의성을 인정하는 진술을 하였다가 이를 번복하는 경우에, 증거조사를 마친 조서의 임의성을 다투는 주장이 받아들여지게 되면, 그 조서는 증거배제결정을 통하여 유죄 인정의 자료에서 제외되어야 한다.

① ⊙, ⓒ　　　　　　　② ⊙, ⓔ
③ ⓒ, ⓔ　　　　　　　④ ⓒ, ⓜ

30

조서에 관한 다음 설명 중 가장 적절한 것은?(다툼이 있는 경우 판례에 의함)

① 당해 피고인과 공범 관계에 있는 다른 피의자에 대한 사법경찰관 작성 피의자신문조서는 그 공범인 공동피고인의 법정 진술에 의하여 성립의 진정이 인정되는 등 형사소송법 제312조 제4항의 요건을 갖추었다면 당해 피고인이 공판기일에서 그 조서의 내용을 부인하더라도 증거능력이 인정된다.

② 사법경찰관 작성의 피해자에 대한 진술조서가 피해자의 화상으로 인한 서명불능을 이유로 입회하고 있던 피해자의 동생에게 대신 읽어 주고 그 동생으로 하여금 서명날인하게 하는 방법으로 작성되었다면, 이는 형사소송법 제312조 제4항 소정의 형식적 요건을 구비한 서류로서 증거로 사용할 수 있다.

③ 당해 피고인과 공범관계가 있는 다른 피의자에 대한 검사 이외의 수사기관 작성 피의자신문조서는 당해 피고인이 조서의 내용을 부인하면 형사소송법 제314조의 요건을 모두 갖춘 경우라도 증거능력이 인정되지 아니한다.

④ 형사소송법 제312조 제3항에서 '그 내용을 인정할 때'라 함은 피의자신문조서의 기재 내용이 진술 내용대로 기재되어 있다는 의미이다.

31

증거능력에 대한 설명 중 적절한 것으로만 모두 묶은 것은?(다툼이 있는 경우 판례에 의함)

㉠ 검사가 피의자 아닌 자의 진술을 기재한 조서에 대하여 그 원진술자가 공판기일에서 그 조서의 내용과 다른 진술을 하거나 변호인 또는 피고인의 반대신문에 대하여 아무런 답변을 하지 아니한 경우 증거능력 자체를 부정할 사유가 된다.

㉡ 원진술자가 법정에서 증인으로 나와 진술조서의 기재 내용을 열람하거나 고지받지 못한 채 단지 검사나 재판장의 신문에 대하여 수사기관에서 사실대로 진술하였다는 취지의 증언만을 하고 있을 뿐이라도 그 진술조서는 증거능력을 인정할 수 없는 것은 아니다.

㉢ 피고인 아닌 자가 작성한 진술서에 대하여 작성자가 그 진정성립을 부인하는 경우에는 과학적 분석결과에 기초한 디지털포렌식 자료, 감정 등 객관적인 방법으로 성립의 진정이 증명되고, 반대신문의 기회가 제공되었다면 증거로 할 수 있다.

㉣ 피고인이 증인의 증언거부 상황을 초래하였다는 등의 특별한 사정이 있는 경우에는 형사소송법 제314조의 적용을 배제할 이유가 없다.

---

① ㉠, ㉡

② ㉠, ㉢

③ ㉡, ㉢

④ ㉢, ㉣

32

⊙△✕

사진 및 영상녹화물의 증거능력에 대한 설명 중 가장 적절하지 <u>않은</u> 것은?(다툼이 있는 경우 판례에 의함)

① 압수물인 디지털 저장매체로부터 출력한 문건을 증거로 사용하기 위해서는 디지털 저장매체 원본에 저장된 내용과 출력한 문건의 동일성이 인정되어야 하고, 이를 위해서는 디지털 저장매체 원본이 압수시부터 문건 출력시까지 변경되지 않았음이 담보되어야 한다.

② 사법경찰관이 작성한 검증조서에 피의자이던 피고인이 검사 이외의 수사기관 앞에서 자백한 범행내용을 현장에 따라 진술·재연한 내용이 기재되고 그 재연 과정을 촬영한 사진이 첨부되어 있다면, 그러한 사진은 피고인이 공판정에서 그 진술내용 및 범행재연의 상황을 모두 부인하는 이상 증거능력이 없다.

③ 정보통신망 이용촉진 및 정보보호 등에 관한 법률에 의하면 정보통신망을 통하여 공포심을 유발하는 글을 반복적으로 상대방에게 도달케 하는 행위를 처벌하고 있는데, 검사가 위 죄에 대한 증거로 휴대전화기에 저장된 문자정보를 촬영한 사진을 법원에 제출한 경우, 해당 증거에 대해서는 피고인이 성립 및 내용의 진정을 부인하면 증거능력이 부정된다.

④ 검사가 피의자와 그 사건에 관하여 대화하는 내용과 장면을 녹화한 비디오테이프에 대한 법원의 검증조서는 이러한 비디오테이프의 녹화내용이 피의자의 진술을 기재한 피의자신문조서와 실질적으로 같다고 볼 것이므로 피의자신문조서에 준하여 그 증거능력을 가려야 한다.

33

⊙△✕

증거에 대한 설명 중 가장 적절하지 <u>않은</u> 것은?(다툼이 있는 경우 판례에 의함)

① 비록 증거목록에 기재되지 않았고 증거결정이 있지 아니하였다 하더라도 공판과정에서 그 입증취지가 구체적으로 명시되고 제시까지 된 이상 위 각 서증들에 대하여 탄핵증거로서의 증거조사는 이루어졌다고 보아야 할 것이다.

② 형사소송법 제318조의2 제1항에 규정된 이른바 탄핵증거는 범죄사실을 인정하는 증거가 아니어서 엄격한 증거능력을 요하지 않으므로, 이를 유죄증거의 증명력을 다투기 위한 반대증거로 사용할 수 있다.

③ 공모공동정범에서 공모나 모의는 '범죄될 사실'이므로, 이를 인정하기 위해서는 엄격한 증명에 의해야 하고 그 증거는 판결에 표시되어야 한다.

④ 피고인의 검찰 진술의 임의성의 유무가 다투어지는 경우에는 법원은 법률이 자격을 인정한 증거에 의하여 법률이 규정한 증거조사방식에 따라 증명하여야 한다는 엄격한 증명의 방법으로 그 임의성 유무를 판단하여야 한다.

34

자백의 보강증거에 대한 설명 중 가장 적절하지 <u>않은</u> 것은?(다툼이 있는 경우 판례에 의함)

① 압수조서 중 '압수경위'란에 기재된 내용은 피고 인이 범행을 저지르는 현장을 직접 목격한 사람 의 진술이 담긴 것으로서 형사소송법 제312조 제 5항에서 정한 '피고인이 아닌 자가 수사과정에서 작성한 진술서'에 준하는 것으로 볼 수 있고, 이에 따라 휴대전화기에 대한 임의제출절차가 적법하 였는지에 영향을 받지 않는 별개의 독립적인 증 거에 해당하여, 피고인이 증거로 함에 동의한 이 상 유죄를 인정하기 위한 증거로 사용할 수 있을 뿐 아니라 피고인의 자백을 보강하는 증거가 된 다고 볼 여지가 많다.

② 오토바이 시동을 걸려는 것을 보고 오토바이를 압 수하였다는 사법경찰관 작성의 압수조서는 피고 인이 자백한 무면허운전 사실에 대한 보강증거가 된다.

③ '피고인이 필로폰을 매수하면서 그 대금을 은행계 좌로 송금한 사실'에 대한 압수수색검증영장 집행 보고는 필로폰 매수행위와 실체적 경합범 관계에 있는 필로폰 투약행위에 대해서도 보강증거가 될 수 있다.

④ 피고인이 피해자의 재물을 절취하려다가 미수에 그쳤다는 내용의 공소사실을 자백한 경우 피고인 을 현행범으로 체포한 피해자의 수사기관에서 한 진술과 현장사진이 첨부된 수사보고서는 피고인 자백의 진실성을 담보하기에 충분한 보강증거가 될 수 있다.

35

무죄판결에 대한 설명 중 가장 적절하지 <u>않은</u> 것은? (다툼이 있는 경우 판례에 의함)

① 피고사건이 범죄로 되지 아니하는 때에는 판결로 써 무죄를 선고하여야 한다.

② 피고인에 대하여 무죄판결을 선고하는 때에도 공 소사실에 부합하는 증거를 배척하는 이유까지 일 일이 설시할 필요는 없다고 하더라도 그 증거들 을 배척한 취지를 합리적인 범위 내에서 기재하 여야 한다.

③ 판결주문에서 무죄가 선고된 경우뿐만 아니라 판 결이유에서 무죄로 판단된 경우에도 재판에 소요 된 비용 가운데 무죄로 판단된 부분의 방어권 행 사에 필요하였다고 인정된 부분에 관하여는 보상 을 청구할 수 있다고 보아야 한다.

④ 국가는 무죄판결이 확정된 경우에도 당해 사건의 피고인이었던 자에 대하여 그 재판에 소요된 비 용을 보상할 의무는 없다.

36

상소제도에 대한 다음 설명 중 옳고 그름의 표시(○, ✕)가 바르게 된 것은?(다툼이 있는 경우 판례에 의함)

> ㉠ 변호인의 상소취하에 대한 피고인의 동의는 공판정에 서 구술로써 가능하고, 이 경우 피고인의 구술 동의는 명시적으로 이루어질 필요는 없다.
>
> ㉡ 상소의 포기는 원심법원에, 상소의 취하는 상소법원에 하여야 한다. 단, 소송기록이 상소법원에 송부되지 아니 한 때에는 상소의 취하를 원심법원에 제출할 수 있다.
>
> ㉢ 피고사건의 재판 가운데 몰수 또는 추징에 관한 부분 만을 불복대상으로 삼아 상소가 제기되었다 하더라도, 상소심으로서는 이를 적법한 상소제기로 다루어야 하 고, 그 부분에 대한 상소의 효력은 그 부분과 불가분 의 관계에 있는 본안에 관한 판단 부분에까지 미쳐 그 전부가 상소심으로 이심된다.
>
> ㉣ 상대방은 이를 송달받은 날로부터 10일 이내에 답변 서를 항소법원에 제출하여야 한다.

① ㉠ (✕) ㉡ (○) ㉢ (○) ㉣ (○)

② ㉠ (○) ㉡ (✕) ㉢ (○) ㉣ (○)

③ ㉠ (○) ㉡ (○) ㉢ (✕) ㉣ (○)

④ ㉠ (○) ㉡ (○) ㉢ (○) ㉣ (✕)

37

불이익변경금지원칙에 대한 설명 중 가장 적절하지 않은 것은?(다툼이 있는 경우 판례에 의함)

① 항소법원은 제1심의 형량이 너무 가벼워서 부당하다는 검사의 항소이유에 대한 판단에 앞서 직권으로 제1심 판결에 양형이 부당하다고 인정할 사유가 있는지 여부를 심판할 수 있고, 그러한 사유가 있는 때에는 제1심판결을 파기하고 제1심의 양형보다 가벼운 형을 정하여 선고할 수 있다.

② 불이익변경금지 원칙을 적용하면서 부정기형과 정기형 사이에 그 경중을 가리는 경우에는 부정기형 중 단기와 정기형을 비교하여 항소심에서 부정기형의 단기를 초과하는 형을 선고할 수 없다.

③ 피고인만의 상고에 의하여 상고심에서 원심판결을 파기하고 사건을 항소심에 환송한 경우에 그 항소심에서는 환송 전 원심판결과의 관계에서도 불이익변경금지의 원칙이 적용되어 그 파기된 항소심판결보다 중한 형을 선고할 수 없다.

④ 원심이 제1심판결에서 정한 형과 동일한 형을 선고하면서 제1심에서 정한 취업제한기간보다 더 긴 취업제한명령을 부가하는 것은 전체적·실질적으로 피고인에게 불리하게 변경한 것이므로, 피고인만이 항소한 경우에는 허용되지 않는다.

38

상고심에 대한 설명 중 가장 적절하지 않은 것은?(다툼이 있는 경우 판례에 의함)

① 상고는 제2심판결에 대하여 허용될 뿐 제1심판결에 대하여 상고가 허용되는 경우는 없다.

② 제1심판결에 대하여 피고인은 비약적 상고를, 검사는 항소를 각각 제기하여 이들이 경합한 경우 피고인의 비약적 상고에 상고의 효력이 인정되지는 않더라도, 피고인의 비약적 상고가 항소기간 준수 등 항소로서의 적법 요건을 모두 갖추었고, 피고인이 자신의 비약적 상고에 상고의 효력이 인정되지 않는 때에도 항소심에서는 제1심판결을 다툴 의사가 없었다고 볼 만한 특별한 사정이 없다면, 피고인의 비약적 상고에 항소로서의 효력이 인정된다고 보아야 한다.

③ 피고인에 대하여 사형, 무기 또는 10년 이상의 징역이나 금고의 형이 선고된 경우에 있어서도 형사소송법 제383조 제4호의 해석상 검사는 그 형이 심히 가볍다는 이유로 상고할 수 없다.

④ 상고심의 공판기일에는 피고인을 소환할 필요가 없으며, 따라서 공판기일을 지정하는 경우에도 피고인의 이감을 요하지 않는다.

39

⬜△✕

재심에 관한 다음 설명 중 가장 적절하지 <u>않은</u> 것은? (다툼이 있는 경우 판례에 의함)

① 약식명령에 대하여 정식재판 청구가 이루어지고 그 후 진행된 정식재판 절차에서 유죄판결이 선고되어 확정된 경우, 재심사유가 존재한다고 주장하는 피고인 등은 효력을 잃은 약식명령이 아니라 유죄의 확정판결을 대상으로 재심을 청구하여야 한다.

② 조세심판원이 재조사결정을 하고 그에 따라 과세관청이 후속처분으로 당초 부과처분을 취소하였다면 부과처분은 처분 시에 소급하여 효력을 잃게 되어 원칙적으로 그에 따른 납세의무도 없어지므로, 형사소송법 제420조 제5호에 정한 재심사유에 해당한다.

③ 위헌으로 결정된 법률 또는 법률의 조항이 종전의 합헌결정이 있는 날의 다음 날로 소급하여 효력을 상실하는 경우, 합헌결정이 있는 날의 다음 날 이후에 유죄판결이 선고되어 확정되었다고 하더라도 범죄행위가 그 이전에 행하여졌다면 재심을 청구할 수 없다.

④ 재심이 개시된 사건에서 범죄사실에 대하여 적용하여야 할 법령은 재심판결 당시의 법령이고, 재심대상판결 당시의 법령이 변경된 경우 법원은 그 범죄사실에 대하여 재심판결 당시의 법령을 적용하여야 한다.

40

⬜△✕

즉결심판절차법에 대한 설명 중 옳고 그름의 표시(○, ×)가 바르게 된 것은?(다툼이 있는 경우 판례에 의함)

㉠ 판사가 사건이 즉결심판을 할 수 없다고 인정하여 즉결심판청구를 기각하는 결정을 내린 경우에 경찰서장은 검사의 승인을 얻어 정식재판을 청구할 수 있다.

㉡ 판사는 구류의 선고를 받은 피고인이 일정한 주소가 없거나 또는 도망할 염려가 있을 때에는 7일을 초과하지 아니하는 기간을 경찰서유치장(지방해양경찰서의 유치장을 포함한다)에 유치할 것을 명령할 수 있다. 다만, 이 기간은 선고기간을 초과할 수 없다.

㉢ 판사는 필요하다고 인정할 때에는 적당한 방법에 의하여 재정하는 증거에 한하여 조사할 수 있고, 사법경찰관이 작성한 피의자신문조서에 대하여 피고인이 내용을 인정하지 않더라도 증거로 사용할 수 있다.

㉣ 피고인이 즉결심판에 대하여 제출한 정식재판청구서에 피고인의 자필로 보이는 이름이 기재되어 있고 그 옆에 서명이 되어 있어 위 서류가 작성자 본인인 피고인의 진정한 의사에 따라 작성되었다는 것을 명백하게 확인할 수 있으며 형사소송절차의 명확성과 안정성을 저해할 우려가 없으므로, 정식재판청구는 적법하다고 보아야 한다. 피고인의 인장이나 지장이 찍혀 있지 않다고 해서 이와 달리 볼 것이 아니다.

① ㉠ (×) ㉡ (×) ㉢ (×) ㉣ (○)
② ㉠ (○) ㉡ (×) ㉢ (○) ㉣ (○)
③ ㉠ (×) ㉡ (×) ㉢ (○) ㉣ (○)
④ ㉠ (○) ㉡ (○) ㉢ (○) ㉣ (×)

제6회   경찰승진 최종모의고사

01   ⓄⓁⓧ

형사소송법의 적용범위에 관한 설명 중 가장 적절하지 <u>않은</u> 것은?(다툼이 있는 경우 판례에 의함)

① 미합중국 국적을 가진 미합중국 군대의 군속인 피고인이 범행 당시 10년 넘게 대한민국에 머물면서 한국인 아내와 결혼하여 가정을 마련하고 직장 생활을 하는 등 생활근거지를 대한민국에 두고 있었던 경우에도 미합중국 군대의 군속에 관한 형사재판권 관련 조항이 적용될 수 있다.

② 중국 국적자가 중국에서 대한민국 국적 주식회사의 인장을 위조한 경우에는 외국인의 국외범으로서 그에 대하여 재판권이 없다.

③ 국회의원의 면책특권 대상이 되는 행위는 국회의 직무수행에 필수적인 국회의원의 국회 내에서의 직무상 발언과 표결이라는 의사표현행위 자체에만 국한되지 아니하고 이에 통상적으로 부수하여 행하여지는 행위까지 포함하며, 그와 같은 부수행위인지 여부는 구체적인 행위의 목적·장소·태양 등을 종합하여 개별적으로 판단하여야 한다.

④ 대한민국의 국민이 뉴질랜드 시민권을 취득함으로써 우리나라 국적을 상실한 경우, 그 후 뉴질랜드에서 대한민국 국민에 대하여 사기행위를 하였더라도 외국인이 대한민국 영역 외에서 대한민국 국민에 대하여 범죄를 저지른 경우에 해당하여 형법 제6조 본문에 의하여 우리 형법이 적용된다.

02   ⓄⓁⓧ

다음 설명 중 적절한 것을 모두 고른 것은?(다툼이 있으면 판례에 의함)

> ⊙ 수인이 공동하여 법인을 대표하는 경우에는 소송행위에 관하여도 공동하여 대표한다.
>
> ⓒ 정리회사의 경우에는 관리인이 대표자가 된다.
>
> ⓒ 형법 제9조 내지 제11조의 규정의 적용을 받지 아니하는 범죄사건에 관하여 피고인이 의사능력이 없는 때에는 그 법정대리인이 소송행위를 대리한다. 이 경우 피고인을 대리할 자가 없는 때에는 법원은 직권 또는 검사의 청구에 의하여 특별대리인을 선임하여야 한다.
>
> ⓔ 회사가 해산 및 청산등기 전에 재산형에 해당하는 사건으로 소추당한 후 청산종결의 등기가 경료되었다고 하여도 그 피고사건이 종결되기까지(판결의 확정시까지)는 회사의 청산사무는 종료되지 아니하고 형사소송법상 당사자 능력도 존속한다.
>
> ⓜ 법인의 해산 또는 청산종결 등기 이전에 업무나 재산에 관한 위반행위가 있는 경우에는 청산종결 등기가 된 이후 위반행위에 대한 수사가 개시되거나 공소가 제기되더라도 그에 따른 수사나 재판을 받는 일은 법인의 청산사무에 포함되므로, 그 사건이 종결될 때까지 법인의 청산사무는 종료되지 않고 형사소송법상 당사자능력도 그대로 존속한다.

① ⊙, ⓒ, ⓒ

② ⊙, ⓒ, ⓜ

③ ⓒ, ⓒ, ⓔ

④ ⓒ, ⓔ, ⓜ

03

법원의 관할에 대한 설명 중 가장 적절하지 <u>않은</u> 것은? (다툼이 있는 경우 판례에 의함)

① 피고인의 주소지 관할법원과 현재지 관할법원이 다른 경우에 현재지 관할법원이 제1심으로 재판을 진행하여 판결을 선고하더라도 그 판결에 관할위반의 위법이 없다.

② 법원조직법상 상습특수상해죄는 비록 법정형의 단기가 1년 이상의 유기징역에 해당하는 범죄이지만 제1심 단독판사 관할사건이다.

③ 일반 국민이 범한 수 개의 죄 가운데 특정 군사범죄와 그 밖의 일반 범죄가 형법 제37조 전단의 경합범 관계에 있다고 보아 하나의 사건으로 기소된 경우, 특정 군사범죄에 대하여는 군사법원이 전속적인 재판권을 가지므로 일반 법원은 이에 대하여 재판권을 행사할 수 없다.

④ 제1심 형사사건에 관하여 지방법원 본원과 지방법원 지원은 소송법상 별개의 법원이자 각각 일정한 토지관할 구역을 나누어 가지는 대등한 관계에 있으므로, 지방법원 본원과 지방법원 지원 사이의 관할의 분배도 지방법원 내부의 사법행정사무로서 행해진 지방법원 본원과 지원 사이의 단순한 사무분배에 그치는 것이 아니라 소송법상 토지관할의 분배에 해당한다. 그러므로 형사소송법 제4조에 의하여 지방법원 본원에 제1심 토지관할이 인정된다고 볼 특별한 사정이 없는 한, 지방법원 지원에 제1심 토지관할이 인정된다는 사정만으로 당연히 지방법원 본원에도 제1심 토지관할이 인정된다고 볼 수는 없다.

04

기피신청에 대한 설명 중 적절하지 <u>않은</u> 것은?(다툼이 있는 경우 판례에 의함)

① 피고인이 변론 종결 뒤 재판부에 대한 기피신청을 하였지만, 원심이 소송진행을 정지하지 아니하고 판결을 선고한 것은 정당하다.

② 기피원인에 관한 형사소송법 제18조 제1항 제2호 소정의 '법관이 불공평한 재판을 할 염려가 있는 때'라고 함은 당사자가 불공평한 재판이 될지도 모른다고 추측할 만한 주관적인 사정이 있는 때를 의미한다.

③ 소송지연을 목적으로 함이 명백한 기피신청인지의 여부는 기피신청인이 제출한 소명 방법만으로 판단할 것은 아니고 당해 법원에 현저한 사실이거나 당해 사건기록에 나타나 있는 제반 사정들을 종합하여 판단할 수 있다.

④ 기피신청을 받은 법관이 형사소송법 제22조에 위반하여 본안의 소송절차를 정지하지 않은 채 그대로 소송을 진행하여서 한 소송행위는 그 효력이 없고, 이는 그 후 기피신청에 대한 기각결정이 확정되었다고 하더라도 마찬가지이다.

05

국선변호인에 대한 설명 중 가장 적절하지 <u>않은</u> 것은? (다툼이 있는 경우 판례에 의함)

① 공범관계에 있지 않은 공동피고인들 사이에서도 공소사실 기재자체로 보아 어느 피고인에 대한 유리한 변론이 다른 피고인에 대하여는 불리한 결과를 초래하는 사건에 있어서는 공동피고인들 사이에 이해가 상반된다고 할 것이어서, 그 공동피고인들에 대하여 선정된 동일한 국선변호인이 공동피고인들을 함께 변론한 경우에는 형사소송규칙 제15조 제2항에 위반된다.

② 제1심법원이 피고인이 지체(척추)4급 장애인으로서 국민기초생활수급자에 해당한다는 소명자료를 첨부하여 국선변호인 선정청구를 하였다 하더라도 이는 형사소송법 제33조 제1항 소정의 심신장애에 의심이 있는 경우에 해당하지 않는바, 이를 기각하는 결정을 한 후 공판심리를 진행하였다 하더라도 이를 위법이라고 할 수 없다.

③ 이해가 상반된 공동피고인들 중 어느 피고인이 법무법인을 변호인으로 선임하고, 법무법인이 담당변호사를 지정하였는데 법원이 담당변호사 중 1인 또는 수인을 다른 피고인을 위한 국선변호인으로 선정하였다면 이는 위법이라 할 것이다.

④ 구인을 위한 구속영장을 통해 피고인을 구속한 경우, 필요국선 사유인 피고인이 구속된 때에 해당하지 않는다.

06

경찰관직무집행법상 불심검문에 대한 설명 중 적절하지 <u>않은</u> 것은 모두 몇 개인가?(다툼이 있는 경우 판례에 의함)

⊙ 경찰관은 경찰관직무집행법 제3조 제2항에 의하여 거동불심자를 임의동행한 이후 당해인을 6시간까지 구금할 수 있다.

ⓒ 증거자료를 수집하기 위해 불심검문을 할 수 있다.

ⓒ 검문 중이던 경찰관들이, 자전거를 이용한 날치기 사건 범인과 흡사한 인상착의의 피고인이 자전거를 타고 다가오는 것을 발견하고 정지를 요구하였으나 멈추지 않아, 앞을 가로막고 검문에 협조해 달라고 하였음에도 불응하고 그대로 전진하자, 따라가서 재차 앞을 막고 검문에 응하라고 요구하였다면 경찰관들의 행위는 적법한 불심검문에 해당한다.

ⓔ 경찰관직무집행법에 근거하여 자동차검문이 행하여지기도 하나, 이미 객관적으로 술에 취한 것으로 보이는 자에 대해서는 경찰관직무집행법이나 도로교통법상의 일시정지권을 통한 불심검문은 허용될 수 없다.

ⓜ 경찰관이 경찰관직무집행법 제3조 제1항에 규정된 대상자 해당 여부를 판단할 때에는 불심검문 당시의 구체적 상황은 물론 사전에 얻은 정보나 전문적 지식 등에 기초하여 불심검문 대상자인지를 객관적·합리적인 기준에 따라 판단하여야 하나, 반드시 불심검문 대상자에게 형사소송법상 체포나 구속에 이를 정도의 혐의가 있을 것을 요한다고 할 수는 없다.
---

① 1개 ② 2개

③ 3개 ④ 4개

07

고소취소 등에 관한 다음 설명 중 가장 적절하지 <u>않은</u> 것은?(다툼이 있는 경우 판례에 의함)

① 피해자의 부친이 피해자 사망 후에 피해자를 대신하여 그 피해자가 이미 하였던 고소를 취소하더라도 이는 적법한 고소취소라 할 수 없다.

② 항소심이 제1심의 공소기각 판결이 위법함을 이유로 제1심판결을 파기하고, 사건을 제1심으로 다시 환송한 경우, 파기환송 후 다시 진행된 제1심 절차에서도 고소인은 고소취소를 할 수 있다.

③ 고소의 취소나 처벌을 희망하는 의사표시의 철회는 공소제기 전에는 수사기관에, 공소제기 후에는 사건을 담당하는 수소법원에 하여야 한다.

④ 법대로 처벌하되 관대하게 처리하여 달라는 취지의 진술을 한 경우에는 처벌의사를 철회한 것으로 볼 수 있다.

08

반의사불벌죄에 대한 설명 중 가장 적절하지 <u>않은</u> 것은?(다툼이 있는 경우 판례에 의함)

① 반의사불벌죄에 있어서 피해자의 피고인 또는 피의자에 대한 처벌을 희망하지 않는다는 의사표시 또는 처벌을 희망하는 의사표시의 철회는 형사소송절차에 있어서의 소송능력에 관한 일반원칙에 따라 의사능력이 있는 미성년자인 피해자가 단독으로 이를 할 수 있고, 거기에 법정대리인의 동의가 있어야 한다거나 법정대리인에 의해 대리되어야만 한다고 볼 것은 아니다.

② 반의사불벌죄에 있어서 처벌불원의 의사표시의 부존재는 법원이 직권으로 조사해야 하는 사항이므로 당사자가 항소이유로 주장하지 않았다고 하더라도 원심은 이를 직권으로 조사·판단하여야 한다.

③ 피해자가 의식을 회복하지 못하고 있는 이상 피해자에게 반의사불벌죄에서 처벌희망 여부에 관한 의사표시를 할 수 있는 소송능력이 있다고 할 수 없고, 피해자의 아버지가 피고인에 대한 처벌을 희망하지 아니한다는 의사를 표시하였더라도 그것이 반의사불벌죄에서의 처벌희망 여부에 관한 피해자의 의사표시로서 소송법적으로 효력이 발생할 수는 없다.

④ 폭행죄는 피해자의 명시한 의사에 반하여 공소를 제기할 수 없는 반의사불벌죄로서 처벌불원의 의사표시는 의사능력이 있는 피해자가 단독으로 할 수 있는 것이고, 피해자가 사망한 후에는 그 상속인이 피해자를 대신하여 처벌불원의 의사표시를 할 수 있다.

09

통신비밀보호법상 통신제한조치에 대한 설명 중 가장 적절하지 <u>않은</u> 것은?(다툼이 있는 경우 판례에 의함)

① 통신제한조치는 통신비밀보호법 제5조의 범죄를 계획 또는 실행하고 있거나 실행하였다고 의심할 만한 충분한 이유가 있고, 다른 방법으로는 그 범죄의 실행을 저지하거나 범인의 체포 또는 증거수집이 어려운 경우에 한하여 허가할 수 있다.

② 집행주체가 제3자의 도움을 받지 않고서는 '대화의 녹음·청취'가 사실상 불가능하거나 곤란한 사정이 있는 경우에는 비례의 원칙에 위배되지 않는 한 제3자에게 집행을 위탁하거나 그로부터 협조를 받아 '대화의 녹음·청취'를 할 수 있다고 봄이 타당하다.

③ 전기통신의 감청은 전기통신이 이루어지고 있는 상황에서 실시간으로 전기통신의 내용을 지득·채록하는 경우, 통신의 송·수신을 직접적으로 방해하는 경우, 이미 수신이 완료된 전기통신에 관하여 남아 있는 기록이나 내용을 열어보는 경우를 의미한다.

④ 통신사실확인자료 제공요청에 의하여 취득한 통신사실확인자료를 범죄의 수사·소추 또는 예방을 위하여 사용하는 경우 그 대상범죄는 통신사실확인자료 제공요청의 목적이 된 범죄나 이와 관련된 범죄에 한정된다고 할 것이다.

10

영상녹화제도에 관한 설명 중 가장 적절한 것은?(다툼이 있는 경우 판례에 의함)

① 수사기관이 피의자의 진술을 영상녹화하려는 경우 피의자 또는 변호인에게 반드시 서면으로 사전동의를 받아야 한다.

② 피의자 진술에 대한 영상녹화가 완료된 이후 피의자 또는 변호인에게 영상녹화물을 재생하여 시청하게 하여야 하며, 그 내용에 대하여 이의를 진술하는 때에는 해당 내용을 삭제하고 그 진술을 영상녹화하여 첨부하여야 한다.

③ 법원은 공판준비 또는 공판기일에서 봉인을 해체하고 영상녹화물의 전부 또는 일부를 재생하는 방법으로 조사하여야 한다. 이때 영상녹화물은 그 재생과 조사에 필요한 전자적 설비를 갖춘 법정 외의 장소에서 이를 재생할 수 있다.

④ 수사기관이 참고인을 조사하는 과정에서 형사소송법 제221조 제1항에 따라 작성한 영상녹화물은, 다른 법률에서 달리 규정하고 있는 등의 특별한 사정이 없는 한, 원칙적으로 공소사실을 직접 증명할 수 있는 독립적인 증거로 사용될 수 있다.

11

□○△×

긴급체포에 관한 다음 설명 중 가장 적절하지 <u>않은</u> 것은?
(다툼이 있는 경우 판례에 의함)

① 피고인이 필로폰을 투약한다는 제보를 받은 경찰
관이 제보의 정확성을 사전에 확인한 후에 제보
자를 불러 조사하기 위하여 피고인의 주거지를
방문하였다가, 그곳에서 피고인을 발견하고 피고
인의 전화번호로 전화를 하여 나오라고 하였으나
응하지 않자 피고인의 집 문을 강제로 열고 들어
가 피고인을 긴급체포한 경우, 그 긴급체포는 위
법하다.

② 피의자가 긴급체포되어 조사를 받고 구속영장이
청구되지 아니하여 석방되었음에도 검사가 그로
부터 30일 이내에 형사소송법 제200조의4에 따
른 석방통지를 법원에 하지 않았다면, 피의자에
대한 긴급체포 당시의 상황과 경위, 긴급체포 후
조사과정 등에 특별한 위법이 없다고 하더라도
사후에 석방통지가 법에 따라 이루어지지 않았다
는 사정만으로 그 긴급체포에 의한 유치 중에 작
성된 피의자에 대한 피의자신문조서들의 작성이
소급하여 위법하게 된다.

③ 형사소송법 제200조의4 제3항은 영장 없이는 긴
급체포 후 석방된 피의자를 동일한 범죄사실에
관하여 체포하지 못한다고 규정하고 있으나, 위
와 같이 석방된 피의자라도 법원으로부터 구속영
장을 발부받아 구속할 수는 있다.

④ 긴급체포의 요건을 갖추었는지 여부는 사후에 밝
혀진 사정을 기초로 판단하는 것이 아니라 체포
당시의 상황을 기초로 판단하여야 하고, 이에 관
한 검사나 사법경찰관 등 수사주체의 판단에는
상당한 재량의 여지가 있다고 할 것이다.

12

□○△×

구속영장 청구와 피의자심문에 관한 다음 설명 중 가장
적절하지 <u>않은</u> 것은?(다툼이 있는 경우 판례에 의함)

① 체포된 피의자에 대하여 구속영장을 청구받은 판
사는 지체없이 피의자를 심문하여야 한다. 이 경
우 특별한 사정이 없는 한 구속영장이 청구된 날
의 다음날까지 심문하여야 한다.

② 피의자심문을 하는 경우 법원이 구속영장청구
서·수사관계 서류 및 증거물을 접수한 날부터
구속영장을 발부하여 검찰청에 반환한 날까지의
기간은 사법경찰관 및 검사의 구속기간 규정 적
용에 있어서 그 구속기간에 이를 산입하지 아니
한다.

③ 검사와 변호인은 피의자심문기일에 출석하여 의
견을 진술할 수 있고, 필요한 경우에는 판사의 허
가를 얻어 피의자를 심문할 수도 있다.

④ 판사는 피의자가 심문기일에의 출석을 거부하거
나 질병 그 밖의 사유로 출석이 현저하게 곤란하
고, 피의자를 심문 법정에 인치할 수 없다고 인정
되는 때에는 피의자의 출석 없이 심문절차를 진
행할 수 있다.

13

접견교통권에 관한 설명 중 가장 적절하지 <u>않은</u> 것은? (다툼이 있는 경우 판례에 의함)

① 변호인 또는 변호인이 되려는 자의 접견교통권은 신체구속제도 본래의 목적을 침해하지 아니하는 범위 내에서 행사되어야 하므로, 변호인 또는 변호인이 되려는 자가 구체적인 시간적 · 장소적 상황에 비추어 현실적으로 보장할 수 있는 한계를 벗어나 피고인 또는 피의자를 접견하려고 하는 것은 정당한 접견교통권의 행사에 해당하지 아니하여 허용될 수 없다.

② 변호인의 구속된 피고인 또는 피의자와의 접견교통권은 헌법상 보장된 권리로 법령에 의하여 제한할 수 없다.

③ 검사 작성의 피의자신문조서가 검사에 의하여 피의자에 대한 변호인의 접견이 부당하게 제한되고 있는 동안에 작성된 경우에는 증거능력이 없다.

④ 변호인이 피의자를 접견할 때 국가정보원 직원이 승낙없이 사진촬영을 한 것은 접견교통권 침해에 해당한다.

14

보석제도에 대한 설명 중 가장 적절하지 <u>않은</u> 것은? (다툼이 있는 경우 판례에 의함)

① 보석심리를 규정한 형사소송규칙 제54조의2는 보석청구를 받은 법원이 지체없이 심문기일을 정하여 구속 피고인을 심문하도록 규정한 것이지 항고심에서도 필요적으로 피고인을 심문하도록 규정한 것이 아니다.

② 보석허가결정의 취소는 그 취소결정을 고지하거나 결정법원에 대응하는 검찰청 검사에게 결정서를 교부 또는 송달함으로써 즉시 집행할 수 있는 것이고, 그 결정등본이 피고인에게 송달되어야 집행할 수 있는 것은 아니다.

③ 형사소송법 제97조 제1항은 "재판장은 보석에 관한 결정을 하기 전에 검사의 의견을 물어야 한다."라고 규정하고 있으므로, 법원이 검사의 의견을 듣지 아니한 채 보석에 관한 결정을 하였다면 결정의 적정성 여부를 불문하고 절차상의 하자만으로도 그 결정을 취소할 수 있다.

④ 보증금 몰취 사건은 그 성질상 당해 형사 본안 사건의 기록이 존재하는 법원 또는 그 기록을 보관하는 검찰청에 대응하는 법원의 토지관할에 속한다.

15

압수 · 수색에 대한 설명 중 가장 적절하지 <u>않은</u> 것은? (다툼이 있는 경우 판례에 의함)

① 수사기관이 피의자 등을 참여시킨 상태에서 정보저장매체에 기억된 정보 중에서 키워드 또는 확장자 검색 등을 통해 범죄혐의사실과 관련 있는 정보를 선별한 다음 정보저장매체와 동일하게 비트열 방식으로 복제하여 생성한 이미지 파일을 제출받아 적법하게 압수하였다면, 이로써 압수의 목적물에 대한 압수 · 수색 절차는 종료된 것이므로, 수사기관이 수사기관 사무실에서 이와 같이 압수된 이미지 파일을 탐색 · 복제 · 출력하는 과정에서는 피의자 등에게 참여의 기회를 보장하여야 하는 것은 아니다.

② 전자정보를 압수하고자 하는 수사기관이 정보저장매체와 거기에 저장된 전자정보를 임의제출의 방식으로 압수할 때, 제출자의 구체적인 제출 범위에 관한 의사를 제대로 확인하지 않는 등의 사유로 인해 임의제출자의 의사에 따른 전자정보 압수의 대상과 범위가 명확하지 않거나 이를 알 수 없는 경우에는 임의제출에 따른 압수의 동기가 된 범죄혐의 사실과 관련되고 이를 증명할 수 있는 최소한의 가치가 있는 전자정보에 한하여 압수의 대상이 된다.

③ 수사기관이 인터넷서비스이용자인 피의자를 상대로 피의자의 컴퓨터 등 정보처리장치 내에 저장되어 있는 이메일 등 전자정보를 압수 · 수색하는 것은 전자정보의 소유자 내지 소지자를 상대로 해당 전자정보를 압수 · 수색하는 대물적 강제처분으로 형사소송법의 해석상 허용된다.

④ 지방법원 판사가 한 압수 · 수색 · 검증영장발부 여부에 관한 재판에 대하여는 형사소송법 제416조에서 규정한 준항고의 방법으로 불복할 수 있다.

16

압수물의 처리에 관한 설명 중 적절하지 <u>않은</u> 것은? (다툼이 있으면 판례에 의함)

① 형법 제48조에 해당하여 몰수할 수 있는 물건(임의적 몰수대상물)은 가환부할 수 없다.

② 형사소송법 제332조의 규정에 의하여 압수가 해제된 것으로 되었음에도 불구하고 검사가 그 해제된 압수물의 인도를 거부하는 조치에 대해서는 형사소송법 제417조가 규정하는 준항고로 불복할 대상이 될 수 없다.

③ 약속어음이 범죄행위로 인하여 생긴 위조문서인 경우에는 아무도 이를 소유하는 것이 허용되지 않는 물건이므로 몰수가 될 뿐 환부나 가환부할 수 없다. 다만, 검사는 몰수의 선고가 있은 뒤에 형사소송법 제485조에 의하여 위조표시를 하여 환부할 수 있다.

④ 위험물인 압수물품에 대한 폐기처분시에는 피압수자 기타 권한 있는 자의 동의가 없어도 무방하나, 법령상 생산 · 제조 · 유통이 금지되는 압수물에 대한 폐기처분시에는 권한 있는 자의 동의가 있어야 가능하다.

17

증거보전에 관한 설명 중 가장 적절하지 <u>않은</u> 것은? (다툼이 있으면 판례에 의함)

① 검사, 피고인, 피의자 또는 변호인은 법원의 허가를 얻어 증거보전의 처분에 관한 서류와 증거물을 열람 또는 등사할 수 있다.

② 증거보전을 청구함에는 서면으로 사유를 소명하여야 하며, 청구기각 결정에 대하여는 3일 이내에 항고할 수 있다.

③ 검사, 피고인, 피의자 또는 변호인은 미리 증거를 보전하지 아니하면 그 증거를 사용하기 곤란한 사정이 있는 때 판사에게 청구할 수 있다.

④ 피고인신문을 증거보전 방법으로 청구할 수 없다고 할 것이다.

18

재정신청에 대한 설명 중 가장 적절하지 <u>않은</u> 것은?
(다툼이 있는 경우 판례에 의함)

① 기소유예처분에 대해서도 재정신청을 할 수 있다.
② 공동신청권자 중 1인의 신청은 그 전원을 위하여 효력을 발생하나, 그 취소의 경우에는 다른 공동신청권자에게 효력을 미치지 아니한다.
③ 구금중인 고소인이 재정신청서를 그 기간 안에 교도소장 또는 그 직무를 대리하는 사람에게 제출하였다 하더라도 재정신청서가 위의 기간 안에 불기소 처분을 한 검사가 소속한 지방검찰청의 검사장 또는 지청장에게 도달하지 아니한 이상 이를 적법한 재정신청서의 제출이라고 할 수 없다.
④ 법원의 공소제기 결정에 따라 검사가 공소를 제기한 경우에도 검사는 공소를 취소할 수 있다.

19

공소제기의 효력에 대한 설명 중 적절하지 <u>않은</u> 것은?
(다툼이 있는 경우 판례에 의함)

① 검사가 기명날인 또는 서명이 없는 상태로 공소장을 제출하고 공소제기한 경우, 법원은 특별한 사정이 없는 한 공소기각판결을 하여야 하며, 그 후에 검사가 공소장에 기명날인 또는 서명을 추완하는 등의 방법에 의하여 공소의 제기가 유효하게 될 수는 없다.
② 공소제기 후에 진범이 발견되더라도 공소제기의 효력은 진범에 미치지 아니한다.
③ 동일사건이 동일법원에 이중기소된 경우에는 후소에 대하여 공소기각의 판결을 하고, 동일사건이 수개의 법원에 이중기소된 경우에는 심판할 수 없게 된 법원은 공소기각의 결정을 하여야 한다.
④ 하나의 행위가 부작위범인 직무유기죄와 작위범인 범인도피죄의 구성요건을 동시에 충족하는 경우라도 검사는 작위범인 범인도피죄로 공소제기하지 않고 부작위범인 직무유기죄로만 공소제기할 수 있다.

20

공소시효에 대한 설명 중 적절한 것을 모두 고른 것은?
(다툼이 있는 경우 판례에 의함)

> ㉠ 부정수표단속법 제2조 제2항 위반의 범죄는 예금부족으로 인하여 제시일에 지급되지 아니할 것이라는 결과 발생을 예견하고 발행인이 수표를 발행한 때에 바로 성립하는 것이고 수표소지인이 발행일자를 보충기재하여 제시하고 그 제시일에 수표금의 지급이 거절된 때에 범죄가 성립하는 것은 아니다.
> ㉡ 공소장변경에 의하여 법정형에 차이가 생기는 경우 공소시효 기간의 기준도 공소장변경 전의 공소사실에 대한 법정형에 따른다.
> ㉢ 2015년 개정된 형사소송법에 의하면 사람을 살해한 범죄(종범은 제외)로 사형에 해당하는 범죄에 대하여는 공소시효를 적용하지 않도록 하였으므로, 위 개정 형사소송법이 시행될 당시 이미 공소시효가 완성된 사건이라도 가해자를 형사처벌할 수 있게 되었다.
> ㉣ 공범 중 1인에 대한 공소시효의 정지는 다른 공범자에 대하여도 그 효력이 미치고 당해 사건의 재판이 확정된 때로부터 진행하게 되는데, 여기의 공범에는 뇌물공여죄와 뇌물수수죄 사이와 같이 대향범 관계에 있는 자는 포함되지 않는다.

① ㉠, ㉡
② ㉠, ㉣
③ ㉡, ㉢
④ ㉢, ㉣

21

공소장 기재사항 및 공소사실의 특정에 관한 설명 중 적절한 것을 모두 고른 것은?(다툼이 있는 경우 판례에 의함)

⊙ 포괄일죄에 대한 공소장을 작성하는 경우에는 그 일죄의 일부를 구성하는 개개의 행위에 대하여 구체적으로 특정되지 아니하더라도 그 전체범행의 시기와 종기, 범행방법, 피해자나 상대방, 범행횟수나 피해액의 합계 등을 명시하면 이로써 그 범죄사실은 특정된 것이라고 할 수 있다.

ⓛ 공소장의 기재가 불명확할 경우 비록 공소사실의 보완이 가능하더라도 법원이 검사에게 공소사실 특정에 대한 석명에 이르지 아니하고 공소사실의 불특정을 이유로 공소기각의 판결을 하여도 적법하다.

ⓒ 교사범이나 방조범의 경우에는 정범의 범죄구성을 충족하는 구체적 사실을 특정할 필요가 없다.

ⓔ 필요 이상 엄격하게 공소사실의 특정을 요구하는 것도 공소의 제기와 유지에 장애를 초래할 수 있으므로, 범죄의 일시는 이중기소나 시효에 저촉되지 않을 정도로, 장소는 토지관할을 가늠할 수 있을 정도로, 그리고 방법에 있어서는 범죄구성요건을 밝히는 정도로 기재하면 족하다.

ⓜ 공무원이 작성하는 서류에는 법률에 다른 규정이 없는 때에는 작성 연월일과 소속공무소를 기재하고 기명날인 또는 서명하여야 한다. 여기서 '공무원이 작성하는 서류'에는 검사가 작성하는 공소장이 포함되므로, 검사가 기명날인 또는 서명이 없는 상태로 공소장을 관할법원에 제출하는 것은 형사소송법 제57조 제1항에 위반된다. 이와 같이 법률이 정한 형식을 갖추지 못한 채 공소장을 제출한 경우에는 특별한 사정이 없는 한 공소제기의 절차가 법률의 규정을 위반하여 무효인 때에 해당한다. 다만 이 경우 공소를 제기한 검사가 공소장에 기명날인 또는 서명을 추후 보완하는 등의 방법으로 공소제기가 유효하게 될 수 있다.

① ⊙, ⓛ, ⓒ
② ⊙, ⓒ, ⓔ
③ ⊙, ⓔ, ⓜ
④ ⓛ, ⓔ, ⓜ

22

공소장변경에 대한 설명 중 옳고 그름의 표시(○, ×)가 바르게 된 것은?(다툼이 있는 경우 판례에 의함)

⊙ 공소사실의 동일성이 인정되지 않는 등의 사유로 공소장변경허가결정에 위법사유가 있는 경우에는 공소장변경허가를 한 법원이 스스로 이를 취소할 수 있다.

ⓛ 최초의 공소사실과 변경된 공소사실 간에 그 일시만을 달리하는 경우, 사안의 성질상 2개의 공소사실이 양립할 수 있다고 볼 사정이 있는 경우에는 그 기본인 사회적 사실을 달리할 위험이 있다 할 것이므로 그 기본적 사실은 동일하다고 볼 수 없다 할 것이다.

ⓒ 법원은 공소사실의 동일성이 인정되는 범위 내에서 피고인의 방어에 실질적인 불이익을 주는 것이 아니라면, 공소장변경 없이 직권으로 공동정범으로 기소된 범죄사실을 방조사실로 인정할 수 있다.

ⓔ 실체적 경합관계에 있는 수개의 공소사실 중 어느 한 공소사실을 전부 철회하는 검사의 공소장변경신청이 있는 경우에 이것이 그 부분의 공소를 취소하는 취지가 명백하다면, 법원은 해당 공소장변경신청을 공소취소로 보아 공소기각결정 하여야 한다.

① ⊙(○) ⓛ(○) ⓒ(○) ⓔ(○)
② ⊙(○) ⓛ(○) ⓒ(×) ⓔ(×)
③ ⊙(○) ⓛ(×) ⓒ(○) ⓔ(×)
④ ⊙(×) ⓛ(×) ⓒ(×) ⓔ(○)

23

형사소송법상 증거개시제도에 관한 다음 설명 중 적절하지 <u>않은</u> 것은 모두 몇 개인가?(다툼이 있는 경우 판례에 의함)

⊙ 피고인 또는 변호인은 검사에게 공소제기된 사건에 관한 서류 또는 물건(이하 '서류 등'이라 한다)의 목록을 열람·등사 또는 서면의 교부를 신청할 수 있으며, 피고인에게 변호인이 있는 경우에도 피고인은 열람·등사 또는 서면의 교부를 신청할 수 있다.

ⓛ 검사는 피고인 또는 변호인의 신청이 있는 경우 서류 등의 목록에 대하여는 열람 또는 등사를 거부할 수 없다.

ⓒ 위 ⊙의 서류 등은 도면·사진·녹음테이프·비디오테이프·컴퓨터용 디스크, 그 밖에 정보를 담기 위하여 만들어진 물건으로서 문서가 아닌 특수매체를 포함한다.

ⓔ 검사는 열람·등사 또는 서면의 교부를 거부하거나 그 범위를 제한하는 때에는 7일 이내에 피고인 또는 그 변호인에게 그 이유를 서면 또는 구두의 방법으로 통지하여야 한다.

ⓜ 형사소송법은 검사의 열람·등사 거부처분에 대한 법원의 열람·등사 허용결정에 대하여 검사의 즉시항고 등 불복절차를 별도로 규정하고 있다.

① 1개   ② 2개
③ 3개   ④ 4개

24

전문심리위원과 관련한 설명 중 가장 적절하지 <u>않은</u> 것은?(다툼이 있는 경우 판례에 의함)

① 형사재판의 담당 법원은 전문심리위원에 관한 위 각각의 규정들을 지켜야 하고 이를 준수함에 있어서도 적법절차원칙을 특별히 강조하고 있는 헌법 제12조 제1항을 고려하여 전문심리위원과 관련된 절차 진행 등에 관한 사항을 당사자에게 적절한 방법으로 적시에 통지하여 당사자의 참여 기회가 실질적으로 보장될 수 있도록 세심한 배려를 하여야 한다.

② 만약 ①과 같이 취급하지 않은 경우, 헌법 제12조 제1항의 적법절차원칙을 구현하기 위하여 형사소송법 등에서 입법한 위 각각의 적법절차조항을 위반한 것임과 동시에 헌법 제27조가 보장하고 있는 공정한 재판을 받을 권리로서 '법관의 면전에서 모든 증거자료가 조사·진술되고 이에 대하여 피고인이 방어할 수 있는 기회가 실질적으로 부여되는 재판을 받을 권리'의 침해로 귀결될 수 있다.

③ 법원은 전문심리위원이 제출한 서면이나 전문심리위원의 설명 또는 의견의 진술에 관하여 검사, 피고인 또는 변호인에게 구술 또는 서면에 의한 의견진술의 기회를 주어야 한다.

④ 전문심리위원은 첨단분야 등에 대한 전문적 지식을 가진 자로서 법원의 지정을 받아 공판에 참여하여 의견을 진술하고, 재판의 합의에 참여한다.

25

甲과 乙은 함께 강도를 행하였고, 이러한 사실을 알고 있는 丙은 甲 등이 강취한 물건을 매수하였다. 검사는 甲과 乙을 강도죄의 공범으로, 丙을 장물취득죄로 기소하였고, 법원은 이들을 공동피고인으로 병합심리 중에 있다. 이에 대한 설명 중 적절하지 <u>않은</u> 것만을 모두 고르면?(다툼이 있는 경우 판례에 의함)

> ⊙ 甲의 사건에서, 乙은 피고인의 지위에 있으므로 소송절차를 분리하지 않는 한 증인이 될 수 없다.
> ⓛ 사법경찰관이 작성한 甲에 대한 피의자신문조서는 甲이 내용을 인정하면 乙의 범죄사실 인정의 증거로 사용할 수 있다.
> ⓒ 검사가 작성한 甲에 대한 피의자신문조서는 甲이 진정성립과 임의성을 인정하더라도, 乙이 증거사용에 부동의하면 乙의 범죄사실 인정의 증거로 사용할 수 없다.
> ⓔ 丙은 甲과 乙의 사건에 대한 증인적격이 인정되고, 이에 법원은 丙에 대해 증인신문을 할 수 있다.

① ㉠, ㉢
② ㉠, ㉣
③ ㉡, ㉢
④ ㉡, ㉣

26

간이공판절차에 대한 설명 중 가장 적절하지 <u>않은</u> 것은?(다툼이 있는 경우 판례에 의함)

① 피고인이 공판정에서 공소사실에 대하여 자백한 때에는 법원은 그 공소사실에 한하여 간이공판절차에 의하여 심판할 것을 결정하여야 한다.

② 피고인이 법정에서 "공소사실은 모두 사실과 다름없다."라고 하면서 술에 만취되어 기억이 없다는 취지로 진술한 경우에는 간이공판절차에 의하여 심판할 대상에 해당하지 아니한다.

③ 간이공판절차의 결정의 요건인 공소사실의 자백이라 함은 공소장 기재사실을 인정하고 나아가 위법성이나 책임조각사유가 되는 사실을 진술하지 아니하는 것으로 충분하고 명시적으로 유죄를 자인하는 진술이 있어야 하는 것은 아니다.

④ 피고인이 공판정에서 공소사실을 자백한 때에 법원이 취하는 심판의 간이공판절차에서의 증거조사는 증거방법을 표시하고 증거조사내용을 '증거조사함'이라고 표시하는 방법으로 하였다면 간이절차에서의 증거조사에서 법원이 인정채택한 상당한 증거방법이라고 인정할 수 있다.

27

국민참여재판에 대한 설명 중 가장 적절한 것은?(다툼이 있는 경우 판례에 의함)

① 제1심 법원이 국민참여재판의 대상이 되는 사건임을 간과하여 이에 관한 피고인의 의사를 확인하지 아니한 채 통상의 공판절차로 재판을 진행한 경우, 피고인이 항소심에서 국민참여재판절차를 안내받고 그 희망 여부에 관하여 숙고할 수 있는 시간이 부여된 상황에서 위와 같은 제1심의 절차적 위법을 문제삼지 아니할 의사를 명백히 표시하였더라도 제1심 법원의 하자는 치유되지 않는다.

② 피고인이 제1심 법원에 국민참여재판을 신청하였음에도 불구하고 제1심 법원이 이에 대한 배제결정도 하지 않은 채 통상의 공판절차로 재판을 진행한 경우, 이러한 제1심 법원의 소송절차상의 하자는 직권조사사유에 해당하므로 피고인이 이러한 점을 항소사유로 삼고 있지 않다 하더라도 항소심 법원은 직권으로 제1심 판결을 파기하여야 한다.

③ 재판장의 최초 설명은 재판절차에 익숙하지 아니한 배심원과 예비배심원을 배려하는 차원에서 피고인에게 진술거부권을 고지하기 전에 이루어지는 것으로, 설명의 대상에 검사가 공소장에 의하여 낭독하지 아니한 공소사실 등이 포함된다.

④ 국민참여재판의 피고인이 공판정에서 자백한 경우, 법원은 그 공소사실에 한하여 간이공판절차에 의하여 심판하도록 결정할 수 있다.

28

자유심증주의에 관한 설명 중 가장 적절하지 <u>않은</u> 것은? (다툼이 있는 경우 판례에 의함)

① 용의자의 인상착의 등에 의한 범인식별 절차에서 용의자 한 사람을 단독으로 목격자와 대질시키거나 용의자의 사진 한 장만을 목격자에게 제시하여 범인여부를 확인하게 하는 것은 부가적인 사정이 없는 한 그 신빙성이 낮다.

② 피해자가 경찰관과 함께 범행현장에서 범인을 추적하다 골목길에서 범인을 놓친 직후 골목길에 면한 집을 탐문하여 용의자를 확정한 경우, 그 현장에서 용의자와 피해자의 일대일 대면이 허용된다고 보기 어렵다.

③ 형사소송법이 채택하고 있는 실질적 직접심리주의의 정신에 비추어, 항소심으로서는 제1심 증인이 한 진술의 신빙성 유무에 대한 제1심의 판단이 항소심의 판단과 다르다는 이유만으로 이에 대한 제1심의 판단을 함부로 뒤집어서는 아니 된다.

④ 피고인이 평소 투약량의 20배에 달하는 1g의 메스암페타민을 한꺼번에 물에 타서 마시는 방법으로 투약하였다는 것은 쉽게 믿기 어렵고 또 만약 그렇게 투약하였다면 피고인의 생명이나 건강에 위험이 발생하였을 가능성이 없지 않았을 것으로 보여져 피고인의 자백을 신빙하기 어렵다.

증거에 관한 다음 설명 중 가장 적절하지 않은 것은?
(다툼이 있는 경우 판례에 의함)

① 선거관리위원회 위원·직원이 관계인에게 진술이 녹음된다는 사실을 미리 알려 주지 아니한 채 진술을 녹음하였다면, 그와 같은 조사절차에 의하여 수집한 녹음파일 내지 그에 터 잡아 작성된 녹취록은 형사소송법 제308조의2에서 정하는 '적법한 절차에 따르지 아니하고 수집한 증거'에 해당하여 원칙적으로 유죄의 증거로 쓸 수 없다.

② 수사기관이 원진술자의 진술을 기재한 조서는 원본 증거인 원진술자의 진술에 비하여 본질적으로 낮은 정도의 증명력을 가질 수 밖에 없다는 한계를 지니는 것이고, 특히 원진술자의 법정 출석 및 반대신문이 이루어지지 못한 경우에는 그 진술이 기재된 조서는 법관의 올바른 심증형성의 기초가 될 만한 진정한 증거가치를 가진 것으로 인정받을 수 없는 것이 원칙이다.

③ 경찰이 피고인의 집에서 20m 떨어진 곳에서 피고인을 체포한 후 피고인의 집안을 수색하여 칼과 합의서를 압수하고도 적법한 시간 내에 압수수색영장을 청구하여 발부받지 않은 경우에, 위 칼과 합의서는 위법하게 압수된 것으로서 증거능력이 없고 이를 기초로 한 2차 증거인 '임의제출동의서', '압수조서 및 목록', '압수품 사진' 역시 증거능력이 없다.

④ 위법한 강제연행 상태에서 호흡측정방법에 의한 음주측정을 한 다음, 강제연행 상태로부터 시간적·장소적으로 단절되었다고 볼 수 없는 상황에서 피의자가 호흡측정결과를 탄핵하기 위하여 스스로 혈액채취방법에 의한 측정을 할 것을 요구하여 혈액채취가 이루어진 경우 그러한 혈액채취에 의한 측정결과는 유죄 인정의 증거로 쓸 수 있다.

조서의 증거능력과 관련한 설명 중 가장 적절한 것은?
(다툼이 있으면 판례에 의함)

① 피고인 아닌 자에 대한 진술조서가 가명으로 성명을 기재해 작성한 조서라면, 그 조서는 '적법한 절차와 방식'에 따라 작성되지 않은 조서인바, 그 진술인들이 공판기일에 증인으로 출석해 성립 및 내용의 진정을 인정했다거나, 피고인이나 변호인이 그 기재 내용에 관해 반대신문을 할 수 있었다는 사정과 관계없이 그 증거능력이 없다.

② 미국 범죄수사대(CID), 연방수사국(FBI)의 수사관들이 작성한 수사보고서 및 피고인이 위 수사관들에 의한 조사를 받는 과정에서 작성하여 제출한 진술서는 피고인이 그 내용을 부인하더라도 증거로 쓸 수 있다.

③ 검찰관이 피고인을 뇌물수수 혐의로 기소한 후, 형사사법공조절차를 거치지 아니한 채 과테말라공화국에 현지출장하여 그곳 호텔에서 뇌물공여자 甲을 상대로 참고인 진술조서를 작성하였다면, 甲이 자유스러운 분위기에서 임의수사 형태로 조사에 응하였고 조서에 직접 서명·무인하였다는 사정만으로 특신상태를 인정하기에 부족하므로 이를 유죄인정의 증거로 사용할 수 없다.

④ 수사과정에서 작성된 진술서의 경우 형사소송법 제312조 제5항에 따라 제312조 제1항 내지 제312조 제4항의 요건을 갖춘 경우에 한하여 증거로 할 수 있다. 이때 진술서는 그 형식과 명칭을 불문하고 작성과정이 법정(法定)된 것도 아니므로, 피고인 아닌 자가 수사과정에서 진술서를 작성하여 제출하였지만 수사기관이 그에 대한 조사과정을 기록하지 않은 경우라고 실질적 진정성립 및 특신상태가 증명되고 피고인이나 그 변호인에게 작성자(피고인 아닌 자)에 대한 반대신문의 기회를 보장한 경우라면 증거로 할 수 있다.

31

전문증거에 관한 설명 중 가장 적절하지 <u>않은</u> 것은? (다툼이 있는 경우 판례에 의함)

① 어떠한 내용의 진술을 하였다는 사실 자체에 대한 정황증거로 사용될 것이라는 이유로 서류의 증거능력을 인정한 다음 그 사실을 다시 진술내용이나 그 진실성을 증명하는 간접사실로 사용하는 경우에 그 서류는 전문증거에 해당한다.

② 형사소송법 제314조에 따라 참고인의 소재불명 등의 경우에 그 참고인이 진술하거나 작성한 진술조서나 진술서에 대하여 증거능력을 인정하는 경우 참고인의 진술 또는 작성이 '특히 신빙할 수 있는 상태 하에서 행하여졌음에 대한 증명'은 그러할 개연성이 있다는 정도에 이르러야 한다.

③ 체포·구속인 접견부는 유치된 피의자가 죄증을 인멸하거나 도주를 기도하는 등 유치장의 안전과 질서를 위태롭게 하는 것을 방지하기 위한 목적으로 작성되는 서류로 보일 뿐이어서 형사소송법 제315조 제2, 3호에 규정된 당연히 증거능력이 있는 서류로 볼 수는 없다.

④ 수사기관에서 진술한 참고인이 법정에서 증언을 거부하여 피고인이 반대신문을 하지 못한 경우에는 정당하게 증언거부권을 행사한 것이 아니라도, 피고인이 증인의 증언거부 상황을 초래하였다는 등의 특별한 사정이 없는 한 형사소송법 제314조의 '그 밖에 이에 준하는 사유로 인하여 진술할 수 없는 때'에 해당하지 않는다고 보아야 한다.

32

증거동의에 관한 설명 중 가장 적절하지 <u>않은</u> 것은? (다툼이 있는 경우 판례에 의함)

① 검사작성의 피고인 아닌 자에 대한 진술조서에 관하여 피고인이 공판정 진술과 배치되는 부분은 부동의한다고 진술한 것은 조서내용의 특정부분에 대하여 증거로 함에 동의한다는 특별한 사정이 있는 때와는 달리 그 조서를 증거로 함에 동의하지 아니한다는 취지로 해석하여야 한다.

② 유죄증거에 대하여 피고인 측이 반대증거로 제출한 서류는 그 진정성립이 증명되거나 상대방의 동의가 있어야 증거판단의 자료로 삼을 수 있다.

③ 긴급체포 시 압수한 물건에 관하여 형사소송법 제217조 제2항, 제3항의 규정에 의한 압수수색영장을 발부받지 않고도 즉시 반환하지 않는 경우 이를 유죄인정의 증거로 사용할 수 없는 것이고, 피고인이나 변호인이 이를 증거로 함에 동의하였다고 하더라도 달리 볼 것은 아니다.

④ 개개의 증거에 대하여 개별적인 증거조사방식을 거치지 아니하고 검사가 제시한 모든 증거에 대하여 피고인이 증거로 함에 동의한다는 방식으로 이루어진 것이라 하여도 증거동의로서의 효력을 부정할 이유가 되지 못한다.

33

탄핵증거에 관한 설명 중 가장 적절하지 <u>않은</u> 것은?
(다툼이 있는 경우 판례에 의함)

① 피고인이 내용을 부인하여 증거능력이 없는 사법
경찰리 작성의 피의자신문조서가 당초 증거제출
당시 탄핵증거라는 입증취지를 명시하지 아니하
였다면 탄핵증거로서의 증거조사절차가 대부분
이루어졌더라도 피의자신문조서를 피고인의 법
정 진술에 대한 탄핵증거로 사용할 수 없다.

② 탄핵의 대상은 진술의 증명력이고 진술에는 구두
진술과 진술이 기재된 서면도 포함된다.

③ 탄핵증거는 진술의 증명력을 다투기 위한 것으로
서 그 증거를 범죄사실 또는 간접사실을 인정하
기 위해서는 사용할 수 없다.

④ 탄핵증거의 제출에 있어서는 상대방에게 이에 대
한 공격방어의 수단을 강구할 기회를 사전에 부
여하여야 한다.

34

자백의 보강법칙에 관한 설명 중 가장 적절하지 <u>않은</u>
것은?(다툼이 있는 경우 판례에 의함)

① 필로폰 매수 대금을 송금한 사실에 대한 증거는
필로폰 매수죄와 실체적 경합범 관계에 있는 필
로폰 투약행위의 자백에 대한 보강증거가 될 수
있다.

② 2010.2.18. 01:35경 자동차를 타고 온 피고인으
로부터 필로폰을 건네받은 후 피고인이 위 차량
을 운전해 갔다고 한 甲의 진술과 2010.2.20. 피
고인으로부터 채취한 소변에서 나온 필로폰 양성
반응은 피고인이 2010.2.18. 02:00경의 필로폰
투약으로 정상적으로 운전하지 못할 우려가 있는
상태에 있었다는 공소사실 부분에 대한 자백을
보강하는 증거가 되기에 충분하다.

③ 뇌물수수자가 무자격자인 뇌물공여자로 하여금
건축공사를 하도급 받도록 알선하고 그 하도급계
약을 승인받을 수 있도록 하였으며 공사와 관련
된 각종의 편의를 제공한 사실을 인정할 수 있는
증거들이 뇌물공여자의 자백에 대한 보강증거가
될 수 있다.

④ 국가보안법상 회합죄를 피고인이 자백하는 경우
회합 당시 상대방으로부터 받았다는 명함의 현존
은 보강증거로 될 수 있다.

35

면소판결에 대한 설명 중 적절하지 <u>않은</u> 것만을 모두 고른 것은?(다툼이 있는 경우 판례에 의함)

□△✕

⊙ 일반사면과 특별사면을 불문하고 사면이 있는 경우에는 법원은 별도의 실체적 심리를 진행함이 없이 면소판결을 하여야 한다.

⊙ 여러 개의 범죄사실 중 일부에 대하여 상습범이 아닌 기본범죄로 유죄판결이 확정되었더라도, 판결이 확정된 범죄사실과 판결선고 전에 저질러진 나머지 범죄사실이 상습범으로서 포괄일죄의 관계가 있다면, 새로이 공소 제기된 그 나머지 범죄사실에 대해 법원은 면소판결을 하여야 한다.

⊙ 피고인이 사물변별능력 또는 의사능력이 없는 상태에 있는 경우에는 당해 사건에 대한 면소판결이 명백히 예견되더라도 공판절차를 정지하여야 할 것이고 피고인의 출정 없이 재판할 수 없다.

⊙ 면소판결에 대하여 무죄판결인 실체판결이 선고되어야 한다고 주장하면서 상고할 수 없는 것이 원칙이지만, 위와 같은 경우(위헌결정이 난 법률을 근거로 원심이 면소판결을 한 경우)에는 이와 달리 면소를 할 수 없고 피고인에게 무죄의 선고를 하여야 하므로 면소를 선고한 판결에 대하여 상고가 가능하다.

⊙ 면소판결은 유죄 확정판결이라 할 수 없으므로 면소판결을 대상으로 한 재심청구는 부적법하다.

① ⊙, ⊙, ⊙   ② ⊙, ⊙, ⊙
③ ⊙, ⊙, ⊙   ④ ⊙, ⊙, ⊙

36

형사재판에서의 상소에 관한 다음 설명 중 가장 적절하지 <u>않은</u> 것은?(다툼이 있는 경우 판례에 의함)

① 피고인은 자기에게 불리한 재판에 대하여만 상소할 수 있으나, 검사는 피고인의 이익을 위하여도 상소할 수 있다.

② 공소기각의 판결이 있으면 피고인은 공소의 제기가 없었던 상태로 복귀되어 유죄판결의 위험으로부터 벗어나는 것이므로 그 판결을 피고인에게 불이익한 재판이라고 할 수 없다.

③ 원판결이 누범가중을 하지 않은 것을 비난하는 내용의 상소와 같이 피고인에게 불이익한 내용으로 상소를 제기하는 것은 허용되지 않는다.

④ 사형, 무기징역, 무기금고 등 중형을 선고한 판결이라 하더라도 피고인 측은 상소를 포기할 수 있다.

37 ☐△☒

불이익변경금지 원칙에 대한 설명 중 가장 적절하지 **않은** 것은?(다툼이 있는 경우 판례에 의함)

① 판결을 선고한 법원이 판결서의 경정을 통하여 당해 판결서의 명백한 오류를 시정하는 것도 피고인에게 유리 또는 불리한 결과를 발생시키거나 피고인의 상소권 행사에 영향을 미칠 수 있으므로 불이익변경금지 원칙이 적용된다.

② 징역 7년과 80시간의 성폭력 치료프로그램 이수명령, 아동·청소년 관련기관 등에 10년간의 취업제한명령을 선고한 원심판결에 대해 제1심보다 가벼운 징역 6년과 80시간의 성폭력 치료프로그램 이수명령, 아동·청소년 관련기관 등에 10년간의 취업제한명령과 함께 개정법 부칙 제2조와 개정법 제59조의3 제1항 본문에 따라 장애인복지시설에 10년간의 취업제한명령을 선고한 경우 불이익변경금지 원칙에 위배되지 않는다.

③ 피고인만이 항소한 항소심에서 예비적으로 추가된 범죄사실이 유죄로 인정되어 징역형 외에 자격정지형이 필요적으로 병과되어야 하는 경우라도 항소심에서 선고되는 형이 징역형은 제1심보다 감경되었으나 이에 자격정지형이 추가로 병과되었다면 제1심보다 중한 형이 선고되는 불이익변경이 있다 할 것이다.

④ 불이익변경금지 원칙은 피고인의 상고로 항소심판결이 상고심에서 파기되어 환송한 경우에서도 적용되므로 파기환송 후의 항소심에서 공소장변경에 의해 새로운 범죄사실이 추가됨으로써 피고인의 책임이 무거워졌더라도 파기된 항소심판결에 비하여 중한 형을 선고할 수는 없다.

38 ☐△☒

재심사유로서 '유죄의 선고를 받은 자에 대하여 무죄 또는 면소를 인정할 명백한 증거가 새로 발견된 때(형사소송법 제420조 제5호)'에 대한 설명 중 가장 적절하지 **않은** 것은?(다툼이 있는 경우 판례에 의함)

① '증거가 새로 발견된 때'란 재심대상이 되는 확정판결의 소송절차에서 발견되지 못하였거나 또는 발견되었다 하더라도 제출할 수 없었던 증거를 새로 발견하였거나 비로소 제출할 수 있게 된 때를 말한다.

② 피고인이 재심을 청구한 경우, 재심대상이 되는 확정판결의 소송절차 중에 그러한 증거를 제출하지 못한 데 과실이 있다면 그 증거는 '증거가 새로 발견된 때'에서 제외된다.

③ '명백한 증거'에 해당하기 위해서는 새로 발견한 증거를 독립적으로 고찰하여 그 증거가치만으로 재심대상이 되는 확정판결을 그대로 유지할 수 없을 정도로 고도의 개연성이 인정되어야 한다.

④ 형사소송법 제420조 제5호에서 무죄 등을 인정할 '증거가 새로 발견된 때'라 함은 재심대상이 되는 확정판결의 소송절차에서 발견되지 못하였거나 또는 발견되었다 하더라도 제출할 수 없었던 증거로서 이를 새로 발견하였거나 비로소 제출할 수 있게 된 때는 물론이고, 형벌에 관한 법령이 당초부터 헌법에 위반되어 법원에서 위헌·무효라고 선언한 때에도 역시 이에 해당한다.

39

비상상고의 절차와 관련한 설명 중 가장 적절하지 <u>않</u>은 것은?(다툼이 있는 경우 판례에 의함)

① 비상상고 제도는 이미 확정된 판결에 대하여 법령 적용의 오류를 시정함으로써 법령의 해석·적용의 통일을 도모하려는 데에 그 목적이 있다.

② 상급심의 파기판결에 의해 효력을 상실한 재판은 위 조항에 따른 비상상고의 대상이 될 수 없다.

③ 단순히 그 법령을 적용하는 과정에서 전제가 되는 사실을 오인함에 따라 법령위반의 결과를 초래한 것과 같은 경우에는 이를 이유로 비상상고를 허용하는 것이 법령의 해석·적용의 통일을 도모한다는 비상상고 제도의 목적에 유용하지 않으므로 '그 사건의 심판이 법령에 위반한 때'에 해당하지 않는다고 해석하여야 한다.

④ 원판결이 불이익변경금지의 원칙을 위반하여 형을 선고한 경우에는 원심소송절차의 법령위반에 해당하므로 법령위반부분만을 파기할 수 있고, 원판결이 피고인에게 불리한 경우라도 파기판결은 피고인에게 효력이 미칠 수 없다.

40

즉결심판에 대한 설명 중 가장 적절하지 <u>않</u>은 것은?

① 판사는 사건이 즉결심판을 할 수 없거나 즉결심판 절차에 의하여 심판함이 적당하지 아니하다고 인정할 때에는 결정으로 즉결심판의 청구를 기각하여야 한다.

② 즉결심판절차에 의한 심리와 재판의 선고는 공개된 법정에서 행하되, 그 법정은 경찰관서(해양경찰관서를 포함한다)에 설치되어야 한다.

③ 판사는 즉결심판이 청구된 사건이 무죄·면소 또는 공소기각을 함이 명백하다고 인정할 때에는 이를 선고·고지할 수 있다.

④ 즉결심판은 정식재판의 청구기간의 경과, 정식재판청구권의 포기 또는 그 청구의 취하에 의하여 확정판결과 동일한 효력이 있다. 정식재판청구를 기각하는 재판이 확정된 때에도 같다.

풀이시간 　분 | 해설편 075p

01 　　　○△✕

형사소송법의 이념에 관한 설명 중 가장 적절하지 않은 것은?(다툼이 있는 경우 판례에 의함)

① 실체진실주의는 적법절차의 원칙과 신속한 재판의 원칙에 의하여 제약을 받는다.

② 기소편의주의와 자백보강법칙은 실체적 진실주의의 제도적 표현이다.

③ 신속한 재판의 원칙은 주로 피고인의 이익을 보호하기 위한 것이지만 동시에 실체진실의 발견, 소송경제, 재판에 대한 국민의 신뢰와 형벌 목적의 달성과 같은 공공의 이익에도 그 근거를 두고 있다.

④ 검사가 법원의 증인으로 채택된 수감자를 그 증언에 이르기까지 거의 매일 검사실로 하루 종일 소환하여 피고인측 변호인이 접근하는 것을 차단하고, 검찰에서의 진술을 번복하는 증언을 하지 않도록 회유·협박하는 한편, 때로는 검사실에서 그에게 편의를 제공하기도 한 행위는 피고인의 공정한 재판을 받을 권리를 침해한다.

02 　　　○△✕

甲은 도박을 한 혐의로 약식으로 공소제기 되었으나, 사실은 甲이 검사에게 乙의 성명·생년월일·주민등록번호 등을 사칭하였고, 이에 검사는 乙의 이름으로 공소제기 하였다. 이 경우에 가장 적절하지 않은 것은? (다툼이 있으면 판례에 의함)

① 공소장에 피모용자 乙이 피고인으로 표시되었다 하더라도 이는 당사자의 표시상의 착오일 뿐이고 검사는 모용자 甲에 대하여 공소를 제기한 것이므로 甲이 피고인이 되고 乙에게 공소의 효력이 미친다고 할 수 없다.

② 이와 같은 경우 검사는 공소장의 인적사항의 기재를 정정하여 피고인의 표시를 바로잡아야 하는 것인 바, 이는 피고인의 표시상의 착오를 정정하는 것이지 공소장을 변경하는 것이 아니므로, 형사소송법 제298조에 따른 공소장변경의 절차를 밟을 필요는 없고 법원의 허가도 필요로 하지 아니한다.

③ 검사가 피고인 표시를 바로잡은 경우에는 처음부터 모용자에 대한 공소의 제기가 있었고 피모용자에 대한 공소의 제기가 있었던 것이 아니므로 법원은 모용자에 대하여 심리하고 재판을 하면 되지 원칙적으로 피모용자에 대하여 심판할 것이 아니다.

④ 만일 피모용자 乙이 약식명령에 대하여 정식재판을 청구하여 乙을 상대로 심리를 하는 과정에서 성명모용사실이 발각되어 검사가 공소장을 정정하는 등 사실상의 소송계속이 발생하고 형식상 또는 외관상 피고인의 지위를 갖게 된 경우 법원으로서는 乙에게 적법한 공소의 제기가 없었음을 밝혀주는 의미에서 형사소송법 제327조 제2호를 유추적용하여 공소기각의 판결을 함으로써 乙의 불안정한 지위를 명확히 해소시킬 필요는 없다.

03

관할에 관한 다음 설명 중 가장 적절하지 <u>않은</u> 것은? (다툼이 있는 경우 판례에 의함)

① 법원이 검사의 공소장변경을 허용하였다 하여 재판의 공평을 유지하기 어려울 염려가 있다고 인정되지 아니하므로 이를 이유로 한 관할이전신청은 이유없다.

② 사물관할을 달리하는 수개의 사건이 관련된 때에는 법원합의부는 병합관할한다. 단, 결정으로 관할권 있는 법원단독판사에게 이송할 수 있다.

③ 형사소송법 제5조에 정한 관련 사건의 관할은, 이른바 고유관할사건 및 그 관련 사건이 반드시 병합기소되거나 병합되어 심리될 것을 전제요건으로 하는 것은 아니다.

④ 고유관할사건 계속 중 고유관할 법원에 관련사건이 계속된 이상 그 후 양 사건이 병합되어 심리되지 아니한 채 고유사건에 대한 심리가 먼저 종결되었다면 관련사건에 대한 관할권은 소멸된다.

04

형사소송법상 제척·기피·회피에 관한 설명 중 옳지 <u>않은</u> 것은?(다툼이 있는 경우 판례에 의함)

① 기피신청을 받은 경우에는 기피신청에 대한 재판이 있을 때까지 소송절차를 정지해야 하므로, 피고인이 변론종결 뒤 재판부에 대한 기피신청을 하였으나 법원이 소송진행을 정지하지 아니하고 판결을 선고한 것은 위법하다.

② 형사소송법 제19조 제2항 소정의 소명이라고 함은 기피 신청인의 주장이 진실이라고 추정할 수 있는 자료를 말하며 기피 신청서에 기재된 기피이유만으로는 소명자료가 될 수 없다.

③ 구속적부심에 관여한 법관이 그 사건에 대한 제1심 재판에 관여한 경우 제척사유에 해당하지 않는다.

④ 기피신청을 기각한 결정에 대하여는 즉시항고를 할 수 있다.

05

송달에 관한 다음 설명 중 가장 적절하지 <u>않은</u> 것은? (다툼이 있는 경우 판례에 의함)

① 교도소 또는 구치소에 구속된 자에 대한 송달은 그 소장에게 송달하면 구속된 자에게 전달된 여부와 관계없이 효력이 생긴다.

② 재감자에 대한 송달을 교도소 등의 장에게 하지 아니하였다면 그 송달은 부적법하여 무효이다.

③ 피고인 주소지에 피고인이 거주하지 아니한다는 이유로 구속영장이 여러 차례에 걸쳐 집행불능되어 반환된 바 있었다면 이를 소송촉진 등에 관한 특례법이 정한 '송달불능보고서의 접수'로 볼 수 있다.

④ 민사소송과 달리 형사소송에서는, 피고인이 공판기일에 출석하지 아니한 때에는 특별한 규정이 없으면 개정하지 못하는 것이 원칙이고, 소송촉진 등에 관한 특례법 제23조, 소송촉진 등에 관한 특례규칙 제19조에 의하여 예외적으로 제1심 공판절차에서 피고인 불출석 상태에서의 재판이 허용되지만, 이는 피고인에게 공판기일 소환장이 적법하게 송달되었음을 전제로 하기 때문에 공시송달에 의한 소환을 함에 있어서도 공시송달 요건의 엄격한 준수가 요구된다.

06

검사와 사법경찰관의 상호협력과 일반적 수사준칙에 관한 규정상 심야조사 및 장시간 조사에 대한 설명으로 가장 적절하지 <u>않은</u> 것은?

① 검사 또는 사법경찰관은 피의자나 사건관계인에 대한 조사를 마친 때부터 8시간이 지나기 전에는 다시 조사할 수 없다. 다만, 피의자나 사건관계인의 서면 요청에 따라 조서를 열람하는 경우에 해당하는 경우에는 예외로 한다.

② 검사 또는 사법경찰관은 피의자나 사건관계인에 대해 원칙적으로 오후 9시부터 오전 6시까지 사이에 심야조사를 해서는 안 되지만, 이미 작성된 조서의 열람을 위한 절차는 예외적으로 오후 9시부터 오전 6시까지 사이에 진행할 수 있다.

③ 검사 또는 사법경찰관은 피의자를 체포한 후 48시간 이내에 구속영장의 청구 또는 신청 여부를 판단하기 위해 불가피한 경우 오후 9시부터 오전 6시까지 사이에 심야조사를 할 수 있다.

④ 검사 또는 사법경찰관은 사건의 성질 등을 고려할 때 심야조사가 불가피하다고 판단되는 경우 등 법무부장관, 경찰청장 또는 해양경찰청장이 정하는 경우로서 검사 또는 사법경찰관의 소속 기관의 장 이 지정하는 인권보호 책임자의 허가 등을 받은 때에는 오후 9시부터 오전 6시까지 사이에 심야조사를 할 수 있다.

07

다음 사례에 대한 설명 가장 적절한 것은?(다툼이 있는 경우 판례에 의함)

> ㉠ 甲은 결혼한 형의 집에 찾아가서 물건을 훔치기로 군대 동기 乙과 공모하였다.
> ㉡ 이들은 형의 집에서 형이 감춰둔 비상금 등을 몰래 가지고 나왔다.
> ㉢ 이에 甲의 형은 乙에 대해서만 고소하였다.

① 乙에 대한 고소는 공동정범인 甲에게도 효력이 있다.

② 甲을 고소하지 않았으므로 乙에 대한 고소도 효력이 없다.

③ 甲의 형과 신분관계가 없는 乙에 대한 고소는 乙에게만 효력이 있다.

④ 만일 형이 甲과 乙을 모두 고소한 이후, 甲에 대해서만 고소를 취소한 경우라면 공범자간의 형평성을 감안하여 乙에 대해서도 공소기각판결이 선고되어야 한다.

08

다음 설명 중 가장 적절하지 <u>않은</u> 것은?(다툼이 있는 경우 판례에 의함)

① 세무공무원의 고발없이 조세범칙사건의 공소가 제기된 후에 세무공무원이 그 고발을 하였다면 그 공소절차의 무효가 치유된다고 볼 수 있다.

② 수사기관이 사술이나 계략 등을 써서 피고인의 범의를 유발한 것이 아니라 이미 이루어지고 있던 범행을 적발한 것에 불과한 경우, 이에 관한 공소제기가 함정수사에 기한 것으로 볼 수 없다.

③ 반의사불벌죄에 있어서 미성년자인 피해자의 피고인 또는 피의자에 대한 처벌을 희망하지 않는다는 의사표시 또는 처벌을 희망하는 의사표시의 철회는, 의사능력이 있는 한 피해자가 단독으로 할 수 있고, 거기에 법정대리인의 동의가 있어야 한다거나 법정대리인에 의해 대리되어야 하는 것은 아니다.

④ 항소심에서 공소장의 변경에 의하여 또는 공소장 변경절차를 거치지 아니하고 법원 직권에 의하여 친고죄가 아닌 범죄를 친고죄로 인정하였더라도 항소심을 제1심이라 할 수는 없는 것이므로, 항소심에 이르러 비로소 고소인이 고소를 취소하였더라도 이는 친고죄에 대한 고소취소로서의 효력이 없다.

09

통신비밀보호법상 통신제한조치에 대한 설명 중 가장 적절하지 <u>않은</u> 것은?(다툼이 있는 경우 판례에 의함)

① 통신사실확인자료 제공요청에 의하여 취득한 통화내역 등 통신사실확인자료를 범죄의 수사·소추를 위하여 사용하는 경우 대상범죄는 통신사실확인자료 제공요청의 목적이 된 범죄 및 이와 관련된 범죄에 한정되어야 한다.

② 불법검열에 의하여 취득한 우편물이나 그 내용 및 불법감청에 의하여 지득 또는 채록된 전기통신의 내용은 재판 또는 징계절차에서 증거로 사용할 수 없다.

③ 통신비밀보호법 제12조의2에 의하면 사법경찰관은 인터넷 회선을 통하여 송신·수신하는 전기통신을 대상으로 제6조 또는 제8조(제5조 제1항의 요건에 해당하는 사람에 대한 긴급통신제한조치에 한정한다)에 따른 통신제한조치를 집행한 경우 그 전기통신의 보관등을 하고자 하는 때에는 집행종료일부터 14일 이내에 보관등이 필요한 전기통신을 선별하여 검사에게 보관등의 승인을 신청하고 검사는 신청일부터 14일 이내에 통신제한조치를 허가한 법원에 그 승인을 청구할 수 있다.

④ 전기통신에 해당하는 전화통화 당사자의 일방이 상대방 모르게 통화 내용을 녹음하는 것은 통신비밀보호법상 감청에 해당하지 아니하지만, 제3자의 경우는 설령 전화통화 당사자 일방의 동의를 받고 그 통화 내용을 녹음하였다 하더라도 그 상대방의 동의가 없었던 이상, 이는 통신비밀보호법상 감청에 해당하고 그와 같이 녹음된 전화통화의 내용은 증거능력이 없다.

10

형사절차상 영상녹화에 대한 설명 중 가장 적절한 것은? (다툼이 있는 경우 판례에 의함)

① 수사기관이 참고인을 조사하는 과정에서 형사소송법 제221조 제1항에 따라 작성한 영상녹화물은, 다른 법률에서 달리 규정하고 있는 등의 특별한 사정이 없는 한, 공소사실을 직접 증명할 수 있는 독립적인 증거로 사용될 수는 없다고 해석함이 타당하다.

② 검사 또는 사법경찰관은 수사에 필요한 때에는 피의자가 아닌 자의 출석을 요구하여 진술을 들을 수 있으며, 이 경우 그에게 영상녹화사실을 알리고 영상녹화할 수 있다.

③ 피의자의 진술을 영상녹화할 때에는 그의 동의를 받아 조사의 개시부터 종료까지의 전 과정 및 객관적 정황을 영상녹화하여야 한다.

④ 피의자의 진술에 대한 영상녹화가 완료된 이후 피의자가 그 내용에 대하여 이의를 제기한 때에는 그 이의의 진술을 별도로 녹화하여 첨부하여야 한다.

11

다음 중 甲에 대한 긴급체포가 적법한 것을 모두 고른 것은?(다툼이 있는 경우 판례에 의함)

ㄱ 변호사사무실 사무장인 甲이 참고인 조사를 받는 줄 알고 검찰청에 자진출석하였는데 예상과는 달리 갑자기 피의자로 조사한다고 하여, 임의수사에 의한 협조를 거부하면서 자신에 대한 위증교사 혐의에 대하여 조사를 시작하기도 전에 귀가를 요구하자 검사가 이를 제지하였고, 검사의 제지에도 불구하고 甲이 퇴거하자 검사는 甲을 긴급체포하였다.

ㄴ 피고인이 필로폰을 투약한다는 제보를 받은 경찰관이 제보의 정확성을 사전에 확인한 후에 제보자를 불러 조사하기 위하여 피고인의 주거지를 방문하였다가, 그 곳에서 피고인을 발견하고 피고인의 전화번호로 전화를 하여 나오라고 하였으나 응하지 않자 피고인의 집 문을 강제로 열고 들어가 피고인을 긴급체포하였다.

ㄷ 사법경찰관들이 甲이 처와 함께 모텔에 투숙하였음을 확인한 후 도주나 자해우려를 이유로 방안으로 검거하러 들어가서 甲의 이름을 부른 다음, 그 지명수배사실 및 범죄사실을 말하고 신분증 제시를 요구하였는데, 갑자기 甲이 폭력으로 대항하자 이를 실력으로 제압하여 긴급체포한 후에 미란다 원칙을 고지하였다.

ㄹ 甲에 대한 고소사건을 담당하던 경찰관은 甲의 소재 파악을 위해 甲의 거주지와 甲이 경영하던 공장 등을 찾아가 보았으나, 甲이 공장 경영을 그만둔 채 거주지에도 귀가하지 않는 등 소재를 감추자 법원의 압수수색영장에 의한 휴대전화 위치추적 등의 방법으로 甲의 소재를 파악하려고 하던 중, 당시 주거지로 귀가하던 甲을 발견하고는 甲을 사기 혐의로 긴급체포하였다.

ㅁ 검사가 마약류관리에 관한 법률 위반 혐의로 甲을 긴급체포하기 위하여 검찰청 마약수사과 직원들과 함께 甲의 집 앞에서 대기하다가 甲이 집 밖으로 나오자 검사가 甲의 이름을 부름과 동시에 甲이 도망을 가려고 하자 검찰청 직원들이 전기충격기를 발사하여 甲을 제압하여 긴급체포한 후 甲에게 체포의 이유 등을 고지하였다.

① ㄱ, ㄴ

② ㄱ, ㄴ, ㅁ

③ ㄴ, ㄷ, ㄹ

④ ㄷ, ㄹ, ㅁ

12

구속 전 피의자심문제도에 대한 설명 중 가장 적절하지 <u>않은</u> 것은?(다툼이 있는 경우 판례에 의함)

① 피의자에 대한 심문절차는 공개하지 아니한다. 다만, 판사는 상당하다고 인정하는 경우에는 피의자의 친족, 피해자 등 이해관계인의 방청을 허가할 수 있다.

② 구속 전 피의자심문시 피의자에게 변호인이 없는 때에는 지방법원판사는 직권으로 변호인을 선정해야 한다. 이 경우 변호인의 선정은 피의자에 대한 구속영장 청구가 기각되어 효력이 소멸한 경우를 제외하고는 제1심까지 효력이 있다.

③ 법원은 변호인의 사정이나 그 밖의 사유로 변호인 선정결정이 취소되어 변호인이 없게 된 때에는 직권으로 변호인을 다시 선정할 수 있다.

④ 피의자심문을 하는 경우 법원이 구속영장청구서, 수사 관계 서류 및 증거물을 접수한 날부터 구속영장을 발부하여 검찰청에 반환한 날까지의 기간은 검사와 사법경찰관의 구속기간에 산입한다.

13

접견교통권에 대한 설명 중 옳고 그름의 표시(○, ✕)가 바르게 된 것은?(다툼이 있는 경우 판례에 의함)

㉠ 변호인의 접견교통 상대방인 신체구속을 당한 사람이 그 변호인을 자신의 범죄행위에 공범으로 가담시키려고 하였다는 사정이 있었다면 그 변호인의 신체구속을 당한 사람과의 접견교통을 금지하는 것은 정당하다.

㉡ 법령에 의한 제한이 없는 한 변호인의 구속피의자에 대한 접견이 접견신청일이 경과하도록 이루어지지 아니한 것은 실질적으로 접견불허처분이 있는 것과 동일시된다.

㉢ 법정 옆 피고인 대기실에서 재판대기 중인 피고인이 공판 20분을 앞두고 호송교도관에게 변호인 접견을 신청하였으나, 교도관이 이를 허용하지 아니한 것은 피고인의 변호인의 조력을 받을 권리를 침해한 것이다.

㉣ 피의자가 구속되어 국가안전기획부에서 조사를 받다가 변호인의 접견신청이 불허되어 이에 대한 준항고를 제기 중에 검찰로 송치되어 검사가 피의자를 신문하여 제1회 피의자신문조서를 작성한 후 준항고절차에서 위 접견불허처분이 취소되어 접견이 허용된 경우에는 검사의 피의자에 대한 위 제1회 피의자신문은 변호인의 접견교통을 침해한 상황에서 시행된 것이다.

① ㉠ (✕)　㉡ (○)　㉢ (○)　㉣ (✕)

② ㉠ (✕)　㉡ (○)　㉢ (○)　㉣ (○)

③ ㉠ (○)　㉡ (✕)　㉢ (○)　㉣ (✕)

④ ㉠ (✕)　㉡ (○)　㉢ (✕)　㉣ (○)

14

보석에 대한 설명 중 가장 적절하지 <u>않은</u> 것은?(다툼이 있는 경우 판례에 의함)

① 구속영장의 효력이 소멸하는 경우에도 보석조건이 즉시 효력을 상실하는 것은 아니다.

② 법원은 피고인의 자력 또는 자산 정도로는 이행할 수 없는 조건을 정할 수 없다.

③ 법원이 보석을 취소하는 때에는 직권 또는 검사의 청구에 따라 결정으로 보증금 또는 담보의 전부 또는 일부를 몰취할 수 있다.

④ 상소기간 중 또는 상소 중의 사건에 관한 피고인 보석의 결정은 소송기록이 상소법원에 도달하기까지는 원심법원이 하여야 한다.

15

전자정보의 압수에 대한 설명 중 가장 적절한 것은?(다툼이 있는 경우 판례에 의함)

① 피의자 소유 정보저장매체를 제3자가 보관하고 있던 중 이를 수사기관에 임의제출하면서 그곳에 저장된 모든 전자정보를 일괄하여 임의제출한다는 의사를 밝힌 경우에도 특별한 사정이 없는 한 수사기관은 범죄혐의사실과 관련된 전자정보에 한정하여 영장 없이 적법하게 압수할 수 있다.

② 임의제출된 전자정보매체에서 압수의 대상이 되는 전자정보의 범위를 넘어서는 전자정보에 대해 수사기관이 영장 없이 압수·수색하여 취득한 증거는 위법수집증거에 해당하지만, 사후에 법원으로부터 영장이 발부되었거나 피고인 또는 변호인이 이를 증거로 함에 동의하였다면 그 위법성은 치유된다.

③ 정보저장매체를 임의제출 받아 이를 탐색·복제·출력하는 경우, 압수·수색 당시 또는 이와 시간적으로 근접한 시기까지 해당 정보저장매체를 현실적으로 지배·관리하지는 아니하였더라도 그곳에 저장되어 있는 개별 전자정보의 생성·이용 등에 관여한 자에 대하여서는 압수·수색절차에 대한 참여권을 보장해 주어야 한다.

④ 수사기관이 피의자로부터 범죄혐의사실과 관련된 전자정보와 그렇지 않은 전자정보가 섞인 매체를 임의제출 받아 사무실 등지에서 정보를 탐색·복제·출력하는 경우 피의자나 변호인에게 참여의 기회를 보장하고 압수된 전자정보가 특정된 목록을 교부해야 하나, 그러한 조치를 하지 않았다면 절차 위반행위가 이루어진 과정의 성질과 내용 등에 비추어 피의자의 절차상 권리가 실질적으로 침해되지 않았더라도 압수·수색이 위법하다고 볼 것이다.

16

음주측정에 관한 설명 중 가장 적절한 것은?(다툼이 있는 경우 판례에 의함)

① 음주운전과 관련한 도로교통법위반죄의 범죄수사를 위하여 미성년자인 피의자의 혈액채취가 필요한 경우, 피의자에게 의사능력이 없다면 피의자의 법정대리인이 피의자를 대리하여 피의자의 혈액채취에 관한 유효한 동의를 할 수 있다.

② 전날 밤 술을 마신 뒤 식당 건너편 빌라 주차장에 차량을 그대로 둔 채 귀가하였다가 다음날 아침 차량을 이동시켜 달라는 경찰관의 전화를 받고 현장에 도착하여 차량을 약 2m 가량 운전하여 이동주차하였고, 차량을 완전히 뺄 것을 요구하던 공사장 인부들과 시비가 된 상태에서 누군가 피고인이 음주운전을 하였다고 신고를 하여 출동한 경찰관이 음주감지기에 의한 확인을 요구하였으나 응하지 아니하고 임의동행도 거부하자 피고인을 도로교통법위반(음주운전)죄의 현행범으로 체포하였다면, 이와 같은 현행범체포는 적법하다.

③ 주취운전의 혐의자에게 영장 없는 음주측정에 응할 의무를 지우고 이에 불응한 사람을 처벌하는 것은 헌법 제12조 제3항에 규정된 영장주의에 위배된다.

④ 경찰공무원은 교통의 안전과 위험방지를 위하여 필요하다고 인정하거나 운전자가 술에 취한 상태에서 자동차 등을 운전하였다고 인정할 만한 상당한 이유가 있고 운전자의 음주운전 여부를 확인하기 위하여 필요한 경우에는 사후의 음주측정에 의하여 음주운전 여부를 확인할 수 없음이 명백하지 않는 한 운전자에 대하여 구 도로교통법(2011. 6. 8. 법률 제10790호로 개정되기 전의 것) 제44조 제2항에 의하여 음주측정을 요구할 수 있다.

17

증거보전에 대한 설명 중 가장 적절하지 <u>않은</u> 것은? (다툼이 있는 경우 판례에 의함)

① 증인신문조서가 증거보전절차에서 피고인이 증인으로서 증언한 내용을 기재한 것이 아니라 증인(갑)의 증언내용을 기재한 것이고 다만 피의자였던 피고인이 당사자로 참여하여 자신의 범행사실을 시인하는 전제하에 위 증인에게 반대신문한 내용이 기재되어 있을 뿐이라면, 위 조서는 공판준비 또는 공판기일에 피고인 등의 진술을 기재한 조서도 아니고, 반대신문과정에서 피의자가 한 진술에 관한 한 형사소송법 제184조에 의한 증인신문조서도 아니므로 위 조서 중 피의자의 진술기재부분에 대하여는 형사소송법 제311조에 의한 증거능력을 인정할 수 없다.

② 증거보전의 청구를 함에는 서면 또는 구술로 그 사유를 소명하여야 한다.

③ 증거보전이란 장차 공판에 있어서 사용하여야 할 증거가 멸실되거나 또는 그 사용하기 곤란한 사정이 있을 경우에 당사자의 청구에 의하여 공판 전에 미리 그 증거를 수집보전하여 두는 제도로서 제1심 제1회 공판기일 전에 한하여 허용되는 것이므로 재심청구사건에서는 증거보전절차는 허용되지 아니한다.

④ 형사입건 되기 전의 자는 피의자가 아니므로 증거보전을 청구할 수 없다.

18

재정신청에 관한 설명 중 적절한 것을 모두 고른 것은? (다툼이 있는 경우 판례에 의함)

> ㉠ 법원은 재정신청 기각결정 또는 재정신청 취소가 있는 경우에는 결정으로 재정신청인에게 신청절차에 의하여 생긴 비용의 전부 또는 일부를 부담하게 하여야 한다.
> ㉡ 재정신청이 있는 경우에 법원은 검사의 무혐의 불기소처분이 위법하다 하더라도 기록에 나타난 여러 가지 사정을 고려하여 기소유예의 불기소처분을 할 만한 사건이라고 인정되는 경우에는 재정신청을 기각할 수 있다.
> ㉢ 재정신청의 관할법원은 불기소처분을 한 검사 소속의 지방검찰청 소재지를 관할하는 지방법원 합의부이다.
> ㉣ 검사의 불기소처분 당시에 공소시효가 완성되어 공소권이 없는 경우에는 위 불기소처분에 대한 재정신청은 허용되지 않는다.

① ㉠, ㉡   ② ㉠, ㉢
③ ㉠, ㉣   ④ ㉡, ㉣

19

공소제기 후 수사에 관한 설명 중 가장 적절하지 <u>않은</u> 것은?(다툼이 있는 경우 판례에 의함)

① 검사 또는 사법경찰관이 피고인에 대한 구속영장을 집행하는 경우에 필요한 때에는 영장 없이 구속현장에서 압수·수색·검증을 할 수 있다.

② 제1심에서 피고인에 대하여 무죄판결이 선고되어 검사가 항소한 후, 수사기관이 항소심 공판기일에 증인으로 신청하여 신문할 수 있는 사람을 특별한 사정없이 미리 수사기관에 소환하여 작성한 진술조서는 피고인이 증거로 할 수 있음에 동의하지 않는 증거능력이 없다고 할 것이다.

③ 검사가 공소제기 후에 피고인을 피의자로 신문하여 작성한 진술조서는 증거능력이 없다.

④ 공소제기 된 피고인의 구속상태를 계속 유지할 것인지 여부에 관한 판단은 전적으로 당해 수소법원의 전권에 속한다.

20

공소시효에 관한 설명 중 가장 적절하지 <u>않은</u> 것은?
(다툼이 있는 경우 판례에 의함)

① 공소장변경이 있는 경우에 공직선거법상의 공소시효의 완성여부는 당초의 공소제기가 있었던 시점을 기준으로 판단하여야 하고, 공소장변경시를 기준으로 삼을 것은 아니다.

② 법률 개정 전후의 문언에 따르면, 군형법상 정치관여죄는 2014. 1. 14. 자 법률 개정을 통해 구성요건이 세분화되고 법정형이 높아짐으로써 그 실질이 달라졌다고 평가할 수 있고, 공소시효 기간에 관한 특례 규정인 개정 군형법 제94조 제2항은 개정 군형법상의 정치관여죄에 대하여 규정하고 있음이 분명하다. 따라서 개정 군형법 제94조 제2항에 따른 10년의 공소시효 기간은 개정 군형법 시행 후에 행해진 정치관여 범죄에만 적용된다.

③ 공범의 1인으로 기소된 피고인이 범죄의 증명이 없다는 이유로 무죄의 확정판결을 선고받은 경우에는 그를 공범이라고 할 수 없어 그에 대하여 제기된 공소로써는 진범에 대한 공소시효 정지의 효력이 없다.

④ 1개의 행위가 변호사법위반죄와 사기죄에 해당하여 상상적 경합의 관계에 있는 경우 과형상 일죄로 처벌하므로 변호사법위반죄의 공소시효가 완성된 경우 사기죄 역시 공소시효가 완성된다.

21

공소장일본주의에 관한 다음 설명 중 가장 옳지 <u>않은</u> 것은?(다툼이 있는 경우 판례에 의함)

① 공소장의 공소사실 첫머리에 소년부송치처분 등 범죄전력을 기재하였다 하더라도 이는 피고인의 특정에 관한 사항으로서 그와 같은 내용의 기재가 있다 하여 공소제기의 절차가 법률의 규정에 위반된 것이라고 할 수 없다.

② 공소장에 법령이 요구하는 사항 외의 사실로서 법원에 예단이 생기게 할 수 있는 사유를 나열하는 것이 허용되지 않는다는 것도 이른바 '기타 사실의 기재 금지'로서 공소장일본주의의 내용에 포함된다.

③ 공소장일본주의의 위배 여부는 공소사실로 기재된 범죄의 유형과 내용 등에 비추어 볼 때에 공소장에 첨부 또는 인용된 서류 기타 물건의 내용, 그리고 법령이 요구하는 사항 이외에 공소장에 기재된 사실이 법관 또는 배심원에게 예단을 생기게 하여 법관 또는 배심원이 범죄사실의 실체를 파악하는 데 장애가 될 수 있는지 여부를 기준으로 당해 사건에서 구체적으로 판단하여야 한다.

④ 공소장일본주의는 즉결심판절차에서는 배제되지만, 피고인이 즉결심판에 대하여 정식재판을 청구하는 경우에는 적용된다.

22

공소사실의 동일성이 인정되는 경우 공소장변경의 절차 없이도 법원이 직권으로 유죄를 인정할 수 있는 것을 모두 고른 것은?(다툼이 있는 경우에는 판례에 의함)

㉠ 배임죄로 기소된 공소사실에 대하여 횡령죄를 인정한 경우

㉡ 피해자의 적법한 고소가 있어 강간죄로 기소된 공소사실에 대하여 폭행죄만을 인정한 경우

㉢ 동일한 범죄사실을 가지고 포괄일죄로 기소된 공소사실에 대하여 실체적 경합관계에 있는 수죄를 인정한 경우

㉣ 살인죄로 기소된 공소사실에 대하여 폭행치사죄를 인정한 경우

㉤ 미성년자 약취 후 재물을 요구하였으나 취득하지는 못한 자에 대하여 '미성년자 약취 후 재물취득 미수'에 의한 특정범죄 가중처벌 등에 관한 법률 위반죄로 기소된 공소사실에 대하여 '미성년자 약취 후 재물요구 기수'에 의한 같은 법 위반죄를 인정한 경우

① ㉠, ㉡, ㉢
② ㉠, ㉡, ㉤
③ ㉡, ㉢, ㉣
④ ㉡, ㉣, ㉤

23

증거의 열람·등사제도에 관한 다음 설명 중 가장 적절한 것은?

① 변호인이 검사가 공소제기 후 아직 법원에 증거로 제출하지 않은 관계서류나 제출하지 않을 서류 등도 열람 또는 등사할 수 있는지, 그 범위는 어디까지인지 등에 대하여는 형사소송법에서 정하고 있지 않아 아직도 해석상의 다툼이 있다.

② 검사는 열람·등사 또는 서면의 교부를 거부하거나 그 범위를 제한하는 때에는 지체없이 그 이유를 서면으로 통지하여야 한다.

③ 열람·등사 청구에 대하여, 검사는 국가안보, 증인보호의 필요성 등을 이유로 이를 허용하지 않을 상당한 이유가 있을 때에는 서류 등의 목록에 대하여도 열람·등사를 거부할 수 있다.

④ 검사가 열람·등사 의무를 이행하지 않는다는 이유로 피고인 측이 검사의 서류 등의 열람·등사를 거부할 수 없다.

24

공판기일 진행 절차를 원칙에 따라 순서대로 나열한 것은?(피고인, 검사가 모두 출석하여 정상적으로 재판이 진행되는 것을 전제로 함)

㉠ 피고인의 모두 진술(공소사실 인정 여부 등 진술)

㉡ 검사의 모두 진술(공소장에 의해 공소사실 등 낭독)

㉢ 인정신문(성명, 주거 등을 물어 출석한 자가 피고인이 맞는지 확인)

㉣ 진술거부권 고지

① ㉣ → ㉢ → ㉡ → ㉠
② ㉢ → ㉣ → ㉠ → ㉡
③ ㉢ → ㉣ → ㉡ → ㉠
④ ㉣ → ㉢ → ㉠ → ㉡

25

증인신문에 대한 설명 중 가장 적절하지 <u>않은</u> 것은?
(다툼이 있는 경우 판례에 의함)

① 헌법 제109조, 법원조직법 제57조 제1항에서 정한 공개금지사유가 없음에도 불구하고 재판의 심리에 관한 공개를 금지하기로 결정하였다면 그러한 공개금지결정은 피고인의 공개재판을 받을 권리를 침해한 것으로서 그 증인신문절차에 의하여 이루어진 증인의 증언은 증거능력이 없고, 변호인의 반대신문권이 보장되었더라도 달리 볼 수는 없다.

② 법원은 범죄의 성질, 증인의 연령, 심신의 상태, 피고인과의 관계, 그 밖의 사정으로 인하여 피고인 등과 대면하여 진술하는 경우 심리적인 부담으로 정신의 평온을 현저하게 잃을 우려가 있다고 인정되는 자를 증인으로 신문하는 경우 상당하다고 인정하는 때에는 검사와 피고인 또는 변호인의 의견을 들어 비디오 등 중계장치에 의한 중계시설을 통하여 신문하거나 차폐시설 등을 설치하고 신문할 수 있다.

③ 자신에 대한 유죄판결이 확정된 증인이 공범에 대한 피고사건에서 증언할 당시 앞으로 재심을 청구할 예정이라면, 이를 이유로 증인에게는 형사소송법 제148조에 의한 증언거부권이 인정된다.

④ 형사소송법에서 위와 같이 증언거부권의 대상으로 규정한 '공소제기를 당하거나 유죄판결을 받을 사실이 발로될 염려 있는 증언'에는 자신이 범행을 한 사실뿐 아니라 범행을 한 것으로 오인되어 유죄판결을 받을 우려가 있는 사실 등도 포함된다고 할 것이다.

26

간이공판절차에 대한 설명 중 적절한 것만을 모두 고르면?(다툼이 있는 경우 판례에 의함)

> ⊙ 간이공판절차는 제1심 단독판사의 관할사건에 대하여만 인정되고, 제1심 합의부 관할사건, 항소심 또는 상고심에서는 인정되지 않는다.
>
> ⓒ 제1심 법원이 간이공판절차에 의하여 상당하다고 인정하는 방법으로 적법하게 증거조사를 한 이상, 항소심에 이르러 피고인이 범행을 부인하더라도, 제1심 법원에서 증거로 할 수 있었던 증거는 항소법원에서도 증거로 할 수 있다.
>
> ⓒ 검사가 공소사실에 대하여 신문을 할 때에는 피고인이 '모두 사실과 다름없다'라고 진술하였다면, 변호인이 신문을 할 때에 범의나 공소사실을 부인하더라도 그 공소사실은 간이공판절차에 의하여 심판할 대상에 해당한다.
>
> ⓔ 간이공판절차 결정의 요건인 '공소사실에 대한 자백'은 공소장 기재사실을 인정하고 위법성이나 책임의 조각사유가 되는 사실을 진술하지 아니하는 것으로 충분하고, 명시적으로 유죄를 자인하는 진술이 있어야 하는 것은 아니다.

① ⊙, ⓒ   ② ⊙, ⓒ

③ ⓒ, ⓔ   ④ ⓒ, ⓔ

27

□△×

국민참여재판에 관한 다음 설명 중 가장 적절한 것은?
(다툼이 있는 경우 판례에 의함)

① 피고인은 공소장 부본을 송달받은 날부터 7일 이내에 국민참여재판을 원하는지 여부에 관한 의사가 기재된 서면을 제출하여야 한다. 이 경우 피고인이 서면을 우편으로 발송한 때에는 법원에 도착한 날 법원에 제출한 것으로 본다.

② 공소장부본을 송달받은 날부터 7일 이내에 의사확인서를 제출하지 아니한 피고인도 제1회 공판기일이 열리기 전까지는 국민참여재판 신청을 할 수 있고, 법원은 그 의사를 확인하여 국민참여재판으로 진행할 수 있다고 봄이 상당하다.

③ 제1심법원이 국민참여재판 대상이 되는 사건임을 간과하여 이에 관한 피고인의 의사를 확인하지 아니한 채 통상의 공판절차로 재판을 진행하였다면, 피고인이 항소심에서 국민참여재판을 원하지 아니한다고 하면서 위와 같은 제1심의 절차적 위법을 문제삼지 아니할 의사를 명백히 표시하여도 그 하자가 치유되지는 않는다.

④ 법원은 공소제기 후부터 공판준비기일이 종결된 다음날까지 성폭력범죄의 처벌 등에 관한 특례법의 성폭력범죄 피해자가 국민참여재판을 원하지 아니하는 경우에 국민참여재판을 하지 아니하기로 하는 결정을 할 수 있는데 위 결정에 대하여 피고인은 불복할 수 없다.

28

□△×

위법수집증거배제법칙에 대한 설명 중 옳고 그름의 표시(○, ×)가 가장 바르게 된 것은?(다툼이 있는 경우 판례에 의함)

> ㉠ 수사기관으로부터 통신제한조치의 집행을 위탁받은 통신기관 등이 집행에 필요한 설비가 없을 때에는 수사기관에 설비의 제공을 요청하여야 하는데, 그러한 요청 없이 통신제한조치허가서에 기재된 사항을 준수하지 아니한 채 통신제한조치를 집행하였더라도, 그러한 집행으로 취득한 전기통신의 내용 등은 유죄 인정의 증거로 할 수 있다.
>
> ㉡ 검사가 국가보안법 위반죄로 구속영장을 발부받아 피의자신문을 한 다음, 구속 기소한 후 다시 피의자를 소환하여 공범들과의 조직구성 및 활동 등에 관한 신문을 하면서 피의자신문조서가 아닌 일반적인 진술조서의 형식으로 조서를 작성한 경우, 진술조서의 내용이 피의자신문조서와 실질적으로 같고, 진술의 임의성이 인정되는 경우라도 미리 피의자에게 진술거부권을 고지하지 않았다면 위법수집증거에 해당한다.
>
> ㉢ 범죄의 피해자인 검사가 그 사건의 수사에 관여하거나, 압수·수색영장의 집행에 참여한 검사가 다시 수사에 관여하였다는 이유만으로 바로 그 수사가 위법하다거나 그에 따른 참고인이나 피의자의 진술에 임의성이 없다고 볼 수는 없다.
>
> ㉣ 구속집행 당시 영장이 제시되지는 않았으나, 피고인이 청구한 구속적부심사절차에서 영장을 제시받아 그 기재된 범죄사실을 숙지하고 있으며, 구속 중 이루어진 법정진술의 임의성 등을 다투지 않고 오히려 변호인과의 충분한 상의를 거친 후 공소사실 전부에 대하여 자백한 경우라면, 그 자백을 증거로 할 수 있다.

① ㉠(×)　㉡(○)　㉢(×)　㉣(○)

② ㉠(○)　㉡(×)　㉢(○)　㉣(○)

③ ㉠(○)　㉡(○)　㉢(×)　㉣(×)

④ ㉠(×)　㉡(○)　㉢(○)　㉣(○)

29

○△×

다음 빈칸에 들어갈 내용에 대한 설명 중 적절한 것은?
(다툼이 있는 경우에는 판례에 의함)

> 사실인정의 기초가 되는 사실(요증사실)을 경험한 사람 자신(원본증거)이 법원에 그 경험내용을 직접 보고하지 않고 다른 제3의 매체를 통해 간접적으로 보고하는 경우에 그러한 매체를 (㉠)(이)라고 한다. 이러한 제3의 매체는 원칙적으로 증거능력이 인정되지 않는다는 원칙을 (㉡)(이)라고 한다.

① 공판정에서 직접 조사한 증거만을 재판의 기초로 삼는다는 원칙을 표현한 경우가 ㉠에 해당한다.

② ㉠은 원진술자의 심리적·정신적 상황을 증명하기 위한 정황증거로 사용한 경우, ㉡은 적용되지 않는다.

③ ㉠은 허위일 위험성이 많을 뿐만 아니라 자백강요의 방지라는 인권보장을 위하여 증거능력을 인정하지 않는다.

④ ㉡은 피고인이 임의로 한 증거능력과 신용성이 있는 자백이라도 ㉠이 없으면 유죄로 인정할 수 없다는 원칙을 말한다.

30

○△×

전문법칙에 관한 설명으로 가장 적절하지 않은 것은?(다툼이 있는 경우 판례에 의함)

① 형사소송법은 헌법이 요구하는 적법절차를 구현하기 위하여 사건의 실체에 대한 심증 형성은 법관의 면전에서 본래증거에 대한 반대신문이 보장된 증거조사를 통하여 이루어져야 한다는 실질적 직접심리주의와 전문법칙을 채택하고 있다.

② 전문진술이 기재된 조서는 형사소송법 제312조 또는 제314조의 규정에 의하여 각 그 증거능력이 인정될 수 있는 경우에 해당하여야 함은 물론 형사소송법 제316조의 규정에 따른 요건을 갖추어야 예외적으로 증거능력이 있다.

③ 정보통신망을 통하여 공포심이나 불안감을 유발하는 글을 반복적으로 상대방에게 도달하게 하는 행위를 하였다는 공소사실에 대하여 휴대전화기에 저장된 문자정보가 그 증거가 되는 경우, 그 문자정보는 범행의 직접적인 수단이고 경험자의 진술에 갈음하는 대체물에 해당하므로 형사소송법 제310조의2에서 정한 전문법칙이 적용된다.

④ 피고인이 수표를 발행하였으나 예금부족 또는 거래정지처분으로 지급되지 아니하게 하였다는 부정수표단속법위반의 공소사실을 증명하기 위하여 제출되는 수표는 그 서류의 존재 또는 상태 자체가 증거가 되는 것이어서 증거물인 서면에 해당하고 어떠한 사실을 직접 경험한 사람의 진술에 갈음하는 대체물이 아니므로, 증거능력은 증거물의 예에 의하여 판단하여야 하고, 이에 대하여는 형사소송법 제310조의2에서 정한 전문법칙이 적용될 여지가 없다.

31

형사소송법 제315조에 의하여 당연히 증거능력이 인정되는 것 중 가장 적절하지 <u>않은</u> 것은?(다툼이 있는 경우 판례에 의함)

① 법원의 구속적부심문조서
② 가족관계기록사항에 관한 증명서
③ 대한민국 주중국 대사관 영사가 작성한 사실확인서 중 공인 부분을 제외한 나머지 부분이 비록 영사의 공무수행 과정 중 작성되었지만 공적인 증명보다는 상급자 등에 대한 보고를 목적으로 하는 것인 경우
④ 성매매업소에 고용된 여성들이 성매매를 전·후하여 영업상 참고하기 위해 고객정보(상대남성들의 아이디와 전화번호, 성매매 방법 등)를 입력한 메모리 카드의 내용

32

증거동의에 대한 설명 중 가장 적절하지 <u>않은</u> 것은? (다툼이 있는 경우 판례에 의함)

① 피고인의 출정없이 증거조사를 할 수 있는 경우에 피고인이 출정하지 아니한 때에는 증거동의가 있는 것으로 간주한다. 단, 대리인 또는 변호인이 출정한 때에는 예외로 한다.
② 증거동의는 명시적으로 하여야 하므로 피고인이 신청한 증인의 전문진술에 대하여 피고인이 별 의견이 없다고 진술한 것만으로는 그 증언을 증거로 함에 동의한 것으로 볼 수 없다.
③ 검사작성의 피고인 아닌 자에 대한 진술조서에 관하여 피고인이 공판정 진술과 배치되는 부분은 부동의한다고 진술한 것은 조서내용의 특정부분에 대하여 증거로 함에 동의한다는 특별한 사정이 있는 때와는 달리 그 조서를 증거로 함에 동의하지 아니한다는 취지로 해석하여야 한다.
④ 필요적 변호사건이라 하여도 피고인이 재판거부의 의사를 표시하고 재판장의 허가 없이 퇴정하고 변호인마저 이에 동조하여 퇴정해 버렸다면, 법원은 피고인이나 변호인의 재정 없이도 심리판결할 수 있고 이 경우 피고인의 진의와는 관계없이 증거동의가 있는 것으로 간주된다.

33

탄핵증거에 관한 다음 설명 중 옳은 것(○)과 옳지 않은 것(×)을 올바르게 조합한 것은?(다툼이 있는 경우 판례에 의함)

> ㉠ 제312조부터 제316조까지의 규정에 따라 증거로 할 수 없는 서류나 진술이라도 공판준비 또는 공판기일에서의 피고인 또는 피고인 아닌 자의 진술의 증명력을 다투기 위하여 증거로 할 수 있다.
> ㉡ 사법경찰리 작성의 피고인에 대한 피의자신문조서와 피고인이 작성한 자술서들은 모두 검사가 유죄의 자료로 제출한 증거들로서 피고인이 각 그 내용을 부인하는 이상 증거능력이 없으나 그러한 증거라 하더라도 그것이 임의로 작성된 것이 아니라고 의심할 만한 사정이 없는 한 피고인의 법정에서의 진술을 탄핵하기 위한 반대증거로 사용할 수 있다.
> ㉢ 검사가 피고인의 부인진술을 탄핵하기 위해 신청한 체포·구속인접견부 사본은 피고인의 진술의 증명력을 다투기 위한 탄핵증거가 될 수 있다.
> ㉣ 탄핵증거는 범죄사실을 인정하는 증거가 아니므로 엄격한 증거조사를 거쳐야 할 필요가 없음은 형사소송법 제318조의2의 규정에 따라 명백하나 법정에서 이에 대한 탄핵증거로서의 증거조사는 필요한 것이다.

① ㉠(×) ㉡(○) ㉢(○) ㉣(○)
② ㉠(○) ㉡(×) ㉢(○) ㉣(○)
③ ㉠(○) ㉡(○) ㉢(×) ㉣(○)
④ ㉠(○) ㉡(○) ㉢(○) ㉣(×)

34

자백보강법칙에 대한 설명 중 가장 적절한 것은?(다툼이 있는 경우 판례에 의함)

① 자백보강법칙은 즉결심판에 관한 절차법에 따른 즉결심판절차에 적용된다.

② 피고인의 습벽을 범죄구성요건으로 하는 포괄일죄로서의 상습범에 있어서는 이를 구성하는 각 행위에 관하여 개별적으로 보강증거를 필요로 하지 않는다.

③ 과거 낙태를 시키려고 했던 정황적 사실은, 피고인이 가정불화로 유아를 살해했다는 자백에 대한 보강증거가 될 수 없다.

④ 대마를 흡연하였다는 피고인의 자백에 대하여 기소된 대마 흡연일자로부터 한 달 후 피고인의 주거지에서 압수된 대마잎은 보강증거가 된다.

35

다음은 판결에 관한 설명이다. 가장 옳지 <u>않은</u> 것은? (다툼이 있는 경우에는 판례에 의함)

① 위헌으로 결정된 법률 또는 법률의 조항이 같은 조 제3항 단서에 의하여 종전의 합헌결정이 있는 날의 다음 날로 소급하여 효력을 상실하는 경우 그 합헌결정이 있는 날의 다음 날 이후에 유죄 판결이 선고되어 확정되었다면, 비록 범죄행위가 그 이전에 행하여졌다 하더라도 그 판결은 위헌결정으로 인하여 소급하여 효력을 상실한 법률 또는 법률의 조항을 적용한 것으로서 '위헌으로 결정된 법률 또는 법률의 조항에 근거한 유죄의 확정판결'에 해당하므로 이에 대하여 재심을 청구할 수 있다고 보아야 한다.

② 형사소송법 제323조 제1항에 따르면, 유죄판결의 판결이유에는 범죄사실, 증거의 요지와 법령의 적용을 명시하여야 하는바, 유죄판결을 선고하면서 판결이유에 이 중 어느 하나를 전부 누락한 경우에는 형사소송법 제383조 제1호에 정한 판결에 영향을 미친 법률위반으로서 파기사유가 된다.

③ 소년에 대한 보호처분은 확정판결에 해당하므로, 소년법상 보호처분을 받은 사건과 동일한 사건에 대하여 다시 공소제기가 되었다면 면소판결을 하여야 한다.

④ 교통사고로 인해 업무상 과실치사상죄로 기소된 사안에서 피고인에게 업무상 주의의무위반이 없다고 증명됨과 동시에 교통사고처리특례법이 규정한 자동차종합보험에 가입하였던 사실이 인정된다면 법원은 공소기각의 판결을 선고하여야 한다.

36

상소에 대한 설명 중 적절하지 <u>않은</u> 것을 모두 고른 것은?(다툼이 있는 경우 판례에 의함)

> ㉠ 피고인이 재판이 계속 중인 사실을 알면서도 새로운 주소지 등을 법원에 신고하는 등 조치를 하지 않아 소환장이 송달불능되었더라도, 법원은 기록에 주민등록지 이외의 주소가 나타나 있고 피고인의 집 전화번호 또는 휴대전화번호 등이 나타나 있는 경우에는 위 주소지 및 전화번호로 연락하여 송달받을 장소를 확인하여 보는 등의 시도를 해 보아야 하고, 그러한 조치 없이 곧바로 공시송달 방법으로 송달하는 것은 형사소송법 제63조 제1항, 소송촉진 등에 관한 특례법 제23조에 위배되어 허용되지 아니하는데, 이처럼 허용되지 아니하는 잘못된 공시송달에 터 잡아 피고인의 진술 없이 공판이 진행되고 피고인이 출석하지 않은 기일에 판결이 선고된 경우에는, 피고인은 자기 또는 대리인이 책임질 수 없는 사유로 상소제기기간 내에 상소를 하지 못한 것으로 봄이 타당하다.
> ㉡ 법정대리인이 있는 피고인이 상소의 포기 또는 취하를 함에는 법정대리인의 동의를 얻어야 한다. 단, 법정대리인의 사망 기타 사유로 인하여 그 동의를 얻을 수 없는 때에는 예외로 한다.
> ㉢ 변호인의 상소취하에 대한 피고인의 동의도 공판정에서 구술로써 할 수 있지만, 상소취하에 대한 피고인의 구술 동의가 명시적으로 이루어질 필요는 없다.
> ㉣ 피고인은 사형 또는 무기징역이나 무기금고가 선고된 판결에 대하여도 상소의 포기를 할 수 있다.
> ㉤ 검사는 공익의 대표자로서 법령의 정당한 적용을 청구할 임무를 가지므로 이의신청을 기각하는 등 반대당사자에게 불이익한 재판에 대하여도 그것이 위법일 때에는 위법을 시정하기 위하여 상소로써 불복할 수 있고, 재판의 이유만을 다투기 위하여도 상소할 수 있다.

① ㉠, ㉡, ㉢ 　　　② ㉠, ㉡, ㉤
③ ㉡, ㉢, ㉣ 　　　④ ㉢, ㉣, ㉤

37

불이익변경금지원칙에 대한 설명 중 가장 적절한 것은? (다툼이 있는 경우 판례에 의함)

① 피고인만이 상고한 상고심에서 원심판결을 파기하고 사건을 항소심에 환송한 경우 환송 후 원심판결은 환송 전 원심판결과의 관계에서 불이익변경금지의 원칙이 적용되지 않으므로, 환송 후 원심판결이 환송 전 원심판결에서 선고하지 아니한 몰수를 새로이 선고하는 것은 불이익변경금지원칙에 위배되지 아니한다.

② 피고인에 대한 벌금형이 제1심보다 감경되었더라도 그 벌금형에 대한 노역장유치기간이 제1심보다 길어졌다면, 전체적으로 보아 형이 불이익하게 변경되었다고 할 수 있다.

③ 형사소송법 제186조 제1항의 피고인의 소송비용 부담은 형은 아니지만 실질적인 의미에서 형에 준하여 평가할 수 있는 것이어서 불이익변경금지원칙이 적용된다.

④ 항소심에서 주형을 감형하면서 추징액을 증액한 경우(제1심의 형량인 징역 2년에 집행유예 3년 및 금 5억여 원 추징을 항소심에서 징역 1년에 집행유예 2년 및 금 6억여 원 추징으로 변경), 불이익변경금지 원칙에 반하지 않는다.

38

☐☐☒

재심에 대한 설명 중 가장 적절한 것은?(다툼이 있는 경우 판례에 의함)

① '무죄 등을 인정할 명백한 증거'에 해당하는지 여부는 새로 발견된 증거만을 독자적·고립적으로 고찰하여 그 증거가치만으로 판단하여야 한다.

② 약식명령에 대하여 정식재판청구가 이루어지고 그 후 진행된 정식재판 절차에서 유죄판결이 선고되어 확정된 경우, 재심사유가 존재한다고 주장하는 피고인은 약식명령을 대상으로 재심을 청구하여야 한다.

③ 유죄의 확정판결에 대하여 재심개시결정이 확정되어 법원이 그 사건에 대하여 다시 심판을 한 후 재심의 판결을 선고하고 그 재심판결이 확정된 경우에도 종전의 확정판결은 당연히 효력을 상실하는 것은 아니다.

④ 재심심판절차에서는 특별한 사정이 없는 한 검사가 재심대상사건과 별개의 공소사실을 추가하는 내용으로 공소장을 변경하는 것은 허용되지 않고, 재심대상사건에 일반 절차로 진행 중인 별개의 형사사건을 병합하여 심리하는 것도 허용되지 않는다.

39

☐☐☒

약식명령에 대한 설명 중 가장 적절한 것은?(다툼이 있는 경우 판례에 의함)

① 약식명령의 청구가 있는 경우에 그 사건이 약식명령으로 할 수 없거나 약식명령으로 하는 것이 적당하지 아니하다고 인정한 때에는 청구를 기각하여야 한다.

② 피고인뿐만 아니라 검사가 피고인에 대한 약식명령에 불복하여 정식재판을 청구한 사건에 있어서는 형사소송법 제457조의2에서 정한 '약식명령의 형보다 중한 종류의 형을 선고하지 못한다.'는 형종 상향의 금지 원칙이 적용되지 않는다.

③ 검사 또는 피고인은 약식명령의 고지를 받은 날로부터 7일 이내에 정식재판의 청구를 할 수 있으며, 피고인은 그 기간 내에 정식재판의 청구를 포기할 수 있다.

④ 변호인이 있는 피고인이라도 약식명령은 그 재판서를 피고인에게 송달함으로써 효력이 발생하지만, 법원이 변호인에게는 약식명령재판서를 송달하지 않아 변호인이 정식재판청구서를 제출할 것으로 믿고 피고인이 스스로 적법한 정식재판의 청구기간 내에 정식재판청구서를 제출하지 못한 경우라면, 이는 피고인 또는 대리인이 책임질 수 없는 사유로 인하여 정식재판의 청구기간 내에 정식재판을 청구하지 못한 때에 해당한다고 볼 것이다.

40

소년사건에 대한 설명 중 가장 적절하지 <u>않은</u> 것은?
(다툼이 있는 경우 판례에 의함)

① 소년법 제53조 소정의 "사형 또는 무기형으로 처할 것인 때에는 15년의 유기징역으로 한다."라는 규정은 소년에 대한 처단형이 사형 또는 무기형일 때에 15년의 유기징역으로 한다는 것이지 법정형이 사형 또는 무기형인 경우를 의미하는 것은 아니다.

② 소년법 제54조에 의하여 부정기형을 선고할 때 그 장기와 단기의 폭에 관하여는 법정한 바 없으므로, 소년인 피고인에 대하여 선고한 형량의 장기가 3년, 단기가 2년 6월 이어서 그 폭이 6월에 불과하다 하여 소년법 제54조의 해석을 잘못한 위법이 있다고 할 수 없다.

③ 피고인이 제1심판결 선고 시 소년에 해당하여 부정기형을 선고받았는데 피고인만이 항소한 사건에서 피고인이 항소심 선고 이전에 19세에 도달하여 제1심이 선고한 부정기형을 파기하고 정기형을 선고해야 하는 경우, 부정기형의 중간형이 아닌 장기를 기준으로 불이익변경금지 원칙 위반 여부를 판단하는 것이 타당하고, 따라서 항소심이 선고할 수 있는 정기형의 상한은 제1심이 선고한 부정기형의 장기라고 보아야 한다.

④ 법정형 중에서 무기징역을 선택한 후 작량감경한 결과 피고인에게 유기징역을 선고하게 되었을 경우에는 피고인이 미성년자라 하더라도 부정기형을 선고할 수 없는 것이다.

풀이시간   분 | 해설편 088p

경찰승진 최종모의고사

01
⊙△✕

형사소송의 이념에 대한 설명 중 가장 적절하지 <u>않은</u> 것은?(다툼이 있는 경우 판례에 의함)

① 경찰청장이 주민등록증발급신청서에 날인되어 있는 지문정보를 보관·전산화하고 이를 범죄수사목적에 이용하는 행위는 무죄추정의 원칙과 영장주의 내지 강제수사법정주의에 위배되지 아니한다.

② 적법절차란 법률이 정한 절차 및 그 실체적 내용이 모두 적정하여야 함을 말하는 것으로서 적정하다는 것은 공정하고 합리적이며 상당성이 있어 정의관념에 합치됨을 뜻한다.

③ 교도관이 마약류 사범에게 검사의 취지와 방법을 설명하고 반입금지품을 제출하도록 안내한 후 회부와 차단된 검사실에서 같은 성별의 교도관 앞에 돌아서서 하의 속옷을 내린 채 상체를 숙이고 양손으로 둔부를 벌려 항문을 보이는 방법으로 실시한 정밀신체검사는 과잉금지의 원칙에 위배되었다고 할 수 없다.

④ 신속한 재판의 원칙은 피고인의 이익을 보호하기 위하여 인정된 원칙이므로 실체적 진실발견, 소송경제, 재판에 대한 국민의 신뢰를 위하여 작동하여서는 안 된다.

02
⊙△✕

다음 중 현행 형사소송법상 인정하고 있는 피고인의 권리가 <u>아닌</u> 것은 모두 몇 개인가?

> ㉠ 진술거부권
> ㉡ 증인신문권
> ㉢ 관할이전의 신청권
> ㉣ 증거보전의 청구권
> ㉤ 구속적부심사청구권
> ㉥ 재정신청권

① 1개   ② 2개
③ 3개   ④ 4개

03

☐△✕

법원의 관할에 관한 다음 중 옳고 그름의 표시(○, ×)가 바르게 된 것은?(다툼이 있는 경우 판례에 의함)

> ⊙ 사물관할을 달리하는 수개의 관련사건이 각각 법원합의부와 단독판사에 계속된 때에는 합의부는 결정으로 단독판사에 속한 사건을 병합하여 심리할 수 있다.
> ⓛ 토지관할을 달리하는 수개의 관련사건이 각각 다른 법원에 계속된 때에는 공통되는 직근 상급법원은 검사 또는 피고인의 신청에 의하여 결정으로 1개 법원으로 하여금 병합심리하게 할 수 있다.
> ⓒ 사물관할을 달리하는 수개의 관련 항소사건이 각각 고등법원과 지방법원본원합의부에 계속된 때에는 고등법원은 결정으로 지방법원본원합의부에 계속한 사건을 병합하여 심리할 수 있다.
> ⓔ 토지관할을 달리하는 수개의 제1심 법원들에 관련사건이 계속된 경우에 그 소속 고등법원이 같은 때에는 그 고등법원이, 그 소속 고등법원이 다른 때에는 대법원이 제1심 법원들의 공통되는 직근상급법원으로서 토지관할 병합심리 신청사건의 관할법원이 된다.

① ⊙ (○)　ⓛ (○)　ⓒ (○)　ⓔ (×)
② ⊙ (×)　ⓛ (○)　ⓒ (○)　ⓔ (×)
③ ⊙ (×)　ⓛ (×)　ⓒ (○)　ⓔ (○)
④ ⊙ (○)　ⓛ (○)　ⓒ (○)　ⓔ (○)

04

☐△✕

형사소송법상 제척사유에 해당하는 것만을 모두 고른 것은?(다툼이 있는 경우 판례에 의함)

> ⊙ 수사단계에서 구속영장을 발부한 법관이 제1심 재판에 관여하는 경우
> ⓛ 약식명령을 발부한 판사가 그 정식재판의 제1심 재판에 관여하는 경우
> ⓒ 법관이 피고인인 법인·기관·단체에서 임원 또는 직원으로 퇴직한 날부터 2년이 지나지 아니한 경우
> ⓔ 제1심판결에서 유죄의 증거로 사용된 증거를 조사한 판사가 항소심 재판에 관여하는 경우

① ⊙, ⓔ
② ⊙, ⓛ
③ ⓛ, ⓒ
④ ⓒ, ⓔ

05

☐△✕

송달에 관한 다음 설명 중 가장 적절하지 않은 것은? (다툼이 있는 경우 판례에 의함)

① 피고인이 원심 공판기일에 불출석하자, 검사가 피고인과 통화하여 피고인이 변호인으로 선임한 갑 변호사의 사무소로 송달을 원하고 있음을 확인하고 피고인의 주소를 갑 변호사 사무소로 기재한 주소보정서를 원심에 제출하였는데, 그 후 갑 변호사가 사임하고 새로이 을 변호사가 변호인으로 선임된 사안에서, 원심이 피고인에 대한 공판기일소환장 등을 갑 변호사 사무소로 발송하여 그 사무소 직원이 수령하였더라도 적법한 방법으로 피고인의 소환이 이루어졌다고 볼 수 없다.

② 교도소·구치소 또는 국가경찰관서의 유치장에 수감된 사람에게 할 송달을 교도소·구치소 또는 국가경찰관서의 장에게 하지 아니하고 수감되기 전의 종전 주·거소에 하였다면 부적법하여 무효이고, 법원이 피고인의 수감 사실을 모른 채 종전 주·거소에 송달하였다고 하여도 마찬가지로 송달의 효력은 발생하지 않는다. 그리고 송달명의인이 체포 또는 구속된 날 소송기록접수통지서 등의 송달서류가 송달명의인의 종전 주·거소에 송달되었다면 송달의 효력 발생 여부는 체포 또는 구속된 시각과 송달된 시각의 선후에 의하여 결정하되, 선후관계가 명백하지 않다면 송달의 효력은 발생하지 않는 것으로 보아야 한다.

③ 수소법원이 송달을 실시함에 있어 당사자 또는 소송관계인의 수감사실을 모르고 종전의 주·거소에 한 경우, 송달의 효력이 발생하지 않지만, 당사자가 약식명령이 고지된 사실을 다른 방법으로 알았다면 송달의 효력이 발생한다.

④ 교도소 또는 구치소에 구속된 자에 대한 송달은 그 소장에게 송달하면 구속된 자에게 전달된 여부와 관계없이 효력이 생기는 것이다.

수사의 조건에 대한 설명 중 가장 적절하지 <u>않은</u> 것은? (다툼이 있는 경우 판례에 의함)

① 경찰관이 노래방 도우미 알선 영업 단속 실적을 올리기 위하여 그에 대한 첩보가 없는데도 손님을 가장하고 잠입해 도우미를 불러낸 경우 피고인의 범의를 유발케 한 것으로 위법하다.

② 아동·청소년의 성보호에 관한 법률에 의하면 사법경찰관리는 아동·청소년을 대상으로 하는 디지털 성범죄에 대해 신분비공개수사는 가능하지만, 신분위장수사는 위법한 함정수사로서 허용되지 않는다.

③ 친고죄나 세무공무원 등의 고발이 있어야 논할 수 있는 죄에 있어서 고소 또는 고발은 이른바 소추조건에 불과하고 당해 범죄의 성립 요건이나 수사의 조건은 아니므로 위와 같은 범죄에 관하여 고소나 고발이 있기 전에 수사를 하였다고 하더라도 그 수사가 장차 고소나 고발이 있을 가능성이 없는 상태 하에서 행해졌다는 등의 특단의 사정이 없는 한 고소나 고발이 있기 전에 수사를 하였다는 이유만으로 그 수사가 위법하다고 볼 수는 없다.

④ 위법한 함정수사에 해당하는지 여부는 해당 범죄의 종류와 성질, 유인자의 지위와 역할, 유인의 경위와 방법, 유인에 따른 피유인자의 반응, 피유인자의 처벌 전력 및 유인행위 자체의 위법성 등을 종합하여 판단하여야 한다.

고소에 관한 설명 중 가장 적절하지 <u>않은</u> 것은?(다툼이 있는 경우 판례에 의함)

① 친고죄의 공범 중 그 일부에 대하여 제1심판결이 선고된 후에는 제1심판결선고전의 다른 공범자에 대하여는 그 고소를 취소할 수 없고, 그 고소의 취소가 있다 하더라도 그 효력을 발생할 수 없다.

② 고소권자가 비친고죄로 고소한 사건이더라도 검사가 사건을 친고죄로 구성하여 공소를 제기하였다면 공소장 변경절차를 거쳐 공소사실이 비친고죄로 변경되지 아니하는 한, 법원으로서는 친고죄에서 소송조건이 되는 고소가 유효하게 존재하는지를 직권으로 조사·심리하여야 한다.

③ 제1심 법원이 반의사불벌죄로 기소된 피고인에 대하여 소송촉진 등에 관한 특례법 제23조에 따라 피고인의 진술 없이 유죄를 선고하여 판결이 확정된 경우 피고인이 같은 법 제23조의2에 따른 재심청구를 한 경우에는 피해자는 재심의 제1심 판결 선고 전까지 처벌을 희망하는 의사표시를 철회할 수 있다.

④ 위 ③의 경우에, 피고인이 소송촉진 등에 관한 특례법 제23조의2에 따른 재심청구가 아니라 형사소송법 제345조에 의한 항소권회복청구를 하여 항소심 재판을 받게 된 경우에도 재심을 신청한 경우와의 형평성을 고려하여 항소심 판결이 선고되기 전까지는 피해자가 처벌을 희망하는 의사표시를 철회할 수 있다.

08

고발에 관한 다음 설명 중 가장 적절하지 **않은** 것은? (다툼이 있는 경우 판례에 의함)

① 특별위원회의 존속기간이 종료된 후에 그 위원이던 18명 중 13명이 연서에 의하여 피고인을 국회증언감정법 제14조 제1항 본문에서 정한 위증죄의 공소사실로 고발하여 그에 따라 이 사건 공소가 제기된 경우, 고발이 특별위원회가 존속하지 않게 된 이후에 이루어져 부적법하므로 공소제기의 절차가 법률의 규정을 위반하여 무효인 때에 해당한다.

② 출입국사범 사건에서 지방출입국 · 외국인관서의 장의 적법한 고발이 있었는지 여부가 문제 되는 경우에 법원은 증거조사의 방법이나 증거능력의 제한을 받지 아니하고 제반 사정을 종합하여 적당하다고 인정되는 방법에 의하여 자유로운 증명으로 그 고발 유무를 판단하면 된다.

③ 지방국세청장 또는 세무서장이 조세범칙행위에 대하여 고발을 한 후에 동일한 조세범칙행위에 대하여 통고처분을 하였다 하더라도, 이는 법적 권한 소멸 후에 이루어진 것으로서 특별한 사정이 없는 한 그 효력이 없고, 설령 조세범칙행위자가 이러한 통고처분을 이행하였다 하더라도 조세범 처벌절차법 제15조 제3항에서 정한 일사부재리의 원칙이 적용될 수 없다.

④ 조세범칙사건은 세무공무원의 적법한 고발이 있어야 논할 수 있는 즉시고발사건인바, 법원으로서는 조세범칙사건에 대하여 관계 세무공무원의 즉시고발이 있으면 단지 고발이 있다는 사유만을 들어 소송요건이 충족되었다고 섣불리 판단하여서는 아니되고 본안의 심판에 앞서 즉시고발 사유에 대하여 심사하여야 한다.

09

다음 중 증거능력이 인정되는 것은 모두 몇 개인가? (다툼이 있으면 판례에 의함)

⊙ 甲이 乙에게 휴대폰으로 전화를 걸어 乙과 통화를 마친 후 乙이 전화를 먼저 끊기를 기다리던 중 乙이 휴대폰의 통화종료 버튼을 누르지 아니한 채 타인과 대화하는 것을 몰래 청취 · 녹음한 경우

⊙ 이용원을 경영하는 甲이 경쟁업체를 고발하는데 사용할 목적으로 乙의 동의를 얻어 丙로 하여금 경쟁미용실 주인 丙에게 전화하여 "귓불을 뚫어주느냐"는 용건으로 통화하게 하고 이를 녹음한 경우

⊙ 주식회사 카카오가 수사기관으로부터 대상자들의 카카오톡 대화에 관한 통신제한조치(감청허가서) 집행위탁을 받은 후 통신제한조치허가기간 동안 이미 수신이 완료되어 전자정보의 형태로 저장되어 있던 대상자들의 카카오톡 대화내용을 3~7일마다 정기적으로 서버에서 추출하여 수사기관에 제공하는 방식으로 통신제한조치를 집행한 경우

⊙ 렉카 회사가 한국도로공사의 정당한 계통을 밟은 결재없이 한국도로공사에서 폐기한 무전기를 이용하여 한국도로공사의 상황실과 순찰차간의 무선전화통화를 청취한 경우로서, 고속도로 순찰대 등도 위 무전을 수신하여 순찰 참고용으로 사용한바 있는 경우

① 없음　　　　② 1개

③ 2개　　　　④ 3개

10

□△✕

피의자신문에 관한 다음 설명 중 가장 적절한 것은?
(다툼이 있으면 판례에 의함)

① 수사기관이 피의자의 진술을 영상녹화 하는 경우에는 반드시 피의자 내지 변호인의 동의를 받아야 한다.

② 피의자가 변호인의 참여를 원한다는 의사를 명백하게 표시하였음에도 수사기관이 정당한 사유 없이 변호인을 참여하게 하지 아니한 채 피의자를 신문하여 작성한 피의자신문조서라도 증거능력 자체가 부정되는 것은 아니다.

③ 검사 또는 사법경찰관은 피의자에게 출석요구를 하려는 경우 피의자와 조사의 일시 · 장소에 관하여 협의해야 한다. 이 경우 변호인이 있는 경우에는 변호인과도 협의해야 한다.

④ 검사 또는 사법경찰관은 피의자 등의 신청에 따라 변호인을 피의자와 접견하게 하거나 정당한 사유가 없는 한 피의자에 대한 신문에 참여하게 할 수 있다.

11

□△✕

수사상 감정유치에 관한 설명 중 가장 적절하지 않은 것은?

① 감정유치장의 집행에 관하여는 구속영장집행에 관한 규정이 준용된다. 단, 보석에 관한 규정은 적용되지 않는다.

② 감정유치처분이 취소되거나 유치기간이 만료된 때에는 구속의 집행정지가 취소된 것으로 간주한다.

③ 감정유치기간은 미결구금일수 산입에 있어서 이를 구속으로 간주하여 산입한다.

④ 구속 중인 피의자에 대하여는 감정유치를 할 수 없다.

12

□△✕

긴급체포에 관한 설명 중 가장 적절하지 않은 것은?
(다툼이 있는 경우 판례에 의함)

① 긴급체포된 자가 소유 소지 또는 보관하는 물건에 대하여 긴급히 압수할 필요가 있어 체포한 때부터 24시간 이내에 영장 없이 압수 · 수색 또는 검증을 하는 경우 체포현장이 아닌 장소에서도 긴급체포된 자가 소유 소지 또는 보관하는 물건을 대상으로 할 수 있다.

② 검사의 구속영장 청구 전 대면조사는 긴급체포의 합당성이나 구속영장 청구에 필요한 사유를 보강하기 위한 목적으로 실시되어서는 아니된다.

③ 피고인이 필로폰을 투약한다는 제보를 받은 경찰관이 제보의 정확성을 사전에 확인한 후에 제보자를 불러 조사하기 위하여 피고인의 주거지를 방문하였다가, 그곳에서 피고인을 발견하고 피고인의 전화번호로 전화를 하여 나오라고 하였으나 응하지 않자 피고인의 집 문을 강제로 열고 들어가 피고인을 긴급체포한 경우 긴급체포는 위법하다.

④ 긴급체포의 요건을 갖추었는지 여부는 체포 당시의 상황뿐만 아니라 사후에 밝혀진 사정을 종합적으로 고려하여 판단하여야 하며, 그 요건의 충족 여부에 관한 수사기관의 판단이 경험칙에 비추어 현저히 합리성을 잃은 경우에는 그 체포는 위법한 체포라 할 것이다.

13

다음은 체포·구속에 관한 설명이다. ㉠부터 ㉤까지의 설명 중 옳고 그름의 표시(○, ✕)가 모두 바르게 된 것은?(다툼이 있는 경우 판례에 의함)

㉠ 검사는 긴급체포한 피의자를 구속영장 청구 없이 석방한 경우에는 석방한 날로부터 30일 이내에 긴급체포서 사본과 함께 법정기재사항이 기재된 서면으로 법원에 통지하여야 하고, 만약 사후에 석방통지가 법에 따라 이루어지지 않은 사정이 있다면 그와 같은 사정만으로도 긴급체포 중에 작성된 피의자신문조서의 증거능력은 소급하여 부정된다.

㉡ 구속영장 발부에 의하여 적법하게 구금된 피의자가 피의자신문을 위한 출석요구에 응하지 아니하면서 수사기관 조사실에 출석을 거부한다면 수사기관은 그 구속영장의 효력에 의하여 피의자를 조사실로 구인할 수 있는데, 이 경우 피의자신문절차도 강제수사의 한 방법으로 진행되어야 하므로 수사기관은 피의자를 신문하기 전에 진술거부권이 있음을 고지하여야 한다.

㉢ 검사의 구속영장 청구 전 피의자 대면조사는 강제수사가 아니므로 피의자는 검사의 출석요구에 응할 의무가 없다.

㉣ 영장실질심사는 필요적 변호사건이므로 심문할 피의자에게 변호인이 없는 때에는 지방법원판사는 직권으로 변호인을 선정하여야 한다. 이 경우 변호인 선정의 효력은 구속영장청구가 기각된 경우에도 제1심까지 효력이 있다.

㉤ 피의자에 대한 구속영장의 제시와 집행이 그 발부 시로부터 정당한 사유 없이 시간이 지체되어 이루어졌다면, 구속영장이 그 유효기간 내에 집행되었다고 하더라도 위 기간 동안의 체포 내지 구금 상태는 위법하다.

① ㉠ (○) ㉡ (○) ㉢ (✕) ㉣ (○) ㉤ (✕)
② ㉠ (○) ㉡ (✕) ㉢ (○) ㉣ (○) ㉤ (✕)
③ ㉠ (✕) ㉡ (○) ㉢ (○) ㉣ (✕) ㉤ (○)
④ ㉠ (✕) ㉡ (✕) ㉢ (○) ㉣ (✕) ㉤ (○)

14

접견교통권에 대한 설명 중 적절하지 않은 것을 모두 고른 것은?(다툼이 있는 경우 판례에 의함)

㉠ 구속된 피의자 또는 피고인의 변호인과의 접견교통권은 헌법상 인정되는 권리이지만, 변호인이 되려는 자와의 접견교통권은 헌법상 권리라고 할 수 없다.

㉡ 수사기관이 구속된 피의자의 변호인과의 접견교통권을 침해한 경우에는 준항고의 대상이 된다.

㉢ 변호인의 접견교통권은 피의자 등이 변호인의 조력을 받을 권리를 실현하기 위한 것으로서, 피의자 등이 헌법 제12조 제4항에서 보장한 기본권의 의미와 범위를 정확히 이해하면서도 이성적 판단에 따라 자발적으로 그 권리를 포기한 경우까지 피의자 등의 의사에 반하여 변호인의 접견이 강제될 수 있는 것은 아니다.

㉣ 형이 확정되어 집행 중에 있는 수형자에 대한 재심청구절차에서도 형사소송법 제34조에 따른 변호인과의 접견교통권이 그대로 인정된다.

① ㉠, ㉡   ② ㉠, ㉣
③ ㉡, ㉢   ④ ㉢, ㉣

15

보석 등에 대한 설명 중 가장 적절하지 않은 것은?(다툼이 있는 경우 판례에 의함)

① 법원은 상당한 이유가 있는 때에는 결정으로 구속된 피고인을 친족·보호단체 기타 적당한 자에게 부탁하거나 피고인의 주거를 제한하여 구속의 집행을 정지할 수 있다.

② 보석이 취소된 경우 보증금납입을 포함한 모든 보석조건은 즉시 그 효력을 상실한다.

③ 검사는 보증금납입조건부 피의자석방결정과 보석허가결정에 대해서 항고할 수 있다.

④ 보석취소결정을 비롯하여 고등법원이 한 최초 결정이 제1심 법원이 하였더라면 보통항고가 인정되는 결정인 경우에는 이에 대한 재항고와 관련한 집행정지의 효력은 인정되지 않는다.

16

□△✕

전자정보의 압수·수색에 관한 설명 중 가장 적절한 것은?(다툼이 있는 경우 판례에 의함)

① 수사기관이 키워드 또는 확장자 검색 등을 통해 범죄 혐의사실과 관련 있는 정보를 선별한 다음 정보저장매체와 동일하게 비트열 방식으로 복제하여 생성한 파일을 제출받아 압수하였다면 아직 압수의 목적물에 대한 압수·수색 절차는 종료된 것이 아니므로, 수사관서에서 압수된 이미지 파일을 탐색·복제·출력하는 과정에서도 피의자 등에게 참여 기회를 보장하여야 한다.

② 저장매체 자체를 직접 또는 하드카피나 이미징 등 형태로 수사기관 사무실 등 외부로 반출하여 해당 파일을 압수·수색할 수 있도록 영장에 기재되어 있지 않더라도 집행현장의 사정상 선별적 방식에 의한 집행이 불가능하거나 현저히 곤란한 부득이한 사정이 있는 때에는 저장매체 자체를 수사관서로 반출할 수 있다.

③ 압수물목록은 피압수자 등이 압수처분에 대한 준항고를 하는 등 권리행사절차를 밟는 가장 기초적인 자료가 되므로 압수된 정보의 상세목록에는 정보의 파일 명세가 특정되어 있어야 하고 수사기관은 이를 서면으로 교부하여야 하며, 전자파일 형태로 복사해 주거나 이메일을 전송하는 등의 방식으로는 교부할 수 없다.

④ 수사기관이 범죄 혐의사실과 관련 있는 정보를 선별하여 압수한 후에도 그와 관련이 없는 나머지 정보를 삭제·폐기·반환하지 아니한 채 그대로 보관하고 있다면 범죄 혐의사실과 관련이 없는 부분에 대하여는 압수의 대상이 되는 전자정보의 범위를 넘어서는 전자정보를 영장 없이 압수·수색하여 취득한 것이어서 위법하다.

17

□△✕

수사상 채혈 등에 대한 설명 중 가장 적절한 것은?(다툼이 있는 경우 판례에 의함)

① 수사기관은 형사소송법이 정한 압수의 방법으로 피의자의 동의 없이 그의 혈액을 범죄 증거의 수집목적으로 취득·보관할 수 있으나, 감정에 필요한 처분으로는 이를 할 수 없다.

② 음주운전에 대한 수사 과정에서 음주운전 혐의가 있는 운전자에 대하여 구 도로교통법(2014. 12. 30. 법률 제12917호로 개정되기 전의 것) 제44조 제2항에 따른 호흡측정이 이루어진 경우에는 그에 따라 과학적이고 중립적인 호흡측정 수치가 도출된 이상 다시 음주측정을 할 필요성은 사라졌으므로 운전자의 불복이 없는 한 다시 음주측정을 하는 것은 원칙적으로 허용되지 아니한다.

③ 피의자의 신체 내지 의복류에 주취로 인한 냄새가 강하게 나는 등 범죄의 증적이 현저한 준현행범인의 요건이 갖추어져 있고 교통사고 발생 시각으로부터 사회통념상 범행 직후라고 볼 수 있는 시간 내라면, 피의자의 생명·신체를 구조하기 위하여 사고현장으로부터 곧바로 후송된 병원 응급실 등의 장소는 형사소송법 제216조 제1항 제2호의 체포현장에 준하므로 수사기관은 영장없이 혈액을 압수할 수 있다.

④ 음주운전과 관련한 도로교통법 위반죄의 범죄수사를 위하여 미성년자인 피의자의 혈액채취가 필요한 경우, 수사기관은 피의자의 의사능력이 있는 경우라도 그 법정대리인의 동의를 얻어야 피의자의 혈액을 압수할 수 있다.

18

수사상의 증거보전절차에 관한 설명 중 가장 적절하지 **않은** 것은?(다툼이 있는 경우 판례에 의함)

① 증거보전이란 장차 공판에 있어서 사용하여야 할 증거가 멸실되거나 또는 그 사용하기 곤란한 사정이 있을 경우에 당사자의 청구에 의하여 공판 전에 미리 그 증거를 수집보전하여 두는 제도로서 제1심 제1회 공판기일 전에 한하여 허용되는 것이므로 재심청구사건에서는 증거보전절차는 허용되지 아니한다.

② 범죄의 수사에 없어서는 아니될 사실을 안다고 명백히 인정되는 자가 형사소송법 제221조에 의한 출석 또는 진술을 거부한 경우에는 검사는 제1회 공판기일 전에 한하여 판사에게 그에 대한 증인신문을 청구할 수 있다.

③ 판사는 형사소송법 제221조의2에 의한 검사의 증인신문 청구에 따라 증인신문기일을 정한 때에는 피고인 피의자 또는 변호인에게 이를 통지하여 증인신문에 참여할 수 있도록 하여야 하며, 증인신문을 한 후에는 이에 관한 서류를 판사 소속법원에 보관하여야 한다.

④ 증인신문청구를 하려면 증인의 진술로서 증명할 대상인 피의사실이 존재하여야 하고, 피의사실은 수사기관이 어떤 자에 대하여 내심으로 혐의를 품고 있는 정도의 상태만으로는 존재한다고 할 수 없고 고소, 고발 또는 자수를 받거나 또는 수사기관 스스로 범죄의 혐의가 있다고 보아 수사를 개시하는 범죄의 인지 등 수사의 대상으로 삼고 있음을 외부적으로 표현한 때에 비로소 그 존재를 인정할 수 있다.

19

재정신청에 대한 다음 설명 중 가장 적절한 것은?(다툼이 있으면 판례에 의함)

① 재정신청 제기기간이 경과된 후에 재정신청보충서를 제출하면서 원래의 재정신청에 재정신청 대상으로 포함되어 있지 않은 고발사실을 재정신청의 대상으로 추가할 수 있다.

② 검사의 불기소처분에 대하여 고소인이 재정신청을 할 수 있는 범죄에는 제한이 없으나, 고발인의 경우 재정신청을 할 수 있는 범죄에는 제한이 있다.

③ 형사소송법 제260조에 따른 재정신청이 있으면 형사소송법 제262조에 따른 고등법원의 재정결정이 있을 때까지 공소시효가 정지된다.

④ 재정신청기각결정에 대한 재항고는 상소의 일종으로서 상소와 관련한 재소자특칙인 형사소송법 제344조가 적용되어, 교도소 또는 구치소에 수감되어 있는 자는 재정신청기간 내에 소장에게 재정신청서를 제출하면 기간을 준수한 것으로 볼 수 있다.

20

공소제기 후의 수사와 관련한 다음 설명 중 가장 적절하지 **않은** 것은?(다툼이 있는 경우 판례에 의함)

① 공소제기 후 법원이 피고인에 대하여 구속영장을 발부하는 경우에는 검사의 신청을 요하지 않는다.

② 검사가 공소제기 후 수소법원 이외의 지방법원 판사에게 청구하여 발부받은 영장에 의하여 압수·수색을 하였다면, 그와 같이 수집된 증거는 적법한 절차에 따르지 않은 것으로서 원칙적으로 유죄의 증거로 삼을 수 없다.

③ 검사가 피의자를 구속기소한 후 다시 그를 소환하여 공범들과의 활동 등에 관한 신문을 하면서 피의자신문조서가 아닌 일반적인 진술조서의 형식으로 조서를 작성한 경우, 조서의 내용이 피의자신문조서와 실질적으로 같고, 그 진술의 임의성이 인정되는 경우라도 미리 피의자에게 진술거부권을 고지하지 않았다면 그 조서는 유죄의 증거로 할 수 없다.

④ 공판준비 또는 공판기일에서 이미 증언을 마친 증인을 검사가 소환한 후 그 증언 내용을 추궁하여 이를 일방적으로 번복시키는 방식으로 진술조서를 작성한 경우, 그 후 원진술자인 종전 증인이 다시 법정에 출석하여 증언을 하면서 그 진술조서의 성립의 진정함을 인정하고 피고인측에 반대신문의 기회가 부여되었다면 그 진술조서는 증거능력이 있다.

21

공소시효에 관한 다음 설명 중 적절한 것을 모두 고른 것은?(다툼이 있는 경우 판례에 의함)

> ㉠ 공소시효는 범죄행위가 종료한 때로부터 진행한다. 미수범의 범죄행위는 행위를 종료하지 못하였거나 결과가 발생하지 아니하여 더 이상 범죄가 진행될 수 없는 때에 종료하고, 그때부터 미수범의 공소시효가 진행한다.
>
> ㉡ 공무원이 직무에 관하여 금전을 무이자로 차용한 경우에는 차용 당시에 금융이익 상당의 뇌물을 수수한 것으로 보아야 하므로, 공소시효는 금전을 무이자로 차용한 때로부터 기산한다.
>
> ㉢ 공범 중 1인에 대해 약식명령이 확정된 후 그에 대한 정식재판청구권회복결정이 있었다고 하면 그 사이의 기간 동안 다른 공범자에 대한 공소시효는 정지된다고 보아야 할 것이다.
>
> ㉣ 2개 이상의 형을 병과하거나 2개 이상의 형에서 그 1개를 과할 범죄에는 중한 형에 의하여 공소시효 규정을 적용하고, 형법에 의하여 형을 가중 또는 감경한 경우에는 가중 또는 감경한 형에 의하여 공소시효 규정을 적용한다.

① ㉠, ㉡   ② ㉠, ㉣

③ ㉡, ㉢   ④ ㉢, ㉣

22

공소장변경에 대한 설명 중 가장 적절한 것은?(다툼이 있는 경우 판례에 의함)

① 공소사실인 강제추행에는 위력에 의한 추행이 포함되어 있다고 볼 수 없으므로 피고인이 피해자를 추행한 사실 자체는 부인하지 않고 있다고 하더라도 공소장변경 없이 위력에 의한 추행을 유죄로 인정하는 것은 위법하다.

② 두번에 걸친 뇌물수수행위에 대하여 포괄일죄로 공소제기된 사건에서 원심이 실체적 경합관계에 있는 두죄로 인정하는 경우에는 공소장변경이 필요하다.

③ 공판심리 중인 범죄사실과 동일성이 인정되는 범죄사실이 추가로 발견되고 이들 범죄사실 사이에 그와 동일성이 인정되는 또 다른 범죄사실에 대한 유죄의 확정판결이 있는 경우, 검사는 확정판결 후의 범죄사실을 공소장변경절차에 의하여 공소사실로 추가할 수 없고 별개의 독립된 범죄로 공소를 제기하여야 한다.

④ 피고인이 강제추행죄로 기소되어 제1심에서 무죄가 선고되자 검사가 항소심에서 공연음란죄를 예비적으로 추가하는 공소장변경 허가신청서를 제출하였는데 원심이 공소장변경 허가신청서 부본을 피고인 또는 변호인에게 송달하거나 교부하지 않은 채 공판절차를 진행하여 기존 공소사실에 대하여 무죄로 판단한 제1심판결을 파기하고 예비적 공소사실을 유죄로 판단한 것은 적법하다.

23

증거개시제도에 관한 설명 중 가장 적절한 것은?(다툼이 있는 경우에는 판례에 의함)

① 피고인에게 변호인이 있는 경우에도 피고인은 검사에게 공소제기된 사건에 관한 서류 또는 물건의 목록과 공소사실의 인정 또는 양형에 영향을 미칠 수 있는 서류 등의 열람·등사 또는 서면의 교부를 신청할 수 있다.

② 피고인 또는 변호인이 검사에게 열람·등사 또는 교부를 신청할 수 있는 서류 등에는 공소사실의 인정 또는 양형에 영향을 미칠 수 있는 서류 또는 물건만 해당되고, 녹음테이프와 비디오테이프 등 특수매체는 사생활 침해 및 전파가능성이 높기 때문에 포함되지 않는다.

③ 형사소송법상 검사가 수사서류의 열람·등사에 관한 법원의 허용결정을 지체 없이 이행하지 아니하는 때에는 해당 증인 및 서류 등에 대한 증거신청을 할 수 없도록 규정되어 있으므로, 검사는 그와 같은 불이익을 감수하면 법원의 열람·등사의 결정을 따르지 않아도 위법하지 아니하다.

④ 검사는 피고인 또는 변호인의 신청이 있는 경우 서류 등의 목록에 대하여는 열람 또는 등사를 거부할 수 없다.

24

☐○☐△☐×

공판절차에 관한 설명 중 가장 적절하지 <u>않은</u> 것은? (다툼이 있는 경우 판례에 의함)

① 형사소송법은 피고인이 공판기일에 출석하지 아니한 때에는 특별한 규정이 없으면 개정하지 못한다고 규정하여, 원칙적으로 피고인의 출석은 공판의 개정요건이다.

② 법원은 검사, 피고인 또는 변호인이 고의로 증거를 뒤늦게 신청함으로써 공판의 완결을 지연하는 것으로 인정할 때에는 직권 또는 상대방의 신청에 따라 결정으로 이를 각하할 수 있다.

③ 검사 또는 변호인은 피고인을 신문할 수 있으나, 재판장은 소송지휘권만을 가질 뿐 직접 피고인을 신문할 수 없다.

④ 재판장은 변호인이 피고인을 신문하겠다는 의사를 표시한 때에는 피고인을 신문할 수 있도록 조치하여야 하고, 변호인이 피고인을 신문하겠다는 의사를 표시하였음에도 변호인에게 일체의 피고인신문을 허용하지 않은 것은 변호인의 피고인신문권에 관한 본질적 권리를 해하는 것으로서 소송절차의 법령위반에 해당한다.

25

☐○☐△☐×

증인신문에 관한 설명 중 적절하지 <u>않은</u> 것으로 모두 묶은 것은?(다툼이 있는 경우 판례에 의함)

> ㉠ 주신문은 원칙적으로 유도신문을 할 수 없지만 반대신문에 있어서 필요할 때에는 유도신문이 가능하다.
>
> ㉡ 증인이 선서를 통하여 자신의 증언에 거짓말이 있으면 위증의 벌을 받기로 맹서하므로 증언의 진실성을 담보하기 위하여 증언에 앞서 선서를 하게 하여야 하고 이는 증인이 16세 미만의 자라고 하더라도 선서를 하게 한 후 신문하여야 한다.
>
> ㉢ 증인 불출석에 대한 제재인 과태료 부과와 감치처분에 대한 즉시항고는 집행정지의 효력이 인정되지 않는다.
>
> ㉣ 검사, 피고인 및 변호인 사이에 다툼이 없는 명백한 사항에 대해서는 주신문에서 유도신문이 허용된다.
>
> ㉤ 변호인이 없는 피고인을 일시 퇴정하게 하고 증인신문을 한 후 그 다음 공판기일에서 재판장이 증인신문 결과 등을 공판조서(증인신문조서)에 의하여 고지하였는데 피고인이 "변경할 점과 이의할 점이 없다"고 진술하였을지라도 이는 실질적인 반대신문의 기회를 부여하지 아니한 것이다.

① ㉠, ㉡

② ㉡, ㉤

③ ㉢, ㉣

④ ㉣, ㉤

26

공판절차의 정지에 대한 설명 중 가장 적절하지 <u>않은</u> 것은?(다툼이 있는 경우 판례에 의함)

① 법원은 공소사실의 변경이 피고인의 불이익을 증가할 염려가 있다고 인정한 때에는 직권 또는 피고인이나 변호인의 청구에 의하여 피고인으로 하여금 필요한 방어의 준비를 하게 하기 위하여 결정으로 필요한 기간 공판절차를 정지하여야 한다.

② 피고인이 질병으로 인하여 출정할 수 없는 때에는, 형사소송법 제277조의 규정에 의하여 대리인이 출정할 수 있는 경우가 아닌 한, 법원은 검사와 변호인의 의견을 들어서 결정으로 출정할 수 있을 때까지 공판절차를 정지하여야 한다.

③ 피고인이 사물의 변별 또는 의사의 결정을 할 능력이 없는 상태에 있는 때에는, 형사소송법 제277조의 규정에 의하여 대리인이 출정할 수 있는 경우가 아닌 한, 법원은 검사와 변호인의 의견을 들어서 결정으로 그 상태가 계속하는 기간 공판절차를 정지하여야 한다.

④ 항소기각의 확정판결과 그 판결에 의하여 확정된 제1심판결에 대하여 각각 재심의 청구가 있는 경우에 항소법원은 결정으로 제1심법원의 소송절차가 종료할 때까지 공판절차를 정지하여야 한다.

27

간접증거에 대한 설명 중 가장 적절하지 <u>않은</u> 것은? (다툼이 있는 경우 판례에 의함)

① 유죄의 심증은 반드시 직접증거에 의하여 형성되어야만 하는 것은 아니며 경험칙과 논리법칙에 위반되지 아니하는 한 간접증거에 의하여 형성되어도 된다.

② 간접증거가 개별적으로는 범죄사실에 대한 완전한 증명력을 가지지 못하더라도 전체 증거를 상호관련하에 종합적으로 고찰할 경우 종합적 증명력이 있는 것으로 판단되면 그에 의하여도 범죄사실을 인정할 수가 있다.

③ 직접증거와 간접증거의 구별은 직접증거에 높은 증명력을 인정하였던 법정증거주의에서는 의미가 있었으나 직접증거에 우월을 인정하지 않는 자유심증주의에서는 이러한 구별은 의미를 잃게 되었다.

④ 간접증거에 의하여 주요사실의 전제가 되는 수개의 간접사실을 인정할 때에는 하나하나의 간접사실 사이에 모순, 저촉이 없어야 할 정도까지는 요구되지 않으며 전체적으로 고찰하여 유죄의 심증을 형성할 수 있으면 충분하다.

28

위법수집증거에 관한 설명 중 가장 적절하지 <u>않은</u> 것은?(다툼이 있는 경우 판례에 의함)

① 위법한 강제연행 상태에서 호흡측정 방법에 의한 음주측정을 한 다음 강제연행 상태로부터 시간적·장소적으로 단절되었다고 볼 수도 없고 피의자의 심적 상태 또한 강제연행 상태로부터 완전히 벗어났다고 볼 수 없는 상황에서 피의자가 호흡측정 결과에 대한 탄핵을 하기 위하여 스스로 혈액채취 방법에 의한 측정을 할 것을 요구하여 혈액채취가 이루어졌다고 하더라도 그 사이에 위법한 체포 상태에 의한 영향이 완전하게 배제되고 피의자의 의사결정의 자유가 확실하게 보장되었다고 볼 만한 다른 사정이 개입되지 않은 이상 불법체포와 증거수집 사이의 인과관계가 단절된 것으로 볼 수는 없다.

② 먼저 지문채취가 이루어진 이상, 그 후 맥주병과 술잔에 대한 압수가 위법하더라도 먼저 채취한 지문은 유죄인정의 증거가 될 수 있다.

③ 비진술증거인 압수물은 압수절차가 위법하다 하더라도 그 물건자체의 성질, 형태에 변경을 가져오는 것은 아니어서 그 형태 등에 관한 증거가치에는 변함이 없다 할 것이므로 증거능력이 있다.

④ 법관의 서명날인란에 서명만 있고 날인이 없는 영장은 형사소송법이 정한 요건을 갖추지 못하여 적법하게 발부되었다고 볼 수 없으므로, 비록 판사의 의사에 기초하여 진정하게 영장이 발부되었다는 점이 외관상 분명하고 의도적으로 적법절차의 실질적인 내용을 침해한다거나 영장주의를 회피할 의도를 가지고 이 영장에 따른 압수·수색을 하였다고 보기 어려우므로, 이 사건 영장이 형사소송법이 정한 요건을 갖추지 못하여 적법하게 발부되지 못하였다고 하더라도, 그 영장에 따라 수집한 이 사건 파일 출력물의 증거능력을 인정할 수 있다. 이에 기초하여 획득한 2차적 증거인 위 각 증거 역시 증거능력을 인정할 수 있다.

29

다음 중 전문증거에 해당하는 것은?(다툼이 있는 경우 판례에 의함)

① 甲이 정보통신망을 통하여 공포심이나 불안감을 유발하는 글을 반복적으로 상대방에게 도달하게 하는 행위를 하였음을 공소사실로 하여 기소되었는데, 검사가 위 죄에 대한 유죄의 증거로 휴대전화기에 저장된 문자정보를 제출한 경우

② 피고인이 수표를 발행하였으나 예금부족 또는 거래정지처분으로 지급되지 아니하게 하였다는 부정수표단속법위반의 공소사실을 증명하기 위하여 수표가 제출된 경우

③ 甲이 반국가단체 구성원 A와 회합한 후 A로부터 지령을 받고 국가기밀을 탐지·수집하였다는 공소사실로 기소되었고, 甲의 컴퓨터에서 "A 선생 앞 : 2011년 면담은 1월 30일 북경에서 하였으면 하는 의견입니다."라는 등의 내용이 담겨져 있는 파일이 발견되었는데, 이 파일이 甲과 A의 회합을 입증하기 위한 증거로 제출된 경우

④ 甲이 반국가단체로부터 지령을 받고 국가기밀을 탐지·수집하였다는 공소사실로 기소되었는데 甲의 컴퓨터에 저장되어 있던 국가기밀을 담은 서류가 증거로 제출된 경우

30

진술조서의 증거능력에 관한 설명 중 가장 적절하지 <u>않은</u> 것은?(다툼이 있는 경우 판례에 의함)

① 사법경찰리 작성의 피해자에 대한 진술조서가 피해자의 화상으로 인한 서명불능이라는 이유로 입회하고 있던 피해자의 동생에게 대신 읽어주고 그 동생으로 하여금 서명날인하게 하는 방법으로 작성된 경우, 그 진술조서는 형식적 요건을 결여한 서류로서 증거능력이 없다.

② 비록 사법경찰관이 피의자에게 진술거부권을 행사할 수 있음을 알려 주고 그 행사 여부를 질문하였다 하더라도, 형사소송법 제244조의3 제2항에 규정한 방식에 위반하여 진술거부권 행사 여부에 대한 피의자의 답변이 자필로 기재되어 있지 아니하거나 그 답변 부분에 피의자의 기명날인 또는 서명이 되어 있지 아니한 사법경찰관 작성의 피의자신문조서는 특별한 사정이 없는 한 형사소송법 제312조 제3항에서 정한 '적법한 절차와 방식'에 따라 작성된 조서라 할 수 없으므로 그 증거능력을 인정할 수 없다.

③ 검사가 작성한 참고인진술조서에 간인, 서명, 날인의 진정이 인정되는 것만으로도 성립의 진정을 인정할 수 있다.

④ 진술자가 법정에서 진술조서의 진술기재 내용이 자기가 진술한 것과 다른데도 검사 또는 사법경찰관리가 마음대로 공소사실에 부합되도록 기재한 다음 괜찮으니 서명날인하라고 요구하여서 할 수 없이 진술조서의 끝부분에 서명날인한 것이라고 진술하였다면 진술조서는 증거능력이 없다.

31

형사소송법 제315조에 의하여 당연히 증거능력이 인정되는 것은?(다툼이 있으면 판례에 의함)

① 육군과학수사연구소 실험분석관이 작성한 감정서
② 체포·구속인접견부
③ 미국 연방범죄수사관이 범죄현장을 확인하고 작성한 보고서
④ 일본하관 세관서 통괄심리관 작성의 범칙물건감정서등본과 분석의뢰서

32

증거동의에 관한 설명 중 가장 적절하지 <u>않은</u> 것은? (다툼이 있는 경우 판례에 의함)

① 개개의 증거에 대하여 개별적인 증거조사방식을 거치지 아니하고 검사가 제시한 모든 증거에 대하여 피고인이 증거로 함에 동의한다는 방식으로 이루어진 것이라 하여도 증거동의로서의 효력을 부정할 이유가 되지 못한다.

② 피고인이 증거동의의 법적 효과에 대하여 잘 모르고 동의한 것이었다고 주장하나 그렇게 볼 만한 자료가 없고 변호인이 공판정에 재정하고 있으면서 피고인이 하는 동의에 대하여 아무런 이의나 취소를 한 사실이 없다면 그 동의에 법률적 하자가 있다고는 할 수 없다.

③ 피고인이 출석한 공판기일에서 증거로 함에 부동의한다는 의견을 진술한 후 피고인이 출석하지 아니한 공판기일에 변호인만이 출석하여 종전 의견을 번복하여 증거로 함에 동의하였다면 이는 특별한 사정이 없는 한 증거동의의 효력이 없다.

④ 피고인이 제1심 법정에서 경찰의 검증조서 중 범행에 관한 현장진술 부분에 대해서만 부동의하고 범행현장상황 부분에 대해서는 증거동의한 경우, 위 검증조서 중 동의한 범행현장상황 부분만을 증거로 채용할 수는 없다.

33

☐△✕

탄핵증거에 관한 설명 중 가장 적절한 것은?(다툼이 있는 경우 판례에 의함)

① 영상녹화물의 재생은 법원의 직권이나 검사의 신청이 있는 경우에 한하고, 기억의 환기가 필요한 피고인 또는 피고인 아닌 자에게만 이를 재생하여 시청하게 하여야 한다.

② 탄핵증거에 대하여는 그 진정성립이 증명되지 않더라도 무방하다.

③ 탄핵증거는 범죄사실을 인정하는 증거가 아니므로 엄격한 증거조사를 거칠 필요는 없는바, 증명력을 다투고자 하는 증거의 어느 부분에 의하여 진술의 어느 부분을 다투려고 한다는 것까지 사전에 상대방에게 알릴 필요는 없다.

④ 사법경찰관 작성의 피고인에 대한 피의자신문조서는 피고인이 그 내용을 부인하는 이상 증거능력이 없는바, 그러한 증거는 형사소송법 제312조 제3항의 특별한 입법취지에 비추어 설령 임의로 작성된 것이라 하더라도 피고인의 법정에서의 진술을 탄핵하기 위한 반대증거로도 사용될 수 없다.

34

☐△✕

자백보강법칙에 대한 설명 중 가장 적절하지 <u>않은</u> 것은?(다툼이 있는 경우 판례에 의함)

① 자백보강법칙은 자백을 유일한 증거로 하여 처벌하지 못하고 독립한 보강증거를 요하는 법리로서 헌법에 명문의 규정을 두고 있다.

② 공동피고인 중의 한 사람이 자백하였고 피고인 역시 자백했다면 다른 공동피고인 중의 한 사람이 부인한다고 하여도 공동피고인 중의 한 사람의 자백은 피고인의 자백에 대한 보강증거가 된다.

③ 형사소송법 제310조 소정의 '피고인의 자백'에 공범인 공동피고인의 진술은 포함되지 아니하므로 공범인 공동피고인의 진술은 다른 공동피고인에 대한 범죄사실을 인정하는 증거로 할 수 있는 것일 뿐만 아니라 공범인 공동피고인들의 각 진술은 상호간에 서로 보강증거가 될 수 있다.

④ 피고인에게 20만 원 이하의 벌금, 구류 또는 과료에 처할 경미한 범죄사건을 신속하게 심판하기 위한 즉결심판절차에서도 자백보강법칙은 적용된다.

35

☐△✕

다음 중 공소기각판결을 해야 하는 경우는?(다툼이 있는 경우 판례에 의함)

① 교도소장의 사망통보서와 의무지정 발행의 사망진단서에 의하여 피고인이 사망하였음이 인정되는 경우

② 가정폭력범죄의 처벌 등에 관한 특례법에 따른 보호처분을 받은 사건과 동일한 사건에 대하여 다시 공소제기가 된 경우

③ 형벌에 관한 법령이 폐지되었다 하더라도 그 폐지가 당초부터 헌법에 위배되어 효력이 없는 법령에 대한 것인 경우

④ 범죄 후 법률이념의 변천에 따라 과거에 범죄로 본 행위에 관하여 현재의 평가가 달라짐에 따라 이를 처벌대상으로 삼는 것이 부당하다는 반성적 고려에서 그 행위를 처벌하는 조항이 삭제된 경우

36

□△✕

상소권회복청구권에 관한 설명 중 가장 적절하지 <u>않은</u> 것은?(다툼이 있는 경우 판례에 의함)

① 형사피고사건으로 법원에 재판이 계속 중인 사람은 공소제기 당시의 주소지나 그 후 신고한 주소지를 옮길 때 새로운 주소지를 법원에 신고하거나 기타 소송 진행 상태를 알 수 있는 방법을 강구하여야 하고, 만일 이러한 조치를 하지 않았다면 특별한 사정이 없는 한 소송서류가 송달되지 않아서 공판기일에 출석하지 못하거나 판결 선고 사실을 알지 못하여 상소 제기기간을 도과하는 등 불이익을 면할 수 없다.

② 상고를 포기한 후 그 포기가 무효라고 주장하는 경우 상고제기기간이 경과하기 전에는 상고포기의 효력을 다투면서 상고를 제기하여 그 상고의 적법 여부에 대한 판단을 받으면 되고, 별도로 상소권회복청구를 할 여지는 없다.

③ 상소의 포기·취하가 없음에도 불구하고 있는 것으로 오인되거나 그 효력이 없음에도 그 효력이 있는 것으로 간과되어 사건이 종국된 경우에 그 포기·취하의 부존재나 무효를 주장하는 자는 상소권회복의 신청을 할 수 있다.

④ 제1심판결에 대하여 검사의 항소에 의한 항소심판결이 선고된 후 피고인이 동일한 제1심판결에 대하여 항소권 회복청구를 하는 경우, 이와 같은 항소권회복청구와 항소는 적법하다고 볼 수 없으므로 법원으로서는 결정으로 이를 기각하여야 한다.

37

□△✕

불이익변경금지 원칙에 관한 다음 설명 중 가장 적절하지 <u>않은</u> 것은?(다툼이 있는 경우 판례에 의함)

① 피고인만 상고한 사건에서 원심판결을 파기하고 사건을 항소심에 환송한 경우, 환송 후 공소장이 변경되어 새로운 범죄사실이 유죄로 인정되면 환송 전 원심보다 중한 형이 선고되더라도 위법하지 않다.

② 제1심에서 징역형의 집행유예를 선고하였고 피고인만 항소한 경우, 항소심이 징역형의 형기를 단축하여 실형을 선고하는 것은 위법하다.

③ 제1심에서 징역 1년에 처하되 형의 집행을 면제한다는 판결을 선고한 데에 대하여 피고인만이 항소한 경우, 항소심이 피고인에 대하여 징역 8월에 집행유예 2년을 선고하였더라도 이는 위법하지 않다.

④ 원판결이 선고한 집행유예가 실효 또는 취소됨이 없이 유예기간이 지난 후에 새로운 형을 정한 재심판결이 선고되는 경우에도, 그 유예기간 경과로 인하여 원판결의 형 선고 효력이 상실되는 것은 원판결이 선고한 집행유예 자체의 법률적 효과로서 재심판결이 확정되면 당연히 실효될 원판결 본래의 효력일 뿐이므로, 이를 형의 집행과 같이 볼 수는 없고, 재심판결의 확정에 따라 원판결이 효력을 잃게 되는 결과 그 집행유예의 법률적 효과까지 없어진다 하더라도 재심판결의 형이 원판결의 형보다 중하지 않다면 불이익변경금지의 원칙이나 이익재심의 원칙에 반한다고 볼 수 없다.

38

재심에 관한 다음 설명 중 적절한 것으로만 모두 묶은 것은?(다툼이 있으면 판례에 의함)

○△✕

> ㉠ 판결서가 작성되지 않았거나 작성된 다음 멸실되어 존재하지 않더라도 판결이 선고되었다면 판결은 성립하여 존재한다고 보아야 한다. 그것이 유죄 확정판결이라면 재심의 대상이 될 수 있다.
> ㉡ 특별사면으로 형 선고의 효력이 상실된 유죄의 확정판결에 대하여 재심개시결정이 이루어져 재심심판법원이 심급에 따라 다시 심판한 결과 무죄로 인정되는 경우라면 무죄를 선고하여야 하겠지만, 그와 달리 유죄로 인정되는 경우에는, 재심심판법원으로서는 '피고인에 대하여 다시 형을 선고한다'는 주문을 선고할 수밖에 없다.
> ㉢ 형사소송법 제420조 제7호의 재심사유 해당 여부를 판단함에 있어 사법경찰관 등이 범한 직무에 관한 죄가 사건의 실체관계에 관계된 것인지 여부나 당해 사법경찰관이 직접 피의자에 대한 조사를 담당하였는지 여부는 고려할 사정이 아니다.
> ㉣ 재심청구인이 재심의 청구를 한 후 청구에 대한 결정이 확정되기 전에 사망한 경우라도 재심청구절차는 재심청구인의 사망으로 당연히 종료하게 되는 것은 아니다.

① ㉠, ㉡   ② ㉠, ㉢
③ ㉡, ㉢   ④ ㉢, ㉣

39

약식절차에 대한 설명 중 가장 적절한 것은?(다툼이 있는 경우 판례에 의함)

○△✕

① 정식재판의 청구가 법령상의 방식에 위반하거나 청구권의 소멸 후인 것이 명백한 때에는 결정으로 기각하여야 한다.
② 포괄일죄의 관계에 있는 범행 일부에 관하여 약식명령이 확정된 경우, 피고인에 대한 약식명령 고지일을 기준으로 하여 그 전의 범행에 대하여는 면소판결하여야 한다.
③ 형사소송법 제453조에 의하면 피고인은 재판의 신속을 위해 정식재판의 청구를 포기할 수 있다.
④ 형사소송법 제457조의2 제1항은 "피고인이 정식재판을 청구한 사건에 대하여는 약식명령의 형보다 중한 종류의 형을 선고하지 못한다."라고 규정하여, 정식재판청구 사건에서의 형종 상향 금지의 원칙을 정하고 있는데, 이 원칙은 피고인이 정식재판을 청구한 사건과 다른 사건이 병합·심리된 후 경합범으로 처단되는 경우 정식재판을 청구한 사건에 대하여는 그대로 적용되지 아니한다.

40

배상명령에 관한 다음 중 적절하지 <u>않은</u> 것은 몇 개인가?

○△✕

> ㉠ 피고사건에 대하여 무죄, 면소 또는 공소기각판결·결정을 선고하는 경우에도 배상명령을 할 수 있다.
> ㉡ 생명과 신체를 침해하는 범죄에 의하여 발생한 기대이익의 상실은 배상명령 대상이 아니다.
> ㉢ 배상신청은 사실심변론종결시까지 사건이 계속된 법원에 신청할 수 있다.
> ㉣ 배상신청이 있으면 신청인에게 공판기일을 통지하여야 하며, 통지를 받고도 출석하지 않은 경우에는 신청인의 진술없이 재판할 수 있다.

① 없음   ② 1개
③ 2개   ④ 3개

제9회 경찰승진 최종모의고사

01 ⃞○△✕

형사소송의 이념에 대한 설명 중 가장 적절하지 <u>않은</u> 것은?(다툼이 있는 경우 판례에 의함)

① 검사가 법원의 증인으로 채택된 수감자를 그 증언에 이르기까지 거의 매일 검사실로 하루 종일 소환하여 피고인 측 변호인이 접근하는 것을 차단하고, 검찰에서의 진술을 번복하는 증언을 하지 않도록 회유·압박하고, 때로는 검사실에서의 편의를 제공한 행위는 피고인의 공정한 재판을 받을 권리를 침해한다.

② 형사소송에 관한 절차법에서 소극적 진실주의의 요구를 외면한 채 범인필벌의 요구만을 앞세워 합리성과 정당성을 갖추지 못한 방법이나 절차에 의한 증거수집과 증거조사를 허용하는 것은 적법절차의 원칙 및 공정한 재판을 받을 권리에 위배되는 것으로서 헌법상 용인될 수 없다.

③ 헌법 제12조 제1항 후문이 규정하고 있는 적법절차란 법률이 정한 실체적 내용이 아니라 절차가 적정하여야 함을 말하는 것으로서 적정하다고 함은 공정하고 합리적이며 상당성이 있어 정의관념에 합치되는 것을 뜻한다.

④ 구속사건에 대해서는 법원이 구속기간 내에 재판을 하면 되는 것이고 구속만기 25일을 앞두고 제1회 공판이 있었다 하여 헌법에 정한 신속한 재판을 받을 권리를 침해하였다 할 수 없다.

02 ⃞○△✕

무죄추정의 원칙에 관한 설명 중 가장 적절하지 <u>않은</u> 것은?(다툼이 있으면 판례에 의함)

① 사립학교법이 형사사건으로 기소된 교원에 대하여 필요적으로 직위해제처분을 하도록 규정한 것은 무죄추정의 원칙 등에 반하여 위헌이다.

② 유죄의 확정판결 전이라도 공소제기의 기초를 이루는 공무원의 비위사실이 인정되는 이상 그에 대해 징계처분을 내리는 것이 무죄추정의 권리를 침해하는 것이라 할 수 없다.

③ 공소장의 공소사실 첫머리에 피고인이 전에 받은 소년부송치 처분을 기재하였다면 이는 무죄추정의 원칙에 반한다.

④ 무죄추정의 원칙은 수사를 하는 단계뿐만 아니라 판결이 확정될 때까지 형사절차와 형사재판 전반을 이끄는 대원칙이다.

03

☐○ ☐△ ☒✗

관할 및 재판권에 관한 다음 설명 중 적절하지 않은 것은?(다툼이 있는 경우 판례에 의함)

① 토지관할을 달리하는 수개의 관련사건이 동일법원에 계속된 경우에 병합심리의 필요가 없는 때에는 법원은 결정으로 이를 분리하여 관할권 있는 다른 법원에 이송할 수 있다.

② 재심청구가 재심관할법원인 항소심 법원이 아닌 제1심법원에 잘못 제기된 경우 제1심법원은 그 재심의 소를 부적법하다 하여 각하할 것이 아니라 재심관할법원인 항소심 법원에 이송하여야 할 것이다.

③ 관할이전의 사유가 존재하는 경우 검사는 직근상급법원에 관할의 이전을 신청할 의무가 있지만, 피고인은 관할의 이전을 신청할 권리만 있다.

④ 법원의 관할이 명확하지 아니한 때 검사는 관계있는 제1심법원에 공통되는 직근 상급법원에 관할지정을 신청할 수 있다.

04

☐○ ☐△ ☒✗

법관에 대한 기피신청의 설명 중 가장 적절한 것은?
(다툼이 있는 경우 판례에 의함)

① 기피신청을 받은 법관이 소송진행 정지에 대한 예외사유가 없음에도 불구하고 본안의 소송절차를 정지하지 않은 채 그대로 진행한 소송행위는 효력이 없지만, 그 후 기피신청에 대한 기각결정이 확정되었다면 유효하다.

② 원심 합의부원인 법관이 원심 재판장에 대한 기피신청 사건의 심리와 기각결정에 관여한 사실이 있다면, 이는 「형사소송법」제17조 제7호 소정의 '법관이 사건에 관하여 그 기초되는 조사, 심리에 관여한 때'에 해당하여 기피사유가 인정된다.

③ 법관이 피고인의 증거신청을 채택하지 아니하거나 이미 한 증거결정을 취소한 사정만으로도 기피사유에 해당한다.

④ 법관에 대한 기피신청이 소송의 지연만을 목적으로 한 때에는 그 신청 자체가 부적법한 것으로 되고 이러한 부적법한 기피신청에 대하여는 기피당한 자의 소속법원이 이를 각하할 수 있다.

05

☐○ ☐△ ☒✗

제1심이 공소장 부본을 피고인 또는 변호인에게 송달하지 아니한 채 공시송달의 방법으로 피고인을 소환하여 피고인이 공판기일에 출석하지 아니한 가운데 제1심 공판절차가 진행된 경우에 관한 설명 중 가장 적절하지 않은 것은?(다툼이 있는 경우 판례에 의함)

① 제1심이 공소장 부본을 피고인 또는 변호인에게 송달하지 아니한 채 공판절차를 진행하였다면 이는 소송절차에 관한 법령을 위반한 경우에 해당한다.

② 피고인이 제1심 법정에서 이의함이 없이 공소사실에 관하여 충분히 진술할 기회를 부여받았다고 하더라도 방어권의 침해로서 판결에 영향을 미친 위법에 해당한다.

③ 피고인이 공판기일에 출석하지 아니한 가운데 제1심의 절차가 진행되었다면 위법한 공판절차에서 이루어진 소송행위로서 효력이 없다.

④ 항소심은 피고인 또는 변호인에게 공소장 부본을 송달하고 적법한 절차에 의하여 소송행위를 새로이 한 후 항소심에서의 진술과 증거조사 등 심리 결과에 기초하여 다시 판결하여야 한다.

06

□△✕

함정수사에 대한 설명 중 가장 적절하지 <u>않은</u> 것은? (다툼이 있는 경우 판례에 의함)

① 甲이 수사기관에 체포된 동거남의 석방을 위한 공적을 쌓기 위하여 乙에게 필로폰 밀수입에 관한 정보제공을 부탁하면서 대가의 지급을 약속하고, 이에 乙이 丙에게, 丙은 丁에게 순차적으로 필로폰 밀수입을 권유하여 이를 승낙하고 필로폰을 받으러 나온 丁을 체포한 사안에서, 乙, 丙 등이 각자의 사적인 동기에 기하여 수사기관과 직접적인 관련이 없이 독자적으로 丁을 유인한 것으로서 위법한 함정수사에 해당하지 않는다.

② 수사기관이 이미 범행을 저지른 범인을 검거하기 위해 정보원을 이용하여 범인을 검거장소로 유인한 경우는 위법한 함정수사에 해당한다.

③ 경찰관이 취객을 상대로 한 이른바 부축빼기 절도범을 단속하기 위하여, 공원 인도에 쓰러져 있는 취객 근처에서 감시하고 있다가, 마침 피고인이 나타나 취객을 부축하여 10m 정도를 끌고 가 지갑을 뒤지자 현장에서 체포하여 기소한 경우, 위법한 함정수사에 기한 공소제기가 아니다.

④ 수사기관과 직접 관련이 없는 사인(私人)이 피고인에게 범죄의 실행을 부탁한 경우, 그로 인하여 피고인의 범의가 유발되었다 하더라도 이는 위법한 함정수사에 해당하지 아니한다.

07

□△✕

고소와 관련된 내용 중 가장 적절한 것은?(다툼이 있는 경우 판례에 의함)

① 피고인 甲이 백화점 내 점포에 입점시켜 주겠다고 속여 입점비 명목으로 돈을 편취하였다고 피해자 乙이 고소하여 기소된 경우, 고소기간이 경과된 후에 고소되었으면 공소기각판결을 하여야 한다 (甲과 乙은 사돈지간임).

② 甲이 하나의 문서로 A·B·C를 모두 모욕한 경우에 A의 고소는 B·C에 대한 모욕에 대하여도 효력이 있다.

③ 친고죄의 피해자인 A가 피고인 甲의 처벌을 구하는 의사를 철회한다는 의사로 합의서를 작성하여 제1심 법원에 제출한 후 제1심 법원에 증인으로 출석하여 위 합의를 취소하고 다시 피고인의 처벌을 원한다는 진술을 한 경우, 법원은 실체판단을 하여야 한다.

④ 형사소송법 제230조 제1항에서 말하는 '범인을 알게 된 날'이란 범죄행위가 종료된 후에 범인을 알게 된 날을 가리키는 것으로서, 고소권자가 범죄행위가 계속되는 도중에 범인을 알았다 하여도, 그 날부터 곧바로 위 조항에서 정한 친고죄의 고소기간이 진행된다고는 볼 수 없고, 이러한 경우 고소기간은 범죄행위가 종료된 때부터 계산하여야 한다.

08

자수에 관한 다음 설명 중 적절하지 <u>않은</u> 것은 모두 몇 개인가?(다툼이 있는 경우 판례에 의함)

⊙⊿☒

⊙ 범인이 수개의 범죄사실 중의 일부를 수사기관에 자진 신고하였으나 그 동기가 투명치 않고 그 후 공범을 두둔하였다면 그 자수한 부분 범죄사실에 대하여 자수의 효력이 없다.

ⓒ 형법 제52조 제1항에서 말하는 '자수'란 범인이 스스로 수사책임이 있는 관서에 자기의 범행을 자발적으로 신고하고 그 처분을 구하는 의사표시이므로, 수사기관의 직무상의 질문 또는 조사에 응하여 범죄사실을 진술하는 것은 자백일 뿐 자수로는 되지 아니하고, 나아가 자수는 범인이 수사기관에 의사표시를 함으로써 성립하는 것이므로 내심적 의사만으로는 부족하고 외부로 표시되어야 이를 인정할 수 있는 것이다.

ⓒ 범죄사실을 부인하거나 죄의 뉘우침이 없는 자수는 그 외형은 자수일지라도 법률상 형의 감경사유가 되는 진정한 자수라고는 할 수 없다.

ⓔ 법률상의 형의 감경사유인 자수를 위하여는, 범인이 자기의 범행으로서 범죄성립요건을 갖춘 객관적 사실을 자발적으로 수사관서에 신고하여 그 처분에 맡기는 것뿐만 아니라 법적으로 그 요건을 완전히 갖춘 범죄행위라고 적극적으로 인식하고 있어야 한다.

① 1개 ② 2개
③ 3개 ④ 4개

09

구속에 대한 다음 설명 중 옳은 것(○)과 옳지 <u>않은</u> 것 (×)을 올바르게 연결한 것은?(다툼이 있으면 판례에 의함)

⊙⊿☒

⊙ 수사기관이 관할지방법원 판사가 발부한 구속영장에 의하여 피의자를 구속하는 경우, 그 구속영장은 기본적으로 장차 공판정에의 출석이나 형의 집행을 담보하기 위한 것이다. 그렇지만 이와 함께 형사소송법 제202조, 제203조에서 정하는 구속기간의 범위 내에서 수사기관이 동법 제200조, 제241조 내지 제244조의5에 규정된 피의자신문의 방식으로 구속된 피의자를 조사하는 등 적정한 방법으로 범죄를 수사하는 것까지 예정하고 있지는 않다.

ⓒ 구속영장 발부에 의하여 적법하게 구금된 피의자가 피의자신문을 위한 출석요구에 응하지 아니하면 이는 출석불응에 해당하므로, 수사기관은 형사소송법 제200조의2(영장체포)에 따라 별도의 체포영장을 발부받아야 피의자를 조사실로 구인할 수 있다.

ⓒ 구속된 피의자의 경우에도 그 피의자신문 절차는 어디까지나 형사소송법 제199조 제1항 본문, 제200조의 규정에 따른 임의수사의 한 방법으로 진행되어야 한다.

ⓔ 구속된 피의자도 헌법 제12조 제2항과 형사소송법 제244조의 3에 따라 일체의 진술을 하지 아니하거나 개개의 질문에 대하여 진술을 거부할 수 있고, 수사기관은 피의자를 신문하기 전에 그와 같은 권리를 알려주어야 한다.

① ⊙ (○) ⓒ (○) ⓒ (○) ⓔ (×)
② ⊙ (○) ⓒ (×) ⓒ (×) ⓔ (○)
③ ⊙ (×) ⓒ (○) ⓒ (○) ⓔ (○)
④ ⊙ (×) ⓒ (×) ⓒ (○) ⓔ (○)

10

⬜△✕

수사상 감정유치에 관한 설명 중 가장 적절하지 <u>않은</u> 것은?

① 피의자에 대한 감정유치기간은 피의자의 구속기간에 산입한다.

② 검사는 감정을 위촉하는 경우에 피의자의 정신 또는 신체에 관한 감정을 위하여 유치처분이 필요할 때에는 판사에게 이를 청구하여야 한다.

③ 불구속 피고인에 대하여 감정유치장을 발부하여 구속할 때에는 범죄사실의 요지와 변호인을 선임할 수 있음을 알려주어야 한다.

④ 수사기관이 범죄증거를 수집할 목적으로 피의자의 동의 없이 피의자의 소변을 채취하는 것은 법원으로부터 감정허가장을 받아 형사소송법 제221조의4 제1항, 제173조 제1항에서 정한 '감정에 필요한 처분'으로 할 수 있으며, 피의자를 병원 등에 유치할 필요가 있는 경우에는 형사소송법 제221조의3에 따라 법원으로부터 감정유치장을 받아야 한다.

11

⬜△✕

체포제도에 대한 설명 중 가장 적절하지 <u>않은</u> 것은? (다툼이 있는 경우 판례에 의함)

① 사법경찰관이 긴급체포된 피의자에 대해 검사에게 긴급체포의 승인건의와 구속영장 신청을 함께 한 경우 검사는 긴급체포의 합당성이나 구속영장 청구에 필요한 사유를 보강하기 위해 피의자 대면조사를 실시할 수 있다.

② 현행범 체포의 요건으로서 행위의 가벌성, 범죄의 현행성·시간적 접착성, 범인·범죄의 명백성 이외에 체포의 필요성 즉, 도망 또는 증거인멸의 우려가 있어야 한다.

③ 수사기관이 외국인을 체포하거나 구속하면서 지체 없이 영사통보권 등이 있음을 고지하지 않았다면 체포나 구속 절차는 국내법과 같은 효력을 가지는 협약 제36조 제1항 (b)호를 위반한 것으로 위법하다.

④ 순찰 중이던 경찰관이 교통사고를 낸 차량이 도주하였다는 무전연락을 받고 주변을 수색하다가 범퍼 등의 파손상태로 보아 사고차량으로 인정되는 차량에서 내리는 사람을 발견하여 준현행범으로 체포한 경우 적법한 공무집행이다.

12

법원의 피고인구속에 관한 다음 설명 중 가장 옳지 <u>않</u>은 것은?(다툼이 있는 경우 판례에 의함)

① 피고인을 구속한 때에는 변호인이 있는 경우에는 변호인에게, 변호인이 없는 경우에는 법정대리인, 배우자, 직계친족과 형제자매 중 피고인이 지정한 자에게 피고사건명, 구속일시 · 장소, 범죄사실의 요지, 구속의 이유와 변호인을 선임할 수 있는 취지를 알려야 한다.

② 형사소송법 제93조에 의한 구속의 취소는 구속영장에 의하여 구속된 피고인에 대하여 구속의 사유가 없거나 소멸된 때에 법원이 직권 또는 피고인 등의 청구에 의하여 결정으로 구속을 취소하는 것으로서, 그 결정에 의하여 구속영장이 실효되므로, 구속영장의 효력이 존속하고 있음을 전제로 하는 것이고, 다른 사유로 이미 구속영장이 실효된 경우에는 피고인이 계속 구금되어 있더라도 위 규정에 의한 구속의 취소 결정을 할 수 없다.

③ 기피신청으로 소송진행이 정지된 기간은 구속기간에 산입되지 아니한다.

④ 형사소송법 제88조는 '피고인을 구속한 때에는 즉시 공소사실의 요지와 변호인을 선임할 수 있음을 알려야 한다.'고 규정하고 있는바, 이를 위반할 경우 구속영장의 효력이 상실된다.

13

변호인의 조력을 받을 권리에 관한 설명 중 가장 적절하지 <u>않</u>은 것은?(다툼이 있는 경우 판례에 의함)

① 변호인의 조력을 받을 권리가 침해되었다고 하기 위해서는 특정 시점에 접견이 불허됨으로써 피의자의 방어권 행사에 어느 정도는 불이익이 초래되었다고 인정할 수 있어야 한다.

② 변호인이 되려는 의사를 표시한 자가 객관적으로 변호인이 될 가능성이 있다고 인정되는데도, 형사소송법 제34조에서 정한 '변호인 또는 변호인이 되려는 자'가 아니라고 보아 신체구속을 당한 피고인 또는 피의자와 접견하지 못하도록 제한하여서는 아니 된다.

③ 구치소장이 형의 집행 및 수용자의 처우에 관한 법률 및 그 시행규칙의 규정에 따라 변호인 접견실에 영상녹화, 음성수신, 확대기능 등이 없는 CCTV를 설치하여 미결수용자와 변호인 간의 접견을 관찰하였다 하더라도 이를 통해 대화내용을 알게 되는 것이 불가능하였다면 변호인의 조력을 받을 권리를 침해한 것이라고 할 수 없다.

④ 교도관이 변호인 접견이 종료된 뒤 변호인과 미결수용자가 지켜보는 가운데 미결수용자와 변호인 간에 주고받는 서류를 확인하여 그 제목을 소송관계처리부에 기재하여 등재한 행위는 이를 통해 내용에 대한 검열이 이루어질 수 없었다 하더라도 침해의 최소성 요건을 갖추지 못하였으므로 변호인의 조력을 받을 권리를 침해한다.

14

구속의 집행정지 또는 구속의 실효에 관한 설명 중 가장 적절하지 <u>않은</u> 것은?(다툼이 있는 경우 판례에 의함)

① 헌법 제44조에 의하여 구속된 국회의원에 대한 석방요구가 있으면 당연히 구속영장의 집행이 정지된다.

② 피고인 또는 그 변호인은 구속집행정지를 청구할 권리가 있다. 청구를 받은 법원은 48시간 이내에 구속된 피고인을 심문하여야 하고, 그 청구가 이유 있다고 인정한 때에는 결정으로 구속의 집행정지를 명하여야 한다.

③ 무죄, 면소, 형의 면제, 형의 선고유예, 형의 집행유예, 공소기각 또는 벌금이나 과료를 과하는 판결이 선고된 때에는 구속영장은 판결선고와 동시에 바로 효력을 잃는다.

④ 피고인에 대한 형이 그대로 확정된다고 하더라도 잔여형기가 8일 이내이고 또한 피고인의 주거가 일정할 뿐 아니라 증거인멸이나 도망의 염려도 없어 보인다면 피고인을 구속할 사유는 소멸하였다고 보아야 할 것이니 구속취소의 신청은 이유 있다.

15

전자정보 압수·수색에 대한 설명으로 적절한 것은 몇 개인가?(다툼이 있는 경우 판례에 의함)

⊙ 전자정보에 대한 압수·수색영장을 집행할 때에는 원칙적으로 영장 발부의 사유인 혐의사실과 관련된 부분만을 문서 출력물로 수집하거나 수사기관이 휴대한 저장매체에 해당 파일을 복사하는 방식으로 이루어져야 하고, 집행현장 사정상 위와 같은 방식에 의한 집행이 불가능하거나 현저히 곤란한 부득이한 사정이 존재하더라도 저장매체 자체를 직접 혹은 하드카피나 이미징 등 형태로 수사기관 사무실 등 외부로 반출하여 해당 파일을 압수·수색할 수 있도록 영장에 기재되어 있고 실제 그와 같은 사정이 발생한 때에 한하여 위 방법이 예외적으로 허용될 수 있을 뿐이다.

ⓛ 수사기관 사무실 등으로 반출된 저장매체 또는 복제본에서 혐의사실 관련성에 대한 구분 없이 임의로 저장된 전자정보를 문서로 출력하거나 파일로 복제하는 행위는 원칙적으로 영장주의 원칙에 반하는 위법한 압수가 된다.

ⓒ 준항고인이 전체 압수·수색 과정을 단계적 개별적으로 구분하여 각 단계의 개별처분의 취소를 구하더라도 준항고법원은 특별한 사정이 없는 한 구분된 개별처분의 위법이나 취소 여부를 판단할 것이 아니라 당해 압수·수색 과정 전체를 하나의 절차로 파악하여 그 과정에서 나타난 위법이 압수·수색절차 전체를 위법하게 할 정도로 중대한지 여부에 따라 전체적으로 압수·수색처분을 취소할 것인지를 가려야 한다.

ⓔ 수사기관이 준항고인을 피의자로 하여 발부받은 압수·수색영장에 기하여 인터넷서비스업체인 甲 주식회사를 상대로 甲 회사의 본사 서버에 저장되어 있는 준항고인의 전자정보인 카카오톡 대화내용 등에 대하여 압수·수색을 실시하였는데, 수사기관이 압수·수색 과정에서 참여권을 보장하지 않는 등의 위법이 있었던 경우, 압수·수색에서 나타난 위법이 압수·수색절차 전체를 위법하게 할 정도로 중대하여 압수·수색을 취소하여야 한다.

① 1개   ② 2개

③ 3개   ④ 4개

16

형사소송법상 압수 · 수색에 대한 설명 중 가장 적절하지 <u>않은</u> 것은?(다툼이 있는 경우 판례에 의함)

① 경찰관이 이른바 전화사기죄 범행의 혐의자를 긴급체포하면서 그가 보관하고 있던 다른 사람의 주민등록증, 운전면허증 등을 압수한 경우, 이는 형사소송법 제217조 제1항에서 규정한 해당 범죄사실의 수사에 필요한 범위 내의 압수로서 적법하므로, 이를 위 혐의자의 점유이탈물횡령죄 범행에 대한 증거로 사용할 수 있다.

② 사법경찰관은 제200조의3(긴급체포)에 따라 체포된 자가 소유하는 물건에 대하여 긴급히 압수할 필요가 있는 경우에는 체포한 때부터 24시간 이내에 한하여 영장 없이 압수할 수 있다.

③ 마약류 불법거래방지에 관한 특례법 제4조 제1항에 따른 조치의 일환으로 특정한 수출입물품을 개봉하여 검사하고 그 내용물의 점유를 취득한 행위는 범죄수사인 압수 또는 수색에 해당하여 사전 또는 사후에 영장을 받아야 한다.

④ 사법경찰관은 제216조(영장에 의하지 아니한 강제처분)의 규정에 의하면 범행 중 또는 범행직후의 장소에서 긴급을 요하여 법원판사의 영장을 받을 수 없는 때에는 영장 없이 압수할 수 있다. 이 경우에는 사후 24시간 이내에 영장을 받아야 한다.

17

수사상 증거보전제도(제184조, 제221조의2)에 관한 설명 중 가장 적절하지 <u>않은</u> 것은?(다툼이 있으면 판례에 의함)

① 검사가 형사소송법 제221조의2 제2항에 의한 증인신문청구를 하려면 증인의 진술로서 증명할 대상인 피의사실이 존재하여야 하고, 피의사실은 수사기관이 어떤 자에 대하여 내심으로 혐의를 품고 있는 정도의 상태만으로는 존재한다고 할 수 없고 고소, 고발 또는 자수를 받거나 또는 수사기관 스스로 범죄의 혐의가 있다고 보아 수사를 개시하는 범죄의 인지 등 수사의 대상으로 삼고 있음을 외부적으로 표현한 때에 비로소 그 존재를 인정할 수 있다.

② 공동피고인과 피고인이 뇌물을 주고받은 사이로 필요적 공범관계에 있다고 하더라도 검사는 수사단계에서 피고인에 대한 증거를 미리 보전하기 위하여 필요한 경우에는 판사에게 공동피고인을 증인으로 신문할 것을 청구할 수 있다.

③ 증인신문(제221조의2)에 따라 작성된 증인신문조서는 지체없이 검사에게 송부해야 하고, 수사단계에서 피의자등이 열람 · 등사할 수 없다.

④ 범죄수사에 없어서는 아니 될 사실을 안다고 명백히 인정되는 자가 수사기관의 출석요구에 응하지 않거나 진술을 거부하거나 또는 진술번복의 염려가 있는 경우에는 판사에게 증인신문을 청구할 수 있다.

18

○△×

재정신청에 관한 다음 설명 중 가장 적절하지 <u>않은</u> 것은?(다툼이 있는 경우 판례에 의함)

① 형사소송법 제262조 제4항 후문은 재정신청 기각결정이 확정된 사건에 대하여 다른 중요한 증거를 발견한 경우를 제외하고는 소추할 수 없도록 규정하고 있는데, 재정신청 기각결정의 대상에 명시적으로 포함되지 않았다고 하더라도 고소의 효력이 미치는 객관적 범위 내에서는 위와 같은 재소추 제한의 효력이 그대로 미친다.

② 재정신청의 제기기간 내에 재정신청서에 법원의 심판에 부칠 사건의 범죄사실 및 증거 등 재정신청을 이유 있게 하는 사유를 기재하지 아니하였다면, 이는 법률상의 방식에 위배되므로 재정신청은 기각되어야 한다.

③ 재정신청 제기기간이 경과된 후에 재정신청보충서를 제출하면서 원래의 재정신청에 재정신청 대상으로 포함되어 있지 않은 고발사실을 재정신청의 대상으로 추가한 경우, 그 재정신청보충서에서 추가한 부분에 관한 재정신청은 법률상 방식에 어긋난 것으로서 부적법하다.

④ 재정신청절차는 고소 · 고발인이 검찰의 불기소처분에 불복하여 법원에 그 당부에 관한 판단을 구하는 절차로서 검사가 공소를 제기하여 공판절차가 진행되는 형사재판절차와는 다르며, 또한 고소 · 고발인인 재정신청인은 검사에 의하여 공소가 제기되어 형사재판을 받는 피고인과는 지위가 본질적으로 다르다.

19

○△×

공소제기 후 수사에 대한 설명 중 가장 적절하지 <u>않은</u> 것은?(다툼이 있는 경우 판례에 의함)

① 검사가 공소제기 후 형사소송법 제215조에 따라 수소법원 이외의 지방법원 판사에게 청구하여 발부받은 영장에 의하여 압수 · 수색을 하였다면, 그와 같이 수집된 증거는 기본적 인권 보장을 위해 마련된 적법한 절차에 따르지 않은 것으로서 원칙적으로 유죄의 증거로 삼을 수 없다.

② 제1심에서 피고인에 대하여 무죄판결이 선고되어 검사가 항소한 후, 수사기관이 항소심 공판기일에 증인으로 신청하여 신문할 수 있는 사람을 특별한 사정없이 미리 수사기관에 소환하여 작성한 진술조서는 피고인이 증거로 할 수 있음에 동의하지 않는 한 증거능력이 없다.

③ 검사작성의 피고인에 대한 진술조서가 공소제기 후에 작성된 것이라는 이유만으로는 곧 그 증거능력이 없다고 할 수 없다.

④ 공판준비 또는 공판기일에서 이미 증언을 마친 증인을 검사가 소환한 후 피고인에게 유리한 그 증언 내용을 추궁하여 이를 일방적으로 번복시키는 방식으로 작성한 진술조서는 피고인이 증거로 할 수 있음에 동의하더라도 그 증거능력이 없다.

20

검사의 공소제기에 대한 설명 중 가장 적절한 것은? (다툼이 있는 경우 판례에 의함)

① 공소장에 검사의 기명날인 또는 서명이 누락된 경우에는 공소제기가 무효이며, 검사가 공소장에 기명날인 또는 서명을 추완하더라도 유효하게 될 수 없다.

② 공소장에 기재된 적용법조를 단순한 오기나 누락으로 볼 수 없고 구성요건이 충족됨에도 법원이 공소장변경의 절차를 거치지 아니하고 임의적으로 다른 법조를 적용하여 처단할 수 있다.

③ 공소장부본 송달 등의 절차 없이 검사가 공판기일에 공소장의 형식적 요건을 갖추지 못한 공소장변경허가신청서로 공소장을 갈음한다고 구두 진술한 것만으로는 유효한 공소제기가 있다고 할 수 없고, 피고인과 변호인이 그에 대해 이의를 제기하지 않았다 하더라도 그 하자는 치유되지 않는다.

④ 검사가 공소사실의 일부가 되는 범죄일람표를 컴퓨터 프로그램을 통하여 열어보거나 출력할 수 있는 전자적 형태의 문서로 작성한 후 종이문서로 출력하여 제출하지 아니하고 저장매체 자체를 서면인 공소장변경허가신청서에 첨부하여 제출한 경우, 그 신청의 효력은 전자적 형태의 문서 부분까지 미친다.

21

다음 설명 중 적절한 것은 모두 몇 개인가?(다툼이 있으면 판례에 의함)

> ㉠ 수개의 범죄사실간에 범죄사실의 동일성이 인정되는 범위 내에서는 물론 그들 범죄사실 상호간에 범죄의 일시, 장소, 수단 및 객체 등이 달라서 수개의 범죄사실로 인정되는 경우에도 이들 수개의 범죄사실을 예비적 또는 택일적으로 기재할 수 있다.
> ㉡ 강도살인죄와 살인 및 절도죄를 택일적으로 공소제기한 경우, 살인 및 절도죄에 대하여 유죄로 인정한 이상 검사는 중한 강도살인죄를 유죄로 인정하지 아니한 것이 위법이라는 이유로 상소할 수 없다.
> ㉢ 예비적 또는 택일적으로 기재되어 공소가 제기된 경우에 제1심판결에서 유죄가 인정되어 항소한 경우 항소심에서는 제1심판결에서 유죄로 인정되었던 공소사실 이외의 다른 범죄사실을 유죄로 인정할 수도 있다.
> ㉣ 예비적·택일적 기재의 경우 법원이 공소사실 모두에 대해 무죄를 선고하는 때에는 판결이유에서 모두 판단해야 한다.

① 1개   ② 2개
③ 3개   ④ 4개

22

다음 중 법원의 재량에 해당하는 것(○)과 재량에 해당하지 <u>않는</u> 것(✕)을 모두 바르게 표시한 것은?(다툼이 있는 경우 판례에 의함)

> ㉠ 변론종결 후 변론재개신청이 있는 경우 법원이 종결한 변론을 재개해야 하는지 여부
> ㉡ 검사의 공소장변경 신청이 공소사실의 동일성을 해하지 아니하는 경우 법원이 이를 허가해야 하는지 여부
> ㉢ 증거신청에 대한 법원의 증거채택 여부
> ㉣ 피고인이 국선변호인 선정청구를 하면서 제출한 소명자료에 의하면 피고인이 빈곤으로 인하여 변호인을 선임할 수 없는 경우에 해당한다고 인정할 여지가 충분하고 이와 달리 볼 만한 사정이 없는 경우 법원이 국선변호인을 선정해야 하는지 여부

① ㉠ (○)　㉡ (✕)　㉢ (○)　㉣ (✕)
② ㉠ (○)　㉡ (✕)　㉢ (✕)　㉣ (✕)
③ ㉠ (✕)　㉡ (○)　㉢ (✕)　㉣ (○)
④ ㉠ (○)　㉡ (○)　㉢ (✕)　㉣ (✕)

23

증거개시제도에 대한 설명 중 가장 적절하지 <u>않은</u> 것은? (다툼이 있는 경우 판례에 의함)

① 법원의 개시결정에도 불구하고 검사가 피고인에게 유리한 증거서류의 열람·등사를 거부한 것은 피고인의 신속하고 공정한 재판을 받을 권리와 변호인의 조력을 받을 권리를 침해한 것으로 헌법에 위반된다.

② 법원이 한 열람·등사허용 결정에 따라 청구인들의 변호인이 수사서류에 대하여 한 열람·등사 신청 중 등사부분에 대하여는 검사가 이를 거부한 것은 피고인들의 신속하고 공정한 재판을 받을 권리와 변호인의 조력을 받을 권리를 침해한다.

③ 검사는 공소제기된 사건에 관한 서류 또는 물건의 목록에 대하여는 국가안보, 증인보호의 필요성 등의 중대한 사유가 있는 경우를 제외하고, 열람 또는 등사를 거부할 수 없다.

④ 검사가 열람·등사 등에 관한 법원의 결정을 지체 없이 이행하지 아니하는 때에는 해당 증인 및 서류 등에 대한 증거신청을 할 수 없다.

24

공판기일의 절차에 대한 설명 중 가장 적절하지 <u>않은</u> 것은?(다툼이 있는 경우 판례에 의함)

① 본래 증거물이지만 증거서류의 성질도 가지고 있는 이른바 '증거물인 서면'을 조사하기 위해서는 증거서류의 조사방식인 낭독·내용고지 또는 열람의 절차와 증거물의 조사방식인 제시의 절차가 함께 이루어져야 한다.

② 피고인이나 변호인에게 최종의견 진술의 기회를 주지 아니한 채 변론을 종결하고 판결을 선고하는 것은 소송절차의 법령위반에 해당하지 않는다.

③ 피고인의 자백을 보강하는 증거나 정상에 관한 증거는 보강증거 또는 정상에 관한 증거라는 취지를 특히 명시하여 그 조사를 신청하여야 한다.

④ 증거조사와 피고인신문을 종료한 후 검사에게 의견진술의 기회를 주었음에도 검사가 양형에 관한 의견진술을 하지 않은 경우, 이는 판결에 영향을 미친 법률위반이 있는 경우에 해당한다고 할 수 없다.

증인에 대한 설명 중 가장 적절하지 <u>않은</u> 것은?(다툼이 있는 경우 판례에 의함)

① 피고인에게 불리한 증거인 증인이 주신문의 경우와 달리 반대신문에 대하여는 답변을 하지 아니하는 등 진술 내용의 모순이나 불합리를 그 증인신문 과정에서 드러내어 이를 탄핵하는 것이 사실상 곤란하였고, 그것이 피고인 또는 변호인에게 책임 있는 사유에 기인한 것이 아닌 경우라면, 관계 법령의 규정 혹은 증인의 특성 기타 공판절차의 특수성에 비추어 이를 정당화할 수 있는 특별한 사정이 존재하지 아니하는 이상, 이와 같이 실질적 반대신문권의 기회가 부여되지 아니한 채 이루어진 증인의 법정진술은 위법한 증거로서 증거능력을 인정하기 어렵다. 이 경우 피고인의 책문권 포기로 그 하자가 치유될 수 있으나, 책문권 포기의 의사는 명시적인 것이어야 한다.

② 반대신문의 기회에 주신문에 나타나지 아니한 새로운 사항에 관하여 신문하고자 할 때에는 재판장의 허가를 받아야 한다. 이 경우 새로운 신문사항은 주신문으로 본다.

③ 법원은 감치의 재판을 받은 증인이 감치의 집행 중에 증언을 한 때에는 즉시 감치결정을 취소하고 그 증인을 석방하도록 명하여야 한다.

④ 반대신문에 있어서 필요할 때에는 유도신문을 할 수 있고, 반대신문의 기회에 주신문에 나타나지 아니한 새로운 사항에 관하여 신문하고자 할 때에는 재판장의 허가를 받아야 하는 것은 아니다.

26

공판절차에 관한 설명 중 가장 적절하지 <u>않은</u> 것은?(다툼이 있는 경우 판례에 의함)

① 피고인이 공판정에서 공소사실에 대하여 자백한 때에는 법원은 그 공소사실에 한하여 간이공판절차에 의하여 심판할 것을 결정할 수 있다.

② 간이공판절차에 있어서는 통상의 절차에서 적용되는 전문법칙이 적용되지 않는다. 따라서 일정한 전문증거의 경우 검사, 피고인 또는 변호인이 증거로 함에 이의를 하지 않으면 동의가 있는 것으로 간주한다.

③ 제1심에서 적법하게 간이공판절차에 의하여 상당하다고 인정되는 방법으로 증거조사를 한 이상, 항소심에 이르러 범행을 부인한다고 하더라도 제1심에서 이미 증거능력이 있던 증거는 증거능력이 그대로 유지되므로 다시 증거조사할 필요가 없다.

④ 공판 개정 후 판사의 경질이 있는 때에는, 판결의 선고만을 하는 경우라 하더라도, 공판절차를 갱신하여야 한다.

27 ○△✕

증명에 관한 설명 중 가장 적절하지 <u>않은</u> 것은?(다툼이 있는 경우 판례에 의함)

① 양심상의 이유로 예비군훈련 거부를 주장하는 피고인은 자신의 예비군훈련 거부가 그에 따라 행동하지 않고서는 인격적 존재가치가 파멸되고 말 것이라는 절박하고 구체적인 양심에 따른 것이며 그 양심이 깊고 확고하며 진실한 것이라는 사실의 존재를 수긍할 만한 소명자료를 제시하고, 검사는 제시된 자료의 신빙성을 탄핵하는 방법으로 진정한 양심의 부존재를 증명할 수 있다.

② 횡령한 재물의 가액이 특정경제범죄 가중처벌 등에 관한 법률의 적용 기준이 되는 하한 금액을 초과한다는 점은 엄격한 증거에 의하여 증명되어야 한다.

③ 공모공동정범에 있어서 공모나 모의는 범죄될 사실이라 할 것이므로 이를 인정하기 위하여는 엄격한 증명에 의하여야 한다.

④ 범죄사실의 증명은 논리와 경험칙에 합치되는 한 간접증거로도 할 수 있으나, 살인죄와 같이 법정형이 무거운 범죄의 경우에는 직접증거가 있어야만 범죄사실을 증명할 수 있다.

28 ○△✕

증거능력에 관한 설명 중 가장 적절하지 <u>않은</u> 것은? (다툼이 있는 경우 판례에 의함)

① 수사기관에 의한 진술거부권 고지의 대상이 되는 피의자의 지위는 수사기관이 조사대상자에 대한 범죄혐의를 인정해 수사를 개시하는 행위를 한 때에 인정된다. 피의자의 지위에 있지 않은 자에 대해서는 진술거부권이 고지되지 않았다 하더라도 증거능력을 부정할 것은 아니다.

② 검사가 국가보안법위반죄로 구속영장을 발부받아 피의자신문을 한 다음, 구속기소한 후 다시 피의자를 소환하여 공범들과 조직구성 및 활동 등에 관한 신문을 하면서 피의자신문조서가 아닌 일반적인 진술조서의 형식으로 조서를 작성한 경우, 진술조서의 내용이 피의자신문조서와 실질적으로 같고, 진술의 임의성이 인정되는 경우라도 미리 피의자에게 진술거부권을 고지하지 않았다면 위법수집증거에 해당한다.

③ 甲은 외국인투자촉진법에 의한 신고와 관련하여 허위의 서류를 제출한 직접 당사자이고, 피고인인 乙은 이를 대행해 준 사람인데, 검사가 사전조사를 거쳐 허위의 외국인투자라는 정황들을 포착한 후에 甲을 참고인으로 소환하여 진술거부권을 고지하지 않은 채 참고인 진술조서를 작성한 경우, 아직 甲에 대한 입건을 하지 아니하였고 참고인조사시에는 진술거부권을 고지할 필요가 없다는 점을 감안할 때 위 진술조서를 위법수집증거로 볼 수는 없다.

④ 강도 현행범으로 체포된 피고인에게 진술거부권을 고지하지 아니한 채 강도범행에 대한 자백을 받고, 이를 기초로 "여죄에 대한 진술과 증거물"을 확보한 후 최초 자백 이후 피고인이 40여 일이 지난 후에 변호인의 충분한 조력을 받으면서 공개된 법정에서 임의로 자백하였고, 피해자 역시 법원의 적법한 소환에 따라 자발적으로 출석하여 위증의 벌을 경고받고 선서한 후 공개된 법정에서 임의로 이루어진 것이라면, 여죄에 대한 진술과 증거물은 예외적으로 증거로 할 수 있다.

29

○△☒

자백의 임의성에 관한 설명 중 가장 적절하지 <u>않은</u> 것은? (다툼이 있으면 판례에 의함)

① 피고인이 수사기관에서 가혹행위 등으로 인하여 임의성 없는 자백을 하고 그 후 법정에서도 임의성 없는 심리상태가 계속되어 동일한 내용의 자백을 하였다면 법정에서의 자백도 임의성 없는 자백이라고 보아야 한다.

② 임의성 없는 자백은 탄핵증거로도 사용할 수 없다.

③ 자백의 임의성에 다툼이 있을 때에는 그 임의성을 의심할 만한 합리적이고 구체적인 사실을 검사가 아니라 피고인이 입증하여야 한다.

④ 피고인의 자백이 임의성이 없다고 의심할 만한 사유가 있는 때에 해당한다 할지라도 그 임의성이 없다고 의심하게 된 사유들과 피고인의 자백과의 사이에 인과관계가 존재하지 않은 것이 명백한 때에는 그 자백은 임의성이 있는 것으로 인정된다.

30

○△☒

피의자신문조서에 관한 설명 중 옳은 것(○)과 옳지 않은 것(×)을 올바르게 조합한 것은?(다툼이 있는 경우 판례에 의함)

> ⊙ 사법경찰관이 작성한 양벌규정 위반 행위자의 피의자신문조서가 적법한 절차와 방식에 따라 작성된 것이지만, 공판기일에 양벌규정에 의해 기소된 사업주가 그 내용을 증거로 함에 동의하지 않고 그 내용을 부인하였다면 증거로 할 수 없다.
>
> ⓒ 공동피고인이 아닌 공범에 관한 검사 작성의 피의자신문조서가 증거능력을 인정받기 위해서는 피고인이 위 공범에 대한 피의자신문조서를 증거로 함에 동의하지 않는 이상, 그 공범이 현재의 사건에 증인으로 출석하여 그 서류의 성립의 진정을 인정하여야 한다.
>
> ⓒ 피고인과 공범관계가 있는 다른 피의자에 대한 검사 이외의 수사기관 작성의 피의자신문조서에 대하여는 사망 등 사유로 인하여 법정에서 진술할 수 없는 때에 예외적으로 증거능력을 인정하는 규정인 형사소송법 제314조가 적용되지 않는다.
>
> ② 피고인이 검사 작성의 피고인에 대한 피의자신문조서의 성립이 진정함을 인정하는 진술을 하고, 그 피의자신문조서에 대하여 증거조사가 완료되었다면, 절차적 안정성을 위해 진술의 취소는 허용될 수 없다.

① ⊙ (○)　　ⓒ (○)　　ⓒ (○)　　② (○)

② ⊙ (○)　　ⓒ (○)　　ⓒ (○)　　② (×)

③ ⊙ (○)　　ⓒ (×)　　ⓒ (○)　　② (○)

④ ⊙ (×)　　ⓒ (○)　　ⓒ (○)　　② (○)

31

ㅇ△✕

다음 서류들의 전문법칙 예외와 관련하여, 형사소송법 제315조에 따라 당연히 증거능력 있는 서류를 모두 고른 것은?(다툼이 있으면 판례에 의함)

> ㉠ 성매매업소에서 영업에 참고하기 위하여 성매매 상대방에 관한 정보를 입력하여 작성한 메모리카드
> ㉡ 그때그때의 출납내역을 기계적으로 작성한 비밀장부
> ㉢ 공무원인 주중국 영사가 상급자 등에 대한 보고를 목적으로 피고인 甲의 중국내 행적을 뒷조사하여 작성한 영사문서 중 공인을 제외한 부분
> ㉣ 육군과학수사연구소 실험분석관이 작성한 감정서
> ㉤ 체포·구속적부심문조서
> ㉥ 사법경찰관작성의 수사보고서 중 국가보안법상의 새세대16호라는 이적표현물에 대한 복사물
> ㉦ 주민들의 진정서사본

① ㉠, ㉡, ㉤, ㉥
② ㉡, ㉢, ㉤, ㉦
③ ㉡, ㉣, ㉤, ㉥
④ ㉢, ㉣, ㉤, ㉦

32

ㅇ△✕

증거동의에 대한 설명 중 가장 적절하지 <u>않은</u> 것은? (다툼이 있는 경우 판례에 의함)

① 피고인이 제1심 법정에서 경찰의 검증조서 가운데 범행 부분만 부동의하고 현장상황 부분에 대해서는 모두 증거로 함에 동의하였다면, 해당 검증조서 가운데 현장상황 부분만을 증거로 채용한 판결에 잘못이 없다.
② 일단 증거조사가 종료된 후에 증거동의의 의사표시를 취소 또는 철회하더라도 취소 또는 철회 이전에 이미 취득한 증거능력은 상실되지 않는다.
③ 피고인이 증거로 함에 동의하지 아니한다고 명시적인 의사표시를 한 경우가 아니라면 변호인도 증거동의할 수 있다.
④ 개개의 증거에 대하여 개별적인 증거조사방식을 거치지 아니하고 검사가 제시한 모든 증거에 대하여 피고인이 증거로 함에 동의한다는 방식은 증거동의로서의 효력이 없다.

33

ㅇ△✕

탄핵증거에 대한 설명 중 가장 적절하지 <u>않은</u> 것은? (다툼이 있는 경우 판례에 의함)

① 탄핵증거는 진술의 증명력을 감쇄하기 위하여 인정되는 것이고 범죄사실 또는 그 간접사실 인정의 증거로서는 허용되지 않는다.
② 검사가 탄핵증거로 신청한 체포·구속인접견부 사본은 피고인의 부인진술을 탄핵한다는 것이므로 결국 검사에게 입증책임이 있는 공소사실 자체를 입증하기 위한 것에 불과하므로 탄핵증거로 볼 수 없다.
③ 탄핵증거는 범죄사실을 인정하는 증거가 아니므로 엄격한 증거조사를 거쳐야 할 필요가 없음은 형사소송법 제318조의2의 규정에 따라 명백하다고 할 것이나, 법정에서 이에 대한 탄핵증거로서의 증거조사는 필요하다.
④ 탄핵증거의 제출에 있어서도 상대방에게 이에 대한 공격방어의 수단을 강구할 기회를 사전에 부여하여야 하지만, 증명력을 다투고자 하는 증거의 어느 부분에 의하여 진술의 어느 부분을 다투려고 한다는 것인지를 사전에 상대방에게 알려야 할 필요는 없다.

34

⬡△✕

자유심증주의에 대한 설명으로 가장 적절하지 <u>않은</u> 것은?(다툼이 있는 경우 판례에 의함)

① 조서의 내용에 대한 증명력은 전체적으로 고찰되어야 하므로, 진술조서의 기재 중 일부분을 믿고 다른 부분을 믿지 아니한다면 곧바로 부당하다고 평가되어야 한다.

② 부검의가 사체에 대한 부검을 실시한 후 어떤 것을 유력한 사망원인으로 지시한다고 하여 그 밖의 다른 사인이 존재할 가능성을 가볍게 배제하여서는 아니 되고, 특히 형사재판에서 부검의의 소견에 주로 의지하여 유죄의 인정을 하기 위해서는 다른 가능한 사망원인을 모두 배제하기 위한 치밀한 논증의 과정을 거치지 않으면 아니 된다.

③ 유전자검사 결과 주사기에서 마약성분과 함께 피고인의 혈흔이 확인됨으로써 피고인이 필로폰을 투약한 사정이 적극적으로 증명되는 경우, 반증의 여지가 있는 소변 및 모발검사에서 마약성분이 검출되지 않았다는 소극적 사정에 관한 증거만으로 이를 쉽사리 뒤집을 수 없다.

④ 동일한 사실관계에 관하여 이미 확정된 형사판결이 인정한 사실은 유력한 증거자료가 되므로, 그 형사재판의 사실판단을 채용하기 어렵다고 인정되는 특별한 사정이 없는 한 이와 배치되는 사실은 인정할 수 없다.

35

⬡△✕

기판력에 관한 다음 설명 중 가장 옳지 <u>않은</u> 것은?(다툼이 있는 경우 판례에 의함)

① 상습범으로 공소제기된 피고사건이 항소된 경우 기판력의 기준시점은 항소심 판결선고시이다.

② 상습범으로서 포괄적 일죄의 관계에 있는 여러 개의 범죄사실 중 일부에 대하여 유죄판결이 확정되었는데, 그 확정판결의 사실심판결 선고 전에 저질러진 나머지 범죄에 대하여 새로이 공소가 제기된 경우에 전의 확정판결에서 당해 피고인이 상습범으로 기소되지 않았더라도 법원은 면소판결을 하여야 한다.

③ 피고인이 동일한 행위에 관하여 외국에서 형사처벌을 과하는 확정판결을 받았다 하더라도 이런 외국판결은 우리나라에서는 기판력이 없으므로 여기에 일사부재리의 원칙이 적용될 수 없다.

④ 상상적 경합관계에 있는 1죄에 대한 확정판결의 기판력은 다른 죄에 대하여도 미친다.

36

⬡△✕

상소권회복청구에 관한 다음 설명 중 가장 적절하지 <u>않은</u> 것은?(다툼이 있는 경우 판례에 의함)

① 상소권회복의 청구를 받은 법원은 청구의 허부에 관한 결정을 하여야 하며, 법원의 결정에 대하여는 즉시항고를 할 수 있다.

② 상소권회복청구에서 상소권자 또는 그 대리인이 단순히 질병으로 입원하였었기에 상소하지 못하였다는 것은 상소권회복의 사유에 해당하지 아니한다.

③ 제1심이 공시송달의 방법으로 진행되어 피고인이 공소제기 사실이나 판결선고 사실을 전혀 몰랐다면, 피고인이 제1심판결에 대한 항소를 법정기간 내에 제기하지 못한 것은 피고인이 책임질 수 없는 사유로 인한 때에 해당한다.

④ 제1심 재판 또는 항소심 재판이 소송촉진 등에 관한 특례법이나 형사소송법 등에 따라 피고인이 출석하지 않은 가운데 불출석 재판으로 진행되었다면, 제1심판결에 대하여 검사의 항소에 의한 항소심판결이 선고되었더라도 피고인은 제1심판결에 대하여 적법하게 항소권회복청구를 할 수 있다.

37

불이익변경금지의 원칙에 대한 설명 중 적절한 것을 모두 고른 것은?(다툼이 있는 경우 판례에 의함)

○△×

ⓐ 소송비용의 부담을 명하는 재판을 하지 않은 제1심 및 환송 전 원심이 환송 후 소송비용의 부담을 명한 경우, 불이익변경금지원칙에 위배되지 않는다.

ⓑ 검사만 항소한 경우에 항소법원은 직권으로 양형부당 여부를 심판할 수 없고, 제1심보다 가벼운 형을 선고할 수 없다.

ⓒ 피고인만 상고한 사건에서 원심판결을 파기하고 사건을 항소심에 환송한 경우, 환송 전 원심판결과의 관계에서는 불이익변경금지의 원칙이 적용되지 않는다.

ⓓ 피고인만이 정식재판을 청구한 사건에서 약식명령의 형보다 중한 종류의 형을 선고하지 못할 뿐이므로, 약식명령의 벌금형보다 중한 벌금형을 선고하는 것은 허용된다.

ⓔ 검사가 재심을 청구한 경우라도 재심절차에서는 원판결의 형보다 중한 형을 선고하지 못한다.

① ㉠, ㉡, ㉢   ② ㉠, ㉣, ㉤

③ ㉡, ㉢, ㉣   ④ ㉢, ㉣, ㉤

38

재심절차에 관한 설명 중 가장 적절하지 않은 것은? (다툼이 있는 경우 판례에 의함)

○△×

① 판결이 위헌·위법 사유로 당연무효라고 하더라도 그것이 성립한 이상 형식적 확정력은 인정되고, 오히려 그러한 중대한 위헌·위법 상태를 바로잡기 위하여 재심의 대상이 될 수 있다.

② 불법감금죄로 고소된 사법경찰관에 대한 무혐의 결정에 관한 재정신청사건에서 법원이 불법감금 사실은 인정하면서 재정신청기각결정을 하여 확정된 경우에는 확정판결에 대신하는 증명이 있다고 할 수 있으므로 제420조 제7호의 재심이유가 된다.

③ 재심심판절차에서 사망자를 위하여 재심청구를 하였거나, 유죄의 선고를 받은 자가 재심개시 후 재심판결 전에 사망한 경우, 공소기각의 결정을 할 수 없고 실체판결을 하여야 한다.

④ 제420조 제5호 소정의 무죄 등을 인정할 '증거가 새로 발견된 때'라 함은 재심대상이 되는 확정판결의 소송절차에서 발견되지 못하였거나 또는 발견되었다 하더라도 제출할 수 없었던 증거로서 이를 새로 발견하였거나 비로소 제출할 수 있게 된 때를 의미하는 것이고, 헌법재판소법은 형벌에 관한 법령이 당초부터 헌법에 위반되어 헌법재판소가 위헌결정을 한 경우에만 적용되는바, 법원이 대통령의 긴급조치 등을 위헌선언한 경우에 있어서는 형사보상청구를 할 수 있음은 별론으로 하고 형사소송법상 재심청구는 불가능하다.

39

약식절차에 관한 설명 중 가장 적절하지 <u>않은</u> 것은? (다툼이 있는 경우 판례에 의함)

① 지방법원은 그 관할에 속한 사건에 대하여 검사의 청구가 있는 때에는 공판절차 없이 약식명령으로 피고인을 벌금, 과료 또는 몰수에 처할 수 있다.

② 검사는 약식명령을 청구하는 경우에 공소장일본 주의상 공소장 등약식명령 청구에 필요한 서류 외에 법관에게 예단을 생기게 할 수 있는 증거서류 및 증거물을 제출하여서는 아니된다.

③ 정식재판청구서에 청구인의 기명날인이 없는 경우에는 정식재판의 청구가 법령상의 방식을 위반한 것으로서 그 청구를 결정으로 기각하여야 하고, 이는 정식재판의 청구를 접수하는 법원공무원이 청구인의 기명날인이 없는데도 이에 대한 보정을 구하지 아니하고 적법한 청구가 있는 것으로 오인하여 청구서를 접수한 경우에도 마찬가지이다.

④ 형사소송법 제457조의2 제1항은 "피고인이 정식재판을 청구한 사건에 대하여는 약식명령의 형보다 중한 종류의 형을 선고하지 못한다."라고 규정하여, 정식재판청구 사건에서의 형종 상향 금지의 원칙을 정하고 있다. 위 형종 상향 금지의 원칙은 피고인이 정식재판을 청구한 사건과 다른 사건이 병합·심리된 후 경합범으로 처단되는 경우에도 정식재판을 청구한 사건에 대하여 그대로 적용된다.

40

다음 중 재판의 집행에 대한 설명 중 가장 적절하지 <u>않은</u> 것은?(다툼이 있으면 판례에 의함)

① 형사소송법 제488조의 의의신청은, 판결의 취지가 명료하지 않아 그 해석에 대한 의의가 있는 경우에 적용되는 것이고 같은 법 제489조의 이의신청은 재판의 집행에 관한 검사의 처분이 부당함을 이유로 하는 경우에 적용되는 것이므로 재판의 내용 자체를 부당하다고 주장하는 것은 이에 해당되지 아니한다.

② 사법경찰관리가 형집행장을 소지하지 아니한 경우에 급속을 요하는 때에는 상대방에 대하여 형집행 사유와 형집행장이 발부되었음을 고하고 집행할 수 있다. 따라서 사법경찰관리가 벌금 미납으로 인한 노역장 유치의 집행의 상대방에게 형집행 사유와 더불어 벌금 미납으로 인한 지명수배 사실을 고지하였다면, 비록 사전에 형집행장을 제시하지 않았다 하더라도 그와 같은 벌금형 집행은 적법한 것으로 보아야 한다.

③ 피고인이 범행 후 미국으로 도주하였다가 대한민국정부와 미합중국정부 간의 범죄인인도조약에 따라 체포된 후 인도절차를 밟기 위한 기간은 본형에 산입될 미결구금일수에 해당하지 아니한다.

④ 형사재판의 집행은 원칙적으로 재판확정 후 그 재판을 한 법원 또는 상소법원에 대응하는 검찰청 검사의 지휘로 집행하고, 그러한 재판의 집행을 받은 자는 집행에 관한 검사의 처분이 부당할 경우 그 재판을 선고한 법원에 이의신청을 할 수 있는바, 여기서 말하는 검사의 처분에는 구속집행정지기간의 형기 불산입에 관한 검사의 처분도 포함된다고 할 것이다.

제10회 경찰승진 최종모의고사

01

○△✕

실체진실주의에 대한 설명 중 가장 적절하지 <u>않은</u> 것은? (다툼이 있는 경우 판례에 의함)

① 법원은 당사자의 주장이나 입증에 구속받지 않고 사안의 진상을 규명한다는 점에서 형식적 진실주의와 구별된다.

② 형사소송법의 기본이념이지만 인권보장 등의 이유로 적정절차나 신속한 재판의 원칙에 의한 제약을 받지 않을 수 없다.

③ 적극적 실체진실주의와 소극적 실체진실주의가 충돌하는 경우 소극적 실체진실주의가 우선될 수밖에 없다.

④ 현행법은 실체적 진실주의를 실현하기 위해 소송절차에 있어서 뿐만 아니라 소송물에 대하여도 당사자의 처분을 허용하고 있다.

02

○△✕

다음 중 적절한 것은 모두 몇 개인가?(다툼이 있는 경우 판례에 의함)

> ㉠ 지방자치단체장이 구속기소된 경우 부단체장이 그 권한을 대행하도록 규정한 구 지방자치법 제111조 제1항 제2호는 무죄추정의 원칙에 어긋난다.
>
> ㉡ 수용자가 구치소 및 교도소에 수용되는 과정에서 알몸 상태로 가운만 입고 전자영상장비에 의한 신체검사기에 올라가 다리를 벌리고 용변을 보는 자세로 쪼그려 앉아 항문 부위에 대한 검사를 받은 경우 인격권 내지 신체의 자유 등을 침해하지 않아 헌법에 위반되지 않는다.
>
> ㉢ 불구속상태에 있는 지방자치단체의 장이 금고 이상의 형을 선고받고 그 형이 확정되지 아니한 경우 부단체장이 그 권한을 대행하도록 규정한 지방자치법 (2007.5.11. 법률 제8423호로 전부 개정된 것) 제111조 제1항 제3호는 무죄추정의 원칙과 과잉금지 원칙에 위배된다.
>
> ㉣ 금치처분을 받은 수형자에 대하여 금치기간 중 접견, 서신수발을 금지하고 있는 행형법시행령 제145조 제2항 중 접견, 서신수발 부분이 수형자의 통신의 자유 등을 침해하지 않아 헌법에 위반되지 않는다.
>
> ㉤ 유죄의 확정판결 전이라도 공소제기의 기초를 이루는 공무원의 비위사실이 인정되는 이상 그에 대해 징계처분을 내리는 것이 무죄추정의 권리를 침해하는 것이라 할 수 없다.

① 1개   ② 2개

③ 3개   ④ 4개

03

관할 및 재판권에 관한 설명 중 가장 적절한 것은?(다툼이 있는 경우 판례에 의함)

① 법원은 직권으로 관할을 조사하여야 하므로 법원은 피고인의 신청이 없더라도 토지관할이 없다는 것이 밝혀진 경우 관할위반 판결을 선고하여야 한다.

② 검사가 피고인이 입대하기 전의 행위를 기소하였는데, 공소제기 이후 피고인이 입대하여 군인이 된 경우 법원의 심리결과 공소사실이 유죄로 인정되면 위 행위는 피고인이 군인이 아닐 때 이루어진 것이므로 법원은 유죄판결을 선고하여야 한다.

③ 사물관할을 달리하는 수개의 관련사건이 각각 법원합의부와 단독판사에 계속된 때에는 수개의 관련사건은 사물관할을 달리하므로 합의부가 단독판사에 속한 사건을 병합하여 심리할 수 없다.

④ 관할이전의 신청을 기각한 결정에 대해서는 즉시항고를 할 수 있다는 규정이 없으므로, 관할이전의 신청을 기각한 원심결정에 대하여 재항고인은 불복할 수 없다.

04

국선변호인에 대한 설명으로 가장 적절하지 <u>않은</u> 것은?(다툼이 있는 경우 판례에 의함)

① 변호인의 선임은 심급마다 변호인과 연명날인한 서면으로 제출하여야 하므로 변호인 선임서를 제출하지 아니한 채 상고이유서만을 제출하고 상고이유서 제출기간이 경과한 후에 변호인 선임서를 제출하였다면, 그 상고이유서는 적법·유효한 상고이유서가 될 수 없다.

② 국민참여재판에 관하여 변호인이 없는 때에는 법원은 직권으로 변호인을 선정하여야 한다.

③ 구속영장이 청구되어 심문할 피의자에게 변호인이 없어 지방법원판사가 직권으로 변호인을 선정한 경우 변호인의 선정은 피의자에 대한 구속영장 청구가 기각되어 효력이 소멸하더라도 제1심까지 효력이 있다.

④ 국선변호인선정청구를 기각한 결정은 판결 전의 소송절차이므로, 그 결정에 대하여 즉시항고를 할 수 있는 근거가 없는 이상 그 결정에 대하여는 재항고도 할 수 없다.

05

소송행위에 대한 다음 설명 중 가장 적절하지 <u>않은</u> 것은? (다툼이 있는 경우 판례에 의함)

① 착오에 의한 소송행위가 무효로 되기 위해서는 통상인의 판단을 기준으로 하여 착오가 없었다면 그러한 소송행위를 하지 않았으리라고 인정되는 중요한 점에 관하여 착오가 있고 착오가 행위자 또는 대리인이 책임질 수 없는 사유로 인하여 발생하였으며 그 행위를 유효로 하는 것이 현저히 정의에 반한다고 인정될 것 등 세 가지 요건을 필요로 한다.

② 소송행위의 대리는 명문의 규정 이외에는 허용되지 않는다.

③ 형사사건의 판결문에 담당 판사의 서명날인이 누락돼 있다면 이는 자체로 판결에 영향을 미친 것으로 보아야 한다.

④ 세무공무원의 고발 없이 조세범칙사건의 공소가 제기된 후에 세무공무원이 고발한 경우에는 그 공소절차의 무효가 치유된다.

06

함정수사에 관한 설명 중 가장 적절한 것은?(다툼이 있는 경우 판례에 의함)

① 경찰관이 노래방 도우미 알선 영업 단속 실적을 올리기 위하여 그에 대한 첩보도 없는데도 손님을 가장하고 잠입해 도우미를 불러낸 경우 피고인의 범의를 유발케 한 것으로 위법하다.

② 위법한 함정수사에 기하여 공소를 제기한 경우 그 수사에 기하여 수집한 증거는 증거능력이 없다고 보아야 하므로 법원은 무죄판결을 하여야 한다.

③ 유인자가 수사기관과 직접적인 관련을 맺지 않은 상태에서 피유인자를 상대로 단순히 수차례 반복적으로 범행을 부탁하였을 뿐, 수사기관이 사술이나 계략 등을 사용하였다고 볼 수 없는 경우라 할지라도 그로 인하여 피유인자의 범의가 유발되었다면 위법한 함정수사에 해당한다.

④ 뇌물공여자들이 새롭게 당선된 군수인 피고인을 함정에 빠뜨리겠다는 의사로 뇌물을 공여한 것이었다면, 뇌물공여자들의 함정교사라는 사정은 피고인의 책임을 면하게 하는 사유가 될 수 있다.

다음 설명 중 가장 적절한 것은?(다툼이 있는 경우 판례에 의함)

① 친고죄의 공범인 甲, 乙 중 甲에 대하여 제1심판결이 선고되었더라도 제1심 판결선고 전의 乙에 대하여는 고소를 취소할 수 있고, 그 효력은 제1심 판결선고 전의 乙에게만 미친다.

② 고소의 주관적 불가분의 원칙은 조세범처벌법위반죄에서 소추조건으로 되어 있는 세무공무원의 고발에도 적용된다.

③ 세무공무원 등의 고발이 있어야 공소를 제기할 수 있는 조세범처벌법위반죄에 대하여 고발을 받아 수사한 검사가 불기소처분을 하였다가 나중에 공소를 제기하는 경우에는 세무공무원 등의 새로운 고발이 있어야 하는 것은 아니다.

④ 피해자가 피고인을 고소한 사건에서, 법원으로부터 증인으로 출석하라는 소환장을 받은 피해자가 자신에 대한 증인소환을 연기해 달라고 하거나 기일변경신청을 하고 출석을 하지 않는 경우, 법원은 이를 피해자의 처벌불원의 의사표시로 볼 수 있다.

자수에 대한 설명 중 가장 적절한 것은?(다툼이 있는 경우 판례에 의함)

① 피고인이 자수하였음에도 불구하고 법원이 형법 제52조 제1항에 따른 자수감경을 하지 않거나 자수감경 주장에 대하여 판단을 하지 않았더라도 위법하지 않다.

② 수사기관에의 자발적 신고 내용이 범행을 부인하는 등 범죄성립요건을 갖추지 아니한 경우에는 자수는 성립하지 않지만, 그 후 수사과정에서 범행을 시인하였다면 새롭게 자수가 성립될 여지가 있다.

③ 자수가 되기 위해서는, 범인이 자기의 범행으로서 범죄성립요건을 갖춘 객관적 사실을 자발적으로 수사관서에 신고하여 그 처분에 맡기는 것으로 족하지 않고, 더 나아가 법적으로 그 요건을 완전히 갖춘 범죄행위라고 적극적으로 인식하고 있어야 한다.

④ 범인이 수사기관에 뇌물수수의 범죄사실을 자발적으로 신고하였다면, 특정범죄가중처벌 등에 관한 법률의 적용을 피하기 위해 그 수뢰액을 실제보다 적게 신고한 것일지라도 자수는 성립한다.

09

피의자신문시 변호인 참여에 대한 설명으로 가장 적절하지 <u>않은</u> 것은?(다툼이 있는 경우 판례에 의함)

① 검사가 조사실에서 피의자를 신문할 때 도주, 자해 등의 위험이 없다면 교도관에게 피의자의 수갑 해제를 요청할 의무가 있고, 교도관은 이에 응하여야 한다.

② 검사 또는 사법경찰관은 피의자신문에 참여한 변호인이 피의자의 옆자리 등 실질적인 조력을 할 수 있는 위치에 앉도록 해야 하고, 정당한 사유가 없으면 피의자에 대한 법적인 조언·상담을 보장해야 하며, 법적인 조언·상담을 위한 변호인의 메모를 허용해야 한다.

③ 변호인이 피의자신문을 방해하거나 수사기밀을 누설할 염려가 있음이 객관적으로 명백한 경우가 아니더라도, 수사기관이 피의자신문을 하면서 변호인에 대하여 피의자로부터 떨어진 곳으로 옮겨 앉으라고 지시를 한 다음 이러한 지시에 따르지 않았음을 이유로 퇴실을 명하였다면, 이는 변호인의 피의자신문 참여권에 대한 정당한 제한이라 할 수 있다.

④ 피의자신문에 참여한 변호인은 검사 또는 사법경찰관의 신문 후 조서를 열람하고 별도의 서면으로 의견을 제출할 수 있으며, 검사 또는 사법경찰관은 해당 서면을 사건기록에 편철한다.

10

수사에 대한 설명 중 가장 적절하지 <u>않은</u> 것은?(다툼이 있는 경우 판례에 의함)

① 검사가 경찰청 소속 사법경찰관이 신청한 영장을 정당한 이유 없이 판사에게 청구하지 아니한 경우 경찰청 소속 사법경찰관은 그 검사 소속의 지방검찰청 소재지를 관할하는 고등검찰청에 영장청구 여부에 대한 심의를 신청할 수 있다.

② 수사기관으로부터 수사에 관하여 사실조회를 요구받은 공무소 기타 공사단체는 이를 보고할 의무가 있으므로 사실조회는 강제수사의 한 방법이다.

③ 압수·수색영장에 의해 피의자의 소변을 채취하고자 하는 경우에 임의동행을 기대할 수 없는 사정이 있는 때에는, 수사기관은 인근병원 등 채취에 적합한 장소로 피의자를 데려가기 위해 필요 최소한의 유형력을 행사하는 것이 허용된다.

④ 위법한 체포상태에서 마약투약 혐의를 확인하기 위한 채뇨요구가 이루어진 경우 그 일련의 과정을 전체적으로 보아 그 채뇨요구는 위법하다.

11

□△✕

현행범인에 대한 강제처분에 관한 설명 중 가장 적절하지 <u>않은</u> 것은?(다툼이 있는 경우 판례에 의함)

① 경찰관의 현행범인 체포 경위 및 그에 관한 현행범인 체포서와 범죄사실의 기재에 다소 차이가 있더라도 그것이 논리와 경험칙상 장소적·시간적 동일성이 인정되는 범위 내라면 그 체포행위가 공무집행방해죄의 요건인 적법한 공무집행에 해당한다.

② 경찰관의 불심검문을 받아 운전면허증을 교부한 후 경찰관에게 큰 소리로 욕설을 한 경우 모욕죄의 현행범으로 체포한 행위는 적법하다.

③ 경찰관이 음주운전의 신고를 받고 출동하였는데, 피의자가 음주운전을 종료한 후 40여분이 경과한 시점에서 길가에 앉아 있는 것을 발견하고 술냄새가 난다는 점만을 근거로 피의자를 음주운전의 현행범으로 체포하려는 경우, 그 현행범 체포는 위법하다.

④ 수사기관이 아닌 자가 현행범인을 체포한 때에는 즉시 검사 또는 사법경찰관리에게 인도하여야 하며, 이때 '즉시'라고 함은 반드시 체포시점과 시간적으로 밀착된 시점이어야 한다는 것은 아니다.

12

□△✕

구속에 관한 설명 중 가장 적절하지 <u>않은</u> 것은?

① 사법경찰관이 피의자를 구속한 때에는 10일 이내에 피의자를 검사에게 인치하지 아니하면 석방하여야 한다.

② 피고인을 구속한 때에는 즉시 공소사실의 요지와 변호인을 선임할 수 있음을 알려야 한다.

③ 구속기간의 말일이 공휴일 또는 토요일이면 구속기간에 산입하지 아니한다.

④ 구속 전 피의자심문을 위하여 법원이 구속영장청구서 수사 관계 서류 및 증거물을 접수한 날부터 구속영장을 발부하여 검찰청에 반환한 날까지의 기간은 구속기간에 산입하지 아니한다.

13

□△✕

다음 사례에 대한 설명 중 가장 적절하지 <u>않은</u> 것은?(다툼이 있는 경우 판례에 의함)

사법경찰관 甲은 ○○노동조합 시위현장에서 6명의 조합원을 ㉠ 집회 및 시위에 관한 법률 위반 혐의로 현행범 체포 후 경찰서로 연행하였고, ㉡ 그 과정에서 체포의 이유를 설명하지 않다가 조합원들의 항의를 받고 1시간이 지난 후 그 이유를 설명하였다. 한편 위 노동조합으로부터 사전에 "조합원이 경찰에 강제 연행될 경우 신속한 변호사 접견이 이루어질 수 있도록 적절한 조치를 취해 달라"는 공문을 받은 ㉢ 변호사 A는 시위 현장에서 위 상황을 목격한 후 甲에게 자신이 변호사임을 밝히고 노동조합의 공문을 보여주며 조합원들을 접견할 수 있도록 해 달라고 요청하였다. ㉣ 하지만 甲은 이에 응하지 않았다.

① ㉠과 관련, 현행범 체포의 요건을 갖추었는지를 판단할 때 수사기관에 상당한 재량의 여지가 있으나, 체포 당시 상황으로 보아도 체포 요건 충족에 관한 甲의 판단이 경험칙에 비추어 현저히 합리성을 잃은 경우에는 체포는 위법하다.

② ㉡과 관련, 특별한 사정이 없는 한 체포 당시에 체포 이유를 고지하였어야 하므로 항의를 받은 후에야 체포 이유를 고지한 것은 위법하다.

③ ㉢과 관련, A는 변호인이 아니기 때문에 접견교통권을 갖지 못한다.

④ ㉣과 관련, A는 법원에 甲의 처분의 취소를 청구할 수 있다.

14

압수·수색에 관한 다음 설명 중 적절하지 <u>않은</u> 것은? (다툼이 있으면 판례에 의함)

① 경찰이 피의자들의 브래지어를 자살에 사용될 우려가 있는 물건으로 보고 언제든지 이를 제출하도록 한 것은 유치인에게 불필요한 고통과 수치심을 주지 않는 취지에서 신체검사의 유형을 세분화하고 있는 호송규칙에도 어긋난다.

② 검사는 범죄수사에 필요한 때에는 증거물 또는 몰수할 것으로 사료하는 물건을 법원으로부터 영장을 발부받아서 압수할 수 있는 것이고, 합리적인 의심의 여지가 없을 정도로 범죄사실이 인정되는 경우에만 압수할 수 있는 것은 아니다.

③ 아직 수사나 공판 등 형사절차가 개시되지 아니하여 피의자 또는 피고인에 해당한다고 볼 수 없는 사람이 일상적 생활관계에서 변호사와 상담한 법률자문에 대하여도 변호인의 조력을 받을 권리의 내용으로서 그 비밀의 공개를 거부할 수 있는 의뢰인의 특권을 도출할 수 있다거나, 위 특권에 의하여 의뢰인의 동의가 없는 관련 압수물은 압수절차의 위법 여부와 관계없이 형사재판의 증거로 사용할 수 없다는 견해는 받아들일 수 없다.

④ 검사가 준항고인들의 폐수무단방류혐의가 인정된다는 이유로 준항고인들의 공장부지, 건물, 기계류 일체 및 폐수운반차량 7대에 대하여 한 압수처분은 위법하다고 할 수 없다.

15

압수·수색에 관한 설명 중 가장 적절하지 <u>않은</u> 것은? (다툼이 있는 경우 판례에 의함)

① 경찰관이 현행범인 체포 당시 피의자로부터 임의제출방식으로 압수한 휴대전화기에 대하여 작성한 압수조서 중 압수경위란에 피의자의 범행을 목격한 사람의 진술이 기재된 경우, 이는 형사소송법 제312조 제5항에서 정한 '피고인이 아닌 자가 수사과정에서 작성한 진술서'에 준하는 것으로 볼 수 있지만, 휴대전화기에 대한 임의제출절차가 적법하지 않다면 위 압수조서에 기재된 피의자의 범행을 목격한 사람의 진술 역시 피의자가 증거로 함에 동의하더라도 유죄를 인정하기 위한 증거로 사용할 수 없다.

② 수사기관이 압수·수색을 실시하여 그 집행을 종료하였다면 영장의 유효기간이 남아있다고 하더라도 그 영장의 효력은 상실된다.

③ 전자정보에 대한 압수·수색영장에 기하여 저장매체 자체를 반출한 후 유관정보를 탐색하는 과정에서 당해 영장의 범죄혐의와는 다른 별도의 범죄혐의와 관련된 증거를 발견하게 되어 이를 압수하려는 경우에는 더 이상의 집행을 중단하고 법원으로부터 별도의 범죄혐의에 대한 압수·수색영장을 발부받아야 한다.

④ 피의자의 이메일 계정에 대한 접근권한에 갈음하여 발부받은 압수·수색영장의 집행에 필요한 처분은 원격지 서버에 있는 피의자의 이메일 등 관련 전자정보를 수색장소의 정보처리장치로 내려받거나 그 화면에 현출시키는 행위와 같이 집행의 목적을 달성하기 위한 필요 최소한도의 범위 내에서 그 수단과 목적에 비추어 사회통념상 상당하다고 인정되는 행위이어야 한다.

16

다음 압수·수색 중 적법하지 <u>않은</u> 것은?(다툼이 있는 경우 판례에 의함)

① 피고인이 국제항공특송화물 속에 필로폰을 숨겨 수입할 것이라는 정보를 입수한 사법경찰관이 이른바 '통제배달'을 하기 위해, 세관공무원의 협조를 받아 특송화물을 통관절차를 거치지 않고 가져와 개봉하여 그 속의 필로폰을 압수하였지만, 사전 또는 사후에 영장을 받지는 않았다.

② 음란물유포의 범죄혐의를 이유로 압수·수색영장을 발부받은 사법경찰관이 피의자의 주거지를 수색하는 과정에서 대마를 발견하자 피의자를 마약류관리에 관한 법률 위반죄의 현행범으로 체포하면서 대마를 압수하고 그 다음 날 피의자를 석방하면서 압수한 대마에 대해 사후 압수·수색영장을 발부받았다.

③ 사법경찰관이 현행범 체포의 현장에서 소지자로부터 임의로 제출하는 물건을 영장 없이 압수하고 사후에 압수·수색 영장을 발부받지 않았다.

④ 사법경찰관은 2017.3.1. 10:00 보이스피싱 혐의로 피의자를 긴급체포하고 그 다음 날인 3.2. 09:00 피의자가 보관하고 있던 다른 사람의 주민등록증을 발견하고 압수한 다음, 그것을 계속 압수할 필요가 있다고 판단하여 곧바로 검사에게 사후영장 청구를 신청하였고 검사는 같은 날 11:00 사후영장을 청구하였다.

17

증거보전과 증인신문에 관한 설명 중 가장 적절하지 <u>않은</u> 것은?(다툼이 있으면 판례에 의함)

① 증거보전청구를 기각하는 결정에 대하여는 항고할 수 있으나, 증인신문청구를 기각하는 결정에 대하여는 불복할 수 없다.

② 재심청구사건에서도 실체적 진실발견을 위하여 증거보전청구가 예외적으로 허용된다.

③ 검사가 형사소송법 제221조의2 제2항에 의한 증인신문청구를 하려면 증인의 진술로서 증명할 대상인 피의사실이 존재하여야 하고, 피의사실은 수사기관이 어떤 자에 대하여 내심으로 혐의를 품고 있는 정도의 상태만으로는 존재한다고 할 수 없고 고소, 고발 또는 자수를 받거나 또는 수사기관 스스로 범죄의 혐의가 있다고 보아 수사를 개시하는 범죄의 인지 등 수사의 대상으로 삼고 있음을 외부적으로 표현한 때에 비로소 그 존재를 인정할 수 있다.

④ 증인신문조서가 증거보전절차에서 피고인이 증인으로서 증언한 내용을 기재한 것이 아니라 증인(갑)의 증언내용을 기재한 것이고 다만 피의자였던 피고인이 당사자로 참여하여 자신의 범행사실을 시인하는 전제하에 위 증인에게 반대신문한 내용이 기재되어 있을 뿐이라면, 위 조서 중 피의자의 진술기재부분에 대하여는 형사소송법 제311조에 의한 증거능력을 인정할 수 없다.

18

재정신청에 대한 설명으로 가장 적절하지 <u>않은</u> 것은? (다툼이 있는 경우 판례에 의함)

① 재정신청 제기기간이 경과된 후에 재정신청보충서를 제출하면서 원래의 재정신청에 재정신청 대상으로 포함되어 있지 않은 고발사실을 재정신청의 대상으로 추가한 경우, 그 재정신청보충서에서 추가한 부분에 관한 재정신청은 법률상 방식에 어긋난 것으로서 부적법하다.

② 구금 중인 고소인이 재정신청서를 재정신청이 허용되는 기간 내에 교도소장에게 제출하였다면, 재정신청서가 이 기간 내에 불기소처분을 한 검사가 소속한 지방검찰청 검사장 또는 지청장에게 도달하지 않았더라도 적법한 재정신청서의 제출이라고 할 수 있다.

③ 재정신청이 있으면 재정결정이 확정될 때까지 공소시효의 진행이 정지되고 공소제기결정이 있는 때에는 공소시효에 관하여 그 결정이 있는 날에 공소가 제기된 것으로 본다.

④ 형사소송법 제262조 제4항 후문은 재정신청 기각결정이 확정된 사건에 대하여는 다른 중요한 증거를 발견한 경우를 제외하고는 소추할 수 없다고 규정하고 있는데, 여기에서 '다른 중요한 증거를 발견한 경우'란 재정신청 기각결정 당시에 제출된 증거에 새로 발견된 증거를 추가하면 충분히 유죄의 확신을 가지게 될 정도의 증거가 있는 경우를 말한다.

19

공소시효에 관한 설명 중 가장 적절하지 <u>않은</u> 것은? (다툼이 있는 경우 판례에 의함)

① 형법에 의하여 형을 가중 또는 감경한 경우에는 가중 또는 감경한 형에 의하여 공소시효의 규정을 적용한다.

② 미수범의 범죄행위는 행위를 종료하지 못하였거나 결과가 발생하지 아니하여 더 이상 범죄가 진행될 수 없는 때에 종료하고, 그때부터 미수범의 공소시효가 진행한다.

③ 부정수표단속법 제2조 제2항 위반의 범죄의 경우 공소시효는 예금부족으로 인하여 제시일에 지급되지 아니할 것이라는 결과 발생을 예견하고 발행인이 수표를 발행한 때부터 진행하는 것이지 수표소지인이 발행 일자를 보충 기재하여 제시하고 그 제시일에 수표금의 지급이 거절된 때부터 진행하는 것은 아니다.

④ 공소가 제기된 범죄는 판결의 확정이 없이 공소를 제기한 때로부터 25년을 경과하면 공소시효가 완성한 것으로 간주한다.

20

검사 A는 공소사실의 일부가 되는 범죄일람표를 컴퓨터 프로그램을 통하여 열어보거나 출력할 수 있는 전자적 형태의 문서로 작성한 후, 종이문서로 출력하여 제출하지 아니하고 전자적 형태의 문서가 저장된 저장매체 자체를 서면인 공소장에 첨부하여 제출하였다. 이에 대한 설명으로 옳고 그름의 표시(○, ×)가 바르게 된 것은?(다툼이 있는 경우 판례에 의함)

> ㉠ 서면인 공소장에 기재된 부분에 한하여 공소가 제기된 것으로 볼 수 있을 뿐이고, ㉡ 저장매체에 저장된 전자적 형태의 문서 부분까지 공소가 제기된 것이라고 할 수는 없다. ㉢ 이러한 형태의 공소제기를 허용하는 별도의 규정이 없을 뿐만 아니라, 저장매체나 전자적 형태의 문서를 공소장의 일부로서의 '서면'으로 볼 수도 없기 때문이다. ㉣ 하지만 전자적 형태의 문서의 양이 방대하여 그와 같은 방식의 공소제기를 허용해야 할 현실적인 필요가 있다거나 피고인과 변호인이 이의를 제기하지 않고 변론에 응하였다고 한다면 하자가 치유될 수 있다.

① ㉠ (○)　　㉡ (○)　　㉢ (○)　　㉣ (○)
② ㉠ (○)　　㉡ (○)　　㉢ (○)　　㉣ (×)
③ ㉠ (○)　　㉡ (○)　　㉢ (×)　　㉣ (○)
④ ㉠ (×)　　㉡ (×)　　㉢ (○)　　㉣ (×)

21

공소장변경에 관한 설명 중 적절하지 않은 것은 모두 몇 개인가?(다툼이 있으면 판례에 의함)

> ㉠ 피고인의 방어권 행사에 실질적인 불이익을 초래할 염려가 없는 경우에는 공소사실과 기본적 사실이 동일한 범위 내에서 법원이 공소장변경절차를 거치지 아니하고 다르게 사실을 인정하더라도 불고불리 원칙에 위배되지 아니한다.
>
> ㉡ 공소장변경 절차 없이도 법원이 심리·판단할 수 있는 죄가 한 개가 아니라 여러 개인 경우에는, 법원으로서는 그 중 하나를 임의로 선택할 수 있고, 검사에게 공소사실 및 적용법조에 관한 석명을 구하여 공소장을 보완하게 한 다음 이에 따라 심리·판단하여야 할 것은 아니다.
>
> ㉢ 공소사실 또는 적용법조의 추가, 철회 또는 변경의 허가에 관한 결정은 판결전의 소송절차에 관한 결정이라 할 것이므로, 그 결정을 함에 있어서 저지른 위법이 판결에 영향을 미친 경우에 한하여 그 판결에 대하여 상소를 하여 다툼으로써 불복하는 외에는 당사자가 이에 대하여 독립하여 상소할 수 없다.
>
> ㉣ 검사가 단순사기의 공소사실에 형법 제347조 제1항을 적용하여 기소한 경우에는 비록 상습성이 인정된다고 하더라도 공소장의 변경 없이는 법원이 상습사기로 인정하여 처벌할 수는 없다.
>
> ㉤ 검사가 구두로 공소장변경허가신청을 하면서 변경하려는 공소사실의 일부만 진술하고 나머지는 전자적 형태의 문서로 저장한 저장매체를 제출한 경우, 저장매체에 저장된 전자적 형태의 문서로 제출된 부분은 공소장변경허가신청이 된 것이라고 할 수 없으므로 법원이 그 부분에 대해서까지 공소장변경허가를 하였더라도 적법하게 공소장변경이 된 것으로 볼 수 없다.

① 1개　　　　　　② 2개
③ 3개　　　　　　④ 4개

22

공개재판의 원칙과 관련한 설명 중 가장 적절하지 <u>않</u>은 것은?(다툼이 있는 경우 판례에 의함)

① 공개주의는 검사의 공소제기절차에는 적용되지 않으므로 공소제기 전까지 피고인이 공소제기의 여부나 그 내용을 알 수 없었다고 하더라도 공개주의에 위반되지 않는다.

② 공개주의란 모든 국민이 참관하는 것을 의미하는 것은 아니므로 재판장은 법정질서를 유지하기 위해 필요하다고 판단될 때 방청인의 수를 제한할 수도 있고, 특정인에 대하여 퇴정을 명할 수도 있다.

③ 재판장은 공공의 이익을 위하여 상당한 이유가 있는 경우라도 피고인의 동의가 있는 경우에 한하여 법정 안에서 녹화, 촬영, 중계방송 등의 행위를 허가할 수 있다.

④ 헌법 제109조, 법원조직법 제57조 제1항에서 정한 공개금지사유가 없음에도 불구하고 재판의 심리에 관한 공개를 금지하기로 결정하였다면 그러한 공개금지결정은 피고인의 공개재판을 받을 권리를 침해한 것으로서 그 절차에 의하여 이루어진 증인의 증언은 증거능력이 없다고 볼 것이고 심리에 참여한 변호인이 충분히 반대신문을 하였다 하더라도 달리 볼 수 없다.

23

증거개시에 관한 다음 설명 중 가장 적절하지 <u>않</u>은 것은?(다툼이 있는 경우 판례에 의함)

① 피고인 또는 변호인은 검사에게 공소제기된 사건에 관한 서류 또는 물건의 목록과 공소사실의 인정 또는 양형에 영향을 미칠 수 있는 서류 등의 열람·등사 또는 서면의 교부를 신청할 수 있는데, 피고인에게 변호인이 있는 경우에는 피고인은 열람만을 신청할 수 있다.

② 검사는 국가안보, 증인보호의 필요성 등 열람·등사 또는 서면의 교부를 허용하지 아니할 상당한 이유가 있다고 인정하는 때에는 열람·등사 또는 서면의 교부를 거부하거나 그 범위를 제한할 수 있는데, 이 경우 서류 등의 목록에 대하여는 열람 또는 등사를 거부할 수 없다.

③ 피고인 또는 변호인은 검사가 서류 등의 열람·등사 또는 서면의 교부를 거부하거나 그 범위를 제한한 때에는 법원에 그 서류 등의 열람·등사 또는 서면의 교부를 허용하도록 할 것을 신청할 수 있고, 검사는 열람·등사 또는 서면의 교부에 관한 법원의 결정을 지체 없이 이행하지 아니한 때에는 해당 증인 및 서류 등에 대한 증거신청을 할 수 없다.

④ 법원이 한 열람·등사 허용결정에 대해 검사가 등사만을 거부한 경우 등사 거부행위에 정당한 사유가 존재하는지 여부에 대하여 별도로 심사할 필요 없이 그 등사 거부행위 자체만으로 기본권이 침해되었다고 볼 것은 아니다.

24

증거조사에 대한 설명으로 가장 적절하지 <u>않은</u> 것은? (다툼이 있는 경우 판례에 의함)

① 법원은 검사가 신청한 증거를 조사한 후 피고인 또는 변호인이 신청한 증거를 조사한다.

② 검사, 피고인 또는 변호인의 신청에 따라 증거서류를 조사하는 때에는 신청인이 이를 낭독하여야 한다.

③ 법원은 증거결정을 함에 있어서 필요하다고 인정할 때에는 그 증거에 대한 검사, 피고인 또는 변호인의 의견을 들어야 한다.

④ 법원이 필요하지 않다고 인정할 때에는 증거를 조사하지 않을 수 있는 것이므로, 법원이 검사의 증인 신청을 받아들이지 않았다고 하더라도 이를 두고 위법하다고 할 수는 없다.

25

증언거부권에 관한 설명 중 가장 적절하지 <u>않은</u> 것은?(다툼이 있는 경우 판례에 의함)

① 증언거부사유가 있음에도 증인이 증언거부권을 고지받지 못함으로 인하여 그 증언거부권을 행사하는 데 사실상 장애가 초래되었다고 볼 수 있는 경우에는 위증죄가 성립하지 아니한다.

② 전 남편에 대한 도로교통법 위반(음주운전)사건의 증인으로 법정에 출석한 전처가 증언거부권을 고지받지 않은 채 공소사실을 부인하는 전 남편의 변명에 부합하는 내용을 적극적으로 허위 진술한 사안에서, 증인으로 출석하여 증언한 경위와 그 증언내용, 증언거부권을 고지받았더라도 그와 같이 증언을 하였을 것이라는 취지의 진술 내용 등을 종합적으로 고려할지라도 증언거부권에 대한 절차적 보장이라는 취지상, 이러한 경우에도 위증죄가 성립하지 아니한다.

③ 형사소송법 제148조(근친자의 증언거부)에서 '형사소추'는 증인이 이미 저지른 범죄사실에 대한 것을 의미한다고 할 것이므로, 증인의 증언에 의하여 비로소 범죄가 성립하는 경우에는 형사소송법 제160조, 제148조 소정의 증언거부권 고지대상이 된다고 할 수 없다.

④ 증언거부권을 고지받을 권리는 헌법 제12조 제2항의 진술거부권에 의하여 바로 국민의 기본권으로 보장된다고 볼 수 없으므로, 증언거부권의 고지절차가 명문으로 규정되어 있지 않은 '국회에서의 증언·감정 등에 관한 법률'에도 형사소송법상 증언거부권의 고지절차가 유추적용된다고 볼 수 없다.

26

공판절차의 정지 및 갱신에 관한 설명 중 가장 적절하지 <u>않은</u> 것은?

① 국민참여재판에서 공판절차가 개시된 후 새로 참여하는 배심원 또는 예비배심원이 있는 때에는 공판절차를 갱신하여야 한다.

② 법원은 공소장변경이 피고인의 불이익을 증가할 염려가 있다고 인정한 때에는 직권 또는 피고인이나 변호인의 청구에 의하여 피고인으로 하여금 필요한 방어의 준비를 하게 하기 위하여 결정으로 필요한 기간 공판절차를 정지할 수 있다.

③ 공판 개정 후 판사의 경질이 있는 때에는 공판절차를 갱신하여야 한다. 단, 판결만을 선고하는 경우에는 예외로 한다.

④ 공판 개정 후 피고인의 질병으로 공판절차가 정지된 경우에는 그 정지사유가 소멸한 후의 공판기일에서 공판절차를 갱신하여야 한다.

27

자유로운 증명에 해당하는 것을 모두 고른 것은?(다툼이 있는 경우 판례에 의함)

> ㉠ 범죄단체의 구성, 가입행위 자체
> ㉡ 형사소송법 제312조 제4항에서 정한 '특히 신빙할 수 있는 상태'의 존재
> ㉢ 형법 제6조 단서에서 정한 '외국법규의 존재'와 관련하여 행위지의 법률에 의하여 범죄를 구성하는지 여부
> ㉣ 몰수 · 추징의 대상이 되는지 여부나 추징액의 인정
> ㉤ 목적과 용도를 정하여 위탁한 금전을 수탁자가 임의로 소비하여 횡령죄가 성립하는 경우 피해자 등이 목적과 용도를 정하여 금전을 위탁한 사실과 그 목적과 용도가 무엇인가라는 점
> ㉥ 구 도로법 제54조 제2항에 의한 '적재량 측정 요구'

① ㉠, ㉡, ㉥

② ㉠, ㉢, ㉤

③ ㉡, ㉣

④ ㉡, ㉣, ㉥

28

위법수집증거배제법칙에 대한 설명 중 가장 적절하지 <u>않은</u> 것은?(다툼이 있는 경우 판례에 의함)

① 증인이 친분이 있던 피해자와 통화를 마친 후 전화가 끊기지 않은 상태에서 휴대전화를 통하여 몸싸움을 연상시키는 '악' 하는 소리와 '우당탕' 소리를 1~2분 들었다고 증언한 경우, 그 소리는 통신비밀보호법에서 말하는 타인 간의 대화에 해당하지 않는다.

② 수사기관 사무실 등으로 옮긴 저장매체에서 범죄혐의와 관련성에 대한 구분 없이 저장된 전자정보 중 임의로 문서출력 또는 파일복사를 하는 행위는 특별한 사정이 없는 한 영장주의 등 원칙에 반하는 위법한 집행이 된다.

③ 피고인이 범행 후 피해자에게 전화를 걸어오자 피해자가 증거를 수집하려고 그 전화내용을 녹음한 경우, 그 녹음테이프가 피고인 모르게 녹음된 것이면 그 녹음테이프는 위법하게 수집된 증거이다.

④ 검찰관이 피고인을 뇌물수수 혐의로 기소한 후, 형사사법공조절차를 거치지 아니한 채 외국에 현지출장하여 그곳에서 뇌물공여자를 상대로 참고인 진술조서를 작성한 경우 그 진술조서는 위법수집증거에 해당하지 않는다.

29 ☐△✕

전문법칙에 대한 설명 중 가장 적절하지 <u>않은</u> 것은? (다툼이 있으면 판례에 의함)

① 특정범죄신고자 등 보호법 등에서처럼 명시적으로 진술자의 인적 사항의 전부 또는 일부의 기재를 생략할 수 있도록 한 경우가 아니라 하더라도, 진술자와 피고인의 관계, 범죄의 종류, 진술자 보호의 필요성 등 여러 사정으로 볼 때 상당한 이유가 있는 경우에는 수사기관이 진술자의 성명을 가명으로 기재하여 조서를 작성하였다고 해서 그 이유만으로 그 조서가 '적법한 절차와 방식'에 따라 작성되지 않았다고 할 것은 아니다.

② 어떠한 내용의 진술을 하였다는 사실 자체에 대한 정황증거로 사용될 것이라는 이유로 서류의 증거능력을 인정한 다음 그 사실을 다시 진술 내용이나 그 진실성을 증명하는 간접사실로 사용하는 경우에 그 서류는 전문증거에 해당한다.

③ 사법경찰관이 수사의 경위 및 결과를 내부적으로 보고하기 위하여 수사보고서를 작성하면서 그 수사보고서에 검증의 결과와 관련한 기재를 하였더라도 그 수사보고서를 두고 형사소송법 제312조 제1항(현행 제312조 제6항)이 규정하고 있는 '검사 또는 사법경찰관이 검증의 결과를 기재한 조서'라고 할 수는 없다.

④ 사법경찰관이 작성한 피고인 아닌 자에 대한 진술조서에 대하여 실질적 진정성립의 인정여부를 묻는 재판장의 질문에, 증인으로 출석한 자가 "수사단계에서 사실대로 진술하고 확인했다."라고 진술한 경우 실질적 진정성립을 인정하였다고 볼 수 있다.

30 ☐△✕

전문서류의 증거능력에 관한 설명 중 가장 적절하지 <u>않은</u> 것은?(다툼이 있는 경우 판례에 의함)

① 피고인이 작성한 진술서가 증거능력이 인정되기 위해서는 자필이거나 날인 또는 서명이 있는 것으로서 작성자인 피고인이 공판준비 또는 공판기일에 그 성립의 진정함을 인정하여야 한다. 다만, 작성자인 피고인이 성립의 진정을 부인하는 경우에는 과학적 분석결과에 기초한 디지털포렌식 자료, 감정 등 객관적 방법으로 성립의 진정함이 증명되는 때에는 증거로 할 수 있다.

② 실황조사는 임의수사이므로 범행 중 또는 범행실행 직후에 실황조사서가 작성된 경우에는 작성자의 공판준비 또는 공판기일의 진술로 실질적 진정성립이 증명되면 증거능력이 인정되고, 특별히 사후영장을 발부받을 필요는 없다.

③ 사법경찰관 작성의 검증조서에 기재된 피고인의 진술내용 및 범행을 재연한 부분에 대하여 그 성립의 진정 및 내용을 인정한 사실이 없다면 증거능력을 인정할 수 없다.

④ 압수된 디지털 저장매체로부터 출력한 (피고인 아닌 A가 작성한) 문건을 진술증거로 사용하는 경우, 그 기재 내용의 진실성에 관하여는 전문법칙이 적용되므로 형사소송법 제313조 제1항에 따라 그 작성자인 A의 공판준비 또는 공판기일의 진술에 의하여 그 성립의 진정함이 증명된 때에 한하여 이를 증거로 사용할 수 있다. 다만, A가 성립의 진정을 부인하는 경우에는 디지털포렌식, 감정 그밖의 객관적 방법에 의해 진정성립을 대체 증명하고 피고인이나 그 변호인에게 A에 대한 반대신문의 기회를 부여한 경우에 한하여 증거로 할 수 있다.

31

□△✕

형사소송법 제315조에 의하여 당연히 증거능력이 인정되는 것으로 가장 적절하지 <u>않은</u> 것은?(다툼이 있는 경우 판례에 의함)

① 보험사기 사건에서 건강보험심사평가원이 수사기관의 의뢰에 따라 수사기관이 보내온 자료를 토대로 입원진료의 적정성에 대한 의견을 제시하는 내용의 건강보험심사평가원의 입원진료 적정성 여부 등 검토의뢰에 대한 회신

② 일본 세관공무원 작성의 필로폰에 대한 범칙물건 감정서등본과 분석의뢰서 및 분석 회답서등본

③ 다른 피고인에 대한 형사사건의 공판조서 중 일부인 증인신문조서

④ 사법경찰관 작성의 새세대16호에 대한 수사보고서

32

□△✕

증거동의에 대한 설명 중 가장 적절하지 <u>않은</u> 것은? (다툼이 있는 경우 판례에 의함)

① 피고인이 제1심에서 사법경찰관 작성 조서에 대해 증거로 함에 동의하고 증거조사를 마쳤다면, 그 후 항소심에서 범행인정 여부를 다투고 있다 하여도 이미 한 증거동의의 효과에 아무런 영향이 없다.

② 피고인의 증거동의가 있으면 별도로 변호인의 동의는 필요 없지만, 변호인은 피고인의 명시한 의사에 반하지 않는 한 피고인을 대리하여 증거동의를 할 수 있다.

③ 형사소송법 제318조 제1항에 의하여 피고인이 증거로 할 수 있음을 동의한 서류 또는 물건은 진정한 것으로 인정한 때에는 증거로 할 수 있는 것이고, 여기에서 말하는 동의의 대상이 될 서류는 원본에 한하는 것이 아니라 그 사본도 포함된다.

④ 피고인이 참고인의 진술조서에 대하여 이견이 없다고 진술하고 공판정에서도 그 진술조서의 기재내용과 부합되는 진술을 하였다 하더라도 증거동의에 대한 명시적 의사표시가 없는 한, 그 진술조서를 증거로 채용하는 데 동의한 것으로 볼 수 없다.

33

□△✕

탄핵증거에 대한 중 옳고 그름의 표시(○, ✕)가 바르게 된 것은?(다툼이 있는 경우 판례에 의함)

> ㉠ 사법경찰리 작성의 피고인에 대한 피의자신문조서와 피고인이 작성한 자술서들은 모두 검사가 유죄의 자료로 제출한 증거들로서 피고인이 각 그 내용을 부인하는 이상 증거능력이 없으므로 그것이 임의로 작성된 것이 아니라고 의심할 만한 사정이 없더라도 피고인의 법정에서의 진술을 탄핵하기 위한 반대증거로도 사용할 수 없다.
>
> ㉡ 탄핵증거의 제출에 있어서도 상대방에게 이에 대한 공격방어의 수단을 강구할 기회를 사전에 부여하여야 할 것이지만, 증명력을 다투고자 하는 증거의 어느 부분에 의하여 진술의 어느 부분을 다투려고 한다는 것을 사전에 상대방에게 알려야 할 필요는 없다.
>
> ㉢ 탄핵증거는 진술의 증명력을 감쇄하기 위하여 인정되는 것이지만, 범죄사실 또는 간접사실의 인정의 증거로도 허용된다.
>
> ㉣ 검사가 탄핵증거로 신청한 체포·구속인접견부 사본은 피고인의 부인진술을 탄핵한다는 것이므로 결국 검사에게 입증책임이 있는 공소사실 자체를 입증하기 위한 것에 불과하므로 형사소송법 제318조의2 제1항 소정의 피고인의 진술의 증명력을 다투기 위한 탄핵증거로 볼 수 없다.

① ㉠ (○) ㉡ (✕) ㉢ (✕) ㉣ (✕)
② ㉠ (✕) ㉡ (○) ㉢ (✕) ㉣ (✕)
③ ㉠ (✕) ㉡ (✕) ㉢ (○) ㉣ (✕)
④ ㉠ (✕) ㉡ (✕) ㉢ (✕) ㉣ (○)

34

□△✕

자백보강법칙에 대한 설명으로 가장 적절하지 <u>않은</u> 것은?(다툼이 있는 경우 판례에 의함)

① 형사소송법 제310조에서 말하는 피고인의 자백에는 공범인 공동피고인의 진술은 포함되지 않으며, 이러한 공동피고인의 진술에 대하여는 피고인의 반대신문권이 보장되어 있어 독립한 증거능력이 있다.

② 피고인의 습벽을 범죄구성요건으로 하며 포괄일죄인 상습범에 있어서는 이를 구성하는 각 행위에 관하여 개별적으로 보강증거를 요구하고 있는 것이 아니라 포괄적으로 보강증거를 요구한다.

③ 피고인이 범행을 자인하는 것을 들었다는 피고인 아닌 자의 진술내용은 형사소송법 제310조에서 말하는 피고인의 자백에는 포함되지 아니한다.

④ 피고인이 제1심법정에서 공문서변조 및 동행사의 공소범죄사실을 자백한 사실에 대하여 제출된 증거자료 중 형사민원사무처리부에 피고인이 변조하였다는 내용이 기재되어 있는 것은 보강증거가 될 수 있다.

35

□△✕

재판의 효력에 관한 다음 설명 중 가장 적절하지 <u>않은</u> 것은?(다툼이 있으면 판례에 의함)

① 가정폭력처벌법 제37조 제1항 제1호의 불처분결정이 확정된 후에 검사가 동일한 범죄사실에 대하여 다시 공소를 제기하였다거나 법원이 이에 대하여 유죄판결을 선고하였더라도 이중처벌금지의 원칙 내지 일사부재리의 원칙에 위배된다고 할 수 없다.

② 피고인이 동일한 행위에 관하여 외국에서 형사처벌을 과하는 확정판결을 받았다 하더라도 이런 외국판결은 우리나라에서는 기판력이 없으므로 여기에 일사부재리의 원칙이 적용될 수 없다.

③ 구(舊) 행형법상의 징벌은 형법 법령에 위반한 행위에 대한 형사책임과 그 목적, 성격을 달리하는 것이 아니므로, 징벌을 받은 뒤에 형사처벌을 하는 것은 일사부재리의 원칙에 반하는 것이다.

④ 상습범으로서 포괄적 일죄의 관계에 있는 여러 개의 범죄사실 중 일부에 대하여 유죄판결이 확정된 경우에, 그 확정판결의 사실심판결 선고 전에 저질러진 나머지 범죄에 대하여 새로이 공소가 제기되었다면 그 새로운 공소는 확정판결이 있었던 사건과 동일한 사건에 대하여 다시 제기된 데 해당하므로 이에 대하여는 판결로써 면소의 선고를 하여야 하는 것이다.

36

□△☒

일부상소에 대한 설명 중 가장 적절하지 <u>않은</u> 것은? (다툼이 있는 경우 판례에 의함)

① 피고인은 유죄판결에 대하여 상소를 제기하지 아니하고 배상명령에 대하여만 상소제기기간에 형사소송법에 따른 즉시항고를 할 수 있다.

② 1개의 형이 선고된 경합범에서 일부의 죄에 대한 상소의 효력은 상소불가분의 원칙상 피고사건 전부에 미쳐 그 전부가 상소심에 이심된다.

③ 원심이 두개의 죄를 경합범으로 보고 한 죄는 유죄, 다른 한 죄는 무죄를 각 선고하자 검사가 무죄부분만에 대하여 불복상고 하였다면, 설령 위 두죄가 상상적 경합관계에 있다 하더라도 유죄부분은 상고심의 심판대상이 되지 않는다.

④ 확정판결 전의 공소사실과 확정판결 후의 공소사실에 대하여 따로 유죄를 선고하여 두 개의 형을 정한 제1심판결에 대하여 피고인만이 확정판결 전의 유죄판결 부분에 대하여 항소한 경우, 그에 따라 항소심이 심리·판단하여야 할 범위는 확정판결 전의 유죄판결 부분에 한정된다.

37

□△☒

상소에 대한 설명 중 가장 적절하지 <u>않은</u> 것은?(다툼이 있는 경우 판례에 의함)

① 형사소송절차에서 소송비용의 재판에 대한 불복은 본안의 재판에 대한 상소의 전부 또는 일부가 이유 있는 경우에 한하여 허용되고, 본안의 상소가 이유 없는 경우에는 허용되지 아니한다.

② 제1심판결에 대하여 검사의 항소에 의한 항소심판결이 선고된 후 피고인이 동일한 제1심판결에 대하여 항소권 회복청구를 한 경우 법원은 결정으로 이를 기각하여야 한다.

③ 변호인은 피고인의 동의를 얻어 상소를 취하할 수 있는데 변호인의 상소취하에 대한 피고인의 동의는 공판정에서 구술로써 할 수 있으며, 피고인의 구술 동의는 반드시 명시적으로 이루어질 것을 요하지 않는다.

④ 원심이 제1심판결에서 정한 형과 동일한 형을 선고하면서 새로 수강명령 또는 이수명령을 병과하는 것은 전체적·실질적으로 볼 때 피고인에 불이익하게 변경한 것이므로 허용되지 않는다.

38

□△☒

재심에 관한 설명 중 가장 적절하지 <u>않은</u> 것은?(다툼이 있는 경우 판례에 의함)

① 항소심의 유죄판결에 대한 상고심 재판 계속 중 피고인이 사망하여 공소기각결정이 확정된 경우에는 재심절차의 전제가 되는 '유죄의 확정판결'이 존재하지 않게 된다.

② 재심개시의 결정이 확정한 사건에 대하여는 제436조의 경우 외에는 법원은 그 심급에 따라 다시 심판을 하여야 하는데, '다시' 심판한다는 것은 재심대상판결의 당부를 심사하는 것이 아니라 피고사건 자체를 처음부터 새로 심판하는 것을 의미한다.

③ 확정판결의 기판력을 배제하는 장치로는 상소권회복, 재심, 비상상고제도가 존재하는바, 비상상고로 일부파기된 유죄판결에 대해서는 별도로 재심을 청구할 수 없다.

④ 형사소송법에서는 민사소송법상의 재심사유를 준용할 수 없다.

39

약식절차에 대한 설명 중 가장 적절한 것은?(다툼이 있는 경우 판례에 의함)

① 지방법원은 그 관할에 속한 사건에 대하여 검사의 청구가 있는 때에는 공판절차 없이 약식명령으로 피고인을 벌금, 구류, 과료 또는 몰수에 처할 수 있으며, 이 경우에는 추징 기타 부수의 처분을 할 수 있다.

② 변호인이 약식명령에 대해 정식재판청구서를 제출할 것으로 믿고 피고인이 스스로 적법한 정식재판의 청구기간 내에 정식재판청구서를 제출하지 못하였다면 그것은 피고인 또는 대리인이 책임질 수 없는 사유로 인하여 정식재판의 청구기간 내에 정식재판을 청구하지 못한 때에 해당한다.

③ 제1사건과 제2사건이 포괄일죄의 관계에 있는 경우, 제2사건에 대하여는 검사가 제1사건의 약식명령 청구일과 같은 날에 따로 약식명령을 청구함으로써 중복하여 공소를 제기하였다면, 이와 같은 약식명령으로 각 따로 청구된 사건에 대하여 전후에 기소된 각 범죄사실 전부를 포괄일죄로 처벌할 것을 신청하는 취지가 포함되어 있다고 단정할 수는 없다.

④ 피고인이 절도죄 등으로 벌금 300만 원의 약식명령을 발령받은 후 이에 대해 정식재판을 청구하자, 제1심 법원이 위 정식재판청구 사건을 통상절차에 의해 공소가 제기된 다른 점유이탈물횡령 등 사건들과 병합한 후 각 죄에 대해 모두 징역형을 선택한 다음 경합범 가중하여 피고인에게 징역 1년 2월 선고한 경우, 제1심판결은 형사소송법 제457조의2 제1항에서 정한 형종 상향금지의 원칙을 위반한 잘못이 없다.

40

특수강도 혐의로 구속기소된 피고인 甲이 1심에서 징역 3년을 선고받고 항소하여 항소심에서 범죄사실의 증명이 없는 때에 해당한다고 하여 무죄판결을 선고받았다. 이후 상고제기기간의 경과로 위 무죄판결이 확정되었다. 이와 관련된 설명으로 가장 적절하지 <u>않은</u> 것은?

① 甲은 국가에 대하여 형사보상 및 명예회복에 관한 법률에 의한 형사보상을 청구할 수 있고, 이와 별도로 형사소송법에 의하여 위 재판에 소요된 비용의 보상을 청구할 수 있다.

② 甲이 형사소송법에 의하여 비용보상을 청구하는 경우 무죄판결이 확정된 날부터 5년, 무죄확정판결이 있음을 안 날로 3년 이내에 이를 청구하여야 하고, 甲이 청구한 비용보상에 대한 결정은 위 사건의 1심 법원의 합의부가 담당한다.

③ 법원은 甲이 위 재판에 들인 비용을 보상할 것이나, 다만 甲이 위 재판을 그르칠 목적으로 거짓 자백을 한 것으로 인정된 경우에는 비용의 전부 또는 일부를 보상하지 아니할 수 있다.

④ 甲이 청구한 비용보상에 관하여 법원이 한 결정에 대하여는 즉시항고를 할 수 있다.

이태우 경찰승진

10회 최종모의고사 시리즈

이태우 경찰승진 10회 최종모의고사(400제) 형법

이태우 경찰승진 10회 최종모의고사(400제) 형사소송법

경찰승진시험 최적대비서

[실제 시험과 유사한 구성]

기출문제를 철저히 분석하여 유사한 문제구성

[정확하고 상세한 해설]

정답과 오답해설을 구분한 저자의 상세한 해설수록

[최근 개정법령 및 최신판례 반영]

최근 개정법령 및 최신판례를 반영하여 다가오는 시험 대비

독자와 함께하는 SD에듀

2023 기출이 답이다 경찰공무원(순경)
형법 6개년 기출문제집

– 2022년 1차~2017년 1차 총 6개년(12회분) 기출문제와 해설 수록
– 2022년~2017년 경찰간부후보생 총 6개년 기출문제와 해설 수록
– 최신 법령 반영

2022 기출이 답이다 경찰공무원(순경)
헌법 기출문제집

– 2022년 새로 도입되는 경찰 헌법 완벽 대비
– 2021년~2017년 국가직 · 지방직 · 경찰승진 헌법 기출문제로 13회분 수록(회당 20문항)
– 헌법 주요지문 OX 50선 제공

2023 기출이 답이다 경찰공무원(순경)
경찰학 6개년 기출문제집

– 2022년 1차~2017년 1차 총 6개년(12회분) 기출문제와 해설 수록
– 2022년~2017년 경찰간부후보생 총 6개년 기출문제와 해설 수록
– 최신 법령 반영

2022 기출이 답이다 경찰공무원(순경)
형사소송법(수사 · 증거) 기출문제집

– 2022년 경찰(순경) 시험 개편에 따른 형사소송법 수사 · 증거 파트 완벽 대비
– 2021년~2017년 경찰(순경) · 경찰승진 · 검찰직 · 법원직 기출문제로 21회분 수록(회당 12문항)
– 최근 4개년(2018~2021) 형사소송법(수사 · 증거) 주요 판례 제공

※ 도서의 이미지 및 세부사항은 변경될 수 있습니다.

경찰공무원(순경) 시리즈!

2022 경찰공무원(순경) 일반분야
필수과목 모의고사

- 2022년 경찰(순경) 시험 개편에 따른 경찰 순경 일반분야 필수과목 (헌법 · 형사법 · 경찰학) 완벽 대비
- 공개된 경찰공무원 필기시험 출제 기준에 맞는 과목별 모의고사 3회분 수록
- 2019년~2021년 국가직, 지방직, 경찰(순경), 경찰간부, 경찰승진, 검찰직, 법원직 기출문제 중 순경시험에 출제될 가능성이 높은 문제들로 선별한 기출심화 모의고사 1회분 수록

2022 이루다스피치와 함께하는
마이턴(my turn) 경찰공무원 면접

- 경찰공무원 채용과 관련된 정보와 면접 합격 전략을 한 권에 수록
- 각 항목별로 출제될 가능성이 높은 필수질문과 답변예시 수록
- 경찰공무원 면접에 출제된 기출질문 리스트를 수록
- 경찰공무원 면접 합격생이 전하는 후기를 부록으로 수록

※ 도서의 이미지 및 세부사항은 변경될 수 있습니다.

SD에듀 G-TELP
지텔프 최강 라인업

10회 만에 끝내는 **지텔프 문법 모의고사**

1주일 만에 끝내는 **지텔프 문법**

지텔프 보카

지텔프 Level2 실전 모의고사 6회분

스피드 지텔프 레벨2

※ 도서의 이미지 및 세부사항은 변경될 수 있습니다.

2023
최신개정판

합 격 의 공 식 SD에듀

이태우

경찰승진
10회 최종모의고사

해설편

경 찰 승 진 시 험 대 비

형사소송법 (400제)

이태우 편저

SD에듀
(주)시대고시기획

2023 경찰승진 10회
최종모의고사 형사소송법(400제)

해설편

경찰승진 최종모의고사 형사소송법

제1회 ~ 제10회

제1회 경찰승진 최종모의고사

정답체크

01	02	03	04	05	06	07	08	09	10
④	④	①	③	③	①	②	④	③	④
11	12	13	14	15	16	17	18	19	20
②	④	②	③	②	③	③	③	③	②
21	22	23	24	25	26	27	28	29	30
①	①	①	①	②	③	②	②	③	①
31	32	33	34	35	36	37	38	39	40
①	④	③	①	①	②	③	③	②	④

문항별 체크리스트

문항	영역	○	×	문항	영역	○	×
01	서론>형사소송법의 기초이론			21	공판>공판절차		
02	서론>형사소송법의 기초이론			22	공판>공판절차		
03	서론>소송주체와 소송관계인			23	공판>공판절차		
04	서론>소송주체와 소송관계인			24	공판>공판절차		
05	서론>소송주체와 소송관계인			25	공판>공판절차		
06	서론>소송행위와 소송조건			26	공판>공판절차		
07	수사와 공소>수사			27	공판>공판절차		
08	수사와 공소>수사			28	공판>증거		
09	수사와 공소>수사			29	공판>증거		
10	수사와 공소>수사			30	공판>증거		
11	수사와 공소>강제처분과 강제수사			31	공판>증거		
12	수사와 공소>강제처분과 강제수사			32	공판>증거		
13	수사와 공소>강제처분과 강제수사			33	공판>증거		
14	수사와 공소>수사			34	공판>증거		
15	수사와 공소>강제처분과 강제수사			35	공판>증거		
16	수사와 공소>강제처분과 강제수사			36	공판>재판		
17	수사와 공소>강제처분과 강제수사			37	상소와 비상구제절차>상소		
18	수사와 공소>수사의 종결과 공소의 제기			38	상소와 비상구제절차>상소		
19	수사와 공소>수사의 종결과 공소의 제기			39	상소와 비상구제절차>비상구제절차		
20	수사와 공소>수사의 종결과 공소의 제기			40	상소와 비상구제절차>특별절차		
서론			/6	수사와 공소			/14
공판			/16	상소와 비상구제절차			/4

01

답 ④

영역 서론>형사소송법의 기초이론   **난도 하**

정답해설

④ (ㅇ) 사법경찰관리 집무규칙은 법무부령으로서 사법경찰관리에게 범죄수사에 관한 집무상의 준칙을 명시한 것뿐이므로 합법적으로 발부된 구속영장이 사법경찰관리에 의하여 집행된 경우, 위 집무규칙 제23조 제3항 소정의 검사의 날인 또는 집행지휘서가 없다하여 곧 불법집행이 되는 것은 아니다(대결 1985.7.15. 84모22).

오답해설

① (×) 검사의 영장신청에 대해서는 헌법 제12조 제3항에 명시적으로 규정되어 있지만, 사법경찰관에 대한 검사의 수사지휘는 헌법에 규정되어 있지 않으며, 헌법재판소 판례는 "우리 헌법에는 수사기관의 조직과 운영, 특히 수사주체 및 기타 수사에 관여하는 공무원의 권한범위 등에 대해 구체적으로 규정을 두고 있지 않다. 따라서, 입법자는 비교적 넓은 범위의 재량을 가지고 수사절차에서의 인권보장, 수사인력의 수요 및 공급에 관한 제반 여건, 수사조직의 합리적 구성과 효율적 운영 등 여러 측면을 종합적으로 고려하여 그 구체적 내용을 정하는 입법을 할 수 있다(헌재결 2001.10.25. 2001헌바9)."라고 하여 법률의 개정만으로도 경찰에게 수사권을 부여할 수 있다는 입장을 취하고 있다.

② (×) 검찰사건사무규칙은 검찰청법 제11조의 규정에 따라 각급 검찰청의 사건의 수리·수사·처리 및 공판수행 등에 관한 사항을 정함으로써 사건사무의 적정한 운영을 기함을 목적으로 하여 제정된 것으로서 그 실질은 검찰 내부의 업무처리지침으로서의 성격을 가지는 것이므로, 이를 형사소송법 제57조의 적용을 배제하기 위한 '법률의 다른 규정'으로 볼 수 없다(대판 2007.10.25. 2007도4961).

③ (×) 대법원예규는 사법부 내부의 복무지침이나 업무처리의 통일을 기하기 위하여 작성된 지침으로서, 소송관계인의 권리와 의무에 직접적인 영향을 미치진 않으므로 형사소송법의 직접적인 법원에 해당하지 않는다(헌재결 2009.12.8. 2009헌마632).

02

답 ④

영역 서론>형사소송법의 기초이론   **난도 중**

정답해설

④ (×) 헌법 제12조 제3항의 영장주의는 법관이 발부한 영장에 의하지 아니하고는 수사에 필요한 강제처분을 하지 못한다는 원칙으로 소변을 받아 제출하도록 한 것은 교도소의 안전과 질서유지를 위한 것으로 수사에 필요한 처분이 아닐 뿐만 아니라 검사대상자들의 협력이 필수적이어서 강제처분이라고 할 수도 없어 영장주의의 원칙이 적용되지 않는다(헌재결 2006.7.27. 2005헌마277).

오답해설

① (ㅇ) 헌재결 2004.9.23. 2002헌가17·18
② (ㅇ) 헌재결 2009.03.26. 2007헌바50
③ (ㅇ) 헌재결 2007.7.18. 2000헌마327

03

답 ①

영역 서론>소송주체와 소송관계인   **난도 중**

정답해설

㉠ (ㅇ) 대판 2009.9.24. 2009도7924
㉡ (ㅇ) 대판 2019.03.14. 2018도18646
㉣ (ㅇ) 헌재결 1990.8.27. 89헌가118

오답해설

㉢ (×) 형법 제51조 제4호에서 양형의 조건의 하나로 정하고 있는 범행 후의 정황 가운데에는 형사소송절차에서의 피고인의 태도나 행위를 들 수 있는데, 모든 국민은 형사상 자기에게 불리한 진술을 강요당하지 아니할 권리가 보장되어 있으므로(헌법 제12조 제2항), 형사소송절차에서 피고인은 방어권에 기하여 범죄사실에 대하여 진술을 거부하거나 거짓 진술을 할 수 있고, 이 경우 범죄사실을 단순히 부인하고 있는 것이 죄를 반성하거나 후회하고 있지 않다는 인격적 비난요소로 보아 가중적 양형의 조건으로 삼는 것은 결과적으로 피고인에게 자백을 강요하는 것이 되어 허용될 수 없다고 할 것이나, 그러한 태도나 행위가 피고인에게 보장된 방어권 행사의 범위를 넘어 객관적이고 명백한 증거가 있음에도 진실의 발견을 적극적으로 숨기거나 법원을 오도하려는 시도에 기인한 경우에는 가중적 양형의 조건으로 참작될 수 있다(대판 2001.3.9. 2001도192).

04

답 ③

영역 서론>소송주체와 소송관계인   **난도 상**

정답해설

㉡ (ㅇ) 일반적으로 사건의 이송결정은 법원의 관할에 관한 결정이므로 즉시항고나 보통항고는 허용되지 않는다(제403조 제1항). 다만, 형사피고사건에 대한 법원의 소년부 송치 결정은 형사소송법 제403조가 규정하는 판결전의 소송절차에 관한 결정에 해당하는 것이 아니므로, 이 결

정에 대하여 불복이 있을 때에는 같은 법 제402조에 의한 항고를 할 수 있다(대결 1986.7.25. 86모9).

ⓒ (○) 법원의 관할 또는 판결 전의 소송절차에 관한 결정에 대하여는 특히 즉시항고를 할 수 있는 경우 외에는 항고를 하지 못한다(제403조 제1항). 그런데 관할이전의 신청을 기각한 결정에 대하여 즉시항고를 할 수 있다는 규정이 없으므로, 원심결정에 대하여 재항고인이 불복할 수 없다(대결 2021.04.05. 2020모2561).

ⓓ (○) 지방법원본원 합의부에서 재판하여야 할 항소사건에 대하여 고등법원이 관할권이 없음을 간과하고 그 실체에 들어가 재판한 경우, 이는 소송절차의 법령을 위반한 잘못을 저지른 것으로서, 관할제도의 입법 취지(관할획일의 원칙)와 그 위법의 중대성 등에 비추어 이는 판결에 영향을 미쳤음이 명백하므로, 직권으로 원심판결을 파기하고 형사소송법 제394조에 의하여 사건을 관할권이 있는 지방법원본원 합의부에 이송하여야 한다(대판 1997.4.8. 96도2789).

오답해설

ⓐ (×) 형사소송법 제8조의 법의는 법원이 피고인에 대하여 관할권은 있으나, 피고인이 그 관할구역 내에 현재하지 아니한 경우에 심리의 편의와 피고인의 이익을 위하여 피고인의 현재지를 관할하는 동급법원에 이송할 수 있음을 규정한 것뿐이고 피고인에 대하여 관할권이 없는 경우에도 필요적으로 이송하여야 한다는 뜻은 아니다(대판 1978.10.10. 78도2225).

05

답 ③

영역 서론>소송주체와 소송관계인   난도 중

정답해설

③ (×) 피고인과 국선변호인이 모두 법정기간 내에 항소이유서를 제출하지 아니하였더라도, 국선변호인이 항소이유서를 제출하지 아니한 데 대하여 피고인에게 귀책사유가 있음이 특별히 밝혀지지 않는 한, 항소법원은 종전 국선변호인의 선정을 취소하고 새로운 국선변호인을 선정하여 다시 소송기록접수통지를 함으로써 새로운 국선변호인으로 하여금 그 통지를 받은 때로부터 형사소송법 제361조의3 제1항의 기간 내에 피고인을 위하여 항소이유서를 제출하도록 하여야 한다(대결 2012.2.16. 2009모1044 전합).

오답해설

① (○) 대결 2019.01.04. 2018모3621
② (○) 대판 2015.4.23. 2015도2046
④ (○) 대판 2010.4.29. 2010도881

06

답 ①

영역 서론>소송행위와 소송조건   난도 하

정답해설

① (×) 기피신청을 받은 법관이 소송진행을 정지하지 않고 한 소송행위는 무효이고, 그 후 기피신청에 대한 기각결정이 확정된 경우에도 마찬가지이다(대판 2012.10.11. 2012도8544).

오답해설

② (○) 대판 2021.04.29. 2021도2650
③ (○) 동일한 변호사가 민사사건에서 형사사건의 피해자에 해당하는 상대방 당사자를 위한 소송대리인으로서 소송행위를 하는 등 직무를 수행하였다가 나중에 실질적으로 동일한 쟁점을 포함하고 있는 형사사건에서 피고인을 위한 변호인으로 선임되어 변호활동을 하는 등 직무를 수행하는 것 역시 금지된다고 봄이 상당하다. 그런데 피고인들의 제1심 변호인에게 변호사법 제31조 제1호의 수임제한 규정을 위반한 위법이 있다 하여도, 피고인들 스스로 위 변호사를 변호인으로 선임한 이 사건에 있어서 다른 특별한 사정이 없는 한 위와 같은 위법으로 인하여 변호인의 조력을 받을 피고인들의 권리가 침해되었다거나 그 소송절차가 무효로 된다고 볼 수는 없다(대판 2009.2.26. 2008도9812).
④ (○) 형사소송법 제38조에 따르면 재판은 법관이 작성한 재판서에 의해야 하고, 같은 법 제41조는 재판서에는 재판한 법관이 서명날인해야 하며 재판장이 서명날인할 수 없는 때에는 다른 법관이 그 사유를 부기하고 서명날인하도록 되어 있다. 원심 판결서를 보면 재판장과 다른 법관 1인의 서명날인이 누락돼 있는데 이들이 서명날인을 할 수 없었던 사유도 부기돼 있지 않아 결국 원심은 재판장과 다른 법관 1인을 제외한 나머지 법관 1인만이 작성한 판결서에 의해 선고한 것이 된다. 법관의 서명날인이 없는 재판서에 의한 판결은 형소법 제383조 제1호 소정의 판결에 영향을 미친 법률위반으로서 파기사유가 된다(대판 2015.8.19. 2015도10417). ⇒ 형사소송법 제41조에 따르면 재판서에는 재판한 법관이 서명날인해야 한다. 이러한 서명날인이 없는 판결은 형사소송법 제383조 1호가 정한 '판결에 영향을 미친 법률의 위반이 있는 때'에 해당돼 파기되어야 한다. 1심 재판장이 판결문에 날인을 누락했는데도 항소심이 이를 간과한 채 검사의 항소

를 기각하는 판결을 선고한 것은 잘못이다(대판 2015.8. 23. 2014도17514).

07

답 ②

영역 수사와 공소>수사　　　　　난도 **하**

정답해설

② (×) 고소를 함에는 소송행위능력, 즉 고소능력이 있어야 하는바, 고소능력은 피해를 받은 사실을 이해하고 고소에 따른 사회생활상의 이해관계를 알아차릴 수 있는 사실상의 의사능력으로 충분하므로 민법상의 행위능력이 없는 자라도 위와 같은 능력을 갖춘 자에게는 고소능력이 인정된다고 할 것이고, 고소위임을 위한 능력도 위와 마찬가지라고 할 것이다(대판 1999.2.9. 98도2074).

오답해설

① (○) 대판 1984.6.26. 84도709
③ (○) 대판 2008.12.15. 2007도4977
④ (○) 대판 2022.05.26. 2021도2488

08

답 ④

영역 수사와 공소>수사　　　　　난도 **중**

정답해설

④ (×) 반의사불벌죄에 있어서 피해자가 처벌을 희망하지 아니하는 의사표시나 처벌을 희망하는 의사표시의 철회를 하였다고 인정하기 위해서는 피해자의 진실한 의사가 명백하고 믿을 수 있는 방법으로 표현되어야 할 것인바, 기록에 의하면 피해자2는 1999. 1. 27. 피고인을 고소한 다음, 제1심법원으로부터 2000. 8. 26.에 2000. 9. 27. 14:00에 증인으로 출석하라는 소환장을 송달받고서 "수출무역 상담차 약 1개월간 미국을 방문할 예정이니 증인소환을 연기하여 주기 바랍니다."라는 내용의 2000. 9. 13.자 서면을 제출하고 불출석하였고, 2000. 9. 30.에 2000. 11. 22. 14:00에 증인으로 출석하라는 소환장을 송달받고서 "업무출장 관계로 출석할 수 없으니 기일을 변경하여 주시기 바랍니다. 공소외 1(피고인과 함께 피해자2로부터 고소된 사람임)은 90회 이상 증인을 고소, 고발하여 괴롭히고 있습니다. 공소외 2를 고소 취하하였는데 무엇 때문에 또 증인을 부르시나요? 제발 생업에 종사할 수 있도록 선처하여 주시기 바랍니다."라는 내용의 2000. 11. 13.자 서면을 제출하고 불출석하였고, 2000. 11. 27.에 2000. 12. 13. 14:00에 증인으로 출석하라는 소환장을 송달받고서 "수출 협의차 외국 출장 중이니 기

일을 변경하여 주시기 바랍니다. 공소외 1은 증인을 90회 이상 고소, 고발하였고, 증인도 공소외 1을 20회 이상 고소, 고발하여 그동안 제대로 업무를 할 수가 없었습니다. 이번 수출 건은 꼭 상담해야 하니 선처하여 주시기 바랍니다."라는 내용의 2000. 12. 2.자 서면을 제출하고 불출석하였으며, 제1심판결 선고 시까지도 고소취하장 등을 제출한 일이 없는 사실을 인정할 수 있고, 그렇다면 위 2000. 11. 13.자 서면만으로는 피고인에 대한 처벌을 희망하지 아니하거나 처벌을 희망하는 의사표시를 철회하는 피해자2의 진정한 의사가 명백하고 믿을 수 있는 방법으로 표시되었다고 볼 수 없을 것이다(대판 2001.06.15. 2001도1809).

오답해설

① (○) 대판 2009.1.30. 2008도7462
② (○) 대판 1999.4.15. 96도1922 전합
③ (○) 대판 2019.12.13. 2019도10678

09

답 ③

영역 수사와 공소>수사　　　　　난도 **중**

정답해설

③ (○) 대판 2021.07.29. 2017도16810

오답해설

① (×) 고발이란 범죄사실을 수사기관에 고하여 그 소추를 촉구하는 것으로서 범인을 지적할 필요가 없는 것이고 또한 고발에서 지정한 범인이 진범인이 아니더라도 고발의 효력에는 영향이 없는 것이다(대판 1994.5.13. 94도458).
② (×) 변사자 검시를 통하여 범죄의 혐의를 인정하고 긴급을 요할 때에는 영장없이 검증할 수 있다(제222조 제2항).
④ (×) 경찰관 직무집행법(이하 '법'이라 한다) 제3조 제4항은 경찰관이 불심검문을 하고자 할 때에는 자신의 신분을 표시하는 증표를 제시하여야 한다고 규정하고, 경찰관 직무집행법 시행령 제5조는 위 법에서 규정한 신분을 표시하는 증표는 경찰관의 공무원증이라고 규정하고 있는데, 불심검문을 하게 된 경위, 불심검문 당시의 현장상황과 검문을 하는 경찰관들의 복장, 피고인이 공무원증 제시나 신분 확인을 요구하였는지 여부 등을 종합적으로 고려하여, 검문하는 사람이 경찰관이고 검문하는 이유가 범죄행위에 관한 것임을 피고인이 충분히 알고 있었다고 보이는 경우에는 신분증을 제시하지 않았다고 하여 그 불심검문이 위법한 공무집행이라고 할 수 없다(대판 2014.12.11. 2014도7976).

10

영역 수사와 공소>수사   난도 **중**

정답해설

④ (×) 피의자의 진술을 영상녹화하는 경우 피의자에게 미리 알려주면 족하고 피의자나 변호인의 동의를 받을 필요는 없다(제244조의2 제1항). 하지만 참고인의 경우에는 동의를 받아 영상녹화할 수 있다(제221조 제1항).

오답해설

① (○) 형사소송법 제243조의2 제1항은 검사 또는 사법경찰관은 피의자 또는 변호인 등이 신청할 경우 정당한 사유가 없는 한 변호인을 피의자신문에 참여하게 하여야 한다고 규정하고 있다. 여기에서 '정당한 사유'란 변호인이 피의자신문을 방해하거나 수사기밀을 누설할 염려가 있음이 객관적으로 명백한 경우 등을 말한다. 형사소송법 제243조의2 제3항 단서는 피의자신문에 참여한 변호인은 신문 중이라도 부당한 신문방법에 대하여 이의를 제기할 수 있다고 규정하고 있으므로, 검사 또는 사법경찰관의 부당한 신문방법에 대한 이의제기는 고성, 폭언 등 그 방식이 부적절하거나 또는 합리적 근거 없이 반복적으로 이루어지는 등의 특별한 사정이 없는 한, 원칙적으로 변호인에게 인정된 권리의 행사에 해당하며, 신문을 방해하는 행위로는 볼 수 없다. 따라서 검사 또는 사법경찰관이 그러한 특별한 사정 없이, 단지 변호인이 피의자신문 중에 부당한 신문방법에 대한 이의제기를 하였다는 이유만으로 변호인을 조사실에서 퇴거시키는 조치는 정당한 사유 없이 변호인의 피의자신문 참여권을 제한하는 것으로서 허용될 수 없다(대결 2020.3.17. 2015모2357).

② (○) 대판 2009.6.23. 2009도1322

③ (○) 수사준칙 제14조 제1항

11

영역 수사와 공소>강제처분과 강제수사   난도 **하**

정답해설

② (×) 형사보상제도는 국가기관에 의해 위법·부당한 미결구금이나 형 집행을 받은 자에 대하여 형사절차에서 억울한 미결구금을 당하였거나 형의 집행을 받은 사람에 대하여 국가가 그 피해를 보상하여 주는 제도를 말하며, 사후적 구제절차에 해당한다.

12

영역 수사와 공소>강제처분과 강제수사   난도 **중**

정답해설

④ (×) 헌법 제12조 제5항 전문은 "누구든지 체포 또는 구속의 이유와 변호인의 조력을 받을 권리가 있음을 고지받지 아니하고는 체포 또는 구속을 당하지 아니한다."는 원칙을 천명하고 있고, 형사소송법 제72조는 "피고인에 대하여 범죄사실의 요지, 구속의 이유와 변호인을 선임할 수 있음을 말하고 변명할 기회를 준 후가 아니면 구속할 수 없다."고 규정하는 한편, 이 규정은 같은 법 제213조의2에 의하여 검사 또는 사법경찰관리가 현행범인을 체포하거나 일반인이 체포한 현행범인을 인도받는 경우에 준용되므로, 사법경찰리가 현행범인으로 체포하는 경우에는 반드시 범죄사실의 요지, 구속의 이유와 변호인을 선임할 수 있음을 말하고 변명할 기회를 주어야 할 것임은 명백하며, 이러한 법리는 비단 현행범인을 체포하는 경우뿐만 아니라 긴급체포의 경우에도 마찬가지로 적용되는 것이고, 이와 같은 고지는 체포를 위한 실력행사에 들어가기 이전에 미리 하여야 하는 것이 원칙이나, 달아나는 피의자를 쫓아가 붙들거나 폭력으로 대항하는 피의자를 실력으로 제압하는 경우에는 붙들거나 제압하는 과정에서 하거나, 그것이 여의치 않은 경우에라도 일단 붙들거나 제압한 후에는 지체 없이 행하여야 한다(대판 2000.7.4. 99도4341).

오답해설

① (○) 대판 2011.5.26. 2011도3682

② (○) 대판 1999.1.26. 98도3029

③ (○) 영사관계에 관한 비엔나협약(Vienna Convention on Consular Relations, 1977. 4. 6. 대한민국에 대하여 발효된 조약 제594호, 이하 '협약'이라 한다) 제36조 제1항은 "파견국의 국민에 관련되는 영사기능의 수행을 용이하게 할 목적으로 다음의 규정이 적용된다."라고 하면서, (b)호에서 "파견국의 영사관할구역 내에서 파견국의 국민이 체포되는 경우, 재판에 회부되기 전에 구금되거나 유치되는 경우, 또는 그 밖의 방법으로 구속되는 경우에, 그 국민이 파견국의 영사기관에 통보할 것을 요청하면 접수국의 권한 있는 당국은 지체 없이 통보하여야 한다. 체포, 구금, 유치되거나 구속되어 있는 자가 영사기관에 보내는 어떠한 통신도 위 당국에 의하여 지체 없이 전달되어야 한다. 위 당국은 관계자에게 (b)호에 따른 그의 권리를 지체 없이 통보하여야 한다."라고 정하고 있다. 이에 따라 경찰수사규칙 제91조 제2항, 제3항은 "사법경찰관리는 외국인을 체포·구속하는 경우 국내 법령을 위반하지 않는 범위에서 영사관원과 자유롭게 접견·교통할 수 있고, 체포·구속된 사실을 영사기관에 통보해 줄 것을 요청할 수 있다는 사실을 알려야 한다. 사법경찰관리는 체

포 · 구속된 외국인이 제2항에 따른 통보를 요청하는 경우에는 [별지 제93호 서식]의 영사기관체포 · 구속 통보서를 작성하여 지체 없이 해당 영사기관에 체포 · 구속 사실을 통보해야 한다."라고 정하고 있다.

위와 같이 협약 제36조 제1항 (b)호, 경찰수사규칙 제91조 제2항, 제3항이 외국인을 체포 · 구속하는 경우 지체 없이 외국인에게 영사통보권 등이 있음을 고지하고, 외국인의 요청이 있는 경우 영사기관에 체포 · 구금 사실을 통보하도록 정한 것은 외국인의 본국이 자국민의 보호를 위한 조치를 취할 수 있도록 협조하기 위한 것이다. 따라서 <u>수사기관이 외국인을 체포하거나 구속하면서 지체 없이 영사통보권 등이 있음을 고지하지 않았다면 체포나 구속 절차는 국내법과 같은 효력을 가지는 협약 제36조 제1항 (b)호를 위반한 것으로 위법하다</u>(대판 2022.04.28. 2021도17103).

13

답 ②

영역 수사와 공소>강제처분과 강제수사　　난도 중

정답해설

② (×) 위 규정(제72조)은 피고인의 절차적 권리를 보장하기 위한 규정이므로 이미 변호인을 선정하여 공판절차에서 변명과 증거의 제출을 다하고 그의 변호 아래 판결을 선고받은 경우 등과 같이 위 규정에서 정한 절차적 권리가 실질적으로 보장되었다고 볼 수 있는 경우에는 이에 해당하는 절차의 전부 또는 일부를 거치지 아니한 채 구속영장을 발부하였더라도 이러한 점만으로 발부결정을 위법하다고 볼 것은 아니지만, 사전 청문절차의 흠결에도 불구하고 구속영장 발부를 적법하다고 보는 이유는 공판절차에서 증거의 제출과 조사 및 변론 등을 거치면서 판결이 선고될 수 있을 정도로 범죄사실에 대한 충분한 소명과 공방이 이루어지고 그 과정에서 피고인에게 자신의 범죄사실 및 구속사유에 관하여 변명을 할 기회가 충분히 부여되기 때문이므로, 이와 동일시할 수 있을 정도의 사유가 아닌 이상 함부로 청문절차 흠결의 위법이 치유된다고 해석하여서는 아니 된다(대결 2016.6.14. 2015모1032).

오답해설

① (○) 형사소송법 제72조의 '피고인에 대하여 범죄사실의 요지, 구속의 이유와 변호인을 선임할 수 있음을 말하고 변명할 기회를 준 후가 아니면 구속할 수 없다'는 규정은 피고인을 구속함에 있어서 법관에 의한 사전 청문절차를 규정한 것으로서, 법원이 사전에 위 규정에 따른 절차를 거치지 아니한 채 피고인에 대하여 구속영장을 발부하였다면 발부결정은 위법하다(대결 2000.11.10. 2000모

134). 다만, 형사소송법 제72조의2는 법원은 합의부원으로 하여금 제72조의 절차를 이행하게 할 수 있다고 규정하고 있는바, 제72조의 사전청문절차는 수명법관이 진행하는 것도 가능하다.

③ (○) 형사소송법 제88조는 "피고인을 구속한 때에는 즉시 공소사실의 요지와 변호인을 선임할 수 있음을 알려야 한다."고 규정하고 있는바, 이는 사후 청문절차에 관한 규정으로서 이를 위반하였다 하여 구속영장의 효력에 어떠한 영향을 미치는 것은 아니다(대결 2000.11.10. 2000모134).

④ (○) 대판 2019.02.28. 2018도19034

14

답 ③

영역 수사와 공소>수사　　난도 상

정답해설

㉠, ㉡ (○) 제214조의2 제1항

㉢ (○) 제214조의2 제8항

오답해설

㉣ (×) 전격기소에 대한 설명으로 헌법재판소에서 헌법불합치 결정(헌재결 2004.3.15. 2002헌바104) 후 2004년 10월 우리 입법자는 제214조의2 제4항 조문을 추가하여 전격기소로 피고인의 지위에 들어선 적부심청구인에 대하여도 적부심 관할법원이 판단을 계속할 수 있도록 하였다.

15

답 ②

영역 수사와 공소>강제처분과 강제수사　　난도 중

정답해설

② (×) 출판에 대한 사전검열이 헌법상 금지된 것으로서 어떤 이유로도 행정적인 규제방법으로 사전검열을 하는 것은 허용되지 않으나 출판내용에 형벌법규에 저촉되어 범죄를 구성하는 혐의가 있는 경우에 그 증거물 또는 몰수할 물건으로서 압수하는 것은 재판절차라는 사법적 규제와 관련된 것이어서 행정적인 규제로서의 사전검열과 같이 볼 수 없고, 다만 출판 직전에 그 내용을 문제삼아 출판물을 압수하는 것은 실질적으로 출판의 사전검열과 같은 효과를 가져올 수도 있는 것이므로 범죄혐의와 강제수사의 요건을 엄격히 해석하여야 할 것이다(대결 1991. 2.26. 91모1).

오답해설

① (○) 대결 1997.1.9. 96모34

③ (○) 헌재결 2002.7.18. 2000헌마327

④ (○) 대결 2004.03.23. 2003모126

16

답 ③

영역 수사와 공소>강제처분과 강제수사 　　　난도 **중**

정답해설

③ (○) 대판 2021.11.18. 2016도348 전합

오답해설

① (×) 검사 또는 사법경찰관은 형사소송법 제212조의 규정에 의하여 피의자를 현행범 체포하는 경우에 필요한 때에는 체포 현장에서 영장 없이 압수·수색·검증을 할 수 있으나, 이와 같이 압수한 물건을 계속 압수할 필요가 있는 경우에는 체포한 때부터 48시간 이내에 지체 없이 압수영장을 청구하여야 한다(제216조 제1항 제2호, 제217조 제2항). 그리고 검사 또는 사법경찰관이 범행 중 또는 범행 직후의 범죄 장소에서 긴급을 요하여 판사의 영장을 받을 수 없는 때에는 영장 없이 압수·수색 또는 검증을 할 수 있으나, 이 경우에는 사후에 지체 없이 영장을 받아야 한다(제216조 제3항). 다만 형사소송법 제218조에 의하면 검사 또는 사법경찰관은 피의자 등이 유류한 물건이나 소유자·소지자 또는 보관자가 임의로 제출한 물건은 영장 없이 압수할 수 있으므로, 현행범 체포현장이나 범죄 장소에서도 소지자 등이 임의로 제출하는 물건은 위 조항에 의하여 영장 없이 압수할 수 있고, 이 경우에는 검사나 사법경찰관이 사후에 영장을 받을 필요가 없다(대판 2016.2.18. 2015도13726).

② (×) 범행 중 또는 범행 직후의 범죄 장소에서 긴급을 요하여 법원 판사의 영장을 받을 수 없는 때에는 영장 없이 압수·수색 또는 검증을 할 수 있으나, 사후에 지체없이 영장을 받아야 한다(형사소송법 제216조 제3항). 형사소송법 제216조 제3항의 요건 중 어느 하나라도 갖추지 못한 경우에 그러한 압수·수색 또는 검증은 위법하며, 이에 대하여 사후에 법원으로부터 영장을 발부받았다고 하여 그 위법성이 치유되지 아니한다(대판 2017.11.29. 2014도16080).

④ (×) 형사소송법 제217조 제1항은 수사기관이 피의자를 긴급체포한 상황에서 피의자가 체포되었다는 사실이 공범이나 관련자들에게 알려짐으로써 관련자들이 증거를 파괴하거나 은닉하는 것을 방지하고, 범죄사실과 관련된 증거물을 신속히 확보할 수 있도록 하기 위한 것이다. 이 규정에 따른 압수·수색 또는 검증은 체포현장에서의 압수·수색 또는 검증을 규정하고 있는 형사소송법 제216조 제1항 제2호와 달리, 체포현장이 아닌 장소에서도 긴급체포된 자가 소유·소지 또는 보관하는 물건을 대상으로 할 수 있다(대판 2017.9.12. 2017도10309).

17

답 ③

영역 수사와 공소>강제처분과 강제수사 　　　난도 **중**

정답해설

③ (×) 판사는 형사소송법 제221조의2에 의한 검사의 증인신문 청구에 따라 증인신문기일을 정한 때에는 피고인·피의자 또는 변호인에게 이를 통지하여 증인신문에 참여할 수 있도록 하여야 하며(제221조의2 제4항), 판사는 증인신문을 한 때에는 지체없이 이에 관한 서류를 검사에게 송부하여야 한다(제221조의2 제6항).

오답해설

① (○) 대결 1984.03.29. 84모15

② (○) 제221조의2 제1항

④ (○) 대판 1989.6.20. 89도648

18

답 ③

영역 수사와 공소>수사의 종결과 공소의 제기 　　　난도 **하**

정답해설

③ (×) 검사가 기소유예처분을 한 것을 다시 공소제기하여도 기소의 효력에는 영향이 없고 법원이 유죄판결을 하였다 하여도 일사부재리의 원칙에 반하지 않는다(대판 1966.12.29. 66도1416).

오답해설

① (○) 대결 1985.7.29. 85모16

② (○) 수사준칙 제54조 제1항

④ (○) 헌재결 1989.10.27. 89헌마56

19

답 ③

영역 수사와 공소>수사의 종결과 공소의 제기 　　　난도 **중**

정답해설

③ (×) 고등법원의 공소제기결정에 따른 기소강제절차에서 검사는 공소취소를 할 수는 없다(제264조의2). 공소취소를 허용할 경우 공소제기결정의 취지가 몰각될 수 있기 때문이다.

오답해설

① (○) 제260조 제1항

② (○) 재정신청 기각결정에 대한 재항고나 그 재항고 기각결정에 대한 즉시항고로서의 재항고에 대한 법정기간의 준수 여부는 도달주의 원칙에 따라 재항고장이나 즉시항고장이 법원에 도달한 시점을 기준으로 판단하여야 하고, 거기에 재소자 피고인 특칙은 준용되지 아니한다(대

결 2015.7.16. 2013모2347 전합).

④ (○) 대판 2018.12.28. 2014도17182

정답해설

㉠ (×) 포괄일죄의 경우 일죄의 일부를 구성하는 개개의 행위에 대하여 구체적으로 특정되지 아니하더라도 그 전체 범행의 시기와 종기, 범행방법, 범행횟수, 또는 피해액의 합계 및 피해자나 상대방을 명시하면 이로써 그 범죄사실은 특정되었다고 할 것이다(대판 1990.6.22. 90도833).

㉢ (×) 포괄일죄인 영업범에서 공소제기 된 범죄사실과 추가로 발견된 범죄사실 사이에 그 범죄사실들과 동일성이 인정되는 또 다른 범죄사실에 대한 유죄의 확정판결이 있는 때에는, 추가로 발견된 확정판결 후의 범죄사실은 공소제기된 범죄사실과 분단되어 동일성이 없는 별개의 범죄가 되므로, 검사는 공소장변경절차에 의하여 확정판결 후의 범죄사실을 공소사실로 추가할 수는 없다(대판 2017.4.28. 2016도21342).

오답해설

㉡ (○) 대판 2016.12.15. 2014도1196

㉣ (○) 대판 2006.06.27. 2005도4177

20

답 ②

정답해설

② (×) 공소장 변경이 있는 경우에 공소시효의 완성 여부는 당초의 공소제기가 있었던 시점을 기준으로 판단할 것이고 공소장 변경시를 기준으로 삼을 것은 아니다(대판 2001.8.24. 2001도2902).

오답해설

① (○) 대판 2021.09.09. 2019도5371

③ (○) 대판 2007.3.29. 2005도7032

④ (○) 구 농지법 제2조 제9호에서 말하는 '농지의 전용'이 이루어지는 태양은, 첫째로 농지에 대하여 절토, 성토 또는 정지를 하거나 농지로서의 사용에 장해가 되는 유형물을 설치하는 등으로 농지의 형질을 외형상으로뿐만 아니라 사실상 변경시켜 원상회복이 어려운 상태로 만드는 경우가 있고, 둘째로 농지에 대하여 외부적 형상의 변경을 수반하지 않거나 외부적 형상의 변경을 수반하더라도 사회통념상 원상회복이 어려운 정도에 이르지 않은 상태에서 그 농지를 다른 목적에 사용하는 경우 등이 있을 수 있다. 전자의 경우와 같이 농지전용행위 자체에 의하여 당해 토지가 농지로서의 기능을 상실하여 그 이후 그 토지를 농업생산 등 외의 목적으로 사용하는 행위가 더 이상 '농지의 전용'에 해당하지 않는다고 할 때에는, 허가 없이 그와 같이 농지를 전용한 죄는 그와 같은 행위가 종료됨으로써 즉시 성립하고 그와 동시에 완성되는 즉시범이라고 보아야 한다. 그러나 후자의 경우와 같이 당해 토지를 농업생산 등 외의 다른 목적으로 사용하는 행위를 여전히 농지전용으로 볼 수 있는 때에는 허가 없이 그와 같이 농지를 전용하는 죄는 계속범으로서 그 토지를 다른 용도로 사용하는 한 가벌적인 위법행위가 계속 반복되고 있는 계속범이라고 보아야 한다(대판 2009.4.16. 2007도6703 전합).

The 알아보기

농지법상 농지전용죄의 성격 및 공소시효의 기산점

① 농지로서의 기능 상실한 경우 ⇒ 즉시범으로 전용시점이 기산점

② 복원 가능한 경우 ⇒ 계속범으로 위법행위 계속되는 한 공소시효는 진행되지 않음

22

답 ①

정답해설

① (×) 공소가 제기된 살인죄의 범죄사실에 대하여는 그 증명이 없으나 폭행치사의 증명이 있는 경우에도 검사의 공소장변경 없이는 이를 폭행치사죄로 처단할 수 없으므로 폭행치사죄로 처단한 제1심 판결을 파기하고 무죄를 선고한 원심의 조처는 정당하다(대판 1981.7.28. 81도1489).

오답해설

② (○) 대판 2015.10.29. 2013도9481

③ (○) 대판 1984.10.23. 84도1803

④ (○) 대판 2022.01.13. 2021도13108

23

답 ②

정답해설

② (×) 검찰청이 보관하고 있는 불기소처분기록에 포함된 불기소결정서는 형사피의자에 대한 수사의 종결을 위한 검사의 처분 결과와 이유를 기재한 서류로서, 작성 목적이나 성격 등에 비추어 이는 수사기관 내부의 의사결정 과정 또는 검토과정에 있는 사항에 관한 문서도 아니고, 그 공개로써 수사에 관한 직무의 수행을 현저하게 곤란하게 하는 것도 아니므로, 달리 특별한 사정이 없는 한 변호인의 열람·지정에 의한 공개의 대상이 된다(대판 2012.5.24. 2012도1284).

오답해설

① (○) 대판 2008.12.24. 2006도1427

③ (○) 대판 2013.7.26. 2013도2511

④ (○) 대판 2018.11.29. 2018도13377

24

답 ①

정답해설

① (×) 상고심의 공판기일에는 피고인의 소환을 요하지 아니한다(제389조의2).

오답해설

② (○) 제277조의2 제1항

③ (○) 제306조 제4항

④ (○) 대판 2013.03.28. 2012도12843

25

답 ②

정답해설

② (×) 검사, 피고인 또는 변호인은 증거조사에 관하여 법령의 위반이 있거나 상당하지 아니함을 이유로 하여 이의신청을 할 수 있다. 그러나 법원의 증거결정에 대한 이의신청은 법령의 위반이 있음을 이유로 하여서만 이를 할 수 있다(규칙 제135조의2).

오답해설

① (○) 대판 2003.10.10. 2003도3282

③ (○) 대판 1990.06.08. 90도646

④ (○) 대판 2020.12.24. 2020도10778

26

답 ③

정답해설

③ (×) 형사소송법 제297조의 규정에 따라 재판장은 증인이 피고인의 면전에서 충분한 진술을 할 수 없다고 인정한 때에는 피고인을 퇴정하게 하고 증인신문을 진행함으로써 피고인의 직접적인 증인 대면을 제한할 수 있지만, 이러한 경우에도 피고인의 반대신문권을 배제하는 것은 허용되지 않는다(대판 2012.2.23. 2011도15068).

오답해설

① (○) 대판 2020.12.10. 2020도2623

② (○) 대판 2015.5.28. 2014도18006

④ (○) 대판 2012.7.26. 2012도2937

27

답 ②

정답해설

② (×) 무이유부기피신청이 있는 때에는 법원은 당해 배심원후보자를 배심원으로 선정할 수 없다(국민의 형사재판 참여에 관한 법률 제30조 제2항).

오답해설

① (○) 대판 2020.01.09. 2019도10140

③ (○) 국민의 형사재판 참여에 관한 법률은 제42조 제2항에서 "재판장은 배심원과 예비배심원에 대하여 배심원과 예비배심원의 권한·의무·재판절차, 그 밖에 직무수행을 원활히 하는 데 필요한 사항을 설명하여야 한다."라고 하여 재판장의 공판기일에서의 최초 설명의무를 규정하고 있는데, 이러한 재판장의 최초 설명은 재판절차에 익숙하지 아니한 배심원과 예비배심원을 배려하는 차원에서 국민의 형사재판 참여에 관한 규칙 제35조 제1항에 따라 피고인에게 진술거부권을 고지하기 전에 이루어지는 것으로, 원칙적으로 설명의 대상에 검사가 아직 공소장에 의하여 낭독하지 아니한 공소사실 등이 포함된다고 볼 수 없다(대판 2014.11.13. 2014도8377).

④ (○) 국민의 형사재판 참여에 관한 법률 제30조 제1항

28

답 ②

정답해설

㉠ (○) 뇌물죄에서 수뢰액은 다과에 따라 범죄구성요건이 되므로 엄격한 증명의 대상이 된다(대판 2011.05.26. 2009도2453).

ⓒ (ㅇ) 민간인이 군에 입대하여 군인신분을 취득하였는가의 여부를 판단함에는 엄격한 증명을 요한다(대판 1970. 10.30. 70도1936).

오답해설

ⓒ (×) 특신상태는 자유로운 증명으로 충분하다(대판 1986. 11.25. 83도1718).

ⓔ (×) 몰수·추징 대상이 되는지의 여부는 범죄구성사실에 관한 것이 아니므로 엄격한 증명의 대상이 아니다(대판 1982.2.9. 81도3040)

29

영역 공판>증거　　　　　　　　　　　난도 **중**

답 ③

정답해설

③ (×) 형사소송법 제308조의2는 "적법한 절차에 따르지 아니하고 수집한 증거는 증거로 할 수 없다."고 규정하고 있는데, 수사기관이 헌법과 형사소송법이 정한 절차에 따르지 아니하고 수집한 증거는 유죄 인정의 증거로 삼을 수 없는 것이 원칙이므로, 수사기관이 피고인 아닌 자를 상대로 적법한 절차에 따르지 아니하고 수집한 증거는 원칙적으로 피고인에 대한 유죄 인정의 증거로 삼을 수 없다(대판 2011.6.30. 2009도6717).

오답해설

① (ㅇ) 대판 2013.9.12. 2011도12918
② (ㅇ) 대판 2013.11.28. 2010도12244
④ (ㅇ) 대판 2007.11.15. 2007도3061 전합

30

영역 공판>증거　　　　　　　　　　　난도 **중**

답 ①

정답해설

① (×) 피고인의 자백이 임의성이 없다고 의심할 만한 사유가 있는 때에 해당한다 할지라도 그 임의성이 없다고 의심하게 된 사유들과 피고인의 자백과의 사이에 인과관계가 존재하지 않은 것이 명백한 때에는 그 자백은 임의성이 있는 것으로 인정된다(대판 1984.11.27. 84도2252).

오답해설

② (ㅇ) 대판 1986.11.25. 83도1718
③ (ㅇ) 대판 1985.2.26. 82도2413
④ (ㅇ) 대판 2012.11.29. 2010도3029

31

영역 공판>증거　　　　　　　　　　　난도 **상**

답 ①

정답해설

㉠ (×) 피의자가 검사에게 작성하여 제출한 진술서는 제312조 제5항에 따라 검사작성 피신조서에 준하여 증거능력이 인정된다(제312조 제5항).

ⓒ (×) 피고인에 대한 검사 작성의 피의자신문조서가 그 내용 중 일부를 가린 채 복사를 한 다음 원본과 상위없다는 인증을 하여 초본의 형식으로 제출된 경우에, 위와 같은 피의자신문조서 초본은 피의자신문조서 원본 중 가려진 부분의 내용이 가려지지 않은 부분과 분리 가능하고 당해 공소사실과 관련성이 없는 경우에만, 그 피의자신문조서의 원본이 존재하거나 존재하였을 것, 피의자신문조서의 원본 제출이 불능 또는 곤란한 사정이 있을 것, 원본을 정확하게 전사하였을 것 등 3가지 요건을 전제로 피고인에 대한 검사 작성의 피의자신문조서 원본과 동일하게 취급할 수 있다(대판 2002.10.22. 2000도5461).

오답해설

ⓒ (ㅇ) 제312조 제1항
ⓔ (ㅇ) 형사소송법 제57조 제1항은 공무원이 작성하는 서류에는 법률에 다른 규정이 없는 때에는 작성년월일과 소속공무소를 기재하고 서명날인하여야 한다고 규정하고 있는바, 그 서명날인은 공무원이 작성하는 서류에 관하여 그 기재 내용의 정확성과 완전성을 담보하는 것이므로 검사 작성의 피의자신문조서에 작성자인 검사의 서명날인이 되어 있지 아니한 경우 그 피의자신문조서는 공무원이 작성하는 서류로서의 요건을 갖추지 못한 것으로서 위 법규정에 위반되어 무효이고 따라서 이에 대하여 증거능력을 인정할 수 없다고 보아야 할 것이며, 그 피의자신문조서에 진술자인 피고인의 서명날인이 되어 있다거나, 피고인이 법정에서 그 피의자신문조서에 대하여 진정성립과 임의성을 인정하였다고 하여 달리 볼 것은 아니다(대판 2001.09.28. 2001도4091).
ⓜ (ㅇ) 대판 2007.6.28. 2005도8317

32

영역 공판>증거　　　　　　　　　　　난도 **상**

답 ④

정답해설

④ (×) 디지털 저장매체에 저장된 로그파일의 원본이 아니라 그 복사본의 일부 내용을 요약·정리하는 방식으로 새로운 문서파일이 작성된 경우 그 문서파일 또는 거기에서 출력한 문서를 로그파일 원본의 내용을 증명하는 증거로 사용하기 위하여는 피고인이 이를 증거로 하는

데 동의하지 아니하는 이상 그 문서파일의 기초가 된 로그파일 복사본과 로그파일 원본의 동일성도 인정되어야 한다(대판 2015.8.27. 2015도3467).

오답해설

① (ㅇ) 피고인 아닌 자가 작성한 진술서가 증거능력이 인정되기 위해서는 자필이거나 날인 또는 서명이 있는 것으로서, 작성자인 피고인 아닌 자가 공판준비 또는 공판기일에 그 성립의 진정함을 인정하여야 한다(제313조 제1항 본문). 제313조 제1항의 명문규정상 진정성립은 작성자의 공판정 진술에 의하여 이루어져야 함이 원칙이다. 그러나, 제313조 제1항 본문에도 불구하고 진술서의 작성자가 공판준비나 공판기일에서 그 성립의 진정을 부인하는 경우에는 과학적 분석결과에 기초한 디지털포렌식 자료, 감정 등 객관적 방법으로 성립의 진정함이 증명되고, 피고인 또는 변호인이 공판준비 또는 공판기일에 그 기재 내용에 관하여 작성자를 신문할 수 있었을 때에는 증거로 할 수 있다(제313조 제2항).

② (ㅇ) 대판 2013.7.26. 2013도2511

③ (ㅇ) 대판 2015.7.16. 2015도2625 전합

33

정답 ③

영역 공판>증거   난도 중

정답해설

③ (×) 구속적부심문조서는 형사소송법 제311조가 규정한 문서에는 해당하지 않는다 할 것이나, 특히 신용할 만한 정황에 의하여 작성된 문서라고 할 것이므로 특별한 사정이 없는 한, 피고인이 증거로 함에 부동의하더라도 형사소송법 제315조 제3호에 의하여 당연히 그 증거능력이 인정된다(대판 2004.1.16. 2003도5693).

오답해설

① (ㅇ) 대판 2020.06.11. 2016도9367

② (ㅇ) 대판 2019.8.29. 2018도13792 전합

④ (ㅇ) 범행 직후 미합중국 주검찰 수사관이 작성한 피해자 및 공범에 대한 질문서(interrogatory)와 우리 나라 법원의 형사사법공조요청에 따라 미합중국 법원의 지명을 받은 수명자(미합중국 검사)가 작성한 피해자 및 공범에 대한 증언녹취서(deposition)는 이를 형사소송법 제315조 소정의 당연히 증거능력이 인정되는 서류로는 볼 수 없다고 하더라도, 같은 법 제312조 또는 제313조에 해당하는 조서 또는 서류로서 그 원진술자가 공판기일에서 진술을 할 수 없는 때에 해당하고, 그 각 진술 내용이나 조서 또는 서류의 작성에 허위 개입의 여지가 거의 없으며 그 진술 내용의 신빙성이나 임의성을 담보할 구체적이고 외부적인 정황이 있다고 할 것이어서 그 진술 또는 서류의 작

성이 특히 신빙할 수 있는 상태하에서 행하여진 것이라고 보기에 충분하므로, 형사소송법 제314조의 규정에 의하여 그 증거능력을 인정할 수 있다(대판 1997.7.25. 97도1351).

34

정답 ①

영역 공판>증거   난도 중

정답해설

① (×) 피고인이 신청한 증인의 증언이 피고인 아닌 타인의 진술을 그 내용으로 하는 전문진술이라고 하더라도 피고인이 그 증언에 대하여 별 의견이 없다고 진술하였다면 그 증언을 증거로 함에 동의한 것으로 볼 수 있으므로 이는 증거능력 있다(대판 1983.9.27. 83도516).

오답해설

② (ㅇ) 대판 1990.07.24. 90도1303

③ (ㅇ) 제318조 제2항

④ (ㅇ) 대판 2013.3.28. 2013도3

35

정답 ①

영역 공판>증거   난도 중

정답해설

① (×) 자백에 대한 보강증거는 범죄사실의 전부 또는 중요부분을 인정할 수 있는 정도가 되지 아니하더라도 피고인의 자백이 가공적인 것이 아닌 진실한 것임을 인정할 수 있는 정도만 되면 족할 뿐만 아니라 직접증거가 아닌 간접증거나 정황증거도 보강증거가 될 수 있으며, 또한 자백과 보강증거가 서로 어울려서 전체로서 범죄사실을 인정할 수 있으면 유죄의 증거로 충분하다(대판 2008.11.27. 2008도7883).

오답해설

② (ㅇ) 대판 1990.10.30. 90도1939

③ (ㅇ) 대판 2000.9.26. 2000도2365

④ (ㅇ) 대판 1985.06.25. 85도848

36

답 ②

영역 공판>재판　　　　　　　　　　　　　난도 중

정답해설

② (×) 소년법 제32조의 보호처분을 받은 사건과 동일한 사건에 대하여 다시 공소제기가 되었다면 동조의 보호처분은 확정판결이 아니고 따라서 기판력도 없으므로 이에 대하여 면소판결을 할 것이 아니라 공소제기절차가 동법 제47조의 규정에 위배하여 무효인 때에 해당한 경우이므로 공소기각의 판결을 하여야 한다(대판 1985.5.28. 85도21).

오답해설

① (○) 대판 1994.8.9. 94도1318
③ (○) 대판 2016.09.28. 2014도10748
④ (○) 대판 2000.2.11. 99도4797

37

답 ③

영역 상소와 비상구제절차>상소　　　　　　난도 중

정답해설

③ (×) 마약류관리에 관한 법률 제67조는 이른바 필수적 몰수 또는 추징 조항으로서 그 요건에 해당하는 한 법원은 반드시 몰수를 선고하거나 추징을 명하여야 한다. 위와 같은 몰수 또는 추징은 범죄행위로 인한 이득의 박탈을 목적으로 하는 것이 아니라 징벌적인 성질을 가지는 처분으로 부가형으로서의 성격을 띠고 있다. 이는 피고사건 본안에 관한 판단에 따른 주형 등에 부가하여 한 번에 선고되고 이와 일체를 이루어 동시에 확정되어야 하고 본안에 관한 주형 등과 분리되어 이심되어서는 아니 되는 것이 원칙이므로, 피고사건의 주위적 주문과 몰수 또는 추징에 관한 주문은 상호 불가분적 관계에 있어 상소불가분의 원칙이 적용되는 경우에 해당한다. 따라서 피고사건의 재판 가운데 몰수 또는 추징에 관한 부분만을 불복대상으로 삼아 상소가 제기되었다 하더라도, 상소심으로서는 이를 적법한 상소제기로 다루어야 하고, 그 부분에 대한 상소의 효력은 그 부분과 불가분의 관계에 있는 본안에 관한 판단 부분에까지 미쳐 그 전부가 상소심으로 이심된다(대판 2008.11.20. 2008도5596 전합).

오답해설

① (○) 대판 2001.2.9. 2000도5000
② (○) 대판 1980.12.09. 80도384 전합
④ (○) 대판 1989.4.11. 86도1629

38

답 ②

영역 상소와 비상구제절차>상소　　　　　　난도 중

정답해설

② (×) 피고인에게 금고 5월의 실형을 선고한 제1심판결에 대해 피고인만이 항소하였는데, 원심이 제1심과 마찬가지로 유죄를 인정하여 갑죄에 대하여는 금고형을, 을죄와 병죄에 대하여는 징역형을 선택한 후 각 죄를 형법 제37조 전단 경합범으로 처벌하면서 피고인에게 금고 5월, 집행유예 2년, 보호관찰 및 40시간의 수강명령을 선고한 사안에서, 금고형과 징역형을 선택하여 경합범 가중을 하는 경우에는 형법 제38조 제2항에 따라 금고형과 징역형을 동종의 형으로 간주하여 징역형으로 처벌하여야 하고, 형기의 변경 없이 금고형을 징역형으로 바꾸어 집행유예를 선고하더라도 불이익변경금지 원칙에 위배되지 않는데도, 제1심판결을 파기하면서 제1심의 위법을 시정하지 아니한 원심판결에 경합범 가중에 관한 법리오해의 잘못이 있다고 한 사례(대판 2013.12.12. 2013도6608)

오답해설

① (○) 대판 2020.10.22. 2020도4140 전합
③ (○) 제1심의 징역형의 선고유예의 판결에 대하여 피고인만이 항소한 경우에 제2심이 벌금형을 선고한 것은 제1심판결의 형보다 중한 형을 선고한 것에 해당된다(대판 1999.11.26. 99도3776).
④ (○) 피고인만이 항소한 사건에서 법원이 항소심에서 처음 청구된 검사의 전자장치 부착명령 청구에 따라 부착명령을 선고하는 것은 불이익변경금지의 원칙에 위배되지 않는다(대판 2010.11.25. 2010도9013).

39

답 ②

영역 상소와 비상구제절차>비상구제절차　　　난도 중

정답해설

② (×) 경합범 관계에 있는 수개의 범죄사실을 유죄로 인정하여 한 개의 형을 선고한 불가분의 확정판결에서 그 중 일부의 범죄사실에 대하여만 재심청구의 이유가 있는 것으로 인정된 경우에는 형식적으로는 1개의 형이 선고된 판결에 대한 것이어서 그 판결 전부에 대하여 재심개시의 결정을 할 수밖에 없지만, 비상구제수단인 재심제도의 본질상 재심사유가 없는 범죄사실에 대하여는 재심개시결정의 효력이 그 부분을 형식적으로 심판의 대상에 포함시키는데 그치므로 재심법원은 그 부분에 대하여는 이를 다시 심리하여 유죄인정을 파기할 수 없고, 다만 그 부분에 관하여 새로이 양형을 하여야 하므로 양형을 위하여 필요한 범위에 한하여만 심리를 할 수 있을 뿐이다

(대판 2001.7.13. 2001도1239).

① (○) 대결 2019.6.20. 2018도20698
③ (○) 대판 2015.5.21. 2011도1932 전합
④ (○) 대결 2021.03.12. 2019모3554

40 답 ④

정답해설

④ (×) 경찰서장이 범칙행위에 대하여 통고처분을 한 이상, 범칙자의 절차적 지위를 보장하기 위하여 통고처분에서 정한 범칙금 납부기간까지는 원칙적으로 경찰서장은 즉결심판을 청구할 수 없고, 검사도 동일한 범칙행위에 대하여 공소를 제기할 수 없다고 보아야 한다(대판 2020.04.29. 2017도13409).

오답해설

①, ② (○) 즉결심판에 관한 절차법 제14조 제1항, 제3항, 제4항 및 형사소송법 제455조 제3항에 의하면, 경찰서장의 청구에 의해 즉결심판을 받은 피고인으로부터 적법한 정식재판의 청구가 있는 경우 경찰서장의 즉결심판청구는 공소제기와 동일한 소송행위이므로 공판절차에 의하여 심판하여야 한다(대판 2012.3.29. 2011도8503 판결 참조). 원심판결 이유에 의하면, 원심은 그 판시와 같은 사실을 인정한 다음, 즉결심판에 대하여 피고인의 정식재판 청구가 있는 경우 경찰서는 검찰청으로, 검찰청은 법원으로 정식재판청구서를 첨부한 사건기록과 증거물을 그대로 송부하여야 하고 검사의 별도의 공소제기는 필요하지 아니한데도 검사가 정식재판을 청구한 즉결심판 사건에 대하여 법원에 사건기록과 증거물을 그대로 송부하지 아니하고 즉결심판이 청구된 위반 내용과 동일성 있는 범죄사실에 대하여 약식명령을 청구하였다는 이유로, 이 사건 공소제기 절차는 법률의 규정에 위반하여 무효인 때에 해당하거나 공소가 제기된 사건에 대하여 다시 공소가 제기되었을 때에 해당한다고 판단하여 이 사건 공소를 기각하였다. 원심판결 이유를 앞서 본 법리에 비추어 살펴보면, 위와 같은 원심의 판단은 정당하고, 거기에 상고이유 주장과 같이 즉결심판에 대한 정식재판 청구 후의 사건기록 송부 및 소송행위 하자의 치유에 관한 법리를 오해한 잘못이 없다(대판 2017.10.12. 2017도10368).
③ (○) 대결 2008.7.11. 2008모605

제2회　경찰승진 최종모의고사

정답체크

01	02	03	04	05	06	07	08	09	10
②	①	②	④	①	③	③	②	②	②
11	12	13	14	15	16	17	18	19	20
①	③	③	③	④	③	③	④	④	④
21	22	23	24	25	26	27	28	29	30
②	④	②	①	③	③	②	①	③	①
31	32	33	34	35	36	37	38	39	40
②	②	③	④	④	④	③	④	①	④

문항별 체크리스트

문항	영역	O	X	문항	영역	O	X
01	서론>형사소송법의 기초이론			21	공판>공판절차		
02	서론>형사소송법의 기초이론			22	공판>공판절차		
03	서론>소송주체와 소송관계인			23	공판>공판절차		
04	서론>소송주체와 소송관계인			24	공판>공판절차		
05	서론>소송주체와 소송관계인			25	공판>공판절차		
06	수사와 공소>수사			26	공판>공판절차		
07	수사와 공소>수사			27	공판>공판절차		
08	수사와 공소>수사			28	공판>증거		
09	수사와 공소>수사			29	공판>증거		
10	수사와 공소>수사			30	공판>증거		
11	수사와 공소>강제처분과 강제수사			31	공판>증거		
12	수사와 공소>강제처분과 강제수사			32	공판>증거		
13	수사와 공소>강제처분과 강제수사			33	공판>증거		
14	수사와 공소>강제처분과 강제수사			34	공판>증거		
15	수사와 공소>강제처분과 강제수사			35	공판>증거		
16	수사와 공소>강제처분과 강제수사			36	공판>재판		
17	수사와 공소>강제처분과 강제수사			37	상소와 비상구제절차>상소		
18	수사와 공소>수사의 종결과 공소의 제기			38	상소와 비상구제절차>상소		
19	수사와 공소>수사의 종결과 공소의 제기			39	상소와 비상구제절차>비상구제절차		
20	수사와 공소>수사의 종결과 공소의 제기			40	상소와 비상구제절차>특별절차		
서론		/5		수사와 공소		/15	
공판		/16		상소와 비상구제절차		/4	

01

답 ②

영역 서론>형사소송법의 기초이론   **난도** 상

정답해설

② 헌법에 명시적으로 규정이 있는 것은 ㉠, ㉡, ㉂이다.

㉠ 헌법 제12조 제6항

㉡ 헌법 제13조 제1항

㉂ 헌법 제12조 제7항

오답해설

㉢ 형사소송법 제307조 제1항

㉣ 형사소송법 제368조

㉤ 형사소송법 제308조의2

02

답 ①

영역 서론>형사소송법의 기초이론   **난도** 중

정답해설

① (×) 제1심 선고형기를 지난 후에 제2심 공판이 개정된 경우라도 신속한 재판을 받을 권리를 침해하였다고 볼 수 없다(대판 1972.5.23. 72도840).

오답해설

② (○) 헌재결 1995.11.30. 92헌마44

③ (○) 간이기각결정을 규정하고 있는 형사소송법 제20조 제1항은 헌법에 위반되지 아니한다(헌재결 2006.7.27. 2005헌바58).

④ (○) 구속만기 25일을 앞두고 제1회 공판이 있는 경우라도 신속한 재판을 받을 권리를 침해하였다고 할 수 없다(대판 1990.6.12. 90도672).

03

답 ②

영역 서론>소송주체와 소송관계인   **난도** 상

정답해설

㉠ (×) 헌법 제12조 제2항은 "모든 국민은 고문을 받지 아니하며, 형사상 자기에게 불리한 진술을 강요당하지 아니한다."고 규정하여 형사책임에 관하여 자기에게 불이익한 진술을 강요당하지 않을 것을 국민의 기본권으로 보장하고 있다. 이러한 진술거부권은 형사절차에서만 보장되는 것이 아니라 행정절차이거나 국회에서의 질문 등 어디에서나 그 진술이 자기에게 형사상 불리한 경우에는 묵비권을 가지고 이를 강요받지 아니할 국민의 기본권으로 보장된다(대판 2015.05.28. 2015도3136).

㉢ (×) 헌법 제12조 제2항은 모든 국민에게 진술거부권을 보장하고 있으므로 진술거부권의 주체에는 제한이 없다. 따라서 피의자·피고인은 물론이고 의사무능력자의 대리인, 법인의 대표자도 진술거부권을 가지며 외국인에게도 인정된다.

오답해설

㉡ (○) 헌법 제12조 제2항, 형사소송법 제244조의3 제1항

㉣ (○) 형사소송법 제283조의2, 형사소송규칙 제144조 제1항 제3호

㉤ (○) 헌재결 1995.05.25. 91헌바20

04

답 ④

영역 서론>소송주체와 소송관계인   **난도** 하

정답해설

④ (×) 피고인이 군인이라는 사실이 인정되면 군사법원에 이송하여야 하며, 공소기각의 판결을 선고해서는 안 된다(대판 1973.7.24. 73도1296).

오답해설

① (○) 제12조

② (○) 제13조

③ (○) 대결 1986.07.25. 86모9

05

답 ①

영역 서론>소송주체와 소송관계인   **난도** 중

정답해설

① (×) 구인을 위한 구속영장이 발부되어 구인된 경우는 제33조 제1항 소정의 피고인이 구속된 때에 해당하지 않는다(대판 2016.8.30. 2016도7672).

오답해설

② (○) 대판 2019.09.26. 2019도8531

③ (○) 대판 1994.4.23. 99도915

④ (○) 피고인이 필요적 변호사건인 '흉기휴대 상해'의 폭력행위 등 처벌에 관한 법률 위반죄로 기소된 후 '사기죄'의 약식명령에 대해 정식재판을 청구하여 제1심에서 모두 유죄판결을 받고 항소하였는데, 원심이 국선변호인을 선정하지 아니한 채 두 사건을 병합·심리하여 항소기각판결을 선고한 사안에서, 변호인의 관여 없이 공판절차를 진행한 위법은 필요적 변호사건이 아닌 사기죄 부분에도 미치며, 이는 사기죄 부분에 대해 별개의 벌금형을 선고하였더라도 마찬가지이다(대판 2011.4.28. 2011도2279).

06

영역 수사와 공소>수사 　　　　　난도 **중**

정답해설

③ (×) 검사는 사법경찰관과 동일한 범죄사실을 수사하게 된 때에는 사법경찰관에게 사건을 송치할 것을 요구할 수 있다. 요구를 받은 사법경찰관은 지체없이 검사에게 사건을 송치하여야 한다. 다만, 검사가 영장을 청구하기 전에 동일한 범죄사실에 관하여 사법경찰관이 영장을 신청한 경우에는 해당 영장에 기재된 범죄사실을 계속 수사할 수 있다(제197조의4 제1항, 제2항).

오답해설

① (○) 제195조 제1항

② (○) 제197조 제1항 제2호

④ (○) 제221조의5 제1항

07

답 ③

영역 수사와 공소>수사 　　　　　난도 **중**

정답해설

③ (×) 법원이 선임한 부재자 재산관리인이 그 관리대상인 부재자의 재산에 대한 범죄행위에 관하여 법원으로부터 고소권 행사에 관한 허가를 얻은 경우 부재자 재산관리인은 형사소송법 제225조 제1항에서 정한 법정대리인으로서 적법한 고소권자에 해당한다고 보아야 한다(대판 2022.05.26. 2021도2488).

오답해설

① (○) 대판 1987.06.09. 87도857

② (○) 대판 1986.11.11. 86도1982

④ (○) 제228조

08

답 ②

영역 수사와 공소>수사 　　　　　난도 **중**

정답해설

② (○) 대판 2008.4.10. 2007도6325

오답해설

① (×) 피고인이 제1심 판결선고 전에 제출한 '합의서'에 피해자가 처벌을 희망하지 않는다는 내용이 기재되어 있고, 원심에 제출한 '합의서 및 처벌불원서'에는 피해자가 제1심에서 피고인을 용서하고 합의서를 작성하여 주었다는 내용이 있으므로, 피해자가 제1심 판결선고 전에 처벌희망 의사표시를 철회하였다고 볼 여지가 있다(대판 2021.10.28. 2021도10010).

③ (×) 고소 또는 그 취소는 대리인으로 하여금 하게 할 수 있다(제236조).

④ (×) 검사가 작성한 피해자에 대한 진술조서기재 중 '피의자들의 처벌을 원하는 가요?'라는 물음에 대하여 '법대로 처벌하여 주기 바랍니다.'로 되어 있고 이어서 '더 할 말이 있는 가요?'라는 물음에 대하여 '젊은 사람들이니 한번 기회를 주시면 감사하겠습니다.'로 기재되어 있다면 피해자의 진술취지는 법대로 처벌하되 관대한 처분을 바란다는 취지로 보아야 하고 처벌의사를 철회한 것으로 볼 것이 아니다(대판 1981.1.13. 80도2210).

09

답 ②

영역 수사와 공소>수사 　　　　　난도 **중**

정답해설

② (×) 피고인이 경찰관으로부터 음주측정을 위해 경찰서에 동행할 것을 요구받고 자발적인 의사에 의해 순찰차에 탑승하였고, 경찰서로 이동하던 중 하차를 요구한 바 있으나 그 직후 경찰관으로부터 수사 과정에 관한 설명을 듣고 경찰서에 빨리 가자고 요구하였으므로, 피고인에 대한 임의동행은 피고인의 자발적인 의사에 의하여 이루어졌고, 그 후에 이루어진 음주측정결과는 증거능력이 있다(대판 2016.9.28. 2015도2798).

오답해설

① (○) 대판 2012.12.13. 2012도11162

③ (○) 대판 2006.11.9. 2004도8404

④ (○) 대판 2020.05.14. 2020도398

10

답 ②

영역 수사와 공소>수사 　　　　　난도 **중**

정답해설

② (×) 신체구속을 당한 피의자 또는 피고인이 범한 것으로 의심받고 있는 범죄행위에 해당 변호인이 관련되어 있다는 등의 사유에 기하여 그 변호인의 변호활동을 광범위하게 규제하는 변호인의 제척과 같은 제도를 두고 있지 아니한 우리 법제 아래에서는, 변호인의 접견교통의 상대방인 신체구속을 당한 사람이 그 변호인을 자신의 범죄행위에 공범으로 가담시키려고 하였다는 등의 사정만으로 그 변호인의 신체구속을 당한 사람과의 접견교통을 금지하는 것이 정당화될 수는 없다(대결 2007.1.31. 2006모657).

오답해설

① (○) 수사준칙 제13조 제1항
③ (○) 법무법인 소속 변호사가 담당변호사로 지정되어 법무법인의 업무를 수행하는 경우에 있어서는 당해 법무법인이 형사소송법 제34조, 제243조의2 제1항 소정의 변호인으로서 피의자에 대한 접견교통권 또는 피의자신문 참여권을 가진다고 보아야 하므로, 수사기관 등이 부당하게 법무법인 소속 변호사의 피의자에 대한 접견이나 피의자신문 참여를 제한 내지 거부하는 처분을 하였다면, 그러한 처분의 직접 상대방은 당해 법무법인이라고 할 것이고, 따라서 형사소송법 제417조에 의하여 그 처분의 취소 또는 변경을 청구할 수 있는 자는 당해 법무법인이라고 할 것이므로, 법무법인 소속 담당변호사 개인에게는 그 처분의 취소 또는 변경을 청구할 수 있는 준항고인 적격이 있다고 할 수 없다(대결 2010.1.7. 2009모796).
④ (○) 대결 2020.3.17. 2015모2357

11
영역 수사와 공소>강제처분과 강제수사 **난도 하** **답 ①**

정답해설
① (×) 판례는 수사단계의 구속영장의 법적 성질을 허가장으로 보았다(헌재결 1997.3.27. 96헌바28, 대결 1999.12.1. 99모161).

오답해설
② (○) 제200조의6, 제85조 제3항
③ (○) 수사기관은 강제처분을 행함에 있어서 법관이 발부한 영장을 반드시 제시하여야 한다. 이 경우 제시되는 영장은 반드시 정본이어야 하며 사본의 제시는 허용되지 않는다.
④ (○) 일반영장은 금지된다. 따라서 법관이 발부한 영장이라도 그 내용이 구체적으로 특정되지 않은 경우는 무효가 된다.

12
영역 수사와 공소>강제처분과 강제수사 **난도 중** **답 ③**

정답해설
③ (×) 현행범인은 누구든지 영장 없이 체포할 수 있으므로 사인의 현행범인 체포는 법령에 의한 행위로서 위법성이 조각된다고 할 것인데, 현행범인 체포의 요건으로서는 행위의 가벌성, 범죄의 현행성·시간적 접착성, 범인·범죄의 명백성 외에 체포의 필요성 즉, 도망 또는 증거인멸

의 염려가 있을 것을 요한다(대판 1999.1.26. 98도3029).

오답해설
① (○) 대판 2011.5.26. 2011도3682
② (○) 대판 1999.01.26. 98도3029
④ (○) 대판 2006.9.28. 2005도6461

13
영역 수사와 공소>강제처분과 강제수사 **난도 중** **답 ③**

정답해설
③ (○) 이중구속은 허용된다는 것이 판례의 태도이다(대결 1996.8.12. 96모46).

오답해설
① (×) 헌법이 정한 적법절차와 영장주의 원칙, 형사소송법이 정한 체포된 피의자의 구금을 위한 구속영장의 청구, 발부, 집행절차에 관한 규정을 종합하면, 법관이 검사의 청구에 의하여 체포된 피의자의 구금을 위한 구속영장을 발부하면 검사와 사법경찰관리는 지체 없이 신속하게 구속영장을 집행하여야 한다. 피의자에 대한 구속영장의 제시와 집행이 그 발부 시로부터 정당한 사유 없이 시간이 지체되어 이루어졌다면, 구속영장이 그 유효기간 내에 집행되었다고 하더라도 위 기간 동안의 체포 내지 구금 상태는 위법하다(대판 2021.04.29. 2020도16438).
② (×) 체포되지 아니한 피의자에 대하여도 필요적으로 영장실질심사를 진행하는 것이 원칙이다(제201조의2 제2항). 이 경우 구인을 위한 구속영장을 발부하여 구인 후 심문할 수 있다.
④ (×) 구속되었다가 석방된 피의자의 경우에만 제208조 제1항의 재구속금지 규정이 적용될 뿐, 피고인에게는 재구속규정이 적용되지 아니한다(대결 1985.7.23. 85모12).

14
영역 수사와 공소>강제처분과 강제수사 **난도 중** **답 ③**

정답해설
③ (×) 체포·구속적부심사청구에 대한 법원의 간이기각결정(제214조의2 제3항)과 피의자심문 후에 대한 기각결정 및 석방결정(제214조의2 제4항)에 대하여는 항고할 수 없다. 하지만, 보증금납입조건부 피의자석방결정(제214조의2 제5항)에 대해서는 보통항고로 불복할 수 있다(대결 1997.8.27. 97모21).

오답해설

① (○) 제214조의2 제12항

② (○) 대결 1997.8.27. 97모21

④ (○) 규칙 제106조

오답해설

① (○) 대판 2011.4.28. 2009도10412

② (○) 대결 2017.9.29. 2017모236

④ (○) 대판 2021.11.18. 2016도348 전합

15 답 ④

| 영역 수사와 공소>강제처분과 강제수사 | 난도 중 |

정답해설

④ (×) 전자정보에 대한 압수·수색영장의 집행에 있어서는 원칙적으로 영장 발부의 사유로 된 혐의사실과 관련된 부분만을 문서 출력물로 수집하거나 수사기관이 휴대한 저장매체에 해당 파일을 복사하는 방식으로 이루어져야 하고, 집행현장의 사정상 위와 같은 방식에 의한 집행이 불가능하거나 현저히 곤란한 부득이한 사정이 있더라도 그 같은 경우에 그 저장매체 자체를 직접 또는 하드카피나 이미징 등 형태로 수사기관 사무실 등 외부로 반출하여 해당 파일을 압수·수색할 수 있도록 영장에 기재되어 있고 실제 그와 같은 사정이 발생한 때에 한하여 예외적으로 허용될 수 있을 뿐이다(대판 2012.3.29. 2011도10508).

오답해설

① (○) 제118조

② (○) 대판 2017.9.21. 2015도12400

③ (○) 대판 2018.2.8. 2017도13263

17 답 ③

| 영역 수사와 공소>강제처분과 강제수사 | 난도 중 |

정답해설

③ (×) 긴급체포된 자가 소유·소지 또는 보관하는 물건을 영장 없이 압수한 이후 이 물건을 계속 압수할 필요가 있는 경우 사법경찰관은 체포한 때부터 48시간 이내에 압수·수색영장을 청구하여야 한다(제217조 제2항).

오답해설

① (○) 대판 2021.07.29. 2020도14654

② (○) 대판 1990.9.14. 90도1263

④ (○) 대판 2011.5.26. 2011도1902

18 답 ④

| 영역 수사와 공소>수사의 종결과 공소의 제기 | 난도 하 |

정답해설

④ (×) 검사의 불기소처분에는 확정재판에 있어서의 확정력과 같은 효력이 없어 일단 불기소처분을 한 후에도 공소시효가 완성되기 전이면 언제라도 공소를 제기할 수 있다(대판 2009.10.29. 2009도6614).

오답해설

① (○) 제258조 제1항

② (○) 제259조

③ (○) 행정소송법상 거부처분 취소소송의 대상인 '거부처분'이란 '행정청이 행하는 구체적 사실에 관한 법집행으로서의 공권력의 행사 또는 이에 준하는 행정작용', 즉 적극적 처분의 발급을 구하는 신청에 대하여 그에 따른 행위를 하지 않겠다고 거부하는 행위를 말하고, 부작위위법확인소송의 대상인 '부작위'란 '행정청이 당사자의 신청에 대하여 상당한 기간 내에 일정한 처분을 하여야 할 법률상 의무가 있음에도 불구하고 이를 하지 아니하는 것'을 말한다(제2조 제1항 제1호, 제2호). 여기에서 '처분'이란 행정소송법상 항고소송의 대상이 되는 처분을 의미하는 것으로서, 행정소송법 제2조의 처분의 개념 정의에는 해당한다고 하더라도 그 처분의 근거 법률에서 행정소송 이외의 다른 절차에 의하여 불복할 것을 예정하고 있는 처분은 항고소송의 대상이 될 수 없다. 검사의 불기

16 답 ③

| 영역 수사와 공소>강제처분과 강제수사 | 난도 중 |

정답해설

③ (×) 압수·수색영장에는 피의자의 성명, 죄명, 압수할 물건, 수색할 장소, 신체, 물건, 발부 연월일, 유효기간과 그 기간을 경과하면 집행에 착수하지 못하며 영장을 반환하여야 한다는 취지, 그 밖에 대법원규칙으로 정한 사항을 기재하고 영장을 발부하는 법관이 서명날인하여야 한다(제219조, 제114조 제1항 본문). 이 사건 영장은 법관의 서명날인란에 서명만 있고 날인이 없으므로, 형사소송법이 정한 요건을 갖추지 못하여 적법하게 발부되었다고 볼 수 없다. 그런데도 원심이 이와 달리 이 사건 영장이 법관의 진정한 의사에 따라 발부되었다는 등의 이유만으로 이 사건 영장이 유효라고 판단한 것은 잘못이다(대판 2019.7.11. 2018도20504).

소결정에 대해서는 검찰청법에 의한 항고와 재항고, 형사소송법에 의한 재정신청에 의해서만 불복할 수 있는 것이므로, 이에 대해서는 행정소송법상 항고소송을 제기할 수 없다(대판 2018.09.28. 2017두47465).

262조 제4항 후문에서 말하는 '제2항 제1호의 결정(재정신청 기각결정)이 확정된 사건'에 해당되지 아니하므로, '다른 중요한 증거를 경우를 제외하고는 소추할 수 없다'는 제한을 받지 않는다고 판단한 원심을 수긍한 사례

19 답 ④

영역 수사와 공소>수사의 종결과 공소의 제기　난도 상

정답해설

④ (×) 공소를 제기하지 아니하는 검사의 처분의 당부에 관한 재정신청이 있는 경우에 법원은 검사의 무혐의 불기소처분이 위법하다 하더라도 기록에 나타난 여러 가지 사정을 고려하여 기소유예의 불기소처분을 할 만한 사건이라고 인정되는 경우에는 재정신청을 기각할 수 있다(대결 1997.4.22. 97모30).

오답해설

① (○) 형사소송법 제260조 제2항은 검찰항고전치주의를 취하여 재정신청이전에 검찰청법 제10조에 따른 검찰항고를 반드시 거치도록 규정하면서도 (1) 항고이후 재기수사가 이루어진 다음에 다시 공소를 제기하지 아니한다는 통지를 받은 때 (2) 항고 신청 후 항고에 대한 처분이 행하여지지 아니하고 3개월이 경과한 경우 (3) 검사가 공소시효만료일 30일 전까지 공소를 제기하지 아니하는 경우 등에 있어서는 검찰항고를 거치지 않고 곧바로 재정신청을 제기할 수 있도록 검찰항고전치주의의 예외 또한 규정하고 있다(제260조 제2항 단서).

② (○) 제264조의2, 재정신청은 검사의 기소편의주의와 기소독점주의를 규제하기 위한 제도인바 형사소송법은 관할고등법원의 공소제기결정이 난 사건의 공판절차(기소강제의 공판절차)에서는 그 취지에 반하는 공소취소를 할 수 없다고 규정하고 있다.

③ (○) 형사소송법 제262조 제4항 후문에서 말하는 '제2항 제1호의 결정이 확정된 사건'은 재정신청사건을 담당하는 법원에서 공소제기의 가능성과 필요성 등에 관한 심리와 판단이 현실적으로 이루어져 재정신청 기각결정의 대상이 된 사건만을 의미한다고 해석함이 타당하다. 따라서 재정신청 기각결정의 대상이 되지 않은 사건은 형사소송법 제262조 제4항 후문에서 말하는 '제2항 제1호의 결정이 확정된 사건'이라고 할 수 없고, 설령 재정신청 기각결정의 대상이 되지 않은 사건이 고소인의 고소내용에 포함되어 있었다 하더라도 이와 달리 볼 수 없다(대판 2015.9.10. 2012도14755). ⇒ 1차 고소의 내용에는 포함되었으나 이에 대하여 실제로 수사가 이루어지지 않았고 명시적인 불기소처분도 없어 그 부분이 재정신청 기각결정의 대상이 되지도 않았다면, 이는 형사소송법 제

20 답 ④

영역 수사와 공소>수사의 종결과 공소의 제기　난도 중

정답해설

④ (○) 대판 2012.7.26. 2011도8462

오답해설

① (×) 법원이 어떠한 법률조항을 해석·적용함에 있어서 한 가지 해석방법에 의하면 헌법에 위배되는 결과가 되고 다른 해석방법에 의하면 헌법에 합치하는 것으로 볼 수 있을 때에는 위헌적인 해석을 피하고 헌법에 합치하는 해석방법을 택하여야 한다. 이는 입법방식에 다소 부족한 점이 있어 어느 법률조항의 적용 범위 등에 관하여 불명확한 부분이 있는 경우에도 마찬가지이다. 이러한 관점에서 보면, 공소시효를 정지·연장·배제하는 내용의 특례조항을 신설하면서 소급적용에 관한 명시적인 경과규정을 두지 아니한 경우에 그 조항을 소급하여 적용할 수 있다고 볼 것인지에 관하여는 이를 해결할 보편타당한 일반원칙이 존재할 수 없는 터이므로 적법절차원칙과 소급금지원칙을 천명한 헌법 제12조 제1항과 제13조 제1항의 정신을 바탕으로 하여 법적 안정성과 신뢰보호원칙을 포함한 법치주의 이념을 훼손하지 아니하도록 신중히 판단하여야 한다(대판 2015.5.28. 2015도1362).

② (×) 구 수산업협동조합법(2010. 4. 12. 법률 제10245호로 개정되기 전의 것. 이하 '수산업협동조합법'이라 한다) 제178조 제5항 본문은 "제1항 내지 제4항에 규정된 죄의 공소시효는 해당 선거일 후 6월(선거일 후에 행하여진 죄는 그 행위가 있는 날부터 6월)을 경과함으로써 완성한다."고 규정함으로써, 수산업협동조합법에 규정된 선거범죄 중 선거일까지 발생한 범죄에 대하여는 '선거일 후'부터, 선거일 후에 발생한 범죄에 대하여는 '그 행위가 있었던 날'즉, 범죄행위 종료일부터 각 공소시효가 진행되도록 하고 있다. 여기서 선거일까지 발생한 범죄의 공소시효 기산일인 '선거일 후'는 '선거일 당일'이 아니라 '선거일 다음 날'을 의미한다고 해석하는 것이 우선 위 조항의 문언에 부합한다. 또한 위 조항의 입법 취지도 수산업협동조합법에 규정된 선거범죄에 대하여 형사소송법이 규정하고 있는 원칙적인 공소시효기간보다 짧은 공소시효를 정함으로써 사건을 조속히 처리하여 선거로 인한 법적 불안정 상태를 신속히 해소하고, 특히 선거에 의하여 선출된 수산업협동조합의 임원들이 안정적으로 업

무를 수행할 수 있도록 하기 위하여 당해 선거와 관련하여 선거일까지 발생한 선거범죄에 대하여는 범행일이 언제인지를 묻지 아니하고 선거일까지는 공소시효가 진행되지 않도록 하였다가 선거일 다음 날부터 공소시효가 일괄하여 진행되도록 하려는 데 있다. 나아가 위 조항 중 괄호 안의 '선거일 후'가 '선거일 다음 날 이후'를 의미하는 것임은 의문의 여지가 없는데, 만약 위 조항 중 선거일까지 발생한 선거범죄에 대한 공소시효 기산일인 괄호 밖의 '선거일 후'를 '선거일 다음 날'이 아니라 '선거일 당일'로 해석한다면 동일한 법률조항에서 사용된 '선거일 후'의 의미를 서로 달리 해석하는 모순이 생기게 된다. 따라서 <u>위 조항 중 선거일까지 발생한 선거범죄의 공소시효 기산일인 '선거일 후'는 '선거일 당일'이 아니라 '선거일 다음 날'로 보는 것이 타당하다</u>(대판 2012.10.11. 2011도17404).

③ (×) 형사소송법 제253조 제3항은 "범인이 형사처분을 면할 목적으로 국외에 있는 경우 그 기간 동안 공소시효는 정지된다."라고 규정하고 있다. 위 규정의 입법 취지는 범인이 우리나라의 사법권이 실질적으로 미치지 못하는 국외에 체류한 것이 도피의 수단으로 이용된 경우에 체류기간 동안은 공소시효가 진행되는 것을 저지하여 범인을 처벌할 수 있도록 하여 형벌권을 적정하게 실현하고자 하는 데 있다. 따라서 위 규정이 정한 '범인이 형사처분을 면할 목적으로 국외에 있는 경우'는 범인이 국내에서 범죄를 저지르고 형사처분을 면할 목적으로 국외로 도피한 경우에 한정되지 아니하고, 범인이 국외에서 범죄를 저지르고 형사처분을 면할 목적으로 국외에서 체류를 계속하는 경우도 포함된다(대판 2015.6.24. 2015도5916).

21

영역 공판>공판절차　　　　　난도 중

정답 ②

정답해설

② (×) 피고인이 마약류취급자가 아니면서 2010년 1월에서 3월 사이 일자불상 03:00경 서산시 소재 상호불상의 모텔에서, 甲과 공모하여 여자 청소년 乙에게 메스암페타민(일명 필로폰)을 투약하였다고 하여 구 마약류 관리에 관한 법률 위반(향정)으로 기소된 사안에서, 위 공소사실은 투약 대상인 乙의 진술에 기초한 것이라는 점에서 피고인에 대한 모발 등의 감정결과에만 기초하여 공소사실을 기재한 경우와는 달리 볼 필요가 있는 점 등 제반 사정에 비추어 볼 때 공소장이 특정된 것으로 볼 수 있다(대판 2014.10.30. 2014도6107).

오답해설

① (○) 대판 1983.06.14. 83도293

③ (○) 미성년자의제강간죄와 미성년자강제추행죄와 같은 성폭력범죄는 이른바 행위기준설에 따라 죄수를 판단한다. 따라서 각 행위별로 특정되어야지 기간범위를 설정하여 특정한 것은 위법하다(대판 1982.12.14. 82도2442).

④ (○) 공소장의 기재만으로는 피해자인 인터넷 이용자들이 누구이고 몇 명인지 특정되지 않아 몇 개의 죄로 공소제기한 것인지 알 수 없고, 방해된 업무 내용이 구체적으로 무엇인지 알 수 없어 보호객체인 업무에 해당하는지를 심리·판단할 수 없다는 이유로, 공소사실이 특정되지 않았다고 본 사례(대판 2011.5.13. 2008도10116)

22

영역 공판>공판절차　　　　　난도 중

정답 ④

정답해설

④ (×) 형사소송법 제298조 제2항 소정의 공소장변경요구는 법원의 재량에 속하는 것이므로 법원이 공소장을 변경할 것을 요구하지 아니하였다 하여 위법하다고 할 수 없다(대판 1993.12.28. 93도2164).

오답해설

① (○) 대판 2020.12.24. 2020도10814

② (○) 대판 1995.12.5. 94도1520

③ (○) 규칙 제142조 제5항

23

영역 공판>공판절차　　　　　난도 하

정답 ②

정답해설

② (×) 공판준비기일은 공개한다. 다만, 공개하면 절차의 진행이 방해될 우려가 있는 때에는 공개하지 아니할 수 있다(제266조의7 제4항).

오답해설

① (○) 제266조의8 제5항

③ (○) 제266조의17 제1항

④ (○) 제266조의14, 제305조

24

영역 공판>공판절차   난도 중

정답해설

① (×) 장기 3년 이하의 징역 또는 금고, 다액 500만 원을 초과하는 벌금 또는 구류에 해당하는 사건에서 피고인의 불출석허가신청이 있고 법원이 피고인의 불출석이 그의 권리를 보호함에 지장이 없다고 인정하여 이를 허가한 사건에 관하여는 피고인의 출석을 요하지 않는다. 다만 이 경우에도 인정신문이나 판결을 선고하는 공판기일에는 출석하여야 한다(제277조 제3호).

오답해설

② (○) 제277조 제1호

③ (○) 대판 2001.6.12. 2001도114

④ (○) 형사소송법 제370조, 제296조의2 제1항 본문은 "검사 또는 변호인은 증거조사 종료 후에 순차로 피고인에게 공소사실 및 정상에 관하여 필요한 사항을 신문할 수 있다."라고 규정하고 있으므로, 변호인의 피고인신문권은 변호인의 소송법상 권리이다. 한편 재판장은 검사 또는 변호인이 항소심에서 피고인신문을 실시하는 경우 제1심의 피고인신문과 중복되거나 항소이유의 당부를 판단하는 데 필요 없다고 인정하는 때에는 그 신문의 전부 또는 일부를 제한할 수 있으나(형사소송규칙 제156조의6 제2항) 변호인의 본질적 권리를 해할 수는 없다(형사소송법 제370조, 제299조 참조). 따라서 재판장은 변호인이 피고인을 신문하겠다는 의사를 표시한 때에는 피고인을 신문할 수 있도록 조치하여야 하고, 변호인이 피고인을 신문하겠다는 의사를 표시하였음에도 변호인에게 일체의 피고인신문을 허용하지 않은 것은 변호인의 피고인신문권에 관한 본질적 권리를 해하는 것으로서 소송절차의 법령위반에 해당한다(대판 2020.12.24. 2020도10778). ⇒기록에 의하면, 원심 변호인은 2020. 6. 17. 제2회 공판기일에 증거조사가 종료되자 재판장에게 피고인신문을 원한다는 의사를 표시하였으나, 재판장은 피고인신문을 불허하고 변호인에게 주장할 내용을 변론요지서로 제출할 것을 명하면서 변론을 종결하고 2020. 7. 15. 제3회 공판기일에 판결을 선고한 사실을 알 수 있다. 위 사실관계를 앞서 본 법리에 비추어 살펴보면, 변호인이 피고인을 신문하겠다는 의사를 표시하였음에도 불구하고 피고인신문절차를 진행하지 않은 채 변론을 종결하고 판결을 선고한 원심판결에는 소송절차에 관한 법령을 위반한 잘못이 있다.

25

영역 공판>공판절차   난도 하

정답해설

③ (×) 다른 증거나 증인의 진술에 비추어 굳이 추가 증거조사를 할 필요가 없다는 등 특별한 사정이 없고, 소재탐지나 구인장 발부가 불가능한 것이 아님에도 불구하고, 불출석한 핵심증인에 대하여 소재탐지나 구인장 발부 없이 증인채택 결정을 취소하는 것은 법원의 재량을 벗어나는 것으로서 위법하다(대판 2020.12.10. 2020도2623).

오답해설

① (○) 규칙 제133조

② (○) 대판 2011.3.10. 2010도15977

④ (○) 대판 1983.7.12. 82도3216

26

영역 공판>공판절차   난도 상

정답해설

㉠ (×) 형사소송법 제148조에서 '형사소추'는 증인이 이미 저지른 범죄사실에 대한 것을 의미한다고 할 것이므로, 증인의 증언에 의하여 비로소 범죄가 성립하는 경우에는 형사소송법 제160조, 제148조 소정의 증언거부권 고지 대상이 된다고 할 수 없다(대판 2011.12.08. 2010도2816).

㉢ (×) 16세 미만이거나 선서의 취지를 이해하지 못하는 자를 가리켜 선서무능력자라고 한다. 선서무능력자라 하더라도 증언능력이 있는 이상 그 증언은 증거능력이 있다. 가령, 사고 당시는 만 3년 3월 남짓, 증언 당시는 만 3년 6월 남짓된 강간치상죄의 피해자인 여아가 피해상황에 관하여 비록 구체적이지는 못하지만 개괄적으로 물어 본 검사의 질문에 이를 이해하고 고개를 끄덕이는 형식으로 답변하였다면, 증언능력을 인정할 수 있는바 그 증언은 증거능력이 있다(대판 1991.5.10. 91도579).

㉣ (×) 자신에 대한 유죄판결이 확정된 증인이 재심을 청구한다 하더라도, 이미 유죄의 확정판결이 있는 사실에 대해서는 일사부재리의 원칙에 의하여 거듭 처벌받지 않는다는 점에 변함이 없고, 형사소송법상 피고인의 불이익을 위한 재심청구는 허용되지 아니하며(제420조), 재심사건에는 불이익변경 금지 원칙이 적용되어 원판결의 형보다 중한 형을 선고하지 못하므로(제439조), 자신의 유죄 확정판결에 대하여 재심을 청구한 증인에게 증언의무를 부과하는 것이 형사소추 또는 공소제기를 당하거나 유죄판결을 받을 사실이 발로될 염려 있는 증언을 강제하는

22   경찰승진 10회 최종모의고사 형사소송법(400제)

것이라고 볼 수는 없다. 따라서 자신에 대한 유죄판결이 확정된 증인이 공범에 대한 피고사건에서 증언할 당시 앞으로 재심을 청구할 예정이라고 하여도, 이를 이유로 증인에게 형사소송법 제148조에 의한 증언거부권이 인정되지는 않는다(대판 2011.11.24. 2011도11994).

오답해설

ⓒ (○) 상호 간 폭행죄로 기소되어 병합심리 중인 공동피고인은 이른바 공범 아닌 공동피고인이다. 피고인과 별개의 범죄사실로 기소되어 병합심리 중인 공동피고인은 피고인의 범죄사실에 관하여는 증인의 지위에 있다 할 것이므로 선서없이 한 공동피고인의 법정진술은 피고인의 공소 범죄사실을 인정하는 증거로 할 수 없다(대판 1982.9.14. 82도1000).

27

답 ②

영역 공판>공판절차 난도 **중**

정답해설

② (×) 법원은 공소제기 후부터 공판준비기일이 종결된 다음 날까지 국민참여재판을 하지 아니하기로 하는 결정을 할 수 있다(국민의 형사재판 참여에 관한 법률 제9조 제1항).

오답해설

① (○) 국민의 형사재판 참여에 관한 법률 제30조 제1항
③ (○) 대결 2009.10.23. 2009모1032
④ (○) 대판 2014.10.13. 2014도8377

28

답 ①

영역 공판>증거 난도 **중**

정답해설

① (○) 대판 1973.5.1. 73도289

오답해설

② (×) 공연성은 명예훼손죄의 구성요건으로서, 특정 소수에 대한 사실적시의 경우 공연성이 부정되는 유력한 사정이 될 수 있으므로, 전파될 가능성에 관하여는 검사의 엄격한 증명이 필요하다(대판 2020.11.19. 2020도5813 전합).

③ (×) 횡령한 재물의 가액이 특정경제범죄법의 적용 기준이 되는 하한 금액을 초과한다는 점도 다른 구성요건 요소와 마찬가지로 엄격한 증거에 의하여 증명되어야 한다(대판 2017.5.30. 2016도9027).

④ (×) 특정범죄가중처벌 등에 관한 법률 제5조의9 제1항 위반의 죄의 행위자에게 보복의목적이 있었다는 점 또한 검사가 증명하여야 하고 그러한 증명은 법관으로 하여금 합리적인 의심을 할 여지가 없을 정도의 확신을 생기게 하는 엄격한 증명에 의하여야 하며 이와 같은 증명이 없다면 피고인의 이익으로 판단할 수밖에 없다(대판 2014.9.26. 2014도9030).

29

답 ③

영역 공판>증거 난도 **중**

정답해설

③ (○) 대판 2014.10.15. 2011도3509

오답해설

① (×) 강도 현행범으로 체포된 피고인이 진술거부권을 고지받지 아니한 채 자백을 하고, 이후 40여일이 지난 후에 변호인의 충분한 조력을 받으면서 공개된 법정에서 임의로 자백한 경우에 법정에서의 피고인의 자백은 증거로 사용할 수 있다(대판 2009.3.12. 2008도11437).

② (×) 검사가 조사과정에서 피의자의 진술을 진술조서의 형식으로 작성한 경우 진술조서의 내용이 피의자신문조서와 실질적으로 같고, 진술의 임의성이 인정되는 경우라도 미리 피의자에게 진술거부권을 고지하지 않았다면 위법수집증거에 해당한다(대판 2009.8.20. 2008도8213).

④ (×) 수사기관이 갑으로부터 피고인의 마약류관리에 관한 법률 위반(향정) 범행에 대한 진술을 듣고 추가적인 증거를 확보할 목적으로, 구속수감되어 있던 갑에게 그의 압수된 휴대전화를 제공하여 피고인과 통화하고 위 범행에 관한 통화 내용을 녹음하게 한 행위는 불법감청에 해당하므로, 그 녹음자체는 물론 이를 근거로 작성된 녹취록 첨부 수사보고는 피고인의 증거동의에 상관없이 그 증거능력이 없다(대판 2010.10.14. 2010도9016).

30

답 ①

영역 공판>증거 난도 **중**

정답해설

① (○) 대판 2020.06.11. 2016도9367

오답해설

② (×) 형사소송법 제312조 제2항은 검사 이외의 수사기관이 작성한 당해 피고인에 대한 피의자신문조서를 유죄의 증거로 하는 경우뿐만 아니라 검사 이외의 수사기관이

작성한 당해 피고인과 공범관계에 있는 다른 피고인이나 피의자에 대한 피의자신문조서를 당해 피고인에 대한 유죄의 증거로 채택할 경우에도 적용되는바, 당해 피고인과 공범관계가 있는 다른 피의자에 대한 검사 이외의 수사기관 작성의 피의자신문조서는 그 피의자의 법정진술에 의하여 그 성립의 진정이 인정되더라도 당해 피고인이 공판기일에서 그 조서의 내용을 부인하면 증거능력이 부정되므로 그 당연한 결과로 그 피의자신문조서에 대하여는 사망 등 사유로 인하여 법정에서 진술할 수 없는 때에 예외적으로 증거능력을 인정하는 규정인 형사소송법 제314조가 적용되지 아니한다(대판 2004.07.15. 2003도7185 전합).

③ (×) 형사소송법 제312조 제4항은 검사 또는 사법경찰관이 피고인이 아닌 자의 진술을 기재한 조서의 증거능력이 인정되려면 '적법한 절차와 방식에 따라 작성된 것'이어야 한다고 규정하고 있다. 여기서 적법한 절차와 방식이라 함은 피의자 또는 제3자에 대한 조서 작성 과정에서 지켜야 할 진술거부권의 고지 등 형사소송법이 정한 제반 절차를 준수하고 조서의 작성방식에도 어긋남이 없어야 한다는 것을 의미한다. 그런데 형사소송법은 조서에 진술자의 실명 등 인적 사항을 확인하여 이를 그대로 밝혀 기재할 것을 요구하는 규정을 따로 두고 있지는 아니하다. 따라서 특정범죄신고자 등 보호법 등에서처럼 명시적으로 진술자의 인적 사항의 전부 또는 일부의 기재를 생략할 수 있도록 한 경우가 아니라 하더라도, 진술자와 피고인의 관계, 범죄의 종류, 진술자 보호의 필요성 등 여러 사정으로 볼 때 상당한 이유가 있는 경우에는 수사기관이 진술자의 성명을 가명으로 기재하여 조서를 작성하였다고 해서 그 이유만으로 그 조서가 '적법한 절차와 방식'에 따라 작성되지 않았다고 할 것은 아니다. 그러한 조서라도 공판기일 등에 원진술자가 출석하여 자신의 진술을 기재한 조서임을 확인함과 아울러 그 조서의 실질적 진정성립을 인정하고 나아가 그에 대한 반대신문이 이루어지는 등 형사소송법 제312조 제4항에서 규정한 조서의 증거능력 인정에 관한 다른 요건이 모두 갖추어진 이상 그 증거능력을 부정할 것은 아니라고 할 것이다(대판 2012.05.24. 2011도7757).

④ (×) 형사소송법 제221조 제1항, 제244조의4 제1항, 제3항, 제312조 제4항, 제5항및 그 입법 목적 등을 종합하여 보면, 피고인이 아닌 자가 수사과정에서 진술서를 작성하였지만 수사기관이 그에 대한 조사과정을 기록하지 아니하여 형사소송법 제244조의4 제3항, 제1항에서 정한 절차를 위반한 경우에는, 특별한 사정이 없는 한 '적법한 절차와 방식'에 따라 수사과정에서 진술서가 작성되었다 할 수 없으므로 증거능력을 인정할 수 없다(대판 2015.04.23. 2013도3790).

31

답 ②

영역 공판>증거   난도 **상**

정답해설

② (×) 甲이 작성하여 제출한 진술서는 제313조 제1항이 아닌 수사과정에서 작성한 진술서(제312조 제5항)로 보아야 한다. 따라서 甲이 제출한 진술서는 제312조 제4항에 따라 참고인진술조서의 요건을 충족하면 증거능력이 인정된다. 이때 진술을 요하는 원진술자 甲이 출석하지 않아 진술을 할 수 없는 때에는 제314조의 요건을 갖춘 경우에 한해 증거능력을 인정할 수 있는 것이지, 丙이 진정성립을 인정하였다 하여 증거능력을 부여받을 수는 없는 것이다.

오답해설

① (○) 乙로부터 휴대전화를 임의제출 받은 것은 임의제출물의 압수(형사소송법 제218조)에 해당한다. 그런데 임의제출물의 압수는 압수과정뿐만 아니라 사후에도 영장을 받을 필요가 없다. 따라서 사후영장을 받지 않았지만 임의제출물의 압수는 적법한 압수로서 증거능력이 인정된다.

③ (○) 참고인진술조서의 경우 일정한 요건을 갖추면 제314조에 따라 다시 증거능력이 인정될 수 있다. 따라서 소재불명인 이상 특신상태의 증명이 있으면 증거능력이 인정될 수 있다.

④ (○) 형사소송법 제314조가 참고인의 소재불명 등의 경우에 그 참고인이 진술하거나 작성한 진술조서나 진술서에 대하여 증거능력을 인정하는 것은, 형사소송법이 제312조 또는 제313조에서 참고인 진술조서 등 서면증거에 대하여 피고인 또는 변호인의 반대신문권이 보장되는 등 엄격한 요건이 충족될 경우에 한하여 증거능력을 인정할 수 있도록 함으로써 직접심리주의 등 기본원칙에 대한 예외를 인정한 데 대하여 다시 중대한 예외를 인정하여 원진술자 등에 대한 반대신문의 기회조차 없이 증거능력을 부여할 수 있도록 한 것이므로, 그 경우 참고인의 진술 또는 작성이 '특히 신빙할 수 있는 상태하에서 행하여졌음에 대한 증명'은 단지 그러할 개연성이 있다는 정도로는 부족하고 합리적인 의심의 여지를 배제할 정도에 이르러야 한다(대판 2014.4.30. 2012도725).

32

답 ②

영역 공판>증거   난도 **상**

정답해설

② 해당하지 않는 것은 ㉠, ㉣ 2개이다.

㉠ (×) 대판 2006.5.25. 2004도3619

㉣ (×) 대판 1999.4.23. 99도915

오답해설

ⓒ (ㅇ) 대판 1992.3.13. 91도2281

ⓒ (ㅇ) 대판 2009.7.26. 2006도9294

33 답 ③

정답해설

③ (×) 정보통신망을 통하여 공포심이나 불안감을 유발하는 글을 반복적으로 상대방에게 도달하게 하는 행위를 하였다는 공소사실에 대하여 휴대전화기에 저장된 피고인이 보낸 문자정보가 그 증거가 되는 경우, 그 문자정보는 범행의 직접적인 수단이고 경험자의 진술에 갈음하는 대체물에 해당하지 않으므로, 형사소송법 제310조의2에서 정한 전문법칙이 적용되지 않는다(대판 2008.11.13. 2006도2556).

오답해설

① (ㅇ) 대판 2012.10.25. 2011도5459

② (ㅇ) 대판 1997.4.11. 96도2865

④ (ㅇ) 대판 2019.08.29. 2018도2738 전합

34 답 ④

정답해설

④ (증거동의 ㅇ) 대판 2013.8.14. 2012도13665

오답해설

① (증거동의 ×) 대판 2011.4.27. 2009도2109

② (증거동의 ×) 대판 2010.1.28. 2009도10092

③ (증거동의 ×) 대판 2010.7.22. 2009도14376

35 답 ④

정답해설

ⓒ (×) 실체적 경합범은 실질적으로 수죄이므로 각 범죄사실에 관하여 자백에 대한 보강증거가 있어야 한다. 필로폰 매수 대금을 송금한 사실에 대한 증거가 필로폰 매수죄와 실체적 경합범 관계에 있는 필로폰 투약행위에 대한 보강증거가 될 수 없다(대판 2008.2.14. 2007도10937).

ⓔ (×) 자백에 대한 보강증거는 범죄사실의 전부 또는 중요 부분을 인정할 수 있는 정도가 되지 아니하더라도 피고인의 자백이 가공적인 것이 아닌 진실한 것임을 인정할 수 있는 정도만 되면 족할 뿐만 아니라 직접증거가 아닌 간접증거나 정황증거도 보강증거가 될 수 있다(대판 1998.3.13. 98도159).

오답해설

ⓐ (ㅇ) 대판 1996.10.17. 94도2865 전합

ⓒ (ㅇ) 대판 1990.10.30. 90도1939

36 답 ④

정답해설

④ (×) 경찰서장이 범칙행위에 대하여 통고처분을 한 이상, 범칙자의 위와 같은 절차적 지위를 보장하기 위하여 통고처분에서 정한 범칙금 납부기간까지는 원칙적으로 경찰서장은 즉결심판을 청구할 수 없고, 검사도 동일한 범칙행위에 대하여 공소를 제기할 수 없다고 보아야 한다. 경찰서장이 범칙행위에 대하여 이미 통고처분을 하였는데 검사가 동일한 사건에 대하여 범칙금 납부기간이 지나기 전에 공소를 제기하였다면, 이러한 공소제기는 그 절차가 법률의 규정에 위반되어 무효인 때에 해당하여 공소를 기각하여야 한다(대판 2020.04.29. 2017도13409).

오답해설

① (ㅇ) 대판 2012.9.13. 2012도6612

② (ㅇ) 대판 2020.4.29. 2017도13409

③ (ㅇ) 대판 1994.8.9. 94도1318

37 답 ③

정답해설

③ (×) 형사소송법은 상고이유를 엄격히 제한함과 동시에 상고이유서에는 소송기록과 원심법원의 증거조사에 표현된 사실을 인용하여 그 이유를 명시하도록 규정하고 있음에 반하여 항소이유서에 대하여는 그와 같은 규정을 두고 있지 아니할 뿐 아니라, 상고심은 원칙적으로 법률심으로서 사후심인 데 반하여, 항소심은 사후심적 성격이 가미된 속심인 점에 비추어 항소인들이 항소이유서에 '위 사건에 대한 원심판결은 도저히 납득할 수 없는 억울한 판결이므로 항소를 한 것입니다'라고 기재하였다고

하더라도 항소심으로서는 이를 제1심판결에 사실의 오인이 있거나 양형부당의 위법이 있다는 항소이유를 기재한 것으로 선해하여 그 항소이유에 대하여 심리를 하여야 한다(대결 2002.12.3. 2002모265).

오답해설

① (ㅇ) 항소는 제1심 판결을 선고한 날로부터 7일 이내에 제기하여야 한다(제358조). 항소제기기간의 기산일은 판결선고일이지만, 기간계산에 있어서 초일은 산입되지 않는다(제66조). 또한 항소장은 원심법원에 제출하여야 한다(제359조). 따라서 甲은 항소장을 원심법원에 2020.9.8.까지 제출하여야 한다.

② (ㅇ) 제359조

④ (ㅇ) 제1심판결에 대하여 검사만이 양형부당을 이유로 항소하였을 뿐 피고인은 항소하지 아니한 경우에는, 피고인으로서는 항소심판결에 대하여 사실오인, 채증법칙 위반, 심리미진 또는 법령위반 등의 사유를 들어 상고이유로 삼을 수 없다(대판 2009.5.28. 2009도579).

38

답 ④

영역 상소와 비상구제절차>상소　　　　난도 **중**

정답해설

④ (×) 국선변호인에게 소송기록 접수통지를 하지 아니함으로써 항소이유서 제출기회를 주지 아니한 채 판결을 선고하는 것은 위법하다. 한편, 국선변호인 선정의 효력은 선정 이후 병합된 다른 사건에도 미치는 것이므로, 항소심에서 국선변호인이 선정된 이후 변호인이 없는 다른 사건이 병합된 경우에는 형사소송법 제361조의2, 형사소송규칙 제156조의2의 규정에 따라 항소법원은 지체 없이 국선변호인에게 병합된 사건에 관한 소송기록 접수통지를 함으로써 국선변호인이 통지를 받은 날로부터 기산한 소정의 기간 내에 피고인을 위하여 항소이유서를 작성·제출할 수 있도록 하여 변호인의 조력을 받을 피고인의 권리를 보호하여야 한다(대판 2010.5.27. 2010도3377).

오답해설

① (ㅇ) 대결 2011.5.13. 2010모1741

② (ㅇ) 대결 2018.3.29. 2018모642

③ (ㅇ) 대판 2000.12.22. 2000도4694

39

답 ①

영역 상소와 비상구제절차>비상구제절차　　　　난도 **상**

정답해설

① (×) 재심심판절차는 물론 재심사유의 존부를 심사하여 다시 심판할 것인지를 결정하는 재심개시절차 역시 재판권 없이는 심리와 재판을 할 수 없는 것이므로, 재심청구를 받은 군사법원으로서는 먼저 재판권 유무를 심사하여 군사법원에 재판권이 없다고 판단되면 재심개시절차로 나아가지 말고 곧바로 사건을 군사법원법 제2조 제3항에 따라 같은 심급의 일반법원으로 이송하여야 한다. 이와 달리 군사법원이 재판권이 없음에도 재심개시결정을 한 후에 비로소 사건을 일반법원으로 이송한다면 이는 위법한 재판권의 행사이다. 다만 군사법원법 제2조 제3항 후문이 "이 경우 이송 전에 한 소송행위는 이송 후에도 그 효력에 영향이 없다."고 규정하고 있으므로, 사건을 이송받은 일반법원으로서는 다시 처음부터 재심개시절차를 진행할 필요는 없고 군사법원의 재심개시결정을 유효한 것으로 보아 후속 절차를 진행할 수 있다(대판 2015.5.21. 2011도1932 전합).

오답해설

② (ㅇ) 대판 2001.7.13. 2001도1239

③ (ㅇ) 대판 2004.9.24. 2004도2154

④ (ㅇ) 대결 2018.05.02. 2015모3243

40

답 ④

영역 상소와 비상구제절차>특별절차　　　　난도 **중**

정답해설

④ (×) 즉결심판절차에 있어서는 형사소송법 제312조 제3항(사법경찰관 작성 피의자신문조서의 증거능력) 및 제313조 제1항(진술서)의 규정은 적용하지 아니한다(즉결심판에 관한 절차법 제10조). 따라서 즉결심판절차에서는 내용이 부인된 사경작성 피의자신문조서라도 유죄의 증거로 사용될 수 있다.

오답해설

① (ㅇ) 제448조 제1항

② (ㅇ) 대결 2019.11.29. 2017모3458

③ (ㅇ) 대판 2020.3.26. 2020도355

제3회 경찰승진 최종모의고사

정답체크

01	02	03	04	05	06	07	08	09	10
④	②	①	②	④	②	④	①	②	②
11	12	13	14	15	16	17	18	19	20
③	④	③	①	④	④	②	②	①	②
21	22	23	24	25	26	27	28	29	30
②	②	④	①	①	②	③	③	②	①
31	32	33	34	35	36	37	38	39	40
③	②	①	④	④	④	④	④	④	④

문항별 체크리스트

문항	영역	○	×	문항	영역	○	×
01	서론>형사소송법의 기초이론			21	공판>공판절차		
02	서론>형사소송법의 기초이론			22	공판>공판절차		
03	서론>소송주체와 소송관계인			23	공판>공판절차		
04	서론>소송주체와 소송관계인			24	공판>공판절차		
05	서론>소송주체와 소송관계인			25	공판>공판절차		
06	수사와 공소>수사			26	공판>공판절차		
07	수사와 공소>수사			27	공판>공판절차		
08	수사와 공소>수사			28	공판>증거		
09	수사와 공소>수사			29	공판>증거		
10	수사와 공소>수사			30	공판>증거		
11	수사와 공소>강제처분과 강제수사			31	공판>증거		
12	수사와 공소>강제처분과 강제수사			32	공판>증거		
13	수사와 공소>강제처분과 강제수사			33	공판>증거		
14	수사와 공소>강제처분과 강제수사			34	공판>증거		
15	수사와 공소>강제처분과 강제수사			35	공판>증거		
16	수사와 공소>강제처분과 강제수사			36	공판>재판		
17	수사와 공소>강제처분과 강제수사			37	상소와 비상구제절차>상소		
18	수사와 공소>수사의 종결과 공소의 제기			38	상소와 비상구제절차>상소		
19	수사와 공소>수사의 종결과 공소의 제기			39	상소와 비상구제절차>비상구제절차		
20	수사와 공소>수사의 종결과 공소의 제기			40	상소와 비상구제절차>특별절차		
	서론		/5		수사와 공소		/15
	공판		/16		상소와 비상구제절차		/4

01

답 ④

영역 서론>형사소송법의 기초이론　　난도 상

정답해설

④ 모두 헌법에 규정되어 있다.

㉠ (○) 헌법 제12조 제2항

㉡ (○) 헌법 제12조 제3항

㉢ (○) 헌법 제12조 제4항

㉣ (○) 헌법 제28조

02

답 ②

영역 서론>형사소송법의 기초이론　　난도 상

정답해설

㉠ (○) 신속한 재판을 받을 권리는 주로 피고인의 이익을 보호하기 위하여 인정된 기본권이지만 동시에 실체적 진실발견, 소송경제, 재판에 대한 국민의 신뢰와 형벌목적의 달성과 같은 공공의 이익에도 근거가 있기 때문에 어느 면에서는 이중적인 성격을 갖고 있다고 할 수 있어, 형사사법체제 자체를 위하여서도 아주 중요한 의미를 갖는 기본권이다(헌재결 1995.11.30. 92헌마44).

㉢ (○) 형사소송법 제249조 제2항

㉣ (○) 형사소송법 제267조의2 제1항, 제2항, 제4항

오답해설

㉡ (✕) 형사소송법에는 공소장의 제출기한에 대하여 규정이 없다.

㉤ (✕) 판결선고 기간은 소송촉진 등에 관한 특례법 제21조에 규정되어 있으며, 항소심 및 상고심에서는 항소·상고심이 소송기록을 송부받은 날로부터 각 4개월 이내에 판결을 선고하도록 규정하고 있다.

03

답 ①

영역 서론>소송주체와 소송관계인　　난도 중

정답해설

① (✕) 헌법 제12조 제2항은 진술거부권을 보장하고 있으나, 여기서 '진술'이라함은 생각이나 지식, 경험사실을 정신작용의 일환인 언어를 통하여 표출하는 것을 의미하는 데 반해, 도로교통법 제41조 제2항에 규정된 음주측정은 호흡측정기에 입을 대고 호흡을 불어 넣음으로써 신체의 물리적, 사실적 상태를 그대로 드러내는 행위에 불과하므로 이를 두고 '진술'이라 할 수 없고, 따라서 주취운전의 혐의자에게 호흡측정기에 의한 주취여부의 측정에 응할 것을 요구하고 이에 불응할 경우 처벌한다고 하여도

이는 형사상 불리한 '진술'을 강요하는 것에 해당한다고 할 수 없으므로 헌법 제12조 제2항의 진술거부권조항에 위배되지 아니한다(헌재결 1997.3.27. 96헌가11).

오답해설

② (○) 헌재결 1990.8.27. 89헌가118

③ (○) 대판 2001.03.09. 2001도192

④ (○) 대판 2014.1.16. 2013도5441

04

답 ②

영역 서론>소송주체와 소송관계인　　난도 중

정답해설

② (✕) 공소가 제기된 사건에 관하여 군법회의가 재판권을 가졌음이 판명된 때라 함은 공소제기당시에 이미 군법회의가 재판권을 가지고 있던 경우를 포함하고, 한편 이송전에 행한 소송행위는 이송 후에도 그 효력에 영향이 없으므로, 제1심법원에 공소가 제기되기 이전부터 군법피적용자의 신분을 보유하고 있던 피고인에 대한 제1심법원의 판결선고 후에 항소심사건을 이송받은 고등군법회의로서는 제1심법원이 피고인에 대한 재판권이 없었다는 이유로 제1심판결을 파기할 수 없다(대판 1982.6.22. 82도1072).

오답해설

① (○) 대판 1997.12.12. 97도2463

③ (○) 제8조 제2항

④ (○) 제394조

05

답 ④

영역 서론>소송주체와 소송관계인　　난도 중

정답해설

④ (✕) 형사소송법은 항소법원이 항소인인 피고인에게 소송기록접수통지를 하기 전에 변호인의 선임이 있는 때에는 변호인에게도 소송기록접수통지를 하도록 정하고 있으므로(제361조의2 제2항), 피고인에게 소송기록접수통지를 한 다음에 변호인이 선임된 경우에는 변호인에게 다시 같은 통지를 할 필요가 없다. 이는 필요적 변호사건에서 항소법원이 국선변호인을 선정하고 피고인과 그 변호인에게 소송기록접수통지를 한 다음 피고인이 사선변호인을 선임함에 따라 항소법원이 국선변호인의 선정을 취소한 경우에도 마찬가지이다. 이러한 경우 항소이유서 제출기간은 국선변호인 또는 피고인이 소송기록접수통지를 받은 날부터 계산하여야 한다(대결 2018.11.22. 2015도10651 전합).

오답해설

① (○) 대판 2011.03.10. 2010도17353

② (○) 대결 1993.12.3. 92모49

③ (○) 대판 2015.1.2. 2014도13797

06

답 ②

영역 수사와 공소>수사   난도 중

정답해설

㉠ (○) 제245조의2 제1항

㉡ (×) 전문수사자문위원은 전문적인 지식에 의한 설명 또는 의견을 기재한 서면을 제출하거나 전문적인 지식에 의하여 설명이나 의견을 진술할 수 있다(제245조의2 제2항). 검사는 제2항에 따라 전문수사자문위원이 제출한 서면이나 전문수사자문위원의 설명 또는 의견의 진술에 관하여 피의자 또는 변호인에게 구술 또는 서면에 의한 의견진술의 기회를 주어야 한다(제245조의2 제3항).

㉢ (○) 제245조의3 제2항

㉣ (○) 제245조의3 제3항

07

답 ④

영역 수사와 공소>수사   난도 하

정답해설

④ (×) 친고죄에 대하여 고소할 자가 없는 경우에 이해관계인의 신청이 있으면 검사는 10일 이내에 고소할 수 있는 자를 지정하여야 한다(제228조).

오답해설

① (○) 대판 1987.09.22. 87도1707

② (○) 제227조

③ (○) 제232조 제2항

08

답 ①

영역 수사와 공소>수사   난도 중

정답해설

㉠ (○) 대판 1987.6.9. 87도857

㉡ (○) 대판 2012.2.23. 2011도17264

오답해설

㉢ (×) 친고죄의 공범 중 그 일부에 대하여 제1심판결이 선고된 후에는 제1심 판결선고 전의 다른 공범자에 대하여 는 그 고소를 취소할 수 없고 그 고소의 취소가 있다 하더라도 그 효력을 발생할 수 없으며, 이러한 법리는 필요적 공범이나 임의적 공범이나를 구별함이 없이 모두 적용된다(대판 1985.11.12. 85도1940).

㉣ (×) 구 컴퓨터프로그램 보호법(2009. 4. 22. 법률 제9625호 저작권법 부칙 제2조로 폐지, 이하 같다) 제48조는 '프로그램저작권자 또는 프로그램배타적발행권자' 등의 고소가 있어야 공소를 제기할 수 있다고 규정하고 있는데, 프로그램저작권이 명의신탁된 경우 대외적인 관계에서는 명의수탁자만이 프로그램저작권자이므로 제3자의 침해행위에 대한 구 컴퓨터프로그램 보호법 제48조에서 정한 고소 역시 명의수탁자만이 할 수 있다(대판 2013.03.28. 2010도8467).

09

답 ②

영역 수사와 공소>수사   난도 중

정답해설

② (○) 대판 2003.11.13. 2001도6213

오답해설

① (×) 수사기관이 갑으로부터 피고인의 마약류관리에 관한 법률 위반(향정) 범행에 대한 진술을 듣고 추가적인 증거를 확보할 목적으로, 구속수감되어 있던 갑에게 그의 압수된 휴대전화를 제공하여 피고인과 통화하고 위 범행에 관한 통화 내용을 녹음하게 한 행위는 불법감청에 해당하므로, 그 녹음 자체는 물론 이를 근거로 작성된 녹취록 첨부 수사보고는 피고인의 증거동의에 상관없이 그 증거능력이 없다(대판 2010.10.14. 2010도9016).

③ (×) 집행주체가 제3자의 도움을 받지 않고서는 '대화의 녹음·청취'가 사실상 불가능하거나 곤란한 사정이 있는 경우에는 비례의 원칙에 위배되지 않는 한 제3자에게 집행을 위탁하거나 그로부터 협조를 받아 '대화의 녹음·청취'를 할 수 있다고 봄이 타당하고, 그 경우 통신기관 등이 아닌 일반 사인에게 대장을 작성하여 비치할 의무가 있다고 볼 것은 아니다(대판 2015.01.22. 2014도10978 전합).

④ (×) 검사 또는 사법경찰관이 제7항 단서에 따라 통신제한조치의 연장을 청구하는 경우에 통신제한조치의 총 연장기간은 1년을 초과할 수 없다(통신비밀보호법 제6조 제8항).

10

답 ②

정답해설

② (×) 수사기관은 피의자가 신체적 또는 정신적 장애로 사물을 변별하거나 의사를 결정 전달할 능력이 미약한 때에는 직권 또는 피의자·법정대리인의 신청에 따라 피의자와 신뢰관계에 있는 자를 <u>동석하게 할 수 있다</u>(제244조의5).

오답해설

① (○) 수사준칙 제22조 제2항
③ (○) 제243조의2 제2항
④ (○) 제244조의4 제1항

11

답 ③

정답해설

③ (×) 범인의 주거가 분명하지 않거나, 정당한 이유 없이 출석을 불응한 경우에 한하여 체포할 수 있다.

오답해설

① (○) 제200조의2 제1항
② (○) 제200조의2 제4항
④ (○) 대판 2017.09.21. 2017도10866

12

답 ④

정답해설

④ (○) 대판 2000.7.4. 99도4341

오답해설

① (×) 음주운전을 종료한 후 40분 이상이 경과한 시점에서 길가에 앉아 있던 운전자를 술냄새가 난다는 점만을 근거로 음주운전의 현행범으로 체포한 것은 적법한 공무집행으로 볼 수 없다(대판 2007.4.13. 2007도1249).
② (×) 현행범인을 체포한 경찰관의 진술이라도 하더라도 범행을 목격한 부분에 관하여는 여느 목격자의 진술과 다름없이 증거능력이 있다(대판 1995.05.09. 95도535).
③ (×) 교사가 교장실에 들어가 불과 약 5분 동안 식칼을 휘두르며 교장을 협박하는 등의 소란을 피운 후 40여분 정도가 지나 경찰관들이 출동하여 교장실이 아닌 서무실에서 그를 연행하려 하자 그가 구속영장의 제시를 요구하면서 동행을 거부하였다면, 체포 당시 서무실에 앉아 있

던 위 교사가 방금 범죄를 실행한 범인이라는 죄증이 경찰관들에게 명백히 인식될 만한 상황이었다고 단정할 수 없는데도 이와 달리 그를 '범죄의 실행의 즉후인 자'로서 현행범인이라고 단정한 원심판결에는 현행범인에 관한 법리오해의 위법이 있다고 하여 이를 파기한 사례(대판 1991.9.24. 91도1314)

13

답 ③

정답해설

㉠ (○) 헌재결 1992.12.24. 92헌가8
㉡ (○) 대결 2000.11.10. 2000모134
㉢ (○) 제70조 제2항
㉣ (○) 수소법원의 구속에 관하여는 검사 또는 사법경찰관이 피의자를 구속함을 규율하는 형사소송법 제208조의 규정은 적용되지 아니하므로 구속기간의 만료로 피고인에 대한 구속의 효력이 상실된 후 항소법원이 피고인에 대한 판결을 선고하면서 피고인을 구속하였다 하여 위법 제208조의 규정에 위배되는 재구속 또는 이중구속이라 할 수 없다(대결 1985.7.23. 85모12).

14

답 ①

정답해설

① (○) 대판 2004.1.16. 2003도5693

오답해설

② (×) 체포영장과 같은 소송서류에 대한 <u>등사신청이나 그 등본의 수령행위는</u> 단순한 사실행위에 불과하여 신청권자의 위임을 받은 대리인 내지 사자가 대신 행한다고 하여 그 내용이 달라지는 것도 아니어서 <u>변호인이 반드시 이를 직접 행사하여야 할 필요가 없으며</u>, 신청권자 본인만이 등사신청을 할 수 있는 것으로 제한하는 근거 규정도 없으므로 변호인은 직접 수사기관에 체포영장에 대한 등사를 신청하는 대신에 그 직원 등 사자를 통해서 이를 신청할 수 있다(대판 2012.9.13. 2010다24879).
③ (×) 구속적부심문조서의 증명력은 다른 증거와 마찬가지로 법관의 자유판단에 맡겨져 있으나, 피의자는 구속적부심에서의 자백의 의미나 자백이 수사절차나 공판절차에서 가지는 중요성을 제대로 헤아리지 못한 나머지 허위자백을 하고라도 자유를 얻으려는 유혹을 받을 수가 있으므로, 법관은 구속적부심문조서의 자백의 기재에 관

한 증명력을 평가함에 있어 이러한 점에 각별히 유의를 하여야 한다(대판 2004.01.16. 2003도5693).

④ (×) 형사소송법은 수사단계에서의 체포와 구속을 명백히 구별하고 있고 이에 따라 체포와 구속의 적부심사를 규정한 같은 법 제214조의2에서 체포와 구속을 서로 구별되는 개념으로 사용하고 있는바, 같은 조 제4항에 기소 전 보증금 납입을 조건으로 한 석방의 대상자가 '구속된 피의자'라고 명시되어 있고, 같은 법 제214조의3 제2항의 취지를 체포된 피의자에 대하여도 보증금 납입을 조건으로 한 석방이 허용되어야 한다는 근거로 보기는 어렵다 할 것이어서 현행법상 체포된 피의자에 대하여는 보증금 납입을 조건으로 한 석방이 허용되지 않는다(대결 1997.8.27. 97모21).

15
영역 수사와 공소>강제처분과 강제수사　　난도 **중**　　답 ④

정답해설

④ (×) 형사소송법 제215조에 의한 압수·수색영장은 수사기관의 압수·수색에 대한 허가장으로서 거기에 기재되는 유효기간은 집행에 착수할 수 있는 종기를 의미하는 것일 뿐이므로, 수사기관이 압수·수색영장을 제시하고 집행에 착수하여 압수·수색을 실시하고 그 집행을 종료하였다면 이미 그 영장은 목적을 달성하여 효력이 상실되는 것이고, 동일한 장소 또는 목적물에 대하여 다시 압수·수색할 필요가 있는 경우라면 그 필요성을 소명하여 법원으로부터 새로운 압수·수색영장을 발부받아야 하는 것이지, 앞서 발부받은 압수·수색영장의 유효기간이 남아있다고 하여 이를 제시하고 다시 압수·수색을 할 수는 없다(대결 1999.12.1. 99모161).

오답해설

① (○) 대판 2015.07.16. 2015도2625 전합
② (○) 대판 2009.3.12. 2008도763
③ (○) 대판 2012.5.17. 2009도6788 전합

16
영역 수사와 공소>강제처분과 강제수사　　난도 **하**　　답 ④

정답해설

④ (×) 검사는 사본을 확보한 경우 등 압수를 계속할 필요가 없다고 인정되는 압수물 및 증거에 사용할 압수물에 대하여 공소제기 전이라도 소유자, 소지자, 보관자 또는 제출인의 청구가 있는 때에는 환부 또는 가환부하여야

한다(제218조의2 제1항).

오답해설

① (○) 대결 1996.08.16. 94모51 전합
② (○) 제133조 제2항
③ (○) 대결 1998.4.16. 97모25

17
영역 수사와 공소>강제처분과 강제수사　　난도 **상**　　답 ②

정답해설

② (×) 수사기관에 의한 압수·수색의 경우 헌법과 형사소송법이 정한 적법절차와 영장주의 원칙은 법률에 따라 허용된 예외사유에 해당하지 않는 한 관철되어야 한다. 세관공무원이 수출입물품을 검사하는 과정에서 마약류가 감추어져 있다고 밝혀지거나 그러한 의심이 드는 경우, 검사는 그 마약류의 분산을 방지하기 위하여 충분한 감시체제를 확보하고 있어 수사를 위하여 이를 외국으로 반출하거나 대한민국으로 반입할 필요가 있다는 요청을 세관장에게 할 수 있고, 세관장은 그 요청에 응하기 위하여 필요한 조치를 할 수 있다(마약류 불법거래방지에 관한 특례법 제4조 제1항). 그러나 이러한 조치가 수사기관에 의한 압수·수색에 해당하는 경우에는 영장주의 원칙이 적용된다. 물론 수출입물품 통관검사절차에서 이루어지는 물품의 개봉, 시료채취, 성분분석 등의 검사는 수출입물품에 대한 적정한 통관 등을 목적으로 조사를 하는 것으로서 이를 수사기관의 강제처분이라고 할 수 없으므로, 세관공무원은 압수·수색영장 없이 이러한 검사를 진행할 수 있다. 세관공무원이 통관검사를 위하여 직무상 소지하거나 보관하는 물품을 수사기관에 임의로 제출한 경우에는 비록 소유자의 동의를 받지 않았다고 하더라도 수사기관이 강제로 점유를 취득하지 않은 이상 해당 물품을 압수하였다고 할 수 없다(대판 2013.9.26. 2013도7718 참조). 그러나 위 마약류 불법거래방지에 관한 특례법 제4조 제1항에 따른 조치의 일환으로 특정한 수출입물품을 개봉하여 검사하고 그 내용물의 점유를 취득한 행위는 위에서 본 수출입물품에 대한 적정한 통관 등을 목적으로 조사를 하는 경우와는 달리, 범죄수사인 압수 또는 수색에 해당하여 사전 또는 사후에 영장을 받아야 한다고 봄이 타당하다(대판 2017.7.18. 2014도8719). ⇒ 피고인이 국제항공특송화물 속에 필로폰을 숨겨 수입할 것이라는 정보를 입수한 검사가, 이른바 '통제배달(controlled delivery, 적발한 금제품을 감시하에 배송함으로써 거래자를 밝혀 검거하는 수사기법)'을 하기 위해, 세관공무원의 협조를 받아 특송화물을 통관절차를 거치지 않고 가져와 개봉하여 그 속의 필로폰을 취득하

였으므로, 이는 구체적인 범죄사실에 대한 증거수집을 목적으로 한 압수·수색인데도 사전 또는 사후에 영장을 받지 않았다는 이유로 압수물 등의 증거능력을 부정한 원심판단이 정당하다고 보아 검사의 상고를 기각한 사례

오답해설

① (O) 형사소송법 제217조 제1항은 수사기관이 피의자를 긴급체포한 상황에서 피의자가 체포되었다는 사실이 공범이나 관련자들에게 알려짐으로써 관련자들이 증거를 파괴하거나 은닉하는 것을 방지하고, 범죄사실과 관련된 증거물을 신속히 확보할 수 있도록 하기 위한 것이다. 이 규정에 따른 압수·수색 또는 검증은 체포현장에서의 압수·수색 또는 검증을 규정하고 있는 형사소송법 제216조 제1항 제2호와 달리, 체포현장이 아닌 장소에서도 긴급체포된 자가 소유·소지 또는 보관하는 물건을 대상으로 할 수 있다. ⇒ 경찰관들이 저녁 8시경 공공장소(도로)에서 위장거래자와 만나서 마약류 거래를 하고 있는 피고인을 긴급체포하면서 현장에서 메트암페타민을 압수하고, 저녁 8시 4분경 체포 현장에서 약 2km 떨어진 피고인의 주거지에서 메트암페타민 약 4.82g을 추가로 찾아내어 이를 압수한 다음 법원으로부터 사후 압수수색영장을 발부받은 사안에서, 피고인에 대한 긴급체포 사유, 압수·수색의 시각과 경위, 사후 영장의 발부 내역 등에 비추어 피고인의 주거지에서 긴급 압수한 메트암페타민 4.82g은 긴급체포의 사유가 된 범죄사실 수사에 필요한 범위 내의 것으로서 적법하게 압수되었다고 판단한 사례 (대판 2017.9.12. 2017도10309)

③ (O) 출판에 대한 사전검열이 헌법상 금지된 것으로서 어떤 이유로도 행정적인 규제방법으로 사전검열을 하는 것은 허용되지 않으나 출판내용에 형벌법규에 저촉되어 범죄를 구성하는 혐의가 있는 경우에 그 증거물 또는 몰수할 물건으로서 압수하는 것은 재판절차라는 사법적 규제와 관련된 것이어서 행정적인 규제로서의 사전검열과 같이 볼 수 없고, 다만 출판 직전에 그 내용을 문제삼아 출판물을 압수하는 것은 실질적으로 출판의 사전검열과 같은 효과를 가져올 수도 있는 것이므로 범죄혐의와 강제수사의 요건을 엄격히 해석하여야 할 것이다(대결 1991. 2.26. 91모1).

④ (O) 대판 2022.01.27. 2021도1117

18

답 ②

정답해설

② (×) 검사의 불기소처분에는 확정재판에 있어서의 확정력과 같은 효력이 없어 일단 불기소처분을 한 후에도 공소

시효가 완성되기 전이면 언제라도 공소를 제기할 수 있으므로, 세무공무원 등의 고발이 있어야 공소를 제기할 수 있는 조세범처벌법 위반죄에 관하여 일단 불기소처분이 있었더라도 세무공무원 등이 종전에 한 고발은 여전히 유효하다. 따라서 나중에 공소를 제기함에 있어 세무공무원 등의 새로운 고발이 있어야 하는 것은 아니다(대판 2009.10.29. 2009도6614).

오답해설

① (O) 제258조 제2항

③ (O) 제245조의6

④ (O) 헌재결 1989.10.27. 89헌마56

19

답 ①

정답해설

① (×) 실체적 경합관계에 있는 수개의 공소사실 중 일부를 소추대상에서 철회하려면 공소장변경의 방식에 의할 것이 아니라 공소의 일부취소절차에 의하여야 한다(대판 1988.3.22. 88도67).

오답해설

② (O) 제255조 제2항

③ (O) 공소취소 후 재기소제한 규정(제329조)에 반한 공소제기의 경우 공소기각판결의 사유가 된다(제327조 제3호). 형사소송법 제329조는 공소취소에 의한 공소기각의 결정이 확정된 때에는 공소취소 후 그 범죄사실에 대한 다른 중요한 증거를 발견한 경우에 한하여 다시 공소를 제기할 수 있다고 규정하고 있는바, 이는 단순일죄인 범죄사실에 대하여 공소가 제기되었다가 공소취소에 의한 공소기각결정이 확정된 후 다시 종전 범죄사실 그대로 재기소하는 경우뿐만 아니라 범죄의 태양, 수단, 피해의 정도, 범죄로 얻은 이익 등 범죄사실의 내용을 추가 변경하여 재기소하는 경우에도 마찬가지로 적용된다. 따라서 단순일죄인 범죄사실에 대하여 공소취소로 인한 공소기각결정이 확정된 후에 종전의 범죄사실을 변경하여 재기소하기 위하여는 변경된 범죄사실에 대한 다른 중요한 증거가 발견되어야 한다(대판 2009.8.20. 2008도9634).

④ (O) 대판 1977.12.27. 77도1308

20

답 ②

정답해설

② (×) 공범의 1인으로 기소된 자가 구성요건에 해당하는 위법행위를 공동으로 하였다고 인정되기는 하나 책임조각을 이유로 무죄로 되는 경우와는 달리 범죄의 증명이 없다는 이유로 공범 중 1인이 무죄의 확정판결을 선고받은 경우에는 그를 공범이라고 할 수 없어 그에 대하여 제기된 공소로써는 진범에 대한 공소시효정지의 효력이 없다(대판 1999.3.9. 98도4621).

오답해설

① (○) 대판 2015.2.12. 2012도4842
③ (○) 대판 2014.04.24. 2013도9162
④ (○) 대판 2012.3.29. 2011도15137

21

답 ②

정답해설

㉠ (공소기각판결) 피해자별로 1죄가 성립하는 폭행죄의 경우 각 피해자를 특정하여야 한다. 따라서 범종추측 승려 100여 명으로 피해자를 특정한 것은 공소제기절차가 공소장특정에 관한 제254조를 위반한 것으로서 무효이다(대판 1995.3.24. 95도22).

㉡ (공소기각판결) 피고인이 생산 등을 하는 물건 또는 사용하는 방법이 특허발명의 특허권을 침해하였는지가 문제로 되는 특허법 위반 사건에서 다른 사실과 식별이 가능하도록 범죄 구성요건에 해당하는 구체적 사실을 기재하였다고 하기 위해서는, 침해의 대상과 관련하여 특허등록번호를 기재하는 방법 등에 의하여 침해의 대상이 된 특허발명을 특정할 수 있어야 하고, 침해의 태양과 관련하여서는 침해제품 등의 제품명, 제품번호 등을 기재하거나 침해제품 등의 구성을 기재하는 방법 등에 의하여 침해제품 등을 다른 것과 구별할 수 있을 정도로 특정할 수 있어야 한다(대판 2016.5.26. 2015도17674). ⇒ 이 사건 공소사실에는 범죄의 방법에 대하여, "피고인은 2013.1.경 ○○목재에서, 피해자 공소외 주식회사가 대한민국 특허청에 특허등록번호 생략으로 등록한 '팔레타이저용 조립형 포장박스'와 그 구성요소가 동일하고, 위 특허의 권리범위에 속하는 포장박스를 제작, 생산 및 판매함으로써 피해자 회사의 특허권을 침해하였다."라고만 기재하고 있어서, 피고인이 제작, 생산 및 판매하였다는 침해제품인 포장박스가 어떠한 것인지 명확하게 적시되어 있지 아니하여 이를 특정할 수 없고, 그와 함께 기재

된 공소사실의 다른 사항을 고려하더라도 마찬가지이므로, 이 사건 공소는 그 공소사실이 특정되었다고 할 수 없다.

㉣ (공소기각판결) 피고인 2가 피고인 1의 부인이고 피고인 3 주식회사의 경리 담당 직원이라는 사정만으로 피고인 1과 공모하여 위 회사를 운영하면서 관세법위반의 범행을 저질렀다는 사실이 특정되었다고 본 원심판단은 수긍할 수 없다. 피고인 2가 공소장 기재와 같이 피고인 1과 공모하였다고 판단할 수 있으려면, 피고인 2에 대한 공소사실에 피고인 1과 범죄를 실현하려는 의사의 합치가 있었던 시간·장소·내용 등이 구체적으로 명시되어 있거나, 공소사실에 적시된 다른 사항들에 의하여 피고인 2가 범죄에 공동가공하였다는 점이 특정되어야 하고, 그와 같이 특정된 공소사실만이 법원의 심판대상과 피고인 2의 방어범위가 된다. 그런데 피고인 2에 대한 공소사실에 피고인 1과 범죄를 실현하려는 의사의 합치가 있었다는 사실이 시간·장소·내용 등으로 구체적으로 명시되어 있지 않다. 또한, 피고인 1에 대한 공소사실이 실제 대표이사로서 피고인 3 주식회사를 운영하면서 관세법위반 행위를 하였다는 취지로 특정된 것과 달리, 피고인 2에 대한 공소사실은 피고인 1의 부인으로서 또는 경리 담당 직원으로서 피고인 3 주식회사를 실제 대표이사와 같이 독자적인 권한을 가지고 운영하였다는 취지로 보이지 않고, 피고인 2가 범죄에 공동가담한 내용이 개별적으로 특정되어 있지도 아니하다. 결국 검사가 공소장에 피고인 2의 공동피고인들과의 관계, 피고인 2가 피고인 1과 '공모'하였다는 법률적 평가를 기재한 것을 두고, 피고인 2가 실행행위에 직접 관여하지 아니하고도 피고인 1의 행위에 대하여 공동정범으로서의 형사책임을 지게 되는 공모를 하였음이 다른 사실과 구별할 수 있을 정도로 특정되었고, 법원의 심판대상과 피고인의 방어범위가 명확하게 한정되었다고 볼 수 없다. 따라서 피고인 2에 대한 공소는 그 공소제기의 절차가 법률의 규정에 위반하여 효력이 없다. 그런데도 피고인 2에 대한 공소사실이 특정되었음을 전제로 그 공소사실에 대하여 유죄로 판단한 원심판결에는 공소사실의 특정에 관한 법리를 오해하여 판결에 영향을 미친 위법이 있다(대판 2016.4.29. 2016도2696).

오답해설

㉢ (실체판결) 협의의 포괄일죄인 횡령죄에 대한 공소장특정으로서 개괄적으로 기재한 것이라 하더라도 공소장이 특정된 것으로 볼 수 있다(대판 1989.5.23. 89도570, 전경환씨 사건). 본 사안에서 판례는 설문의 기재정도로 공소사실에 대해 공소장이 특정되었다고 보았다.

22

답 ②

영역 공판>공판절차　　　　　　　　　난도 중

정답해설

② (×) 포괄일죄에서는 공소장변경을 통한 종전 공소사실의 철회 및 새로운 공소사실의 추가가 가능한 점에 비추어 그 공소장변경 허가 여부를 결정할 때는 포괄일죄를 구성하는 개개 공소사실별로 종전 것과의 동일성 여부를 따지기보다는 변경된 공소사실이 전체적으로 포괄일죄의 범주 내에 있는지 여부, 즉 단일하고 계속된 범의하에 동종의 범행을 반복하여 행하고 그 피해법익도 동일한 경우에 해당한다고 볼 수 있는지 여부에 초점을 맞추어야 한다(대판 2018.10.25. 2018도9810).

오답해설

① (○) 대판 2007.7.26. 2007도3906
③ (○) 대판 1999.11.26. 99도1904
④ (○) 대판 1976.05.25. 76도1126

23

답 ④

영역 공판>공판절차　　　　　　　　　난도 하

정답해설

④ (×) 법원은 쟁점 및 증거의 정리를 위하여 필요한 경우에도 제1회 공판기일 후에는 사건을 공판준비절차에 부칠 수 있다. 이 경우 기일전 공판준비절차에 관한 규정을 준용한다(제266조의15).

오답해설

① (○) 제266조의8 제6항
② (○) 제266조의8 제4항
③ (○) 제266조의9 제1항 제2호

24

답 ①

영역 공판>공판절차　　　　　　　　　난도 중

정답해설

① (×) 피고사건에 대하여 무죄, 면소, 형의 면제 또는 공소기각의 재판을 할 것으로 명백한 때에는 제1항(심신상실), 제2항(질병)의 사유 있는 경우에도 피고인의 출정 없이 재판할 수 있다(제306조 제4항). 즉, 형면제의 판결을 하는 경우에도 불출석개정은 허용된다.

오답해설

② (○) 대판 1991.6.28. 91도865
③ (○) 제278조

④ (○) 대판 2003.3.25. 2002도5748

25

답 ①

영역 공판>공판절차　　　　　　　　　난도 중

정답해설

① (×) 증거조사에 대한 이의신청은 법령의 위반이 있거나 상당하지 아니함을 이유로 하여 이를 할 수 있다(규칙 제135조의2 본문).

오답해설

② (○) 규칙 제139조 제2항
③ (○) 규칙 제139조 제1항
④ (○) 규칙 제139조 제4항

26

답 ②

영역 공판>공판절차　　　　　　　　　난도 하

정답해설

② (×) 검사의 불기소처분에 불복하는 고소인이나 고발인은 그 검사가 속한 지방검찰청 또는 지청을 거쳐 서면으로 관할 고등검찰청 검사장에게 항고할 수 있다(검찰청법 제10조 제1항). 즉, 고소인이나 고발인은 검찰항고를 할 수 있지만, 고소하지 않은 피해자는 검찰항고를 할 수 없다.

오답해설

① (○) 제294조의2 제1항
③ (○) 제294조의2 제3항, 제4항
④ (○) 제294조의3 제1항

27

답 ③

영역 공판>공판절차　　　　　　　　　난도 중

정답해설

③ (×) 국민참여재판은 그 실시를 희망하는 의사의 번복에 관하여 법 제8조 제4항에 따른 시기적·절차적 제한이 있는 외에는 피고인의 의사에 반하여 할 수 없으므로, 제1심법원이 국민참여재판의 대상이 되는 사건임을 간과하여 이에 관한 피고인의 의사를 확인하지 아니한 채 통상의 공판절차로 재판을 진행하였더라도, 피고인이 항소심에서 국민참여재판을 원하지 아니한다고 하면서 위와 같은 제1심의 절차적 위법을 문제 삼지 아니할 의사를 명백히 표시하는 경우에는 그 하자가 치유되어 제1심 공

판절차는 전체로서 적법하게 된다고 봄이 상당하고, 다만 국민참여재판제도의 취지와 피고인의 국민참여재판을 받을 권리를 실질적으로 보장하고자 하는 관련 규정의 내용에 비추어 위 권리를 침해한 제1심 공판절차의 하자가 치유된다고 보기 위해서는 법 제8조 제1항, 규칙 제3조 제1항에 준하여 피고인에게 국민참여재판절차 등에 관한 충분한 안내와 그 희망 여부에 관하여 숙고할 수 있는 상당한 시간이 사전에 부여되어야 할 것이다(대판 2012.4.26. 2012도1225).

오답해설

① (○) 헌재결 2014.1.28. 2012헌바298
② (○) 국민참여재판을 시행하는 이유나 '국민의 형사재판 참여에 관한 법률'의 여러 규정에 비추어 볼 때, 위 법에서 정하는 대상 사건에 해당하는 한 피고인은 원칙적으로 국민참여재판으로 재판을 받을 권리를 가지는 것이므로, 피고인이 법원에 국민참여재판을 신청하였는데도 법원이 이에 대한 배제결정도 하지 않은 채 통상의 공판절차로 재판을 진행하는 것은 피고인의 국민참여재판을 받을 권리 및 법원의 배제결정에 대한 항고권 등 중대한 절차적 권리를 침해한 것으로서 위법하고, 국민참여재판제도의 도입 취지나 위 법에서 배제결정에 대한 즉시항고권을 보장한 취지 등에 비추어 이와 같이 위법한 공판절차에서 이루어진 소송행위는 무효라고 보아야 한다(대판 2011.9.8. 2011도7106).
④ (○) 국민의 형사재판 참여에 관한 법률 제8조는 피고인이 공소장 부본을 송달받은 날부터 7일 이내에 국민참여재판을 원하는지 여부에 관한 의사가 기재된 서면(이하 '의사확인서')을 제출하도록 하고, 피고인이 그 기간 내에 의사확인서를 제출하지 아니한 때에는 국민참여재판을 원하지 아니하는 것으로 보며, 공판준비기일이 종결되거나 제1회 공판기일이 열린 이후 등에는 종전의 의사를 바꿀 수 없도록 규정하고 있다. 위 규정의 취지를 위 기한이 지나면 피고인이 국민참여재판 신청을 할 수 없도록 하려는 것으로는 보기 어려운 점 등에 비추어 볼 때, 공소장 부본을 송달받은 날부터 7일 이내에 의사확인서를 제출하지 아니한 피고인도 제1회 공판기일이 열리기 전까지는 국민참여재판 신청을 할 수 있고, 법원은 그 의사를 확인하여 국민참여재판으로 진행할 수 있다고 봄이 상당하다(대결 2009.10.23. 2009모1032).

28 답 ③

영역 공판>증거   난도 중

정답해설

③ (×) 형사소송법 제312조 제4항에서 '특히 신빙할 수 있는 상태'란 진술 내용이나 조서 작성에 허위개입의 여지가 거의 없고, 진술 내용의 신빙성이나 임의성을 담보할 구체적이고 외부적인 정황이 있는 것을 말한다. 그리고 이러한 '특히 신빙할 수 있는 상태'는 증거능력의 요건에 해당하므로 검사가 그 존재에 대하여 구체적으로 주장·증명하여야 하지만, 이는 소송상의 사실에 관한 것이므로 엄격한 증명을 요하지 아니하고 자유로운 증명으로 족하다(대판 2012.7.26. 2012도2937).

오답해설

① (○) 대판 2013.9.26. 2012도3722
② (○) 대판 2013.11.14. 2013도8121
④ (○) 대판 2022.05.12. 2021도14074

29 답 ②

영역 공판>증거   난도 상

정답해설

㉠ (○) 대판 2014.10.15. 2011도3509
㉡ (×) 2007.6.1. 법률 제8496호로 개정되기 전의 형사소송법에는 없던 수사기관에 의한 피의자 아닌 자(이하 '참고인'이라 한다) 진술의 영상녹화를 새로 정하면서 그 용도를 참고인에 대한 진술조서의 실질적 진정성립을 증명하거나 참고인의 기억을 환기시키기 위한 것으로 한정하고 있는 현행 형사소송법의 규정 내용을 영상물에 수록된 성범죄 피해자의 진술에 대하여 독립적인 증거능력을 인정하고 있는 성폭력범죄의 처벌 등에 관한 특례법 제30조 제6항 또는 아동·청소년의 성보호에 관한 법률 제26조 제6항의 규정과 대비하여 보면, 수사기관이 참고인을 조사하는 과정에서 형사소송법 제221조 제1항에 따라 작성한 영상녹화물은, 다른 법률에서 달리 규정하고 있는 등의 특별한 사정이 없는 한, 공소사실을 직접 증명할 수 있는 독립적인 증거로 사용될 수는 없다고 해석함이 타당하다(대판 2014.7.10. 2012도5041).
㉢ (○) 대판 2020.1.30. 2018도2236 전합
㉣ (×) 기록상 진술증거의 임의성에 관하여 의심할 만한 사정이 나타나 있는 경우에는 법원은 직권으로 그 임의성 여부에 관하여 조사를 하여야 하고, 임의성이 인정되지 아니하여 증거능력이 없는 진술증거는 피고인이 증거로 함에 동의하더라도 증거로 삼을 수 없다(대판 2006.11.23. 2004도7900).

30

영역 공판>증거   **난도** 중

정답해설

① (×) 피의자의 진술을 녹취 내지 기재한 서류 또는 문서가 수사기관에서의 조사과정에서 작성된 것이라면, 그것이 '진술조서, 진술서, 자술서'라는 형식을 취하였다고 하더라도 피의자신문조서와 달리 볼 수 없다(대판 2011.11.10. 2010도8294).

오답해설

② (○) 대판 2006.1.13. 2003도6548

③ (○) 대판 1995.5.23. 94도1735, 대판 2001.9.28. 2001 도3997

④ (○) 대판 2013.03.28. 2010도3359

31

답 ③

영역 공판>증거   **난도** 상

정답해설

㉠ (○) 대판 2012.07.26. 2012도2937

㉡ (○) 대판 2019.08.29. 2018도13792 전합

㉣ (○) 제312조 제6항

오답해설

㉢ (×) 전문진술이나 전문진술을 기재한 조서는 형사소송법 제310조의2의 규정에 의하여 원칙적으로 증거능력이 없으나, 다만 피고인 아닌 자의 공판준비 또는 공판기일에서의 진술이 피고인의 진술을 그 내용으로 하는 것인 때에는 형사소송법 제316조 제1항의 규정에 따라 그 진술이 특히 신빙할 수 있는 상태하에서 행하여진 때에 한하여 이를 증거로 할 수 있고, 그 전문진술이 기재된 조서는 형사소송법 제312조 내지 제314조의 규정에 의하여 그 증거능력이 인정될 수 있는 경우에 해당하여야 함은 물론 나아가 형사소송법 제316조 제1항의 규정에 따른 위와 같은 조건을 갖춘 때에 예외적으로 증거능력을 인정하여야 할 것이다(대판 2000.09.08. 99도4814).

32

답 ②

영역 공판>증거   **난도** 중

정답해설

② (×) 형사소송법 제316조 제2항에 의하면 피고인 아닌 자의 공판준비 또는 공판기일에서의 진술이 피고인 아닌 타인의 진술을 그 내용으로 하는 것인 때에는 원진술자가 사망, 질병 기타 사유로 인하여 진술할 수 없고 그 진술이 특히 신빙할 수 있는 상태 하에서 행하여진 때에 한하여 이를 증거로 할 수 있다고 규정하고 있는데, 여기서 말하는 피고인 아닌 자라고 함은 제3자는 말할 것도 없고 공동피고인이나 공범자를 모두 포함한다고 해석된다(대판 2007.2.23. 2004도8654).

오답해설

① (○) 제316조 제1항

③ (○) 대판 2008.9.25. 2008도6985

④ (○) 대판 2001.9.28. 2001도3997

33

답 ①

영역 공판>증거   **난도** 중

정답해설

① (×) 피고인이 내용을 부인하여 증거능력이 없는 사법경찰리 작성의 피의자신문조서에 대하여 비록 당초 증거제출 당시 탄핵증거라는 입증취지를 명시하지 아니하였지만피고인의 법정 진술에 대한 탄핵증거로서의 증거조사 절차가 대부분 이루어졌다고 볼 수 있는 점 등의 사정에 비추어 위 피의자신문조서를 피고인의 법정 진술에 대한 탄핵증거로 사용할 수 있다(대판 2005.8.19. 2005도2617).

오답해설

② (○) 대판 2012.10.25. 2011도5459

③ (○) 대판 1989.10.10. 87도966

④ (○) 대판 2005.8.19. 2005도2617

34

답 ④

영역 공판>증거   **난도** 중

정답해설

④ (×) 피고인이 甲과 합동하여 乙의 재물을 절취하려다가 미수에 그쳤다는 내용의 공소사실을 자백한 사안에서, 피고인을 현행범으로 체포한 乙의 수사기관에서의 진술과 현장사진이 첨부된 수사보고서가 피고인 자백의 진실성을 담보하기에 충분한 보강증거가 되는데도, 이와 달리 본 원심판결에 법리오해의 위법이 있다고 한 사례(대판 2011.9.29. 2011도8015)

오답해설

① (○) 대판 2008.02.14. 2007도10937

② (○) 대판 2010.12.23. 2010도11272

③ (○) 대판 2008.5.29. 2008도2343

35

답 ④

영역 공판>증거　　　　　　　　　　　　　　　**난도** 중

정답해설

④ (×) 공판조서의 배타적(절대적) 증명력은 소송절차에 관한 것에만 미친다. 따라서 피고인의 자백이나 증인의 증언, 검증결과와 같은 실체적 사항에 대해서는 절대적 증명력이 미치지 않는다. 이러한 실체적 사항에 대해서는 제311조에 따라 절대적 증거능력이 인정될 뿐, 그 증명력은 법관의 자유심증에 의한다.

오답해설

① (○) 대판 2008.4.24. 2007도10058

② (○) 대판 1988.11.08. 86도1646

③ (○) 비록 피고인이 차회 공판기일 전 등 원하는 시기에 공판조서를 열람·등사하지 못하였다 하더라도 그 변론종결 이전에 이를 열람·등사한 경우에는 그 열람·등사가 늦어짐으로 인하여 피고인의 방어권 행사에 지장이 있었다는 등의 특별한 사정이 없는 한 형사소송법 제55조 제1항 소정의 피고인의 공판조서의 열람·등사청구권이 침해되었다고 볼 수 없어 그 공판조서를 유죄의 증거로 할 수 있다고 보아야 한다(대판 2007.7.26. 2007도3906).

36

답 ④

영역 공판>재판　　　　　　　　　　　　　　　**난도** 중

정답해설

④ (×) 상습범으로서 포괄적 일죄의 관계에 있는 여러 개의 범죄사실 중 일부에 대하여 유죄판결이 확정된 경우에, 그 확정판결의 사실심판결 선고 전에 저질러진 나머지 범죄에 대하여 새로이 공소가 제기되었다면 그 새로운 공소는 확정판결이 있었던 사건과 동일한 사건에 대하여 다시 제기된 데 해당하므로 이에 대하여는 판결로써 면소의 선고를 하여야 하는 것인바, 다만 이러한 법리가 적용되기 위해서는 전의 확정판결에서 당해 피고인이 상습범으로 기소되어 처단되었을 것을 필요로 하는 것이고, 상습범 아닌 기본 구성요건의 범죄로 처단되는데 그친 경우에는, 가사 뒤에 기소된 사건에서 비로소 드러났거나 새로 저질러진 범죄사실과 전의 판결에서 이미 유죄로 확정된 범죄사실 등을 종합하여 비로소 그 모두가 상습범으로서의 포괄적 일죄에 해당하는 것으로 판단된다 하더라도 뒤늦게 앞서의 확정판결을 상습범의 일부에 대한 확정판결이라고 보아 그 기판력이 그 사실심판결 선고 전의 나머지 범죄에 미친다고 보아서는 아니 된다(대판 2004.9.16. 2001도3206 전합).

오답해설

① (○) 대판 2000.2.11. 99도4797

② (○) 대판 2002.7.12. 2002도2029

③ (○) 대판 2017.08.23. 2016도5423

37

답 ④

영역 상소와 비상구제절차>상소　　　　　　　　**난도** 중

정답해설

④ (×) 피고인에 대한 벌금형이 제1심보다 감경되었다면 비록 그 벌금형에 대한 노역장유치기간이 제1심보다 더 길어졌다고 하더라도 전체적으로 보아 형이 불이익하게 변경되었다고 할 수는 없다 할 것이고, 피고인에 대한 벌금형이 제1심보다 감경되었을 뿐만 아니라 그 벌금형에 대한 노역장유치기간도 줄어든 경우라면 노역장유치 환산의 기준 금액이 제1심의 그것보다 낮아졌다 하여도 형이 불이익하게 변경되었다고 할 수는 없다(대판 2000.11. 24. 2000도3945).

오답해설

① (○) 대판 2021.05.06. 2021도1282

② (○) 대판 1984.4.24. 83도3211

③ (○) 대판 1985.9.24. 84도2972 전합

38

답 ④

영역 상소와 비상구제절차>상소　　　　　　　　**난도** 상

정답해설

④ (×) 형사소송법 제361조의4, 제361조의3, 제361조의2에 따르면, 항소인이나 변호인이 항소법원으로부터 소송기록접수통지를 받은 날로부터 20일 이내에 항소이유서를 제출하지 않고 항소장에도 항소이유의 기재가 없는 경우에는 결정으로 항소를 기각할 수 있도록 정하고 있다. 그러나 항소이유서 부제출을 이유로 항소기각의 결정을 하기 위해서는 항소인이 적법한 소송기록접수통지서를 받고서도 정당한 이유 없이 20일 이내에 항소이유서를 제출하지 않아야 한다. 피고인의 항소대리권자인 배우자가 피고인을 위하여 항소한 경우(제341조)에도 소송기록접수통지는 항소인인 피고인에게 하여야 하는데(제361조의2), 피고인이 적법하게 소송기록접수통지서를 받지 못하였다면 항소이유서 제출기간이 지났다는 이유로 항소기각결정을 하는 것은 위법하다(대판 2018.3.29. 2018모642).

① (○) 대판 2015.4.9. 2015도1466

② (○) 대판 2015.12.10. 2015도11696

③ (○) 대판 2020.06.25. 2019도17995

39

영역 상소와 비상구제절차>비상구제절차　　　　난도 **중**

정답해설

④ (×) 형사소송법이나 형사소송규칙에는 <u>재심청구인이 재심의 청구를 한 후 청구에 대한 결정이 확정되기 전에 사망한 경우</u>에 재심청구인의 배우자나 친족 등에 의한 재심청구인 지위의 승계를 인정하거나 형사소송법 제438조와 같이 재심청구인이 사망한 경우에도 절차를 속행할 수 있는 규정이 없으므로, <u>재심청구절차는 재심청구인의 사망으로 당연히 종료하게 된다</u>(대결 2014.5.30. 2014모739).

오답해설

① (○) 대판 2015.5.21. 2011도1932 전합

② (○) 대판 2019.06.20. 2018도20698 전합

③ (○) 대판 2013.6.27. 2011도7931

40

영역 상소와 비상구제절차>특별절차　　　　난도 **중**

정답해설

④ (×) 즉결심판에 관한 절차법 제14조 제4항은 형사소송법 제455조의 규정은 정식재판의 청구에 이를 준용한다고 규정하고 있고, 형사소송법 제455조 제3항은 "정식재판의 청구가 적법한 때에는 공판절차에 의하여 심판하여야 한다."고 규정하고 있는바, 위 각 규정 내용에 비추어 보면 즉결심판을 받은 피고인이 정식재판청구를 함으로써 공판절차가 개시된 경우에는 통상의 공판절차와 마찬가지로 국선변호인의 선정에 관한 형사소송법 제283조의 규정이 적용된다(대판 1997.2.14. 96도3059).

오답해설

① (○) 즉결심판에 관한 절차법 제17조 제1항

② (○) 즉결심판에 관한 절차법 제9조 제1항

③ (○) 대결 2019.11.29. 2017모3458

제4회　경찰승진 최종모의고사

정답체크

01	02	03	04	05	06	07	08	09	10
③	④	①	①	②	④	④	②	②	③
11	12	13	14	15	16	17	18	19	20
②	③	④	②	②	③	①	②	②	③
21	22	23	24	25	26	27	28	29	30
①	②	①	④	③	③	①	④	④	③
31	32	33	34	35	36	37	38	39	40
①	②	④	③	②	①	②	②	④	①

문항별 체크리스트

문항	영역	○	×	문항	영역	○	×
01	서론>형사소송법의 기초이론			21	공판>공판절차		
02	서론>형사소송법의 기초이론			22	공판>공판절차		
03	서론>소송주체와 소송관계인			23	공판>공판절차		
04	서론>소송주체와 소송관계인			24	공판>공판절차		
05	서론>소송주체와 소송관계인			25	공판>공판절차		
06	수사와 공소>수사			26	공판>공판절차		
07	수사와 공소>수사			27	공판>공판절차		
08	수사와 공소>수사			28	공판>증거		
09	수사와 공소>수사			29	공판>증거		
10	수사와 공소>수사			30	공판>증거		
11	수사와 공소>강제처분과 강제수사			31	공판>증거		
12	수사와 공소>강제처분과 강제수사			32	공판>증거		
13	수사와 공소>강제처분과 강제수사			33	공판>증거		
14	수사와 공소>강제처분과 강제수사			34	공판>증거		
15	수사와 공소>강제처분과 강제수사			35	공판>재판		
16	수사와 공소>강제처분과 강제수사			36	상소와 비상구제절차>상소		
17	수사와 공소>강제처분과 강제수사			37	상소와 비상구제절차>상소		
18	수사와 공소>수사의 종결과 공소의 제기			38	상소와 비상구제절차>상소		
19	수사와 공소>수사의 종결과 공소의 제기			39	상소와 비상구제절차>비상구제절차		
20	수사와 공소>수사의 종결과 공소의 제기			40	상소와 비상구제절차>특별절차		
서론			/5	수사와 공소			/15
공판			/15	상소와 비상구제절차			/5

01

답 ③

정답해설

③ (×) 불이익변경금지원칙은 형사소송법(제368조)에만 규정되어 있다.

오답해설

① (○) 헌법 제27조 제4항, 형사소송법 제275조의2
② (○) 헌법 제12조 제7항, 형사소송법 제309조
④ (○) 헌법 제12조 제7항, 형사소송법 제310조

02

답 ④

정답해설

④ (×) 탄핵주의는 소송의 주도적 지위를 소송의 주체 중에서 누구에게 인정할 것인지에 따라 직권주의와 당사자주의로 나누어지며, 탄핵주의와 대립되는 개념은 규문주의이다.

03

답 ①

정답해설

① (×) 토지관할은 범죄지, 피고인의 주소, 거소 또는 현재지로 한다(제4조 제1항). 여기서 범죄지란 범죄사실의 전부 또는 일부가 발생한 장소를 말하므로 범죄실행장소, 결과발생장소, 결과발생의 중간지도 포함된다. 또한 공모공동정범의 경우 공모지 역시 범죄지로 볼 수 있으므로 토지관할이 인정된다.

오답해설

② (○) 제4조 제2항
③ (○) 대판 2011.12.22. 2011도12927
④ (○) 제4조 제1항

04

답 ①

정답해설

① (×) 제1심판결에서 피고인에 대한 유죄의 증거로 사용된 증거를 조사한 판사는 형사소송법 제17조 제7호 소정의 전심재판의 기초가 되는 조사, 심리에 관여하였다 할 것이고, 그와 같이 전심재판의 기초가 되는 조사, 심리에 관여한 판사는 직무집행에서 제척되어 항소심 재판에 관여할 수 없다(대판 1999.10.22. 99도3534).

오답해설

② (○) 대판 2011.4.14. 2010도13583
③ (○) 제17조 제8호
④ (○) 대판 2002.4.12. 2002도944, 대판 1955.10.18. 4288형상242

05

답 ②

정답해설

② (×) 변호인의 접견교통권은 피의자 등이 변호인의 조력을 받을 권리를 실현하기 위한 것으로서, 피의자 등이 헌법 제12조 제4항에서 보장한 기본권의 의미와 범위를 정확히 이해하면서도 이성적 판단에 따라 자발적으로 그 권리를 포기한 경우까지 피의자 등의 의사에 반하여 변호인의 접견이 강제될 수 있는 것은 아니다. 그러나 변호인이 피의자 등에 대한 접견신청을 하였을 때 위와 같은 요건이 갖추어지지 않았는데도 수사기관이 접견을 허용하지 않는 것은 변호인의 접견교통권을 침해하는 것이고, 이 경우 국가는 변호인이 입은 정신적 고통을 배상할 책임이 있다. 이때 변호인의 조력을 받을 권리의 중요성, 수사기관에 이러한 권리를 침해할 동기와 유인이 있는 점, 피의자 등이 접견교통을 거부하는 것은 이례적이라는 점을 고려하면, 피의자 등이 헌법 제12조 제4항에서 보장한 기본권의 의미와 범위를 정확히 이해하면서도 이성적 판단에 따라 자발적으로 그 권리를 포기하였다는 것에 대해서는 이를 주장하는 사람이 증명할 책임이 있다(대판 2018.12.27. 2016다266736).

오답해설

① (○) 대판 2010.4.29. 2010도881
③ (○) 대판 2003.03.25. 2002도5748
④ (○) 대판 2019.2.28. 2018도19034

06

영역 수사와 공소>수사　　　　　　**난도 중**

정답해설

④ (○) 제245조의7, 제245조의8 제1항

오답해설

① (×) 친고죄나 세무공무원 등의 고발이 있어야 논할 수 있는 죄에 있어서 고소 또는 고발은 이른바 소추조건에 불과하고 당해 범죄의 성립 요건이나 수사의 조건은 아니므로, 위와 같은 범죄에 관하여 고소나 고발이 있기 전에 수사를 하였다고 하더라도, 그 수사가 장차 고소나 고발이 있을 가능성이 없는 상태하에서 행해졌다는 등의 특단의 사정이 없는 한, 고소나 고발이 있기 전에 수사를 하였다는 이유만으로 그 수사가 위법하다고 볼 수는 없다(대판 1995.2.24. 94도252).

② (×) 변호인의 조력을 받을 권리를 실질적으로 보장하기 위하여는 변호인과의 접견교통권의 인정이 당연한 전제가 되므로, 임의동행의 형식으로 수사기관에 연행된 피의자에게도 변호인 또는 변호인이 되려는 자와의 접견교통권은 당연히 인정된다고 보아야 하고, 임의동행의 형식으로 연행된 피내사자의 경우에도 이는 마찬가지이다(대결 1996.6.3. 96모18).

③ (×) 검찰사건사무규칙 제2조 내지 제4조에 의하면, 검사가 범죄를 인지하는 경우에는 범죄인지서를 작성하여 사건을 수리하는 절차를 거치도록 되어 있으므로, 특별한 사정이 없는 한 수사기관이 그와 같은 절차를 거친 때에 범죄인지가 된 것으로 볼 것이나, 범죄의 인지는 실질적인 개념이고, 이 규칙의 규정은 검찰행정의 편의를 위한 사무처리절차 규정이므로, 검사가 그와 같은 절차를 거치기 전에 범죄의 혐의가 있다고 보아 수사를 개시하는 행위를 한 때에는 이 때에 범죄를 인지한 것으로 보아야 하고, 그 뒤 범죄인지서를 작성하여 사건수리 절차를 밟은 때에 비로소 범죄를 인지하였다고 볼 것이 아니며, 이러한 인지절차를 밟기 전에 수사를 하였다고 하더라도, 그 수사가 장차 인지의 가능성이 전혀 없는 상태하에서 행해졌다는 등의 특별한 사정이 없는 한, 인지절차가 이루어지기 전에 수사를 하였다는 이유만으로 그 수사가 위법하다고 볼 수는 없고, 따라서 그 수사과정에서 작성된 피의자신문조서나 진술조서 등의 증거능력도 이를 부인할 수 없다(대판 2001.10.26. 2000도2968).

07

영역 수사와 공소>수사　　　　　　**난도 중**

정답해설

④ (×) 형사소송법 제230조 제1항 본문은 "친고죄에 대하여는 범인을 알게 된 날로부터 6월을 경과하면 고소하지 못한다."고 규정하고 있는바, 여기서 범인을 알게 된다 함은 통상인의 입장에서 보아 고소권자가 고소를 할 수 있을 정도로 범죄사실과 범인을 아는 것을 의미하고, 범죄사실을 안다는 것은 고소권자가 친고죄에 해당하는 범죄의 피해가 있었다는 사실관계에 관하여 확정적인 인식이 있음을 말한다(대판 2001.10.9. 2001도3106).

오답해설

① (○) 대판 1985.3.12. 85도190

② (○) 대판 1993.10.22. 93도1620

③ (○) 대판 2015.11.17. 2013도7987

08

영역 수사와 공소>수사　　　　　　**난도 중**

정답해설

② (○) 특허법 제225조 제1항 소정의 특허권침해죄는 피해자의 고소가 있어야 논할 수 있는 죄인바, 특허를 무효로 하는 심결이 확정된 때에는 특허법 제133조 제1항 제4호의 경우에 해당되지 아니하는 한 그 특허권은 처음부터 없었던 것으로 보게 되므로(특허법 제133조 제3항 참조), 무효심결 확정 전의 고소라 하더라도 그러한 특허권에 기한 고소는 무효심결이 확정되면 고소권자에 의한 적법한 고소로 볼 수 없다 할 것이고, 이러한 고소를 기초로 한 공소는 형사소송법 제327조 제2호 소정의 공소제기의 절차가 법률의 규정에 위반되어 무효인 때에 해당한다고 할 수 있다(대판 2008.4.10. 2007도6325).

오답해설

① (×) 출판사 대표인 피고인이 도서의 저작권자인 피해자와 전자도서(e-book)에 대하여 별도의 출판계약 등을 체결하지 않고 전자도서를 제작하여 인터넷서점 등을 통해 판매하였다고 하여 구 저작권법 위반으로 기소된 사안에서, 피해자가 경찰청 인터넷 홈페이지에 '피고인을 철저히 조사해 달라'는 취지의 민원을 접수하는 형태로 피고인에 대한 조사를 촉구하는 의사표시를 한 것은 형사소송법에 따른 적법한 고소로 보기 어렵다는 이유로 공소를 기각한 원심판단을 정당하다고 한 사례(대판 2012.2.23. 2010도9524)

③ (×) 성폭력범죄의 처벌 등에 관한 특례법 제27조는 성폭력범죄 피해자에 대한 변호사 선임의 특례를 정하고 있다. 성폭력범죄의 피해자는 형사절차상 법률적 조력을 받기 위해 스스로 변호사를 선임할 수 있고(제1항), 검사는 피해자에게 변호사가 없는 경우 국선변호사를 선정하여 형사절차에서 피해자의 권익을 보호할 수 있으며(제6항), 피해자의 변호사는 형사절차에서 피해자 등의 대리가 허용될 수 있는 모든 소송행위에 대한 포괄적인 대리권을 가진다(제5항). 따라서 피해자의 변호사는 피해자를 대리하여 피고인에 대한 처벌을 희망하는 의사표시를 철회하거나 처벌을 희망하지 않는 의사표시를 할 수 있다(대판 2019.12.13. 2019도10678).

④ (×) [다수의견] 형사소송법상 소송능력이라 함은 소송당사자가 유효하게 소송행위를 할 수 있는 능력, 즉 피고인 또는 피의자가 자기의 소송상의 지위와 이해관계를 이해하고 이에 따라 방어행위를 할 수 있는 의사능력을 의미한다. 의사능력이 있으면 소송능력이 있다는 원칙은 피해자 등 제3자가 소송행위를 하는 경우에도 마찬가지라고 보아야 한다. 따라서 반의사불벌죄에 있어서 피해자의 피고인 또는 피의자에 대한 처벌을 희망하지 않는다는 의사표시 또는 처벌을 희망하는 의사표시의 철회는, 위와 같은 형사소송절차에 있어서의 소송능력에 관한 일반원칙에 따라, 의사능력이 있는 피해자가 단독으로 이를 할 수 있고, 거기에 법정대리인의 동의가 있어야 한다거나 법정대리인에 의해 대리되어야만 한다고 볼 것은 아니다. 나아가 청소년의 성보호에 관한 법률이 형사소송법과 다른 특별한 규정을 두고 있지 않는 한, 위와 같은 반의사불벌죄에 관한 해석론은 청소년의 성보호에 관한 법률의 경우에도 그대로 적용되어야 한다. 그러므로 청소년의 성보호에 관한 법률 제16조에 규정된 반의사불벌죄라고 하더라도, 피해자인 청소년에게 의사능력이 있는 이상, 단독으로 피고인 또는 피의자의 처벌을 희망하지 않는다는 의사표시 또는 처벌희망 의사표시의 철회를 할 수 있고, 거기에 법정대리인의 동의가 있어야 하는 것으로 볼 것은 아니다(대판 2009.11.19. 2009도6058 전합).

09

답 ②

영역 수사와 공소>수사　　　　　　　　　난도**상**

정답해설

㉠ (○) 대판 2016.10.13. 2016도8137

㉡ (×) 누구든지 자기의 얼굴 기타 모습을 함부로 촬영당하지 않을 자유를 가지나 이러한 자유도 국가권력의 행사로부터 무제한으로 보호되는 것은 아니고 국가의 안전보장·질서유지·공공복리를 위하여 필요한 경우에는 상당한 제한이 따르는 것이고, 수사기관이 범죄를 수사함에 있어 현재 범행이 행하여지고 있거나 행하여진 직후이고, 증거보전의 필요성 및 긴급성이 있으며, 일반적으로 허용되는 상당한 방법에 의하여 촬영을 한 경우라면 위 촬영이 영장 없이 이루어졌다 하여 이를 위법하다고 단정할 수 없다(대판 1999.9.3. 99도2317).

㉢ (○) 대판 2016.5.12. 2013도15616

㉣ (○) 대판 2017.3.15. 2016도19843

10

답 ③

영역 수사와 공소>수사　　　　　　　　　난도**중**

정답해설

③ (×) 형사소송법 제244조의5는, 검사 또는 사법경찰관은 피의자를 신문하는 경우 피의자가 신체적 또는 정신적 장애로 사물을 변별하거나 의사를 결정·전달할 능력이 미약한 때나 피의자의 연령·성별·국적 등의 사정을 고려하여 그 심리적 안정의 도모와 원활한 의사소통을 위하여 필요한 경우에는, 직권 또는 피의자·법정대리인의 신청에 따라 피의자와 신뢰관계에 있는 자를 동석하게 할 수 있도록 규정하고 있다. 구체적인 사안에서 위와 같은 동석을 허락할 것인지는 원칙적으로 검사 또는 사법경찰관이 피의자의 건강 상태 등 여러 사정을 고려하여 재량에 따라 판단하여야 할 것이나, 이를 허락하는 경우에도 동석한 사람으로 하여금 피의자를 대신하여 진술하도록 하여서는 안 된다. 만약 동석한 사람이 피의자를 대신하여 진술한 부분이 조서에 기재되어 있다면 그 부분은 피의자의 진술을 기재한 것이 아니라 동석한 사람의 진술을 기재한 조서에 해당하므로, 그 사람에 대한 진술조서로서의 증거능력을 취득하기 위한 요건을 충족하지 못하는 한 이를 유죄 인정의 증거로 사용할 수 없다(대판 2009.6.23. 2009도1322).

오답해설

① (○) 헌재결 2017.11.30. 2016헌마503

② (○) 제243조의2 제3항

④ (○) 수사준칙 제14조 제1항

11

영역 수사와 공소>강제처분과 강제수사   난도 중

정답해설

② (×) 체포한 피의자를 구속하고자 할 때에는 체포한 때부터 48시간 이내에 구속영장을 청구하여야 하고, 그 기간 내에 구속영장을 청구하지 아니하는 때에는 피의자를 즉시 석방하여야 한다(제200조의2 제5항).

오답해설

① (○) 대판 2017.11.29. 2017도9747

③ (○) 대판 2017.9.21. 2017도19866

④ (○) 제200조의2 제4항

12

영역 수사와 공소>강제처분과 강제수사   난도 중

정답해설

③ (○) 대판 2011.12.22. 2011도12927

오답해설

① (×) 형사소송법 제211조가 현행범인으로 규정한 '범죄의 실행의 즉후인 자'라고 함은, 범죄의 실행행위를 종료한 직후의 범인이라는 것이 체포하는 자의 입장에서 볼 때 명백한 경우를 일컫는 것으로서, 위 법조가 제1항에서 본래의 의미의 현행범인에 관하여 규정하면서 '범죄의 실행의 즉후인 자'를 '범죄의 실행 중인 자'와 마찬가지로 현행범인으로 보고 있고, 제2항에서는 현행범인으로 간주되는 준현행범인에 관하여 별도로 규정하고 있는 점 등으로 미루어 볼 때, '범죄의 실행행위를 종료한 직후'라고 함은, 범죄행위를 실행하여 끝마친 순간 또는 이에 아주 접착된 시간적 단계를 의미하는 것으로 해석되므로, 시간적으로나 장소적으로 보아 체포를 당하는 자가 방금 범죄를 실행한 범인이라는 점에 관한 죄증이 명백히 존재하는 것으로 인정되는 경우에만 현행범인으로 볼 수 있다(대판 2002.5.10. 2001도300).

② (×) 현행범인 체포의 요건을 갖추었는지는 체포 당시 상황을 기초로 판단하여야 하고, 이에 관한 검사나 사법경찰관 등 수사 주체의 판단에는 상당한 재량 여지가 있으나, 체포 당시 상황으로 보아도 요건 충족 여부에 관한 검사나 사법경찰관 등의 판단이 경험칙에 비추어 현저히 합리성을 잃은 경우에는 그 체포는 위법하다고 보아야 한다(대판 2011.05.26. 2011도3682).

④ (×) 현행범인은 누구든지 영장 없이 체포할 수 있고(형사소송법 제212조), 검사 또는 사법경찰관리(이하 '검사 등'이라고 한다) 아닌 이가 현행범인을 체포한 때에는 즉시 검사 등에게 인도하여야 한다(형사소송법 제213조 제1

항). 여기서 '즉시'라고 함은 반드시 체포시점과 시간적으로 밀착된 시점이어야 하는 것은 아니고, '정당한 이유 없이 인도를 지연하거나 체포를 계속하는 등으로 불필요한 지체를 함이 없이'라는 뜻으로 볼 것이다(대판 2011. 12.22. 2011도12927).

13

영역 수사와 공소>강제처분과 강제수사   난도 중

정답해설

④ (×) 구속영장에는 청구인을 구금할 수 있는 장소로 특정 경찰서 유치장으로 기재되어 있었는데, 청구인에 대하여 위 구속영장에 의하여 1995.11.30. 07:50경 위 경찰서 유치장에 구속이 집행되었다가 같은 날 08:00에 그 신병이 조사차 국가안전기획부 직원에게 인도된 후 위 경찰서 유치장에 인도된 바 없이 계속하여 국가안전기획부 청사에 사실상 구금되어 있다면, 청구인에 대한 이러한 사실상의 구금장소의 임의적 변경은 청구인의 방어권이나 접견교통권의 행사에 중대한 장애를 초래하는 것이므로 위법하다(대결 1996.5.15. 95모94).

오답해설

① (○) 규칙 제98조

② (○) 대결 2013.7.1. 2013모160

③ (○) 제209조, 제85조

14

영역 수사와 공소>강제처분과 강제수사   난도 하

정답해설

② (×) 보석이라 함은 일정 보증금의 납부 등을 조건으로 구속의 집행을 정지하고 구속된 피고인을 석방하는 제도를 말한다. 따라서 보석허가결정에 의하더라도 구속영장은 효력이 소멸하지 않으므로, 보석을 취소한 때에는 새로운 구속영장을 발부하는 것이 아니라 그 취소결정의 등본에 의하여 피고인을 재구금하여야 한다(규칙 제56조).

오답해설

① (○) 대결 1997.11.27. 97모88

③ (○) 대결 1990.4.18. 90모22

④ (○) 대결 2020.10.29. 2020모1845

15

답 ②

정답해설

② (×) 관세법 제246조 제1항, 제2항, 제257조, '국제우편물 수입통관 사무처리' 제1-2조 제2항, 제1-3조, 제3-6조, 구 '수출입물품 등의 분석사무 처리에 관한 시행세칙' 등과 관세법이 관세의 부과 · 징수와 아울러 수출입물품의 통관을 적정하게 함을 목적으로 한다는 점(관세법 제1조)에 비추어 보면, 우편물 통관검사절차에서 이루어지는 우편물의 개봉, 시료채취, 성분분석 등의 검사는 수출입물품에 대한 적정한 통관 등을 목적으로 한 행정조사의 성격을 가지는 것으로서 수사기관의 강제처분이라고 할 수 없으므로, 압수 · 수색영장 없이 우편물의 개봉, 시료채취, 성분분석 등 검사가 진행되었다 하더라도 특별한 사정이 없는 한 위법하다고 볼 수 없다(대판 2013.9.26. 2013도7718).

오답해설

① (○) 피의자 또는 변호인은 압수 · 수색영장의 집행에 참여할 수 있고(제219조, 제121조), 압수 · 수색영장을 집행함에는 원칙적으로 미리 집행의 일시와 장소를 피의자 등에게 통지하여야 하나(제122조 본문), '급속을 요하는 때'에는 위와 같은 통지를 생략할 수 있다(제122조 단서). 여기서 '급속을 요하는 때'라고 함은 압수 · 수색영장 집행 사실을 미리 알려주면 증거물을 은닉할 염려 등이 있어 압수 · 수색의 실효를 거두기 어려울 경우라고 해석함이 옳고, 그와 같이 합리적인 해석이 가능하므로 형사소송법 제122조 단서가 명확성의 원칙 등에 반하여 위헌이라고 볼 수 없다(대판 2012.10.11. 2012도7455).

③ (○) 대판 2017.09.21. 2015도12400

④ (○) 대결 2015.10.15. 2013모1970

16

답 ③

정답해설

③ (×) 피압수자 등 환부를 받을 자가 압수 후 그 소유권을 포기하는 등에 의하여 실체법상의 권리를 상실하더라도 그 때문에 압수물을 환부하여야 하는 수사기관의 의무에 어떠한 영향을 미칠 수 없고, 또한 수사기관에 대하여 형사소송법상의 환부청구권을 포기한다는 의사표시를 하더라도 그 효력이 없어 그에 의하여 수사기관의 필요적 환부의무가 면제된다고 볼 수는 없으므로, 압수물의 소유권이나 그 환부청구권을 포기하는 의사표시로 인하여 위 환부의무에 대응하는 압수물에 대한 환부청구권이 소멸하는 것은 아니다(대결 1996.8.16. 94모41 전합).

오답해설

① (○) 대결 1994.8.18. 94모42

② (○) 대결 1980.02.05. 80모3

④ (○) 대결 2017.9.29. 2017모236

17

답 ①

정답해설

① (×) 법원이 직권으로 발부하는 영장과 수사기관의 청구에 의하여 발부하는 구속영장의 법적 성격은 갖지 않다. 즉, 전자는 명령장으로서의 성질을 갖지만 후자는 허가장으로서의 성질을 갖는 것으로 이해되고 있다(헌재결 1997.3.27. 96헌바28).

오답해설

② (○) 대판 2021.11.18. 2016도348 전합

③ (○) 헌재결 1992.12.24. 92헌가8

④ (○) 대판 2020.4.9. 2019도17142

18

답 ②

정답해설

② (×) 재정신청을 하려면 검찰청법 제10조에 따른 항고를 거쳐야 한다. 다만, 항고 이후 재기수사가 이루어진 다음에 다시 공소를 제기하지 아니한다는 통지를 받은 경우, 항고 신청 후 항고에 대한 처분이 행하여지지 아니하고 3개월이 경과한 경우, 검사가 공소시효 만료일 30일 전까지 공소를 제기하지 아니하는 경우에는 검찰항고를 거치지 않고 바로 재정신청을 할 수 있다(제260조 제2항).

오답해설

① (○) 대판 2017.3.9. 2013도16162

③ (○) 대결 1997.04.22. 97모30

④ (○) 대결 1991.11.5. 90모34

19

영역 수사와 공소>수사의 종결과 공소의 제기　**난도** 상

정답해설

㉠ (×) 공소취소는 1심 판결선고 전까지만 가능하다(제255조 제1항).

㉣ (×) 형사소송법 제255조 제1항에 의하면 공소는 제1심 판결의 선고전까지 취소할 수 있다고 규정되어 있는바 이건 공소 사실에 대하여는 이미 오래전에 제1심 판결이 선고되고 동 판결이 확정되어 이에 대한 재심소송절차가 진행중에 있으므로 이 재심절차중에 있어서의 공소취소는 이를 할 수 없는 것이라고 볼 것이다(대판 1976.12.28. 76도3203).

오답해설

㉡ (○) 공소제기결정에 따라 진행되는 제1심절차에서는 공소취소를 할 수 없다(제264조의2).

㉢ (○) 공소장변경의 방식에 의한 공소사실의 철회는 공소사실의 동일성이 인정되는 범위 내의 일부 공소사실에 한하여 가능한 것이므로, 공소장에 기재된 수개의 공소사실이 서로 동일성이 없고 실체적 경합관계에 있는 경우에 그 일부를 소추대상에서 철회하려면 공소장변경의 방식에 의할 것이 아니라 공소의 일부취소절차에 의하여야 한다(대판 1992.4.24. 91도1438). 따라서 동일성이 인정되는 범위 내에서 일부를 심판대상에서 제외시키는 것은 공소사실의 철회(공소장변경의 일례)이지, 공소취소가 아니다.

20

영역 수사와 공소>수사의 종결과 공소의 제기　**난도** 중

정답해설

③ (×) 헌법 제84조는 "대통령은 내란 또는 외환의 죄를 범한 경우를 제외하고는 재직 중 형사상의 소추를 받지 아니한다."라고 규정하여, 재직 중인 대통령에 대한 공소권 행사의 헌법상 장애사유를 규정하고 있다. 위 규정은 비록 대통령으로 재직하는 기간 동안 내란 또는 외환의 죄를 제외한 범죄에 대하여 공소시효가 정지된다고 명시하여 규정하지는 않았으나 공소시효의 진행에 대한 소극적 요건을 규정한 것이므로, 공소시효의 정지에 관한 규정이라고 보아야 한다(대판 2020.10.29. 2020도3972).

오답해설

① (○) 대판 2008.12.11. 2008도4376
② (○) 대판 2018.6.28. 2017도7937
④ (○) 대판 2006.12.8. 2006도6356

21

영역 공판>공판절차　**난도** 상

정답해설

㉠ (×) 판례는 공소사실의 첫머리에 피고인이 전에 받은 소년부송치처분과 직업없음을 기재하였다 하더라도 피고인의 특정을 위한 것에 불과하므로 무죄추정의 원칙 또는 공소장일본주의에 위배되는 것이 아니라고 보았다(대판 1990.10.16. 90도1813).

오답해설

㉡ (○) 공소장일본주의는 공소제기에 대하여 적용되는 것이므로 공판절차갱신 후의 절차, 상소심의 절차, 파기환송 후의 절차에는 적용되기 어렵다.

㉢ (○) 공소장에는 법령이 요구하는 사항만 기재할 것이고 공소사실의 첫머리에 공소사실과 관계없이 법원의 예단만 생기게 할 사유를 불필요하게 나열하는 것은 옳다고 할 수 없고, 공소사실과 관련이 있는 것도 원칙적으로 범죄의 구성요건에 적어야 할 것이고, 이를 첫머리 사실로서 불필요하게 길고 장황하게 나열하는 것을 적절하다고 할 수 없다. 그러나 살인, 방화 등의 경우 범죄의 직접적인 동기 또는 공소범죄사실과 밀접불가분의 관계에 있는 동기를 공소사실에 기재하는 것이 공소장일본주의 위반이 아님은 명백하고, 설사 범죄의 직접적인 동기가 아닌 경우에도 동기의 기재는 공소장의 효력에 영향을 미치지 아니한다(대판 2007.5.11. 2007도748).

㉣ (○) 공소사실의 취지가 명료하면 법원이 이에 대하여 석명권을 행사할 필요가 없으나, 공소사실의 기재가 오해를 불러일으키거나 명료하지 못한 경우에는 형사소송규칙 제141조에 의하여 검사에 대하여 석명권을 행사하여 그 취지를 명확하게 하여야 할 것이다(대판 2015.12.23. 2014도2727).

㉤ (○) 집시법 제20조 제1항에 따라 해산명령을 할 수 있는 집회 또는 시위의 종류와 태양이 다양하므로, 검사가 집시법상의 해산명령 위반의 점으로 공소를 제기함에 있어서는 공소의 범위를 확정하고 피고인의 방어권 행사를 보장할 수 있도록 피고인이 집시법 제20조 제1항 각 호 중 어느 사유로 해산명령을 받았는지를 특정할 수 있을 정도로 공소사실과 적용법조를 기재하여야 한다. 따라서 집회 및 시위에 관한 법률상 해산명령 위반 공소사실에 대한 적용법조로 처벌규정인 같은 법 제24조 제5호, 제20조 제2항만을 기재하였다면, 공소장에 기재된 공소사실 및 적용법조에 나타난 사항들을 종합하더라도 해산명령의 근거사유가 특정되었다고 볼 수 없는바, 공소사실이 특정되지 않았다고 보아야 한다(대판 2011.10.13. 2009도5698).

22

답 ②

영역 공판>공판절차   난도 **중**

정답해설

② (○) 대판 2016.01.14. 2013도8118

오답해설

① (×) 판결전의 소송절차에 관한 결정에 대하여는 특히 즉시항고를 할 수 있는 경우외에는 항고를 하지 못하는 것인 바, 소송사실 또는 적용법조의 추가, 철회 또는 변경의 허가에 관한 결정은 판결전의 소송절차에 관한 결정이라 할 것이므로, 그 결정을 함에 있어서 저지른 위법이 판결에 영향을 미친 경우에 한하여 그 판결에 대하여 상소를 하여 다툼으로써 불복하는 외에는 당사자가 이에 대하여 독립하여 상소할 수 없다(대결 1987.3.28. 87모17).

③ (×) 변경된 공소사실이 변경 전의 공소사실과 기본적 사실관계에서 동일하다면 그것이 새로운 공소의 추가적 제기와 다르지 않다고 하더라도 항소심에서도 공소장변경을 할 수 있다. 항소심에서 공소장변경을 하더라도 제1심에서 판단한 공소사실과 기본적 사실관계가 동일한 범위 내에서만 허용되기 때문에 그 변경된 공소사실의 기초를 이루는 사실관계는 제1심에서 이미 심리되었으므로, 항소심에서의 공소장변경이 피고인의 심급의 이익을 박탈한다고 보기도 어렵다(대판 2017.9.21. 2017도7843).

④ (×) 공소사실이나 범죄사실의 동일성은 형사소송법상의 개념이므로 이것이 형사소송절차에서 가지는 의의나 소송법적 기능을 고려하여야 할 것이고, 따라서 두 죄의 기본적 사실관계가 동일한가의 여부는 그 규범적 요소를 전적으로 배제한 채 순수하게 사회적, 전법률적인 관점에서만 파악할 수는 없고, 그 자연적, 사회적 사실관계나 피고인의 행위가 동일한 것인가 외에 그 규범적 요소도 기본적 사실관계 동일성의 실질적 내용의 일부를 이루는 것이라고 보는 것이 상당하다(대판 1994.3.22. 93도2080 전합).

23

답 ①

영역 공판>공판절차   난도 **하**

정답해설

① (×) 공판준비기일에는 배심원이 참여하지 아니한다(국민의 형사재판 참여에 관한 법률 제37조 제1항).

오답해설

② (○) 제266조의13 제2항

③ (○) 제266조의15

④ (○) 제266조의7 제4항

24

답 ④

영역 공판>공판절차   난도 **중**

정답해설

④ (×) 소송촉진 등에 관한 특례법(이하 '소송촉진법'이라 한다) 제23조(이하 '특례 규정'이라 한다)와 소송촉진법 제23조의2 제1항(이하 '재심 규정'이라 한다)의 내용 및 입법 취지, 헌법 및 형사소송법에서 정한 피고인의 공정한 재판을 받을 권리 및 방어권의 내용, 적법절차를 선언한 헌법 정신, 귀책사유 없이 불출석한 상태에서 제1심과 항소심에서 유죄판결을 받은 피고인의 공정한 재판을 받을 권리를 실질적으로 보호할 필요성 등의 여러 사정들을 종합하여 보면, 특례 규정에 따라 진행된 제1심의 불출석 재판에 대하여 검사만 항소하고 항소심도 불출석 재판으로 진행한 후에 제1심판결을 파기하고 새로 또는 다시 유죄판결을 선고하여 유죄판결이 확정된 경우에도, 재심 규정을 유추 적용하여 귀책사유 없이 제1심과 항소심의 공판절차에 출석할 수 없었던 피고인은 재심 규정이 정한 기간 내에 항소심 법원에 유죄판결에 대한 재심을 청구할 수 있다(대판 2015.6.25. 2014도17252 전합).

오답해설

① (○) 대판 2011.5.13. 2011도1094

② (○) 제276조

③ (○) 대판 2001.6.12. 2001도114

25

답 ③

영역 공판>공판절차   난도 **중**

정답해설

③ (×) 법원은 직권으로 증거조사를 할 수 있다(제295조). 판례는 직권증거조사는 원칙적으로 법원의 재량이지만, 예외적으로는 의무가 되기도 한다고 본다. 따라서 피고인이 무죄임이 의심되는 상황에서 법원이 직권증거조사를 하지 않았다면, 그 판결은 심리미진으로 위법하다(대판 1974.1.15. 73도2522).

오답해설

① (○) 대판 2011.10.13. 2009도13846

② (○) 대결 1996.11.4. 96모94

④ (○) 형사소송법 제292조, 제292조의2 제1항, 형사소송규칙 제134조의6의 취지에 비추어 보면, 본래 증거물이지만 증거서류의 성질도 가지고 있는 이른바 '증거물인 서면'을 조사하기 위해서는 증거서류의 조사방식인 낭독·내용고지 또는 열람의 절차와 증거물의 조사방식인 제시의 절차가 함께 이루어져야 하므로, 원칙적으로 증거신청인으로 하여금 그 서면을 제시하면서 낭독하게 하

거나 이에 갈음하여 그 내용을 고지 또는 열람하도록 하여야 한다(대판 2013.7.26 2013도2511 왕재산사건).

26

답 ③

영역 공판>공판절차 　　　　　　　난도 중

정답해설

③ (×) 재판장은 동석한 자가 부당하게 재판의 진행을 방해한 때에는 동석을 중지시킬 수 있다(규칙 제84조의3 제3항).

오답해설

① (○) 제163조의2 제1항
② (○) 규칙 제84조의3 제2항
④ (○) 규칙 제84조의3 제1항

27

답 ①

영역 공판>공판절차 　　　　　　　난도 중

정답해설

① (×) 우리 헌법상 헌법과 법률이 정한 법관에 의한 재판을 받을 권리는 직업법관에 의한 재판을 주된 내용으로 하는 것이므로 국민참여재판을 받을 권리가 헌법 제27조 제1항에서 규정한 재판을 받을 권리의 보호범위에 속한다고 볼 수 없다(헌재결 2009.11.26. 2008헌바12).

오답해설

② (○) 대결 2009.10.23. 2009모1032
③ (○) 대판 2012.04.26. 2012도1225
④ (○) 대판 2014.11.13. 2014도8377

28

답 ④

영역 공판>증거 　　　　　　　난도 상

정답해설

㉠ (×) 구 독점규제 및 공정거래에 관한 법률 제66조 제1항 제9호, 제19조 제1항 위반죄의 경우 부당한 공동행위의 '합의'에 대한 입증의 정도는 법관으로 하여금 합리적 의심을 할 여지가 없을 정도로 엄격한 증명을 요한다. 이는 그 행위의 속성상 직접증거의 확보가 어렵기 때문에 간접사실이나 정황사실을 입증함으로써 그 범죄행위를 증명하는 방법을 취할 수밖에 없는 경우에도 마찬가지이다(대판 2008.5.29. 2006도6625).

㉡ (×) [다수의견] '여순사건' 당시 내란 및 국권문란 혐의로

군법회의에 회부되어 사형을 선고받고 그 판결에 따라 사형이 집행된 피고인들의 유족들이 그 후 위 판결(이하 '재심대상판결'이라 한다)에 대해 재심을 청구하여 재심개시결정이 있게 되자 검사가 재항고를 한 사안에서, 형사소송법 제415조에서 정한 재항고의 절차에 관하여는 형사소송법에 아무런 규정을 두고 있지 않으므로 성질상 상고에 관한 규정을 준용하여야 하고, 사실인정의 전제로서 하는 증거의 취사선택과 증거의 증명력은 사실심 법원의 자유판단에 속하는 점, 형사재판에서 심증형성은 반드시 직접증거로 해야만 하는 것은 아니고 간접증거로 할 수도 있는 점, 재심의 청구를 받은 법원은 재심청구 이유의 유무를 판단함에 필요한 경우 사실을 조사할 수 있고(형사소송법 제37조 제3항), 공판절차에 적용되는 엄격한 증거조사 방식에 따라야만 하는 것은 아닌 점 및 대한민국헌법(제헌헌법) 제9조, 구 형사소송법(1948.3.20. 군정법령 제176호로 개정된 것) 제3조, 제6조 등의 규정, 그리고 진실·화해를 위한 과거사 정리위원회의 여순사건 진실규명결정서를 비롯한 기록에서 알 수 있는 사정을 종합하면, 피고인들은 여순사건 당시 진압군이 순천지역을 회복한 후 군경에 의하여 반란군에 가담하거나 협조하였다는 혐의로 체포되어 감금되었다가 내란죄와 국권문란죄로 군법회의에 회부되어 유죄판결을 받았고, 피고인들을 체포·감금한 군경이 법원으로부터 구속영장을 발부받았어야 하는데도 이러한 구속영장 발부 없이 불법 체포·감금하였다고 인정하여 재심대상판결에 형사소송법 제422조, 제420조 제7호의 재심사유가 있다고 본 원심판단이 정당하다고 한 사례(대결 2019.3.21. 2015모2229 전합)

㉢ (○) 대판 2018.4.19. 2017도14322 전합
㉣ (○) 대판 2005.06.24. 2004도7212

29

답 ④

영역 공판>증거 　　　　　　　난도 중

정답해설

④ (×) 강도 현행범으로 체포된 피고인에게 진술거부권을 고지하지 아니한 채 강도범행에 대한 자백을 받고, 이를 기초로 여죄에 대한 진술과 증거물을 확보한 후 진술거부권을 고지하여 피고인의 임의자백 및 피해자의 피해사실에 대한 진술을 수집한 사안에서, 제1심 법정에서의 피고인의 자백은 진술거부권을 고지받지 않은 상태에서 이루어진 최초 자백 이후 40여 일이 지난 후에 변호인의 충분한 조력을 받으면서 공개된 법정에서 임의로 이루어진 것이고, 피해자의 진술은 법원의 적법한 소환에 따라 자발적으로 출석하여 위증의 벌을 경고받고 선서한 후

공개된 법정에서 임의로 이루어진 것이어서, 예외적으로 유죄 인정의 증거로 사용할 수 있는 2차적 증거에 해당한다고 한 사례(대판 2009.3.12. 2008도11437)

오답해설

① (○) 대판 2011.06.30. 2009도6717
② (○) 대판 2011.11.10. 2011도8125
③ (○) 대판 2008.10.23. 2008도7471

30

답 ③

영역 공판>증거 　　　　　　　　　난도 **중**

정답해설

③ (×) 형사소송법 제312조 제3항은 검사 이외의 수사기관의 피의자신문은 이른바 신용성의 정황적 보장이 박약하다고 보아 피의자신문에 있어서 진정성립 및 임의성이 인정되더라도 공판 또는 그 준비절차에 있어 원진술자인 피고인이나 변호인이 그 내용을 인정하지 않는 한 그 증거능력을 부정하는 취지로 입법된 것으로, 그 입법취지와 법조의 문언에 비추어 볼 때 당해 사건에서 피의자였던 피고인에 대한 검사 이외의 수사기관 작성의 피의자신문조서에만 적용되는 것은 아니고 전혀 별개의 사건에서 피의자였던 피고인에 대한 검사 이외의 수사기관 작성의 피의자신문조서도 그 적용대상으로 하고 있는 것이라고 보아야 한다(대판 1995.3.24. 94도2287).

오답해설

① (○) 제312조 제3항
② (○) 대판 2010.6.24. 2010도5040
④ (○) 대판 2009.10.15. 2009도1889

31

답 ①

영역 공판>증거 　　　　　　　　　난도 **하**

정답해설

① (×) 대판 2013.6.13. 2012도16001

오답해설

② (○) 대판 1992.3.13. 91도2281
③ (○) 대판 2009.7.26. 2006도9294
④ (○) 대판 1999.5.14. 99도202

32

답 ②

영역 공판>증거 　　　　　　　　　난도 **상**

정답해설

㉠ (○) 대판 2018.2.8. 2017도13263
㉡ (○) 위 녹음파일은 피고인 아닌 乙이 피고인 甲의 진술을 녹음한 것으로서, 피고인 아닌 자가 작성한 피고인의 진술을 기재한 서류에 준하여(제313조 제1항 단서), 공판준비 또는 공판기일에서 작성자인 乙의 진술에 의하여 성립의 진정이 인정되고, 甲의 진술이 특히 신빙할 만한 상태에서 행하여졌음이 증명된 경우에 한하여 증거로 할 수 있다.
㉢ (○) 사람의 육성이 아닌 사물에서 발생하는 음향은 타인 간의 '대화'에 해당하지 않는다. 또한 사람의 목소리라고 하더라도 상대방에게 의사를 전달하는 말이 아닌 단순한 비명소리나 탄식 등은 타인과 의사소통을 하기 위한 것이 아니라면 특별한 사정이 없는 한 타인 간의 '대화'에 해당한다고 볼 수 없다(대판 2017.3.15. 2016도19843). 즉, 사물에서 나는 소리인 '우당탕'이라는 소리뿐만 아니라 '악'이라는 비명소리도 통신비밀보호법의 적용을 받지 아니한다.

33

답 ④

영역 공판>증거 　　　　　　　　　난도 **중**

정답해설

④ (×) 사법경찰관 작성의 검증조서에 대하여 피고인이 증거로 함에 동의만 하였을 뿐 공판정에서 검증조서에 기재된 진술내용 및 범행을 재연한 부분에 대하여 그 성립의 진정 및 내용을 인정한 흔적을 찾아 볼 수 없고 오히려 이를 부인하고 있는 경우에는 그 증거능력을 인정할 수 없고, 위 검증조서 중 범행에 부합되는 피고인의 진술을 기재한 부분과 범행을 재연한 부분을 제외한 나머지 부분만을 증거로 채용하여야 한다(대판 1998.3.13. 98도159).

오답해설

① (○) 대판 2019.11.14. 2019도11552
② (○) 변호인은 피고인의 명시한 의사에 반하지 아니하는 한 피고인을 대리하여 증거로 함에 동의할 수 있으므로 피고인이 증거로 함에 동의하지 아니한다고 명시적인 의사표시를 한 경우 이외에는 변호인은 서류나 물건에 대하여 증거로 함에 동의할 수 있고 이 경우 변호인의 동의에 대하여 피고인이 즉시 이의하지 아니하는 경우에는 변호인의 동의로 증거능력이 인정된다(대판 1988.11.8. 88도1628).
③ (○) 형사소송법 제318조에 규정된 증거동의의 주체는

소송 주체인 검사와 피고인이고, 변호인은 피고인을 대리하여 증거동의에 관한 의견을 낼 수 있을 뿐이므로 피고인의 명시한 의사에 반하여 증거로 함에 동의할 수는 없다. 따라서 피고인이 출석한 공판기일에서 증거로 함에 부동의한다는 의견이 진술된 경우에는 그 후 피고인이 출석하지 아니한 공판기일에 변호인만이 출석하여 종전 의견을 번복하여 증거로 함에 동의하였다 하더라도 이는 특별한 사정이 없는 한 효력이 없다고 보아야 한다(대판 2013.3.28. 2013도3).

34
답 ③

영역 공판>증거   난도 **중**

정답해설

③ (×) 판례는 포괄일죄인 상습범과 관련하여서는 개별행위별로 보강증거가 있어야 한다고 보고 있다(대판 1996. 2.23. 95도1794). 따라서 8회의 도박 중 3회의 도박사실에 대해서는 자백이외에 보강증거가 없는 경우 그 부분에 대해서는 유죄판결을 선고할 수 없다.

오답해설

① (○) 국가보안법상 회합죄를 피고인이 자백하는 경우 회합당시 상대방으로부터 받았다는 명함의 현존은 보강증거가 될 수 있다(대판 1990.6.22. 90도741).

② (○) 누범가중의 원인사실, 전과 및 정상 등에 관한 사실은 엄격한 범죄사실과 구별되기 때문에 보강증거 없이 피고인의 자백만으로 이를 인정할 수 있다(대판 1979. 8.21. 79도1528).

④ (○) 대판 1996.10.17. 94도2865 전합

35
답 ②

영역 공판>재판   난도 **중**

정답해설

② (×) 자수는 형의 필요적 감경 또는 면제사유가 아니므로 자수사실에 대한 주장은 형의 양정에 영향을 미치는 사유에 지나지 아니하여 유죄판결에 명시할 이유에 해당한다고 할 수 없다(대판 1991.11.12. 91도2241).

오답해설

① (○) 대판 1990.04.24. 90도434

③ (○) 대판 2017.11.9. 2017도14769

④ (○) 대판 2000.3.10. 99도5312

36
답 ①

영역 상소와 비상구제절차>상소   난도 **중**

정답해설

① (×) 상소의 제기기간은 재판을 선고 또는 고지한 날로부터 진행하며(제343조 제2항), 항소와 상고의 제기기간은 7일이다(제358조, 제374조).

오답해설

② (○) 제344조 제1항

③ (○) 대판 2015.09.10. 2015도7821

④ (○) 대판 1998.3.27. 98도253

37
답 ②

영역 상소와 비상구제절차>상소   난도 **중**

정답해설

② (○) 대판 2021.05.06. 2021도1282

오답해설

① (×) 불이익변경금지의 원칙은 피고인의 또는 피고인을 위한 상소사건에 있어서 원심의 형, 즉 판결주문의 형보다 중한 형을 선고할 수 없다는 것에 불과하므로, 제1심판결에 대하여 피고인들만이 항소한 경우, 항소심이 검사의 공소장변경신청을 허가하고 그 변경된 적용법률에 의하여 판결을 선고하였다 하더라도, 선고된 항소심의 형이 제1심의 그것보다 가벼운 이상 불이익변경금지의 원칙에 위배된다고 할 수 없다(대판 1999.10.8. 99도3225). 따라서 항소심의 형이 제1심보다 무겁다면 당연히 불이익변경금지원칙에 반하게 된다.

③ (×) 제1심의 징역형의 선고유예의 판결에 대하여 피고인만이 항소한 경우에 제2심이 벌금형을 선고한 것은 제1심판결의 형보다 중한 형을 선고한 것에 해당된다(대판 1999.11.26. 99도3776).

④ (×) 추징도 몰수에 대신하는 처분으로서 몰수와 마찬가지로 형에 준하여 평가하여야 할 것이므로 그에 관하여도 형사소송법 제368조의 불이익변경금지의 원칙이 적용된다(대판 2006.11.9. 2006도4888).

38

영역 상소와 비상구제절차>상소   난도 **상**

정답해설

② (×) 항소가 이유 없음이 명백한 때에는 변론없이 판결로써 항소를 기각할 수 있다(제364조 제5항).

오답해설

① (○) 대판 2020.10.29. 2020도9475

③ (○) 대판 2008.7.24. 2007도6721

④ (○) 형사소송법 제364조의2는 "피고인을 위하여 원심판결을 파기하는 경우에 파기의 이유가 항소한 공동피고인에게 공통되는 때에는 그 공동피고인에게 대하여도 원심판결을 파기하여야 한다."라고 정하고 있고, 이는 공동피고인 상호 간의 재판의 공평을 도모하려는 취지이다. 위와 같은 형사소송법 제364조의2의 규정 내용과 입법 목적을 고려하면, 위 규정은 공동피고인 사이에서 파기의 이유가 공통되는 해당 범죄사실이 동일한 소송절차에서 병합심리된 경우에만 적용된다고 보는 것이 타당하다(대판 2019.8.29. 2018도14303 전합).

39

영역 상소와 비상구제절차>비상구제절차   난도 **중**

정답해설

④ (×) 형사소송법상 재심절차는 재심개시절차와 재심심판절차로 구별되는 것이므로, 재심개시절차에서는 형사소송법을 규정하고 있는 재심사유가 있는지 여부만을 판단하여야 하고, 나아가 재심사유가 재심대상판결에 영향을 미칠 가능성이 있는가의 실체적 사유는 고려하여서는 아니 된다(대결 2008.4.24. 2008모77).

오답해설

① (○) 대결 2019.03.21. 2015모2229 전합

② (○) 대판 2015.5.21. 2011도1932 전합

③ (○) 대결 1984.5.30. 84모32

40

영역 상소와 비상구제절차>특별절차   난도 **하**

정답해설

① (×) 즉결심판절차에서 피고인은 정식재판의 청구를 포기할 수 있다.

오답해설

② (○) 대판 2020.04.29. 2017도13409

③ (○) 즉결심판에 관한 절차법 제15조

④ (○) 즉결심판에 관한 절차법 제17조 제1항

제5회 경찰승진 최종모의고사

정답체크

01	02	03	04	05	06	07	08	09	10
④	④	②	②	④	②	④	④	①	④
11	12	13	14	15	16	17	18	19	20
③	②	②	③	③	①	①	④	①	③
21	22	23	24	25	26	27	28	29	30
③	③	①	③	②	④	④	④	①	③
31	32	33	34	35	36	37	38	39	40
④	③	④	③	④	①	②	①	③	③

문항별 체크리스트

문항	영역	○	×	문항	영역	○	×
01	서론>형사소송법의 기초이론			21	공판>공판절차		
02	서론>형사소송법의 기초이론			22	공판>공판절차		
03	서론>소송주체와 소송관계인			23	공판>공판절차		
04	서론>소송주체와 소송관계인			24	공판>공판절차		
05	서론>소송주체와 소송관계인			25	공판>공판절차		
06	수사와 공소>수사			26	공판>공판절차		
07	수사와 공소>수사			27	공판>공판절차		
08	수사와 공소>수사			28	공판>증거		
09	수사와 공소>수사			29	공판>증거		
10	수사와 공소>수사			30	공판>증거		
11	수사와 공소>강제처분과 강제수사			31	공판>증거		
12	수사와 공소>강제처분과 강제수사			32	공판>증거		
13	수사와 공소>강제처분과 강제수사			33	공판>증거		
14	수사와 공소>강제처분과 강제수사			34	공판>증거		
15	수사와 공소>강제처분과 강제수사			35	공판>재판		
16	수사와 공소>강제처분과 강제수사			36	상소와 비상구제절차>상소		
17	수사와 공소>강제처분과 강제수사			37	상소와 비상구제절차>상소		
18	수사와 공소>수사의 종결과 공소의 제기			38	상소와 비상구제절차>상소		
19	수사와 공소>수사의 종결과 공소의 제기			39	상소와 비상구제절차>비상구제절차		
20	수사와 공소>수사의 종결과 공소의 제기			40	상소와 비상구제절차>특별절차		
서론		/5		수사와 공소		/15	
공판		/15		상소와 비상구제절차		/5	

01

답 ④

영역 서론>형사소송법의 기초이론　　난도 **중**

정답해설

④ (×) 대한민국 내에 있는 미국문화원이 비록 치외법권 지역이기는 하나, 그곳에서 죄를 범한 대한민국 국민에 대하여 속인주의에 입각해서 우리나라의 재판권도 당연히 미친다(대판 1986.6.24. 86도403).

오답해설

① (○) 대판 2011.5.13. 2009도14442

② (○) 대판 2006.9.22. 2006도5010

③ (○) 대판 2017.3.22. 2016도17465

02

답 ④

영역 서론>형사소송법의 기초이론　　난도 **중**

정답해설

④ (○) 제246조에 대한 설명으로 타당한 내용이다.

오답해설

① (×) 규문주의는 피고인을 조사와 심리의 객체로 취급함으로써 피고인이 충분한 방어를 할 수 없다는 결함을 지니고 있다. 즉, 소송주체로서의 지위를 갖는 것이 아니라 심리의 객체가 된다.

② (×) 형사소송법 제296조의2가 규정하고 있는 법원의 피고인신문제도는 직권주의적 요소이다.

③ (×) 증인에 대한 교호신문절차 및 공소장일본주의는 당사자주의적 요소이다.

03

답 ②

영역 서론>소송주체와 소송관계인　　난도 **하**

정답해설

② (○) 토지관할은 범죄지, 피고인의 주소, 거소 또는 현재지로 한다(제4조 제1항). 이때 주소란 생활의 근거되는 곳을 말하므로, 주민등록지를 의미하지 본적지를 의미하는 것은 아니다. 그리고 현재지란 임의 또는 적법한 강제에 의하여 피고인이 현재하는 장소를 말한다. 따라서 적법하게 체포 또는 구속된 소재지 또한 토지관할이 인정된다. 따라서 사례의 경우 주민등록지인 대전, 범죄지인 청주, 현재지인 서울에 토지관할이 인정된다.

04

답 ②

영역 서론>소송주체와 소송관계인　　난도 **중**

정답해설

② (○) 제17조 제9호

오답해설

① (×) 대판 1968.12.6. 67도1112

③ (×) 대판 1999.4.13. 99도155

④ (×) 대판 1989.9.12. 89도612

05

답 ④

영역 서론>소송주체와 소송관계인　　난도 **중**

정답해설

④ (×) 형사소송법 제33조 제1항 제1호의 '피고인이 구속된 때'라고 함은, 원래 구속제도가 형사소송의 진행과 형벌의 집행을 확보하기 위하여 법이 정한 요건과 절차 아래 피고인의 신병을 확보하는 제도라는 점 등에 비추어 볼 때 피고인이 당해 형사사건에서 구속되어 재판을 받고 있는 경우를 의미하고, 피고인이 별건으로 구속되어 있거나 다른 형사사건에서 유죄로 확정되어 수형 중인 경우는 이에 해당하지 아니한다(대판 2009.05.28. 2009도579).

오답해설

① (○) 대결 1994.10.28. 94모25

② (○) 대판 2015.12.23. 2015도9951

③ (○) 대결 2005.1.20. 2003모429

06

답 ②

영역 수사와 공소>수사　　난도 **상**

정답해설

② (×) '검찰사건사무규칙 제2조 내지 제4조에 의하면, 검사가 범죄를 인지하는 경우에는 범죄인지서를 작성하여 사건을 수리하는 절차를 거치도록 되어 있으므로, 특별한 사정이 없는 한 수사기관이 그와 같은 절차를 거친 때에 범죄인지가 된 것으로 볼 것이나, 범죄의 인지는 실질적인 개념이고, 이 규칙의 규정은 검찰행정의 편의를 위한 사무처리절차규정이므로, 검사가 그와 같은 절차를 거치기 전에 범죄의 혐의가 있다고 보아 수사를 개시하는 행위를 한 때에는 이때에 범죄를 인지한 것으로 보아야 하고, 그 뒤 범죄인지서를 작성하여 사건수리 절차를 밟은 때에 비로소 범죄를 인지하였다고 볼 것이 아니며, 이러

한 인지절차를 밟기 전에 수사를 하였다고 하더라도, 그 수사가 장차 인지의 가능성이 전혀 없는 상태하에서 행해졌다는 등의 특별한 사정이 없는 한, 인지절차가 이루어지기 전에 수사를 하였다는 이유만으로 그 수사가 위법하다고 볼 수는 없고, 따라서 그 수사과정에서 작성된 피의자신문조서나 진술조서 등의 증거능력도 이를 부인할 수 없다(대판 2001.10.26. 2000도2968).

오답해설

① (○) 대결 1991.11.5. 91모68

③ (○) 대결 1996.6.3. 96모18

④ (○) 수사는 공소제기 전에 하는 것이 보통이나 반드시 공소제기 전에 제한되는 것은 아니다. 공소제기 후에도 공소의 유지를 위하거나 또는 공소의 유지여부를 결정하기 위해서 수사가 허용되기 때문이다.

07

답 ④

영역 수사와 공소>수사　　　　　난도 중

정답해설

④ (×) 출판물에 의한 명예훼손죄는 반의사불벌죄에 해당하는바, 판례는 반의사불벌죄에 대해서는 공범간에 주관적 불가분의 원칙을 규정한 제233조가 적용되지 않는다고 본다(대판 1995.5.9. 93도1689).

오답해설

① (○) 대판 1985.11.12. 85도1940

② (○) 대판 2018.6.28. 2014도13504

③ (○) 조세범처벌법 제6조는 조세에 관한 범칙행위에 대하여는 원칙적으로 국세청장 등의 고발을 기다려 논하도록 규정하고 있는바, 같은 법에 의하여 하는 고발에 있어서는 이른바 고소ㆍ고발 불가분의 원칙이 적용되지 아니하므로, 고발의 구비 여부는 양벌규정에 의하여 처벌받는 자연인인 행위자와 법인에 대하여 개별적으로 논하여야 한다(대판 2004.9.24. 2004도4066).

08

답 ④

영역 수사와 공소>수사　　　　　난도 상

정답해설

㉠ (○) 대판 1999.2.9. 98도2074

㉡ (○) 대판 2015.11.17. 2013도7987

㉢ (○) 대판 1987.6.9. 87도857

㉣ (×) 형사소송법 제236조의 대리인에 의한 고소의 경우, 대리권이 정당한 고소권자에 의하여 수여되었음이 실질

적으로 증명되면 충분하고, 그 방식에 특별한 제한은 없으므로, 고소를 할 때 반드시 위임장을 제출한다거나 '대리'라는 표시를 하여야 하는 것은 아니고, 또 고소기간은 대리고소인이 아니라 정당한 고소권자를 기준으로 고소권자가 범인을 알게 된 날부터 기산한다(대판 2001.9.4. 2001도3081).

09

답 ①

영역 수사와 공소>수사　　　　　난도 중

정답해설

① (×) 무전기와 같은 무선전화기를 이용한 통화가 통신비밀보호법에서 규정하고 있는 전기통신에 해당함은 전화통화의 성질 및 위 규정 내용에 비추어 명백하므로 이를 같은 법 제3조 제1항 소정의 '타인간의 대화'에 포함된다고 할 수 없다(대판 2003.11.13. 2001도6213).

오답해설

② (○) 공소외 2가 전화통화 당사자 일방인 공소외 1의 동의를 받고 그 통화 내용을 녹음하였다고 하더라도 전화통화 상대방인 피고인 1의 동의가 없었던 이상 공소외 2가 이들 간의 전화통화 내용을 녹음한 행위는 통신비밀보호법 제3조 제1항에 위반한 '전기통신의 감청'에 해당하여 제4조에 의하여 그 녹음파일은 재판절차에서 증거로 사용할 수 없다. 피고인 1이 제1심에서 위 녹음파일 및 이를 채록한 녹취록에 대하여 증거동의를 하였다 하더라도 마찬가지이다(대판 2019.03.14. 2015도1900).

③ (○) 대판 1997.3.28. 97도240

④ (○) 대판 2016.5.12. 2013도15616

10

답 ④

영역 수사와 공소>수사　　　　　난도 중

정답해설

④ (×) 봉인시 피의자 또는 변호인의 요구가 있는 때에는 영상녹화물을 재생하여 시청하게 하여야 한다. 이 경우 그 내용에 대하여 이의를 진술하는 때에는 그 취지를 기재한 서면을 첨부하여야 한다(제244조의2 제3항).

오답해설

① (○) 제244조의2 제1항

② (○) 제244조의2 제2항

③ (○) 규칙 제134조의4 제1항

11

영역 수사와 공소>강제처분과 강제수사　　난도**중**

정답해설

③ (○) 대결 2006.12.18. 2006모646

오답해설

① (×) 체포영장의 청구를 받은 지방법원판사는 상당하다고 인정하는 때에는 체포영장을 발부한다(제200조의2 제2항). 구속과는 달리 체포에 있어서는 지방법원판사가 피의자를 심문하는 것은 인정되지 않는다.

② (×) 긴급체포되었으나 구속영장을 청구하지 아니하였거나 발부받지 못하여 석방된 자는 영장없이는 동일한 범죄사실에 관하여 다시 체포하지 못한다(제200조의4 제3항).

④ (×) 현행범인의 체포의 요건으로서 행위의 가벌성, 범죄의 현행성·시간적 접착성, 범인·범죄의 명백성 이외에 체포의 필요성 즉, 도망 또는 증거인멸의 염려가 있을 것을 요한다(대판 1999.1.26. 98도3029).

12

영역 수사와 공소>강제처분과 강제수사　　난도**중**

정답해설

② (×) 피의자에 대한 심문절차는 공개하지 아니한다. 다만, 판사는 상당하다고 인정하는 경우에는 피의자의 친족, 피해자 등 이해관계인의 방청을 허가할 수 있다(규칙 제96조의14).

오답해설

① (○) 제201조의2 제8항

③ (○) 제201조의2 제7항

④ (○) 규칙 제96조의13 제1항

13

영역 수사와 공소>강제처분과 강제수사　　난도**중**

정답해설

② (×) 판례는 "우리 헌법은 변호인의 조력을 받을 권리가 불구속 피의자·피고인 모두에게 포괄적으로 인정되는지 여부에 관하여 명시적으로 규율하고 있지는 않지만, 불구속 피의자의 경우에도 변호인의 조력을 받을 권리는 우리 헌법에 나타난 법치국가원리, 적법절차원칙에서 인정되는 당연한 내용이고, 헌법 제12조 제4항도 이를 전제로 특히 신체구속을 당한 사람에 대하여 변호인의 조력을 받을 권리의 중요성을 강조하기 위하여 별도로 명

시하고 있다. 피의자·피고인의 구속 여부를 불문하고 조언과 상담을 통하여 이루어지는 변호인의 조력자로서의 역할은 변호인선임권과 마찬가지로 변호인의 조력을 받을 권리의 내용 중 가장 핵심적인 것이고, 변호인과 상담하고 조언을 구할 권리는 변호인의 조력을 받을 권리의 내용 중 구체적인 입법형성이 필요한 다른 절차적 권리의 필수적인 전제요건으로서 변호인의 조력을 받을 권리 그 자체에서 막바로 도출되는 것이다(헌재결 2004.9.23. 2000헌마138)."라고 하여 신체구속상태에 있지 않은 피의자에게도 접견교통권이 보장된다는 태도이다.

오답해설

① (○) 헌재결 2019.02.28. 2015헌마1204

③ (○) 대판 2017.3.9. 2013도16162

④ (○) 제91조

14

영역 수사와 공소>강제처분과 강제수사　　난도**중**

정답해설

③ (×) 보석보증금이 소송절차 진행 중의 피고인의 출석을 담보하는 기능 외에 형 확정 후의 형 집행을 위한 출석을 담보하는 기능도 담당하는 것이고 형사소송법 제102조 제2항의 규정에 의한 보증금몰수결정은 반드시 보석취소결정과 동시에 하여야만 하는 것이 아니라 보석취소결정 후에 별도로 할 수도 있다고 해석되는 점에 비추어 보면, 위 법 제103조에서 규정하는 "보석된 자"란 보석허가결정에 의하여 석방된 사람 모두를 가리키는 것이지, 판결확정 전에 그 보석이 취소되었으나 도망 등으로 재구금이 되지 않은 상태에 있는 사람이라고 하여 여기에서 제외할 이유가 없다(대결 2002.5.17. 2001모53).

오답해설

① (○) 형사소송법 제103조는 "보석된 자가 형의 선고를 받고 그 판결이 확정된 후 집행하기 위한 소환을 받고 정당한 이유 없이 출석하지 아니하거나 도망한 때에는 직권 또는 검사의 청구에 의하여 결정으로 보증금의 전부 또는 일부를 몰수하여야 한다."고 규정하고 있는바, 이 규정에 의한 보증금몰수사건은 그 성질상 당해 형사본안 사건의 기록이 존재하는 법원 또는 그 기록을 보관하는 검찰청에 대응하는 법원의 토지관할에 속하고, 그 법원이 지방법원인 경우에 있어서 사물관할은 법원조직법 제7조 제4항의 규정에 따라 지방법원 단독판사에게 속하는 것이지 소송절차 계속 중에 보석허가결정 또는 그 취소결정 등을 본안 관할법원인 제1심 합의부 또는 항소심인 합의부에서 한 바 있었다고 하여 그러한 법원이 사물관할을 갖게 되는 것은 아니다(대결 2002.5.17. 2001모53).

② (○) 대결 2001.5.29. 2000모22 전합

④ (○) 대결 2020.10.29. 2020모633

④ (○) 대결 2017.9.29. 2017모236

15

답 ③

영역 수사와 공소>강제처분과 강제수사 난도 **상**

정답해설

③ (×) 저장매체에 대한 압수·수색 과정에서 범위를 정하여 출력 또는 복제하는 방법이 불가능하거나 압수의 목적을 달성하기에 현저히 곤란한 예외적인 사정이 인정되어 전자정보가 담긴 저장매체 또는 하드카피나 이미징 등 형태(이하 '복제본'이라 한다)를 수사기관 사무실 등으로 옮겨 복제·탐색·출력하는 경우에도, 그와 같은 일련의 과정에서 형사소송법 제219조, 제121조에서 규정하는 피압수·수색 당사자(이하 '피압수자'라 한다)나 변호인에게 참여의 기회를 보장하고 혐의사실과 무관한 전자정보의 임의적인 복제 등을 막기 위한 적절한 조치를 취하는 등 영장주의 원칙과 적법절차를 준수하여야 한다. 만약 그러한 조치가 취해지지 않았다면 피압수자 측이 참여하지 아니한다는 의사를 명시적으로 표시하였거나 절차 위반행위가 이루어진 과정의 성질과 내용 등에 비추어 피압수자 측에 절차 참여를 보장한 취지가 실질적으로 침해되었다고 볼 수 없을 정도에 해당한다는 등의 특별한 사정이 없는 이상 압수·수색이 적법하다고 평가할 수 없고, 비록 수사기관이 저장매체 또는 복제본에서 혐의사실과 관련된 전자정보만을 복제·출력하였다 하더라도 달리 볼 것은 아니다(대결 2015.7.16. 2011모1839 전합).

오답해설

① (○) 대판 2017.11.29. 2017도9747

② (○) 대결 2022.01.14. 2021모1586

④ (○) 대결 2015.7.16. 2011모1839 전합

16

답 ①

영역 수사와 공소>강제처분과 강제수사 난도 **하**

정답해설

① (×) 몰수하여야 할 압수물로서 멸실·파손·부패 또는 현저한 가치 감소의 염려가 있거나 보관하기 어려운 압수물은 매각하여 대가를 보관할 수 있다(제132조 제1항).

오답해설

② (○) 제133조 제2항

③ (○) 제134조

17

답 ①

영역 수사와 공소>강제처분과 강제수사 난도 **상**

정답해설

① (×) 검사 또는 사법경찰관은 범죄수사에 필요한 때에는 피의자가 죄를 범하였다고 의심할 만한 정황이 있는 경우에 판사로부터 발부받은 영장에 의하여 압수·수색을 할 수 있으나, 압수·수색은 영장 발부의 사유로 된 범죄혐의사실과 관련된 증거에 한하여 할 수 있으므로, 영장 발부의 사유로 된 범죄혐의사실과 무관한 별개의 증거를 압수하였을 경우 이는 원칙적으로 유죄 인정의 증거로 사용할 수 없다. 다만 수사기관이 별개의 증거를 피압수자 등에게 환부하고 후에 임의제출받아 다시 압수하였다면 증거를 압수한 최초의 절차 위반행위와 최종적인 증거수집 사이의 인과관계가 단절되었다고 평가할 수 있으나, 환부 후 다시 제출하는 과정에서 수사기관의 우월적 지위에 의하여 임의제출 명목으로 실질적으로 강제적인 압수가 행하여질 수 있으므로, 제출에 임의성이 있다는 점에 관하여는 검사가 합리적 의심을 배제할 수 있을 정도로 증명하여야 하고, 임의로 제출된 것이라고 볼 수 없는 경우에는 증거능력을 인정할 수 없다(대판 2016.3.10. 2013도11233).

오답해설

② (○) 대판 2017.12.5. 2017도13458

③ (○) 제216조 제1항 제2호

④ (○) 제217조 제2항

18

답 ④

영역 수사와 공소>수사의 종결과 공소의 제기 난도 **중**

정답해설

④ (×) 고소인은 범죄의 구분 없이 재정신청을 할 수 있으나, 고발인은 형법 제123조부터 제126조까지의 범죄에만 재정신청을 할 수 있다.

오답해설

① (○) 대결 1997.4.22. 97모30

② (○) 제262조의4 제1항

③ (○) 제264조 제2항

19

영역 수사와 공소>수사의 종결과 공소의 제기　　난도 **중**

정답해설

① (×) 검사가 자의적으로 공소권을 행사하여 피고인에게 실질적인 불이익을 줌으로써 소추재량권을 현저히 일탈하였다고 보여지는 경우에 이를 공소권의 남용으로 보아 공소제기의 효력을 부인할 수 있는 것이고, 여기서 자의적인 공소권의 행사라 함은 단순히 직무상의 과실에 의한 것만으로는 부족하고 적어도 미필적이나마 어떤 의도가 있어야 한다(대판 1999.12.10. 99도577).

오답해설

② (○) 대판 2011.10.27. 2011도9243
③ (○) 피고인이 중국에 거주하는 갑과 공모하여, 탈북자들의 북한 거주 가족에 대한 송금의뢰 등 중국으로 송금을 원하는 사람들로부터 피고인 등 명의의 계좌로 입금받은 돈을 갑이 지정·관리·사용하는 계좌로 재송금하는 방법으로 무등록 외국환업무를 영위하여 외국환거래법 위반으로 기소된 사안에서, 검사는 종전에 기소유예 처분을 하였다가 4년여가 지난 시점에 다시 기소하였고, 종전 피의사실과 공소사실 사이에 이를 번복할 만한 사정변경이 없는 점 등 여러 사정을 종합하면, 위 공소제기는 검사가 공소권을 자의적으로 행사한 것으로서 소추재량권을 현저히 일탈하였다고 보아 공소를 기각한 원심판결이 정당하다고 한 사례(대판 2021.10.14. 2016도14772).
④ (○) 공소제기된 피고인의 범죄사실 중 일부에 대하여 검사의 일차 무혐의결정이 있었고, 이에 대하여 그 고소인이 항고 등 아무런 이의를 제기하지 않고 있다가 그로부터 약 3년이 지난 뒤에야 뒤늦게 다시 피고인을 동일한 혐의로 고소함에 따라, 검사가 새로이 수사를 재기하게 된 것이라 하더라도, 검사가 그 수사결과에 터잡아 재량권을 행사하여 공소를 제기한 것은 적법하다고 아니할 수 없으며, 이를 가리켜 공소권을 남용한 경우로서 그 공소제기의 절차가 무효인 때에 해당한다고 볼 수는 없다(대판 1995.3.10. 94도2598).

20

정답 ③

영역 수사와 공소>수사의 종결과 공소의 제기　　난도 **중**

정답해설

③ (×) 공무원이 취급하는 사건에 관하여 청탁 또는 알선을 할 의사와 능력이 없음에도 청탁 또는 알선을 한다고 기망하여 금품을 교부받은 경우에 성립하는 사기죄와 변호사법 위반죄는 상상적 경합의 관계에 있으므로, 변호사법 위반죄의 공소시효가 완성되었다고 하여 그 죄와 상

상적 경합 관계에 있는 사기죄의 공소시효까지 완성되는 것은 아니다(대판 2006.12.8. 2006도6356).

오답해설

① (○) 공익법인이 주무관청의 승인을 받지 않은 채 수익사업을 하는 행위는 시간적 계속성이 구성요건적 행위의 요소로 되어 있다는 점에서 계속범에 해당한다고 보아야 할 것인 만큼 승인을 받지 않은 수익사업이 계속되고 있는 동안에는 아직 공소시효가 진행하지 않는 것이다(대판 2006.9.22. 2004도4751).
② (○) 대판 2017.07.11. 2016도14820
④ (○) 대판 1973.3.13. 72도2976

21

정답 ③

영역 공판>공판절차　　난도 **상**

정답해설

③ (×) 구 관세법 제270조 제1항 제1호는 법 제241호 제1항 및 제2항 또는 제244조 제1항의 규정에 의한 수입신고를 한 자 중 세액결정에 영향을 미치기 위하여 과세가격 또는 관세율 등을 허위로 신고하거나 신고하지 아니하고 수입한 자는 3년 이하의 징역 또는 포탈한 관세액의 5배와 물품원가 중 높은 금액 이하에 상당하는 벌금에 처한다고 규정하여 관세포탈죄를 처벌하고 있다. 관세포탈죄는 포탈세액이 구체적으로 계산되어 확정될 수 있어야 하는 것인데, 장부 기타 증빙서류를 허위작성하거나 이를 은닉하는 등의 방법으로 실제 거래가격을 줄이거나 신고하지 아니함으로써 관세를 포탈한 경우, 포탈세액의 계산기초가 되는 당해 수입물품의 대가로서 구매자가 실제 지급하였거나 지급하여야 할 가격을 인정할 확실한 증거를 요한다고 고집할 수는 없는 것이다. 따라서 이러한 경우에는 일반적으로 용인될 수 있는 객관적, 합리적인 방법으로서 구 관세법이 규정한 제31조 내지 제35조를 순차적으로 적용하여 포탈세액을 추정하는 방법도 허용된다고 할 것이고, 그 추정계산의 기초가 되는 거래가격 또는 비용의 증명책임은 검사에게 있다(대판 2016.10.27. 2014도16271).

오답해설

① (○) 저작재산권은 특허권 등과 달리 권리의 발생에 반드시 등록을 필요로 하지 않기 때문에 등록번호 등으로 특정할 수 없는 경우가 많고, 저작재산권자가 같더라도 저작물별로 각 별개의 죄가 성립하는 점, 그리고 2006.12. 28. 법률 제8101호로 전부 개정된 구 저작권법이 영리를 위하여 상습적으로 한 저작재산권 침해행위를 비친고죄로 개정한 점 등을 고려해 보면, 저작재산권 침해행위에 관한 공소사실의 특정은 침해 대상인 저작물 및 침해 방

법의 종류, 형태 등 침해행위의 내용이 명확하게 기재되어 있어 피고인의 방어권 행사에 지장이 없는 정도이면 된다 할 것이고, 각 저작물의 저작재산권자가 누구인지 특정되어 있지 않다고 하여 공소사실이 특정되지 않았다고 볼 것은 아니다(대판 2016.12.15. 2014도1196).

② (○) 검사가 전자문서나 저장매체를 이용하여 공소를 제기한 경우, 법원은 저장매체에 저장된 전자문서 부분을 제외하고 서면인 공소장에 기재된 부분만으로 공소사실을 판단하여야 한다. 만일 그 기재 내용만으로는 공소사실이 특정되지 않은 부분이 있다면 검사에게 특정을 요구하여야 하고, 그런데도 검사가 특정하지 않는다면 그 부분에 대해서는 공소를 기각할 수밖에 없다(대판 2017. 2.15. 2016도19027).

④ (○) 검사가 공소장에 피고인 2의 공동피고인들과의 관계, 피고인 2가 피고인 1과 '공모'하였다는 법률적 평가를 기재한 것을 두고, 피고인 2가 실행행위에 직접 관여하지 아니하고도 피고인 1의 행위에 대하여 공동정범으로서의 형사책임을 지게 되는 공모를 하였음이 다른 사실과 구별할 수 있을 정도로 특정되었고, 법원의 심판대상과 피고인의 방어범위가 명확하게 한정되었다고 볼 수 없다(대판 2016.4.29. 2016도2696).

22

답 ③

영역 공판>공판절차　　　　난도 중

정답해설

③ (○) 대판 2008.8.23. 2001도6876

오답해설

① (×) 어느 범죄사실이 일반법과 특별법에 모두 해당하는 경우라 하여도 검사가 형이 보다 가벼운 일반법의 죄로 기소하면서 그 일반법의 적용을 청구하고 있는 이상 법원은 형이 더 무거운 특별법을 적용하여 특별법위반의 죄로 처단할 수는 없지만, 이러한 경우가 아니라면 공소장의 적용법조의 오기나 누락으로 잘못 기재된 적용법조에 규정된 법정형보다 법원이 그 공소장의 적용법조의 오기나 누락을 바로잡아 직권으로 적용한 법조에 규정된 법정형이 더 무겁다는 이유만으로 그 법령적용이 불고불리의 원칙에 위배되어 위법하다고 할 수 없다(대판 2006.4.14. 2005도9743).

② (×) 단독범으로 기소된 것을 법원이 다른 사람과 공모하여 동일한 내용의 범행을 한 것으로 인정하는 경우에는 이 때문에 피고인에게 불의의 타격을 주어 그 방어권의 행사에 실질적 불이익을 줄 우려가 있지 아니하는 경우에는 반드시 공소장변경을 필요로 한다고 할 수 없다(대판 1991.5.28. 90도1977).

④ (×) 법원이 동일한 범죄사실을 가지고 포괄일죄로 보지 아니하고 실체적 경합관계에 있는 수죄로 인정하였다고 하더라도 이는 다만 죄수에 관한 법률적 평가를 달리한 것에 불과할 뿐이지 소추대상인 공소사실과 다른사실을 인정한 것도 아니고 또 피고인의 방어권행사에 실질적으로 불이익을 초래할 우려도 없으므로 불고불리의 원칙에 위반되는 것이 아니다(대판 1987.5.26. 87도527).

23

답 ①

영역 공판>공판절차　　　　난도 하

정답해설

① (○) 제266조의13 제1항, 제2항

오답해설

② (×) 재판장은 출석한 피고인에게 진술을 거부할 수 있음을 알려야 한다(제266조의8 제6항).

③ (×) 공판준비기일은 공개한다. 다만, 공개하면 절차의 진행이 방해될 우려가 있는 때에는 공개하지 아니할 수 있다(제266조의7 제4항).

④ (×) 검사, 피고인 또는 변호인은 법원에 대하여 공판준비기일의 지정을 신청할 수 있다. 이 경우 당해 신청에 관한 법원의 결정에 대하여는 불복할 수 없다(제266조의7 제2항).

24

답 ③

영역 공판>공판절차　　　　난도 중

정답해설

③ (×) 형사소송법 제370조, 제276조에 의하면 항소심에서도 공판기일에 피고인의 출석 없이는 개정하지 못하나, 같은 법 제365조가 피고인이 항소심 공판기일에 출석하지 아니한 때에는 다시 기일을 정하고, 피고인이 정당한 사유 없이 다시 정한 기일에도 출석하지 아니한 때에는 피고인의 진술 없이 판결할 수 있도록 정하고 있으므로 피고인의 출석 없이 개정하려면 불출석이 2회 이상 계속된 바가 있어야 한다(대판 2016.4.29. 2016도2210). ⇒ 피고인들이 제1회 공판기일에 불출석하였으나 제2회 공판기일에는 출석하였으므로 원심으로서는 피고인들이 제3회 공판기일에 불출석하였다고 하여 바로 개정할 수 없고 제4회 공판기일을 다시 정하여 제4회 공판기일에도 불출석한 때 비로소 피고인들의 출석없이 개정할 수 있다고 할 것이다.

오답해설

① (○) 제277조의2 제1항

② (○) 제277조 제1호
④ (○) 대판 2019.05.30. 2018도19051

25

영역 공판>공판절차　　　　　　　　　　난도 중

정답해설

② (×) 공범인 공동피고인은 당해 소송절차에서는 피고인의 지위에 있으므로 다른 공동피고인에 대한 공소사실에 관하여 증인이 될 수 없으나, 소송절차가 분리되어 피고인의 지위에서 벗어나게 되면 다른 공동피고인에 대한 공소사실에 관하여 증인이 될 수 있다(대판 2008.6.26. 2008도3300).

오답해설

① (○) 제146조, 대판 1995.5.9. 95도535

③ (○) 대판 1984.9.25. 84도619

④ (○) 대판 2020.12.10. 2020도2623

26

영역 공판>공판절차　　　　　　　　　　난도 하

정답해설

④ (×) 신청인이 출석통지를 받고도 정당한 이유없이 출석하지 아니한 때에는 그 신청을 철회한 것으로 본다(제294조의2 제4항).

오답해설

① (○) 헌법 제27조 제5항, 형사소송법 제294조의2

② (○) 제165조의2 제1항 제3호

③ (○) 제294조의2 제2항

27

영역 공판>공판절차　　　　　　　　　　난도 중

정답해설

④ (○) 대판 2011.9.8. 2011도7106

오답해설

① (×) 국민의 형사재판 참여에 관한 법률에 의하면 제1심 법원이 국민참여재판 대상사건을 피고인의 의사에 따라 국민참여재판으로 진행함에 있어 별도의 국민참여재판 개시결정을 할 필요는 없고, 그에 관한 이의가 있어 제1심 법원이 국민참여재판으로 진행하기로 하는 결정에 이른 경우 이는 판결 전의 소송절차에 관한 결정에 해당하며, 그에 대하여 특별히 즉시항고를 허용하는 규정이 없으므로 위 결정에 대하여는 항고할 수 없다. 따라서 국민참여재판으로 진행하기로 하는 제1심 법원의 결정에 대한 항고는 항고의 제기가 법률상의 방식을 위반한 때에 해당하여 위 결정을 한 법원이 항고를 기각하여야 하고, 위 결정을 한 법원이 항고기각의 결정을 하지 아니한 때에는 항고법원은 결정으로 항고를 기각하여야 한다(대결 2009.10.23. 2009모1032).

② (×) 사법의 민주적 정당성과 신뢰를 높이기 위해 도입된 국민참여재판의 형식으로 진행된 형사공판절차에서, 엄격한 선정절차를 거쳐 양식 있는 시민으로 구성된 배심원이 사실의 인정에 관하여 재판부에 제시하는 집단적 의견은 실질적 직접심리주의 및 공판중심주의하에서 증거의 취사와 사실의 인정에 관한 전권을 가지는 사실심 법관의 판단을 돕기 위한 권고적 효력을 가지는 것인바, 배심원이 증인신문 등 사실심리의 전 과정에 함께 참여한 후 증인이 한 진술의 신빙성 등 증거의 취사와 사실의 인정에 관하여 만장일치의 의견으로 내린 무죄의 평결이 재판부의 심증에 부합하여 그대로 채택된 경우라면, 이러한 절차를 거쳐 이루어진 증거의 취사 및 사실의 인정에 관한 제1심의 판단은 실질적 직접심리주의 및 공판중심주의의 취지와 정신에 비추어 항소심에서의 새로운 증거조사를 통해 그에 명백히 반대되는 충분하고도 납득할 만한 현저한 사정이 나타나지 않는 한 한층 더 존중될 필요가 있다(대판 2010.3.25. 2009도14065).

③ (×) 국민의 형사재판 참여에 관한 법률 제8조는 피고인이 공소장 부본을 송달받은 날부터 7일 이내에 국민참여재판을 원하는지 여부에 관한 의사가 기재된 서면(이하 '의사확인서')을 제출하도록 하고, 피고인이 그 기간 내에 의사확인서를 제출하지 아니한 때에는 국민참여재판을 원하지 아니하는 것으로 보며, 공판준비기일이 종결되거나 제1회 공판기일이 열린 이후 등에는 종전의 의사를 바꿀 수 없도록 규정하고 있다. 위 규정의 취지를 위 기한이 지나면 피고인이 국민참여재판 신청을 할 수 없도록 하려는 것으로는 보기 어려운 점 등에 비추어 볼 때, 공소장 부본을 송달받은 날부터 7일 이내에 의사확인서를 제출하지 아니한 피고인도 제1회 공판기일이 열리기 전까지는 국민참여재판 신청을 할 수 있고, 법원은 그 의사를 확인하여 국민참여재판으로 진행할 수 있다고 봄이 상당하다(대결 2009.10.23. 2009모1032).

28

영역 공판>증거   난도 **중**

정답해설

④ (×) 시간당 0.008%를 적용한 것은 피고인에게 가장 유리한 수치이므로 그 산출결과는 충분한 증명력이 있다는 것이 판례의 입장이다(대판 2005.2.25. 2004도8387).

오답해설

① (○) 대판 2002.10.25. 2002도4220

② (○) 대판 2022.05.12. 2021도14074

③ (○) 운전 시점과 혈중알코올농도의 측정 시점 사이에 시간 간격이 있고 그때가 혈중알코올농도의 상승기로 보이는 경우라 하더라도, 그러한 사정만으로 무조건 실제 운전 시점의 혈중알코올농도가 처벌기준치를 초과한다는 점에 대한 증명이 불가능하다고 볼 수는 없다. 이러한 경우 운전 당시에도 처벌기준치 이상이었다고 볼 수 있는지 여부는 운전과 측정 사이의 시간 간격, 측정된 혈중알코올농도의 수치와 처벌기준치의 차이, 음주를 지속한 시간 및 음주량, 단속 및 측정 당시 운전자의 행동 양상, 교통사고가 있었다면 그 사고의 경위 및 정황 등 증거에 의하여 인정되는 여러 사정을 종합적으로 고려하여 논리와 경험칙에 따라 합리적으로 판단하여야 한다(대판 2013.10.24. 2013도6285).

29

영역 공판>증거   난도 **상**

정답해설

㉠ (×) 피고인이 진술의 임의성을 다투는 경우 법원은 적당하다고 인정하는 방법에 의하여 조사한 결과 그 임의성에 관하여 심증을 얻게 되면 이를 증거로 할 수 있는 것이고 반드시 검사로 하여금 그 임의성에 관한 입증을 하게 하여야 하는 것은 아니다(대판 1999.9.3. 99도2317).

㉢ (×) 피고인이 처음 검찰조사시에 범행을 부인하다가 뒤에 자백을 하는 과정에서 금 200만 원을 뇌물로 받은 것으로 하면 특정범죄가중처벌 등에 관한 법률 위반으로 중형을 받게 되니 금 200만 원 중 금 30만 원을 술값을 갚은 것으로 조서를 허위작성한 것이라면 이는 단순 수뢰죄의 가벼운 형으로 처벌되도록 하겠다고 약속하고 자백을 유도한 것으로 위와 같은 상황하에서 한 자백은 그 임의성에 의심이 가고 따라서 진실성이 없다는 취지에서 이를 배척하였다 하여 자유심증주의의 한계를 벗어난 위법이 있다고는 할 수 없다(대판 1984.5.9. 83도2782).

오답해설

㉡ (○) 피고인이 수사기관에서 가혹행위 등으로 인하여 임

의성 없는 자백을 하고 그 후 법정에서도 임의성 없는 심리상태가 계속되어 동일한 내용의 자백을 하였다면 법정에서의 자백도 임의성 없는 자백이라고 보아야 한다(대판 2012.11.29. 2010도3029).

㉣ (○) 일정한 증거가 발견되면 피의자가 자백하겠다고 한 약속이 검사의 강요나 위계에 의하여 이루어졌다던가 또는 불기소나 경한 죄의 소추등 이익과 교환조건으로 된 것으로 인정되지 않는다면 위와 같은 자백의 약속하에 된 자백이라 하여 곧 임의성 없는 자백이라고 단정할 수는 없다(대판 1983.9.13. 83도712).

㉤ (○) 대판 2008.07.10. 2007도7760

30

영역 공판>증거   난도 **중**

정답해설

③ (○) 대판 2008.9.25. 2008도5189

오답해설

① (×) 구 형사소송법(2007.6.1. 법률 제8496호로 개정되기 전의 것. 이하 같다) 제312조 제3항은 검사 이외의 수사기관이 작성한 당해 피고인에 대한 피의자신문조서를 유죄의 증거로 하는 경우뿐만 아니라 검사 이외의 수사기관이 작성한 당해 피고인과 공범관계에 있는 다른 피고인이나 피의자에 대한 피의자신문조서를 당해 피고인에 대한 유죄의 증거로 채택할 경우에도 적용된다. 따라서 당해 피고인과 공범관계가 있는 다른 피의자에 대한 검사 이외의 수사기관 작성의 피의자신문조서는 그 피의자의 법정진술에 의하여 그 성립의 진정이 인정되더라도 당해 피고인이 공판기일에서 그 조서의 내용을 부인하면 증거능력이 부정되므로 그 당연한 결과로 그 피의자신문조서에 대하여는 사망 등 사유로 인하여 법정에서 진술할 수 없는 때에 예외적으로 증거능력을 인정하는 규정인 구 형사소송법 제314조가 적용되지 아니한다(대판 2008.9.25. 2008도5189).

② (×) 사법경찰리 작성의 피해자에 대한 진술조서가 피해자의 화상으로 인한 서명불능을 이유로 입회하고 있던 피해자의 동생에게 대신 읽어 주고 그 동생으로 하여금 서명날인하게 하는 방법으로 작성된 경우, 이는 형사소송법 제313조 제1항 소정의 형식적 요건을 결여한 서류로서 증거로 사용할 수 없다(대판 1997.04.11. 96도2865).

④ (×) 형사소송법 제312조 제3항에 의하면, 검사 이외의 수사기관 작성의 피의자신문조서는 공판준비 또는 공판기일에 그 피의자였던 피고인이나 변호인이 그 내용을 인정할 때에 한하여 증거로 할 수 있다고 규정하고 있는

바, 위 규정에서 '그 내용을 인정할 때'라 함은 피의자신문조서의 기재 내용이 진술 내용대로 기재되어 있다는 의미가 아니고 그와 같이 진술한 내용이 실제 사실과 부합한다는 것을 의미한다(대판 2010.6.24. 2010도5040).

31

답 ④

영역 공판>증거 　　　　　　　　　　**난도** 상

정답해설

ⓒ (ㅇ) 제313조 제1항, 제2항

ⓔ (ㅇ) [다수의견] 수사기관에서 진술한 참고인이 법정에서 증언을 거부하여 피고인이 반대신문을 하지 못한 경우에는 정당하게 증언거부권을 행사한 것이 아니라도, 피고인이 증인의 증언거부 상황을 초래하였다는 등의 특별한 사정이 없는 한 형사소송법 제314조의 '그 밖에 이에 준하는 사유로 인하여 진술할 수 없는 때'에 해당하지 않는다고 보아야 한다. 따라서 증인이 정당하게 증언거부권을 행사하여 증언을 거부한 경우와 마찬가지로 수사기관에서 그 증인의 진술을 기재한 서류는 증거능력이 없다. 다만 피고인이 증인의 증언거부 상황을 초래하였다는 등의 특별한 사정이 있는 경우에는 형사소송법 제314조의 적용을 배제할 이유가 없다. 이러한 경우까지 형사소송법 제314조의 '그 밖에 이에 준하는 사유로 인하여 진술할 수 없는 때'에 해당하지 않는다고 보면 사건의 실체에 대한 심증 형성은 법관의 면전에서 본래증거에 대한 반대신문이 보장된 증거조사를 통하여 이루어져야 한다는 실질적 직접심리주의와 전문법칙에 대하여 예외를 정한 형사소송법 제314조의 취지에 반하고 정의의 관념에도 맞지 않기 때문이다(대판 2019.11.21. 2018도13945 전합).

오답해설

㉠ (×) 검사가 피의자 아닌 자의 진술을 기재한 조서에 대하여 그 원진술자가 공판기일에서 그 조서의 내용과 다른 진술을 하거나 변호인 또는 피고인의 반대신문에 대하여 아무런 답변을 하지 아니하였다 하여 곧 증거능력 자체를 부정할 사유가 되지는 아니한다(대판 2001.09.14. 2001도1550).

㉡ (×) 원진술자가 법정에서 증인으로 나와 진술조서의 기재 내용을 열람하거나 고지받지 못한 채 단지 검사나 재판장의 신문에 대하여 수사기관에서 사실대로 진술하였다는 취지의 증언만을 하고 있을 뿐이라면, 그 진술조서는 증거능력을 인정할 수 없다(대판 1994.09.09. 94도1384).

32

답 ③

영역 공판>증거 　　　　　　　　　　**난도** 중

정답해설

③ (×) 형사소송법 제310조의2는 사실을 직접 경험한 사람의 진술이 법정에 직접 제출되어야 하고 이에 갈음하는 대체물인 진술 또는 서류가 제출되어서는 안 된다는 이른바 전문법칙을 선언한 것이다. 그런데 정보통신망을 통하여 공포심이나 불안감을 유발하는 글을 반복적으로 상대방에게 도달하게 하는 행위를 하였다는 공소사실에 대하여 휴대전화기에 저장된 문자정보가 그 증거가 되는 경우, 그 문자정보는 범행의 직접적인 수단이고 경험자의 진술에 갈음하는 대체물에 해당하지 않으므로, 형사소송법 제310조의2에서 정한 전문법칙이 적용되지 않는다(대판 2008.11.13. 2006도12556).

오답해설

① (ㅇ) 대판 2007.12.13. 2007도7257

② (ㅇ) 사법경찰관 작성의 검증조서에 대하여 피고인이 증거로 함에 동의만 하였을 뿐 공판정에서 검증조서에 기재된 진술내용 및 범행을 재연한 부분에 대하여 그 성립의 진정 및 내용을 인정한 흔적을 찾아볼 수 없고 오히려 이를 부인하고 있는 경우에는 그 증거능력을 인정할 수 없고, 위 검증조서 중 범행에 부합되는 피고인의 진술을 기재한 부분과 범행을 재연한 부분을 제외한 나머지 부분만을 증거로 채용하여야 한다(대판 1998.3.13. 98도159).

④ (ㅇ) 대판 1992.6.23. 92도682

33

답 ④

영역 공판>증거 　　　　　　　　　　**난도** 중

정답해설

④ (×) 피고인이 된 피의자에 대한 검사작성의 피의자신문조서는 그 피고인의 공판정에서의 진술 등에 의하여 성립의 진정함이 인정되면 그 조서에 기재된 피고인의 진술이 임의로 한 것이 아니라고 특히 의심할 만한 사유가 없는 한 증거능력이 있고, 피고인이 그 진술을 임의로 한 것이 아니라고 다투는 경우에는 법원은 구체적인 사건에 따라 당해 조서의 형식과 내용, 피고인의 학력, 경력, 직업, 사회적 지위, 지능정도 등 제반 사정을 참작하여 자유로운 심증으로 피고인이 그 진술을 임의로 한 것인지의 여부를 판단하면 된다(대판 1994.11.4. 94도129).

오답해설

① (ㅇ) 대판 2006.05.26. 2005도6271

② (ㅇ) 대판 1996.1.26. 95도1333

③ (ㅇ) 대판 1988.9.13. 88도1114

34

영역 공판>증거   난도 **중**

정답해설

③ (×) 실체적 경합범은 실질적으로 수죄이므로 각 범죄사실에 관하여 자백에 대한 보강증거가 있어야 한다. ⇒ 필로폰 매수 대금을 송금한 사실에 대한 증거가 필로폰 매수죄와 실체적 경합범 관계에 있는 필로폰 투약행위에 대한 보강증거가 될 수 없다고 한 사례(대판 2008.11.27. 2008도7883)

오답해설

① (○) 대판 2019.11.14. 2019도13290

② (○) 대판 1994.9.30. 94도1146

④ (○) 대판 2011.9.29. 2011도8015

35

답 ④

영역 공판>재판   난도 **중**

정답해설

④ (×) 국가는 무죄판결이 확정된 경우에도 당해 사건의 피고인이었던 자에 대하여 그 재판에 소요된 비용을 보상하여야 한다(제194조의2 제1항).

오답해설

① (○) 제325조

② (○) 대판 2014.11.13. 2014도6341

③ (○) 대결 2019.7.5. 2018모906

36

답 ①

영역 상소와 비상구제절차>상소   난도 **상**

정답해설

㉠ (×) 변호인은 피고인의 동의를 얻어 상소를 취하할 수 있으므로(형사소송법 제351조, 제341조), 변호인의 상소취하에 피고인의 동의가 없다면 상소취하의 효력은 발생하지 아니한다. 한편 변호인이 상소취하를 할 때 원칙적으로 피고인은 이에 동의하는 취지의 서면을 제출하여야 하나(형사소송규칙 제153조 제2항), 피고인은 공판정에서 구술로써 상소취하를 할 수 있으므로(형사소송법 제352조 제1항 단서), 변호인의 상소취하에 대한 피고인의 동의도 공판정에서 구술로써 할 수 있다. 다만 상소를 취하하거나 상소의 취하에 동의한 자는 다시 상소를 하지 못하는 제한을 받게 되므로(형사소송법 제354조), 상소취하에 대한 피고인의 구술 동의는 명시적으로 이루어져야

만 한다(대판 2015.9.10. 2015도7821).

㉡ (○) 제353조

㉢ (○) 대판 2008.11.20. 2008도5596 전합

㉣ (○) 제361조의3 제3항

37

답 ②

영역 상소와 비상구제절차>상소   난도 **중**

정답해설

② (×) 피고인이 항소심 선고 이전에 19세에 도달하여 제1심에서 선고한 부정기형을 파기하고 정기형을 선고함에 있어 불이익변경금지 원칙위반 여부를 판단하는 기준은 부정기형의 장기와 단기의 중간형이 되어야 한다(대판 2020.10.22. 2020도4140 전합).

오답해설

① (○) 대판 2010.12.13. 2008도1092

③ (○) 대판 1992.12.8. 92도2020

④ (○) 대판 2019.10.17. 2019도11540

38

답 ①

영역 상소와 비상구제절차>상소   난도 **중**

정답해설

① (×) 비약적 상고의 경우 제1심 판결에 대하여 항소를 제기하지 아니하고 상고를 할 수 있다(제372조).

오답해설

② (○) 대판 2022.05.19. 2021도17131, 2021전도170 전합

③ (○) 대판 1994.8.12. 94도1705

④ (○) 제389조의2

39

답 ③

영역 상소와 비상구제절차>비상구제절차   난도 **중**

정답해설

③ (×) 헌법재판소법 제47조 제4항에 따라 재심을 청구할 수 있는 '위헌으로 결정된 법률 또는 법률의 조항에 근거한 유죄의 확정판결'이란 헌법재판소의 위헌결정으로 인하여 같은 조 제3항의 규정에 의하여 소급하여 효력을 상실하는 법률 또는 법률의 조항을 적용한 유죄의 확정판결을 의미한다. 따라서 위헌으로 결정된 법률 또는 법

률의 조항이 같은 조 제3항 단서에 의하여 종전의 합헌결정이 있는 날의 다음 날로 소급하여 효력을 상실하는 경우 합헌결정이 있는 날의 다음 날 이후에 유죄판결이 선고되어 확정되었다면, 비록 범죄행위가 그 이전에 행하여졌더라도 그 판결은 위헌결정으로 인하여 소급하여 효력을 상실한 법률 또는 법률의 조항을 적용한 것으로서 '위헌으로 결정된 법률 또는 법률의 조항에 근거한 유죄의 확정판결'에 해당하므로 이에 대하여 재심을 청구할 수 있다(대결 2016.11.10. 2015모1475).

오답해설

① (○) 대판 2013.04.11. 2011도10626
② (○) 대판 2015.10.29. 2013도14716
④ (○) 대판 2011.1.20. 2008재도11 전합

40   답 ③

영역 상소와 비상구제절차>특별절차   난도 **상**

정답해설

㉠ (×) 판사는 사건이 즉결심판을 할 수 없거나 즉결심판절차에 의하여 심판함이 적당하지 아니하다고 인정할 때에는 결정으로 즉결심판의 청구를 기각하여야 한다. 기각결정이 있는 때에는 경찰서장은 지체없이 사건을 관할지방검찰청 또는 지청의 장에게 송치하여야 한다(즉결심판에 관한 절차법 제5조 제1항, 제2항).

㉡ (×) 판사는 구류의 선고를 받은 피고인이 일정한 주소가 없거나 또는 도망할 염려가 있을 때에는 5일을 초과하지 아니하는 기간 경찰서유치장(지방해양경찰관서의 유치장을 포함한다. 이하 같다)에 유치할 것을 명령할 수 있다. 다만, 이 기간은 선고기간을 초과할 수 없다(즉결심판에 관한 절차법 제17조 제1항).

㉢ (○) 즉결심판에 관한 절차법 제9조 제2항, 제10조

㉣ (○) 대결 2019.11.29. 2017모3458

제6회 경찰승진 최종모의고사

정답체크

01	02	03	04	05	06	07	08	09	10
①	④	②	②	②	②	④	④	③	③
11	12	13	14	15	16	17	18	19	20
②	③	②	④	④	①	①	④	①	②
21	22	23	24	25	26	27	28	29	30
③	①	③	④	③	①	②	②	④	③
31	32	33	34	35	36	37	38	39	40
②	②	①	①	①	④	①	③	④	②

문항별 체크리스트

문항	영역	○	×	문항	영역	○	×
01	서론>형사소송법의 기초이론			21	공판>공판절차		
02	서론>형사소송법의 기초이론			22	공판>공판절차		
03	서론>소송주체와 소송관계인			23	공판>공판절차		
04	서론>소송주체와 소송관계인			24	공판>공판절차		
05	서론>소송주체와 소송관계인			25	공판>공판절차		
06	수사와 공소>수사			26	공판>공판절차		
07	수사와 공소>수사			27	공판>공판절차		
08	수사와 공소>수사			28	공판>증거		
09	수사와 공소>수사			29	공판>증거		
10	수사와 공소>수사			30	공판>증거		
11	수사와 공소>강제처분과 강제수사			31	공판>증거		
12	수사와 공소>강제처분과 강제수사			32	공판>증거		
13	수사와 공소>강제처분과 강제수사			33	공판>증거		
14	수사와 공소>강제처분과 강제수사			34	공판>증거		
15	수사와 공소>강제처분과 강제수사			35	공판>재판		
16	수사와 공소>강제처분과 강제수사			36	상소와 비상구제절차>상소		
17	수사와 공소>강제처분과 강제수사			37	상소와 비상구제절차>상소		
18	수사와 공소>수사의 종결과 공소의 제기			38	상소와 비상구제절차>비상구제절차		
19	수사와 공소>수사의 종결과 공소의 제기			39	상소와 비상구제절차>비상구제절차		
20	수사와 공소>수사의 종결과 공소의 제기			40	상소와 비상구제절차>특별절차		
서론		/5		수사와 공소		/15	
공판		/15		상소와 비상구제절차		/5	

01

답 ①

영역 서론>형사소송법의 기초이론   난도 **중**

정답해설

① (✕) 미합중국 국적을 가진 미합중국 군대의 군속인 피고인이 범행 당시 10년 넘게 대한민국에 머물면서 한국인 아내와 결혼하여 가정을 마련하고 직장 생활을 하는 등 생활근거지를 대한민국에 두고 있었던 경우, 피고인은 대한민국과 아메리카합중국 간의 상호방위조약 제4조에 의한 시설과 구역 및 대한민국에서의 합중국 군대의 지위에 관한 협정에서 말하는 '통상적으로 대한민국에 거주하는 자'에 해당하므로, 피고인에게는 위 협정에서 정한 미합중국 군대의 군속에 관한 형사재판권 관련 조항이 적용될 수 없다(대판 2006.5.11. 2005도798).

오답해설

② (○) 대판 2002.11.26. 4929
③ (○) 대판 2011.5.13. 2009도14442
④ (○) 대판 2008.07.24. 2008도4085

02

답 ④

영역 서론>형사소송법의 기초이론   난도 **상**

정답해설

ⓒ (○) 제28조 제1항
ⓔ (○) 대판 1982.3.23. 81도1450
ⓜ (○) 대판 2021.06.30. 2018도14261

오답해설

ⓐ (✕) 수인이 공동하여 법인을 대표하는 경우에도 소송행위에 관하여는 각자가 이를 대표한다(제27조 제2항).
ⓑ (✕) 주식회사에 대하여 회사정리개시결정이 내려져 있는 경우라고 하더라도 적법하게 선임되어 있는 대표이사가 있는 한 그 대표이사가 형사소송법 제27조 제1항에 의하여 피고인인 회사를 대표하여 소송행위를 할 수 있고, 정리회사의 관리인은 정리회사의 기관이거나 그 대표자가 아니고 정리회사와 그 채권자 및 주주로 구성되는 소외 이해관계인 단체의 관리자로서 일종의 공적 수탁자이므로 관리인이 형사소송에서 피고인인 정리회사의 대표자가 된다고는 볼 수 없다(대결 1994.10.28. 94모25).

03

답 ②

영역 서론>소송주체와 소송관계인   난도 **중**

정답해설

② (✕) 형법 제264조, 제258조의2 제1항에 의하면 상습특수상해죄는 법정형의 단기가 1년 이상의 유기징역에 해당하는 범죄이고, 법원조직법 제32조 제1항 제3호 본문에 의하면 단기 1년 이상의 징역에 해당하는 사건에 대한 제1심 관할법원은 지방법원과 그 지원의 합의부이다(대판 2017.6.29. 2016도18194).

오답해설

① (○) 피고인의 현재지인 이상 범죄지 또는 주소지가 아니더라도 토지관할이 인정되므로(제4조 제1항), 현재지 관할법원이 재판을 진행하여 판결을 선고한 경우 그 판결에 관할위반의 위법은 존재하지 아니한다.
③ (○) 대결 2016.06.16. 2016초기318 전합
④ (○) 대판 2015.10.15. 2015도1803

04

답 ②

영역 서론>소송주체와 소송관계인   난도 **중**

정답해설

② (✕) 기피원인에 관한 형사소송법 제18조 제1항 제2호 소정의 '불공평한 재판을 할 염려가 있는 때'라 함은, 당사자가 불공평한 재판이 될지도 모른다고 추측할 만한 주관적인 사정이 있는 때를 말하는 것이 아니라, 통상인의 판단으로써 법관과 사건과의 관계상 불공평한 재판을 할 것이라는 의혹을 갖는 것이 합리적이라고 인정할 만한 객관적인 사정이 있는 때를 말한다(대결 1995.4.3. 95모10).

오답해설

① (○) 대판 2002.11.13. 2002도4893
③ (○) 대결 2001.3.21. 2001모2
④ (○) 대판 2012.10.11. 2012도8544

05

답 ②

영역 서론>소송주체와 소송관계인   난도 **중**

정답해설

② (✕) 피고인이 지체(척추)4급 장애인으로서 국민기초생활 수급자에 해당한다는 소명자료를 첨부하여 서면으로 형사소송법 제33조 제2항에서 정한 빈곤을 사유로 한 국선변호인 선정청구를 하였고, 위 소명자료에 의하면 피고

인이 빈곤으로 인하여 변호인을 선임할 수 없는 경우에 해당하는 것으로 인정할 여지가 충분하며 기록상 이와 달리 판단할 사정을 찾아볼 수 없으므로, 특별한 사정이 없는 한 국선변호인 선정결정을 하여 선정된 변호인으로 하여금 공판심리에 참여하도록 하였어야 하는데도, 위 청구를 기각하는 결정을 한 후 피고인만 출석한 상태에서 심리를 진행하여 판결을 선고한 원심의 조치에 법령위반의 위법이 있다고 한 사례(대판 2011.3.24. 2010도18103)

오답해설

① (○) 공범관계에 있지 않은 공동피고인들 사이에서도 공소사실의 기재 자체로 보아 어느 피고인에 대한 유리한 변론이 다른 피고인에 대하여는 불리한 결과를 초래하는 사건에 있어서는 공동피고인들 사이에 이해가 상반된다고 할 것이어서, 그 공동피고인들에 대하여 선정된 동일한 국선변호인이 공동피고인들을 함께 변론한 경우에는 형사소송규칙 제15조 제2항에 위반된다고 할 것이며, 그러한 공동피고인들 사이의 이해상반 여부의 판단은 모든 사정을 종합적으로 판단하여야 하는 것은 아니지만, 적어도 공동피고인들에 대하여 형을 정함에 있어 영향을 미친다고 보이는 구체적 사정을 종합하여 실질적으로 판단하여야 한다. 피고인에 대한 공소사실 범행의 피해자가 공동피고인이고 범행동기도 공동피고인에 대한 공소사실 범행에 있어 피고인에 대한 유리한 변론은 공동피고인의 정상에 대하여 불리한 결과를 초래하므로 공소사실들 자체로 피고인과 공동피고인은 이해가 상반되는 관계에 있다고 보아 동일한 국선변호인을 선정한 것은 형사소송규칙 제15조 제2항에 위배된다(대판 2000.11.24. 2000도4398).

③ (○) 공소사실 기재 자체로 보아 어느 피고인에 대한 유리한 변론이 다른 피고인에게는 불리한 결과를 초래하는 경우 공동피고인들 사이에 이해가 상반된다. 이해가 상반된 피고인들 중 어느 피고인이 법무법인을 변호인으로 선임하고, 법무법인이 담당변호사를 지정하였을 때, 법원이 담당변호사 중 1인 또는 수인을 다른 피고인을 위한 국선변호인으로 선정한다면, 국선변호인으로 선정된 변호사는 이해가 상반된 피고인들 모두에게 유리한 변론을 하기 어렵다. 결국 이로 인하여 다른 피고인은 국선변호인의 실질적 조력을 받을 수 없게 되고, 따라서 국선변호인 선정은 국선변호인의 조력을 받을 피고인의 권리를 침해하는 것이다(대판 2015.12.23. 2015도9951).

④ (○) 대판 2016.08.30. 2016도7672

06

답 ②

정답해설

㉠ (×) 임의동행은 상대방의 동의 또는 승낙을 그 요건으로 하는 것이므로 경찰관으로부터 임의동행요구를 받은 경우 상대방은 이를 거절할 수 있을 뿐만 아니라 임의동행 후 언제든지 경찰관서에서 퇴거할 자유가 있다 할 것이고, 경찰관직무집행법 제3조 제6항이 임의동행한 경우 당해인을 6시간을 초과하여 경찰관서에 머물게 할 수 없다고 규정하고 있다고 하여 그 규정이 임의동행한 자를 6시간 동안 경찰관서에 구금하는 것을 허용하는 것은 아니다(대판 1997.8.22. 97도1240).

㉡ (×) 보안경찰작용설에서는 불심검문은 수사의 단서이지 수사 자체는 아니므로 증거수집을 위해 불심검문을 할 수 없다고 본다. 한편 병존설에서는 수사요소를 포함한다고 보기는 하나, 불심검문시에 허용되는 수사는 범죄혐의의 존부가 명확하지 않은 상태에서 소극적인 초동수사에 제한된다고 본다. 따라서 적극적으로 증거자료를 수집하기 위한 불심검문을 행할 수 없다고 본다. 결국 어떠한 견해를 취한다 하더라도 증거자료의 수집을 위한 불심검문은 허용될 수 없게 된다.

오답해설

㉢ (○) 경찰관 직무집행법의 목적, 법 제1조 제1항, 제2항, 제3조 제1항, 제2항, 제3항, 제7항의 규정 내용 및 체계 등을 종합하면, 경찰관은 법 제3조 제1항에 규정된 대상자에게 질문을 하기 위하여 범행의 경중, 범행과의 관련성, 상황의 긴박성, 혐의의 정도, 질문의 필요성 등에 비추어 목적 달성에 필요한 최소한의 범위 내에서 사회통념상 용인될 수 있는 상당한 방법으로 대상자를 정지시킬 수 있고 질문에 수반하여 흉기의 소지 여부도 조사할 수 있다(대판 2012.9.13. 2010도6203). ⇒ 검문 중이던 경찰관들이, 자전거를 이용한 날치기 사건 범인과 흡사한 인상착의의 피고인이 자전거를 타고 다가오는 것을 발견하고 정지를 요구하였으나 멈추지 않아, 앞을 가로막고 검문에 협조해 달라고 하였음에도 불응하고 그대로 전진하자, 따라가서 재차 앞을 막고 검문에 응하라고 요구하였는데, 이에 피고인이 경찰관들의 멱살을 잡아 밀치는 등 항의하여 공무집행방해 등으로 기소된 사안에서, 경찰관들의 행위는 적법한 불심검문에 해당한다고 보아야 하는데도, 이와 달리 보아 피고인에게 무죄를 선고한 원심판결에 법리오해의 위법이 있다고 한 사례

㉣ (○) 교통검문은 보안경찰작용으로서, 주취운전을 하였다고 인정할 만한 상당한 이유가 있는 자에 대해서는 교통검문을 실시할 수 없다. 이미 범죄혐의가 인정되는 자에 대해서는 수사를 개시하여야 하기 때문이다(형사소송법 제196조 제2항). 판례도 같은 취지이다(대판 2006.11.9.

2004도8404).

ⓜ (ㅇ) 대판 2014.2.27. 2011도13999

07
답 ④

영역 수사와 공소>수사　　　　난도 중

정답해설

④ (×) 검사가 작성한 피해자에 대한 진술조서기재 중 "피의자들의 처벌을 원하는가요?"라는 물음에 대하여 "법대로 처벌하여 주기 바랍니다."로 되어 있고 이어서 "더 할 말이 있는가요?"라는 물음에 대하여 "젊은 사람들이니 한번 기회를 주시면 감사하겠습니다."로 기재되어 있다면 피해자의 진술취지는 법대로 처벌하되 관대한 처분을 바란다는 취지로 보아야 하고 처벌의사를 철회한 것으로 볼 것이 아니다(대판 1981.1.13. 80도2210).

오답해설

① (ㅇ) 대판 1969.4.29. 69도376
② (ㅇ) 대판 2011.8.25. 2009도9112
③ (ㅇ) 대판 2012.02.23. 2011도17264

08
답 ④

영역 수사와 공소>수사　　　　난도 중

정답해설

④ (×) 폭행죄는 피해자의 명시한 의사에 반하여 공소를 제기할 수 없는 반의사불벌죄로서 처벌불원의 의사표시는 의사능력이 있는 피해자가 단독으로 할 수 있는 것이고, 피해자가 사망한 후 그 상속인이 피해자를 대신하여 처벌불원의 의사표시를 할 수는 없다고 보아야 한다(대판 2010.5.27. 2010도2680).

오답해설

① (ㅇ) 대판 2009.11.19. 2009도6058
② (ㅇ) 대판 2009.12.10. 2009도9939
③ (ㅇ) 대판 2013.09.26. 2012도568

09
답 ③

영역 수사와 공소>수사　　　　난도 중

정답해설

③ (×) 통신비밀보호법상 '감청'이란, 현재 송신중이거나 수신중인 전기통신을 지득하는 행위만을 의미하고, 이미

수신이 완료된 전기통신의 내용을 지득하는 행위는 포함되지 않는다(대판 2012.10.25. 2012도4644).

오답해설

① (ㅇ) 통신비밀보호법 제5조 제1항
② (ㅇ) 대판 2015.1.22. 2014도10978 전합
④ (ㅇ) 대판 2014.10.27. 2014도2121

10
답 ③

영역 수사와 공소>수사　　　　난도 중

정답해설

③ (ㅇ) 규칙 제134조의4 제3항

오답해설

① (×) 수사기관이 피의자의 진술을 영상녹화하려는 경우 피의자 또는 변호인에게 미리 영상녹화사실을 알려주어야 한다(제244조의2 제1항). 피의자에게 미리 알려주면 족하고 피의자나 변호인의 동의를 받을 필요는 없다.

② (×) 영상녹화가 완료된 경우에 피의자 또는 변호인의 요구가 있는 때에는 영상녹화물을 재생하여 시청하여야 한다. 이 경우 그 내용에 대하여 이의를 진술하는 때에는 그 취지를 기재한 서면을 첨부하여야 한다(제244조의2 제3항).

④ (×) 2007.6.1. 법률 제8496호로 개정되기 전의 형사소송법에는 없던 수사기관에 의한 피의자 아닌 자(이하 '참고인'이라 한다) 진술의 영상녹화를 새로 정하면서 그 용도를 참고인에 대한 진술조서의 실질적 진정성립을 증명하거나 참고인의 기억을 환기시키기 위한 것으로 한정하고 있는 현행 형사소송법의 규정 내용을 영상물에 수록된 성범죄 피해자의 진술에 대하여 독립적인 증거능력을 인정하고 있는 성폭력범죄의 처벌 등에 관한 특례법 제30조 제6항 또는 아동·청소년의 성보호에 관한 법률 제26조 제6항의 규정과 대비하여 보면, 수사기관이 참고인을 조사하는 과정에서 형사소송법 제221조 제1항에 따라 작성한 영상녹화물은, 다른 법률에서 달리 규정하고 있는 등의 특별한 사정이 없는 한, 공소사실을 직접 증명할 수 있는 독립적인 증거로 사용될 수는 없다고 해석함이 타당하다(대판 2014.7.10. 2012도5041).

11
답 ②

영역 수사와 공소>강제처분과 강제수사　　　　난도 중

정답해설

② (×) 공소외 7이 2009.11.2. 22:00경 긴급체포되어 조사

를 받고 구속영장이 청구되지 아니하여 2009.11.4. 20:10경 석방되었음에도 검사가 그로부터 30일 이내에 법 제200조의4에 따른 석방통지를 법원에 하지 아니한 사실을 알 수 있으나, 공소외 7에 대한 긴급체포 당시의 상황과 경위, 긴급체포 후 조사 과정 등에 특별한 위법이 있다고 볼 수 없는 이상, 단지 사후에 석방통지가 법에 따라 이루어지지 않았다는 사정만으로 그 긴급체포에 의한 유치 중에 작성된 공소외 7에 대한 피의자신문조서들의 작성이 소급하여 위법하게 된다고 볼 수는 없다(대판 2014.8.26. 2011도6035).

오답해설

① (O) 대판 2016.10.13. 2016도5814

③ (O) 대판 2001.9.28. 2001도4291

④ (O) 대판 2002.6.11. 2000도5701

12
답 ③

영역 수사와 공소>강제처분과 강제수사　　난도 **중**

정답해설

③ (×) 검사와 변호인은 심문기일에 출석하여 의견을 진술할 수 있다(제201조의2 제4항). 검사와 변호인은 판사의 심문이 끝난 후에 의견을 진술할 수 있다. 다만, 필요한 경우에는 심문 도중에도 판사의 허가를 얻어 의견을 진술할 수 있다(규칙 제96조의13 제3항). 하지만, 피의자를 심문할 수는 없다.

오답해설

① (O) 제201조의2 제1항

② (O) 제201조의2 제7항

④ (O) 규칙 제96조의13 제1항

13
답 ②

영역 수사와 공소>강제처분과 강제수사　　난도 **중**

정답해설

② (×) 변호인의 구속된 피고인 또는 피의자와의 접견교통권은 피고인 또는 피의자 자신이 가지는 변호인과의 접견교통권과는 성질을 달리하는 것으로서 헌법상 보장된 권리라고는 할 수 없고, 형사소송법 제34조에 의하여 비로소 보장되는 권리이지만, 신체구속을 당한 피고인 또는 피의자의 인권보장과 방어준비를 위하여 필수불가결한 권리이므로, 수사기관의 처분 등에 의하여 이를 제한할 수 없고, 다만 법령에 의하여서만 제한이 가능하다(대결 2002.5.6. 2000모112).

오답해설

① (O) 대판 2017.03.09. 2013도16162

③ (O) 대판 1990.8.24. 90도1285

④ (O) 대판 2003.1.10. 2002다56628

14
답 ③

영역 수사와 공소>강제처분과 강제수사　　난도 **중**

정답해설

③ (×) 검사의 의견이 법원을 구속하는 것은 아니며, 설사 법원이 검사의 의견을 듣지 아니한 채 보석에 관한 결정을 하였다고 하더라도 그 결정이 적정한 이상, 절차상의 하자만을 들어 그 결정을 취소할 수는 없다(대결 1997.11.27. 97모88).

오답해설

① (O) 대결 1991.8.13. 91모53

② (O) 보석취소결정은 송달을 요하지 않는다. 보석허가결정의 취소는 그 취소결정을 고지하거나 결정법원에 대응하는 검찰청 검사에게 결정서를 교부 또는 송달함으로써 즉시 집행할 수 있는 것이고 그 결정등본이 피고인에게 송달(또는 고지)되어야 집행할 수 있는 것은 아니다(대결 1983.4.21. 83모19).

④ (O) 대결 2002.05.17. 2001모53

15
답 ④

영역 수사와 공소>강제처분과 강제수사　　난도 **중**

정답해설

④ (×) 형사소송법 제416조는 재판장 또는 수명법관이 한 재판에 대한 준항고에 관하여 규정하고 있는바, 여기에서 말하는 '재판장 또는 수명법관'이라 함은 수소법원의 구성원으로서의 재판장 또는 수명법관만을 가리키는 것이어서, 수사기관의 청구에 의하여 압수영장 등을 발부하는 독립된 재판기관인 지방법원 판사가 이에 해당된다고 볼 수 없으므로, 지방법원 판사가 한 압수영장발부의 재판에 대하여는 위 조항에서 정한 준항고로 불복할 수 없고, 나아가 같은 법 제402조, 제403조에서 규정하는 항고는 법원이 한 결정을 그 대상으로 하는 것이므로 법원의 결정이 아닌 지방법원 판사가 한 압수영장발부의 재판에 대하여 그와 같은 항고의 방법으로도 불복할 수 없다(대결 1997.9.29. 97모66).

오답해설

① (O) 대판 2018.2.8. 2017도13263

② (○) 대판 2022.01.27. 2021도11170
③ (○) 대판 2017.11.29. 2017도9747

16

답 ①

영역 수사와 공소>강제처분과 강제수사　　　**난도** 중

정답해설

① (×) 형사소송법 제133조 제1항 후단이, 제2항의 '증거에만 공할' 목적으로 압수할 물건과는 따로이, '증거에 공할' 압수물에 대하여 법원의 재량에 의하여 가환부할 수 있도록 규정한 것을 보면, '증거에 공할 압수물'에는 증거물로서의 성격과 몰수할 것으로 사료되는 물건으로서의 성격을 가진 압수물이 포함되어 있다고 해석함이 상당하다(대결 1998.4.16. 97모25).

오답해설

② (○) 대결 1984.02.06. 84모3
③ (○) 대결 1984.7.24. 84모43
④ (○) 형사소송법 제130조 제2항 · 제3항

17

답 ①

영역 수사와 공소>강제처분과 강제수사　　　**난도** 하

정답해설

① (×) 검사, 피고인, 피의자 또는 변호인은 판사의 허가를 얻어 증거보전의 처분에 관한 서류와 증거물을 열람 또는 등사할 수 있다(제185조).

오답해설

② (○) 제184조 제2항, 제4항
③ (○) 검사, 피고인, 피의자 또는 변호인은 미리 증거를 보전하지 아니하면 그 증거를 사용하기 곤란한 사정이 있는 때에는 제1회 공판기일 전이라도 판사에게 압수, 수색, 검증, 증인신문 또는 감정을 청구할 수 있다(제184조 제1항).
④ (○) 대판 1972.11.28. 72도2104

18

답 ④

영역 수사와 공소>수사의 종결과 공소의 제기　　　**난도** 하

정답해설

④ (×) 검사는 제262조 제2항 제2호의 결정(공소제기결정)에 따라 공소를 제기한 때에는 이를 취소할 수 없다(제264조의2).

오답해설

① (○) 대결 1988.1.29. 86모58
② (○) 제264조 제1항, 제3항
③ (○) 대결 1998.12.14. 98모127

19

답 ①

영역 수사와 공소>수사의 종결과 공소의 제기　　　**난도** 중

정답해설

① (×) 형사소송법 제254조 제1항은 "공소를 제기함에는 공소장을 관할법원에 제출하여야 한다."고 정한다. 한편 형사소송법 제57조 제1항은 "공무원이 작성하는 서류에는 법률에 다른 규정이 없는 때에는 작성 연월일과 소속 공무소를 기재하고 기명날인 또는 서명하여야 한다."고 정하고 있다. 여기서 '공무원이 작성하는 서류'에는 검사가 작성하는 공소장이 포함되므로, 검사의 기명날인 또는 서명이 없는 상태로 관할법원에 제출된 공소장은 형사소송법 제57조 제1항에 위반된 서류라 할 것이다. 그리고 이와 같이 법률이 정한 형식을 갖추지 못한 공소장 제출에 의한 공소의 제기는 특별한 사정이 없는 한 그 절차가 법률의 규정에 위반하여 무효인 때(제327조 제2호)에 해당한다. 다만 이 경우 공소를 제기한 검사가 공소장에 기명날인 또는 서명을 추완하는 등의 방법에 의하여 공소의 제기가 유효하게 될 수 있다(대판 2012.9.27. 2010도17052).

오답해설

② (○) 대판 1999.3.9. 98도4621
③ (○) 제327조 제3호, 제328조 제1항 제3호
④ (○) 대판 1999.11.26. 99도1904

20

답 ②

영역 수사와 공소>수사의 종결과 공소의 제기　　　**난도** 상

정답해설

㉠ (○) 대판 2003.09.26. 2003도3394
㉣ (○) 대판 2015.2.12. 2012도4842

오답해설

㉡ (×) 공소장변경절차에 의하여 공소사실이 변경됨에 따라 그 법정형에 차이가 있는 경우에는 변경된 공소사실에 대한 법정형이 공소시효기간의 기준이 된다(대판 2001.8.24. 2001도2902).

ⓒ (×) 제253조의2(사람을 살해한 범죄(종범은 제외)로 사형에 해당하는 범죄에 대하여는 공소시효를 적용하지 아니한다)의 개정규정은 이 법 시행 전에 범한 범죄로 아직 공소시효가 완성되지 아니한 범죄에 대하여도 적용된다(부칙 제2조).

21

영역 공판>공판절차　　　　　　　　　　　　　난도 **상**

정답해설

㉠ (○) 포괄일죄의 경우 일죄의 일부를 구성하는 개개의 행위에 대하여 구체적으로 특정되지 아니하더라도 그 전체 범행의 시기와 종기, 범행방법, 범행횟수, 또는 피해액의 합계 및 피해자나 상대방을 명시하면 이로써 그 범죄사실은 특정되었다고 할 것이다(대판 1990.6.22. 90도833).

㉣ (○) 범죄일시의 기재는 형벌법규개정에 있어서 적용법령을 결정하고 행위자의 책임능력을 명확히 하며 이중기소나 공소시효의 완성여부를 명백히 할 수 있는 정도로 기재하면 족하고(대판 1971.10.19. 71도1540), 장소는 토지관할을 가늠할 수 있는 정도로 기재하면 족하며(대판 1984.8.14. 84도1139), 방법은 범죄구성요건을 밝히는 정도 등으로 기재하면 족하다(대판 1970.10.13. 70도1528).

㉤ (○) 대판 2021.12.16. 2019도17150

오답해설

㉡ (×) 공소장의 기재가 불명확한 경우라고 하더라도 구체적 사실의 기재가 있거나 명백한 증거가 존재하는 경우라면, 법원은 공소장불특정을 이유로 곧바로 공소기각판결을 선고해서는 안 된다. 형사소송규칙 제141조의 규정에 의하여 검사에게 석명을 구한 다음, 그래도 검사가 이를 명확하게 하지 않은 때에야 공소사실의 불특정을 이유로 공소기각판결을 선고해야 한다(대판 2006.5.11. 2004도5972; 대판 2015.12.23. 2014도2727).

ⓒ (×) 교사범이나 방조범의 공소사실에는 그 전제요건이 되는 정범의 범죄구성요건을 충족하는 구체적 사실을 기재해야 한다(대판 1982.2.23. 81도822).

22

영역 공판>공판절차　　　　　　　　　　　　　난도 **중**

정답해설

㉠ (○) 동일성이 인정되지 않음에도 불구하고 법원이 이를 허가한 경우라면 법원은 공소장변경허가결정을 직권취소할 수 있다(대판 1989.1.24. 87도1978).

㉡ (○) 대판 1982.12.28. 82도2156

ⓒ (○) 대판 2001.11.9. 2001도4792

㉣ (○) 실체적 경합관계에 있는 수개의 공소사실 중 어느 한 공소사실을 전부 철회하는 검찰관의 공판정에서의 구두에 의한 공소장변경신청이 있는 경우 이것이 그 부분의 공소를 취소하는 취지가 명백하다면 비록 공소취소신청이라는 형식을 갖추지 아니하였더라도 이를 공소취소로 보아 공소기각결정을 하여야 한다(대판 1992.4.24. 91도1438).

23

영역 공판>공판절차　　　　　　　　　　　　　난도 **상**

정답해설

㉠ (×) 피고인 또는 변호인은 검사에게 공소제기된 사건에 관한 서류 또는 물건(이하 '서류 등'이라 한다)의 목록과 공소사실의 인정 또는 양형에 영향을 미칠 수 있는 다음 서류 등의 열람·등사 또는 서면의 교부를 신청할 수 있다. 다만, 피고인에게 변호인이 있는 경우에는 피고인은 열람만을 신청할 수 있다(제266조의3 제1항).

㉣ (×) 검사는 열람·등사 또는 서면의 교부를 거부하거나 그 범위를 제한하는 때에는 지체없이 그 이유를 서면으로 통지하여야 한다(제266조의3 제3항).

㉤ (×) 형사소송법 제402조는 "법원의 결정에 대하여 불복이 있으면 항고를 할 수 있다. 단, 이 법률에 특별한 규정이 있는 경우에는 예외로 한다."고 규정하고, 제403조 제1항은 "법원의 관할 또는 판결 전의 소송절차에 관한 결정에 대하여는 특히 즉시항고를 할 수 있는 경우 외에는 항고하지 못한다."고 규정하고 있다. 그런데 형사소송법 제266조의4에 따라 법원이 검사에게 수사서류 등의 열람·등사 또는 서면의 교부를 허용할 것을 명한 결정은 피고사건 소송절차에서의 증거개시와 관련된 것으로서 제403조에서 말하는 '판결 전의 소송절차에 관한 결정'에 해당한다 할 것인데, 위 결정에 대하여는 형사소송법에서 별도로 즉시항고에 관한 규정을 두고 있지 않으므로 제402조에 의한 항고의 방법으로 불복할 수 없다고 보아야 한다(대결 2013.1.24. 2012모1393).

오답해설
ⓛ (○) 제266조의3 제5항
ⓒ (○) 제266조의3 제6항

24
📘 ④

영역 공판>공판절차 　　　　난도**중**

정답해설
④ (×) 전문심리위원은 전문적인 지식에 의한 설명 또는 의견을 기재한 서면을 제출하거나 기일에 전문적인 지식에 의하여 설명이나 의견을 진술할 수 있다. 다만, 재판의 합의에는 참여할 수 없다(제279조의2 제2항).

오답해설
①, ② (○) 대판 2019.5.30. 2018도19051
③ (○) 제279조의2 제4항

25
📘 ③

영역 공판>공판절차 　　　　난도**상**

정답해설
ⓛ (×) 형사소송법 제312조 제3항은 검사 이외의 수사기관이 작성한 당해 피고인에 대한 피의자신문조서를 유죄의 증거로 하는 경우뿐만 아니라 검사 이외의 수사기관이 작성한 당해 피고인과 공범관계에 있는 다른 피고인이나 피의자에 대한 피의자신문조서를 당해 피고인에 대한 유죄의 증거로 채택할 경우에도 적용된다. 따라서 당해 피고인과 공범관계가 있는 다른 피의자에 대하여 검사 이외의 수사기관이 작성한 피의자신문조서는, 그 피의자의 법정진술에 의하여 그 성립의 진정이 인정되는 등 형사소송법 제312조 제4항의 요건을 갖춘 경우라고 하더라도 당해 피고인이 공판기일에서 그 조서의 내용을 부인한 이상 이를 유죄 인정의 증거로 사용할 수 없다(대판 2009.7.9. 2009도2865).
ⓒ (×) 검사작성의 공동피고인에 대한 피의자신문조서는 그 공동피고인이 법정에서 성립 및 임의성을 인정하는 경우에는 다른 공동피고인이 이를 증거로 함에 부동의하였다고 하더라도 그 다른 공동피고인의 범죄사실에 대한 유죄의 증거로 삼을 수 있다(대판 1995.5.12. 95도484).

오답해설
㉠ (○) 대판 2008.6.26. 2008도3300
㉣ (○) 대판 2006.1.12. 2005도7601

26
📘 ①

영역 공판>공판절차 　　　　난도**중**

정답해설
① (×) 피고인이 공판정에서 공소사실에 대하여 자백한 때에는 법원은 그 공소사실에 한하여 간이공판절차에 의하여 심판할 것을 결정할 수 있다(제286조의2).

오답해설
② (○) 대판 2004.7.9. 2004도2116
③ (○) 대판 1987.8.18. 87도1269
④ (○) 대판 1980.04.22. 80도333

27
📘 ②

영역 공판>공판절차 　　　　난도**중**

정답해설
② (○) 제1심법원이 피고인의 강간치상사건에 대하여 공소장 부본 송달일로부터 7일이 경과하기 전에 제1회 공판기일을 진행하면서 국민참여재판 신청 의사를 확인하지 않고, 그 이후 도착한 피고인의 국민참여재판 신청에 대해 배제결정도 하지 않은 채 통상의 공판절차로 재판을 진행한 사안에서, 이와 같이 위법한 공판절차에서 이루어진 소송행위는 무효라고 보아야 한다는 이유로, 원심판결과 제1심판결을 모두 파기하고 사건을 제1심법원에 환송한 사례(대판 2011.9.8. 2011도7106)

오답해설
① (×) 국민참여재판은 그 실시를 희망하는 의사의 번복에 관하여 법 제8조 제4항에 따른 시기적·절차적 제한이 있는 외에는 피고인의 의사에 반하여 할 수 없으므로, 제1심법원이 국민참여재판의 대상이 되는 사건임을 간과하여 이에 관한 피고인의 의사를 확인하지 아니한 채 통상의 공판절차로 재판을 진행하였더라도, 피고인이 항소심에서 국민참여재판을 원하지 아니한다고 하면서 위와 같은 제1심의 절차적 위법을 문제 삼지 아니할 의사를 명백히 표시하는 경우에는 그 하자가 치유되어 제1심 공판절차는 전체로서 적법하게 된다고 봄이 상당하다(대판 2012.4.26. 2012도1225).
③ (×) 재판장의 최초 설명은 재판절차에 익숙하지 아니한 배심원과 예비배심원을 배려하는 차원에서 국민의 형사재판 참여에 관한 규칙 제35조 제1항에 따라 피고인에게 진술거부권을 고지하기 전에 이루어지는 것으로, 원칙적으로 설명의 대상에 검사가 아직 공소장에 의하여 낭독하지 아니한 공소사실 등이 포함된다고 볼 수 없다(대판 2014.11.13. 2014도8377).
④ (×) 국민참여재판에는 형사소송법상 간이공판절차 규정을 적용하지 아니한다(국민의 형사재판 참여에 관한 법

률 제43조). 다만, 피고인 또는 변호인이 공판준비절차에서 공소사실의 주요내용을 인정시 배심원의 숫자가 5인으로 간이화할 뿐이다(국민의 형사재판 참여에 관한 법률 제13조 제1항).

28

영역 공판>증거 　　　　　　　　　　　　　　난도 중

정답해설

② (×) 피해자가 경찰관과 함께 범행 현장에서 범인을 추적하다 골목길에서 범인을 놓친 직후 골목길에 면한 집을 탐문하여 용의자를 확정한 경우, 그 현장에서 용의자와 피해자의 일대일 대면이 허용된다(대판 2009.6.11. 2008도12111).

오답해설

① (○) 일반적으로 용의자의 인상착의 등에 의한 범인식별 절차에서 용의자 한 사람을 단독으로 목격자와 대질시키거나 용의자의 사진 한 장만을 목격자에게 제시하여 범인 여부를 확인하게 하는 것은, 사람의 기억력의 한계 및 부정확성과 구체적인 상황하에서 용의자나 그 사진상의 인물이 범인으로 의심받고 있다는 무의식적 암시를 목격자에게 줄 수 있는 가능성으로 인하여, 그러한 방식에 의한 범인식별 절차에서의 목격자의 진술은, 그 용의자가 종전에 피해자와 안면이 있는 사람이라든가 피해자의 진술 외에도 그 용의자를 범인으로 의심할 만한 다른 정황이 존재한다든가 하는 등의 부가적인 사정이 없는 한 그 신빙성이 낮다고 보아야 한다. 따라서 범인식별 절차에서 목격자의 진술의 신빙성을 높게 평가할 수 있게 하려면, 범인의 인상착의 등에 관한 목격자의 진술 내지 묘사를 사전에 상세히 기록화한 다음, 용의자를 포함하여 그와 인상착의가 비슷한 여러 사람을 동시에 목격자와 대면시켜 범인을 지목하도록 하여야 하고, 용의자와 목격자 및 비교대상자들이 상호 사전에 접촉하지 못하도록 하여야 하며, 사후에 증거가치를 평가할 수 있도록 대질 과정과 결과를 문자와 사진 등으로 서면화하는 등의 조치를 취하여야 한다. 그러나 범죄 발생 직후 목격자의 기억이 생생하게 살아있는 상황에서 현장이나 그 부근에서 범인식별 절차를 실시하는 경우에는, 목격자에 의한 생생하고 정확한 식별의 가능성이 열려 있고 범죄의 신속한 해결을 위한 즉각적인 대면의 필요성도 인정할 수 있으므로, 용의자와 목격자의 일대일 대면도 허용된다(대판 2009.6.11. 2008도12111).

③ (○) 대판 2021.06.10. 2021도2726

④ (○) 대판 2003.2.11. 2002도6766

29

영역 공판>증거 　　　　　　　　　　　　　　난도 중

정답해설

④ (×) 위법한 강제연행 상태에서 호흡측정 방법에 의한 음주측정을 한 다음 강제연행 상태로부터 시간적·장소적으로 단절되었다고 볼 수도 없고 피의자의 심적 상태 또한 강제연행 상태로부터 완전히 벗어났다고 볼 수 없는 상황에서 피의자가 호흡측정 결과에 대한 탄핵을 하기 위하여 스스로 혈액채취 방법에 의한 측정을 할 것을 요구하여 혈액채취가 이루어졌다고 하더라도 그 사이에 위법한 체포 상태에 의한 영향이 완전하게 배제되고 피의자의 의사결정의 자유가 확실하게 보장되었다고 볼 만한 다른 사정이 개입되지 않은 이상 불법체포와 증거수집 사이의 인과관계가 단절된 것으로 볼 수는 없다. 따라서 그러한 혈액채취에 의한 측정 결과 역시 유죄 인정의 증거로 쓸 수 없다고 보아야 한다. 그리고 이는 수사기관이 위법한 체포 상태를 이용하여 증거를 수집하는 등의 행위를 효과적으로 억지하기 위한 것이므로, 피고인이나 변호인이 이를 증거로 함에 동의하였다고 하여도 달리 볼 것은 아니다(대판 2013.3.14. 2010도2094).

오답해설

① (○) 대판 2014.10.15. 2011도3509

② (○) 대판 2006.12.08. 2005도9730

③ (○) 대판 2010.7.22. 2009도14376

30

영역 공판>증거 　　　　　　　　　　　　　　난도 중

정답해설

③ (○) 검찰관이 피고인을 뇌물수수 혐의로 기소한 후, 형사사법공조절차를 거치지 아니한 채 과테말라공화국에 현지출장하여 그곳 호텔에서 뇌물공여자 甲을 상대로 참고인 진술조서를 작성한 사안에서, 甲이 자유스러운 분위기에서 임의수사 형태로 조사에 응하였고 조서에 직접 서명·무인하였다는 사정만으로 특신상태를 인정하기에 부족할 뿐만 아니라, 검찰관이 군사법원의 증거조사절차 외에서, 그것도 형사사법공조절차나 과테말라공화국 주재 우리나라 영사를 통한 조사 등의 방법을 택하지 않고 직접 현지에 가서 조사를 실시한 것은 수사의 정형적 형태를 벗어난 것이라고 볼 수 있는 점 등 제반 사정에 비추어 볼 때, 진술이 특별히 신빙할 수 있는 상태에서 이루어졌다는 점에 관한 증명이 있다고 보기 어려워 甲의 진술조서는 증거능력이 인정되지 아니하므로, 이를 유죄의 증거로 삼을 수 없다(대판 2011.7.14. 2011도3809).

오답해설

① (×) 형사소송법은 조서에 진술자의 실명 등 인적 사항을 확인해 그대로 밝혀 기재할 것을 요구하는 규정을 따로 두고 있지는 않는바, 진술자와 피고인의 관계, 범죄의 종류, 진술자 보호의 필요성 등 여러 사정으로 볼 때 상당한 이유가 있을 때에는 가명으로 성명을 기재해 작성한 조서라는 이유만으로 그 조서가 '적법한 절차와 방식'에 따라 작성되지 않았다고 볼 수 없고, 이 같은 요건은 모두 갖춰진 이상 증거능력을 부정할 수는 없다(대판 2012.05.24. 2011도7757).

② (×) 외국수사기관이 작성한 조서에 피의자의 진술이 포함되어 있다면 제312조 제3항에 따라 내용을 부인한 경우라면 증거능력이 부정된다(대판 2006.1.13. 2003도6548).

④ (×) 형사소송법 제221조 제1항, 제244조의4 제1항, 제3항, 제312조 제4항, 제5항 및 그 입법 목적 등을 종합하여 보면, 피고인이 아닌 자가 수사과정에서 진술서를 작성하였지만 수사기관이 그에 대한 조사과정을 기록하지 아니하여 형사소송법 제244조의4 제3항, 제1항에서 정한 절차를 위반한 경우에는, 특별한 사정이 없는 한 '적법한 절차와 방식'에 따라 수사과정에서 진술서가 작성되었다 할 수 없으므로 증거능력을 인정할 수 없다(대판 2015.4.23. 2013도3790).

31

정답 ②

영역 공판>증거   **난도** 중

정답해설

② (×) 형사소송법 제314조가 참고인의 소재불명 등의 경우에 그 참고인이 진술하거나 작성한 진술조서나 진술서에 대하여 증거능력을 인정하는 것은, 형사소송법이 제312조 또는 제313조에서 참고인 진술조서 등 서면증거에 대하여 피고인 또는 변호인의 반대신문권이 보장되는 등 엄격한 요건이 충족될 경우에 한하여 증거능력을 인정할 수 있도록 함으로써 직접심리주의 등 기본원칙에 대한 예외를 인정한 데 대하여 다시 중대한 예외를 인정하여 원진술자 등에 대한 반대신문의 기회조차 없이 증거능력을 부여할 수 있도록 한 것이므로, 그 경우 참고인의 진술 또는 작성이 '특히 신빙할 수 있는 상태하에서 행하여졌음에 대한 증명'은 단지 그러할 개연성이 있다는 정도로는 부족하고 합리적인 의심의 여지를 배제할 정도에 이르러야 한다(대판 2014.4.30. 2012도725).

오답해설

① (○) 대판 2019.8.29. 2018도13792

③ (○) 대판 2012.10.25. 2011도5459

④ (○) 대판 2019.11.21. 2018도13945 전합

32

정답 ②

영역 공판>증거   **난도** 중

정답해설

② (×) 검사가 유죄의 자료로 제출한 증거들이 그 진정성립이 인정되지 아니하고 이를 증거로 함에 상대방의 동의가 없더라도, 이는 유죄사실을 인정하는 증거로 사용하는 것이 아닌 이상 공소사실과 양립할 수 없는 사실을 인정하는 자료로 쓸 수 있다고 보아야 한다(대판 1994.11.11. 94도1159).

오답해설

① (○) 대판 1984.10.10. 84도1552

③ (○) 대판 2009.12.24. 2009도11401

④ (○) 대판 1983.3.8. 82도2873

33

정답 ①

영역 공판>증거   **난도** 하

정답해설

① (×) 피고인이 내용을 부인하여 증거능력이 없는 사법경찰리 작성의 피의자신문조서에 대하여 비록 당초 증거제출 당시 탄핵증거라는 입증취지를 명시하지 아니하였지만 피고인의 법정 진술에 대한 탄핵증거로서의 증거조사 절차가 대부분 이루어졌다고 볼 수 있는 점 등의 사정에 비추어 위 피의자신문조서를 피고인의 법정 진술에 대한 탄핵증거로 사용할 수 있다(대판 2005.8.19. 2005도2617).

오답해설

② (○) 제318조의2 제1항

③ (○) 대판 2012.10.25. 2011도5459

④ (○) 대판 2005.8.19. 2005도2617

34

정답 ①

영역 공판>증거   **난도** 중

정답해설

① (×) 필로폰 매수 대금을 송금한 사실에 대한 증거가 필로폰 매수죄와 실체적 경합범 관계에 있는 필로폰 투약행위에 대한 보강증거가 될 수 없다(대판 2008.2.14.

2007도10937).

② (○) 대판 2010.12.23. 2010도11272
③ (○) 대판 1998.12.22. 98도2890
④ (○) 대판 1990.6.22. 90도741

35

답 ①

영역 공판 > 재판   난도 상

정답해설

㉠ (×) 면소판결 사유인 형사소송법 제326조 제2호의 '사면이 있는 때'에서 말하는 '사면'이란 일반사면을 의미할 뿐, 형을 선고받아 확정된 자를 상대로 이루어지는 특별사면은 여기에 해당하지 않으므로, 재심대상판결 확정 후에 형 선고의 효력을 상실케 하는 특별사면이 있었다고 하더라도, 재심개시결정이 확정되어 재심심판절차를 진행하는 법원은 그 심급에 따라 다시 심판하여 실체에 관한 유·무죄 등의 판단을 해야지, 특별사면이 있음을 들어 면소판결을 하여서는 아니 된다(대판 2015.5.21. 2011도1932 전합).

㉡ (×) 상습범으로서 포괄적 일죄의 관계에 있는 여러 개의 범죄사실 중 일부에 대하여 유죄판결이 확정된 경우에, 그 확정판결의 사실심판결 선고 전에 저질러진 나머지 범죄에 대하여 새로이 공소가 제기되었다면 그 새로운 공소는 확정판결이 있었던 사건과 동일한 사건에 대하여 다시 제기된 데 해당하므로 이에 대하여는 판결로써 면소의 선고를 하여야 하는 것인바, 다만 이러한 법리가 적용되기 위해서는 전의 확정판결에서 당해 피고인이 상습범으로 기소되어 처단되었을 것을 필요로 하는 것이고, 상습범 아닌 기본구성요건의 범죄로 처단되는 데 그친 경우에는, 가사 뒤에 기소된 사건에서 비로소 드러났거나 새로 저질러진 범죄사실과 전의 판결에서 이미 유죄로 확정된 범죄사실 등을 종합하여 비로소 그 모두가 상습범으로서의 포괄적 일죄에 해당하는 것으로 판단된다 하더라도 뒤늦게 앞서의 확정판결을 상습범의 일부에 대한 확정판결이라고 보아 그 기판력이 그 사실심판결 선고 전의 나머지 범죄에 미친다고 보아서는 아니 된다(대판 2004.9.16. 2001도3206 전합).

㉢ (×) 면소판결을 할 것이 명백한 때에는 피고인이 심신상실상태에 있거나 질병으로 인하여 출정할 수 없는 때에도 공판절차를 정지하지 않고 피고인의 출정없이 재판할 수 있다(제306조 제4항).

오답해설

㉣ (○) 대판 2010.12.16. 2010도5986
㉤ (○) 대결 2018.5.2. 2015모3243

36

답 ④

영역 상소와 비상구제절차 > 상소   난도 하

정답해설

④ (×) 피고인과 상소대리권자는 사형·무기징역·무기금고가 선고된 판결에 대하여는 상소포기를 할 수 없다(형사소송법 제349조 단서).

오답해설

① (○) 검사는 공익의 대표자로서 법령의 정당한 적용을 청구할 임무를 가지므로 이의신청을 기각하는 등 반대당사자에게 불이익한 재판에 대하여도 그것이 위법일 때에는 위법을 시정하기 위하여 상소로써 불복할 수 있지만 불복은 재판의 주문에 관한 것이어야 하고 재판의 이유만을 다투기 위하여 상소하는 것은 허용되지 않는다(대결 1993.3.4. 92모21).

② (○) 대판 1988.11.08. 85도1675

③ (○) 원심이 피고인에게 누범에 해당하는 전과가 있음에도 불구하고 형법 제35조 제2항에 의한 누범가중을 하지 아니한 것은 위법하다고 할 것이나, 피고인으로서 위와 같은 위법을 주장하는 것은 자기에게 불이익을 주장하는 것이 되므로 이는 적법한 상고이유가 될 수 없다(대판 1994.8.12. 94도1591).

37

답 ①

영역 상소와 비상구제절차 > 상소   난도 중

정답해설

① (×) 불이익변경금지 원칙은 피고인이 안심하고 상소권을 행사하도록 하려는 정책적 고려에서 나온 제도로서 피고인만이 상소한 사건의 상소심에서 원심보다 피고인에게 불리하게 미결구금일수의 산입을 감축하는 등의 경우에는 불이익변경금지원칙의 적용 여부를 살펴보아야 하나, 위와 같이 판결을 선고한 법원에서 당해 판결서의 명백한 오류에 대하여 판결서의 경정을 통하여 그 오류를 시정하는 것은 피고인에게 유리 또는 불리한 결과를 발생시키거나 피고인의 상소권 행사에 영향을 미치는 것이 아니므로, 여기에 불이익변경금지 원칙이 적용될 여지는 없다(대판 2007.7.13. 2007도3448).

오답해설

② (○) 대판 2019.10.17. 2019도11609
③ (○) 대판 1985.06.11. 84도1958
④ (○) 대판 1980.3.25. 79도2105

38

영역 상소와 비상구제절차>비상구제절차　난도중

정답해설

③ (×) 형사소송법 제420조 제5호에 정한 '무죄 등을 인정할 명백한 증거'에 해당하는지 여부를 판단할 때에는 법원으로서는 새로 발견된 증거만을 독립적·고립적으로 고찰하여 그 증거가치만으로 재심의 개시 여부를 판단할 것이 아니라, 재심대상이 되는 확정판결을 선고한 법원이 사실인정의 기초로 삼은 증거들 가운데 새로 발견된 증거와 유기적으로 밀접하게 관련되고 모순되는 것들은 함께 고려하여 평가하여야 하고, 그 결과 단순히 재심대상이 되는 유죄의 확정판결에 대하여 그 정당성이 의심되는 수준을 넘어 그 판결을 그대로 유지할 수 없을 정도로 고도의 개연성이 인정되는 경우라면 그 새로운 증거는 위 조항의 '명백한 증거'에 해당한다(대결 200.7.16. 2005모472 전합).

오답해설

①, ② (○) 대결 200.7.16. 2005모472 전합

④ (○) 대결 2018.12.28. 2017모107

39

영역 상소와 비상구제절차>비상구제절차　난도중

정답해설

④ (×) 파기자판한 사례에 해당한다(대판 1957.10.4. 4290형비상1).

오답해설

① (○) 대판 2021.03.11. 2018오2

② (○) 대판 2021.03.11. 2019오1

③ (○) 대판 2021.03.11. 2018오2

40

영역 상소와 비상구제절차>특별절차　난도하

정답해설

② (×) 즉결심판절차에 의한 심리와 재판의 항고는 공개된 법정에서 행하되, 그 법정은 경찰관서(해양경찰관서를 포함한다)외의 장소에 설치되어야 한다(즉결심판에 관한 절차법 제7조 제1항).

오답해설

① (○) 즉결심판에 관한 절차법 제5조 제1항

③ (○) 즉결심판에 관한 절차법 제11조 제5항

④ (○) 즉결심판에 관한 절차법 제16조

제7회 경찰승진 최종모의고사

정답체크

01	02	03	04	05	06	07	08	09	10
②	④	④	①	③	②	③	①	③	①
11	12	13	14	15	16	17	18	19	20
④	④	④	①	①	④	②	④	③	④
21	22	23	24	25	26	27	28	29	30
④	①	②	①	③	③	②	④	②	③
31	32	33	34	35	36	37	38	39	40
③	②	③	④	③	④	④	④	②	③

문항별 체크리스트

문항	영역	○	×	문항	영역	○	×
01	서론>형사소송법의 기초이론			21	공판>공판절차		
02	서론>소송주체와 소송관계인			22	공판>공판절차		
03	서론>소송주체와 소송관계인			23	공판>공판절차		
04	서론>소송주체와 소송관계인			24	공판>공판절차		
05	서론>소송행위와 소송조건			25	공판>공판절차		
06	수사와 공소>수사			26	공판>공판절차		
07	수사와 공소>수사			27	공판>공판절차		
08	수사와 공소>수사			28	공판>증거		
09	수사와 공소>수사			29	공판>증거		
10	수사와 공소>수사			30	공판>증거		
11	수사와 공소>강제처분과 강제수사			31	공판>증거		
12	수사와 공소>강제처분과 강제수사			32	공판>증거		
13	수사와 공소>강제처분과 강제수사			33	공판>증거		
14	수사와 공소>강제처분과 강제수사			34	공판>증거		
15	수사와 공소>강제처분과 강제수사			35	공판>재판		
16	수사와 공소>강제처분과 강제수사			36	상소와 비상구제절차>상소		
17	수사와 공소>강제처분과 강제수사			37	상소와 비상구제절차>상소		
18	수사와 공소>수사의 종결과 공소의 제기			38	상소와 비상구제절차>비상구제절차		
19	수사와 공소>수사의 종결과 공소의 제기			39	상소와 비상구제절차>특별절차		
20	수사와 공소>수사의 종결과 공소의 제기			40	상소와 비상구제절차>특별절차		
서론		/5		수사와 공소		/15	
공판		/15		상소와 비상구제절차		/5	

01

답 ②

영역 서론>형사소송법의 기초이론 　　　**난도** 하

정답해설

② (×) 자백보강법칙은 실체적 진실주의의 제도적 표현이지
만, 기소편의주의는 공소제기절차에서 신속한 재판을 위
한 제도로 볼 수 있다.

오답해설

① (○) 형사소송법의 목적원리인 실체진실주의, 적정절차와
신속한 재판의 원칙은 규범의 충돌을 일으킬 수 있는 긴
장관계에 있는 이념이라 할 수 있다. 왜냐하면 실체진실
주의를 추구하면 적정절차와 신속한 재판의 이념은 후퇴
하게 되고, 반대로 적정절차와 신속한 재판을 강조하면
실체진실의 발견이 제한되지 않을 수 없기 때문이다.

③ (○) 헌재결 1995.11.30. 92헌마44

④ (○) 헌재결 2001.08.30. 99헌마496

02

답 ④

영역 서론>소송주체와 소송관계인 　　　**난도** 상

정답해설

④ (×) 피모용자가 약식명령에 대하여 정식재판을 청구하여
피모용자를 상대로 심리를 하는 과정에서 성명모용사실
이 발각되어 검사가 공소장을 정정하는 등 사실상의 소
송계속이 발생하고 형식상 또는 외관상 피고인의 지위를
갖게 된 경우에 법원으로서는 피모용자에게 적법한 공소
의 제기가 없었음을 밝혀 주는 의미에서 형사소송법 제
327조 제2호를 유추적용하여 공소기각의 판결을 함으로
써 피모용자의 불안정한 지위를 명확히 해소해 주어야
하고, 피모용자가 정식재판을 청구하였다 하여도 모용자
에게는 아직 약식명령의 송달이 없었다 할 것이어서 검
사는 공소장에 기재된 피고인의 표시를 정정할 수 있으
며, 법원은 이에 따라 약식명령의 피고인 표시를 경정할
수 있고, 본래의 약식명령정본과 함께 이 경정결정을 모
용자에게 송달하면 이때에 약식명령의 적법한 송달이 있
다고 볼 것이며, 이에 대하여 소정의 기간 내에 정식재판
의 청구가 없으면 약식명령은 확정된다(대판 1993.1.19.
92도2554).

오답해설

①, ②, ③ (○) 대판 1993.1.19. 92도2554

03

답 ④

영역 서론>소송주체와 소송관계인 　　　**난도** 중

정답해설

④ (×) 형사소송법 제5조에 정한 관련 사건의 관할은, 이른
바 고유관할사건 및 그 관련 사건이 반드시 병합기소되
거나 병합되어 심리될 것을 전제요건으로 하는 것은 아
니고, 고유관할사건 계속 중 고유관할 법원에 관련 사건
이 계속된 이상 그 후 양 사건이 병합되어 심리되지 아니
한 채 고유사건에 대한 심리가 먼저 종결되었다 하더라
도 관련 사건에 대한 관할권은 여전히 유지된다(대판
2008.6.12. 2006도8568).

오답해설

① (○) 대결 1984.07.24. 84초45

② (○) 제9조

③ (○) 대판 2008.6.12. 2006도8568

04

답 ①

영역 서론>소송주체와 소송관계인 　　　**난도** 중

정답해설

① (×) 법관에 대한 기피신청이 있는 경우 형사소송법 제22
조에 따라 정지되는 소송진행에 판결의 선고는 포함되지
아니하므로, 피고인이 변론 종결 뒤 재판부에 대한 기피
신청을 하였지만, 원심이 소송진행을 정지하지 아니하고
판결을 선고한 것은 정당하고, 거기에 상고이유의 주장
과 같이 판결에 영향을 미친 절차위반 등의 위법이 없다
(대판 2002.11.13. 2002도4893).

오답해설

② (○) 대결 1987.05.28. 87모10

③ (○) 구속적부심사에 관여한 법관이 제1심에 관여는 경우
는 제17조 제7호의 제척사유에 해당하지 않는다(대판
1960.7.13. 4293형상166).

④ (○) 형사소송법 제23조 제1항은 기피신청을 기각하는
결정에 대해 명문으로 즉시항고를 허용하고 있다.

05

답 ③

영역 서론>소송행위와 소송조건 　　　**난도** 중

정답해설

③ (×) 소송촉진 등에 관한 특례법 제23조와 같은 법 시행
규칙 제19조 제1항에 의하면, 피고인의 소재를 확인하기
위하여 필요한 조치를 취하였음에도 불구하고 피고인에

대한 송달불능보고서가 접수된 때로부터 6월이 경과하도록 피고인의 소재가 확인되지 아니한 때에 비로소 공시송달의 방법에 의하도록 하고 있는데, 피고인 주소지에 피고인이 거주하지 아니한다는 이유로 구속영장이 여러 차례에 걸쳐 집행불능되어 반환된 바 있었다고 하더라도 이를 소송촉진 등에 관한 특례법이 정한 '송달불능보고서의 접수'로 볼 수는 없다(대결 2014.10.16. 2014모1557).

오답해설

① (ㅇ) 교도소 또는 구치소에 구속된 자에 대한 송달은 그 소장에게 송달하면 구속된 자에게 전달된 여부와 관계없이 효력이 생기는 것이다(대판 1995.1.12. 94도2687).

② (ㅇ) 대결 2017.9.22. 2017모1680

④ (ㅇ) 대결 2022.05.26. 2022모439

06

팁 ②

영역 수사와 공소>수사　　　　　　　　　난도 중

정답해설

② (×) 검사 또는 사법경찰관은 피의자나 사건관계인에 대해 원칙적으로 오후 9시부터 오전 6시까지 사이에 심야조사를 해서는 안 된다. 다만, 이미 작성된 조서의 열람을 위한 절차는 자정 이전까지 진행할 수 있다(수사준칙 제21조 제1항).

오답해설

① (ㅇ) 수사준칙 제22조 제3항

③ (ㅇ) 수사준칙 제21조 제2항 제1호

④ (ㅇ) 수사준칙 제21조 제2항 제4호

07

팁 ③

영역 수사와 공소>수사　　　　　　　　　난도 상

정답해설

③ (ㅇ) 설문의 내용은 주관적 불가분의 원칙에서 상대적 친고죄에서 공범자 중 일부가 비신분자인 경우를 묻는 경우이다. 상대적 친고죄에 있어서는 비신분자에 대한 고소의 효력은 신분관계 있는 공범에게는 미치지 아니하며, 신분관계에 있는 자에 대한 피해자의 고소취소는 비신분자에게 효력이 없다. 따라서 비신분자인 乙에 대해서만 고소가 있었기 때문에 신분자인 甲에게는 효력이 없고, 乙에 대해서만 고소의 효력이 있다.

오답해설

① (×) 甲의 절도행위는 친고죄인 반면 乙의 절도행위는 비친고죄이다. 친고죄의 경우 피해자의 개별처벌의사가 있어야 한다. 따라서 비친고죄(乙)에 대한 고소는 친고죄(甲)에 효력이 없다.

② (×) 乙에 대한 고소는 적법하다.

④ (×) 乙은 신분관계 없는 자로서 乙의 절도죄는 비친고죄이다. 따라서 甲에 대한 고소취소의 효력은 乙에게 미치지 않고 乙에 대해서는 실체판결을 선고하여야 한다.

08

팁 ①

영역 수사와 공소>수사　　　　　　　　　난도 중

정답해설

① (×) 세무공무원의 고발 없이 조세범칙사건의 공소가 제기된 후에 세무공무원이 고발을 하여도 그 공소절차의 무효가 치유된다고 할 수 없다(대판 1970.7.28. 70도942).

오답해설

② (ㅇ) 대판 2021.07.29. 2017도16810

③ (ㅇ) 대판 2009.11.19. 2009도6058 전합

④ (ㅇ) 대판 1999.4.15. 96도1922 전합

09

팁 ③

영역 수사와 공소>수사　　　　　　　　　난도 중

정답해설

③ (×) 사법경찰관은 인터넷 회선을 통하여 송신·수신하는 전기통신을 대상으로 제6조 또는 제8조(제5조 제1항의 요건에 해당하는 사람에 대한 긴급통신제한조치에 한정한다)에 따른 통신제한조치를 집행한 경우 그 전기통신의 보관등을 하고자 하는 때에는 집행종료일부터 14일 이내에 보관등이 필요한 전기통신을 선별하여 검사에게 보관등의 승인을 신청하고, 검사는 신청일부터 7일 이내에 통신제한조치를 허가한 법원에 그 승인을 청구할 수 있다(통신비밀보호법 제12조의2 제2항).

오답해설

① (ㅇ) 대판 2017.1.25. 2016도13489

② (ㅇ) 통신비밀보호법 제4조

④ (ㅇ) 대판 2002.10.8. 2002도123

10

답 ①

영역 수사와 공소>수사	난도 중

정답해설

① (○) 대판 2014.7.10. 2012도5041

오답해설

② (×) 검사 또는 사법경찰관은 수사에 필요한 때에는 피의자가 아닌 자의 출석을 요구하여 진술을 들을 수 있다. 이 경우 그의 동의를 받아 영상녹화할 수 있다(제221조 제1항).

③ (×) 피의자의 진술은 영상녹화할 수 있다. 이 경우 미리 영상녹화사실을 알려주어야 하며, 조사의 개시부터 종료까지의 전 과정 및 객관적 정황을 영상녹화하여야 한다(제244조의2 제1항).

④ (×) 피의자의 진술에 대한 영상녹화가 완료된 이후 피의자가 그 내용에 대하여 이의를 진술하는 때에는 그 취지를 기재한 서면을 첨부하여야 한다(제244조의2 제3항).

11

답 ④

영역 수사와 공소>강제처분과 강제수사	난도 상

정답해설

ⓒ (긴급체포 적법) 대판 2007.11.29. 2007도7961

ⓔ (긴급체포 적법) 대판 2005.12.9. 2005도7569

ⓜ (긴급체포 적법) 대판 2008.7.24. 2008도2794

오답해설

㉠ (긴급체포 위법) 대판 2006.9.8. 2006도148

ⓛ (긴급체포 위법) 피고인이 필로폰을 투약한다는 제보를 받은 경찰관이 제보된 주거지에 피고인이 살고 있는지 등 제보의 정확성을 사전에 확인한 후에 제보자를 불러 조사하기 위하여 피고인의 주거지를 방문하였다가, 현관에서 담배를 피우고 있는 피고인을 발견하고 사진을 찍어 제보자에게 전송하여 사진에 있는 사람이 제보한 대상자가 맞다는 확인을 한 후, 가지고 있던 피고인의 전화번호로 전화를 하여 차량 접촉사고가 났으니 나오라고 하였으나 나오지 않고, 또한 경찰관임을 밝히고 만나자고 하는데도 현재 집에 있지 않다는 취지로 거짓말을 하자 피고인의 집 문을 강제로 열고 들어가 피고인을 긴급체포한 사안에서, 피고인이 마약에 관한 죄를 범하였다고 의심할 만한 상당한 이유가 있었더라도, 경찰관이 이미 피고인의 신원과 주거지 및 전화번호 등을 모두 파악하고 있었고, 당시 마약 투약의 범죄 증거가 급속하게 소멸될 상황도 아니었던 점 등의 사정을 감안하면, 긴급체포가 미리 체포영장을 받을 시간적 여유가 없었던 경우에 해당하지 않아 위법하다고 본 원심판단이 정당하다고

12

답 ④

영역 수사와 공소>강제처분과 강제수사	난도 중

정답해설

④ (×) 피의자심문을 하는 경우 법원이 구속영장청구서, 수사 관계 서류 및 증거물을 접수한 날부터 구속영장을 발부하여 검찰청에 반환한 날까지의 기간은 검사와 사법경찰관의 구속기간에 산입하지 아니한다(제201조의2 제7항).

오답해설

① (○) 규칙 제96조의14

② (○) 제201조의2 제8항

③ (○) 제201조의2 제9항

13

답 ④

영역 수사와 공소>강제처분과 강제수사	난도 상

정답해설

㉠ (×) 신체구속을 당한 피의자 또는 피고인이 범한 것으로 의심받고 있는 범죄행위에 해당 변호인이 관련되어 있다는 등의 사유에 기하여 그 변호인의 변호활동을 광범위하게 규제하는 변호인의 제척과 같은 제도를 두고 있지 아니한 우리 법제 아래에서는, 변호인의 접견교통의 상대방인 신체구속을 당한 사람이 그 변호인을 자신의 범죄행위에 공범으로 가담시키려고 하였다는 등의 사정만으로 그 변호인의 신체구속을 당한 사람과의 접견교통을 금지하는 것이 정당화될 수는 없다(대결 2007.1.31. 2006모657).

ⓛ (○) 대결 1991.3.28. 91모24

ⓒ (×) 구속피고인 변호인 면접·교섭권은 독자적으로 존재하는 것이 아니라 국가형벌권의 적정한 행사와 피고인의 인권보호라는 형사소송절차의 전체적인 체계 안에서 의미를 갖고 있는 것이다. 따라서 구속피고인의 변호인 면접·교섭권은 최대한 보장되어야 하지만, 형사소송절차의 위와 같은 목적을 구현하기 위하여 제한될 수 있다. 다만 이 경우에도 그 제한은 엄격한 비례의 원칙에 따라야 하고, 시간·장소·방법 등 일반적 기준에 따라 중립적이어야 한다. 청구인은 법정 옆 구속피고인 대기실에서 재판을 대기하던 중 자신에 대한 재판 시작 전 약 20분전에 교도관 김○에게 변호인과의 면담을 요구하였다. 당시 위 대기실에는 청구인을 포함하여 14인이 대기 중이었고, 그 중 11인은 살인미수, 강간치상 등 이른바

강력범들이었다. 반면 대기실에서 근무하는 교도관은 위 김○호를 포함하여 2명뿐이었다. 또한 청구인은 변호인과의 면접에 관하여 사전에 서면은 물론 구두로도 신청한 바 없었고, 교도관들은 청구인이 만나고자 하는 변호인이 법정에 있는지 조차 알 수 없는 상황이었다. 이 때 교도관이 계호근무준칙상의 변호인 접견절차를 무시하고라도 청구인의 변호인과의 면접을 허용하려면, 법정으로 들어가 변호인을 찾은 후 면담의 비밀성이 보장되고 계호에도 문제가 없는 공간을 찾아서 면담을 하게 하여 줄 수밖에 없다. 그러나 위 상황에서 교도관이 청구인과 변호인 간의 면담을 위하여 이와 같은 행위를 하여줄 경우 다른 피고인들의 계호 등 교도행정업무에 치명적 위험이 될 가능성도 배제할 수 없다. 결국 위와 같은 시간적 · 장소적 상황을 고려할 때, 청구인의 면담 요구는 구속피고인의 변호인과의 면접 · 교섭권으로서 현실적으로 보장할 수 있는 한계 범위 밖이라고 아니할 수 없다. 따라서 청구인의 변호인 면담 요구를 받아들이지 아니한 교도관 김○호의 접견불허행위는 청구인의 기본권을 침해하는 위헌적인 공권력의 행사라고 보기 어렵다(헌재결 2009.10.29. 2007헌마992).

ⓒ (○) 대판 1990.9.25. 90도1586

14

답 ①

영역 수사와 공소>강제처분과 강제수사　　난도 하

정답해설

① (×) 구속영장의 효력이 소멸한 때에는 보석조건은 즉시 그 효력을 상실한다(제104조의2 제1항).

오답해설

② (○) 제99조 제2항

③ (○) 제103조 제1항

④ (○) 제105조

15

답 ①

영역 수사와 공소>강제처분과 강제수사　　난도 중

정답해설

① (○) 대판 2021.11.18. 2016도348 전합

오답해설

② (×) 임의제출된 정보저장매체에서 압수의 대상이 되는 전자정보의 범위를 넘어서는 전자정보에 대해 수사기관이 영장 없이 압수 · 수색하여 취득한 증거는 위법수집증거에 해당하고, 사후에 법원으로부터 영장이 발부되었다거나 피고인이나 변호인이 이를 증거로 함에 동의하였다

고 하여 그 위법성이 치유되는 것도 아니다(대판 2021.11.18. 2016도348 전합).

③ (×) 정보저장매체를 임의제출한 피압수자에 더하여 임의제출자 아닌 피의자에게도 참여권이 보장되어야 하는 '피의자의 소유 · 관리에 속하는 정보저장매체'란, 피의자가 압수 · 수색 당시 또는 이와 시간적으로 근접한 시기까지 해당 정보저장매체를 현실적으로 지배 · 관리하면서 그 정보저장매체 내 전자정보 전반에 관한 전속적인 관리처분권을 보유 · 행사하고, 달리 이를 자신의 의사에 따라 제3자에게 양도하거나 포기하지 아니한 경우로서, 피의자를 그 정보저장매체에 저장된 전자정보에 대하여 실질적인 피압수자로 평가할 수 있는 경우를 말하는 것이다(대판 2022.01.27. 2021도11170).

④ (×) 수사기관이 피의자로부터 범죄혐의사실과 관련된 전자정보와 그렇지 않은 전자정보가 섞인 매체를 임의제출받아 사무실 등지에서 정보를 탐색 · 복제 · 출력하는 경우 피의자나 변호인에게 참여의 기회를 보장하고 압수된 전자정보가 특정된 목록을 교부해야 하나, 그러한 조치를 하지 않았더라도 절차 위반행위가 이루어진 과정의 성질과 내용 등에 비추어 피의자의 절차상 권리가 실질적으로 침해되지 않았다면 압수 · 수색이 위법하다고 볼 것은 아니다(대판 2022.02.17. 2019도4938).

16

답 ④

영역 수사와 공소>강제처분과 강제수사　　난도 중

정답해설

④ (○) 대판 2012.02.09. 2011도4328

오답해설

① (×) 형사소송법상 소송능력이란 소송당사자가 유효하게 소송행위를 할 수 있는 능력, 즉 피고인 또는 피의자가 자기의 소송상의 지위와 이해관계를 이해하고 이에 따라 방어행위를 할 수 있는 의사능력을 의미하는데, 피의자에게 의사능력이 있으면 직접 소송행위를 하는 것이 원칙이고, 피의자에게 의사능력이 없는 경우에는 형법 제9조 내지 제11조의 규정의 적용을 받지 아니하는 범죄사건에 한하여 예외적으로 법정대리인이 소송행위를 대리할 수 있다(형사소송법 제26조). 따라서 음주운전과 관련한 도로교통법 위반죄의 범죄수사를 위하여 미성년자인 피의자의 혈액채취가 필요한 경우에도 피의자에게 의사능력이 있다면 피의자 본인만이 혈액채취에 관한 유효한 동의를 할 수 있고, 피의자에게 의사능력이 없는 경우에도 명문의 규정이 없는 이상 법정대리인이 피의자를 대리하여 동의할 수는 없다(대판 2014.11.13. 2013도1228).

② (×) 전날 밤 술을 마신 뒤 식당 건너편 빌라 주차장에 차량을 그대로 둔 채 귀가하였다가 다음날 아침 차량을 이동시켜 달라는 경찰관의 전화를 받고 현장에 도착하여 차량을 약 2m 가량 운전하여 이동주차하였고, 차량을 완전히 뺄 것을 요구하던 공사장 인부들과 시비가 된 상태에서 누군가 피고인이 음주운전을 하였다고 신고를 하여 출동한 경찰관이 음주감지기에 의한 확인을 요구하였으나 응하지 아니하고 임의동행도 거부하자 피고인을 도로교통법위반(음주운전)죄의 현행범으로 체포하여 지구대로 데리고 가 음주측정을 요구한 사안에서, 피고인이 전날 늦은 밤 시간까지 마신 술 때문에 미처 덜 깬 상태였던 것으로 보이기는 하나, 술을 마신 때로부터 이미 상당한 시간이 경과한 뒤에 운전을 하였으므로 도로교통법위반(음주운전)죄를 저지른 범인임이 명백하다고 쉽게 속단하기는 어렵고, 피고인은 지구대로부터 차량을 이동하라는 전화를 받고 빌라 주차장까지 가 차량을 2m 가량 운전하였을 뿐 피고인 스스로 운전할 의도를 가졌다거나 차량을 이동시킨 후에도 계속하여 운전할 태도를 보인 것도 아니어서 사안 자체가 경미하며, 당시는 아침 시간이었던 데다가 위 주차장에서 피고인에게 차량을 이동시키라는 등 시비를 하는 과정에서 경찰관 등도 피고인이 전날 밤에 술을 마셨다는 얘기를 들었으므로, 당시는 술을 마신 때로부터 상당한 시간이 지난 후라는 것을 충분히 알 수 있었을 뿐만 아니라 피고인이 음주감지기에 의한 확인 자체를 거부한 사정이 있기는 하나, 경찰관들로서는 음주운전 신고를 받고 현장에 출동하였으므로 음주감지기 외에 음주측정기를 소지하였더라면 임의동행이나 현행범 체포 없이도 현장에서 곧바로 음주측정을 시도할 수 있었을 것으로 보이는 사정을 위 정황들과 함께 종합적으로 살펴보면, 피고인이 현장에서 도망하거나 증거를 인멸하려 하였다고 단정하기도 어려워, 경찰관이 피고인을 현행범으로 체포한 것은 그 요건을 갖추지 못한 것이어서 위법하고, 그와 같이 위법한 체포상태에서 이루어진 경찰관의 음주측정요구 또한 위법하다고 보지 않을 수 없다는 이유로 피고인에 대하여 도로교통법위반(음주측정거부)의 유죄를 인정한 원심판결을 파기한 사례(대판 2017.4.7. 2016도19907)

③ (×) 구 도로교통법 제107조의2 제2호의 음주측정불응죄는 경찰관으로부터 술에 취한 상태에 있다고 의심받을 상당한 이유가 있는 사람이 도로교통법 제41조 제2항의 규정에 의한 경찰공무원의 측정에 응하지 아니한 경우에 성립하고, 법 제41조 제2항에서 규정하는 경찰관의 음주측정은 위 조항과 법 제1조의 취지에 비추어 볼 때 음주운전을 제지하지 아니하고 방치할 경우에 초래될 도로교통의 안전에 대한 침해 또는 위험을 미리 방지하기 위한 필요성 즉 '교통안전과 위험방지의 필요성'이 있을 때에 한하여 음주운전의 혐의가 있는 운전자에 대하여 요구할

수 있는 예방적인 행정행위일 뿐 그 조항에 의하여 경찰관에게 이미 발생한 도로교통상의 범죄행위에 대한 수사를 위한 음주측정 권한이 부여된 것이라고는 볼 수 없으므로, 이러한 범죄수사를 위한 경찰관의 음주측정 요구에 불응한 경우에는 다른 증거에 의하여 음주운전죄로 처벌할 수 있음은 별론으로 하고 법 제107조의2 제2호 소정의 음주측정불응죄는 성립하지 아니한다(대판 1993. 5.27. 92도3402).

17 답 ②

영역 수사와 공소>강제처분과 강제수사　　난도 중

정답해설

② (×) 증거보전의 청구를 함에는 <u>서면으로</u> 그 사유를 소명하여야 한다(제184조 제2항).

오답해설

① (○) 대판 1984.5.15. 84도508
③ (○) 대결 1984.03.29. 84모15
④ (○) 대판 1979.6.12. 79도792

18 답 ④

영역 수사와 공소>수사의 종결과 공소의 제기　　난도 상

정답해설

ⓒ (○) 대결 1997.4.22. 97모30
ⓔ (○) 대결 1990.07.16. 90모34

오답해설

ⓐ (×) 법원은 제262조 제2항 제1호의 결정(재정신청 기각 결정) 또는 제264조 제2항의 취소(재정신청 취소)가 있는 경우에는 결정으로 재정신청인에게 신청절차에 의하여 생긴 비용의 전부 또는 일부를 부담하게 할 수 있다(제262조의3 제1항).

ⓑ (×) 재정신청사건은 불기소처분을 한 검사 소속의 지방검찰청 소재지를 관할하는 고등법원의 관할에 속한다(제260조 제1항).

19 답 ③

영역 수사와 공소>수사의 종결과 공소의 제기　　난도 중

정답해설

③ (×) 검사작성의 피고인에 대한 진술조서가 공소제기 후에 작성된 것이라는 이유만으로는 곧 그 증거능력이 없

다고 할 수 없다(대판 1984.9.25. 84도1646).

오답해설

① (○) 제216조 제2항

② (○) 대판 2019.11.28. 2013도6825

④ (○) 공소제기 후의 피고인구속은 수소법원의 권한에 속한다(제70조). 따라서 공소제기 된 피고인의 구속상태를 계속 유지할 것인지 여부에 관한 판단은 전적으로 당해 수소법원의 전권에 속한다.

20 답 ④

영역 수사와 공소＞수사의 종결과 공소의 제기 난도 **중**

정답해설

④ (×) 1개의 행위가 여러 개의 죄에 해당하는 경우 형법 제40조는 이를 과형상 일죄로 처벌한다는 것에 지나지 아니하고, 공소시효를 적용함에 있어서는 각 죄마다 따로 따져야 할 것인바, 공무원이 취급하는 사건에 관하여 청탁 또는 알선을 할 의사와 능력이 없음에도 청탁 또는 알선을 한다고 기망하여 금품을 교부받은 경우에 성립하는 사기죄와 변호사법 위반죄는 상상적 경합의 관계에 있으므로, 변호사법 위반죄의 공소시효가 완성되었다고 하여도 그 죄와 상상적 경합관계에 있는 사기죄의 공소시효까지 완성되는 것은 아니다(대판 2006.12.8. 2006도6356).

오답해설

① (○) 대판 2018.10.12. 2018도6252

② (○) 대판 2021.09.09. 2019도5371

③ (○) 대판 1999.3.9. 98도4621

21 답 ④

영역 공판＞공판절차 난도 **중**

정답해설

④ (×) 즉결심판에 관한 절차법이 즉결심판의 청구와 동시에 판사에게 증거서류 및 증거물을 제출하도록 한 것은 즉결심판이 범증이 명백하고 죄질이 경미한 범죄사건을 신속·적정하게 심판하기 위한 입법적 고려에서 공소장일본주의가 배제되도록 한 것이라고 보아야 한다. 또한 피고인이 즉결심판에 대하여 정식재판을 청구한 경우 판사는 정식재판청구서를 받은 날부터 7일 이내에 경찰서장에게 정식재판청구서를 첨부한 사건기록과 증거물을 송부하고, 경찰서장은 지체없이 관할 지방검찰청 또는 지청의 장에게 이를 송부하여야 하며, 관할 지방검찰청

또는 지청의 장은 지체없이 관할 법원에 이를 송부하여야 한다(즉결심판에 관한 절차법 제14조 제3항). 이에 따라 법원은 즉결심판에 대한 정식재판의 청구가 적법한 때에는 공판절차에 의하여 심판하여야 하는바(같은 법 제14조 제4항, 형사소송법 제455조 제3항), 위 규정에 따라 정식재판청구에 의한 제1회 공판기일 전에 사건기록 및 증거물이 경찰서장, 관할 지방검찰청 또는 지청의 장을 거쳐 관할 법원에 송부된다고 하여 그 이전에 이미 적법하게 제기된 경찰서장의 즉결심판청구의 절차가 위법하게 된다고 볼 수 없고, 그 과정에서 정식재판이 청구된 이후에 작성된 피해자에 대한 진술조서 등이 사건기록에 편철되어 송부되었다고 하더라도 달리 볼 것은 아니다(대판 2011.1.27. 2008도7375).

오답해설

① (○) 대판 1990.10.16. 90도1813

② (○) 대판 2014.8.20. 2011도468

③ (○) 대판 2020.10.29. 2020도3972

22 답 ①

영역 공판＞공판절차 난도 **상**

정답해설

㉠ 대판 1999.11.26. 99도2651

㉡ 피해자의 적법한 고소가 있는 '강간'의 공소사실은 인정되지 않고 그 수단인 '폭행'만이 인정된다는 이유로, 공소장변경 절차 없이 직권으로 폭행죄를 인정한 원심의 조치를 수긍한 사례(대판 2010.11.11. 2010도10512)

㉢ 판례는 죄수판단의 변화는 법률해석의 문제로 취급하여 공소장변경이 필요없다는 입장을 취한다(대판 2005.10.28. 2005도5996 등 참조).

오답해설

㉣ 공소장변경필요(대판 1981.7.28. 81도1489)

㉤ 공소장변경필요(대판 2008.7.10. 2008도3747)

23 답 ②

영역 공판＞공판절차 난도 **중**

정답해설

② (○) 제266조의3 제3항

오답해설

① (×) 형사소송법 제266조의3 제1항은 검사가 공소제기 후 증거로 제출한 서류 뿐 아니라 피고인 또는 변호인이

행한 법률상·사실상 주장과 관련한 서류까지도 열람·등사, 교부의 대상으로 규정하고 있다. 따라서 형사소송법의 규정상으로도 법원에 증거로 제출하지 않은 관계서류나 제출하지 않을 서류 등도 열람 또는 등사의 대상이 됨이 명확하다.

③ (×) 검사는 국가안보, 증인보호의 필요성, 증거인멸의 염려, 관련사건의 수사에 장애를 가져올 것으로 예상되는 구체적인 사유 등 열람·등사 또는 서면의 교부를 허용하지 아니할 상당한 이유가 있다고 인정하는 때에는 열람·등사 또는 서면의 교부를 거부하거나 그 범위를 제한할 수 있다(제266조의3 제2항). 그러나 검사는 서류 등의 목록에 대하여는 열람 또는 등사를 거부할 수 없다(제266조의3 제5항).

④ (×) 검사가 피고인 측의 신청에 대한 증거개시의무를 이행하지 않은 경우에는 피고인 측은 검사가 요구한 제266조의11 제1항의 서류 등의 열람·등사 또는 서면의 교부를 거부할 수 있다(제266조의11 제2항).

24

정답 ①

영역 공판>공판절차   난도 **하**

정답해설

① 공판기일의 절차는 ⓔ 진술거부권의 고지(제283조의2) → ⓒ 인정신문(제284조) → ⓛ 검사의 모두진술(제285조) → ⓖ 피고인의 모두진술(제286조) 순으로 진행된다.

25

정답 ③

영역 공판>공판절차   난도 **중**

정답해설

③ (×) 자신에 대한 유죄판결이 확정된 증인이 공범에 대한 피고사건에서 증언할 당시 앞으로 재심을 청구할 예정이라고 하여도, 이를 이유로 증인에게 형사소송법 제148조에 의한 증언거부권이 인정되지는 않는다(대판 2011.11.24. 2011도11994).

오답해설

① (○) 대판 2013.7.26. 2013도2511
② (○) 대판 2015.5.28. 2014도18006
④ (○) 대판 2012.12.13. 2010도10028

26

정답 ③

영역 공판>공판절차   난도 **상**

정답해설

ⓛ (○) 대판 1998.2.27. 97도3421
ⓔ (○) 위법성조각사유나 책임조각사유의 부존재는 사실상 추정되는 것이므로 명시적으로 유죄임을 자인하지 않더라도 위법성이나 책임의 조각사유를 주장하지 않으면 자백한 경우에 해당한다고 할 것이다(대판 1987.8.18. 87도1269).

오답해설

ⓖ (×) 간이공판절차는 지방법원 또는 지원의 제1심 관할사건에 대해서만 인정되는데(제286조의2), 제1심 관할사건이라면 단독판사의 관할사건은 물론 합의부 관할사건에 대해서도 간이공판절차를 할 수 있다.

ⓒ (×) 검사의 신문에는 피고인이 공소사실을 자백하다가 변호인의 반대신문시 부인한 경우에는 간이공판절차에 의하여 신문할 수 없다(대판 1998.2.27. 97도3421).

27

정답 ②

영역 공판>공판절차   난도 **중**

정답해설

② (○) 대결 2009.10.23. 2009모1032

오답해설

① (×) 피고인은 공소장부본을 송달받은 날부터 7일 이내에 국민참여재판을 원하는지 여부에 관한 의사가 기재된 서면을 제출하여야 한다. 이 경우 피고인이 서면을 우편으로 발송한 때, 교도소 또는 구치소에 있는 피고인이 서면을 교도소장·구치소장 또는 그 직무를 대리하는 자에게 제출한 때에는 법원에 제출한 것으로 본다(국민의 형사재판 참여에 관한 법률 제8조 제2항).

③ (×) 국민참여재판은 그 실시를 희망하는 의사의 번복에 관하여 국민의 형사재판 참여에 관한 법률 제8조 제4항에 따른 시기적·절차적 제한이 있는 외에는 피고인의 의사에 반하여 할 수 없으므로, 제1심법원이 국민참여재판 대상이 되는 사건임을 간과하여 이에 관한 피고인의 의사를 확인하지 아니한 채 통상의 공판절차로 재판을 진행하였더라도, 피고인이 항소심에서 국민참여재판을 원하지 아니한다고 하면서 위와 같은 제1심의 절차적 위법을 문제삼지 아니할 의사를 명백히 표시하는 경우에는 하자가 치유되어 제1심 공판절차는 전체로서 적법하게 된다고 보아야 하고, 다만 국민참여재판제도의 취지와 피고인의 국민참여재판을 받을 권리를 실질적으로 보장하고자 하는 관련 규정의 내용에 비추어 위 권리를 침해

한 제1심 공판절차의 하자가 치유된다고 보기 위해서는 같은 법 제8조 제1항, 국민의 형사재판 참여에 관한 규칙 제3조 제1항에 준하여 피고인에게 국민참여재판절차 등에 관한 충분한 안내와 그 희망 여부에 관하여 숙고할 수 있는 상당한 시간이 사전에 부여되어야 한다(대판 2012.4.26. 2012도1225).

④ (×) 법원은 일정한 사유가 있는 경우 공소제기 후부터 공판준비준비기일이 종결된 다음날까지 검사·피고인 또는 변호인의 의견을 들어 국민참여재판을 하지 아니하기로 하는 결정을 할 수 있다(국민의 형사재판 참여에 관한 법률 제9조 제1항, 제2항). 배제결정에 대하여는 즉시항고를 할 수 있다(동법 제9조 제3항).

28

답 ④

정답해설

㉠ (×) 통신제한조치허가서에는 통신제한조치의 종류·목적·대상·범위·기간 및 집행장소와 방법을 특정하여 기재하여야 하고(통신비밀보호법 제6조 제6항), 수사기관은 허가서에 기재된 허가의 내용과 범위 및 집행방법 등을 준수하여 통신제한조치를 집행하여야 한다. 이때 수사기관은 통신기관 등에 통신제한조치허가서의 사본을 교부하고 집행을 위탁할 수 있으나(통신비밀보호법 제9조 제1항, 제2항), 그 경우에도 집행의 위탁을 받은 통신기관 등은 수사기관이 직접 집행할 경우와 마찬가지로 허가서에 기재된 집행방법 등을 준수하여야 함은 당연하다. 따라서 허가된 통신제한조치의 종류가 전기통신의 '감청'인 경우, 수사기관 또는 수사기관으로부터 통신제한조치의 집행을 위탁받은 통신기관 등은 통신비밀보호법이 정한 감청의 방식으로 집행하여야 하고 그와 다른 방식으로 집행하여서는 아니 된다. 한편 수사기관이 통신기관 등에 통신제한조치의 집행을 위탁하는 경우에는 집행에 필요한 설비를 제공하여야 한다(통신비밀보호법 시행령 제21조 제3항). 그러므로 수사기관으로부터 통신제한조치의 집행을 위탁받은 통신기관 등이 집행에 필요한 설비가 없을 때에는 수사기관에 설비의 제공을 요청하여야 하고, 그러한 요청 없이 통신제한조치허가서에 기재된 사항을 준수하지 아니한 채 통신제한조치를 집행하였다면, 그러한 집행으로 취득한 전기통신의 내용 등은 헌법과 통신비밀보호법이 국민의 기본권인 통신의 비밀을 보장하기 위해 마련한 적법한 절차를 따르지 아니하고 수집한 증거에 해당하므로(형사소송법 제308조의2), 이는 유죄 인정의 증거로 할 수 없다(대판 2016.10.13. 2016도8137).

㉡ (○) 대판 2009.08.20. 2008도8213

㉢ (○) 대판 2013.9.12. 2011도12918

㉣ (○) 대판 2009.4.23. 2009도526

29

답 ②

정답해설

㉠은 전문증거, ㉡은 전문법칙을 말한다.

②의 내용은 전문법칙이 적용되지 않는 경우를 묻는 것이다. 전문진술을 원진술자의 심리적·정신적 상황을 증명하기 위한 정황증거로 사용하는 경우에는 전문법칙이 적용되지 않는다.

오답해설

①의 내용은 직접주의를 묻는 설명이다.

③의 내용은 자백배제법칙을 묻는 설명이다.

④의 내용은 자백의 보강법칙을 묻는 설명이다.

30

답 ③

정답해설

③ (×) 정보통신망을 통하여 공포심이나 불안감을 유발하는 글을 반복적으로 상대방에게 도달하게 하는 행위를 하였다는 공소사실에 대하여 휴대전화기에 저장된 문자정보가 그 증거가 되는 경우, 그 문자정보는 범행의 직접적인 수단이고 경험자의 진술에 갈음하는 대체물에 해당하지 않으므로, 형사소송법 제310조의2에서 정한 전문법칙이 적용되지 않는다(대판 2008.11.13. 2006도2556).

오답해설

① (○) 대판 2014.08.26. 2011도6035

② (○) 대판 2000.09.08. 99도4814

④ (○) 대판 2015.04.23. 2015도2275

31

답 ③

정답해설

③ (×) 대한민국 주중국 대사관 영사가 작성한 사실확인서 중 공인 부분을 제외한 나머지 부분이 비록 영사의 공무 수행 과정 중 작성되었지만 공적인 증명보다는 상급자

등에 대한 보고를 목적으로 하는 것인 경우, 형사소송법 제315조 제1호의 '공무원의 직무상 증명할 수 있는 사항에 관하여 작성한 문서'또는 제3호의 '기타 특히 신뢰할 만한 정황에 의하여 작성된 문서'라고 볼 수 없으므로 증거능력이 없다고 한 사례(대판 2007.12.13. 2007도7257).

오답해설

① (○) 대판 2004.1.16. 2003도5693

② (○) 제315조 제1호

④ (○) 대판 2007.7.26. 2007도3219

32

답 ②

영역 공판>증거　　　　　　　　　난도 중

정답해설

② (×) 피고인이 신청한 증인의 증언이 피고인 아닌 타인의 진술을 그 내용으로 하는 전문진술이라고 하더라도 피고인이 그 증언에 대하여 별 의견이 없다고 진술하였다면 그 증언을 증거로 함에 동의한 것으로 볼 수 있으므로 이는 증거능력 있다(대판 1983.9.27. 83도516).

오답해설

① (○) 제318조 제2항

③ (○) 대판 1984.10.10. 84도1552

④ (○) 대판 1991.6.28. 91도865

33

답 ③

영역 공판>증거　　　　　　　　　난도 상

정답해설

㉠ (○) 제318조의2 제1항

㉡ (○) 사법경찰리 작성의 피고인에 대한 피의자신문조서와 피고인이 작성한 자술서들은 모두 검사가 유죄의 자료로 제출한 증거들로서 피고인이 각 그 내용을 부인하는 이상 증거능력이 없으나 그러한 증거라 하더라도 그것이 임의로 작성된 것이 아니라고 의심할 만한 사정이 없는 한 피고인의 법정에서의 진술을 탄핵하기 위한 반대증거로 사용할 수 있다(대판 1998.2.27. 97도1770).

㉢ (×) 범죄사실의 인정은 합리적인 의심이 없는 정도의 증명에 이르러야 하나(제307조 제2항), 사실인정의 전제로 행하여지는 증거의 취사선택 및 증명력에 대한 판단은 자유심증주의의 한계를 벗어나지 않는 한 사실심 법원의 재량에 속한다(제308조). 그리고 탄핵증거는 진술의 증명력을 감쇄하기 위하여 인정되는 것이고 범죄사실 또는

그 간접사실의 인정의 증거로서는 허용되지 않는다. 원심은 검사가 탄핵증거로 신청한 체포·구속인접견부 사본은 피고인의 부인진술을 탄핵한다는 것이므로 결국 검사에게 입증책임이 있는 공소사실 자체를 입증하기 위한 것에 불과하므로 형사소송법 제318조의2 제1항 소정의 피고인의 진술의 증명력을 다투기 위한 탄핵증거로 볼 수 없다는 이유로 그 증거신청을 기각하였다. 관련 법리와 기록에 비추어 살펴보면 원심의 이 부분 판단은 정당한 것으로 수긍이 가고, 거기에 탄핵증거에 관한 법리를 오해하거나 채증법칙을 위반한 위법이 없다(대판 2012. 10.25. 2011도5459).

㉣ (○) 대판 2005.8.19. 2005도2617

34

답 ④

영역 공판>증거　　　　　　　　　난도 중

정답해설

④ (○) 대판 2007.09.20. 2007도5845

오답해설

① (×) 자백의 보강법칙은 정식재판, 즉 일반 형사소송절차에서 적용되므로 즉결심판에는 적용되지 않는다(즉결심판에 관한 절차법 제10조).

② (×) 포괄일죄인 상습범과 관련하여 개별행위별로 보강증거를 요한다(대판 1996.2.23. 95도1794).

③ (×) 과거 낙태를 시키려고 했던 정황적 사실은, 피고인이 가정불화로 유아를 살해했다는 자백에 대한 보강증거가 된다(대판 1960.3.18. 4292형상880).

35

답 ③

영역 공판>재판　　　　　　　　　난도 중

정답해설

③ (×) 소년법 제30조의 보호처분을 받은 사건과 동일한 사건에 대하여 다시 공소제기가 되었다면 동조의 보호처분은 확정판결이 아니고 따라서 기판력도 없으므로 이에 대하여 면소판결을 할 것이 아니라 공소제기절차가 동법 제47조의 규정에 위배하여 무효일 때에 해당한 경우이므로 공소기각의 판결을 하여야 한다(대판 1985.5.28. 85도21).

오답해설

① (○) 헌법재판소법 제47조 제4항에 따라 재심을 청구할 수 있는 '위헌으로 결정된 법률 또는 법률의 조항에 근거한 유죄의 확정판결'이란 헌법재판소의 위헌결정으로 인

하여 같은 조 제3항의 규정에 의하여 소급하여 효력을 상실하는 법률 또는 법률의 조항을 적용한 유죄의 확정판결을 의미한다. 따라서 위헌으로 결정된 법률 또는 법률의 조항이 같은 조 제3항 단서에 의하여 종전의 합헌결정이 있는 날의 다음 날로 소급하여 효력을 상실하는 경우 그 합헌결정이 있는 날의 다음 날 이후에 유죄 판결이 선고되어 확정되었다면, 비록 범죄행위가 그 이전에 행하여졌다 하더라도 그 판결은 위헌결정으로 인하여 소급하여 효력을 상실한 법률 또는 법률의 조항을 적용한 것으로서 '위헌으로 결정된 법률 또는 법률의 조항에 근거한 유죄의 확정판결'에 해당하므로 이에 대하여 재심을 청구할 수 있다고 보아야 한다(대결 2016.11.10. 2015모1475).

② (○) 대판 2012.06.28. 2012도4701

④ (○) 대판 2004.11.26. 2004도4693

36

答④

영역 상소와 비상구제절차>상소　　　**난도** 상

정답해설

ⓒ (×) 변호인은 피고인의 동의를 얻어 상소를 취하할 수 있으므로(제351조, 제341조), 변호인의 상소취하에 피고인의 동의가 없다면 상소취하의 효력은 발생하지 아니한다. 한편 변호인이 상소취하를 할 때 원칙적으로 피고인은 이에 동의하는 취지의 서면을 제출하여야 하나(규칙 제153조 제2항), 피고인은 공판정에서 구술로써 상소취하를 할 수 있으므로(제352조 제1항 단서), 변호인의 상소취하에 대한 피고인의 동의도 공판정에서 구술로써 할 수 있다. 다만 상소를 취하하거나 상소의 취하에 동의한 자는 다시 상소를 하지 못하는 제한을 받게 되므로(제354조), 상소취하에 대한 피고인의 구술 동의는 명시적으로 이루어져야만 한다(대판 2015.9.10. 2015도7821).

ⓔ (×) 피고인 또는 제341조에 규정된 자(상소대리권자)는 사형 또는 무기징역이나 무기금고가 선고된 판결에 대하여는 상소를 포기할 수 없다(제349조 단서).

ⓜ (×) 검사는 공익의 대표자로서 법령의 정당한 적용을 청구할 임무를 가지므로 이의신청을 기각하는 등 반대당사자에게 불이익한 재판에 대하여도 그것이 위법할 때에는 위법을 시정하기 위하여 상소로써 불복할 수 있지만 불복은 재판의 주문에 관한 것이어야 하고 재판의 이유만을 다투기 위하여 상소하는 것은 허용되지 않는다(대결 1993.3.4. 92모21).

오답해설

ⓐ (○) 대결 2022.05.26. 2022모439

ⓑ (○) 제350조

37

答④

영역 상소와 비상구제절차>상소　　　**난도** 중

정답해설

④ (○) 대판 1998.05.12. 96도2850

오답해설

① (×) 만일 파기환송 후의 항소심이 그 파기된 판결과의 관계에 있어서 불이익변경금지의 원칙이 적용되지 않는다고 하여 파기된 환송 전 판결의 형보다 중한 형을 선고할 수 있다고 하면 피고인측은 원판결보다 유리한 판결을 받아 상고를 하고 상고심 또한 피고인의 이익을 위하여 원판결을 파기하고 원심에 환송하였음에도 불구하고 오히려 항소심에서 재차 심의를 하기 때문에 불이익한 결과를 받는 것은 불이익변경금지원칙의 근본이념에 배치될 뿐만 아니라 상고심이 원판결을 파기하고 자판하는 경우에는 반드시 불이익변경금지원칙이 적용되어야 하는 것과의 균형도 맞지 아니하는 불합리한 결과라 할 것이다(대판 1964.9.17. 64도298).

② (×) 피고인에 대한 벌금형이 제1심보다 감경되었다면 비록 그 벌금형에 대한 노역장유치기간이 제1심보다 더 길어졌다고 하더라도 전체적으로 보아 형이 불이익하게 변경되었다고 할 수는 없다 할 것이고, 피고인에 대한 벌금형이 제1심보다 감경되었을 뿐만 아니라 그 벌금형에 대한 노역장유치기간도 줄어든 경우라면 노역장유치 환산의 기준 금액이 제1심의 그것보다 낮아졌다 하여도 형이 불이익하게 변경되었다고 할 수는 없다(대판 2000.11.24. 2000도3945). ⇒ 벌금액이 감경되면서 노역장 유치기간이 증가된 경우라면 불이익변경으로 볼 수 없다는 것이 판례의 태도이다.

③ (×) 형사소송법 제186조 제1항 본문은 "형의 선고를 하는 때에는 피고인에게 소송비용의 전부 또는 일부를 부담하게 하여야 한다."고 규정하고 있고, 같은 법 제191조 제1항은 "재판으로 소송절차가 종료되는 경우에 피고인에게 소송비용을 부담하게 하는 때에는 직권으로 재판하여야 한다."고 규정하고 있는바, 소송비용의 부담은 형이 아니고 실질적인 의미에서 형에 준하여 평가되어야 할 것도 아니므로 불이익변경금지원칙의 적용이 없다 할 것이어서, 제1심 및 환송 전 원심이 소송비용의 부담을 명하는 재판을 하지 않은 이 사건에서 환송 후 원심이 위법규정에 따라 피고인에게 제1심 및 원심 소송비용 중 각 1/2의 부담을 명한 조치는 정당한 것으로 수긍할 수 있고, 거기에 불이익변경금지의 원칙에 위배되었거나 파기환송 후 원심의 심판범위를 벗어나는 등의 위법이 없다(대판 2008.3.14. 2008도488).

38

영역 상소와 비상구제절차>비상구제절차   난도**중**

정답해설

④ (○) 대판 2019.06.20. 2018도20698 전합

오답해설

① (×) [다수의견] 형사소송법 제420조 제5호에 정한 '무죄 등을 인정할 명백한 증거'에 해당하는지 여부를 판단할 때에는 법원으로서는 새로 발견된 증거만을 독립적·고립적으로 고찰하여 그 증거가치만으로 재심의 개시 여부를 판단할 것이 아니라, 재심대상이 되는 확정판결을 선고한 법원이 사실인정의 기초로 삼은 증거들 가운데 새로 발견된 증거와 유기적으로 밀접하게 관련되고 모순되는 것들은 함께 고려하여 평가하여야 하고, 그 결과 단순히 재심대상이 되는 유죄의 확정판결에 대하여 그 정당성이 의심되는 수준을 넘어 그 판결을 그대로 유지할 수 없을 정도로 고도의 개연성이 인정되는 경우라면 그 새로운 증거는 위 조항의 '명백한 증거'에 해당한다. 만일 법원이 새로 발견된 증거만을 독립적·고립적으로 고찰하여 명백성 여부를 평가·판단하여야 한다면, 그 자체만으로 무죄 등을 인정할 수 있는 명백한 증거가치를 가지는 경우에만 재심 개시가 허용되어 재심사유가 지나치게 제한되는데, 이는 새로운 증거에 의하여 이전과 달라진 증거관계 아래에서 다시 살펴 실체적 진실을 모색하도록 하기 위해 '무죄 등을 인정할 명백한 증거가 새로 발견된 때'를 재심사유의 하나로 정한 재심제도의 취지에 반하기 때문이다(대결 2009.7.16. 2005모472 전합).

② (×) 형사소송법 제420조 본문은 재심은 유죄의 확정판결에 대하여 그 선고를 받은 자의 이익을 위하여 청구할 수 있도록 하고, 같은 법 제456조는 약식명령은 정식재판의 청구에 의한 판결이 있는 때에는 그 효력을 잃도록 규정하고 있다. 위 각 규정에 의하면, 약식명령에 대하여 정식재판 청구가 이루어지고 그 후 진행된 정식재판 절차에서 유죄판결이 선고되어 확정된 경우, 재심사유가 존재한다고 주장하는 피고인 등은 효력을 잃은 약식명령이 아니라 유죄의 확정판결을 대상으로 재심을 청구하여야 한다. 그런데도 피고인 등이 약식명령에 대하여 재심의 청구를 한 경우, 법원으로서는 재심의 청구에 기재된 재심을 개시할 대상의 표시 이외에도 재심청구의 이유에 기재된 주장 내용을 살펴보고 재심을 청구한 피고인 등의 의사를 참작하여 재심청구의 대상을 무엇으로 보아야 하는지 심리·판단할 필요가 있다. 그러나 법원이 심리한 결과 재심청구의 대상이 약식명령이라고 판단하여 그 약식명령을 대상으로 재심개시결정을 한 후 이에 대하여 검사나 피고인 등이 모두 불복하지 아니함으로써 그 결정이 확정된 때에는, 그 재심개시결정에 의하여 재심이 개시된 대상은 약식명령으로 확정되고, 그 재심개시결정에 따라 재심절차를 진행하는 법원이 재심이 개시된 대상을 유죄의 확정판결로 변경할 수는 없다. 이 경우 그 재심개시결정은 이미 효력을 상실하여 재심을 개시할 수 없는 약식명령을 대상으로 한 것이므로, 그 재심개시결정에 따라 재심절차를 진행하는 법원으로서는 심판의 대상이 없어 아무런 재판을 할 수 없다(대판 2013.4.11. 2011도10626).

③ (×) 유죄의 확정판결에 대하여 재심개시결정이 확정되어 법원이 그 사건에 대하여 다시 심판을 한 후 재심의 판결을 선고하고 그 재심판결이 확정된 때에는 종전의 확정판결은 당연히 효력을 상실한다(대판 2017.9.21. 2017도4019).

39

답 ②

영역 상소와 비상구제절차>특별절차   난도**중**

정답해설

② (○) 대판 2020.12.10. 2020도13700

오답해설

① (×) 약식명령의 청구가 있는 경우에 그 사건이 약식명령으로 할 수 없거나 약식명령으로 하는 것이 적당하지 아니하다고 인정한 때에는 공판절차에 의하여 심판하여야 한다(제450조). 즉, 약식명령의 청구를 기각하는 것이 아니라 공판절차에 의하여 심판하도록 되어 있다.

③ (×) 검사 또는 피고인은 약식명령의 고지를 받은 날로부터 7일 이내에 정식재판의 청구를 할 수 있다. 단, 피고인은 정식재판의 청구를 포기할 수 없다(제453조 제1항).

④ (×) 형사소송법 제452조에서 약식명령의 고지는 검사와 피고인에 대한 재판서의 송달에 의하도록 규정하고 있으므로, 약식명령은 그 재판서를 피고인에게 송달함으로써 효력이 발생하고 변호인이 있는 경우라도 반드시 변호인에게 약식명령 등본을 송달해야 하는 것은 아니다. 따라서 정식재판 청구기간은 피고인에 대한 약식명령 고지일을 기준으로 하여 기산하여야 하고, 변호인이 정식재판 청구서를 제출할 것으로 믿고 피고인이 스스로 적법한 정식재판의 청구기간 내에 정식재판청구서를 제출하지 못하였더라도 그것이 피고인 또는 대리인이 책임질 수 없는 사유로 인하여 정식재판의 청구기간 내에 정식재판을 청구하지 못한 때에 해당한다고 볼 수 없다(대결 2017.7.27. 2017모1557).

40

영역 상소와 비상구제절차>특별절차　　　　　난도 **중**

정답해설

③ (×) 부정기형과 실질적으로 동등하다고 평가될 수 있는 정기형은 부정기형의 장기와 단기의 정중앙에 해당하는 형(예를 들어 징역 장기 4년, 단기 2년의 부정기형의 경우 징역 3년의 형이다. 이하 '중간형'이라 한다)이라고 봄이 적절하므로, 피고인이 항소심 선고 이전에 19세에 도달하여 제1심에서 선고한 부정기형을 파기하고 정기형을 선고함에 있어 불이익변경금지 원칙 위반 여부를 판단하는 기준은 부정기형의 장기와 단기의 중간형이 되어야 한다(대판 2020.10.22. 2020도4140 전합).

오답해설

① (○) 대판 1986.12.23. 86도2314

② (○) 대판 1983.02.08. 82도2889

④ (○) 대판 1983.04.26. 83도210

제8회 경찰승진 최종모의고사

정답체크

01	02	03	04	05	06	07	08	09	10
④	②	④	④	③	②	④	④	①	③
11	12	13	14	15	16	17	18	19	20
④	④	④	②	②	④	②	③	②	④
21	22	23	24	25	26	27	28	29	30
①	③	④	③	②	①	④	③	③	③
31	32	33	34	35	36	37	38	39	40
④	④	②	④	②	③	①	②	①	②

문항별 체크리스트

문항	영역	○	×	문항	영역	○	×
01	서론>형사소송법의 기초이론			21	수사와 공소>수사의 종결과 공소의 제기		
02	서론>소송주체와 소송관계인			22	공판>공판절차		
03	서론>소송주체와 소송관계인			23	공판>공판절차		
04	서론>소송주체와 소송관계인			24	공판>공판절차		
05	서론>소송행위와 소송조건			25	공판>공판절차		
06	수사와 공소>수사			26	공판>공판절차		
07	수사와 공소>수사			27	공판>증거		
08	수사와 공소>수사			28	공판>증거		
09	수사와 공소>수사			29	공판>증거		
10	수사와 공소>수사			30	공판>증거		
11	수사와 공소>수사			31	공판>증거		
12	수사와 공소>강제처분과 강제수사			32	공판>증거		
13	수사와 공소>강제처분과 강제수사			33	공판>증거		
14	수사와 공소>강제처분과 강제수사			34	공판>증거		
15	수사와 공소>강제처분과 강제수사			35	공판>재판		
16	수사와 공소>강제처분과 강제수사			36	상소와 비상구제절차>상소		
17	수사와 공소>강제처분과 강제수사			37	상소와 비상구제절차>상소		
18	수사와 공소>강제처분과 강제수사			38	상소와 비상구제절차>비상구제절차		
19	수사와 공소>수사의 종결과 공소의 제기			39	상소와 비상구제절차>특별절차		
20	수사와 공소>수사의 종결과 공소의 제기			40	상소와 비상구제절차>특별절차		
서론		/5		수사와 공소		/16	
공판		/14		상소와 비상구제절차		/5	

01

답 ④

영역 서론>형사소송법의 기초이론   난도 **중**

정답해설

④ (×) 신속한 재판의 원칙은 주로 피고인의 이익을 보호하기 위한 것이지만 동시에 실체진실의 발견, 소송경제, 재판에 대한 국민의 신뢰와 형벌 목적의 달성과 같은 공공의 이익에도 그 근거를 두고 있다(헌재결 1995.11.30. 92헌마44).

오답해설

① (○) 헌재결 2005.5.26. 2004헌마190

② (○) 헌법 제12조 제3항 본문은 동조 제1항과 함께 적법절차원리의 일반조항에 해당하는 것으로서, 형사절차상의 영역에 한정되지 않고 입법, 행정 등 국가의 모든 공권력의 작용에는 절차상의 적법성뿐만 아니라 법률의 구체적 내용도 합리성과 정당성을 갖춘 실체적인 적법성이 있어야 하는 적법절차의 원칙을 헌법의 기본원리로 명시하고 있는 것이다(헌재결 1992.12.24. 92헌가8).

③ (○) 헌재결 2006.06.29. 2004헌마826

02

답 ②

영역 서론>소송주체와 소송관계인   난도 **중**

정답해설

◎ (×) 체포 또는 구속된 피의자 또는 그 변호인, 법정대리인, 배우자, 직계친족, 형제자매나 가족, 동거인 또는 고용주는 관할법원에 체포 또는 구속의 적부심사를 청구할 수 있다(제214조의2 제1항).

ⓗ (×) 고소권자로서 고소를 한 자(형법 제123조부터 제126조까지의 죄에 대하여는 고발을 한 자를 포함)는 검사로부터 공소를 제기하지 아니한다는 통지를 받은 때에는 그 검사 소속의 지방검찰청 소재지를 관할하는 고등법원에 그 당부에 관한 재정을 신청할 수 있다(제260조 제1항).

오답해설

㉠ (○) 제283조의2

㉡ (○) 제163조

㉢ (○) 제15조

㉣ (○) 제184조 제1항

03

답 ④

영역 서론>소송주체와 소송관계인   난도 **상**

정답해설

㉠ (○) 제10조

㉡ (○) 제6조

㉢ (○) 규칙 제4조의2 제1항

㉣ (○) 대결 2006.12.5. 2006초기335 전합

04

답 ④

영역 서론>소송주체와 소송관계인   난도 **중**

정답해설

㉢ 제척사유에 해당(제17조 제9호)

㉣ 제척사유에 해당(대판 1999.10.22. 99도3534)

오답해설

㉠ 제척사유에 아님(대판 1989.09.12. 89도612)

㉡ 제척사유에 아님(대판 2002.04.12. 2002도944)

05

답 ③

영역 서론>소송행위와 소송조건   난도 **중**

정답해설

③ (×) 재감자에 대한 약식명령의 송달을 교도소 등의 소장에게 하지 아니하고 수감되기 전의 종전 주·거소에다 하였다면 부적법하여 무효이고, 수소법원이 송달을 실시함에 있어 당사자 또는 소송관계인의 수감사실을 모르고 종전의 주·거소에 하였다고 하여도 마찬가지로 송달의 효력은 발생하지 않고, 송달 자체가 부적법한 이상 당사자가 약식명령이 고지된 사실을 다른 방법으로 알았다고 하더라도 송달의 효력은 여전히 발생하지 않는다(대결 1995.06.14. 95모14).

오답해설

① (○) 대판 2018.11.29. 2018도13377

② (○) 대결 2017.11.07. 2017모162

④ (○) 대판 1995.01.12. 94도2687

06

답 ②

영역 수사와 공소＞수사　　　　　　　　난도 중

정답해설

② (✕) 아동·청소년의 성보호에 관한 법률에 의하면 아동·청소년대상 디지털성범죄의 수사특례에 따라 사법경찰관리는 아동·청소년을 대상으로 하는 디지털 성범죄에 대해 신분비공개수사와 신분위장수사가 모두 가능하다(아동·청소년의 성보호에 관한 법률 제25조의2).

오답해설

① (○) 대판 2008.10.23. 2008도7362

③ (○) 대판 1995.2.24. 94도252

④ (○) 대판 2007.7.12. 2006도2339

07

답 ④

영역 수사와 공소＞수사　　　　　　　　난도 중

정답해설

④ (✕) 제1심 법원이 반의사불벌죄로 기소된 피고인에 대하여 소송촉진 등에 관한 특례법(이하 '소송촉진법'이라고 한다) 제23조에 따라 피고인의 진술 없이 유죄를 선고하여 판결이 확정된 경우, 만일 피고인이 책임을 질 수 없는 사유로 공판절차에 출석할 수 없었음을 이유로 소송촉진법 제23조의2에 따라 제1심 법원에 재심을 청구하여 재심개시결정이 내려졌다면 피해자는 재심의 제1심 판결 선고 전까지 처벌을 희망하는 의사표시를 철회할 수 있다. 그러나 피고인이 제1심 법원에 소송촉진법 제23조의2에 따른 재심을 청구하는 대신 항소권회복청구를 함으로써 항소심 재판을 받게 되었다면 항소심을 제1심이라고 할 수 없는 이상 항소심 절차에서는 처벌을 희망하는 의사표시를 철회할 수 없다(대판 2016.11.25. 2016도9470).

오답해설

① (○) 대판 1985.11.12. 85도1940

② (○) 대판 2015.11.17. 2013도7987

③ (○) 대판 2016.11.25. 2016도9470

08

답 ④

영역 수사와 공소＞수사　　　　　　　　난도 상

정답해설

④ (✕) 조세범 처벌절차법에 즉시고발을 할 때 고발사유를 고발서에 명기하도록 하는 규정이 없을 뿐만 아니라, 원래 즉시고발권을 세무공무원에게 부여한 것은 세무공무원으로 하여금 때에 따라 적절한 처분을 하도록 할 목적으로 특별사유의 유무에 대한 인정권까지 세무공무원에게 일임한 취지라고 볼 것이므로, 조세범칙사건에 대하여 관계 세무공무원의 즉시고발이 있으면 그로써 소추의 요건은 충족되는 것이고, 법원은 본안에 대하여 심판하면 되는 것이지 즉시고발 사유에 대하여 심사할 수 없다(대판 2014.10.15. 2013도5650).

오답해설

① (○) 국회증언감정법의 목적과 위증죄 관련 규정들의 내용에 비추어 보면, 국회증언감정법은 국정감사나 국정조사에 관한 국회 내부의 절차를 규정한 것으로서 국회에서의 위증죄에 관한 고발 여부를 국회의 자율권에 맡기고 있고, 위증을 자백한 경우에는 고발하지 않을 수 있게 하여 자백을 권장하고 있으므로 국회증언감정법 제14조 제1항 본문에서 정한 위증죄는 같은 법 제15조의 고발을 소추요건으로 한다고 봄이 타당하다(대판 2018.5.17. 2017도14749). 국회증언감정법 제15조 제1항 본문에 따른 고발은 위원회가 존속하고 있을 것을 전제로 한다. 국회증언감정법 제15조 제1항 단서에 의한 고발도 위원회가 존속하는 동안에 이루어져야 한다고 해석하는 것이 타당하다. 특별위원회가 소멸하였음에도 과거 특별위원회가 존속할 당시 재적위원이었던 사람이 연서로 고발할 수 있다고 해석하는 것은 소추요건인 고발의 주체와 시기에 관하여 그 범위를 행위자에게 불리하게 확대하는 것이다. 이는 가능한 문언의 의미를 벗어나므로 유추해석금지의 원칙에 반한다(대판 2018.5.17. 2017도14749). ⇒ 특별위원회의 존속기간이 종료된 후에 그 위원이던 18명 중 13명이 연서에 의하여 피고인을 국회증언감정법 제14조 제1항 본문에서 정한 위증죄의 공소사실로 고발하여 그에 따라 이 사건 공소가 제기된 사안에서, 고발이 특별위원회가 존속하지 않게 된 이후에 이루어져 부적법하므로 공소제기의 절차가 법률의 규정을 위반하여 무효인 때에 해당한다는 이유로 공소기각판결을 한 원심에 대한 특별검사의 상고를 기각한 사례

② (○) 대판 2021.10.28. 2021도404

③ (○) 조세범 처벌절차법 제15조 제1항에 따른 지방국세청장 또는 세무서장의 조세범칙사건에 대한 통고처분은 법원에 의하여 자유형 또는 재산형에 처하는 형사절차에 갈음하여 과세관청이 조세범칙자에 대하여 금전적 제재를 통고하고 이를 이행한 조세범칙자에 대하여는 고발하지 아니하고 조세범칙사건을 신속·간이하게 처리하는 절차로서, 형사절차의 사전절차로서의 성격을 가진다. 그리고 조세범 처벌절차법에 따른 조세범칙사건에 대한 지방국세청장 또는 세무서장의 고발은 수사 및 공소제기의 권한을 가진 수사기관에 대하여 조세범칙사실을 신고함으로써 형사사건으로 처리할 것을 요구하는 의사표시로

서, 조세범칙사건에 대하여 고발한 경우에는 지방국세청장 또는 세무서장에 의한 조세범칙사건의 조사 및 처분 절차는 원칙적으로 모두 종료된다. 위와 같은 통고처분과 고발의 법적 성질 및 효과 등을 조세범칙사건의 처리 절차에 관한 조세범 처벌절차법 관련 규정들의 내용과 취지에 비추어 보면, 지방국세청장 또는 세무서장이 조세범 처벌절차법 제17조 제1항에 따라 통고처분을 거치지 아니하고 즉시 고발하였다면 이로써 조세범칙사건에 대한 조사 및 처분 절차는 종료되고 형사사건 절차로 이행되어 지방국세청장 또는 세무서장으로서는 동일한 조세범칙행위에 대하여 더 이상 통고처분을 할 권한이 없다고 보아야 한다. 따라서 지방국세청장 또는 세무서장이 조세범칙행위에 대하여 고발을 한 후에 동일한 조세범칙행위에 대하여 통고처분을 하였다 하더라도, 이는 법적 권한 소멸 후에 이루어진 것으로서 특별한 사정이 없는 한 그 효력이 없고, 설령 조세범칙행위자가 이러한 통고처분을 이행하였다 하더라도 조세범 처벌절차법 제15조 제3항에서 정한 일사부재리의 원칙이 적용될 수 없다(대판 2016.9.28. 2014도10748).

09

답 ①

영역 수사와 공소>수사　　　　　　　**난도** 상

오답해설

㉠ (증거능력 부정) 구 통신비밀보호법(2014. 1. 14. 법률 제12229호로 개정되기 전의 것) 제3조 제1항이 공개되지 아니한 타인간의 대화를 녹음 또는 청취하지 못하도록 한 것은, 대화에 원래부터 참여하지 않는 제3자가 그 대화를 하는 타인간의 발언을 녹음 또는 청취해서는 아니 된다는 취지이다. 따라서 대화에 원래부터 참여하지 않는 제3자가 일반 공중이 알 수 있도록 공개되지 아니한 타인간의 발언을 녹음하거나 전자장치 또는 기계적 수단을 이용하여 청취하는 것은 특별한 사정이 없는 한 같은 법 제3조 제1항에 위반된다(대판 2016.05.12. 2013도15616).

㉡ (증거능력 부정) 구 통신비밀보호법 제2조 제7호가 규정한 '전기통신의 감청'은 그 전호의 '우편물의 검열' 규정과 아울러 고찰할 때 제3자가 전기통신의 당사자인 송신인과 수신인의 동의를 받지 아니하고 같은 호 소정의 각 행위를 하는 것만을 말한다고 풀이함이 상당하다고 할 것이므로, 전기통신에 해당하는 전화통화 당사자의 일방이 상대방 모르게 통화내용을 녹음(위 법에는 '채록'이라고 규정한다)하는 것은 여기의 감청에 해당하지 아니하지만(따라서 전화통화 당사자의 일방이 상대방 몰래 통화내용을 녹음하더라도, 대화 당사자 일방이 상대방 모

르게 그 대화내용을 녹음한 경우와 마찬가지로 동법 제3조 제1항 위반이 되지 아니한다). 제3자의 경우는 설령 전화통화 당사자 일방의 동의를 받고 그 통화내용을 녹음하였다 하더라도 그 상대방의 동의가 없었던 이상, 사생활 및 통신의 불가침을 국민의 기본권의 하나로 선언하고 있는 헌법규정과 통신비밀의 보호와 통신의 자유신장을 목적으로 제정된 통신비밀보호법의 취지에 비추어 이는 동법 제3조 제1항 위반이 된다고 해석하여야 할 것이다(대판 2002.10.8. 2002도123).

㉢ (증거능력 부정) 헌법 제18조는 "모든 국민은 통신의 비밀을 침해받지 아니한다."고 규정하여 통신의 비밀 보호를 그 핵심내용으로 하는 통신의 자유를 기본권으로 보장하고 있다. 이러한 헌법정신을 구현하기 위해 제정된 통신비밀보호법은 통신 및 대화의 비밀과 자유에 대한 제한은 그 대상을 한정하고 엄격한 법적 절차를 거치도록 함으로써 통신의 비밀을 보호하고 통신의 자유를 신장함을 목적으로 한다(제1조). 통신비밀보호법에 규정된 '통신제한조치'는 '우편물의 검열 또는 전기통신의 감청'을 말하는 것으로(제3조 제2항), 여기서 '전기통신'은 전화·전자우편·모사전송 등과 같이 유선·무선·광선 및 기타의 전자적 방식에 의하여 모든 종류의 음향·문언·부호 또는 영상을 송신하거나 수신하는 것을 말하고(제2조 제3호), '감청'은 전기통신에 대하여 당사자의 동의 없이 전자장치·기계장치 등을 사용하여 통신의 음향·문언·부호·영상을 청취·공독하여 그 내용을 지득 또는 채록하거나 전기통신의 송·수신을 방해하는 것을 말한다고 규정되어 있다(제2조 제7호). 따라서 '전기통신의 감청'은 위 '감청'의 개념 규정에 비추어 전기통신이 이루어지고 있는 상황에서 실시간으로 그 전기통신의 내용을 지득·채록하는 경우와 통신의 송·수신을 직접적으로 방해하는 경우를 의미하는 것이지 이미 수신이 완료된 전기통신에 관하여 남아 있는 기록이나 내용을 열어보는 등의 행위는 포함하지 않는다 할 것이다. 그리고 통신제한조치허가서에는 통신제한조치의 종류·그 목적·대상·범위·기간 및 집행장소와 방법을 특정하여 기재하여야 하고(통신비밀보호법 제6조 제6항), 수사기관은 그 허가서에 기재된 허가의 내용과 범위 및 집행방법 등을 준수하여 통신제한조치를 집행하여야 한다. 이때 수사기관은 통신기관 등에 통신제한조치허가서의 사본을 교부하고 그 집행을 위탁할 수 있으나(통신비밀보호법 제9조 제1항, 제2항), 그 경우에도 집행의 위탁을 받은 통신기관 등은 수사기관이 직접 집행할 경우와 마찬가지로 허가서에 기재된 집행방법 등을 준수하여야 함은 당연하다. 따라서 허가된 통신제한조치의 종류가 전기통신의 '감청'인 경우, 수사기관 또는 수사기관으로부터 통신제한조치의 집행을 위탁받은 통신기관 등은 통신비밀보호법이 정한 감청의 방식으로 집행하여야 하고 그

와 다른 방식으로 집행하여서는 아니 된다. 한편 수사기관이 통신기관 등에 통신제한조치의 집행을 위탁하는 경우에는 그 집행에 필요한 설비를 제공하여야 한다(통신비밀보호법 시행령 제21조 제3항). 그러므로 수사기관으로부터 통신제한조치의 집행을 위탁받은 통신기관 등이 그 집행에 필요한 설비가 없을 때에는 수사기관에 그 설비의 제공을 요청하여야 하고, 그러한 요청 없이 통신제한조치허가서에 기재된 사항을 준수하지 아니한 채 통신제한조치를 집행하였다면 그러한 집행으로 인하여 취득한 전기통신의 내용 등은 헌법과 통신비밀보호법이 국민의 기본권인 통신의 비밀을 보장하기 위해 마련한 적법한 절차를 따르지 아니하고 수집한 증거에 해당하므로(형사소송법 제308조의2), 이는 유죄 인정의 증거로 할 수 없다. ⇒ 주식회사 카카오가 수사기관으로부터 대상자들의 카카오톡 대화에 관한 통신제한조치 집행위탁을 받은 후 통신제한조치허가서에 기재된 실시간 '감청'의 방식을 준수하지 않고 허가기간 동안 이미 수신이 완료되어 전자정보의 형태로 저장되어 있던 대상자들의 카카오톡 대화내용을 3~7일마다 정기적으로 서버에서 추출하여 수사기관에 제공하는 방식으로 통신제한조치를 집행하였으므로, 이러한 집행으로 취득된 카카오톡 대화내용은 위법하게 수집된 증거이므로 유죄 인정의 증거로 삼을 수 없으나, 이를 제외하고 다른 증거들만으로 피고인들에 대한 국가보안법위반(이적단체의구성 등)의 점을 유죄로 인정하기에 충분하므로 원심의 결론을 수긍한 사례(대판 2016.10.13. 2016도8137)

② (증거능력 부정) 렉카 회사가 한국도로공사에서 폐기한 무전기를 이용하여 한국도로공사의 상황실과 순찰차간의 무선전화통화를 청취한 경우, 설령 고속도로 순찰대 등이 위 무전을 수신하여 순찰참고용으로 사용한바 있다 하더라도, 무전기를 설치함에 있어 한국도로공사의 정당한 계통을 밟은 결재가 없는 이상 전기통신의 당사자인 한국도로공사의 동의가 있었다고는 볼 수 없으므로 통신비밀보호법이 금지하는 감청에 해당한다(대판 2003. 11.13. 2001도6213).

10

답 ③

영역 수사와 공소>수사 　　　　**난도** 중

정답해설

③ (○) 수사준칙 제19조 제2항

오답해설

① (×) 피의자 아닌 자의 경우는 동의를 얻어 영상녹화 할 수 있으나, 피의자의 경우에는 고지만 하면 족하고 동의를 받을 필요는 없다(제244조의2 제1항, 제221조 제1항).

② (×) 헌법 제12조 제1항, 제4항 본문, 형사소송법 제243조의2 제1항 및 그 입법 목적 등에 비추어 보면, 피의자가 변호인의 참여를 원한다는 의사를 명백하게 표시하였음에도 수사기관이 정당한 사유 없이 변호인을 참여하게 하지 아니한 채 피의자를 신문하여 작성한 피의자신문조서는 형사소송법 제312조에 정한 '적법한 절차와 방식'에 위반된 증거일 뿐만 아니라, 형사소송법 제308조의2에서 정한 '적법한 절차에 따르지 아니하고 수집한 증거'에 해당하므로 이를 증거로 할 수 없다(대판 2013.3.28. 2010도3359).

④ (×) 검사 또는 사법경찰관은 피의자 또는 그 변호인 · 법정대리인 · 배우자 · 직계친족 · 형제자매의 신청에 따라 변호인을 피의자와 접견하게 하거나 정당한 사유가 없는 한 피의자에 대한 신문에 참여하게 하여야 한다(제243조의2 제1항).

11

답 ④

영역 수사와 공소>수사 　　　　**난도** 하

정답해설

④ (×) 감정유치는 피의자나 피고인을 대상으로 하며, 피의자 · 피고인인 이상 구속 중임을 요하지 않는다. 따라서 구속 중인 피의자에 대해서도 감청유치를 할 수 있다.

오답해설

① (○) 제172조 제7항

② (○) 제172조의2 제2항

③ (○) 제172조 제8항

12

답 ④

영역 수사와 공소>강제처분과 강제수사 　　　　**난도** 중

정답해설

④ (×) 긴급체포는 영장주의 원칙에 대한 예외인 만큼 형사소송법 제200조의3 제1항의 요건을 모두 갖춘 경우에 한하여 예외적으로 허용되어야 하고, 요건을 갖추지 못한 긴급체포는 법적 근거에 의하지 아니한 영장 없는 체포로서 위법한 체포에 해당하는 것이고, 여기서 긴급체포의 요건을 갖추었는지 여부는 사후에 밝혀진 사정을 기초로 판단하는 것이 아니라 체포 당시의 상황을 기초로 판단하여야 하고, 이에 관한 검사나 사법경찰관 등 수사주체의 판단에는 상당한 재량의 여지가 있다고 할 것이나, 긴급체포 당시의 상황으로 보아서도 그 요건의 충족 여부에 관한 검사나 사법경찰관의 판단이 경험칙에

비추어 현저히 합리성을 잃은 경우에는 그 체포는 위법한 체포라 할 것이고, 이러한 위법은 영장주의에 위배되는 중대한 것이니 그 체포에 의한 유치 중에 작성된 피의자신문조서는 위법하게 수집된 증거로서 특별한 사정이 없는 한 이를 유죄의 증거로 할 수 없다(대판 2002.6.11. 2000도5701).

오답해설

① (○) 대판 2017.9.12. 2017도10309
② (○) 대판 2010.10.28. 2008도11999
③ (○) 대판 2016.10.13. 2016도5814

13

답 ④

영역 수사와 공소>강제처분과 강제수사 　　난도 **상**

정답해설

㉠ (×) 공소외 7이 2009. 11. 2. 22:00경 긴급체포되어 조사를 받고 구속영장이 청구되지 아니하여 2009. 11. 4. 20:10경 석방되었음에도 검사가 그로부터 30일 이내에 법 제200조의4에 따른 석방통지를 법원에 하지 아니한 사실을 알 수 있으나, 공소외 7에 대한 긴급체포 당시의 상황과 경위, 긴급체포 후 조사 과정 등에 특별한 위법이 있다고 볼 수 없는 이상, 단지 사후에 석방통지가 법에 따라 이루어지지 않았다는 사정만으로 그 긴급체포에 의한 유치 중에 작성된 공소외 7에 대한 피의자신문조서들의 작성이 소급하여 위법하게 된다고 볼 수는 없다(대판 2014.08.26. 2011도6035).

㉡ (×) 형사소송법(이하 '법'이라고 한다) 제70조 제1항 제1호, 제2호, 제3호, 제199조 제1항, 제200조, 제200조의2 제1항, 제201조 제1항의 취지와 내용에 비추어 보면, 수사기관이 관할 지방법원 판사가 발부한 구속영장에 의하여 피의자를 구속하는 경우, 그 구속영장은 기본적으로 장차 공판정에의 출석이나 형의 집행을 담보하기 위한 것이지만, 이와 함께 법 제202조, 제203조에서 정하는 구속기간의 범위 내에서 수사기관이 법 제200조, 제241조 내지 제244조의5에 규정된 피의자신문의 방식으로 구속된 피의자를 조사하는 등 적정한 방법으로 범죄를 수사하는 것도 예정하고 있다고 할 것이다. 따라서 구속영장 발부에 의하여 적법하게 구금된 피의자가 피의자신문을 위한 출석요구에 응하지 아니하면서 수사기관 조사실에 출석을 거부한다면 수사기관은 그 구속영장의 효력에 의하여 피의자를 조사실로 구인할 수 있다고 보아야 한다. 다만 이러한 경우에도 그 피의자신문 절차는 어디까지나 법 제199조 제1항 본문, 제200조의 규정에 따른 임의수사의 한 방법으로 진행되어야 하므로, 피의자는 헌법 제12조 제2항과 법 제244조의3에 따라 일체의 진

술을 하지 아니하거나 개개의 질문에 대하여 진술을 거부할 수 있고, 수사기관은 피의자를 신문하기 전에 그와 같은 권리를 알려주어야 한다(대결 2013.07.01. 2013모160).

㉢ (○) 대판 2010.10.28. 2008도11999

㉣ (×) 심문할 피의자에게 변호인이 없는 때에는 지방법원 판사는 직권으로 변호인을 선정하여야 한다. 그 선정은 피의자에 대한 구속영장 청구가 기각되어 효력이 소멸한 경우를 제외하고는 제1심까지 효력이 있다(제201조의2 제8항).

㉤ (○) 대판 2021.04.29. 2020도16438

14

답 ②

영역 수사와 공소>강제처분과 강제수사 　　난도 **상**

정답해설

㉠ (×) 변호인이 피의자신문에 자유롭게 참여할 수 있는 권리는 피의자가 가지는 변호인의 조력을 받을 권리를 실현하는 수단이므로 헌법상 기본권인 변호인의 변호권으로서 보호되어야 한다. 피의자신문에 참여한 변호인이 피의자 옆에 앉는다고 하여 피의자 뒤에 앉는 경우보다 수사를 방해할 가능성이 높아진다거나 수사기밀을 유출할 가능성이 높아진다고 볼 수 없으므로, 이 사건 후방착석요구행위의 목적의 정당성과 수단의 적절성을 인정할 수 없다. 이 사건 후방착석요구행위로 인하여 위축된 피의자가 변호인에게 적극적으로 조언과 상담을 요청할 것을 기대하기 어렵고, 변호인이 피의자의 뒤에 앉게 되면 피의자의 상태를 즉각적으로 파악하거나 수사기관이 피의자에게 제시한 서류 등의 내용을 정확하게 파악하기 어려우므로, 이 사건 후방착석요구행위는 변호인인 청구인의 피의자신문참여권을 과도하게 제한한다. 그런데 이 사건에서 변호인의 수사방해나 수사기밀의 유출에 대한 우려가 없고, 조사실의 장소적 제약 등과 같이 이 사건 후방착석요구행위를 정당화할 그 외의 특별한 사정도 없으므로, 이 사건 후방착석요구행위는 침해의 최소성 요건을 충족하지 못한다(헌재결 2017.11.30. 2016헌마503).

㉣ (×) 형사소송법 제34조는 "변호인 또는 변호인이 되려는 자는 신체구속을 당한 피고인 또는 피의자와 접견하고 서류 또는 물건을 수수할 수 있으며 의사로 하여금 진료하게 할 수 있다."고 규정하고 있는바, 이 규정은 형이 확정되어 집행 중에 있는 수형자에 대한 재심개시의 여부를 결정하는 재심청구절차에는 그대로 적용될 수 없다(대판 1998.4.28. 96다48831).

ⓒ (○) 제417조

ⓒ (○) 대판 2018.12.27. 2016다266736

15

영역 수사와 공소>강제처분과 강제수사　　　**난도** 중

정답해설

② (×) 구속영장의 효력이 소멸한 때에는 보석조건은 즉시 그 효력을 상실한다(제104조의2 제1항). 보석이 취소된 경우에도 보석조건은 즉시 효력을 상실하는 것이 원칙이다(동조 제2항 본문). 다만, 보석조건 가운데에서 '피고인 또는 법원이 지정하는 자가 납입한 보증금이나 제공한 담보'조건은 그러하지 아니하다(동조 제2항 단서).

오답해설

① (○) 제101조 제1항

③ (○) 보증금 납입부 피의자 석방결정에 대해서는 보통항고가 허용된다는 것이 판례의 태도이다(대결 1997.08.27. 97모21). 보석허가결정에 대해서는 명문으로 보통항고 허용규정이 존재하고(제403조 제2항), 판례 역시 보통항고가 허용된다고 본다(대결 1997.04.18. 97모26).

④ (○) 대결 2020.10.29. 2020모1845

16

영역 수사와 공소>강제처분과 강제수사　　　**난도** 중

정답해설

④ (○) 대결 2022.01.14. 2021모1586

오답해설

① (×) 수사기관이 정보저장매체에 기억된 정보 중에서 키워드 또는 확장자 검색 등을 통해 범죄 혐의사실과 관련 있는 정보를 선별한 다음 정보저장매체와 동일하게 비트열 방식으로 복제하여 생성한 파일(이하 '이미지 파일'이라 한다)을 제출받아 압수하였다면 이로써 압수의 목적물에 대한 압수·수색 절차는 종료된 것이므로, 수사기관이 수사기관 사무실에서 위와 같이 압수된 이미지 파일을 탐색·복제·출력하는 과정에서도 피의자 등에게 참여의 기회를 보장하여야 하는 것은 아니다(대판 2018. 2.8. 2017도13263).

② (×) 전자정보에 대한 압수·수색영장을 집행할 때에는 원칙적으로 영장발부의 사유인 혐의사실과 관련된 부분만을 문서 출력물로 수집하거나 수사기관이 휴대한 저장매체에 해당 파일을 복사하는 방식으로 이루어져야 하고, 집행현장 사정상 위와 같은 방식에 의한 집행이 불가능하거나 현저히 곤란한 부득이한 사정이 존재하더라도 저장매체 자체를 직접 혹은 하드카피나 이미징 등 형태로 수사기관 사무실 등 외부로 반출하여 해당 파일을 압수·수색할 수 있도록 영장에 기재되어 있고 실제 그와 같은 사정이 발생한 때에 한하여 위 방법이 예외적으로 허용될 수 있을 뿐이다(대결 2011.5.26. 2009모1190).

③ (×) 형사소송법 제219조, 제129조에 의하면, 압수한 경우에는 목록을 작성하여 소유자, 소지자, 보관자 기타 이에 준할 자에게 교부하여야 한다. 그리고 법원은 압수·수색영장의 집행에 관하여 범죄 혐의사실과 관련 있는 정보의 탐색·복제·출력이 완료된 때에는 지체 없이 압수된 정보의 상세목록을 피의자 등에게 교부할 것을 정할 수 있다. 압수물 목록은 피압수자 등이 압수처분에 대한 준항고를 하는 등 권리행사절차를 밟는 가장 기초적인 자료가 되므로, 수사기관은 이러한 권리행사에 지장이 없도록 압수 직후 현장에서 압수물 목록을 바로 작성하여 교부해야 하는 것이 원칙이다. 이러한 압수물 목록 교부 취지에 비추어 볼 때, 압수된 정보의 상세목록에는 정보의 파일 명세가 특정되어 있어야 하고, 수사기관은 이를 출력한 서면을 교부하거나 전자파일 형태로 복사해 주거나 이메일을 전송하는 등의 방식으로도 할 수 있다(대판 2018.2.8. 2017도13263).

17

영역 수사와 공소>강제처분과 강제수사　　　**난도** 중

정답해설

② (○) 대판 2015.07.09. 2014도16051

오답해설

① (×) 수사기관이 범죄 증거를 수집할 목적으로 피의자의 동의 없이 피의자의 혈액을 취득·보관하는 행위는 법원으로부터 감정처분허가장을 받아 형사소송법 제221조의4 제1항, 제173조 제1항에 의한 '감정에 필요한 처분'으로도 할 수 있지만, 형사소송법 제219조, 제106조 제1항에 정한 압수의 방법으로도 할 수 있고, 압수의 방법에 의하는 경우 혈액의 취득을 위하여 피의자의 신체로부터 혈액을 채취하는 행위는 혈액의 압수를 위한 것으로서 형사소송법 제219조, 제120조 제1항에 정한 '압수영장의 집행에 있어 필요한 처분'에 해당한다(대판 2012.11.15. 2011도15258).

③ (×) 음주운전 중 교통사고를 야기한 후 피의자가 의식불명 상태에 빠져 있는 등으로 도로교통법이 음주운전의 제1차적 수사방법으로 규정한 호흡조사에 의한 음주측

정이 불가능하고 혈액 채취에 대한 동의를 받을 수도 없을 뿐만 아니라 법원으로부터 혈액 채취에 대한 감정처분허가장이나 사전 압수영장을 발부받을 시간적 여유도 없는 긴급한 상황이 생길 수 있다. 이러한 경우 피의자의 신체 내지 의복류에 주취로 인한 냄새가 강하게 나는 등 형사소송법 제211조 제2항 제3호가 정하는 범죄의 증적이 현저한 준현행범인의 요건이 갖추어져 있고 교통사고 발생 시각으로부터 사회통념상 범행 직후라고 볼 수 있는 시간 내라면, 피의자의 생명·신체를 구조하기 위하여 사고현장으로부터 곧바로 후송된 병원 응급실 등의 장소는 형사소송법 제216조 제3항의 범죄장소에 준한다 할 것이므로, 검사 또는 사법경찰관은 피의자의 혈중알코올농도 등 증거의 수집을 위하여 의료법상 의료인의 자격이 있는 자로 하여금 의료용 기구로 의학적인 방법에 따라 필요최소한의 한도 내에서 피의자의 혈액을 채취하게 한 후 그 혈액을 영장 없이 압수할 수 있다. 다만 이 경우에도 형사소송법 제216조 제3항 단서, 형사소송규칙 제58조, 제107조 제1항 제3호에 따라 사후에 지체없이 강제채혈에 의한 압수의 사유 등을 기재한 영장청구서에 의하여 법원으로부터 압수영장을 받아야 한다(대판 2012.11.15. 2011도15258).

④ (×) 음주운전과 관련한 도로교통법 위반죄의 범죄수사를 위하여 미성년자인 피의자의 혈액채취가 필요한 경우에도 피의자에게 의사능력이 있다면 피의자 본인만이 혈액채취에 관한 유효한 동의를 할 수 있고, 피의자에게 의사능력이 없는 경우에도 명문의 규정이 없는 이상 법정대리인이 피의자를 대리하여 동의할 수는 없다(대판 2014.11.13. 2013도1228).

18

답 ③

영역 수사와 공소>강제처분과 강제수사　　　난도 **중**

정답해설

③ (×) 판사는 형사소송법 제221조의2에 의한 검사의 증인신문 청구에 따라 증인신문기일을 정한 때에는 피고인 피의자 또는 변호인에게 이를 통지하여 증인신문에 참여할 수 있도록 하여야 하며(제221조의2 제4항), 판사는 증인신문을 한 때에는 지체없이 이에 관한 서류를 검사에게 송부하여야 한다(제221조의2 제5항).

오답해설

① (○) 대결 1984.3.29. 84모15

② (○) 제221조의2 제1항

④ (○) 대판 1989.06.20. 89도648

19

답 ②

영역 수사와 공소>수사의 종결과 공소의 제기　　　난도 **중**

정답해설

② (○) 고소권자로서 고소한 자는 대상범죄에 제한없이 재정신청이 가능하나, 고발인의 경우 형법 제123조 내지 제126조에 제한(단, 피의사실공표죄는 피공표자의 명시한 의사에 반하여 재정신청불가)되는 것이 원칙이다.

오답해설

① (×) 재정신청 제기기간이 경과된 후에 재정신청보충서를 제출하면서 원래의 재정신청에 재정신청 대상으로 포함되어 있지 않은 고발사실을 재정신청의 대상으로 추가한 경우, 그 재정신청보충서에서 추가한 부분에 관한 재정신청은 법률상 방식에 어긋난 것으로서 부적법하다(대결 1997.4.22. 97모30).

③ (×) 재정신청이 있으면 형사소송법 제262조에 따른 재정결정이 확정될 때까지 공소시효의 진행이 정지된다(제262조의4 제1항). 구법은 재정신청이 있으면 재정결정이 있을 때까지 공소시효가 정지된다고 규정하고 있었던바, 이는 재정결정에 대해 불복이 불가능함을 전제로 한 규정으로 볼 수 있다. 그런데 2016.1.6. 입법자는 고등법원의 재정신청기각결정에 대해 대법원에 재항고를 명문으로 허용하고 있는바, 불복의 허용가능성을 고려하여 재정신청이 있으면 재정결정이 확정될 때까지 공소시효가 정지되는 것으로 본조를 개정하였다. 반면, 공소제기결정이 있는 때에는 공소시효에 관하여 그 결정이 있는 날에 공소제기된 것으로 본다(제262조의4 제2항). 즉, 공소제기결정이 있으면 즉시 공소시효가 정지된다.

④ (×) 재정신청절차는 고소·고발인이 검찰의 불기소처분에 불복하여 법원에 그 당부에 관한 판단을 구하는 절차로서 검사가 공소를 제기하여 공판절차가 진행되는 형사재판절차와는 다르며, 또한 고소·고발인인 재정신청인은 검사에 의하여 공소가 제기되어 형사재판을 받는 피고인과는 지위가 본질적으로 다르다. 또한 재정신청인이 교도소 또는 구치소에 있는 경우에도 제3자에게 제출권한을 위임하여 재정신청 기각결정에 대한 재항고장을 제출할 수 있고, 게다가 특급우편제도를 이용할 경우에는 발송 다음 날까지 재항고장이 도달할 수도 있다. 또한 형사소송법 제67조 및 형사소송규칙 제44조에 의하여 재정신청인이 있는 교도소 등의 소재지와 법원과의 거리, 교통통신의 불편 정도에 따라 일정한 기간이 재항고 제기기간에 부가되며 나아가 법원에 의하여 기간이 더 연장될 수 있다. 그뿐 아니라 재정신청인이 자기 또는 대리인이 책임질 수 없는 사유로 인하여 재정신청 기각결정에 대한 재항고 제기기간을 준수하지 못한 경우에는 형사소송법 제345조에 따라 재항고권 회복을 청구할 수도 있다. 위와 같이 법정기간 준수에 대하여 도달주의 원칙

을 정하고 재소자 피고인 특칙의 예외를 개별적으로 인정한 형사소송법의 규정 내용과 입법 취지, 재정신청절차가 형사재판절차와 구별되는 특수성, 법정기간 내의 도달주의를 보완할 수 있는 여러 형사소송법상 제도 및 신속한 특급우편제도의 이용 가능성 등을 종합하여 보면, 재정신청 기각결정에 대한 재항고나 그 재항고 기각결정에 대한 즉시항고로서의 재항고에 대한 법정기간의 준수 여부는 도달주의 원칙에 따라 재항고장이나 즉시항고장이 법원에 도달한 시점을 기준으로 판단하여야 하고, 거기에 재소자 피고인 특칙은 준용되지 아니한다(대결 2015.7.16. 2013모2347 전합).

20

답 ④

영역 수사와 공소>수사의 종결과 공소의 제기   난도 중

정답해설

④ (×) 공판준비 또는 공판기일에서 이미 증언을 마친 증인을 검사가 소환한 후 피고인에게 유리한 그 증언 내용을 추궁하여 이를 일방적으로 번복시키는 방식으로 작성한 진술조서를 유죄의 증거로 삼는 것은 당사자주의·공판중심주의·직접주의를 지향하는 현행 형사소송법의 소송구조에 어긋나는 것일 뿐만 아니라, 헌법 제27조가 보장하는 기본권, 즉 법관의 면전에서 모든 증거자료가 조사·진술되고 이에 대하여 피고인이 공격·방어할 수 있는 기회가 실질적으로 부여되는 재판을 받을 권리를 침해하는 것이므로, 이러한 진술조서는 피고인이 증거로 할 수 있음에 동의하지 아니하는 한 그 증거능력이 없다고 하여야 할 것이고, 그 후 원진술자인 종전 증인이 다시 법정에 출석하여 증언을 하면서 그 진술조서의 성립의 진정함을 인정하고 피고인측에 반대신문의 기회가 부여되었다고 하더라도 그 증언 자체를 유죄의 증거로 할 수 있음은 별론으로 하고 위와 같은 진술조서의 증거능력이 없다는 결론은 달리할 것이 아니다(대판 2000.6.15. 99도1108).

오답해설

① (○) 헌재결 1997.3.27. 96헌바28

② (○) 대판 2011.4.28. 2009도10412

③ (○) 대판 2009.8.20. 2008도8213

21

답 ①

영역 수사와 공소>수사의 종결과 공소의 제기   난도 상

정답해설

㉠ (○) 대판 2017.7.11. 2016도14820

㉡ (○) 대판 2012.02.23. 2011도7282

오답해설

㉢ (×) 공범 중 1인에 대해 약식명령이 확정된 후 그에 대한 정식재판청구권회복결정이 있었다고 하더라도 그 사이의 기간 동안에는, 특별한 사정이 없는 한, 다른 공범자에 대한 공소시효는 정지함이 없이 계속 진행한다고 보아야 할 것이다(대판 2012.3.29. 2011도15137).

㉣ (×) 형법에 의하여 형을 가중 또는 감경할 경우에는 가중 또는 감경하지 아니한 형이 시효기간의 기준이 된다(제251조).

22

답 ③

영역 공판>공판절차   난도 중

정답해설

③ (○) 대판 2017.4.28. 2016도21342

오답해설

① (×) 피고인의 방어권 행사에 실질적인 불이익을 초래할 염려가 없는 경우에는 공소사실과 기본적 사실이 동일한 범위 내에서 법원이 공소장변경절차를 거치지 아니하고 다르게 사실을 인정하였다고 할지라도 불고불리의 원칙에 위배되지 아니한다. 원심판결 이유에 의하면, 원심은, 피고인이 피해자를 추행한 사실 자체는 부인하지 않고 있고, 이 사건 공소사실인 강제추행에는 '위력에 의한' 추행이 포함되어 있다고 볼 수 있으므로, 공소장변경 없이 위력에 의한 추행을 유죄로 인정하더라도 피고인의 방어권행사에 불이익이 없다는 이유로, 공소장변경 없이 피고인이 위력으로 피해자를 추행한 사실을 유죄로 인정하였다. 앞서 본 법리 및 원심이 적법하게 채택한 증거들에 비추어 살펴보면, 원심의 위와 같은 판단은 정당하고, 거기에 불고불리 원칙에 위배되거나 공소장변경에 관한 법리를 오해한 위법은 없다(대판 2013.12.12. 2013도12803).

② (×) 두번에 걸친 뇌물수수행위에 대하여 포괄일죄로 공소제기된 사건에서 원심이 실체적 경합관계에 있는 두죄로 인정하였다 하여도 이는 죄수에 관한 법률적 평가를 달리한 것에 지나지 않을 뿐이고 또 피고인의 방어권행사에 실질적으로 불이익을 초래할 우려도 없으므로 불고불리의 원칙에 위반된다고 할 수 없다(대판 1987.4.14. 86도2075).

④ (×) 피고인이 강제추행죄로 기소되어 제1심에서 무죄가 선고되자 검사가 항소심에서 공연음란죄를 예비적으로 추가하는 공소장변경 허가신청서를 제출하였는데 원심이 공소장변경 허가신청서 부본을 피고인 또는 변호인에게 송달하거나 교부하지 않은 채 공판절차를 진행하여 기존 공소사실에 대하여 무죄로 판단한 제1심판결을 파기하고 예비적 공소사실을 유죄로 판단한 사안에서, 공연음란죄는 강제추행죄와 비교하여 행위 양태, 보호법익, 죄질과 법정형 등에서 차이가 있어, 기존 공소사실과 예비적 공소사실은 심판대상과 피고인의 방어대상이 서로 달라 피고인의 방어권이나 변호인의 변호권을 본질적으로 침해한 것으로 볼 수 있으므로, 원심판결에는 공소장변경 절차에 관한 법령을 위반하여 판결에 영향을 미친 잘못이 있다고 한 사례(대판 2021.06.30. 2019도7217).

23

답 ④

영역 공판>공판절차   **난도** 중

정답해설
④ (○) 제266조의3 제5항

오답해설
① (×) 변호인이 있는 피고인은 열람만을 신청할 수 있다(제266조의3 제1항 단서).
② (×) 특수매체도 열람·등사의 대상이 된다. 다만, 특수매체에 대한 등사는 필요 최소한에 한할 뿐이다(제266조의3 제6항).
③ (×) 법원의 열람·등사 허용 결정에도 불구하고 검사가 이를 신속하게 이행하지 아니하는 경우에는 해당 증인 및 서류 등을 증거로 신청할 수 없는 불이익을 받는 것에 그치는 것이 아니라, 그러한 검사의 거부행위는 피고인의 열람·등사권을 침해하고, 나아가 피고인의 신속·공정한 재판을 받을 권리 및 변호인의 조력을 받을 권리까지 침해하는 것으로서 위헌적 조치에 해당한다(헌재결 2010.6.24. 2009헌마257).

24

답 ③

영역 공판>공판절차   **난도** 하

정답해설
③ (×) 재판장은 검사와 변호인의 신문이 끝난 뒤에 신문할 수 있다(제161조의2 제2항).

오답해설
① (○) 제276조

② (○) 제294조 제2항
④ (○) 대판 2020.12.24. 2020도10778

25

답 ②

영역 공판>공판절차   **난도** 상

정답해설
ⓒ (×) 16세 미만의 자 또는 선서의 취지를 이해하지 못하는 자는 선서무능력자이기 때문에 선서하게 하지 아니하고 신문하여야 한다(제159조).
ⓜ (×) 형사소송법 제297조에 따라 변호인이 없는 피고인을 일시 퇴정하게 하고 증인신문을 한 다음 피고인에게 실질적인 반대신문의 기회를 부여하지 아니한 채 이루어진 증인의 법정진술은 위법한 증거로서 증거능력이 없다고 볼 여지가 있으나, 그 다음 공판기일에서 재판장이 증인신문 결과 등을 공판조서(증인신문조서)에 의하여 고지하였는데 피고인이 '변경할 점과 이의할 점이 없다'고 진술하여 책문권 포기 의사를 명시함으로써 실질적인 반대신문의 기회를 부여받지 못한 하자가 치유되었다고 한 사례(대판 2010.1.14. 2009도9344)

오답해설
㉠ (○) 규칙 제75조 제2항, 제76조 제2항
ⓒ (○) 제151조 제8항
ⓔ (○) 주신문시에는 원칙적으로 유도신문이 금지된다(규칙 제75조 제1항). 그러나 주신문시라도 (1) 증인과 피고인과의 관계, 증인의 경력, 교우관계등 실질적인 신문에 앞서 미리 밝혀둘 필요가 있는 준비적인 사항에 관한 신문의 경우 (2) 검사, 피고인 및 변호인 사이에 다툼이 없는 명백한 사항에 관한 신문의 경우 (3) 증인이 주신문을 하는 자에 대하여 적의 또는 반감을 보일 경우 (4) 증인이 종전의 진술과 상반되는 진술을 하는 때에 그 종전 진술에 관한 신문의 경우 (5) 기타 유도신문을 필요로 하는 특별한 사정이 있는 경우에는 유도신문을 할 수 있다(규칙 제75조 제2항).

26

답 ①

영역 공판>공판절차   **난도** 중

정답해설
① (×) 법원은 공소사실의 변경이 피고인의 불이익을 증가할 염려가 있다고 인정한 때에는 직권 또는 피고인이나 변호인의 청구에 의하여 피고인으로 하여금 필요한 방어의 준비를 하게 하기 위하여 결정으로 필요한 기간 공판

절차를 정지할 수 있다(제298조 제4항).

② (○) 제306조 제2항, 제5항

③ (○) 제306조 제1항, 제5항

④ (○) 규칙 제169조 제1항

27

답 ④

영역 공판>증거　　　　　난도 중

정답해설

④ (×) 살인죄 등과 같이 법정형이 무거운 범죄의 경우에도 직접증거 없이 간접증거만으로 유죄를 인정할 수 있으나, 그러한 유죄 인정에는 공소사실에 대한 관련성이 깊은 간접증거들에 의하여 신중한 판단이 요구되므로, 간접증거에 의하여 주요사실의 전제가 되는 간접사실을 인정할 때에는 증명이 합리적인 의심을 허용하지 않을 정도에 이르러야 하고, 하나하나의 간접사실 사이에 모순, 저촉이 없어야 하는 것은 물론 간접사실이 논리와 경험칙, 과학법칙에 의하여 뒷받침되어야 한다(대판 2011. 5.26. 2011도1902).

오답해설

①, ② (○) 대판 1998.11.13. 96도1783

③ (○) 직접증거와 간접증거의 구별은 직접증거에 높은 증명력을 인정하였던 법정증거주의에서는 의미가 있었으나 직접증거에 우월을 인정하지 않는 자유심증주의에서는 이러한 구별은 의미를 잃게 되었고, 특히 과학적 증거 수집의 기법이 발달함에 따라 양자의 구별은 의미가 없게 되었다.

28

답 ③

영역 공판>증거　　　　　난도 중

정답해설

③ (×) 종래 성질·형상불변론 체제하에서의 판시사항을 지문화한 것이다. 그러나 대법원은 이른바 제주지사실 압수·수색사건을 통해 압수절차가 위법하더라도 압수물의 증거능력은 인정된다는 이유만으로 압수물의 증거능력을 인정한 것은 위법하다고 판시하여 성질·형상불변론을 폐기하였다(대판 2007.11.15. 2007도3061 전합). 따라서 위법하게 수집된 비진술증거에 대해서도 위법수집증거배제법칙을 적용하게 되었다.

① (○) 대판 2013.3.14. 2010도2094

② (○) 먼저 지문채취가 이루어진 이상, 그 후 맥주병과 술잔에 대한 압수가 위법하더라도 위 지문은 유죄인정의 증거가 될 수 있다는 것이 판례의 입장이다(대판 2008. 10.23. 2008도7471).

④ (○) 대판 2019.07.11. 2018도20504

29

답 ③

영역 공판>증거　　　　　난도 중

정답해설

어떤 증거가 전문증거인지 여부는 요증사실과 관계에서 정하여지는바, 원진술의 내용인 사실이 요증사실인 경우에는 전문증거이나, 원진술의 존재자체가 요증사실인 경우, 예컨대 명예훼손사건에 있어서 명예훼손적 발언을 들은 자의 증언과 같은 경우는 본래증거이지 전문증거가 아니다(대판 2008.9.25. 2008도5347).

③ (○) 대판 1999.9.3. 99도2317

오답해설

① (×) 형사소송법 제310조의2는 사실을 직접 경험한 사람의 진술이 법정에 직접 제출되어야 하고 이에 갈음하는 대체물인 진술 또는 서류가 제출되어서는 안 된다는 이른바 전문법칙을 선언한 것이다. 그런데 정보통신망을 통하여 공포심이나 불안감을 유발하는 글을 반복적으로 상대방에게 도달하게 하는 행위를 하였다는 공소사실에 대하여 휴대전화기에 저장된 문자정보가 그 증거가 되는 경우, 그 문자정보는 범행의 직접적인 수단이고 경험자의 진술에 갈음하는 대체물에 해당하지 않으므로, 형사소송법 제310조의2에서 정한 전문법칙이 적용되지 않는다(대판 2008.11.13. 2006도2556).

② (×) 피고인이 수표를 발행하였으나 예금부족 또는 거래정지처분으로 지급되지 아니하게 하였다는 부정수표단속법위반의 공소사실을 증명하기 위하여 제출되는 수표는 그 서류의 존재 또는 상태 자체가 증거가 되는 것이어서 증거물인 서면에 해당하고 어떠한 사실을 직접 경험한 사람의 진술에 갈음하는 대체물이 아니므로, 증거능력은 증거물의 예에 의하여 판단하여야 하고, 이에 대하여는 형사소송법 제310조의2에서 정한 전문법칙이 적용될 여지가 없다(대판 2015.4.23. 2015도2275).

④ (×) 반국가단체의 구성원과 문건을 주고받는 방법으로 통신을 한 경우, 반국가단체로부터 지령을 받고 국가기밀을 탐지·수집하였다는 공소사실과 관련하여 수령한 지령 및 탐지·수집하여 취득한 국가기밀이 문건의 형태로 존재하는 경우나 편의제공의 목적물이 문건인 경우

등에는, 문건 내용의 진실성이 문제 되는 것이 아니라 그러한 내용의 문건이 존재하는 것 자체가 증거가 되는 것으로서, 위와 같은 공소사실에 대하여는 전문법칙이 적용되지 않는다고 보아 해당 부분의 공소사실에 관한 증거로 제출된 출력 문건들의 증거능력이 인정된다(대판 2013.7.26. 2013도2511).

30 답 ③

영역 공판>증거   난도 중

정답해설

③ (×) 성립의 진정은 공판준비 또는 공판기일에서 원진술자의 진술이나 영상녹화물 그밖에 객관적 방법에 의해 대체증명되어야 하고(제312조 제4항), 간인, 서명, 날인의 진정 등 형식적 진정성립만으로는 실질적 진정성립이 추정된다고 볼 수 없다.

오답해설

① (○) 대판 1997.4.11. 96도2865
② (○) 대판 2013.3.28. 2010도3359
④ (○) 대판 1990.10.16. 90도1474

31 답 ④

영역 공판>증거   난도 하

정답해설

④ (○) 대판 1984.2.28. 83도3145

오답해설

① (×) 대판 1976.10.12. 76도2960
② (×) 대판 2012.10.25. 2011도5459
③ (×) 대판 1997.7.25. 97도1351

32 답 ④

영역 공판>증거   난도 중

정답해설

④ (×) 사법경찰관 작성의 검증조서에 대하여 피고인이 증거로 함에 동의만 하였을 뿐 공판정에서 검증조서에 기재된 진술내용 및 범행을 재연한 부분에 대하여 그 성립의 진정 및 내용을 인정한 흔적을 찾아 볼 수 없고 오히려 이를 부인하고 있는 경우에는 그 증거능력을 인정할 수 없고, 위 검증조서 중 범행에 부합되는 피고인의 진술을 기재한 부분과 범행을 재연한 부분을 제외한 나머지 부분만을 증거로 채용하여야 한다(대판 1998.3.13. 98도159).

오답해설

① (○) 대판 1983.03.08. 82도2873
② (○) 변호인은 피고인의 명시한 의사에 반하지 아니하는 한 피고인을 대리하여 증거로 함에 동의할 수 있으므로 피고인이 증거로 함에 동의하지 아니한다고 명시적인 의사표시를 한 경우 이외에는 변호인은 서류나 물건에 대하여 증거로 함에 동의할 수 있고 이 경우 변호인의 동의에 대하여 피고인이 즉시 이의하지 아니하는 경우에는 변호인의 동의로 증거능력이 인정된다(대판 1988.11.8. 88도1628).
③ (○) 형사소송법 제318조에 규정된 증거동의의 주체는 소송 주체인 검사와 피고인이고, 변호인은 피고인을 대리하여 증거동의에 관한 의견을 낼 수 있을 뿐이므로 피고인의 명시한 의사에 반하여 증거로 함에 동의할 수는 없다. 따라서 피고인이 출석한 공판기일에서 증거로 함에 부동의한다는 의견이 진술된 경우에는 그 후 피고인이 출석하지 아니한 공판기일에 변호인만이 출석하여 종전 의견을 번복하여 증거로 함에 동의하였다 하더라도 이는 특별한 사정이 없는 한 효력이 없다고 보아야 한다(대판 2013.3.28. 2013도3).

33 답 ②

영역 공판>증거   난도 중

정답해설

② (○) 제312조 내지 제316조에 따라 증거능력 없는 서류 또는 진술이라도 탄핵증거로의 사용이 가능하다(제318조의2 제1항). 판례 역시 진정성립이 인정되지 않는 서류라도 탄핵증거로 사용이 가능하다고 보고 있다(대판 1972.1.31. 71도2060).

오답해설

① (×) 제318조의2 제2항에 따른 기억환기용 영상녹화물의 재생(증거조사)은 검사의 신청이 있는 경우에 한하고(규칙 제134조의4), 법원이 직권으로 증거조사 할 수는 없다.
③ (×) 탄핵증거는 범죄사실을 인정하는 증거가 아니므로 엄격한 증거조사를 거쳐야 할 필요가 없음은 형사소송법 제318조의2의 규정에 따라 명백하나 법정에서 이에 대한 탄핵증거로서의 증거조사는 필요한 것이고, 한편 증거신청의 방식에 관하여 규정한 형사소송규칙 제132조 제1항의 취지에 비추어 보면 탄핵증거의 제출에 있어서도 상대방에게 이에 대한 공격방어의 수단을 강구할 기회를 사전에 부여하여야 한다는 점에서 그 증거와 증명하고자 하는 사실과의 관계 및 입증취지 등을 미리 구체

적으로 명시하여야 할 것이므로, 증명력을 다투고자 하는 증거의 어느 부분에 의하여 진술의 어느 부분을 다투려고 한다는 것을 사전에 상대방에게 알려야 한다(대판 2005.8.19. 2005도2617).

④ (×) 사법경찰리 작성의 피고인에 대한 피의자신문조서와 피고인이 작성한 자술서들은 모두 검사가 유죄의 자료로 제출한 증거들로서 피고인이 각 그 내용을 부인하는 이상 증거능력이 없으나 그러한 증거라 하더라도 그것이 임의로 작성된 것이 아니라고 의심할 만한 사정이 없는 한 피고인의 법정에서의 진술을 탄핵하기 위한 반대증거로 사용할 수 있다(대판 1998.2.27. 97도1770).

34

답 ④

영역 공판>증거   난도 중

정답해설

④ (×) 즉결심판절차에 있어서는 형사소송법 제310조(자백의 보강법칙)의 규정은 적용하지 아니한다(즉결심판에 관한 절차법 제10조).

오답해설

① (○) 헌법 제12조 제7항
② (○) 대판 1968.03.19. 68도43
③ (○) 대판 1990.10.30. 90도1939

35

답 ②

영역 공판>재판   난도 하

정답해설

② 공소기각판결(대판 2017.8.23. 2016도5423)

오답해설

① 공소기각결정(대판 1968.02.20. 68도117)
③ 무죄판결(대결 2013.4.18. 2011초기689 전합)
④ 면소판결(대판 2011.7.14. 2011도1303). 판례는 단순히 형이 폐지된 것으로 족하지 않고 이른바 동기설에 따라 법률이념이 변천된 경우에 한하여 면소판결사유가 된다고 본다.

36

답 ③

영역 상소와 비상구제절차>상소   난도 중

정답해설

③ (×) 상소의 포기 또는 취하에 부존재 또는 무효임을 주장하는 자는 그 포기 또는 취하당시 소송기록이 있었던 법원에 절차속행의 신청을 할 수 있다(규칙 제154조 제1항).

오답해설

① (○) 대결 2022.05.26. 2022모439
② (○) 대결 1999.5.18. 99모40
④ (○) 제1심판결에 대하여 피고인 또는 검사가 항소하여 항소법원이 판결을 선고한 후에는 상고법원으로부터 사건이 환송 또는 이송되는 경우 등을 제외하고는 항소법원이 다시 항소심 소송절차를 진행하여 판결을 선고할 수 없다. 따라서 항소심판결이 선고되면 제1심판결에 대한 항소권이 소멸되어 제1심판결에 대한 항소권 회복청구와 항소는 적법하다고 볼 수 없다. 이는 제1심 재판 또는 항소심 재판이 소송촉진 등에 관한 특례법이나 형사소송법 등에 따라 피고인이 출석하지 않은 가운데 불출석 재판으로 진행된 경우에도 마찬가지이다. 따라서 제1심판결에 대하여 검사의 항소에 의한 항소심판결이 선고된 후 피고인이 동일한 제1심판결에 대하여 항소권 회복청구를 하는 경우 이는 적법하다고 볼 수 없어 형사소송법 제347조 제1항에 따라 결정으로 이를 기각하여야 한다(대결 2017.3.30. 2016모2874).

37

답 ①

영역 상소와 비상구제절차>상소   난도 중

정답해설

① (×) 피고인의 상고에 의하여 상고심에서 원심판결을 파기하고 사건을 항소심에 환송한 경우에 그 항소심에서는 환송 전 원심판결과의 관계에서도 불이익변경금지의 원칙이 적용되어 그 파기된 항소심판결보다 중한 형을 선고할 수 없다. 그리고 이러한 법리는 환송 후의 원심에서 적법한 공소장변경이 있어 이에 따라 그 항소심이 새로운 범죄사실을 유죄로 인정하는 경우에도 마찬가지이다(대판 2014.8.20. 2014도6472).

오답해설

② (○) 대판 1965.12.10. 65도826 전합
③ (○) 대판 1985.9.24. 84도2972 전합
④ (○) 대판 2018.02.28. 2015도15782

38

②

상소와 비상구제절차>비상구제절차 　　난도 상

정답해설

㉠ (ㅇ) 대결 2019.03.21. 2015모2229 전합

㉢ (ㅇ) 대결 2006.5.11. 2004모16

오답해설

㉡ (×) 특별사면으로 형 선고의 효력이 상실된 유죄의 확정판결에 대하여 재심개시결정이 이루어져 재심심판법원이 심급에 따라 다시 심판한 결과 무죄로 인정되는 경우라면 무죄를 선고하여야 하겠지만, 그와 달리 유죄로 인정되는 경우에는, 피고인에 대하여 다시 형을 선고하거나 피고인의 항소를 기각하여 제1심판결을 유지시키는 것은 이미 형 선고의 효력을 상실하게 하는 특별사면을 받은 피고인의 법적 지위를 해치는 결과가 되어 이익재심과 불이익변경금지의 원칙에 반하게 되므로, 재심심판법원으로서는 '피고인에 대하여 형을 선고하지 아니한다'는 주문을 선고할 수밖에 없다(대판 2015.10.29. 2012도2938).

㉣ (×) 형사소송법이나 형사소송규칙에는 재심청구인이 재심의 청구를 한 후 청구에 대한 결정이 확정되기 전에 사망한 경우에 재심청구인의 배우자나 친족 등에 의한 재심청구인 지위의 승계를 인정하거나 형사소송법 제438조와 같이 재심청구인이 사망한 경우에도 절차를 속행할 수 있는 규정이 없으므로, 재심청구절차는 재심청구인의 사망으로 당연히 종료하게 된다(대결 2014.5.30. 2014모739).

39

정답 ①

영역 상소와 비상구제절차>특별절차 　　난도 중

정답해설

① (ㅇ) 제455조 제1항

오답해설

② (×) 포괄일죄의 관계에 있는 범행일부에 관하여 약식명령이 확정된 경우, 약식명령의 발령시를 기준으로 하여 그 전의 범행에 대하여는 면소의 판결을 하여야 하고, 그 이후의 범행에 대하여서만 일개의 범죄로 처벌하여야 한다(대판 1994.8.9. 94도1318).

③ (×) 피고인은 정식재판의 청구를 포기할 수 없다(제45조 제1항 단서).

④ (×) 형사소송법 제457조의2 제1항은 "피고인이 정식재판을 청구한 사건에 대하여는 약식명령의 형보다 중한 종류의 형을 선고하지 못한다."라고 규정하여, 정식재판 청구 사건에서의 형종 상향 금지의 원칙을 정하고 있는데, 이 원칙은 피고인이 정식재판을 청구한 사건과 다른 사건이 병합·심리된 후 경합범으로 처단되는 경우에도 정식재판을 청구한 사건에 대하여도 그대로 적용된다(대판 2020.3.26. 2020도355).

40

정답 ②

영역 상소와 비상구제절차>특별절차 　　난도 상

정답해설

㉠ (×) 배상명령은 유죄판결을 선고할 경우에만 가능하다(소송촉진 등에 관한 특례법 제25조 제1항).

오답해설

㉡ (ㅇ) 배상명령은 피고사건의 범죄행위로 인하여 발생한 직접적인 물적 피해, 치료비 손해 및 위자료의 배상에 한정된다(동법 제25조 제1항). 따라서 간접적 손해나 일실이익, 기대이익의 상실 등은 배상명령의 범위에서 제외된다.

㉢ (ㅇ) 배상신청은 제1심 또는 제2심 공판의 변론종결시까지 신청할 수 있다(동법 제25조 제1항). 사실심은 1심과 2심을 포함한 말이기 때문에 타당한 설명이다.

㉣ (ㅇ) 동법 제29조

제9회   경찰승진 최종모의고사

정답체크

01	02	03	04	05	06	07	08	09	10
③	③	④	④	②	②	④	②	④	①
11	12	13	14	15	16	17	18	19	20
①	④	④	②	④	④	④	①	④	③
21	22	23	24	25	26	27	28	29	30
④	②	③	④	②	④	④	③	③	②
31	32	33	34	35	36	37	38	39	40
①	④	④	①	②	④	②	④	②	②

문항별 체크리스트

문항	영역	○	×	문항	영역	○	×
01	서론>형사소송법의 기초이론			21	공판>공판절차		
02	서론>소송주체와 소송관계인			22	공판>공판절차		
03	서론>소송주체와 소송관계인			23	공판>공판절차		
04	서론>소송주체와 소송관계인			24	공판>공판절차		
05	서론>소송행위와 소송조건			25	공판>공판절차		
06	수사와 공소>수사			26	공판>공판절차		
07	수사와 공소>수사			27	공판>증거		
08	수사와 공소>수사			28	공판>증거		
09	수사와 공소>수사			29	공판>증거		
10	수사와 공소>수사			30	공판>증거		
11	수사와 공소>강제처분과 강제수사			31	공판>증거		
12	수사와 공소>강제처분과 강제수사			32	공판>증거		
13	수사와 공소>강제처분과 강제수사			33	공판>증거		
14	수사와 공소>강제처분과 강제수사			34	공판>증거		
15	수사와 공소>강제처분과 강제수사			35	공판>재판		
16	수사와 공소>강제처분과 강제수사			36	상소와 비상구제절차>상소		
17	수사와 공소>강제처분과 강제수사			37	상소와 비상구제절차>상소		
18	수사와 공소>수사의 종결과 공소의 제기			38	상소와 비상구제절차>비상구제절차		
19	수사와 공소>수사의 종결과 공소의 제기			39	상소와 비상구제절차>특별절차		
20	공판>공판절차			40	상소와 비상구제절차>재판의 집행과 형사보상		
서론			/5	수사와 공소			/14
공판			/16	상소와 비상구제절차			/5

01

영역 서론>형사소송법의 기초이론   난도 **중**

답 ③

정답해설

③ (×) 헌법 제12조 제3항 본문은 동조 제1항과 함께 적법 절차원리의 일반조항에 해당하는 것으로서, 형사절차상 의 영역에 한정되지 않고 입법, 행정 등 국가의 모든 공 권력의 작용에는 절차상의 적법성뿐만 아니라 법률의 구 체적 내용도 합리성과 정당성을 갖춘 실체적인 적법성이 있어야 하는 적법절차의 원칙을 헌법의 기본원리로 명시 하고 있는 것이다(헌재결 1992.12.24. 92헌가8).

오답해설

① (○) 헌재결 2001.08.30. 99헌마496
② (○) 헌재결 1996.12.26. 94헌바1
④ (○) 대판 1990.6.12. 90도672

02

영역 서론>소송주체와 소송관계인   난도 **하**

답 ③

정답해설

③ (×) 공소장의 공소사실 첫머리에 피고인이 전에 받은 소 년부송치처분과 직업 없음을 기재하였다 하더라도 이는 형사소송법 제254조 제3항 제1호에서 말하는 피고인을 특정할 수 있는 사항에 속하는 것이어서 그와 같은 내용 의 기재가 있다 하여 공소제기의 절차가 법률의 규정에 위반된 것이라고 할 수 없고 또 헌법상의 형사피고인에 대한 무죄추정조항이나 평등조항에 위배되는 것도 아니 다(대판 1990.10.16. 90도1813).

오답해설

① (○) 헌재결 1994.7.29. 93헌가3
② (○) 대판 1984.9.11. 84누110
④ (○) 대판 2017.10.31. 2016도21231

03

영역 서론>소송주체와 소송관계인   난도 **중**

답 ④

정답해설

④ (×) 법원의 관할이 명확하지 아니한 때 검사는 관계있는 제1심법원에 공통되는 직근 상급법원에 관할지정을 신 청하여야 한다(제14조).

오답해설

① (○) 제7조
② (○) 대결 2003.09.23. 2002모344

③ (○) 제15조. 관할이전은 검사에게는 신청의무가 있지만 피고인에게는 신청의 권리만 있을 뿐이다.

04

영역 서론>소송주체와 소송관계인   난도 **중**

답 ④

정답해설

④ (○) 대결 1987.03.30. 87모20

오답해설

① (×) 기피신청을 받은 법관이 형사소송법 제22조에 위반 하여 본안의 소송절차를 정지하지 않은 채 그대로 소송 을 진행하여서 한 소송행위는 그 효력이 없고, 이는 그 후 그 기피신청에 대한 기각결정이 확정되었다고 하더라 도 마찬가지이다(대판 2012.10.11. 2012도8544).
② (×) 법관이 사건에 관하여 그 기초되는 조사, 심리에 관 여한 경우는 전심재판 그 자체에 관여하지는 않았지만 전심재판의 내용형성에 영향을 미친 경우를 말한다. 원 심 합의부원인 법관이 원심 재판장에 대한 기피신청 사 건의 심리와 기각결정에 관여한 사실은 형사소송법 제 17조 제7호 소정의 '법관이 사건에 관하여 그 기초되는 조사, 심리에 관여한 때'에 해당하지 않기 때문에 기피사 유가 인정되지 않는다.
③ (×) 재판부가 당사자의 증거신청을 채택하지 아니하거나 이미 한 증거결정을 취소하였다 하더라도 그러한 사유만 으로는 재판의 공평을 기대하기 어려운 객관적인 사정이 있다고 할 수 없다(대판 1995.4.3. 95모10).

05

영역 서론>소송행위와 소송조건   난도 **중**

답 ②

정답해설

② (×) 형사소송법 제266조는 "법원은 공소의 제기가 있는 때에는 지체없이 공소장의 부본을 피고인 또는 변호인에 게 송달하여야 한다. 단, 제1회 공판기일 전 5일까지 송 달하여야 한다."고 규정하고 있으므로, 제1심이 공소장 부본을 피고인 또는 변호인에게 송달하지 아니한 채 공 판절차를 진행하였다면 이는 소송절차에 관한 법령을 위 반한 경우에 해당한다. 이러한 경우에도 피고인이 제1심 법정에서 이의함이 없이 공소사실에 관하여 충분히 진술 할 기회를 부여받았다면 판결에 영향을 미친 위법이 있 다고 할 수 없으나, 제1심이 공시송달의 방법으로 피고인 을 소환하여 피고인이 공판기일에 출석하지 아니한 가운 데 제1심의 절차가 진행되었다면 그와 같은 위법한 공판

절차에서 이루어진 소송행위는 효력이 없으므로, 이러한 경우 항소심은 피고인 또는 변호인에게 공소장 부본을 송달하고 적법한 절차에 의하여 소송행위를 새로이 한 후 항소심에서의 진술과 증거조사 등 심리결과에 기초하여 다시 판결하여야 한다(대판 2014.4.24. 2013도9498).

오답해설

①, ③, ④ (○) 대판 2014.4.24. 2013도9498

06 답②

영역 수사와 공소>수사	난도 중

정답해설

② (×) 수사기관이 이미 범행을 저지른 범인을 검거하기 위해 정보원을 이용하여 범인을 검거장소로 유인한 경우, 함정수사로 볼 수 없다(대판 2007.7.26. 2007도4532).

오답해설

① (○) 대판 2007.11.29. 2007도7680

③ (○) 대판 2007.05.31. 2007도1903

④ (○) 대판 2007.11.29. 2007도7680

07 답④

영역 수사와 공소>수사	난도 중

정답해설

④ (○) 대판 2004.10.28. 2004도5014

오답해설

① (×) (1) 친족상도례가 적용되는 친족의 범위는 민법의 규정에 의하여야 하는데, 민법 제767조는 배우자, 혈족 및 인척을 친족으로 한다고 규정하고 있고, 민법 제769조는 혈족의 배우자, 배우자의 혈족, 배우자의 혈족의 배우자만을 인척으로 규정하고 있을 뿐, 구 민법 제769조에서 인척으로 규정하였던 '혈족의 배우자의 혈족'을 인척에 포함시키지 않고 있다. 따라서 사기죄의 피고인과 피해자가 사돈지간이라고 하더라도 이를 민법상 친족으로 볼 수 없다. (2) 피고인이 백화점 내 점포에 입점시켜 주겠다고 속여 피해자로부터 입점비 명목으로 돈을 편취하였다며 사기로 기소된 사안에서, 피고인의 딸과 피해자의 아들이 혼인하여 피고인과 피해자가 사돈지간이라고 하더라도 민법상 친족으로 볼 수 없는데도, 2촌의 인척인 친족이라는 이유로 위 범죄를 친족상도례가 적용되는 친고죄라고 판단한 후 피해자의 고소가 고소기간을 경과하여 부적법하다고 보아 공소를 기각한 원심판결 및 제1심판결에 친족의 범위에 관한 법리오해의 위법이 있다(대판 2011.4.28. 2011도2170).

② (×) 고소의 객관적 불가분의 원칙은 과형상 일죄의 각 부분이 모두 친고죄라 하더라도 피해자가 다를 때에는 적용되지 아니한다. 따라서 하나의 문서로 A·B·C를 모두 모욕한 경우에 A의 고소는 B·C에 대한 모욕에 대하여 효력을 미치지 않는다.

③ (×) 형사소송법 제232조에 의하면 고소는 제1심판결 선고 전까지 취소할 수 있되 고소를 취소한 자는 다시 고소할 수 없으며, 한편 고소취소는 범인의 처벌을 구하는 의사를 철회하는 수사기관 또는 법원에 대한 고소권자의 의사표시로서 형사소송법 제239조, 제237조에 의하여 서면 또는 구술로써 하면 족한 것이므로, 고소권자가 서면 또는 구술로써 수사기관 또는 법원에 고소를 취소하는 의사표시를 하였다고 보여지는 이상 그 고소는 적법하게 취소되었다고 할 것이고, 그 후 고소취소를 철회하는 의사표시를 다시 하였다고 하여도 그것은 효력이 없다 할 것이다(대판 2009.9.24. 2009도6779). 따라서 법원은 실체판단이 아닌 공소기각판결을 하여야 한다.

08 답②

영역 수사와 공소>수사	난도 중

정답해설

㉠ (×) 자수로서의 효력이 있다(대판 1969.7.22. 69도779).

㉣ (×) 법적으로 요건을 갖춘 범죄행위라고 적극적 인식까지는 필요없다(대판 1995.6.30. 94도1017).

오답해설

㉡ (○) 대판 2011.12.22. 2011도12041

㉢ (○) 대판 1994.10.14. 94도2130

09 답④

영역 수사와 공소>수사	난도 상

정답해설

설문은 대결 2013.7.1. 2013모160의 내용에 관한 것이다.

㉠ (×) 수사기관이 관할지방법원 판사가 발부한 구속영장에 의하여 피의자를 구속하는 경우, 그 구속영장은 기본적으로 장차 공판정에의 출석이나 형의 집행을 담보하기 위한 것이지만, 이와 함께 법 제202조, 제203조에서 정하는 구속기간의 범위 내에서 수사기관이 법 제200조, 제241조 내지 제244조의5에 규정된 피의자신문의 방식으로 구속된 피의자를 조사하는 등 적정한 방법으로 범

죄를 수사하는 것도 예정하고 있다고 할 것이다(대결 2013.7.1. 2013모160).

ⓛ (×) 구속영장 발부에 의하여 적법하게 구금된 피의자가 피의자신문을 위한 출석요구에 응하지 아니하면서 수사기관 조사실에 출석을 거부한다면 수사기관은 그 구속영장의 효력에 의하여 피의자를 조사실로 구인할 수 있다고 보아야 한다(대결 2013.7.1. 2013모160).

ⓒ, ⓔ (○) 대결 2013.7.1. 2013모160

10

답 ①

영역 수사와 공소>수사   난도 **하**

정답해설

① (×) 구속 중인 피의자에 대하여 감정유치장이 집행되었을 때에는 피의자가 유치되어 있는 기간 동안 구속은 그 집행이 정지된 것으로 간주한다(제221조의3 제2항, 제172조의2 제1항). 따라서 감정유치기간은 구속기간에 산입되지 아니한다.

오답해설

② (○) 제221조의3 제1항

③ (○) 제172조 제7항

④ (○) 대판 2018.07.12. 2018도6219

11

답 ①

영역 수사와 공소>강제처분과 강제수사   난도 **중**

정답해설

① (×) 사법경찰관이 검사에게 긴급체포된 피의자에 대한 긴급체포 승인 건의와 함께 구속영장을 신청한 경우, 검사는 긴급체포의 승인 및 구속영장의 청구가 피의자의 인권에 대한 부당한 침해를 초래하지 않도록 긴급체포의 적법성 여부를 심사하면서 수사서류뿐만 아니라 피의자를 검찰청으로 출석시켜 직접 대면조사할 수 있는 권한을 가진다고 보아야 한다. 따라서 이와 같은 목적과 절차의 일환으로 검사가 구속영장 청구 전에 피의자를 대면조사하기 위하여 사법경찰관리에게 피의자를 검찰청으로 인치할 것을 명하는 것은 적법하고 타당한 수사지휘 활동에 해당하고, 수사지휘를 전달받은 사법경찰관리는 이를 준수할 의무를 부담한다. 다만 체포된 피의자의 구금 장소가 임의적으로 변경되는 점, 법원에 의한 영장실질심사 제도를 도입하고 있는 현행 형사소송법하에서 체포된 피의자의 신속한 법관 대면권 보장이 지연될 우려가 있는 점 등을 고려하면, 위와 같은 검사의 구속영장

청구 전 피의자 대면조사는 긴급체포의 적법성을 의심할 만한 사유가 기록 기타 객관적 자료에 나타나고 피의자의 대면조사를 통해 그 여부의 판단이 가능할 것으로 보이는 예외적인 경우에 한하여 허용될 뿐, 긴급체포의 합당성이나 구속영장 청구에 필요한 사유를 보강하기 위한 목적으로 실시되어서는 아니 된다. 나아가 검사의 구속영장 청구 전 피의자 대면조사는 강제수사가 아니므로 피의자는 검사의 출석 요구에 응할 의무가 없고, 피의자가 검사의 출석 요구에 동의한 때에 한하여 사법경찰관리는 피의자를 검찰청으로 호송하여야 한다(대판 2010. 10.28. 2008도11999).

오답해설

② (○) 대판 1999.1.26. 98도3029

③ (○) 대판 2022.04.28. 2021도17103

④ (○) 대판 2000.7.4. 99도4341

12

답 ④

영역 수사와 공소>강제처분과 강제수사   난도 **중**

정답해설

④ (×) 형사소송법 제88조는 "피고인을 구속한 때에는 즉시 공소사실의 요지와 변호인을 선임할 수 있음을 알려야 한다."고 규정하고 있는바, 이는 사후 청문절차에 관한 규정으로서 이를 위반하였다 하여 구속영장의 효력에 어떠한 영향을 미치는 것은 아니다(대결 2000.11.10. 2000모134).

오답해설

① (○) 제87조 제1항

② (○) 대결 1999.09.07. 99초355, 99도3454

③ (○) 제92조 제3항

13

답 ④

영역 수사와 공소>강제처분과 강제수사   난도 **중**

정답해설

④ (×) 교도관이 변호인 접견이 종료된 뒤 변호인과 미결수용자가 지켜보는 가운데 미결수용자와 변호인 간에 주고받는 서류를 확인하여 그 제목을 소송관계처리부에 기재하여 등재한 행위는 내용에 대한 검열이 이루어질 수도 없는 점에 비추어 보면 침해의 최소성 요건을 갖추었고, 달성하고자 하는 공익과 제한되는 청구인의 사익 간에 불균형이 발생한다고 볼 수 없으므로 법익의 균형성도 갖추었다. 따라서 이 사건 서류 확인 및 등재행위는 청구

인의 변호인의 조력을 받을 권리를 침해한다고 할 수 없다(헌재결 2016.4.28. 2015헌마243).

오답해설

① (○) 헌재결 2011.5.26. 2009헌마341
② (○) 대판 2017.3.9. 2013도16162
③ (○) 헌재결 2016.4.28. 2015헌마243

14

달 ②

영역 수사와 공소>강제처분과 강제수사　　난도 중

정답해설

② (×) 법원은 상당한 이유가 있는 때에는 결정으로 구속된 피고인을 친족·보호단체 기타 적당한 자에게 부탁하거나 피고인의 주거를 제한하여 구속의 집행을 정지할 수 있다(제101조 제1항). 즉, 구속집행정지는 피고인의 청구가 아닌 법원의 직권에 의해서만 행해진다.

오답해설

① (○) 제101조 제4항
③ (○) 제331조
④ (○) 대결 1983.8.18. 83모42

15

달 ④

영역 수사와 공소>강제처분과 강제수사　　난도 상

정답해설

㉠, ㉡ (○) 대판 2012.3.29. 2011도10508
㉢ (○) 대결 2015.7.16. 2011모1839 전합
㉣ (○) 대결 2022.05.31. 2016모587

16

달 ④

영역 수사와 공소>강제처분과 강제수사　　난도 중

정답해설

④ (×) 범행 중 또는 범행직후의 장소에서 긴급을 요하여 법원판사의 영장을 받을 수 없는 때에는 영장 없이 압수, 수색 또는 검증을 할 수 있다. 이 경우에는 사후에 지체 없이 영장을 받아야 한다(제216조 제3항). 즉, 사후에 지체 없이 영장을 받으면 되는 것이며, 24시간 이내라는 시간의 제한을 두고 있지는 않다.

오답해설

① (○) 대판 2008.07.10. 2008도2245
② (○) 제217조 제1항
③ (○) 대판 2017.7.18. 2014도8719

17

달 ④

영역 수사와 공소>강제처분과 강제수사　　난도 중

정답해설

④ (×) 출석거부나 진술거부가 아니라, 단순히 '진술번복의 염려'가 있다는 사유만으로는 증인신문청구를 할 수 없다(제221조의2 제1항). 판례 역시 "헌법재판소가 1996. 12.26. 94헌바1 사건의 결정에서 제1회 공판기일 전 증인신문제도를 규정한 형사소송법 제221조의2 제2항 및 제5항 중 같은 조 제2항에 관한 부분이 위헌이라는 결정을 선고하였고 이러한 위헌결정의 효력은 그 결정 당시 법원에 계속 중이던 사건에도 미치고, 또 각 공판기일 전 증인신문절차마다 피고인이 피의자로서 참석하였으나 그에게 공격·방어할 수 있는 기회가 충분히 보장되었다고 보기 어려운 사정이 있었다면, 검사가 증인들의 진술번복을 우려하여 제1회 공판기일 전 증인신문을 청구하여 작성된 증인신문조서는 비록 그 신문이 법관의 면전에서 행하여졌지만 결과적으로 헌법 제27조가 보장하는 공정하고 신속한 공개재판을 받을 권리를 침해하여 수집된 증거로서 증거능력이 없다(대판 1997.12.26. 97도2249)."라고 판시하고 있다.

오답해설

① (○) 대판 1989.6.20. 89도648. 내사단계에서는 증거보전이 불가능하다는 취지의 판시이다.
② (○) 수사단계에서 공동피고인이나 공범은 참고인으로 취급한다. 따라서 공동피고인 등이 소재불명인 경우에는 참고인중지사유가 되고, 공동피고인이나 공범은 제184조 또는 제221조의2의 증인신문의 대상이 된다(대판 1988.11.8. 86도1646).
③ (○) 제221조의2 제6항, 증인신문(제221조의2)이 완료되면 보전된 서류를 지체없이 검사에게 송부해야 한다. 검사가 보관하고 있는 이상 수사서류비공개원칙에 따라 공소제기 전에는 피의자 측에서 이를 열람·등사할 수 없다.

18

답 ①

영역 수사와 공소>수사의 종결과 공소의 제기　　난도 중

정답해설

① (×) 형사소송법 제262조 제2항, 제4항과 형사소송법 제262조 제4항 후문의 입법 취지 등에 비추어 보면, 형사소송법 제262조 제4항 후문에서 말하는 '제2항 제1호의 결정이 확정된 사건'은 재정신청사건을 담당하는 법원에서 공소제기의 가능성과 필요성 등에 관한 심리와 판단이 현실적으로 이루어져 재정신청 기각결정의 대상이 된 사건만을 의미한다. 따라서 재정신청 기각결정의 대상이 되지 않은 사건은 형사소송법 제262조 제4항 후문에서 말하는 '제2항 제1호의 결정이 확정된 사건'이라고 할 수 없고, 재정신청 기각결정의 대상이 되지 않은 사건이 고소인의 고소내용에 포함되어 있었다 하더라도 이와 달리 볼 수 없다(대판 2015.9.10. 2012도14755).

오답해설

② (○) 대결 2002.02.23. 2000모216
③ (○) 대결 1997.4.22. 97모30
④ (○) 대결 2015.7.16. 2013모2347 전합

19

답 ④

영역 수사와 공소>수사의 종결과 공소의 제기　　난도 중

정답해설

④ (×) 공판준비 또는 공판기일에서 이미 증언을 마친 증인을 검사가 소환한 후 피고인에게 유리한 그 증언 내용을 추궁하여 이를 일방적으로 번복시키는 방식으로 작성한 진술조서를 유죄의 증거로 삼는 것은 당사자주의·공판중심주의·직접주의를 지향하는 현행 형사소송법의 소송구조에 어긋나는 것일 뿐만 아니라, 헌법 제27조가 보장하는 기본권, 즉 법관의 면전에서 모든 증거자료가 조사·진술되고 이에 대하여 피고인이 공격·방어할 수 있는 기회가 실질적으로 부여되는 재판을 받을 권리를 침해하는 것이므로, 이러한 진술조서는 피고인이 증거로 할 수 있음에 동의하지 아니하는 한 그 증거능력이 없다고 하여야 할 것이고, 그 후 원진술자인 종전 증인이 다시 법정에 출석하여 증언을 하면서 그 진술조서의 성립의 진정함을 인정하고 피고인측에 반대신문의 기회가 부여되었다고 하더라도 그 증언 자체를 유죄의 증거로 할 수 있음은 별론으로 하고 위와 같은 진술조서의 증거능력이 없다는 결론은 달리할 것이 아니다(대판 2000.6.15. 99도1108 전합).

오답해설

① (○) 대판 2011.04.28. 2009도10412
② (○) 대판 2019.11.28. 2013도6825
③ (○) 대판 1984.9.25. 84도1646

20

답 ③

영역 공판>공판절차　　난도 중

정답해설

③ (○) 대판 2009.2.26. 2008도11813

오답해설

① (×) 형사소송법 제254조 제1항은 "공소를 제기함에는 공소장을 관할법원에 제출하여야 한다."고 정한다. 한편 형사소송법 제57조 제1항은 "공무원이 작성하는 서류에는 법률에 다른 규정이 없는 때에는 작성 연월일과 소속 공무소를 기재하고 기명날인 또는 서명하여야 한다"고 정하고 있다. 여기서 '공무원이 작성하는 서류'에는 검사가 작성하는 공소장이 포함되므로, 검사의 기명날인 또는 서명이 없는 상태로 관할법원에 제출된 공소장은 형사소송법 제57조 제1항에 위반된 서류라 할 것이다. 그리고 이와 같이 법률이 정한 형식을 갖추지 못한 공소장 제출에 의한 공소의 제기는 특별한 사정이 없는 한 그 절차가 법률의 규정에 위반하여 무효인 때(형사소송법 제327조 제2호)에 해당한다. 다만 이 경우 공소를 제기한 검사가 공소장에 기명날인 또는 서명을 추완하는 등의 방법에 의하여 공소의 제기가 유효하게 될 수 있다(대판 2012.9.27. 2010도17052).

② (×) 공소장에 기재된 적용법조를 단순한 오기나 누락으로 볼 수 없고 구성요건이 충족됨에도 법원이 공소장변경의 절차를 거치지 아니하고 임의적으로 다른 법조를 적용하여 처단할 수는 없다(대판 2018.7.24. 2018도3443).

④ (×) 검사가 공소사실의 일부가 되는 범죄일람표를 컴퓨터 프로그램을 통하여 열어보거나 출력할 수 있는 전자적 형태의 문서로 작성한 후, 종이문서로 출력하여 제출하지 아니하고 전자적 형태의 문서가 저장된 저장매체 자체를 서면인 공소장에 첨부하여 제출한 경우에는, 서면인 공소장에 기재된 부분에 한하여 공소가 제기된 것으로 볼 수 있을 뿐이고, 저장매체에 저장된 전자적 형태의 문서 부분까지 공소가 제기된 것이라고 할 수는 없다. 이러한 형태의 공소제기를 허용하는 별도의 규정이 없을 뿐만 아니라, 저장매체나 전자적 형태의 문서를 공소장의 일부로서의 '서면'으로 볼 수도 없기 때문이다. 이는 전자적 형태의 문서의 양이 방대하여 그와 같은 방식의 공소제기를 허용해야 할 현실적인 필요가 있다거나 피고

인과 변호인이 이의를 제기하지 않고 변론에 응하였다고 하여 달리 볼 것도 아니다(대판 2016.12.15. 2015도3682).

21

답 ④

영역 공판>공판절차 　　　　　　 **난도** 상

정답해설

㉠ (○) 대판 1966.3.24. 65도114 전합. 형사소송법 제254조 제5항은 수 개의 공소사실과 적용법조 간에 예비적·택일적 기재를 명문으로 허용하고 있음을 감안한 판례의 태도이다. 주의할 점은, 공소장의 예비적·택일적 추가는 공소장변경의 일례로서 동일성이 인정되는 한도 내에서만 가능하다. 따라서 수개의 공소사실과 적용법조를 예비적·택일적으로 추가할 수는 없다.

㉡ (○) 대판 1981.6.9. 81도1269. 본위적 공소사실이 유죄인 이상 예비적 공소사실을 심판하지 않았다는 이유로 상소할 수 없다. 이는 검사의 공소제기 취지대로 유죄판결이 나온 이상, 검사에게 (당사자로서) 상소이익이 없다는 판시이다.

㉢ (○) 대판 1976.5.26. 76도1126. 예비적·택일적 기재의 경우는 각 공소사실 상호간을 불가분의 관계로 본다. 따라서 일부에 대한 상소라도 전부가 이심되게 되고, 상소심으로서는 불복하지 않았던 부분도 심판대상으로 보아 파기가능하다.

㉣ (○) 예비적·택일적으로 기재된 모든 공소사실에 대하여 무죄를 선고하는 경우에는 모든 범죄사실 또는 적용법조에 대한 판단을 요한다.

22

답 ②

영역 공판>공판절차 　　　　　　 **난도** 상

정답해설

㉠ (○) 대판 2000.4.11. 2000도565
㉡ (×) 대판 1999.4.13. 99도375
㉢ (○) 대판 1977.4.26. 77도814
㉣ (×) 대판 2011.3.24. 2010도18103

23

답 ③

영역 공판>공판절차 　　　　　　 **난도** 중

정답해설

③ (×) 검사는 서류 등의 목록에 대하여는 열람 또는 등사를 거부할 수 없다(제266조의3 제5항).

오답해설

① (○) 헌재결 2010.6.24. 2009헌마257
② (○) 헌재결 2017.12.28. 2015헌마632
④ (○) 제266조의4 제5항

24

답 ②

영역 공판>공판절차 　　　　　　 **난도** 중

정답해설

② (×) 형사소송법 제303조는 "재판장은 검사의 의견을 들은 후 피고인과 변호인에게 최종의 의견을 진술할 기회를 주어야 한다."라고 정하고 있으므로, 최종의견 진술의 기회는 피고인과 변호인 모두에게 주어져야 한다. 이러한 최종의견 진술의 기회는 피고인과 변호인의 소송법상 권리로서 피고인과 변호인이 사실관계의 다툼이나 유리한 양형사유를 주장할 수 있는 마지막 기회이므로, 피고인이나 변호인에게 최종의견 진술의 기회를 주지 아니한 채 변론을 종결하고 판결을 선고하는 것은 소송절차의 법령위반에 해당한다(대판 2018.03.29. 2018도327).

오답해설

① (○) 대판 2013.7.26. 2013도2511
③ (○) 형사소송규칙 제132조의2 제2항
④ (○) 결심공판에 출석한 검사가 사실과 법률적용에 관하여 의견을 진술하지 않더라도 공판절차가 무효로 되는 것은 아니며 위 공판조서에 검사의 의견진술이 누락되어 있다 하여도 이로써 판결에 영향을 미친 법률위반이 있는 경우에 해당한다고는 볼 수 없다(대판 1977.5.10. 74도3293).

25

답 ④

영역 공판>공판절차 　　　　　　 **난도** 중

정답해설

④ (×) 반대신문의 기회에 주신문에 나타나지 아니한 새로운 사항에 관하여 신문하고자 할 때에는 재판장의 허가를 받아야 한다(규칙 제76조 제4항).

오답해설
① (○) 대판 2022.03.17. 2016도17054

② (○) 규칙 제76조 제4항, 제5항

③ (○) 제151조 제7항

26

답 ④

영역 공판>공판절차　　　　　　　　　난도 **중**

정답해설

④ (×) 공판개정 후 판사의 경질이 있는 때에는 공판절차를 갱신하여야 한다(제301조 본문). 이는 실질적 직접주의의 관점에서 실체심리에 관여한 법관이 재판에 관여하도록 하고자 하는 취지이다. 따라서 내부적으로 이미 재판이 성립하여 판결의 선고만을 기다리고 있는 경우(제301조 단서)나, 아직 실체심리가 개시되지 않은 경우에는 판사가 경질되더라도 공판절차의 갱신을 요하지 않는다.

오답해설

① (○) 제286조의2

② (○) 제318조의3

③ (○) 피고인이 제1심법원에서 공소사실에 대하여 자백하여 제1심법원이 이에 대하여 간이공판절차에 의하여 심판할 것을 결정하고, 이에 따라 제1심법원이 제1심판결 명시의 증거들을 증거로 함에 피고인 또는 변호인의 이의가 없어 형사소송법 제318조의3규정에 따라 증거능력이 있다고 보고, 상당하다고 인정하는 방법으로 증거조사를 한 이상, 가사 항소심에 이르러 범행을 부인하였다고 하더라도 제1심법원에서 증거로 할 수 있었던 증거는 항소법원에서도 증거로 할 수 있는 것이므로 제1심법원에서 이미 증거능력이 있었던 증거는 항소심에서도 증거능력이 그대로 유지되어 심판의 기초가 될 수 있고 다시 증거조사를 할 필요가 없다(대판 1998.2.27. 97도3421).

27

답 ④

영역 공판>증거　　　　　　　　　　　난도 **중**

정답해설

④ (×) 살인죄 등과 같이 법정형이 무거운 범죄의 경우에도 직접증거 없이 간접증거만으로 유죄를 인정할 수 있다(대판 2011.5.26. 2011도1902).

오답해설

① (○) 대판 2021.01.28. 2018도4708

② (○) 대판 2017.5.30. 2016도9027

③ (○) 대판 1989.9.13. 88도1114

28

답 ③

영역 공판>증거　　　　　　　　　　　난도 **중**

정답해설

③ (×) 甲은 외국인투자촉진법에 의한 신고와 관련하여 허위의 서류를 제출한 직접 당사자이고, 피고인인 乙은 이를 대행해 준 사람인데, 검사가 사전조사를 거쳐 허위의 외국인투자라는 정황들을 포착한 후에 甲을 참고인으로 소환하여 진술거부권을 고지하지 않은 채 참고인 진술조서를 작성한 경우, 검사가 甲을 소환·조사한 것은 (설령 입건이전이라도) 甲의 범죄혐의가 있다고 보아 수사를 개시하는 행위를 한 것이므로, 그 진술조서는 실질적으로 피의자신문조서와 같다고 볼 것임에도 진술거부권을 고지하지 않은 이상 위법수집증거로서 증거능력이 없다(대판 2011.11.10. 2010도8294).

오답해설

① (○) 대판 2011.11.10. 2011도8125

② (○) 대판 2009.8.20. 2008도8213

④ (○) 강도 현행범으로 체포된 피고인에게 진술거부권을 고지하지 아니한 채 강도범행에 대한 자백을 받고, 이를 기초로 여죄에 대한 진술과 증거물을 확보한 후 진술거부권을 고지하여 피고인의 임의자백 및 피해자의 피해사실에 대한 진술을 수집한 사안에서, 제1심 법정에서의 피고인의 자백은 진술거부권을 고지받지 않은 상태에서 이루어진 최초 자백 이후 40여 일이 지난 후에 변호인의 충분한 조력을 받으면서 공개된 법정에서 임의로 이루어진 것이고, 피해자의 진술은 법원의 적법한 소환에 따라 자발적으로 출석하여 위증의 벌을 경고받고 선서한 후 공개된 법정에서 임의로 이루어진 것이어서, 예외적으로 유죄 인정의 증거로 사용할 수 있는 2차적 증거에 해당한다(대판 2009.3.12. 2008도11437).

29

답 ③

영역 공판>증거　　　　　　　　　　　난도 **하**

정답해설

③ (×) 임의성 없는 진술의 증거능력을 부정하는 취지는, 허위진술을 유발 또는 강요할 위험성이 있는 상태하에서 행하여진 진술은 그 자체가 실체적 진실에 부합하지 아니하여 오판을 일으킬 소지가 있을 뿐만 아니라 그 진위 여부를 떠나서 진술자의 기본적 인권을 침해하는 위법 부당한 압박이 가하여지는 것을 사전에 막기 위한 것이므로, 그 임의성에 다툼이 있을 때에는 그 임의성을 의심할 만한 합리적이고 구체적인 사실을 피고인이 증명할 것이 아니고 검사가 그 임의성의 의문점을 해소하는 증명을 하여야 한다(대판 2006.1.26. 2004도517).

① (○) 대판 2012.11.29. 2010도3029
② (○) 대판 1998.2.27. 97도1770
④ (○) 대판 1984.11.27. 84도2252

30

영역 공판>증거   난도 상

정답해설

㉠ (○) 대판 2020.06.11. 2016도9367

㉡ (○) 검사가 작성한 공범이나 제3자의 피의자신문조서의 증거능력도 진술조서로 취급된다. 이 경우에 피의자신문조서를 피고인에 대한 증거로 사용하기 위해서는 원진술자인 공범이나 제3자가 자신에 대한 공판절차에서 진정성립을 인정한 것으로는 족하지 않고, 반드시 공범이나 제3자가 현재의 피고사건에 증인으로 출석하여 진정성립을 인정해야 한다(대판 1999.10.8. 99도3063).

㉢ (○) 형사소송법 제312조 제3항은 검사 이외의 수사기관이 작성한 당해 피고인에 대한 피의자신문조서를 유죄의 증거로 하는 경우뿐만 아니라 검사 이외의 수사기관이 작성한 당해 피고인과 공범관계에 있는 다른 피고인이나 피의자에 대한 피의자신문조서를 당해 피고인에 대한 유죄의 증거로 채택할 경우에도 적용되는바, 당해 피고인과 공범관계가 있는 다른 피의자에 대한 검사 이외의 수사기관 작성의 피의자신문조서는 그 피의자의 법정진술에 의하여 그 성립의 진정이 인정되더라도 당해 피고인이 공판기일에서 그 조서의 내용을 부인하면 증거능력이 부정되므로 그 당연한 결과로 그 피의자신문조서에 대하여는 사망 등 사유로 인하여 법정에서 진술할 수 없는 때에 예외적으로 증거능력을 인정하는 규정인 형사소송법 제314조가 적용되지 아니한다(대판 2004.7.15. 2003도7185; 대판 2008.9.25. 2008도5189).

㉣ (×) 피의자신문조서에 대한 증거조사가 완료된 뒤에는 원칙적으로 취소가 불가능하다. 다만, 적법절차 보장의 정신에 비추어 성립의 진정함을 인정한 최초의 진술에 그 효력을 그대로 유지하기 어려운 중대한 하자가 있고 그에 관하여 진술인에게 귀책사유가 없는 경우에 한하여 예외적으로 증거조사 절차가 완료된 뒤에도 그 진술을 취소할 수 있고, 그 취소 주장이 이유 있는 것으로 받아들여지게 되면 법원은 구 형사소송규칙 제139조 제4항의 증거배제결정을 통하여 그 조서를 유죄 인정의 자료에서 제외하여야 한다(대판 2008.7.10. 2007도7760).

31

영역 공판>증거   난도 상

정답해설

㉠ (○) 성매매업소에 고용된 여성들이 성매매를 업으로 하면서 영업에 참고하기 위하여 성매매 상대방의 아이디와 전화번호 및 성매매방법 등을 메모지에 적어두었다가 직접 메모리카드에 입력하거나 업주가 고용한 다른 여직원이 그 내용을 입력한 사안에서, 위 메모리카드의 내용은 형사소송법 제315조 제2호의 '영업상 필요로 작성한 통상문서'로서 당연히 증거능력 있는 문서에 해당한다(대판 2007.7.26. 2007도3219).

㉡ (○) 제315조 제2호의 서류에 해당한다(대판 1996.10. 17. 94도2865 전합).

㉢ (○) 판례는 제315조 제3호의 서류로 보면서도 그 증명력 판단에 각별히 유의하여야 한다고 보았다(대판 2004. 1.16. 2003도5693).

㉥ (○) 사법경찰관 작성의 새세대16호에 대한 수사보고서는 피고인이 검찰에서 소지 탐독사실을 인정하고 있는 새세대16호라는 유인물의 내용을 분석하고, 이를 기계적으로 복사하여 그 말미에 그대로 첨부한 문서로서 그 신용성이 담보되어 있어 형사소송법 제315조 제3호 소정의 '기타 특히 신용할 만한 정황에 의하여 작성된 문서'에 해당되는 문서로서 당연히 증거능력이 인정된다(대판 1992.8.14. 92도1211). ⇒ 본 사안의 새세대16호는 단순한 복사본이라는 점에 특수성이 있다. 그러나 일반적으로 수사기관 작성의 수사보고서는 편철된 조서와 일체를 이루어 증거능력이 판단될 수 있을 뿐이다.

오답해설

㉢ (×) 대한민국 주중국 대사관 영사가 작성한 사실확인서 중 공인 부분을 제외한 나머지 부분이 비록 영사의 공무 수행 과정 중 작성되었지만 공적인 증명보다는 상급자 등에 대한 보고를 목적으로 하는 것인 경우, 형사소송법 제315조 제1호의 '공무원의 직무상 증명할 수 있는 사항에 관하여 작성한 문서' 또는 제3호의 '기타 특히 신뢰할 만한 정황에 의하여 작성된 문서'라고 볼 수 없으므로 증거능력이 없다(대판 2007.12.13. 2007도7257).

㉥ (×) 판례는 단지 감정서(제313조 제3항)에 해당할 뿐 제315조 1호 또는 제3호의 서류로 볼 수 없다는 입장을 취하고 있다(대판 1976.10.12. 76도2960).

④ (×) 주민들의 진정서사본은 제315조의 서류로 볼 수 없고 단지 제313조 제1항의 서류로서 작성자인 주민들이 공판준비 또는 공판기일에서 성립의 진정을 인정하여야 한다.

32

답 ④

영역 공판>증거 　　　　　　　　　　　　　난도 중

정답해설

④ (×) 개개의 증거에 대하여 개별적인 증거조사방식을 거치지 아니하고 검사가 제시한 모든 증거에 대하여 피고인이 증거로 함에 동의한다는 방식으로 이루어진 것이라 하여도 증거동의로서의 효력을 부정할 이유가 되지 못한다(대판 1983.3.8. 82도2873).

오답해설

① (○) 대판 1990.07.24. 90도1303

② (○) 대판 1996.12.10. 96도2507

③ (○) 대판 1988.11.8. 88도1628

33

답 ④

영역 공판>증거 　　　　　　　　　　　　　난도 중

정답해설

④ (×) 증거신청의 방식에 관하여 규정한 형사소송규칙 제132조 제1항의 취지에 비추어 보면 탄핵증거의 제출에 있어서도 상대방에게 이에 대한 공격방어의 수단을 강구할 기회를 사전에 부여하여야 한다는 점에서 그 증거와 증명하고자 하는 사실과의 관계 및 입증취지 등을 미리 구체적으로 명시하여야 할 것이므로, 증명력을 다투고자 하는 증거의 어느 부분에 의하여 진술의 어느 부분을 다투려고 한다는 것을 사전에 상대방에게 알려야 한다(대판 2005.8.19. 2005도2617).

오답해설

① (○) 대판 1996.9.6. 95도2945

② (○) 대판 2012.10.25. 2011도5459

③ (○) 대판 1998.02.27. 97도1770

34

답 ①

영역 공판>증거 　　　　　　　　　　　　　난도 중

정답해설

① (×) 진술조서의 기재 중 일부분을 믿고 다른 부분을 믿지 아니한다고 하여도 그것이 곧 부당하다고 할 수 없다(대판 1980.03.11. 80도145).

오답해설

② (○) 대판 2012.06.28. 2012도231

③ (○) 대판 2009.03.12. 2008도8486

④ (○) 대판 2009.06.25. 2008도10096

35

답 ②

영역 공판>재판 　　　　　　　　　　　　　난도 중

정답해설

② (×) 상습범으로서 포괄적 일죄의 관계에 있는 여러 개의 범죄사실 중 일부에 대하여 유죄판결이 확정된 경우에, 그 확정판결의 사실심판결 선고 전에 저질러진 나머지 범죄에 대하여 새로이 공소가 제기되었다면 그 새로운 공소는 확정판결이 있었던 사건과 동일한 사건에 대하여 다시 제기된 데 해당하므로 이에 대하여는 판결로써 면소의 선고를 하여야 하는 것인바(제326조 제1호), 다만 이러한 법리가 적용되기 위해서는 전의 확정판결에서 당해 피고인이 상습범으로 기소되어 처단되었을 것을 필요로 하는 것이고, 상습범 아닌 기본 구성요건의 범죄로 처단되는 데 그친 경우에는, 가사 뒤에 기소된 사건에서 비로소 드러났거나 새로 저질러진 범죄사실과 전의 판결에서 이미 유죄로 확정된 범죄사실 등을 종합하여 비로소 그 모두가 상습범으로서의 포괄적 일죄에 해당하는 것으로 판단된다 하더라도 뒤늦게 앞서의 확정판결을 상습범의 일부에 대한 확정판결이라고 보아 그 기판력이 그 사실심판결 선고 전의 나머지 범죄에 미친다고 보아서는 아니 된다(대판 2004.9.16. 2001도3206 전합).

오답해설

① (○) 기판력의 시적 범위는 사실심리가 가능한 최후의 시점을 기준으로 결정된다. 현행법상 법원은 항소심 판결 선고 전까지는 변론을 재개하여 사실심리를 할 수 있으므로 사실심 판결선고시가 기판력의 시적범위의 기준시가 된다.

③ (○) 대판 1983.10.25. 83도2366

④ (○) 대판 2011.2.24. 2010도13801

36

답 ④

정답해설

④ (×) 제1심판결에 대하여 피고인 또는 검사가 항소하여 항소법원이 판결을 선고한 후에는 상고법원으로부터 사건이 환송 또는 이송되는 경우 등을 제외하고는 항소법원이 다시 항소심 소송절차를 진행하여 판결을 선고할 수 없다. 따라서 항소심판결이 선고되면 제1심판결에 대한 항소권이 소멸되어 제1심판결에 대한 항소권 회복청구와 항소는 적법하다고 볼 수 없다. 이는 제1심 재판 또는 항소심 재판이 소송촉진 등에 관한 특례법이나 형사소송법 등에 따라 피고인이 출석하지 않은 가운데 불출석 재판으로 진행된 경우에도 마찬가지이다. 따라서 제1심판결에 대하여 검사의 항소에 의한 항소심판결이 선고된 후 피고인이 동일한 제1심판결에 대하여 항소권 회복청구를 하는 경우 이는 적법하다고 볼 수 없어 형사소송법 제347조 제1항에 따라 결정으로 이를 기각하여야 한다(대결 2017.3.30. 2016모2874).

오답해설

① (○) 제347조 제1항, 제2항
② (○) 대결 1986.9.17. 86모46
③ (○) 대결 1985.2.23. 83모37

37

답 ②

정답해설

㉠ (○) 대판 2008.3.14. 2008도488
㉢ (○) 제457조의2
㉤ (○) 제439조

오답해설

㉡ (×) 항소법원은 항소이유에 포함된 사유에 관하여 심판하여야 하고, 다만 판결에 영향을 미친 사유에 관하여는 항소이유서에 포함되지 아니한 경우에도 직권으로 심판할 수 있다(형사소송법 제364조 제1항, 제2항). 한편 항소이유에는 '형의 양정이 부당하다고 인정할 사유가 있는 때'가 포함되고(같은 법 제361조의5 제15호), 위와 같이 판결에 영향을 미치는 사유는 항소이유서에 포함되지 아니한 것이라도 항소심의 심판의 대상이 될 뿐만 아니라, 검사만이 항소한 경우 항소심이 제1심의 양형보다 피고인에게 유리한 형량을 정할 수 없다는 제한이 있는 것도 아니다. 따라서 항소법원은 제1심의 형량이 너무 가벼워서 부당하다는 검사의 항소이유에 대한 판단에 앞서 직권으로 제1심판결에 양형이 부당하다고 인정할 사유가 있는지 여부를 심판할 수 있고, 그러한 사유가 있는 때에는 제1심판결을 파기하고 제1심의 양형보다 가벼운 형을 정하여 선고할 수 있다(대판 2010.12.9. 2008도1092).

㉣ (×) 상고심이 원심판결을 파기환부한 경우에 항소심은 그 파기된 원판결과의 관계에 있어서 불이익변경금지원칙을 적용을 받는다(대판 1964.9.17. 64도298 전합).

38

답 ④

정답해설

④ (×) 형사소송법 제420조 제5호는 재심사유의 하나로 '유죄의 선고를 받은 자에 대하여 무죄 또는 면소를, 형의 선고를 받은 자에 대하여 형의 면제 또는 원판결이 인정한 죄보다 경한 죄를 인정할 명백한 증거가 새로 발견된 때'를 규정하고 있다. 여기에서 무죄 등을 인정할 '증거가 새로 발견된 때'라 함은 재심대상이 되는 확정판결의 소송절차에서 발견되지 못하였거나 또는 발견되었다 하더라도 제출할 수 없었던 증거로서 이를 새로 발견하였거나 비로소 제출할 수 있게 된 때는 물론이고(대결 2009.7.16. 2005모472 전합 등 참조), 형벌에 관한 법령이 당초부터 헌법에 위반되어 법원에서 위헌·무효라고 선언한 때에도 역시 이에 해당한다고 할 것이다(대결 2013.4.18. 2010모363).

오답해설

① (○) 대결 2019.03.21. 2015모2229 전합
② (○) 수사과정에서 피고인을 불법감금하였다 하여 기소유예처분을 받은 사법경찰관에 대하여 피고인이 제기한 재정신청이 기각되었으나, 위 경찰관이 형사소송법 제420조 제7호의 '공소의 기초가 된 수사에 관여'하였다고 보아 위 법조의 재심사유에 해당한다고 한 사례(대결 2006.5.11. 2004모16).
③ (○) 제438조 제2항

39

답 ②

정답해설

② (×) 검사는 약식명령의 청구와 동시에 약식명령을 하는 데 필요한 증거서류 및 증거물을 법원에 제출하여야 한다(규칙 제170조).

오답해설

① (ㅇ) 제448조 제1항

③ (ㅇ) 대결 2008.07.11. 2008모605

④ (ㅇ) 대판 2020.3.26. 2020도355

40

답 ②

영역 상소와 비상구제절차>재판의 집행과 형사보상 　난도 **중**

정답해설

② (✕) 벌금형에 따르는 노역장 유치는 실질적으로 자유형과 동일하므로, 그 집행에 대하여는 자유형의 집행에 관한 규정이 준용된다(제492조). 구금되지 아니한 당사자에 대하여 형의 집행기관인 검사는 그 형의 집행을 위하여 이를 소환할 수 있으나, 당사자가 소환에 응하지 아니한 때에는 형집행장을 발부하여 이를 구인할 수 있는데(제473조), 이 경우의 형집행장의 집행에 관하여는 형사소송법 제1편 제9장에서 정하는 피고인의 구속에 관한 규정이 준용된다(제475조). 그리하여 사법경찰관리가 벌금형을 받은 이를 그에 따르는 노역장 유치의 집행을 위하여 구인하려면 검사로부터 발부받은 형집행장을 상대방에게 제시하여야 하지만(제85조 제1항), 형집행장을 소지하지 아니한 경우에 급속을 요하는 때에는 상대방에 대하여 형집행 사유와 형집행장이 발부되었음을 고하고 집행할 수 있고(제85조 제3항), 여기서 형집행장의 제시 없이 구인할 수 있는 '급속을 요하는 때'란 애초 사법경찰관리가 적법하게 발부된 형집행장을 소지할 여유가 없이 형집행의 상대방을 조우한 경우 등을 가리킨다. 이때 사법경찰관리가 벌금 미납으로 인한 노역장 유치의 집행의 상대방에게 형집행 사유와 더불어 벌금 미납으로 인한 지명수배 사실을 고지하였더라도 특별한 사정이 없는 한 그러한 고지를 형집행장이 발부되어 있는 사실도 고지한 것이라거나 형집행장이 발부되어 있는 사실까지도 포함하여 고지한 것이라고 볼 수 없으므로, 이와 같은 사법경찰관리의 직무집행은 적법한 직무집행에 해당한다고 할 수 없다(대판 2017.9.26. 2017도9458).

오답해설

① (ㅇ) 대결 1987.08.20. 87초42

③ (ㅇ) 형법 제57조가 미결구금일수의 전부 또는 일부를 본형에 산입한다고 규정한 것은 미결구금이 공소의 목적을 달성하기 위하여 어쩔 수 없이 피고인 또는 피의자를 구금하는 강제처분이어서, 형의 집행은 아니지만 자유를 박탈하는 점이 자유형과 유사하기 때문이다. 따라서 피고인이 미결구금일수로서 본형에의 산입을 요구하는 일수는 공소의 목적을 달성하기 위하여 어쩔 수 없이 이루어진 강제처분기간이 아니라, '대한민국 정부와 미합중국

정부간의 범죄인인도조약'에 따라 체포된 후 인도절차를 밟기 위한 기간에 불과하여 형법 제57조에 의하여 본형에 산입될 미결구금일수에 해당하지 않는다(대판 2009.5.28. 2009도1446).

④ (ㅇ) 형사재판의 집행은 원칙적으로 재판확정 후 그 재판을 한 법원 또는 상소법원에 대응하는 검찰청 검사의 지휘로 집행하고(형사소송법 제459조, 제460조), 그러한 재판의 집행을 받은 자는 집행에 관한 검사의 처분이 부당할 경우 그 재판을 선고한 법원에 이의신청을 할 수 있다(형사소송법 제489조). 그리고 여기서 말하는 검사의 처분에는 구속집행정지기간의 형기 불산입에 관한 검사의 처분도 포함된다고 할 것이다(헌재결 2012.2.23. 2011헌마125).

제10회 경찰승진 최종모의고사

정답체크

01	02	03	04	05	06	07	08	09	10
④	④	④	③	④	①	③	①	③	②
11	12	13	14	15	16	17	18	19	20
②	③	③	④	①	①	②	②	①	②
21	22	23	24	25	26	27	28	29	30
①	③	④	③	②	④	③	③	④	②
31	32	33	34	35	36	37	38	39	40
①	④	④	②	③	③	③	③	③	②

문항별 체크리스트

문항	영역	○	×	문항	영역	○	×
01	서론>형사소송법의 기초이론			21	공판>공판절차		
02	서론>소송주체와 소송관계인			22	공판>공판절차		
03	서론>소송주체와 소송관계인			23	공판>공판절차		
04	서론>소송주체와 소송관계인			24	공판>공판절차		
05	서론>소송행위와 소송조건			25	공판>공판절차		
06	수사와 공소>수사			26	공판>공판절차		
07	수사와 공소>수사			27	공판>증거		
08	수사와 공소>수사			28	공판>증거		
09	수사와 공소>수사			29	공판>증거		
10	수사와 공소>수사			30	공판>증거		
11	수사와 공소>강제처분과 강제수사			31	공판>증거		
12	수사와 공소>강제처분과 강제수사			32	공판>증거		
13	수사와 공소>강제처분과 강제수사			33	공판>증거		
14	수사와 공소>강제처분과 강제수사			34	공판>증거		
15	수사와 공소>강제처분과 강제수사			35	공판>재판		
16	수사와 공소>강제처분과 강제수사			36	상소와 비상구제절차>상소		
17	수사와 공소>강제처분과 강제수사			37	상소와 비상구제절차>상소		
18	수사와 공소>수사의 종결과 공소의 제기			38	상소와 비상구제절차>비상구제절차		
19	수사와 공소>수사의 종결과 공소의 제기			39	상소와 비상구제절차>특별절차		
20	공판>공판절차			40	상소와 비상구제절차>재판의 집행과 형사보상		
서론		/5		수사와 공소		/14	
공판		/16		상소와 비상구제절차		/5	

01

영역 서론>형사소송법의 기초이론　　　　난도 **중**

정답해설

④ (×) 형사소송의 실체진실주의는 민사소송의 형식적 진실주의와 구별되는 개념이다. 국가형벌권을 실현하는 절차인 형사소송에서는 청구의 인낙이나 화해와 같은 당사자 처분권주의가 인정되지 아니하며, 법원은 당사자의 주장이나 입증과 관계없이 실체진실을 규명할 것이 요구된다.

02

답 ④

영역 서론>소송주체와 소송관계인　　　　난도 **상**

정답해설

ⓒ (○) 헌재결 2011.5.26. 2010헌마775

ⓒ (○) 헌재결 2010.9.2. 2010헌마418

ⓔ (○) 헌재결 2004.12.16. 2002헌마478

ⓜ (○) 대판 1984.9.11. 84누110

오답해설

㉠ (×) 이 사건 법률조항은 공소제기된 자로서 구금되었다는 사실자체에 사회적 비난의 의미를 부여한다거나 그 유죄의 개연성에 근거하여 직무를 정지시키는 것이 아니라, 구금의 효과, 즉 구속되어 있는 자치단체장의 물리적 부재상태로 말미암아 자치단체행정의 원활하고 계속적인 운영에 위험이 발생할 것이 명백하여 이를 미연에 방지하기 위하여 직무를 정지시키는 것이므로, 범죄사실의 인정 또는 유죄의 인정에서 비롯되는 불이익이라거나 유죄를 근거로 하는 사회윤리적 비난이라고 볼 수 없다. 따라서 무죄추정의 원칙에 위반되지 아니한다(헌재결 2011.4.28. 2010헌마474).

03

답 ④

영역 서론>소송주체와 소송관계인　　　　난도 **상**

정답해설

④ (○) 대결 2018.11.29. 2018모2902

오답해설

① (×) 법원은 피고인의 신청이 없으면 토지관할에 관하여 관할위반의 선고를 하지 못한다(제320조 제1항).

② (×) 피고인에 대하여는 공소가 제기된 후 군사법원법 제2조 제2항에 의하여 군사법원이 재판권을 가지게 되었으므로 위 법원으로서는 형사소송법 제16조의2에 의하여 사건을 관할 군사법원에 이송하였어야 함에도 피고인

에 대하여 재판권을 행사한 것은 위법하다(대판 2006. 4.14. 2006오1).

③ (×) 사물관할을 달리하는 수개의 관련사건이 각각 법원합의부와 단독판사에 계속된 때에는 합의부는 결정으로 단독판사에 속한 사건을 병합하여 심리할 수 있다(제10조).

04

답 ③

영역 서론>소송주체와 소송관계인　　　　난도 **중**

정답해설

③ (×) 심문할 피의자에게 변호인이 없는 때에는 지방법원판사는 직권으로 변호인을 선정하여야 한다. 이 경우 변호인의 선정은 피의자에 대한 구속영장 청구가 기각되어 효력이 소멸한 경우를 제외하고는 제1심까지 효력이 있다(제201조의2 제8항).

오답해설

① (○) 대결 2005.01.20. 2003모429

② (○) 국민의 형사재판 참여에 관한 법률 제7조

④ (○) 대결 1993.12.03. 92모49

05

답 ④

영역 서론>소송행위와 소송조건　　　　난도 **중**

정답해설

④ (×) 세무공무원의 고발 없이 조세범칙사건의 공소가 제기된 후에 세무공무원이 고발을 하여도 그 공소절차의 무효가 치유된다고 할 수 없다(대판 1970.7.28. 70도942).

오답해설

① (○) 대결 1992.3.13. 92모1

② (○) 판례는 명문의 소송행위의 대리를 허용하는 명문의 규정이 없는 경우, 소송행위는 일신전속적 성격을 가지며, 소송행위의 형식적 확실성에 반한다는 이유로 대리가 허용되지 않는다고 한다(대결 1953.6.9. 4286형항3).

③ (○) 형사소송법 제38조에 따르면 재판은 법관이 작성한 재판서에 의해야 하고, 같은 법 제41조는 재판서에는 재판한 법관이 서명날인해야 하며 재판장이 서명날인할 수 없는 때에는 다른 법관이 그 사유를 부기하고 서명날인하도록 되어 있다. 원심 판결서를 보면 재판장과 다른 법관 1인의 서명날인이 누락돼 있는데 이들이 서명날인을 할 수 없었던 사유도 부기돼 있지 않아 결국 원심은 재판장과 다른 법관 1인을 제외한 나머지 법관 1인만이 작성한 판결서에 의해 선고한 것이 된다. 법관의 서명날인이 없는 재판서에 의한 판결은 형소법 제383조 제1호 소정의 판결에 영향을 미친 법률위반으로서 파기사유가 된다(대판 2015.8.19. 2015도10417). 형사소송법 제41조에 따르면 재판서에는 재판한 법관이 서명날인해야 한다. 이러한 서명날인이 없는 판결은 형사소송법 제383조 제1호가 정한 '판결에 영향을 미친 법률의 위반이 있는 때'에 해당돼 파기되어야 한다. 1심 재판장이 판결문에 날인을 누락했는데도 항소심이 이를 간과한 채 검사의 항소를 기각하는 판결을 선고한 것은 잘못이다(대판 2015.8.23. 2014도17514).

06

영역 수사와 공소>수사　　　　　난도 **중**

정답해설

① (○) 대판 2008.10.23. 2008도7362

오답해설

② (×) 위법한 함정수사에 기초한 공소제기의 효력에 대하여 판례는 "본래 범의를 가지지 아니한 자에 대하여 수사기관이 사술이나 계략 등을 써서 범의를 유발케 하여 범죄인을 검거하는 함정수사는 위법함을 면할 수 없고, 이러한 함정수사에 기한 공소제기는 그 절차가 법률의 규정에 위반하여 무효인 때에 해당한다(대판 2005.10.28. 2005도1247)."라고 판시하여 공소기각판결로 사건을 종결해야 한다는 입장이다.

③ (×) 수사기관과 직접 관련이 있는 유인자가 피유인자와의 개인적인 친밀관계를 이용하여 피유인자의 동정심이나 감정에 호소하거나, 금전적·심리적 압박이나 위협 등을 가하거나, 거절하기 힘든 유혹을 하거나, 또는 범행 방법을 구체적으로 제시하고 범행에 사용할 금전까지 제공하는 등으로 과도하게 개입함으로써 피유인자로 하여금 범의를 일으키게 하는 것은 위법한 함정수사에 해당하여 허용되지 아니하지만, 유인자가 수사기관과 직접적인 관련을 맺지 아니한 상태에서 피유인자를 상대로 단순히 수차례 반복적으로 범행을 부탁하였을 뿐 수사기관이 사술이나 계략 등을 사용하였다고 볼 수 없는 경우는,

설령 그로 인하여 피유인자의 범의가 유발되었다 하더라도 위법한 함정수사에 해당하지 아니한다(대판 2007.7.12. 2006도2339).

④ (×) 피고인의 뇌물수수가 공여자들의 함정교사에 의한 것이기는 하나, 뇌물공여자들에게 뇌물공여의 의사가 전혀 없었다고 보기 어렵다면, 뇌물공여자들의 함정교사라는 사정은 피고인의 책임을 면하게 하는 사유가 될 수 없다(대판 2008.3.13. 2007도10804).

07

영역 수사와 공소>수사　　　　　난도 **중**

정답해설

③ (○) 검사의 불기소처분에는 확정재판에 있어서의 확정력과 같은 효력이 없어 일단 불기소처분을 한 후에도 공소시효가 완성되기 전이면 언제라도 공소를 제기할 수 있으므로, 세무공무원 등의 고발이 있어야 공소를 제기할 수 있는 조세범처벌법 위반죄에 관하여 일단 불기소처분이 있었더라도 세무공무원 등이 종전에 한 고발은 여전히 유효하다. 따라서 나중에 공소를 제기함에 있어 세무공무원 등의 새로운 고발이 있어야 하는 것은 아니다(대판 2009.10.29. 2009도6614).

오답해설

① (×) 친고죄의 공범 중 그 일부에 대하여 제1심판결이 선고된 후에는 제1심 판결선고 전의 다른 공범자에 대하여는 그 고소를 취소할 수 없고 그 고소의 취소가 있다 하더라도 그 효력을 발생할 수 없으며, 이러한 법리는 필요적 공범이나 임의적 공범이냐를 구별함이 없이 모두 적용된다(대판 1985.11.12. 85도1940).

② (×) 조세범처벌법위반죄는 즉시고발사건이다. 이러한 즉시고발사건에는 고소의 주관적 불가분 원칙이 적용되지 않는다는 것이 판례의 태도이다(대판 2010.9.30. 2008도4762 등 참조).

④ (×) 반의사불벌죄에 있어서 피해자가 처벌을 희망하지 아니하는 의사표시나 처벌을 희망하는 의사표시의 철회를 하였다고 인정하기 위해서는 피해자의 진실한 의사가 명백하고 믿을 수 있는 방법으로 표현되어야 할 것인바, 기록에 의하면 피해자2은 1999. 1. 27. 피고인을 고소한 다음, 제1심법원으로부터 2000. 8. 26.에 2000. 9. 27. 14:00에 증인으로 출석하라는 소환장을 송달받고서 "수출무역 상담차 약 1개월간 미국을 방문할 예정이니 증인소환을 연기하여 주기 바랍니다."라는 내용의 2000. 9. 13.자 서면을 제출하고 불출석하였고, 2000. 9. 30.에 2000. 11. 22. 14:00에 증인으로 출석하라는 소환장을 송달받고서 "업무출장 관계로 출석할 수 없으니 기일을

변경하여 주시기 바랍니다. 공소외 1(피고인과 함께 피해자2으로부터 고소된 사람임)은 90회 이상 증인을 고소, 고발하여 괴롭히고 있습니다. 공소외 2를 고소취하하였는데 무엇 때문에 또 증인을 부르시나요? 제발 생업에 종사할 수 있도록 선처하여 주시기 바랍니다."라는 내용의 2000. 11. 13.자 서면을 제출하고 불출석하였고, 2000. 11. 27.에 2000. 12. 13. 14:00에 증인으로 출석하라는 소환장을 송달받고서 "수출 협의차 외국출장중이니 기일을 변경하여 주시기 바랍니다. 공소외 1은 증인을 90회 이상 고소, 고발하였고, 증인도 공소외 1을 20회 이상 고소, 고발하여 그동안 제대로 업무를 할 수가 없었습니다. 이번 수출 건은 꼭 상담해야 하니 선처하여 주시기 바랍니다."라는 내용의 2000. 12. 2.자 서면을 제출하고 불출석하였으며, 제1심판결 선고시까지도 고소취하장 등을 제출한 일이 없는 사실을 인정할 수 있고, 그렇다면 위 2000. 11. 13.자 서면만으로는 피고인에 대한 처벌을 희망하지 아니하거나 처벌을 희망하는 의사표시를 철회하는 피해자2의 진정한 의사가 명백하고 믿을 수 있는 방법으로 표시되었다고 볼 수 없을 것이다(대판 2001.06.15. 2001도1809).

08

영역 수사와 공소>수사 　　　　　난도 중

정답해설

① (○) 대판 2001.4.24. 2001도872

오답해설

② (×) 수사기관에의 신고가 자발적이라고 하더라도 그 신고의 내용이 자기의 범행을 명백히 부인하는 등의 내용으로 자기의 범행으로서 범죄성립요건을 갖추지 아니한 사실일 경우에는 자수는 성립하지 않고, 일단 자수가 성립하지 아니한 이상 그 이후의 수사과정이나 재판과정에서 범행을 시인하였다고 하더라도 새롭게 자수가 성립할 여지는 없다고 할 것이다(대판 2004.10.14. 2003도3133).

③ (×) 법률상의 형의 감경사유가 되는 자수를 위하여는, 범인이 자기의 범행으로서 범죄성립요건을 갖춘 객관적 사실을 자발적으로 수사관서에 신고하여 그 처분에 맡기는 것으로 족하고, 더 나아가 법적으로 그 요건을 완전히 갖춘 범죄행위라고 적극적으로 인식하고 있을 필요까지는 없다(대판 1995.6.30. 94도1017).

④ (×) 피고인이 2003.6.3. 검찰에 자수서를 제출하고 제1회 피의자신문을 받으면서 5,000만 원이 아닌 3,000만 원만을 받았다고 신고하고 이를 초과하는 금원의 수수사실을 부인한 이 사건의 경우, 비록 당시의 신고가 자발적

이라고 하더라도 이는 그 신고된 내용에 해당하는 특정범죄가중처벌 등에 관한 법률 제2조 제1항 제2호, 형법 제129조 위반죄에 비하여 뇌물죄의 보호법익에 대한 침해 또는 침해 위험의 정도 및 그 위법성이 상대적으로 높기 때문에 적용법조와 법정형을 달리하는 이 사건 특정범죄가중처벌 등에 관한 법률 제2조 제1항 제1호, 형법 제129조 위반죄의 범죄성립요건에 관하여 신고한 것이라고 할 수 없으므로 이 사건 죄에 관한 자수가 성립하였다고 할 수 없다(대판 2004.6.24. 2004도2003).

09 　　　　　정답 ③

영역 수사와 공소>수사 　　　　　난도 중

정답해설

③ (×) 변호인의 피의자신문 참여권을 규정한 형사소송법 제243조의2 제1항에서 '정당한 사유'란 변호인이 피의자신문을 방해하거나 수사기밀을 누설할 염려가 있음이 객관적으로 명백한 경우 등을 말하는 것이므로, 수사기관이 피의자신문을 하면서 위와 같은 정당한 사유가 없는데도 변호인에 대하여 피의자로부터 떨어진 곳으로 옮겨 앉으라고 지시를 한 다음 이러한 지시에 따르지 않았음을 이유로 변호인의 피의자신문 참여권을 제한하는 것은 허용될 수 없다(대결 2008.09.12. 2008모793).

오답해설

① (○) 대판 2020.05.14. 2020도398

② (○) 수사준칙 제13조 제1항

④ (○) 수사준칙 제14조 제1항

10 　　　　　정답 ②

영역 수사와 공소>수사 　　　　　난도 중

정답해설

② (×) 수사기관의 조회요청이 있으면 상대방인 공무소 등은 이에 협조할 의무가 있다. 그러나 영장에 의하지 아니하고도 공무소 등에 조회요청을 할 수 있고, 공무소의 협조의무 이행을 강제할 방법이 없다는 점에서 공무소 등에의 조회를 임의수사로 파악한다.

오답해설

① (○) 제221조의5 제1항

③ (○) 대판 2018.7.12. 2018도6219

④ (○) 대판 2013.3.14. 2012도13611

11

답 ②

정답해설

② (×) 피고인이 경찰관의 불심검문을 받아 운전면허증을 교부한 후 경찰관에게 큰 소리로 욕설을 하였는데, 경찰관이 모욕죄의 현행범으로 체포하겠다고 고지한 후 피고인의 오른쪽 어깨를 붙잡자 반항하면서 경찰관에게 상해를 가한 사안에서, 피고인은 경찰관의 불심검문에 응하여 이미 운전면허증을 교부한 상태이고, 경찰관뿐 아니라 인근 주민도 욕설을 직접 들었으므로, 피고인이 도망하거나 증거를 인멸할 염려가 있다고 보기는 어렵고, 피고인의 모욕 범행은 불심검문에 항의하는 과정에서 저지른 일시적, 우발적인 행위로서 사안 자체가 경미할 뿐 아니라, 피해자인 경찰관이 범행현장에서 즉시 범인을 체포할 급박한 사정이 있다고 보기도 어려우므로, 경찰관이 피고인을 체포한 행위는 적법한 공무집행이라고 볼 수 없고, 피고인이 체포를 면하려고 반항하는 과정에서 상해를 가한 것은 불법체포로 인한 신체에 대한 현재의 부당한 침해에서 벗어나기 위한 행위로서 정당방위에 해당한다는 이유로, 피고인에 대한 상해 및 공무집행방해의 공소사실을 무죄로 인정한 원심판단을 수긍한 사례(대판 2011.5.26. 2011도3682)

오답해설

① (○) 대판 2008.10.09. 2008도3640

③ (○) 대판 2007.4.13. 2007도1249

④ (○) 대판 2011.12.22. 2011도12927

12

답 ③

정답해설

③ (×) 기간의 말일이 공휴일 또는 토요일에 해당하는 날은 기간에 산입하지 아니한다. 단, 시효와 구속의 기간에 관하여서는 예외로 한다(제66조 제3항).

오답해설

① (○) 제202조

② (○) 제88조

④ (○) 제201조의2 제7항

13

답 ③

정답해설

③ (×) 피해자가 노동조합으로부터 근로자들이 연행될 경우 적절한 조치를 취해줄 것을 부탁한다는 내용의 공문을 받았고 체포현장에서 변호사 신분증을 제시하면서 변호인이 되려는 자로서 접견을 요청하였기 때문에 변호사 A에게는 형사소송법 제34조에서 정한 접견교통권이 인정된다(대판 2017.3.9. 2013도16162).

오답해설

①, ② (○) 대판 2017.3.9. 2013도16162

④ (○) 수사상 준항고(제417조)

14

답 ④

정답해설

④ (×) 판례는 위 압수처분은 수사상의 필요에서 행하는 압수의 본래의 취지를 넘는 것으로 상당성이 없을 뿐만 아니라, 수사상의 필요와 그로 인한 개인의 재산권 침해의 정도를 비교형량해 보면 비례성의 원칙에 위배되어 위법하다고 판시하였다(대결 2004.3.23. 2003모126).

오답해설

① (○) 대판 2013.5.9. 2013다200438

② (○) 대결 1997.1.9. 96모34

③ (○) 대판 2012.05.17. 2009도6788 전합

15

답 ①

정답해설

① (×) 피고인이 지하철역 에스컬레이터에서 휴대전화기의 카메라를 이용하여 성명불상 여성 피해자의 치마 속을 몰래 촬영하다가 현행범으로 체포되어 성폭력범죄의 처벌 등에 관한 특례법 위반(카메라등이용촬영)으로 기소된 사안에서, 피고인은 공소사실에 대해 자백하고 검사가 제출한 모든 서류에 대하여 증거로 함에 동의하였는데, 그 서류들 중 체포 당시 임의제출방식으로 압수된 피고인 소유 휴대전화기(이하 '휴대전화기'라고 한다)에 대한 압수조서의 '압수경위'란에 '지하철역 승강장 및 게이트 앞에서 경찰관이 지하철범죄 예방·검거를 위한 비노출 잠복근무 중 검정 재킷, 검정 바지, 흰색 운동화를 착용한 20대가량 남성이 짧은 치마를 입고 에스컬레이터를 올라가는 여성을 쫓아가 뒤에 밀착하여 치마 속으로 휴대폰을 집어넣는 등 해당 여성의 신체를 몰래 촬영하는 행동을 하였다'는 내용이 포함되어 있고, 그 하단에 피고인

의 범행을 직접 목격하면서 위 압수조서를 작성한 사법경찰관 및 사법경찰리의 각 기명날인이 들어가 있으므로, 위 압수조서 중 '압수경위'란에 기재된 내용은 피고인이 범행을 저지르는 현장을 직접 목격한 사람의 진술이 담긴 것으로서 형사소송법 제312조 제5항에서 정한 '피고인이 아닌 자가 수사과정에서 작성한 진술서'에 준하는 것으로 볼 수 있고, 이에 따라 휴대전화기에 대한 임의제출절차가 적법하였는지에 영향을 받지 않는 별개의 독립적인 증거에 해당하여, 피고인이 증거로 함에 동의한 이상 유죄를 인정하기 위한 증거로 사용할 수 있을 뿐 아니라 피고인의 자백을 보강하는 증거가 된다고 볼 여지가 많다는 이유로, 이와 달리 피고인의 자백을 뒷받침할 보강증거가 없다고 보아 무죄를 선고한 원심판결에 자백의 보강증거 등에 관한 법리를 오해하거나 필요한 심리를 다하지 아니한 잘못이 있다고 한 사례(대판 2019.11.14. 2019도13290).

오답해설

② (○) 대결 1999.12.1. 99모161

③ (○) 전자정보에 대한 압수·수색에 있어 저장매체 자체를 외부로 반출하거나 하드카피·이미징 등의 형태로 복제본을 만들어 외부에서 저장매체나 복제본에 대하여 압수·수색이 허용되는 예외적인 경우에도 혐의사실과 관련된 전자정보 이외에 이와 무관한 전자정보를 탐색·복제·출력하는 것은 원칙적으로 위법한 압수·수색에 해당하므로 허용될 수 없다. 그러나 전자정보에 대한 압수·수색이 종료되기 전에 혐의사실과 관련된 전자정보를 적법하게 탐색하는 과정에서 별도의 범죄혐의와 관련된 전자정보를 우연히 발견한 경우라면, 수사기관은 더 이상의 추가 탐색을 중단하고 법원에서 별도의 범죄혐의에 대한 압수·수색영장을 발부받은 경우에 한하여 그러한 정보에 대하여도 적법하게 압수·수색을 할 수 있다(대결 2015.7.16. 2011모1839).

④ (○) 수사기관이 인터넷서비스이용자인 피의자를 상대로 피의자의 컴퓨터 등 정보처리장치 내에 저장되어 있는 이메일 등 전자정보를 압수·수색하는 것은 전자정보의 소유자 내지 소지자를 상대로 해당 전자정보를 압수·수색하는 대물적 강제처분으로 형사소송법의 해석상 허용된다. 나아가 압수·수색할 전자정보가 압수·수색영장에 기재된 수색장소에 있는 컴퓨터 등 정보처리장치 내에 있지 아니하고 그 정보처리장치와 정보통신망으로 연결되어 제3자가 관리하는 원격지의 서버 등 저장매체에 저장되어 있는 경우에도, 수사기관이 피의자의 이메일 계정에 대한 접근권한에 갈음하여 발부받은 영장에 따라 영장 기재 수색장소에 있는 컴퓨터 등 정보처리장치를 이용하여 적법하게 취득한 피의자의 이메일 계정 아이디와 비밀번호를 입력하는 등 피의자가 접근하는 통상적인 방법에 따라 그 원격지의 저장매체에 접속하고 그곳에

저장되어 있는 피의자의 이메일 관련 전자정보를 수색장소의 정보처리장치로 내려 받거나 그 화면에 현출시키는 것 역시 피의자의 소유에 속하거나 소지하는 전자정보를 대상으로 이루어지는 것이므로 그 전자정보에 대한 압수·수색을 위와 달리 볼 필요가 없다(대판 2017.11.29. 2017도9747).

16　　　답 ①

영역 수사와 공소 > 강제처분과 강제수사　　　난도 중

정답해설

① 수사기관에 의한 압수·수색의 경우 헌법과 형사소송법이 정한 적법절차와 영장주의 원칙은 법률에 따라 허용된 예외사유에 해당하지 않는 한 관철되어야 한다. 세관공무원이 수출입물품을 검사하는 과정에서 마약류가 감추어져 있다고 밝혀지거나 그러한 의심이 드는 경우, 검사는 마약류의 분산을 방지하기 위하여 충분한 감시체제를 확보하고 있어 수사를 위하여 이를 외국으로 반출하거나 대한민국으로 반입할 필요가 있다는 요청을 세관장에게 할 수 있고, 세관장은 그 요청에 응하기 위하여 필요한 조치를 할 수 있다(마약류 불법거래 방지에 관한 특례법 제4조 제1항). 그러나 이러한 조치가 수사기관에 의한 압수·수색에 해당하는 경우에는 영장주의 원칙이 적용된다. 물론 수출입물품 통관검사절차에서 이루어지는 물품의 개봉, 시료채취, 성분분석 등의 검사는 수출입물품에 대한 적정한 통관 등을 목적으로 조사를 하는 것으로서 이를 수사기관의 강제처분이라고 할 수 없으므로, 세관공무원은 압수·수색영장 없이 이러한 검사를 진행할 수 있다. 세관공무원이 통관검사를 위하여 직무상 소지하거나 보관하는 물품을 수사기관에 임의로 제출한 경우에는 비록 소유자의 동의를 받지 않았더라도 수사기관이 강제로 점유를 취득하지 않은 이상 해당 물품을 압수하였다고 할 수 없다. 그러나 마약류 불법거래 방지에 관한 특례법 제4조 제1항에 따른 조치의 일환으로 특정한 수출입물품을 개봉하여 검사하고 그 내용물의 점유를 취득한 행위는 위에서 본 수출입물품에 대한 적정한 통관 등을 목적으로 조사를 하는 경우와는 달리, 범죄수사인 압수 또는 수색에 해당하여 사전 또는 사후에 영장을 받아야 한다(대판 2017.7.18. 2014도8719). ⇒ 위법

오답해설

② 제216조 제1항 제2호에 따른 압수로서 사후영장을 발부받은 이상 적법하다(대판 2009.5.14. 2008도10914).

③ 현행범체포현장에서도 임의제출물 압수는 가능하고, 임의제출물 압수는 비록 강제수사라도 사전·사후영장의 발부를 요건으로 하지 않는다(대판 2016.2.18. 2015도

13726).

④ 압수당시의 사정에 비추어 긴급체포 사유로 된 보이스피싱에 제공된 물건으로 볼 수 있어 압수는 적법하고 사후영장을 발부받아 계속 보관하는 것 또한 적법하다(대판 2008.7.10. 2008도2245).

17

답 ②

영역 수사와 공소>강제처분과 강제수사 **난도** 중

정답해설

② (×) 증거보전이란 장차 공판에 있어서 사용하여야 할 증거가 멸실되거나 또는 그 사용하기 곤란한 사정이 있을 경우에 당사자의 청구에 의하여 공판 전에 미리 그 증거를 수집보전하여 두는 제도로서 제1심 제1회 공판기일 전에 한하여 허용되는 것이므로 재심청구사건에서는 증거보전절차는 허용되지 아니한다(대결1984.3.29. 84모15).

오답해설

① (○) 제184조 제4항은 명문으로 3일 이내 항고할 수 있다고 규정하고 있는 반면, 증인신문기각결정에 대해서는 명문의 규정이 없다. 증인신문기각결정은 이른바 수임판사의 명령으로 항고·준항고의 대상이 될 수 없다.

③ (○) 대판 1989.6.20. 89도648

④ (○) 대판 1984.5.15. 84도508

18

답 ②

영역 수사와 공소>수사의 종결과 공소의 제기 **난도** 중

정답해설

② (×) 재정신청서에 대하여는 형사소송법에 제344조 제1항과 같은 특례규정이 없으므로 재정신청서는 같은 법 제260조 제2항이 정하는 기간 안에 불기소처분을 한 검사가 소속한 지방검찰청의 검사장 또는 지청장에게 도달하여야 하고, 설령 구금 중인 고소인이 재정신청서를 그 기간 안에 교도소장 또는 그 직무를 대리하는 사람에게 제출하였다 하더라도 재정신청서가 위의 기간 안에 불기소처분을 한 검사가 소속한 지방검찰청의 검사장 또는 지청장에게 도달하지 아니한 이상 이를 적법한 재정신청서의 제출이라고 할 수 없다(대결 1998.12.14. 98모127).

오답해설

① (○) 대결 1997.04.22. 97모30

③ (○) 제262조의4 제1항, 제2항

④ (○) 대판 2018.12.28. 2014도17182

19

답 ①

영역 수사와 공소>수사의 종결과 공소의 제기 **난도** 중

정답해설

① (×) 형법에 의하여 형을 가중 또는 감경한 경우에는 가중 또는 감경하지 아니한 형에 의하여 제249조의 규정(공소시효의 기간)을 적용한다(제251조).

오답해설

② (○) 대판 2017.7.11. 2016도14820

③ (○) 부정수표단속법에 있어서는 수표소지인이 허위의 수표를 발행한 날로부터 공소시효가 진행된다(대판 2003.9.26. 2003도3394).

④ (○) 제249조 제2항

20

답 ②

영역 공판>공판절차 **난도** 상

정답해설

㉠, ㉡, ㉢ (○) 대판 2016.12.15. 2015도3682

㉣ (×) 이는 전자적 형태의 문서의 양이 방대하여 그와 같은 방식의 공소제기를 허용해야 할 현실적인 필요가 있다거나 피고인과 변호인이 이의를 제기하지 않고 변론에 응하였다고 하여 달리 볼 것도 아니다(대판 2016.12.15. 2015도3682).

21

답 ①

영역 공판>공판절차 **난도** 상

정답해설

㉡ (×) 공소장변경 절차 없이도 법원이 심리·판단할 수 있는 죄가 한 개가 아니라 여러 개인 경우에는, 법원으로서는 그 중 어느 하나를 임의로 선택할 수 있는 것이 아니라 검사에게 공소사실 및 적용법조에 관한 석명을 구하여 공소장을 보완하게 한 다음 이에 따라 심리·판단하여야 할 것이다(대판 2005.7.8. 2005도279).

오답해설

㉠ (○) 대판 2000.7.28. 98도4558

㉢ (○) 대결 1987.3.28. 87모17

㉣ (○) 대판 2007.8.23. 2006도5041

㉤ (○) 대판 2016.12.15. 2015도3682

22

답 ③

정답해설

③ (×) 재판장은 피고인의 동의가 있는 때에 한하여 전항의 신청에 대한 허가를 할 수 있다. 다만, 피고인의 동의 여부에 불구하고 촬영 등 행위를 허가함이 공공의 이익을 위하여 상당하다고 인정되는 경우에는 그러하지 아니하다(법정 방청 및 촬영 등에 관한 규칙 제4조 제2항).

오답해설

① (○) 대판 2008.12.24. 2006도1427
② (○) 법정 방청 및 촬영 등에 관한 규칙 제2조, 제3조
④ (○) 헌법 제27조 제3항 후문, 제109조와 법원조직법 제57조 제1항, 제2항의 취지에 비추어 보면, 헌법 제109조, 법원조직법 제57조 제1항에서 정한 공개금지사유가 없음에도 불구하고 재판의 심리에 관한 공개를 금지하기로 결정하였다면 그러한 공개금지결정은 피고인의 공개재판을 받을 권리를 침해한 것으로서 그 절차에 의하여 이루어진 증인의 증언은 증거능력이 없고, 변호인의 반대신문권이 보장되었더라도 달리 볼 수 없으며, 이러한 법리는 공개금지결정의 선고가 없는 등으로 공개금지결정의 사유를 알 수 없는 경우에도 마찬가지이다(대판 2013.7.26. 2013도2511).

23

답 ④

정답해설

④ (×) 법원이 한 열람·등사 허용결정에 대해 검사가 등사만을 거부한 경우 등사만을 거부하였다 하더라도 청구인들의 신속·공정한 재판을 받을 권리 및 변호인의 조력을 받을 권리가 침해되었다. 따라서 등사 거부행위에 정당한 사유가 존재하는지 여부에 대하여 별도로 심사할 필요없이 그 당사 거부행위 자체만으로 기본권이 침해되었다고 볼 것이다(헌재결 2017.12.28. 2015헌마632).

오답해설

① (○) 제266조의3 제1항
② (○) 제266조의3 제2항, 제5항
③ (○) 제266조의4 제1항, 제5항

24

답 ③

정답해설

③ (×) 법원은 증거결정을 함에 있어서 필요하다고 인정할 때에는 그 증거에 대한 검사, 피고인 또는 변호인의 의견을 들을 수 있다(규칙 제134조 제1항).

오답해설

① (○) 제291조의2 제1항
② (○) 제292조 제1항
④ (○) 대판 1977.04.26. 77도814

25

답 ②

정답해설

② (×) 전 남편에 대한 도로교통법 위반(음주운전) 사건의 증인으로 법정에 출석한 전처가 증언거부권을 고지받지 않은 채 공소사실을 부인하는 전 남편의 변명에 부합하는 내용을 적극적으로 허위 진술한 사안에서, 증인으로 출석하여 증언한 경위와 그 증언 내용, 증언거부권을 고지받았더라도 그와 같이 증언을 하였을 것이라는 취지의 진술 내용 등을 전체적·종합적으로 고려할 때 선서 전에 재판장으로부터 증언거부권을 고지받지 아니하였다 하더라도 이로 인하여 증언거부권이 사실상 침해당한 것으로 평가할 수 없다는 이유로 위증죄의 성립을 긍정한 사례(대판 2010.02.25. 2007도6273).

오답해설

① (○) 대판 2010.2.25. 2009도13257
③ (○) 대판 2011.12.8. 2010도2816
④ (○) 형사소송법 제160조는 '증인이 제148조, 제149조에 해당하는 경우에는 재판장은 신문 전에 증언을 거부할 수 있음을 설명하여야 한다'고 규정하고 있음에 반해, '국회에서의 증언·감정 등에 관한 법률'은 위와 같은 증언거부권의 고지에 관한 규정을 두고 있지 아니한데, 증언거부권을 고지받을 권리가 형사상 자기에게 불리한 진술을 강요당하지 아니함을 규정한 헌법 제12조 제2항에 의하여 바로 국민의 기본권으로 보장받아야 한다고 볼 수는 없고, 증언거부권의 고지를 규정한 형사소송법 제160조 규정이 '국회에서의 증언·감정 등에 관한 법률'에도 유추 적용되는 것으로 인정할 근거가 없다(대판 2012.10.25. 2009도13197).

26

답 ④

정답해설

④ (×) 공판개정 후 제306조 제1항의 규정(심신상실로 인한 공판절차의 정지)에 의하여 공판절차가 정지된 경우에는 그 정지사유가 소멸한 후의 공판기일에 공판절차를 갱신하여야 한다(규칙 제143조).

오답해설

① (○) 국민의 형사재판 참여에 관한 법률 제45조 제1항
② (○) 제298조 제4항
③ (○) 제301조

27

답 ③

정답해설

ⓒ (자유로운 증명) 대판 2012.7.26. 2012도2937
ⓔ (자유로운 증명) 대판 2015.4.23. 2015도1233

오답해설

㉠ (엄격한 증명) 대판 2000.12.17. 2000도4370
ⓒ (엄격한 증명) 대판 2011.8.25. 2011도6507
ⓜ (엄격한 증명) 대판 2013.11.14. 2013도8121
ⓗ (엄격한 증명) 대판 2005.6.24. 2004도7212

28

답 ③

정답해설

③ (×) 피고인이 범행 후 피해자에게 전화를 걸어오자 피해자가 증거를 수집하려고 그 전화내용을 녹음한 경우, 그 녹음테이프가 피고인 모르게 녹음된 것이라 하여 이를 위법하게 수집된 증거라고 할 수 없다(대판 1997.3.28. 97도240).

오답해설

① (○) 통신비밀보호법 제1조, 제3조 제1항 본문, 제4조, 제14조 제1항, 제2항의 문언, 내용, 체계와 입법 취지 등에 비추어 보면, 통신비밀보호법에서 보호하는 타인 간의 '대화'는 원칙적으로 현장에 있는 당사자들이 육성으로 말을 주고받는 의사소통행위를 가리킨다. 따라서 사람의 육성이 아닌 사물에서 발생하는 음향은 타인 간의 '대화'에 해당하지 않는다. 또한 사람의 목소리라고 하더라도 상대방에게 의사를 전달하는 말이 아닌 단순한 비명소리나 탄식 등은 타인과 의사소통을 하기 위한 것이 아니라면 특별한 사정이 없는 한 타인 간의 '대화'에 해당한다고 볼 수 없다(대판 2017.3.15. 2016도19843). ⇒ 위에서 본 법리에 비추어 보면, 공소외인이 들었다는 '우당탕' 소리는 사물에서 발생하는 음향일 뿐 사람의 목소리가 아니므로 통신비밀보호법에서 말하는 타인 간의 '대화'에 해당하지 않는다. '악' 소리도 사람의 목소리이기는 하나 단순한 비명소리에 지나지 않아 그것만으로 상대방에게 의사를 전달하는 말이라고 보기는 어려워 특별한 사정이 없는 한 타인 간의 '대화'에 해당한다고 볼 수 없다. 나아가 위와 같은 소리는 막연히 몸싸움이 있었다는 것 외에 사생활에 관한 다른 정보는 제공하지 않는 점, 공소외인이 소리를 들은 시간이 길지 않은 점, 소리를 듣게 된 동기와 상황, 공소외인과 피해자의 관계 등 기록에 나타난 여러 사정에 비추어 볼 때, 통신비밀보호법에서 보호하는 타인 간의 '대화'에 준하는 것으로 보아 증거능력을 부정할 만한 특별한 사정이 있다고 보기도 어렵다. 그리고 공소외인의 청취행위가 피해자 등의 사생활의 영역에 관계된 것이라 하더라도, 위와 같은 청취 내용과 시간, 경위 등에 비추어 개인의 인격적 이익 등을 형사절차상의 공익과 비교형량하여 보면, 공소외인의 위 진술을 상해 부분에 관한 증거로 사용하는 것이 피해자 등의 사생활의 비밀과 자유 또는 인격권을 위법하게 침해한다고 볼 수 없어 그 증거의 제출은 허용된다고 판단된다.

② (○) 대판 2012.03.29. 2011도10508
④ (○) 대판 2011.7.14. 2011도3809. 다만, 동 사안에서 대법원은 동참고인진술조서의 특신상태가 증명되지 않았음을 이유로 증거능력을 부정한 바 있다.

29

답 ④

정답해설

④ (×) 대법원은 "원심은 증인들에 대한 각 사법경찰관 작성의 진술조서에 대해 1심에서 "증인은 수사기관에서 수사를 받을 때 모두 사실대로 진술하고 조서에 기재된 내용을 확인한 다음 서명, 무인하셨지요."라는 질문에 "예, 조사받았습니다."고 진술했을 뿐 조서가 경찰관 앞에서 진술한 내용과 동일하게 기재돼 있는지 여부에 관해 질문받지도, 대답하지도 않은 사실 등이 있다. 형사소송법 제312조가 형사소송절차의 직접주의, 공판중심주의, 구두주의 원칙상 원칙적으로 증거능력을 인정할 수 없는 전문증거에 대해 예외적으로 증거능력을 부여하는 규정인 점을 고려하면 이를 엄격하게 해석해야 한다. 검사의 질문에 단순히 "예, 조사받았습니다."라고 대답한 뒤 진

술조서 기재내용에 대해 기억나지 않는다거나 시인하지 않는 듯한 답변만을 했을 뿐이라면 진술조서에 대해 실질적 진정성립이 인정되지 않는다고 본 원심은 옳다(대판 2010.6.29. 2010도2722)."라고 판시하여 실질적 진정성립이 인정되는 경우가 아니라고 보았다.

오답해설

① (ㅇ) 대판 2012.05.24. 2011도7757

② (ㅇ) 대판 2019.8.29. 2018도14303 전합

③ (ㅇ) 수사보고서에 검증의 결과에 해당하는 기재가 있는 경우, 그 기재 부분은 검찰사건사무규칙 제17조에 의하여 검사가 범죄의 현장 기타 장소에서 실황조사를 한 후 작성하는 실황조서 또는 사법경찰관리집무규칙 제49조 제1항, 제2항에 의하여 사법경찰관이 수사상 필요하다고 인정하여 범죄현장 또는 기타 장소에 임하여 실황을 조사할 때 작성하는 실황조사서에 해당하지 아니하며, 단지 수사의 경위 및 결과를 내부적으로 보고하기 위하여 작성된 서류에 불과하므로 그 안에 검증의 결과에 해당하는 기재가 있다고 하여 이를 형사소송법 제312조 제1항의 '검사 또는 사법경찰관이 검증의 결과를 기재한 조서'라고 할 수 없을 뿐만 아니라 이를 같은 법 제313조 제1항의 '피고인 또는 피고인이 아닌 자가 작성한 진술서나 그 진술을 기재한 서류'라고 할 수도 없고, 같은 법 제311조, 제315조, 제316조의 적용대상이 되지 아니함이 분명하므로 그 기재 부분은 증거로 할 수 없다(대판 2001.5.29. 2000도2933).

30

답 ②

영역 공판>증거   난도 중

정답해설

② (×) 범죄의 실행 직후에 실황조사서가 작성된 경우에는 제216조 제3항에 따라 지체없이 검증영장을 발부받아야만 실황조사서의 증거능력이 인정될 수 있다는 것이 판례의 태도이다(대판 1989.3.14. 88도1399).

오답해설

① (ㅇ) 제313조 제1항

③ (ㅇ) 사법경찰관 작성의 검증조서와 관련하여 '사법경찰관 작성의 검증조서에 대하여 피고인이 증거로 함에 동의만 하였을 뿐 공판정에서 검증조서에 기재된 진술내용 및 범행을 재연한 부분에 대하여 그 성립의 진정 및 내용을 인정한 흔적을 찾아볼 수 없고 오히려 이를 부인하고 있는 경우에는 그 증거능력을 인정할 수 없고, 위 검증조서 중 범행에 부합되는 피고인의 진술을 기재한 부분과 범행을 재연한 부분을 제외한 나머지 부분만을 증거로 채용하여야'한다고 하여 사경작성 검증조서에 기재된 현

장진술(범행재연사진포함)에 대하여 제312조 제3항을 적용하고 있다(대판 1998.3.13. 98도159).

④ (ㅇ) 구법(2016.5.29. 개정되기 전)상 판례는 진술내용을 담은 디지털저장매체도 매체가 특수할 뿐 전문서류와 본질이 다르지 않다는 점에 주목하여 제313조 제1항의 서류로 취급하여 증거능력을 판단한바 있다(대판 1999.9.3. 99도2317; 대판 2007.12.13. 2007도7257). 개정 형사소송법(2016.5.29. 개정)은 제313조 제1항을 개정하고 제313조 제2항을 신설하여 진술증거에 해당하는 특수매체기록의 증거능력을 명문화하였다. (1) 제313조 제1항 전2조의 규정 이외에 피고인 또는 피고인이 아닌 자가 작성한 진술서나 그 진술을 기재한 서류로서 그 작성자 또는 진술자의 자필이거나 그 서명 또는 날인이 있는 것(피고인 또는 피고인 아닌 자가 작성하였거나 진술한 내용이 포함된 문자·사진·영상 등의 정보로서 컴퓨터용 디스크, 그 밖에 이와 비슷한 정보저장매체에 저장된 것을 포함한다. 이하 이 조에서 같다)은 공판준비나 공판기일에서의 그 작성자 또는 진술자의 진술에 의하여 그 성립의 진정함이 증명된 때에는 증거로 할 수 있다. 단, 피고인의 진술을 기재한 서류는 공판준비 또는 공판기일에서의 그 작성자의 진술에 의하여 그 성립의 진정함이 증명되고 그 진술이 특히 신빙할 수 있는 상태하에서 행하여 진 때에 한하여 피고인의 공판준비 또는 공판기일에서의 진술에 불구하고 증거로 할 수 있다. (2) 제313조 제2항 제1항 본문에도 불구하고 진술서의 작성자가 공판준비나 공판기일에서 그 성립의 진정을 부인하는 경우에는 과학적 분석결과에 기초한 디지털포렌식 자료, 감정 등 객관적 방법으로 성립의 진정함이 증명되는 때에는 증거로 할 수 있다. 다만, 피고인 아닌 자가 작성한 진술서는 피고인 또는 변호인이 공판준비 또는 공판기일에 그 기재 내용에 관하여 작성자를 신문할 수 있었을 것을 요한다.

31

답 ①

영역 공판>증거   난도 중

정답해설

① (×) 사무처리 내역을 계속적, 기계적으로 기재한 문서가 아니라 범죄사실의 인정 여부와 관련 있는 어떠한 의견을 제시하는 내용을 담고 있는 문서는 형사소송법 제315조 제3호에서 규정하는 당연히 증거능력이 있는 서류에 해당한다고 볼 수 없으므로, 이른바 보험사기 사건에서 건강보험심사평가원이 수사기관의 의뢰에 따라 그 보내온 자료를 토대로 입원진료의 적정성에 대한 의견을 제시하는 내용의 '건강보험심사평가원의 입원진료 적정성

여부 등 검토의뢰에 대한 회신'은 형사소송법 제315조 제3호의 '기타 특히 신용할 만한 정황에 의하여 작성된 문서'에 해당하지 않는다(대판 2017.12.5. 2017도12671).

오답해설

② (○) 대판 1984.2.28. 83도3145

③ (○) 대판 2005.4.28. 2004도4428

④ (○) 대판 1992.8.14. 92도1211

32
답 ④

영역 공판>증거   난도 **중**

정답해설

④ (×) 피고인이 신청한 증인의 증언이 피고인 아닌 타인의 진술을 그 내용으로 하는 전문진술이라고 하더라도 피고인이 그 증언에 대하여 별 의견이 없다고 진술하였다면 그 증언을 증거로 함에 동의한 것으로 볼 수 있으므로 이는 증거능력 있다(대판 1983.9.27. 83도516).

오답해설

① (○) 대판 1990.2.13. 89도2366

② (○) 대판 1988.11.8. 88도1628

③ (○) 대판 1986.7.8. 86도893

33
답 ④

영역 공판>증거   난도 **상**

정답해설

㉠ (×) 사법경찰리 작성의 피고인에 대한 피의자신문조서와 피고인이 작성한 자술서들은 모두 검사가 유죄의 자료로 제출한 증거들로서 피고인이 각 그 내용을 부인하는 이상 증거능력이 없으나 그러한 증거라 하더라도 그것이 임의로 작성된 것이 아니라고 의심할 만한 사정이 없는 한 피고인의 법정에서의 진술을 탄핵하기 위한 반대증거로 사용할 수 있다(대판 1998.2.27. 97도1770).

㉡ (×) 검사가 유죄의 자료로 제출한 사법경찰리 작성의 피고인에 대한 피의자신문조서는 피고인이 그 내용을 부인하는 이상 증거능력이 없으나, 그것이 임의로 작성된 것이 아니라고 의심할 만한 사정이 없는 한 피고인의 법정에서의 진술을 탄핵하기 위한 반대증거로 사용할 수 있으며, 또한 탄핵증거는 범죄사실을 인정하는 증거가 아니므로 엄격한 증거조사를 거쳐야 할 필요가 없음은 형사소송법 제318조의2의 규정에 따라 명백하나 법정에서 이에 대한 탄핵증거로서의 증거조사는 필요한 것이고,

한편 증거신청의 방식에 관하여 규정한 형사소송규칙 제132조 제1항의 취지에 비추어 보면 탄핵증거의 제출에 있어서도 상대방에게 이에 대한 공격방어의 수단을 강구할 기회를 사전에 부여하여야 한다는 점에서 그 증거와 증명하고자 하는 사실과의 관계 및 입증취지 등을 미리 구체적으로 명시하여야 할 것이므로, 증명력을 다투고자 하는 증거의 어느 부분에 의하여 진술의 어느 부분을 다투려고 한다는 것을 사전에 상대방에게 알려야 한다(대판 2005.8.19. 2005도2617).

㉢ (×) 탄핵증거는 진술의 증명력을 감쇄하기 위하여 인정되는 것이고 범죄사실 또는 그 간접사실의 인정의 증거로서는 허용되지 않는다(대판 2012.10.25. 2011도5459).

㉣ (○) 대판 2012.10.25. 2011도5459

34
답 ②

영역 공판>증거   난도 **중**

정답해설

② (×) 소변검사 결과는 1995. 1. 17.자 투약행위로 인한 것일 뿐 그 이전의 4회에 걸친 투약행위와는 무관하고, 압수된 약물도 이전의 투약행위에 사용되고 남은 것이 아니므로, 위 소변검사 결과와 압수된 약물은 결국 피고인이 투약습성이 있다는 점에 관한 정황증거에 불과하다 할 것인바, 피고인의 습벽을 범죄구성요건으로 하며 포괄1죄인 상습범에 있어서도 이를 구성하는 각 행위에 관하여 개별적으로 보강증거를 요구하고 있는 점에 비추어 보면 투약습성에 관한 정황증거만으로 향정신성의약품관리법위반죄의 객관적 구성요건인 각 투약행위가 있었다는 점에 관한 보강증거로 삼을 수는 없다고 본 사례(대판 1996.02.13. 95도1794).

오답해설

① (○) 대판 1992.07.28. 92도917

③ (○) 대판 2008.02.14. 2007도10937

④ (○) 대판 2001.09.28. 2001도4091

35
답 ③

영역 공판>재판   난도 **중**

정답해설

③ (×) 피고인이 행형법에 의한 징벌을 받아 그 집행을 종료하였다고 하더라도 행형법상의 징벌은 수형자의 교도소 내의 준수사항위반에 대하여 과하는 행정상의 질서벌

의 일종으로서 형법 법령에 위반한 행위에 대한 형사책임과 그 목적, 성격을 달리하는 것이므로 징벌을 받은 뒤에 형사처벌을 한다고 하여 일사부재리의 원칙에 반하는 것은 아니다(대판 2000.10.27. 2000도3874).

① (ㅇ) 대판 2017.8.23. 2016도5423

② (ㅇ) 대판 1983.10.25. 83도2366

④ (ㅇ) 대판 2004.09.16. 2001도3206 전합

36   답 ③

영역 상소와 비상구제절차>상소   난도 **중**

정답해설

③ (×) 원심이 두개의 죄를 경합범으로 보고 한죄는 유죄, 다른 한죄는 무죄를 각 선고하자 검사가 무죄부분만에 대하여 불복상고 하였다고 하더라도 위 두죄가 상상적 경합관계에 있다면 유죄부분도 상고심의 심판대상이 된다(대판 1980.12.9. 80도384).

오답해설

① (ㅇ) 소송촉진 등에 관한 특례법 제33조 제5항

② (ㅇ) 대판 2008.11.20. 2008도5596 전합

④ (ㅇ) 확정판결 전의 공소사실과 확정판결 후의 공소사실에 대하여 따로 유죄를 선고하여 두 개의 형을 정한 제1심판결에 대하여 피고인만이 확정판결 전의 유죄판결 부분에 대하여 항소한 경우, 피고인과 검사가 항소하지 아니한 확정판결 후의 유죄판결 부분은 항소기간이 지남으로써 확정되어 항소심에 계속된 사건은 확정판결 전의 유죄판결 부분뿐이고, 그에 따라 항소심이 심리·판단하여야 할 범위는 확정판결 전의 유죄판결 부분에 한정된다(대판 2018.3.29. 2016도18553).

37   답 ③

영역 상소와 비상구제절차>상소   난도 **중**

정답해설

③ (×) 변호인은 피고인의 동의를 얻어 상소를 취하할 수 있으므로(형사소송법 제351조, 제341조), 변호인의 상소취하에 피고인의 동의가 없다면 상소취하의 효력은 발생하지 아니한다. 한편 변호인이 상소취하를 할 때 원칙적으로 피고인은 이에 동의하는 취지의 서면을 제출하여야 하나(형사소송규칙 제153조 제2항), 피고인은 공판정에서 구술로써 상소취하를 할 수 있으므로(형사소송법 제352조 제1항 단서), 변호인의 상소취하에 대한 피고인의

동의도 공판정에서 구술로써 할 수 있다. 다만 상소를 취하하거나 상소의 취하에 동의한 자는 다시 상소를 하지 못하는 제한을 받게 되므로(형사소송법 제354조), 상소취하에 대한 피고인의 구술 동의는 명시적으로 이루어져야만 한다(대판 2015.9.10. 2015도7821).

오답해설

① (ㅇ) 소송비용의 재판에 대한 불복은 본안의 재판에 대한 상소의 전부 또는 일부가 이유 있는 경우에 한하여 허용되고, 본안의 상소가 이유 없는 경우에는 허용되지 아니하며, 이러한 법리는 형사소송절차에서 소송비용의 재판에 대한 불복이 있는 경우에도 마찬가지로 적용된다(대판 2016.5.24. 2014도6428).

② (ㅇ) 대결 2017.3.30. 2016모2874

④ (ㅇ) 대판 2018.10.4. 2016도15961

38   답 ③

영역 상소와 비상구제절차>비상구제절차   난도 **중**

정답해설

③ (×) 비상상고에 의하여 법령에 위반한 소송절차가 파기된 유죄판결도 재심청구의 대상이 되는 것이 원칙이다(대결 1955.12.23. 4288형항3). ⇒ 비상상고의 일부파기 판결은 피고인에게 효력이 없다는 점(법 제447조)을 감안한 판시이다.

오답해설

① (ㅇ) 형사소송법 제420조 본문에 의하면 재심은 유죄의 확정판결에 대하여 그 선고를 받은 자의 이익을 위하여 청구할 수 있다. 항소심의 유죄판결에 대하여 상고가 제기되어 상고심 재판이 계속되던 중 피고인이 사망하여 형사소송법 제382조, 제328조 제1항 제2호에 따라 공소기각결정이 확정되었다면 항소심의 유죄판결은 이로써 당연히 그 효력을 상실하게 되므로, 이러한 경우에는 형사소송법상 재심절차의 전제가 되는 '유죄의 확정판결'이 존재하는 경우에 해당한다고 할 수 없다. 그런데 피고인 등이 이와 같이 공소기각결정으로 효력을 상실한 항소심의 유죄판결을 대상으로 하여 재심을 청구한 경우, 법원이 일단 이를 대상으로 재심개시결정을 한 후 이에 대하여 검사나 피고인 등이 모두 불복하지 아니함으로써 재심개시결정이 확정된 때에는, 재심개시결정에 의하여 재심이 개시된 대상은 항소심의 유죄판결로 확정되고, 재심개시결정에 따라 재심절차를 진행하는 법원이 재심이 개시된 대상을 변경할 수는 없다. 그러나 이 경우 재심개시결정은 재심을 개시할 수 없는 항소심의 유죄판결을 대상으로 한 것이므로, 재심개시결정에 따라 재심절차를 진행하는 법원으로서는 심판의 대상이 없어 아무런 재판

을 할 수 없다(대판 2013.6.27. 2011도7931).

② (○) 형사소송법 제438조 제1항은 "재심개시의 결정이 확정한 사건에 대하여는 제436조의 경우 외에는 법원은 그 심급에 따라 다시 심판을 하여야 한다."고 규정하고 있다. 여기서 '다시' 심판한다는 것은 재심대상판결의 당부를 심사하는 것이 아니라 피고 사건 자체를 처음부터 새로 심판하는 것을 의미하므로, 재심대상판결이 상소심을 거쳐 확정되었더라도 재심사건에서는 재심대상판결의 기초가 된 증거와 재심사건의 심리과정에서 제출된 증거를 모두 종합하여 공소사실이 인정되는지를 새로이 판단하여야 한다. 그리고 재심사건의 공소사실에 관한 증거취사와 이에 근거한 사실인정도 다른 사건과 마찬가지로 그것이 논리와 경험의 법칙을 위반하거나 자유심증주의의 한계를 벗어나지 아니하는 한 사실심으로서 재심사건을 심리하는 법원의 전권에 속한다(대판 2015.5.14. 2014도29469).

④ (○) 형사소송에 있어서는 그 제도의 목적과 성질을 달리하는 민사소송법상의 재심사유를 여기에 준용할 수 없다(대결 1995.3.29. 94재도9).

39

영역 상소와 비상구제절차>특별절차   난도 **상**

답 ③

정답해설
③ (○) 대판 2009.02.26. 2008도7334

오답해설
① (×) 지방법원은 그 관할에 속한 사건에 대하여 검사의 청구가 있는 때에는 공판절차 없이 약식명령으로 피고인을 벌금, 과료 또는 몰수에 처할 수 있으며, 이 경우에는 추징 기타 부수의 처분을 할 수 있다(제448조 제1항, 제2항).

② (×) 변호인이 정식재판청구서를 제출할 것으로 믿고 피고인이 스스로 적법한 정식재판의 청구기간 내에 정식재판청구서를 제출하지 못하였더라도 그것이 피고인 또는 대리인이 책임질 수 없는 사유로 인하여 정식재판의 청구기간 내에 정식재판을 청구하지 못한 때에 해당하지 않는다(대결 2017.7.27. 2017모1557).

④ (×) 피고인이 절도죄 등으로 벌금 300만 원의 약식명령을 발령받은 후 정식재판을 청구하였는데, 제1심법원이 위 정식재판청구 사건을 통상절차에 의해 공소가 제기된 다른 점유이탈물횡령 등 사건들과 병합한 후 각 죄에 대해 모두 징역형을 선택한 다음 경합범으로 처단하여 징역 1년 2월을 선고하자, 피고인과 검사가 각 양형부당을 이유로 항소한 사안에서, 형사소송법 제457조의2 제1항은 "피고인이 정식재판을 청구한 사건에 대하여는 약식명령의 형보다 중한 종류의 형을 선고하지 못한다."라고 규정하여 정식재판청구 사건에서의 형종 상향금지의 원칙을 정하고 있는데, 제1심판결 중 위 정식재판청구 사건 부분은 피고인만이 정식재판을 청구한 사건인데도 약식명령의 벌금형보다 중한 종류의 형인 징역형을 선택하여 형을 선고하였으므로 여기에 형사소송법 제457조의2 제1항에서 정한 형종 상향금지의 원칙을 위반한 잘못이 있고, 제1심판결에 대한 피고인과 검사의 항소를 모두 기각함으로써 이를 그대로 유지한 원심판결에도 형사소송법 제457조의2 제1항을 위반한 잘못이 있다고 한 사례(대판 2020.1.9. 2019도15700)

40

영역 상소와 비상구제절차>재판의 집행과 형사보상   난도 **중**

답 ②

정답해설
② (×) 비용의 보상은 무죄판결을 선고한 법원에 대응되는 소속법원 합의부에서 결정으로 한다(제194조의3 제1항).

오답해설
① (○) 형사보상 및 명예회복에 관한 법률에서는 집행된 형과 미결구금에 대한 형사보상 및 명예회복조치를 규정하고 있고, 형사소송법 제194조의2는 변호인 선임료 기타 무죄판결시 소요된 비용의 보상에 관한 근거규정을 두고 있다.
③ (○) 제194조의2 제2항 제1호
④ (○) 제194조의3 제3항

경찰공무원 정기 승진시험 필기시험 답안지

컴퓨터용 흑색 사인펜만 사용

책 형

【필적감정용 기재】
*아래 예시문을 옮겨 적으시오.
본인은 ○○○(응시자성명)임을 확인함

기 재 란

성 명	
자필성명	본인 성명 기재
응시직렬	
응시지역	
시험장소	

응 시 번 호

생 년 월 일

※시험감독 서명
(성명을 정자로 기재할 것)

적색 볼펜만 사용

최종모의고사 제 ___ 회

번호	①	②	③	④
1	①	②	③	④
2	①	②	③	④
3	①	②	③	④
4	①	②	③	④
5	①	②	③	④
6	①	②	③	④
7	①	②	③	④
8	①	②	③	④
9	①	②	③	④
10	①	②	③	④
11	①	②	③	④
12	①	②	③	④
13	①	②	③	④
14	①	②	③	④
15	①	②	③	④
16	①	②	③	④
17	①	②	③	④
18	①	②	③	④
19	①	②	③	④
20	①	②	③	④
21	①	②	③	④
22	①	②	③	④
23	①	②	③	④
24	①	②	③	④
25	①	②	③	④
26	①	②	③	④
27	①	②	③	④
28	①	②	③	④
29	①	②	③	④
30	①	②	③	④
31	①	②	③	④
32	①	②	③	④
33	①	②	③	④
34	①	②	③	④
35	①	②	③	④
36	①	②	③	④
37	①	②	③	④
38	①	②	③	④
39	①	②	③	④
40	①	②	③	④

최종모의고사 제 ___ 회

번호	①	②	③	④
1	①	②	③	④
2	①	②	③	④
3	①	②	③	④
4	①	②	③	④
5	①	②	③	④
6	①	②	③	④
7	①	②	③	④
8	①	②	③	④
9	①	②	③	④
10	①	②	③	④
11	①	②	③	④
12	①	②	③	④
13	①	②	③	④
14	①	②	③	④
15	①	②	③	④
16	①	②	③	④
17	①	②	③	④
18	①	②	③	④
19	①	②	③	④
20	①	②	③	④
21	①	②	③	④
22	①	②	③	④
23	①	②	③	④
24	①	②	③	④
25	①	②	③	④
26	①	②	③	④
27	①	②	③	④
28	①	②	③	④
29	①	②	③	④
30	①	②	③	④
31	①	②	③	④
32	①	②	③	④
33	①	②	③	④
34	①	②	③	④
35	①	②	③	④
36	①	②	③	④
37	①	②	③	④
38	①	②	③	④
39	①	②	③	④
40	①	②	③	④

최종모의고사 제 ___ 회

번호	①	②	③	④
1	①	②	③	④
2	①	②	③	④
3	①	②	③	④
4	①	②	③	④
5	①	②	③	④
6	①	②	③	④
7	①	②	③	④
8	①	②	③	④
9	①	②	③	④
10	①	②	③	④
11	①	②	③	④
12	①	②	③	④
13	①	②	③	④
14	①	②	③	④
15	①	②	③	④
16	①	②	③	④
17	①	②	③	④
18	①	②	③	④
19	①	②	③	④
20	①	②	③	④
21	①	②	③	④
22	①	②	③	④
23	①	②	③	④
24	①	②	③	④
25	①	②	③	④
26	①	②	③	④
27	①	②	③	④
28	①	②	③	④
29	①	②	③	④
30	①	②	③	④
31	①	②	③	④
32	①	②	③	④
33	①	②	③	④
34	①	②	③	④
35	①	②	③	④
36	①	②	③	④
37	①	②	③	④
38	①	②	③	④
39	①	②	③	④
40	①	②	③	④

절취선

※ 본 답안지는 마킹연습용 모의 답안지입니다.

경찰공무원 정기 승진시험 필기시험 답안지

컴퓨터용 흑색 사인펜만 사용

[필적감정용 기재]
*아래 예시문을 옮겨 적으시오,
본인은 ○○○(응시자성명)임을 확인함

기 재 란

성명	
책형	

성	명
자필성명	본인 성명 기재
응시직렬	
응시지역	
시험장소	

※시험감독관 서명
(성명을 정자로 기재할 것)
감독관 확인 사용

응 시 번 호

⓪	⓪	⓪	⓪	⓪	⓪	⓪
①	①	①	①	①	①	①
②	②	②	②	②	②	②
③	③	③	③	③	③	③
④	④	④	④	④	④	④
⑤	⑤	⑤	⑤	⑤	⑤	⑤
⑥	⑥	⑥	⑥	⑥	⑥	⑥
⑦	⑦	⑦	⑦	⑦	⑦	⑦
⑧	⑧	⑧	⑧	⑧	⑧	⑧
⑨	⑨	⑨	⑨	⑨	⑨	⑨

생 년 월 일

⓪	⓪	⓪	⓪
①	①	①	①
②	②	②	②
③	③	③	③
④	④	④	④
⑤	⑤	⑤	⑤
⑥	⑥	⑥	⑥
⑦	⑦	⑦	⑦
⑧	⑧	⑧	⑧
⑨	⑨	⑨	⑨

최종모의고사 제 회

1	① ② ③ ④	21	① ② ③ ④
2	① ② ③ ④	22	① ② ③ ④
3	① ② ③ ④	23	① ② ③ ④
4	① ② ③ ④	24	① ② ③ ④
5	① ② ③ ④	25	① ② ③ ④
6	① ② ③ ④	26	① ② ③ ④
7	① ② ③ ④	27	① ② ③ ④
8	① ② ③ ④	28	① ② ③ ④
9	① ② ③ ④	29	① ② ③ ④
10	① ② ③ ④	30	① ② ③ ④
11	① ② ③ ④	31	① ② ③ ④
12	① ② ③ ④	32	① ② ③ ④
13	① ② ③ ④	33	① ② ③ ④
14	① ② ③ ④	34	① ② ③ ④
15	① ② ③ ④	35	① ② ③ ④
16	① ② ③ ④	36	① ② ③ ④
17	① ② ③ ④	37	① ② ③ ④
18	① ② ③ ④	38	① ② ③ ④
19	① ② ③ ④	39	① ② ③ ④
20	① ② ③ ④	40	① ② ③ ④

최종모의고사 제 회

1	① ② ③ ④	21	① ② ③ ④
2	① ② ③ ④	22	① ② ③ ④
3	① ② ③ ④	23	① ② ③ ④
4	① ② ③ ④	24	① ② ③ ④
5	① ② ③ ④	25	① ② ③ ④
6	① ② ③ ④	26	① ② ③ ④
7	① ② ③ ④	27	① ② ③ ④
8	① ② ③ ④	28	① ② ③ ④
9	① ② ③ ④	29	① ② ③ ④
10	① ② ③ ④	30	① ② ③ ④
11	① ② ③ ④	31	① ② ③ ④
12	① ② ③ ④	32	① ② ③ ④
13	① ② ③ ④	33	① ② ③ ④
14	① ② ③ ④	34	① ② ③ ④
15	① ② ③ ④	35	① ② ③ ④
16	① ② ③ ④	36	① ② ③ ④
17	① ② ③ ④	37	① ② ③ ④
18	① ② ③ ④	38	① ② ③ ④
19	① ② ③ ④	39	① ② ③ ④
20	① ② ③ ④	40	① ② ③ ④

최종모의고사 제 회

1	① ② ③ ④	21	① ② ③ ④
2	① ② ③ ④	22	① ② ③ ④
3	① ② ③ ④	23	① ② ③ ④
4	① ② ③ ④	24	① ② ③ ④
5	① ② ③ ④	25	① ② ③ ④
6	① ② ③ ④	26	① ② ③ ④
7	① ② ③ ④	27	① ② ③ ④
8	① ② ③ ④	28	① ② ③ ④
9	① ② ③ ④	29	① ② ③ ④
10	① ② ③ ④	30	① ② ③ ④
11	① ② ③ ④	31	① ② ③ ④
12	① ② ③ ④	32	① ② ③ ④
13	① ② ③ ④	33	① ② ③ ④
14	① ② ③ ④	34	① ② ③ ④
15	① ② ③ ④	35	① ② ③ ④
16	① ② ③ ④	36	① ② ③ ④
17	① ② ③ ④	37	① ② ③ ④
18	① ② ③ ④	38	① ② ③ ④
19	① ② ③ ④	39	① ② ③ ④
20	① ② ③ ④	40	① ② ③ ④

절취선

경찰공무원 정기 승진시험 필기시험 답안지

컴퓨터용 흑색 사인펜만 사용

【필적감정용 기재】
*아래 예시문을 옮겨 기재
본인은 ○○○(응시자성명)임을 확인함

성 명	
지필성명	본인 성명 기재
응시직렬	
응시지역	
시험장소	

기 재 란

책 형

응시번호

⓪	⓪	⓪	⓪	⓪	⓪
①	①	①	①	①	①
②	②	②	②	②	②
③	③	③	③	③	③
④	④	④	④	④	④
⑤	⑤	⑤	⑤	⑤	⑤
⑥	⑥	⑥	⑥	⑥	⑥
⑦	⑦	⑦	⑦	⑦	⑦
⑧	⑧	⑧	⑧	⑧	⑧
⑨	⑨	⑨	⑨	⑨	⑨

생년월일

⓪	⓪	⓪	⓪	⓪	⓪
①	①	①	①	①	①
②	②	②	②	②	②
③	③	③	③	③	③
④	④	④	④	④	④
⑤	⑤	⑤	⑤	⑤	⑤
⑥	⑥	⑥	⑥	⑥	⑥
⑦	⑦	⑦	⑦	⑦	⑦
⑧	⑧	⑧	⑧	⑧	⑧
⑨	⑨	⑨	⑨	⑨	⑨

※시험감독 서명
(성명을 정자로 기재할 것)

적색 볼펜만 사용

최종모의고사 제 ___ 회

1	① ② ③ ④	21	① ② ③ ④
2	① ② ③ ④	22	① ② ③ ④
3	① ② ③ ④	23	① ② ③ ④
4	① ② ③ ④	24	① ② ③ ④
5	① ② ③ ④	25	① ② ③ ④
6	① ② ③ ④	26	① ② ③ ④
7	① ② ③ ④	27	① ② ③ ④
8	① ② ③ ④	28	① ② ③ ④
9	① ② ③ ④	29	① ② ③ ④
10	① ② ③ ④	30	① ② ③ ④
11	① ② ③ ④	31	① ② ③ ④
12	① ② ③ ④	32	① ② ③ ④
13	① ② ③ ④	33	① ② ③ ④
14	① ② ③ ④	34	① ② ③ ④
15	① ② ③ ④	35	① ② ③ ④
16	① ② ③ ④	36	① ② ③ ④
17	① ② ③ ④	37	① ② ③ ④
18	① ② ③ ④	38	① ② ③ ④
19	① ② ③ ④	39	① ② ③ ④
20	① ② ③ ④	40	① ② ③ ④

최종모의고사 제 ___ 회

1	① ② ③ ④	21	① ② ③ ④
2	① ② ③ ④	22	① ② ③ ④
3	① ② ③ ④	23	① ② ③ ④
4	① ② ③ ④	24	① ② ③ ④
5	① ② ③ ④	25	① ② ③ ④
6	① ② ③ ④	26	① ② ③ ④
7	① ② ③ ④	27	① ② ③ ④
8	① ② ③ ④	28	① ② ③ ④
9	① ② ③ ④	29	① ② ③ ④
10	① ② ③ ④	30	① ② ③ ④
11	① ② ③ ④	31	① ② ③ ④
12	① ② ③ ④	32	① ② ③ ④
13	① ② ③ ④	33	① ② ③ ④
14	① ② ③ ④	34	① ② ③ ④
15	① ② ③ ④	35	① ② ③ ④
16	① ② ③ ④	36	① ② ③ ④
17	① ② ③ ④	37	① ② ③ ④
18	① ② ③ ④	38	① ② ③ ④
19	① ② ③ ④	39	① ② ③ ④
20	① ② ③ ④	40	① ② ③ ④

최종모의고사 제 ___ 회

1	① ② ③ ④	21	① ② ③ ④
2	① ② ③ ④	22	① ② ③ ④
3	① ② ③ ④	23	① ② ③ ④
4	① ② ③ ④	24	① ② ③ ④
5	① ② ③ ④	25	① ② ③ ④
6	① ② ③ ④	26	① ② ③ ④
7	① ② ③ ④	27	① ② ③ ④
8	① ② ③ ④	28	① ② ③ ④
9	① ② ③ ④	29	① ② ③ ④
10	① ② ③ ④	30	① ② ③ ④
11	① ② ③ ④	31	① ② ③ ④
12	① ② ③ ④	32	① ② ③ ④
13	① ② ③ ④	33	① ② ③ ④
14	① ② ③ ④	34	① ② ③ ④
15	① ② ③ ④	35	① ② ③ ④
16	① ② ③ ④	36	① ② ③ ④
17	① ② ③ ④	37	① ② ③ ④
18	① ② ③ ④	38	① ② ③ ④
19	① ② ③ ④	39	① ② ③ ④
20	① ② ③ ④	40	① ② ③ ④

절취선

※ 본 답안지는 마킹연습용 모의 답안지입니다.

경찰공무원 정기 승진시험 필기시험 답안지

컴퓨터용 흑색 사인펜만 사용

[필적감정용 기재]
*아래 예시문을 옮겨 적으시오.
본인은 ○○○(응시자성명)임을 확인함

기 재 란

성 명	
책	형

성 명	
자필성명	본인 성명 기재
응시직렬	
응시지역	
시험장소	

응 시 번 호

생 년 월 일

※시험감독관 서명
(성명을 정자로 기재할 것)

책임자 확인 서명

최종모의고사 제 회

1	① ② ③ ④
2	① ② ③ ④
3	① ② ③ ④
4	① ② ③ ④
5	① ② ③ ④
6	① ② ③ ④
7	① ② ③ ④
8	① ② ③ ④
9	① ② ③ ④
10	① ② ③ ④
11	① ② ③ ④
12	① ② ③ ④
13	① ② ③ ④
14	① ② ③ ④
15	① ② ③ ④
16	① ② ③ ④
17	① ② ③ ④
18	① ② ③ ④
19	① ② ③ ④
20	① ② ③ ④
21	① ② ③ ④
22	① ② ③ ④
23	① ② ③ ④
24	① ② ③ ④
25	① ② ③ ④
26	① ② ③ ④
27	① ② ③ ④
28	① ② ③ ④
29	① ② ③ ④
30	① ② ③ ④
31	① ② ③ ④
32	① ② ③ ④
33	① ② ③ ④
34	① ② ③ ④
35	① ② ③ ④
36	① ② ③ ④
37	① ② ③ ④
38	① ② ③ ④
39	① ② ③ ④
40	① ② ③ ④

절취선

경찰공무원 정기 승진시험 필기시험 답안지

경찰공무원 정기 승진시험 필기시험 답안지

컴퓨터용 흑색 사인펜만 사용

성명 | 홍길동 시험감독관

※시험감독관 서명 (수험생 기재금지)

[필적감정용 기재]
*아래 예시문을 옮겨 적으시오.
본인은 OOO(응시자성명)임을 확인함

기 재 란

성0	명0
자필성명	본인 성명 기재
응시직렬	
응시지역	
시험장소	

책형

생 년 월 일

⓪①②③④⑤⑥⑦⑧⑨

시 번 호

⓪①②③④⑤⑥⑦⑧⑨

※ 본 답안지는 마킹연습용 모의 답안지입니다.

최종모의고사 제 회

	①	②	③	④
1	①	②	③	④
2	①	②	③	④
3	①	②	③	④
4	①	②	③	④
5	①	②	③	④
6	①	②	③	④
7	①	②	③	④
8	①	②	③	④
9	①	②	③	④
10	①	②	③	④
11	①	②	③	④
12	①	②	③	④
13	①	②	③	④
14	①	②	③	④
15	①	②	③	④
16	①	②	③	④
17	①	②	③	④
18	①	②	③	④
19	①	②	③	④
20	①	②	③	④
21	①	②	③	④
22	①	②	③	④
23	①	②	③	④
24	①	②	③	④
25	①	②	③	④
26	①	②	③	④
27	①	②	③	④
28	①	②	③	④
29	①	②	③	④
30	①	②	③	④
31	①	②	③	④
32	①	②	③	④
33	①	②	③	④
34	①	②	③	④
35	①	②	③	④
36	①	②	③	④
37	①	②	③	④
38	①	②	③	④
39	①	②	③	④
40	①	②	③	④

최종모의고사 제 회

	①	②	③	④
1	①	②	③	④
2	①	②	③	④
3	①	②	③	④
4	①	②	③	④
5	①	②	③	④
6	①	②	③	④
7	①	②	③	④
8	①	②	③	④
9	①	②	③	④
10	①	②	③	④
11	①	②	③	④
12	①	②	③	④
13	①	②	③	④
14	①	②	③	④
15	①	②	③	④
16	①	②	③	④
17	①	②	③	④
18	①	②	③	④
19	①	②	③	④
20	①	②	③	④
21	①	②	③	④
22	①	②	③	④
23	①	②	③	④
24	①	②	③	④
25	①	②	③	④
26	①	②	③	④
27	①	②	③	④
28	①	②	③	④
29	①	②	③	④
30	①	②	③	④
31	①	②	③	④
32	①	②	③	④
33	①	②	③	④
34	①	②	③	④
35	①	②	③	④
36	①	②	③	④
37	①	②	③	④
38	①	②	③	④
39	①	②	③	④
40	①	②	③	④

최종모의고사 제 회

	①	②	③	④
1	①	②	③	④
2	①	②	③	④
3	①	②	③	④
4	①	②	③	④
5	①	②	③	④
6	①	②	③	④
7	①	②	③	④
8	①	②	③	④
9	①	②	③	④
10	①	②	③	④
11	①	②	③	④
12	①	②	③	④
13	①	②	③	④
14	①	②	③	④
15	①	②	③	④
16	①	②	③	④
17	①	②	③	④
18	①	②	③	④
19	①	②	③	④
20	①	②	③	④
21	①	②	③	④
22	①	②	③	④
23	①	②	③	④
24	①	②	③	④
25	①	②	③	④
26	①	②	③	④
27	①	②	③	④
28	①	②	③	④
29	①	②	③	④
30	①	②	③	④
31	①	②	③	④
32	①	②	③	④
33	①	②	③	④
34	①	②	③	④
35	①	②	③	④
36	①	②	③	④
37	①	②	③	④
38	①	②	③	④
39	①	②	③	④
40	①	②	③	④

경찰공무원 정기 승진시험 필기시험 답안지

컴퓨터용 흑색 사인펜만 사용

책 형

【필적감정용 기재】 *아래 예시문을 옮겨 적으시오. 본인은 ○○○(응시자성명)임을 확인함
기 재 란

성 명	
자필성명	본인 성명 기재
응시직렬	
응시지역	
시험장소	

응 시 번 호							
⓪	⓪	⓪	⓪	⓪	⓪	⓪	⓪
①	①	①	①	①	①	①	①
②	②	②	②	②	②	②	②
③	③	③	③	③	③	③	③
④	④	④	④	④	④	④	④
⑤	⑤	⑤	⑤	⑤	⑤	⑤	⑤
⑥	⑥	⑥	⑥	⑥	⑥	⑥	⑥
⑦	⑦	⑦	⑦	⑦	⑦	⑦	⑦
⑧	⑧	⑧	⑧	⑧	⑧	⑧	⑧
⑨	⑨	⑨	⑨	⑨	⑨	⑨	⑨

생 년 월 일					
⓪	⓪	⓪	⓪	⓪	⓪
①	①	①	①	①	①
②	②	②	②	②	②
③	③	③	③	③	③
④	④	④	④	④	④
⑤	⑤	⑤	⑤	⑤	⑤
⑥	⑥	⑥	⑥	⑥	⑥
⑦	⑦	⑦	⑦	⑦	⑦
⑧	⑧	⑧	⑧	⑧	⑧
⑨	⑨	⑨	⑨	⑨	⑨

※시험감독 서명 (성명을 정자로 기재할 것)
적색 볼펜만 사용

최종모의고사 제 회 ______

1	①	②	③	④	21	①	②	③	④
2	①	②	③	④	22	①	②	③	④
3	①	②	③	④	23	①	②	③	④
4	①	②	③	④	24	①	②	③	④
5	①	②	③	④	25	①	②	③	④
6	①	②	③	④	26	①	②	③	④
7	①	②	③	④	27	①	②	③	④
8	①	②	③	④	28	①	②	③	④
9	①	②	③	④	29	①	②	③	④
10	①	②	③	④	30	①	②	③	④
11	①	②	③	④	31	①	②	③	④
12	①	②	③	④	32	①	②	③	④
13	①	②	③	④	33	①	②	③	④
14	①	②	③	④	34	①	②	③	④
15	①	②	③	④	35	①	②	③	④
16	①	②	③	④	36	①	②	③	④
17	①	②	③	④	37	①	②	③	④
18	①	②	③	④	38	①	②	③	④
19	①	②	③	④	39	①	②	③	④
20	①	②	③	④	40	①	②	③	④

최종모의고사 제 회 ______

1	①	②	③	④	21	①	②	③	④
2	①	②	③	④	22	①	②	③	④
3	①	②	③	④	23	①	②	③	④
4	①	②	③	④	24	①	②	③	④
5	①	②	③	④	25	①	②	③	④
6	①	②	③	④	26	①	②	③	④
7	①	②	③	④	27	①	②	③	④
8	①	②	③	④	28	①	②	③	④
9	①	②	③	④	29	①	②	③	④
10	①	②	③	④	30	①	②	③	④
11	①	②	③	④	31	①	②	③	④
12	①	②	③	④	32	①	②	③	④
13	①	②	③	④	33	①	②	③	④
14	①	②	③	④	34	①	②	③	④
15	①	②	③	④	35	①	②	③	④
16	①	②	③	④	36	①	②	③	④
17	①	②	③	④	37	①	②	③	④
18	①	②	③	④	38	①	②	③	④
19	①	②	③	④	39	①	②	③	④
20	①	②	③	④	40	①	②	③	④

최종모의고사 제 회 ______

1	①	②	③	④	21	①	②	③	④
2	①	②	③	④	22	①	②	③	④
3	①	②	③	④	23	①	②	③	④
4	①	②	③	④	24	①	②	③	④
5	①	②	③	④	25	①	②	③	④
6	①	②	③	④	26	①	②	③	④
7	①	②	③	④	27	①	②	③	④
8	①	②	③	④	28	①	②	③	④
9	①	②	③	④	29	①	②	③	④
10	①	②	③	④	30	①	②	③	④
11	①	②	③	④	31	①	②	③	④
12	①	②	③	④	32	①	②	③	④
13	①	②	③	④	33	①	②	③	④
14	①	②	③	④	34	①	②	③	④
15	①	②	③	④	35	①	②	③	④
16	①	②	③	④	36	①	②	③	④
17	①	②	③	④	37	①	②	③	④
18	①	②	③	④	38	①	②	③	④
19	①	②	③	④	39	①	②	③	④
20	①	②	③	④	40	①	②	③	④

※ 본 답안지는 마킹연습용 모의 답안지입니다.

경찰공무원 정기 승진시험 필기시험 답안지

컴퓨터용 흑색 사인펜만 사용

성	명

[필적감정용 기재]
*아래 예시문을 옮겨 적으시오.
본인은 ○○○(응시자성명)임을 확인함

기 재 란

성	명
자필성명	본인 성명 기재
응시직렬	
응시지역	
시험장소	

응시번호

생년월일

학교 졸업예정 사항

※시험감독관 서명
(성명을 정자로 기재할 것)

최종모의고사 제 ___ 회

1	①	②	③	④		21	①	②	③	④
2	①	②	③	④		22	①	②	③	④
3	①	②	③	④		23	①	②	③	④
4	①	②	③	④		24	①	②	③	④
5	①	②	③	④		25	①	②	③	④
6	①	②	③	④		26	①	②	③	④
7	①	②	③	④		27	①	②	③	④
8	①	②	③	④		28	①	②	③	④
9	①	②	③	④		29	①	②	③	④
10	①	②	③	④		30	①	②	③	④
11	①	②	③	④		31	①	②	③	④
12	①	②	③	④		32	①	②	③	④
13	①	②	③	④		33	①	②	③	④
14	①	②	③	④		34	①	②	③	④
15	①	②	③	④		35	①	②	③	④
16	①	②	③	④		36	①	②	③	④
17	①	②	③	④		37	①	②	③	④
18	①	②	③	④		38	①	②	③	④
19	①	②	③	④		39	①	②	③	④
20	①	②	③	④		40	①	②	③	④

최종모의고사 제 ___ 회

(동일한 형식의 답안 마킹란 반복)

최종모의고사 제 ___ 회

(동일한 형식의 답안 마킹란 반복)

※ 본 답안지는 마킹연습용 모의 답안지입니다.

저작서

경찰공무원 정기 승진시험 필기시험 답안지

초중모의고사 제 ____ 회

초중모의고사 제 ____ 회

초중모의고사 제 ____ 회

초중모의고사 제 ____ 회

경찰공무원 정기 승진시험 필기시험 답안지

컴퓨터용 흑색 사인펜만 사용

성명	
성	명

[필적감정용 기재]
*아래 예시문을 옮겨 적으시오.
본인은 ○○○(응시자성명)임을 확인함

기 재 란

책	형

성	명	
자필성명	본인 성명 기재
응시직렬	
응시지역	
시험장소	

응시번호

생년월일

※시험감독관 서명
(성명을 정자로 기재할 것)

책임 및 감독관 확인

최종모의고사 제 ___ 회

최종모의고사 제 ___ 회

최종모의고사 제 ___ 회

최종모의고사 제 ___ 회

경찰공무원 정기 승진시험 필기시험 답안지

컴퓨터용 흑색 사인펜만 사용

책 형

[필적감정용 기재]
*아래 예시문을 옮겨 적으시오.
본인은 OOO(응시자성명)임을 확인함

기 재 란

성명	
자필성명	본인 성명 기재
응시직렬	
응시지역	
시험장소	

	응 시 번 호						

	생 년 월 일					

※시험감독 서명
(성명을 정자로 기재할 것)

적색 볼펜만 사용

초중모의고사 제 ___ 회

1	① ② ③ ④	21	① ② ③ ④
2	① ② ③ ④	22	① ② ③ ④
3	① ② ③ ④	23	① ② ③ ④
4	① ② ③ ④	24	① ② ③ ④
5	① ② ③ ④	25	① ② ③ ④
6	① ② ③ ④	26	① ② ③ ④
7	① ② ③ ④	27	① ② ③ ④
8	① ② ③ ④	28	① ② ③ ④
9	① ② ③ ④	29	① ② ③ ④
10	① ② ③ ④	30	① ② ③ ④
11	① ② ③ ④	31	① ② ③ ④
12	① ② ③ ④	32	① ② ③ ④
13	① ② ③ ④	33	① ② ③ ④
14	① ② ③ ④	34	① ② ③ ④
15	① ② ③ ④	35	① ② ③ ④
16	① ② ③ ④	36	① ② ③ ④
17	① ② ③ ④	37	① ② ③ ④
18	① ② ③ ④	38	① ② ③ ④
19	① ② ③ ④	39	① ② ③ ④
20	① ② ③ ④	40	① ② ③ ④

초중모의고사 제 ___ 회

1	① ② ③ ④	21	① ② ③ ④
2	① ② ③ ④	22	① ② ③ ④
3	① ② ③ ④	23	① ② ③ ④
4	① ② ③ ④	24	① ② ③ ④
5	① ② ③ ④	25	① ② ③ ④
6	① ② ③ ④	26	① ② ③ ④
7	① ② ③ ④	27	① ② ③ ④
8	① ② ③ ④	28	① ② ③ ④
9	① ② ③ ④	29	① ② ③ ④
10	① ② ③ ④	30	① ② ③ ④
11	① ② ③ ④	31	① ② ③ ④
12	① ② ③ ④	32	① ② ③ ④
13	① ② ③ ④	33	① ② ③ ④
14	① ② ③ ④	34	① ② ③ ④
15	① ② ③ ④	35	① ② ③ ④
16	① ② ③ ④	36	① ② ③ ④
17	① ② ③ ④	37	① ② ③ ④
18	① ② ③ ④	38	① ② ③ ④
19	① ② ③ ④	39	① ② ③ ④
20	① ② ③ ④	40	① ② ③ ④

초중모의고사 제 ___ 회

1	① ② ③ ④	21	① ② ③ ④
2	① ② ③ ④	22	① ② ③ ④
3	① ② ③ ④	23	① ② ③ ④
4	① ② ③ ④	24	① ② ③ ④
5	① ② ③ ④	25	① ② ③ ④
6	① ② ③ ④	26	① ② ③ ④
7	① ② ③ ④	27	① ② ③ ④
8	① ② ③ ④	28	① ② ③ ④
9	① ② ③ ④	29	① ② ③ ④
10	① ② ③ ④	30	① ② ③ ④
11	① ② ③ ④	31	① ② ③ ④
12	① ② ③ ④	32	① ② ③ ④
13	① ② ③ ④	33	① ② ③ ④
14	① ② ③ ④	34	① ② ③ ④
15	① ② ③ ④	35	① ② ③ ④
16	① ② ③ ④	36	① ② ③ ④
17	① ② ③ ④	37	① ② ③ ④
18	① ② ③ ④	38	① ② ③ ④
19	① ② ③ ④	39	① ② ③ ④
20	① ② ③ ④	40	① ② ③ ④

경찰공무원 정기 승진시험 필기시험 답안지

책형

컴퓨터용 흑색 사인펜만 사용

[필적감정용 기재]
*아래 예시문을 옮겨 적으시오.
본인은 OOO(응시자성명)임을 확인함

기 재 란

성명

자필성명 | 본인 성명 기재
응시직렬
응시지역
시험장소

응시 번호

생년월일

※시험감독관 서명
(성명을 정자로 기재할 것)

감독관 확인 서명

최종모의고사 제 ___ 회

최종모의고사 제 ___ 회

최종모의고사 제 ___ 회

최종모의고사 제 ___ 회

※ 본 답안지는 마킹연습용 모의 답안지입니다.

절취선

경찰공무원 정기 승진시험 필기시험 답안지

【필적감정용 기재】
*아래 예시문을 옮겨 적으시오.
본인은 ○○○(응시자성명)임을 확인함

기 재 란

성명	
책형	

성명	
자필성명	본인성명 기재
응시직렬	
응시지역	
시험장소	

응시번호

생년월일

※시험감독 서명
(성명을 정자로 기재할 것)

적색 볼펜만 사용

최종모의고사 제 _____ 회

1	① ② ③ ④	21	① ② ③ ④
2	① ② ③ ④	22	① ② ③ ④
3	① ② ③ ④	23	① ② ③ ④
4	① ② ③ ④	24	① ② ③ ④
5	① ② ③ ④	25	① ② ③ ④
6	① ② ③ ④	26	① ② ③ ④
7	① ② ③ ④	27	① ② ③ ④
8	① ② ③ ④	28	① ② ③ ④
9	① ② ③ ④	29	① ② ③ ④
10	① ② ③ ④	30	① ② ③ ④
11	① ② ③ ④	31	① ② ③ ④
12	① ② ③ ④	32	① ② ③ ④
13	① ② ③ ④	33	① ② ③ ④
14	① ② ③ ④	34	① ② ③ ④
15	① ② ③ ④	35	① ② ③ ④
16	① ② ③ ④	36	① ② ③ ④
17	① ② ③ ④	37	① ② ③ ④
18	① ② ③ ④	38	① ② ③ ④
19	① ② ③ ④	39	① ② ③ ④
20	① ② ③ ④	40	① ② ③ ④

최종모의고사 제 _____ 회

1	① ② ③ ④	21	① ② ③ ④
2	① ② ③ ④	22	① ② ③ ④
3	① ② ③ ④	23	① ② ③ ④
4	① ② ③ ④	24	① ② ③ ④
5	① ② ③ ④	25	① ② ③ ④
6	① ② ③ ④	26	① ② ③ ④
7	① ② ③ ④	27	① ② ③ ④
8	① ② ③ ④	28	① ② ③ ④
9	① ② ③ ④	29	① ② ③ ④
10	① ② ③ ④	30	① ② ③ ④
11	① ② ③ ④	31	① ② ③ ④
12	① ② ③ ④	32	① ② ③ ④
13	① ② ③ ④	33	① ② ③ ④
14	① ② ③ ④	34	① ② ③ ④
15	① ② ③ ④	35	① ② ③ ④
16	① ② ③ ④	36	① ② ③ ④
17	① ② ③ ④	37	① ② ③ ④
18	① ② ③ ④	38	① ② ③ ④
19	① ② ③ ④	39	① ② ③ ④
20	① ② ③ ④	40	① ② ③ ④

최종모의고사 제 _____ 회

1	① ② ③ ④	21	① ② ③ ④
2	① ② ③ ④	22	① ② ③ ④
3	① ② ③ ④	23	① ② ③ ④
4	① ② ③ ④	24	① ② ③ ④
5	① ② ③ ④	25	① ② ③ ④
6	① ② ③ ④	26	① ② ③ ④
7	① ② ③ ④	27	① ② ③ ④
8	① ② ③ ④	28	① ② ③ ④
9	① ② ③ ④	29	① ② ③ ④
10	① ② ③ ④	30	① ② ③ ④
11	① ② ③ ④	31	① ② ③ ④
12	① ② ③ ④	32	① ② ③ ④
13	① ② ③ ④	33	① ② ③ ④
14	① ② ③ ④	34	① ② ③ ④
15	① ② ③ ④	35	① ② ③ ④
16	① ② ③ ④	36	① ② ③ ④
17	① ② ③ ④	37	① ② ③ ④
18	① ② ③ ④	38	① ② ③ ④
19	① ② ③ ④	39	① ② ③ ④
20	① ② ③ ④	40	① ② ③ ④

절취선

경찰공무원 정기 승진시험 필기시험 답안지

※ 본 답안지는 마킹연습용 모의 답안지입니다.

컴퓨터용 흑색 사인펜만 사용

【필적감정용 기재】
* 아래 예시문을 옮겨 적으시오.
본인은 OOO(응시자성명)임을 확인함

기 재 란

성명	
책형	

성 명	
자필성명	본인 성명 기재
응시직렬	
응시지역	
시험장소	

응시번호

생년월일

※시험감독관 서명
(성명을 정자로 기재할 것)

적색 볼펜만 사용

최종모의고사 제 ___ 회

1	① ② ③ ④	21	① ② ③ ④
2	① ② ③ ④	22	① ② ③ ④
3	① ② ③ ④	23	① ② ③ ④
4	① ② ③ ④	24	① ② ③ ④
5	① ② ③ ④	25	① ② ③ ④
6	① ② ③ ④	26	① ② ③ ④
7	① ② ③ ④	27	① ② ③ ④
8	① ② ③ ④	28	① ② ③ ④
9	① ② ③ ④	29	① ② ③ ④
10	① ② ③ ④	30	① ② ③ ④
11	① ② ③ ④	31	① ② ③ ④
12	① ② ③ ④	32	① ② ③ ④
13	① ② ③ ④	33	① ② ③ ④
14	① ② ③ ④	34	① ② ③ ④
15	① ② ③ ④	35	① ② ③ ④
16	① ② ③ ④	36	① ② ③ ④
17	① ② ③ ④	37	① ② ③ ④
18	① ② ③ ④	38	① ② ③ ④
19	① ② ③ ④	39	① ② ③ ④
20	① ② ③ ④	40	① ② ③ ④

최종모의고사 제 ___ 회

1	① ② ③ ④	21	① ② ③ ④
2	① ② ③ ④	22	① ② ③ ④
3	① ② ③ ④	23	① ② ③ ④
4	① ② ③ ④	24	① ② ③ ④
5	① ② ③ ④	25	① ② ③ ④
6	① ② ③ ④	26	① ② ③ ④
7	① ② ③ ④	27	① ② ③ ④
8	① ② ③ ④	28	① ② ③ ④
9	① ② ③ ④	29	① ② ③ ④
10	① ② ③ ④	30	① ② ③ ④
11	① ② ③ ④	31	① ② ③ ④
12	① ② ③ ④	32	① ② ③ ④
13	① ② ③ ④	33	① ② ③ ④
14	① ② ③ ④	34	① ② ③ ④
15	① ② ③ ④	35	① ② ③ ④
16	① ② ③ ④	36	① ② ③ ④
17	① ② ③ ④	37	① ② ③ ④
18	① ② ③ ④	38	① ② ③ ④
19	① ② ③ ④	39	① ② ③ ④
20	① ② ③ ④	40	① ② ③ ④

최종모의고사 제 ___ 회

1	① ② ③ ④	21	① ② ③ ④
2	① ② ③ ④	22	① ② ③ ④
3	① ② ③ ④	23	① ② ③ ④
4	① ② ③ ④	24	① ② ③ ④
5	① ② ③ ④	25	① ② ③ ④
6	① ② ③ ④	26	① ② ③ ④
7	① ② ③ ④	27	① ② ③ ④
8	① ② ③ ④	28	① ② ③ ④
9	① ② ③ ④	29	① ② ③ ④
10	① ② ③ ④	30	① ② ③ ④
11	① ② ③ ④	31	① ② ③ ④
12	① ② ③ ④	32	① ② ③ ④
13	① ② ③ ④	33	① ② ③ ④
14	① ② ③ ④	34	① ② ③ ④
15	① ② ③ ④	35	① ② ③ ④
16	① ② ③ ④	36	① ② ③ ④
17	① ② ③ ④	37	① ② ③ ④
18	① ② ③ ④	38	① ② ③ ④
19	① ② ③ ④	39	① ② ③ ④
20	① ② ③ ④	40	① ② ③ ④

절취선

경찰공무원 정기 승진시험 필기시험 답안지

컴퓨터용 흑색 사인펜만 사용

책형	

[필적감정용 기재]
*아래 예시문을 옮겨 적으시오,
본인은 OOO(응시자성명)임을 확인함

기 재 란

성명	
지필성명	본인 성명 기재
응시직렬	
응시지역	
시험장소	

이시번호

생년월일

※시험감독 서명
(성명을 정자로 기재할 것)

적색 볼펜만 사용

최종모의고사 제 ___ 회

	①	②	③	④		①	②	③	④
1					21				
2					22				
3					23				
4					24				
5					25				
6					26				
7					27				
8					28				
9					29				
10					30				
11					31				
12					32				
13					33				
14					34				
15					35				
16					36				
17					37				
18					38				
19					39				
20					40				

최종모의고사 제 ___ 회

	①	②	③	④		①	②	③	④
1					21				
2					22				
3					23				
4					24				
5					25				
6					26				
7					27				
8					28				
9					29				
10					30				
11					31				
12					32				
13					33				
14					34				
15					35				
16					36				
17					37				
18					38				
19					39				
20					40				

최종모의고사 제 ___ 회

	①	②	③	④		①	②	③	④
1					21				
2					22				
3					23				
4					24				
5					25				
6					26				
7					27				
8					28				
9					29				
10					30				
11					31				
12					32				
13					33				
14					34				
15					35				
16					36				
17					37				
18					38				
19					39				
20					40				

경찰공무원 정기 승진시험 필기시험 답안지

컴퓨터용 흑색 사인펜만 사용

[필적감정용 기재]
*아래 예시문을 옮겨 적으시오.
본인은 ○○○(응시자성명)임을 확인함

기 재 란

성명	
책형	

성명	
자필성명	본인 성명 기재
응시직렬	
응시지역	
시험장소	

응시번호

⓪	⓪	⓪	⓪	⓪	⓪	⓪
①	①	①	①	①	①	①
②	②	②	②	②	②	②
③	③	③	③	③	③	③
④	④	④	④	④	④	④
⑤	⑤	⑤	⑤	⑤	⑤	⑤
⑥	⑥	⑥	⑥	⑥	⑥	⑥
⑦	⑦	⑦	⑦	⑦	⑦	⑦
⑧	⑧	⑧	⑧	⑧	⑧	⑧
⑨	⑨	⑨	⑨	⑨	⑨	⑨

생 년 월 일

⓪	⓪	⓪	⓪	⓪
①	①	①	①	①
②	②	②	②	②
③	③	③	③	③
④	④	④	④	④
⑤	⑤	⑤	⑤	⑤
⑥	⑥	⑥	⑥	⑥
⑦	⑦	⑦	⑦	⑦
⑧	⑧	⑧	⑧	⑧
⑨	⑨	⑨	⑨	⑨

※시험감독관 서명
(성명을 정자로 기재할 것)

감독관 확인란 사용

최종모의고사 제 ___ 회

번호	①	②	③	④		번호	①	②	③	④
1	①	②	③	④		21	①	②	③	④
2	①	②	③	④		22	①	②	③	④
3	①	②	③	④		23	①	②	③	④
4	①	②	③	④		24	①	②	③	④
5	①	②	③	④		25	①	②	③	④
6	①	②	③	④		26	①	②	③	④
7	①	②	③	④		27	①	②	③	④
8	①	②	③	④		28	①	②	③	④
9	①	②	③	④		29	①	②	③	④
10	①	②	③	④		30	①	②	③	④
11	①	②	③	④		31	①	②	③	④
12	①	②	③	④		32	①	②	③	④
13	①	②	③	④		33	①	②	③	④
14	①	②	③	④		34	①	②	③	④
15	①	②	③	④		35	①	②	③	④
16	①	②	③	④		36	①	②	③	④
17	①	②	③	④		37	①	②	③	④
18	①	②	③	④		38	①	②	③	④
19	①	②	③	④		39	①	②	③	④
20	①	②	③	④		40	①	②	③	④

최종모의고사 제 ___ 회

번호	①	②	③	④		번호	①	②	③	④
1	①	②	③	④		21	①	②	③	④
2	①	②	③	④		22	①	②	③	④
3	①	②	③	④		23	①	②	③	④
4	①	②	③	④		24	①	②	③	④
5	①	②	③	④		25	①	②	③	④
6	①	②	③	④		26	①	②	③	④
7	①	②	③	④		27	①	②	③	④
8	①	②	③	④		28	①	②	③	④
9	①	②	③	④		29	①	②	③	④
10	①	②	③	④		30	①	②	③	④
11	①	②	③	④		31	①	②	③	④
12	①	②	③	④		32	①	②	③	④
13	①	②	③	④		33	①	②	③	④
14	①	②	③	④		34	①	②	③	④
15	①	②	③	④		35	①	②	③	④
16	①	②	③	④		36	①	②	③	④
17	①	②	③	④		37	①	②	③	④
18	①	②	③	④		38	①	②	③	④
19	①	②	③	④		39	①	②	③	④
20	①	②	③	④		40	①	②	③	④

최종모의고사 제 ___ 회

번호	①	②	③	④		번호	①	②	③	④
1	①	②	③	④		21	①	②	③	④
2	①	②	③	④		22	①	②	③	④
3	①	②	③	④		23	①	②	③	④
4	①	②	③	④		24	①	②	③	④
5	①	②	③	④		25	①	②	③	④
6	①	②	③	④		26	①	②	③	④
7	①	②	③	④		27	①	②	③	④
8	①	②	③	④		28	①	②	③	④
9	①	②	③	④		29	①	②	③	④
10	①	②	③	④		30	①	②	③	④
11	①	②	③	④		31	①	②	③	④
12	①	②	③	④		32	①	②	③	④
13	①	②	③	④		33	①	②	③	④
14	①	②	③	④		34	①	②	③	④
15	①	②	③	④		35	①	②	③	④
16	①	②	③	④		36	①	②	③	④
17	①	②	③	④		37	①	②	③	④
18	①	②	③	④		38	①	②	③	④
19	①	②	③	④		39	①	②	③	④
20	①	②	③	④		40	①	②	③	④

절취선

좋은 책을 만드는 길
독자님과 함께하겠습니다.

도서나 동영상에 궁금한 점, 아쉬운 점, 만족스러운 점이
있으시다면 어떤 의견이라도 말씀해 주세요.
SD에듀는 독자님의 의견을 모아 더 좋은 책으로 보답하겠습니다.

www.sdedu.co.kr

2023 이태우 경찰승진 10회 최종모의고사 형사소송법(400제)

개정2판1쇄	2022년 10월 15일 (인쇄 2022년 9월 26일)
초 판 발 행	2020년 12월 04일 (인쇄 2020년 10월 13일)
발 행 인	박영일
책 임 편 집	이해욱
저 자	이태우
편 집 진 행	석지연
표지디자인	박종우
편집디자인	조은아 · 윤준호
발 행 처	(주)시대고시기획
출 판 등 록	제 10-1521호
주 소	서울시 마포구 큰우물로 75 [도화동 538 성지 B/D] 9F
전 화	1600-3600
팩 스	02-701-8823
홈 페 이 지	www.sdedu.co.kr
I S B N	979-11-383-3256-9 (13350)
정 가	20,000원

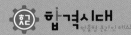

이태우

경찰승진
10회 최종모의고사

형사소송법(400제)

해설편